2023
粤港澳大湾区城市群年鉴

粤港澳大湾区城市群年鉴编纂委员会　编

方志出版社
Publishing House of Local Records

图书在版编目（CIP）数据

粤港澳大湾区城市群年鉴 . 2023 / 粤港澳大湾区城市群年鉴编纂委员会编 . -- 北京 ： 方志出版社，2023.12
ISBN 978-7-5144-3894-9

Ⅰ . ①粤…　Ⅱ . ①粤…　Ⅲ . ①城市群—广东、香港、澳门— 2023 —年鉴　Ⅳ . ① Z526.5

中国国家版本馆 CIP 数据核字（2023）第 256707 号

责任编辑：王娜
责任校对：张玉霞
责任印制：梅中英
出 版 者：方志出版社
地　　址：北京市朝阳区潘家园东里 9 号（国家方志馆 4 层）
邮　　编：100021
网　　址：http：//www.zgfzcb.cn
发　　行：方志出版社图书营销中心（010-67110500）
印　　刷：广州市人民印刷厂股份有限公司
开　　本：787 毫米 ×1092 毫米　1/16
印　　张：34
字　　数：997 千字
版　　次：2023 年 12 月第 1 版
印　　次：2023 年 12 月第 1 次印刷
定　　价：200.00 元

粤港澳大湾区城市群年鉴编纂委员会

粤港澳大湾区城市群年鉴编写组

（以姓氏笔画为序）

粤港澳大湾区城市群年鉴编辑部

（以姓氏笔画为序）

编辑说明

一、《粤港澳大湾区城市群年鉴》以马克思列宁主义、毛泽东思想、邓小平理论、“三个代表”重要思想、科学发展观、习近平新时代中国特色社会主义思想为指导，坚持辩证唯物主义和历史唯物主义的立场、观点和方法，全面准确贯彻“一国两制”方针，客观、全面、翔实地记述粤港澳大湾区城市群发展状况，重点记述粤港澳大湾区建设进程和主要成就，为建设粤港澳大湾区和社会各界了解粤港澳大湾区提供综合信息和地情资料。为对应书名，珠江三角洲九市统称为粤港澳大湾区内地九市。

二、《粤港澳大湾区城市群年鉴（2023）》记述时限为 2022 年 1 月 1 日至 12 月 31 日。为保持记述的完整性，部分内容适当上溯或下延。

三、《粤港澳大湾区城市群年鉴（2023）》着重反映 2022 年粤港澳大湾区的基本情况，卷首设图片专辑，随文插入图照、表格；正文设大湾区总述、年度关注、大事记、国际科技创新中心建设、基础设施互联互通、现代产业体系构建、生态文明建设、宜居宜业宜游优质生活圈建设、共同参与“一带一路”建设、粤港澳合作发展平台共建、统计资料、文献选录；卷尾设主题索引。结构采用纲目体，设类目、分目、次分目、条目 4 个层次。条目是全书内容记述的基本单元。

四、本年鉴数字用法、标点符号用法采用国家标准《出版物上数字用法》（GB/T 15835—2011）、《标点符号用法》（GB/T 15834—2011），计量单位采用国家技术监督局 1993 年 12 月发布的《量和单位》系列国家标准。主要统计数据由广东省统计局和粤港澳大湾区各城市提供。因香港特别行政区、澳门特别行政区统计口径不同，部分类目仅收录粤港澳大湾区内地九市数据。正文数据与“统计资料”类目数据如有出入，以“统计资料”数据为准。

五、本年鉴设双重检索系统，卷前刊有目录，卷后附有主题索引。

CONTENTS 目录

图片专辑

大湾区总述

大湾区基本情况

大湾区城市

年度关注

大事记

国际科技创新中心建设

综述

区域协同创新

科技创新合作

创新基础能力建设

产学研深度融合

科技创新载体和平台

区域创新环境

区域创新体制机制改革

生态文明建设

◎ 综述

◎ 生态防护屏障打造

● 自然生态保护和修复

● 生态保护红线划定和自然生态空间用途管控

● 森林生态屏障构筑

● 海岸线资源保护和自然属性维护

● 湿地保护修复

◎ 环境保护和治理

◎ 绿色低碳发展模式建设

宜居宜业宜游优质生活圈建设

国际化人才高地建设

人文湾区共建

文化交流合作

粤港澳青少年交流

◎ 健康湾区建设

● 医疗卫生合作

● 食品与食用农产品安全合作

◎ 社会保障和社会治理合作

● 社会保障合作

● 社会治理合作

共同参与“一带一路”建设

● 人员货物往来便利化

◎ 开放合作

● 参与国际经济合作

● 国际市场开拓

粤港澳合作发展平台共建

◎ 横琴粤澳深度合作区

统计资料

文献选录

主题索引

粤港澳大湾区数字
2022

土地面积：5.6万平方千米

年末总人口：8631.73万人

地区生产总值：19393亿美元

粤港澳大湾区内地九市数字

年末常住人口：7829.43万人

城镇人口：6848.95万人

地区生产总值：104681.81亿元

人均地区生产总值：133437元

社会消费品零售总额：34959.60亿元

出口总额：50960.18亿元

进口总额：28389.16亿元

实际外商直接投资额：1720.08亿元

地方一般公共预算收入：9049.47亿元

地方一般公共预算支出：12662.25亿元

金融机构本外币存款：289656.10亿元

金融机构本外币贷款：222640.84亿元

全体居民人均可支配收入：62700.0元

香港特别行政区数字

土地面积：1114.40平方千米

年中人口：734.60万人

本地生产总值：3609.98亿美元

人均地区生产总值：49142美元

澳门特别行政区数字

土地面积：33.30平方千米

年中人口：67.70万人

本地生产总值：219.83亿美元

人均地区生产总值：32423美元

（数据来源《广东统计年鉴》）

建设中的深中通道　　黄艺杰 摄

创新合作

2022年6月30日，广州市贯彻落实《广州南沙深化面向世界的粤港澳全面合作总体方案》现场会在南沙召开　刘远华 摄

2022年12月24日，“立足湾区、协同港澳、面向世界”——贯彻落实《南沙方案》系列政策推介活动在广州南沙区和香港同时举办　周智群 摄

1 2022年6月30日，粤港澳科技创新合作论坛在深圳前海举行

深圳市人民政府地方志办公室供稿

2 2022年8月18日，粤港澳大湾区（广东）量子科学中心揭牌仪式在深圳举行

深圳市人民政府地方志办公室供稿

3 2022年12月21日，2022粤港澳大湾区全球招商大会在广州南沙举办

广州市商务局供稿

4 2022年12月22—24日，2022粤港澳大湾区服务贸易大会在珠海举办 钟凡 摄

1 2022年4月1日，深圳港小漠国际物流港举行汽车滚装船首航活动 深圳市人民政府地方志办公室供稿

2 2022年4月28日，粤港澳大湾区组合港“北村码头–深圳蛇口”航线启动 佛山海关供稿

3 2022年9月15日，横琴粤澳深度合作区“二线”通道海关监管作业场所主体工程落成 赵崇幸 摄

1 粤澳（江门）产业合作示范区-澳葡青年创业园（2022年）

江门新会区地方志办供稿

2 2022年3月，香港科技大学（佛山）科技成果转化中心对外开放

佛山南海区发展和改革局供稿

3 2022年7月8日，中国检验检疫科学研究院粤港澳大湾区研究院在中山火炬开发区动工建设

夏升权 摄

1 2022年7月1日，粤港澳大湾区国家纳米科技创新基地开园暨纳米产业联盟启动活动在广州高新区举行　李剑峰 摄

2 2022年9月29日，新能源汽车零部件小巨人产业园、湾区专精特新产业园在广州市黄埔区开工　黄埔区国家档案馆供稿

3 2022年11月16日，惠州港澳青年科创园启动建设　惠州市人民政府地方志办公室供稿

4 2022年12月28日，粤港澳大湾区肇庆（怀集）绿色农副产品集散基地农产品交易中心开业　肇庆市怀集县人民政府地方志办公室供稿

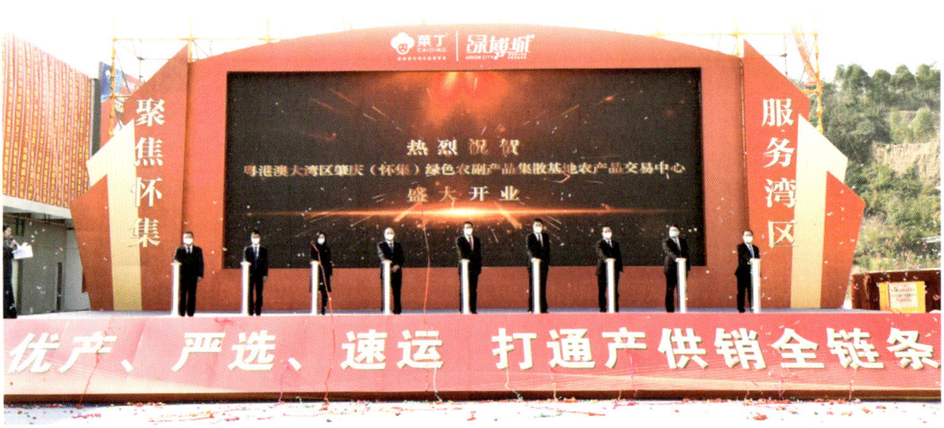

1 2022年7月26—29日，2022广佛肇旅游联盟（长三角）推广周活动在南京、宁波举办。图为2022广佛肇旅游联盟（南京）文化旅游推介会启动仪式

佛山市文化广电旅游体育局供稿

2 2022年8月13日，首条深圳西部观光航线——“深圳机场码头至前海湾航线”首航

深圳市人民政府地方志办公室供稿

3 2022年11月9日，珠中江阳文旅推广活动（泉州站）举行

江门市文广旅体局供稿

互联互通

1 2022年，建设中的深中通道　黄秋文 摄

2 2022年1月16日，广佛肇高速广州段朝阳互通立交开通　广州日报社供稿

3 2022年8月30日，广惠高速金龙互通暨金龙快速路通车　惠州市交通运输局供稿

4 莞番高速桥头段（2022年）　东莞市人民政府地方志办公室供稿

1 2022年5月1日，广州地铁7号线一期工程西延顺德段开通活动举行 谭健荣 摄

2 2022年10月9日，新建深圳至江门铁路全线开工动员活动举行

中山市交通运输局供稿

3 穗深城际列车穿行在大湾区城市之间（2022年） 郑琳东 摄

1 2022年2月16日，粤港澳大湾区首个车网双向互动示范项目在深圳投运，图为南方电网V2G（车网互动）示范站

深圳市人民政府地方志办公室供稿

2 2022年，建设中的澳氹第四条跨海大桥

澳门特别行政区政府新闻局供稿

3 2022年12月9日，惠州供电局施工人员在粤港澳大湾区（500千伏）外环东段工程（惠州段）开展铁塔组立工作　沈春杨 摄

1 2022年6月8日，横琴粤澳深度合作区首个获发医疗机构许可证的澳门独资医疗机构——珠海横琴臻林综合门诊部营业，图为臻林山庄全景　曾逵 摄

2 2022年10月，中山大学附属第三医院肇庆医院入选第四批国家区域医疗中心项目名单　肇庆新区供稿

3 2022年12月27日，香港创兴银行顺德支行落户顺德金凤凰产融集聚区　佛山市顺德区大湾区办供稿

1
2
3

1 2022年6月27日，2022前海粤港澳台青年创新创业大赛启动仪式举行

深圳市人民政府地方志办公室供稿

2 2022年7月6日，湾区青创莞港交流会暨庆祝香港回归祖国二十五周年活动举行　东莞市委台港澳办供稿

3 2022年8月6日，第四届粤港澳大湾区青年新机遇论坛在香港举行

香港特别行政区政府新闻处供稿

1 江门—澳门跨境通办政务服务专区 · 澳门江门同乡会服务点（2022年）

江门市政务服务数据管理局供稿

2 2022年9月1日，中山市东区街道政府服务大厅开设“深中通办”专窗。图为工作人员为深圳群众办理业务

朱德玉 摄

3 2022年9月19日，琴澳（银联）大湾区智慧停车项目暨横琴移动支付示范镇“缤纷秋日 爱购横琴”消费节启动

横琴粤澳深度合作区供稿

人文湾区

1
2
3

1 2022年7月30日，中国国家版本馆广州分馆开馆，图为中国国家版本馆广州分馆外景

从化区国家档案馆供稿

2 中国国家版本馆广州分馆明德楼内的藏书　　肖雄 摄

3 中国国家版本馆广州分馆航拍图

邝健华 摄

建设中的大湾区科学论坛永久会址（2022年）　广州日报社供稿

建设中的白鹅潭大湾区艺术中心（2022年）　荔湾区融媒体中心供稿

2022年9月1日，香港科技大学（广州）开学典礼举行　　香港科技大学（广州）供稿

2022年，香港科技大学（广州）校园建筑群　　南沙区地方志办公室供稿

1 2022年7月13日，香港城市大学（东莞）筹建工作视频会议召开

东莞市人民政府地方志办公室供稿

2 2022年11月25日，第十一届深港校长论坛举行

深圳市人民政府地方志办公室供稿

3 2022年11月28日，“优越佛山 佛山有约”2022年佛山·澳门人才周活动举行

佛山市人力资源和社会保障局供稿

1
2 3

1 2022年1月1日，由中央广播电视总台、广东省人民政府、香港特别行政区政府、澳门特别行政区政府主办的《扬帆远航大湾区——2022新年音乐会》举行 珠海年鉴社供稿

2 2022年7月29日，大湾区卫视和珠江之声开播暨"视听中国·香江故事"启动仪式在广州举行 广东广播电视台供稿

3 2022年9月9日，珠海市举办"一江月·珠澳情"2022珠海中秋晚会 程霖 摄

1 2
3

1 2022年1月1日，粤港澳大湾区（广东）武术文化交流中心在佛山市南海区西樵镇飞鸿馆揭牌成立

佛山市南海区发展和改革局供稿

2 2022年7月13日，深圳市坪山区首届“同心杯”暨庆祝香港回归祖国25周年深港青年足球友谊邀请赛举行

深圳市人民政府地方志办公室供稿

3 2022年11月16日，“海上丝绸之路”国际文化论坛在澳门举办

澳门特别行政区政府新闻局供稿

美丽湾区

1 珠海横琴金融岛五桥，左起分别是海琴桥、海贝桥、海韵桥、海鸣桥、海翼桥（2022年）

马红海 摄

2 香港西九龙文化区（2022年）

香港特别行政区政府新闻处供稿

3 肇庆七星岩景色（2022年）

黎飞雄 摄

1 深圳前海国际会议中心（2022年）

深圳市人民政府地方志办公室供稿

2 中山翠亨新区（2022年） 长标 摄

3 东莞松山湖高新区（2022年） 张超满 摄

1 2 3

1 佛山市顺德华侨城（2022年） 佛山市文化广电旅游体育局供稿

2 广州城市绿色地平线（2022年） 广州日报社供稿

3 惠州西湖春色（2022年） 惠州市文化广电旅游体育局供稿

江门鹤山古劳水乡（2022年）　　江门市人民政府地方志办公室供稿

澳门南湾湖及西湾湖（2022年）　　澳门特别行政区政府新闻局供稿

大湾区总述

大湾区基本情况

【概况】粤港澳大湾区位于中国南方沿海地区，在珠江入海口附近的广东省中部、珠江三角洲区域，包括香港、澳门特别行政区和广东省广州、深圳、珠海、佛山、惠州、东莞、中山、江门、肇庆9个珠三角城市，土地面积5.6万平方千米，人口超过8600万人，是中国开放程度最高、经济活力最强的区域之一。粤港澳大湾区与美国纽约湾区、旧金山湾区和日本东京湾区并称为世界“四大湾区”，有其自身独特优势和有利条件。

坚实的经济基础　2022年，粤港澳大湾区经济总量13万亿元，比2017年增加2.8万亿元。粤港澳大湾区以不到全国1%的总面积、5%左右的人口，创造全国11%的地区生产总值。

完善的产业体系　粤港澳大湾区产业体系健全，产业链条完整，是世界制造业重要基地、国际金融航运贸易中心、世界旅游休闲中心。拥有新一代电子信息、绿色石化、智能家电、先进材料、现代轻工纺织、软件与信息服务、现代农业与食品、汽车8个万亿元级产业集群，规模以上工业企业6.7万家。

活跃的创新经济　广东拥有完备的科技研发体系和强大的科研成果转化能力，区域创新综合能力连续6年居全国第一位。至2022年底，广东省拥有6.9万家国家高新技术企业，是大湾区推动产业创新发展的主导力量。在全球创新指数排名中，广州—深圳—香港科技集群居全球第二位。创新投入不断增长，2022年，广东省研发经费支出约4200亿元，占地区生产总值比重3.26%；创新成果产出不断涌现，有效发明专利量、PCT（专利合作条约）国际专利申请量均居全国首位。

深厚的开放底蕴　广东省是中国改革开放的先行地，诞生第一批经济特区、第一家外商投资的五星级宾馆和第一家“三来一补”企业。进入新时代，广东改革开放动力和活力持续迸发，2018—2022年，广东实际利用外商投资超过8000亿元，埃克森美孚、巴斯夫等百亿美元级项目相继落户；2022年，全省外贸进出口额8.3万亿元。进出口总额连续37年居全国第一位。

（广东省发展改革委）

【粤港粤澳合作机制】2022年，广东省持续提升粤港合作层级，支持香港融入国家发展大局。9月1日，深化粤港合作视频会议召开，粤港双方同意在粤港合作机制下提升合作层级，设立13个粤港合作专班。粤港合作专班推进广东省与香港在防疫通关、商贸、金融、科技创新、青年等方面合作，支持香港特别行政区新一届政府开好局施好政，助力香港融入国家发展大局，推动广东实现高质量发展，深化粤港合作取得新实效。

粤澳合作机制持续强化。9月15日，2022年粤澳合作联席会议在珠海横琴召开，围绕“高水平推进横琴粤澳深度合作区建设，促进粤澳合作高质量发展”主题，粤澳共同谋划推进各领域合作向高水平迈进。广东省省长王伟中、澳门特别行政区行政长官贺一诚共同主持会议并作主题发言，共同见证签署《粤港澳大湾区药品医疗器械监管协作备忘录》《关于建设“粤澳社保一窗通”（横琴专窗）的备忘录》《粤澳政务服务“跨境通办”合作备忘录》《关于加强粤澳教育交流与合作框架协议》《粤澳科技创新交流合作协议》。（广东省港澳办）

【规则衔接机制对接】2022年，粤港澳大湾区人员、货物往来更加便利。实行“港车北上”“澳车北上”海关免担保政策获批，“澳车北上”政策落地实施。粤澳货物“单一窗口”综合服务平台“一单两报”服务正式上线。金融市场互联互通取得新成效。至年底，大湾区参与“跨境理财通”个人投资者4.1万人，涉及跨境金额22.2亿元。广州、深圳数字人民币试点扩大到全省，广州、深圳数据交易所揭牌。大湾区市场一体化水平不断提升。开展香港法律执业者和澳门执业律师在大湾区内地九市取得内地执业资质和从事律师职业试点工作，有205名港澳律师领取律师执业证（粤港澳大湾区）。

广东省市场监督管理局联合港澳相关部门，以粤港澳三地高共性、易融合的重点民生领域为切入点，研制涵盖食品、粤菜、中医药、交通、养老、物流等25个领域的110项湾区标准。其中58项湾区标准是由港澳相关单位牵头或共同牵头编制，相关牵头单位包括香港食环署食物安全中心、香港理工大学、香港饮食业职工总会、澳门市政署、澳门科技大学、澳门发展及质量研究所等单位。

是年10月，国家市场监督管理总局正式批复支持广东省市场监督管理局联合香港、澳门特别行政区政府有关部门，推动认证机构等市场主体，基于粤港澳大湾区共通执行标准，以粤港澳大湾区认证联盟的形式开展“湾区认证”。成立由市场监管总局认证监管司、广东省市场监督管理局、香港创新科技署（香港检测和认证局）、澳门经济及科技发展局等有关人员组成的推进“湾区认证”工作常态化联络机制协调小组。在中国国际服务贸易交易会“2022合格评定服务贸易便利化论坛”上，由粤港澳认证检测机构、相关行业组织、企业、大型采销平台等组成的“粤港澳大湾区认证联盟”成立，推动开展“湾区认证”。

（广东省发展改革委；广东省市场监管局）

【国际科技创新中心建设】 2022年，粤港澳大湾区持续推进高水平人才高地建设。全年广东省申请国家海外高层次人才引才计划人数比上年增长近20%。全职在粤工作两院院士181人，研发人员130万人，大湾区内地九市持有效外国人工作许可证的人员超4.2万人。粤港澳大湾区（广东）人才港开港，部省共建西丽湖国际科教城建设推进。

重大科技创新载体加快布局。建设大湾区综合性国家科学中心，年内，鹏城国家实验室、广州国家实验室建设进展顺利，大湾区量子科学中心挂牌成立，人类细胞谱系等5个重大科技基础设施被列入国家“十四五”规划，且均完成立项前期工作，其中散裂中子源二期获国家批复立项。

产业创新高地建设扎实推进。大湾区打造纳米、生物医药产业创新高地建设方案获批复同意，深圳市新一代信息通信集群、东莞市智能移动终端集群等7个集群入选国家先进制造业集群。获批共建国家超高清视频创新中心，累计建设国家制造业创新中心4个，数量居全国首位。广东省拥有国家级高新技术企业6.4万家，20个战略性产业集群增加值占地区生产总值比重超过1/3，汽车产业营业收入首次实现超万亿元，万亿级产业集群增至8个。

科技体制改革深入开展。推动省财政科研资金跨境港澳使用，全省科研经费跨境拨付至港澳累计3.7亿元，其中省级经费1.6亿元。加快推进暨南大学、广东省科学院等6所高校和科研院所开展职务科技成果单列管理试点工作。

【基础设施体系建设】2022年，广东省推进“轨道上的大湾区”加快形成。珠肇高铁珠海至江门段、高明至肇庆段等高铁项目以及穗莞深城际前海至皇岗口岸段等城际铁路项目开工建设。大湾区高速公路网更加完善。广连高速花都至从化段、中开高速江门段二期等建成通车，深中通道、黄茅海跨海通道、狮子洋通道等项目建设有序推进。世界级机场群、港口群加快建设。广州白云机场三期扩建、深圳机场三跑道扩建、珠海机场改扩建等项目推进，珠三角枢纽（广州新）机场前期工作取得进展。“大湾区组合港”新增“深圳蛇口—清远新港”等 8 条航线，广州港南沙港区四期自动化码头主体工程完工。能源、信息基础设施体系加快构建。粤澳联网 220 千伏第三通道投产，南方电网公司对澳门输电能力提升 30%。启动建设全国一体化算力网络粤港澳大湾区国家枢纽节点。5G 网络加快覆盖，实现所有县级行政区域主城区 5G 网络室外连续覆盖。

【优质生活圈建设】 2022 年，港澳居民到粤创新创业就业更加便利。广东省印发实施《支持港澳青年在粤港澳大湾区就业创业的实施细则》，明确港澳青年在大湾区就业创业可享受超过 15 项特殊补贴政策，引入港澳籍职场导师和港澳专业服务机构。港澳青年创新创业基地累计孵化港澳项目 4000 个、吸纳港澳居民就业 5500 人。实施大湾区内地事业单位公开招聘港澳居民管理办法，港澳居民报考累计超过 1500 人次，聘用 36 人。民生服务更加完善。香港科技大学（广州）获批设立并开学，香港城市大学（东莞）获批设立并展开筹备。持续推进“港澳药械通”，先后发布 3 批内地临床急需进口药品医疗器械目录，累计批准药品 21 个和医疗器械 13 个，惠及患者 1517 人次。持续扩大港澳居民参加社会保险覆盖面，港澳居民在粤参加养老、失业、工伤保险累计 30.37 万人次。

【粤港澳重大合作平台建设】 2022 年，在横琴合作区方面，广东省研究制定《横琴粤澳深度合作区发展促进条例》，推动一批省级行政职权下放至横琴合作区执委会及其工作机构，编制上报合作区总体发展规划、放宽市场准入特别措施。推动个人所得税、企业所得税“双 15%”优惠政策及澳门居民个税优惠政策落地实施，区内澳资企业 5300 多家、生活就业的澳门居民 6700 多人。分线管理基础设施建设全面推进，澳门非运营单牌车入出合作区配额总量限制全面取消。

是年，在前海合作区方面，广东省编制上报新一轮总体发展规划，印发实施优化前海合作区体制机制实施方案，出台 2 批次 445 项权责分工清单。深圳跨境贸易大数据平台获批建设，全国首家“双牌照”境外银行、大湾区首家金控公司顺利落户。深港国际法务区引入法律服务机构 155 个，6 家粤港澳联营律师事务所落户前海，大湾区国际仲裁中心交流合作平台与 14 个港澳、国际仲裁调解机构开展合作。

广州南沙区方面，港澳居民个税优惠政策、南沙企业享受 15% 所得税优惠政策和高新技术企业延长亏损结转年限政策落地实施，累计落户港澳企业 3000 家，投资总额超过 1000 亿美元。新增 100 亿元地方政府债券单列额度顺利发行。中国科学院明珠科学园南部组团基本建成，天然气水合物国家工程研究中心动工建设。

（广东省发展改革委）

大湾区城市

【香港特别行政区】 香港地处中国南部边陲，珠江口外，与深圳市毗邻，濒临南海。中华人民共和国于 1997 年 7 月 1 日恢复对香港行使主权，成立香港特别行政区，贯彻“一国两制”方针，实施港人治港、高度自治。香港由香港岛、九龙和新界（包括 262 个离岛）组成。最高山峰是位于新界中部海拔 957 米的大帽山，最深的海床是位于蒲台岛以北低于海平面 66 米的螺洲门。位于香港岛和九龙之间的维多利亚港是著名深水海港。根据《拉姆萨尔公约》，米埔沼泽与后海湾一带被列为国际重要保护湿地。至 2022

年，香港有超过560种鸟类、55种陆栖哺乳动物、25种两栖动物、90种爬行动物、194种淡水鱼、245种蝴蝶和130种蜻蜓。香港双足蜥是香港独有的陆地生物品种；三线闭壳龟、黄胸鹀、短脚角蟾、穿山甲和克氏小叶春蜓是全球受威胁物种；印太洋驼海豚和印太江豚全年在香港水域出没。

香港地区有史籍可考的建置始于秦汉，最早载入中国古籍的香港地名是位于新界的屯门。香港新界地区保留大量宗祠、庙宇、私塾等历史建筑，保留祖先崇拜、天后崇拜、太平清醮、围村盆菜宴等中国传统民间习俗。2022年，香港陆地面积1114.35平方千米，其中香港岛80.72平方千米，九龙46.93平方千米，新界（大陆）748.26平方千米、新界（离岛）238.44平方千米。至2022年年中，香港人口734.61万人，人口密度每平方千米6740人。

经济建设 2022年，受到新冠疫情、金融状况收紧等影响，香港经济出现收缩态势，较为疲软。劳工市场在最初数月受压后逐步改善。基本消费物价通胀整体温和上升。是年，世界贸易组织公布，香港是世界第十大商品贸易实体。以2022年底的对外头寸计算，香港是世界第六大银行中心；国际结算银行的调查显示香港是世界第四大外汇交易中心。以2022年底市值计算，香港是亚洲第四大股票市场；以年内首次公开招股的集资额计算，香港居全球第四位。香港是国际金融中心，跨境资金大量进出。至年底，对外金融资产和负债分别为47.44万亿港元和33.69万亿港元，相当于本地生产总值的16.83倍和11.95倍；对外金融资产净值13.75万亿元，相当于本地生产总值的4.88倍。

文化建设 2022年7月，香港成立文化体育及旅游局，旨在促进文化、体育和旅游的融合。年内，坐落在西九文化区的香港故宫文化博物馆于7月开幕，展出北京故宫博物院借出的国宝文物。是年，香港大会堂、香港艺术馆及香港公共图书馆成立60周年；5月，香港大会堂被列为法定古迹，成为香港最年轻的法定古迹。复办多项国际体育赛事，包括香港国际七人榄球赛、香港世界桌球大师赛、香港壁球公开赛和香港国际网球挑战赛等。6—10月，推行“花悦满城”计划，在51个主要公园和地点进行园景美化工程，设置特色主题园圃和花艺摆设，庆祝香港特别行政区成立25周年。12月14—15日，举办“2022亚洲文化合作论坛”，有来自21个国家的14个海外代表团参与，是该论坛举办以来规模最大的一次。

医疗卫生 12月19日，香港特别行政区政府公布《基层医疗健康蓝图》，为强化香港基层医疗健康系统制订发展方向和策略，应对人口老化及慢性疾病病患率不断上升等社会问题。该蓝图计划建立一个以预防为主、以社区为本、以家庭为中心的基层医疗健康系统，改善市民整体健康状况，降低不必要的第二层和第三层医疗需求，纾缓公营医院系统的压力，确保医疗系统可持续发展。加强培训本地医疗专业人员，增加拨款推展各项培训措施，包括资助学生就读医疗课程、豁免大专院校支付临床实习费用、加强医疗教学设施建设等。增加医疗培训学额数量。计划引入符合资格的非本地培训牙医和护士。

房屋援助 在香港特别行政区行政长官2022年施政报告中订定系列重点策略和目标，提高未来5年公营房屋供应量，缩短公共租住房屋的轮候时间。推出“简约公屋”措施和提前上楼计划，鼓励私人发展商参与兴建资助出售房屋单位。房委会逐年修订其后5年的房屋建设计划，以监察每个项目的进度。至2022年第四季度，全港有297.47万个房屋单位，其中85.89万个是公屋单位，43.90万个是资助出售单位，167.50万个是私人楼宇单位。香港约有30%人口住在公屋单位，16%住在资助出售单位。

社会福利 2022年，在职家庭津贴计划批出申请12.19万宗，发放津贴金额19.7亿港元，22.60万人受惠。至年底，有综合社会保障援助个案20.70万个，受助人28.80万名，全年总开支约221亿港元，比上年下降4%。9月1日起，普通长者生活津贴及高额长者生活津贴合并为长者生活津贴。向暂时难以应付基本食物开支的低收入人士提供短期食物援助服务，全年惠及6.29万人次。

区域合作　12月，香港特别行政区政府成立“融入国家发展大局督导组”，由行政长官和3名司长分别担任组长和副组长。该督导组督导推动香港积极融入国家发展大局的各项政策及措施。加强与内地的区域合作，参与粤港澳大湾区建设，以“成熟一项推一项”的方式推进与其他省市的区域合作。至年底，落实包括为人才提供税务优惠、购买房屋便利、青年创业支援，科技经费“过河”、“港澳药械通”、“跨境理财通”和法律、保险及建筑相关专业服务开放等政策措施。9月1日，粤港两地举行视频会议，就深化内地合作和进一步推动大湾区发展的议题交换意见，就粤港和深港的重点合作范畴设立工作专班等达成共识。是年，香港在广东省的实际直接投资额为235亿美元，占广东省外来直接投资总额的84%。

跨境金融　至2022年底，有1409家内地企业在香港上市，是年新增上市企业75家，通过首次公开招股集资总额960亿港元。在香港上市的内地企业通过首次公开招股及第二市场融资集资2200亿港元。香港拥有全球最大的离岸人民币资金池，至年底，人民币客户存款和已发行的人民币存款余额约为9820亿元。银行人民币贷款及未偿还人民币债券余额分别约为1920亿元、3920亿元。是年，经香港银行办理的人民币贸易结算额为9.3万亿元。香港也是最大的离岸人民币投资产品市场。至年底，证券及期货事务监察委员会认可主要通过合格境外投资者计划、沪深港通、债券通及内地银行间债券市场进行境内投资的人民币计价非上市基金41只，主要经这些途径进行境内投资并在香港联合交易所上市的人民币计价交易所买卖基金36只，两类基金总资产净值分别为166亿元、513亿元。

（香港历史研究基金会）

【澳门特别行政区】　澳门特别行政区地处珠江三角洲的西岸，毗邻广东省，与香港相距60千米，距离广州145千米，范围包括澳门半岛、氹仔岛和路环岛。澳门总面积因沿岸填海不断扩大，至2022年，陆地总面积33.3平方千米（其中澳门半岛9.3平方千米、氹仔岛7.9平方千米、路环岛7.6平方千米、路氹填海区6.1平方千米、新城A区及港珠澳大桥澳门口岸管理区2.1平方千米、新城C区0.3平方千米）。2022年，澳门总人口为67.28万人，人口密度为每平方千米2.03万人。

政治　2022年11月19日，中华人民共和国澳门特别行政区第十四届全国人大代表选举会议第一次全体会议在澳门举行，选举会议成员469人出席会议，推选产生选举会议主席团，分发澳门特别行政区第十四届全国人大代表候选人提名信。澳门特别行政区应选第十四届全国人大代表的名额为12名。在12月12日举行的选举会议第三次会议上，选举刘艺良等12人为第十四届澳门地区全国人大代表，选举结果报送全国人大常委会代表资格审查委员会审查。

经济　2022年，澳门经济受两次大规模新型冠状病毒社区感染影响，全年本地生产总值1773亿澳门元，实质年增长率为-26.8%；货物及服务出口实质年增长率为-27.9%。总体就业人口为36.47万人，失业率3.7%，月工作收入中位数15000澳门元；本地居民就业人口27.89万人，失业率4.8%，月工作收入中位数19000澳门元。全年入境旅客约570万人次，按证件签发地计，来自中国内地的入境旅客511万人次，其中以个人游形式入境的约168万人次；来自中国香港的入境旅客51万人次；来自其他大湾区城市的入境旅客333.3万人次。全年进口货值为1398.1亿澳门元，出口货值135.2亿澳门元，其中本地产品出口货值20.2亿澳门元，全年贸易总额1533.3亿澳门元，贸易逆差1262.9亿澳门元；以进出口总值计，澳门的主要贸易伙伴依次为欧洲联盟（占30.0%）、中国内地（占28.5%）、中国香港（占10.0%）、美国（占6.7%）

和瑞士（占 6.5%）。根据《内地与澳门关于建立更紧密经贸关系的安排》而享有零关税待遇的澳门出口货物金额为 1.15 亿澳门元。

文化　澳门的本土文化以传统中华文化内涵为主流，相容以拉丁文化为特质的西方文化，是一种具有多元色彩的共融文化。以澳门旧城区为核心，由相邻的广场和街道连接，包括 22 座建筑和 8 个广场前地的“澳门历史城区”，于 2005 年被列入联合国教科文组织世界文化遗产名录，为中国第 31 处世界遗产。2022 年，澳门特别行政区有 159 处被评定的不动产，被列为非物质文化遗产清单的项目 70 个，其中有 12 个入选非物质文化遗产名录；另有 616 棵古树被列入古树名木保护名录、有 11 个项目被列入国家级非物质文化遗产代表性项目名录，7 人被认定为国家级非物质文化遗产项目代表性传承人。2022 年 11 月 22 日，非物质文化遗产的管理指引生效。是年，澳门电力股份有限公司和澳门市政署在快艇头里合建的变电及垃圾收集站综合公共设施获“联合国教科文组织亚太文化遗产保护奖”的“历史环境中的创新设计奖”。至 2022 年，澳门有 72 座图书馆及阅书报室，总藏书量 2354187 册、多媒体资料 3270113 套；全年接待 3753061 人次。是年，澳门发行配有国际标准书号的出版品 703 本（套），举行公开表演及展览 43303 场。

教育　澳门为澳门居民提供 15 年免费教育，免费教育学校系统覆盖率 95.6%。澳门特别行政区政府另外向每位就读正规教育的澳门居民学生继续发放书簿津贴。2022—2023 学年非高等教育的学生总数为 86914 人，教学人员 7313 人；高等教育课程注册学生 49594 人，各高等院校有教学人员 2813 人。

卫生　2022 年，澳门有医院 4 所、初级卫生护理场所 688 所，医生 1965 名和护士 2863 名；每千人口对应 2.9 名医生和 4.3 名护士。死亡率为 4.4‰，婴儿死亡率为 0.9‰，平均预期寿命 83.8 岁。是年，澳门卫生局总开支（包括投资及发展计划）约 140 亿元。至年底，全澳所有医院提供 1931195 人次的门诊服务及 373080 人次的急诊服务；初级卫生护理服务求诊者 3134849 人次。

社会保障　澳门特别行政区政府社会工作局提供包括个人及家庭援助、儿童及青少年、长者、康复、防治药物依赖、赌博失调和社会重返等社会服务，另向民间社会服务机构发放资助。2022 年，社会工作局的资助总额为 16.2 亿澳门元。社会保障基金为澳门居民提供获得基本社会保障，特别是养老保障的机会。澳门的社会保障分两层，即第一层社会保障制度及第二层非强制性中央公积金制度。是年，在社会保障制度下有供款的受益人 353634 名，涉及 28980 名雇主，总供款额 3.78 亿澳门元；在非强制性中央公积金制度下有账户拥有人 613038 名，资产结余 82.17 亿澳门元；有 285 名雇主自愿设立共同计划，涉及雇员 25666 名，另有 84700 人自愿开立个人计划账户。是年，在社会保障制度下的各类福利金及津贴支出总额 56.74 亿澳门元，在中央公积金制度下提取款项 9.00 亿澳门元。至年底，社会保障基金的资产净值总额 865.6 亿澳门元。

公共房屋　澳门的公共房屋分社会房屋和经济房屋两类。社会房屋是由澳门特别行政区政府以租赁形式，分配给经济状况薄弱或有特殊情况的家团的房屋，全年开放申请，2022 年有 15547 个单位供分配。经济房屋由澳门特别行政区政府主导兴建，由房屋局或其他公共机构负责推动建造，以低于市场价格水平出售，目的在于协助处于特定收入水平及财产状况的居民解决住房问题。是年，有 36963 个单位供出售，累计出售 36556 个。1 月 31 日，澳门政策研究和区域发展局发表《澳门特别行政区居住用途房屋政策研究》，将实施社会房屋、经济房屋、夹心阶层房屋、私人房屋及长者公寓的“五阶梯房屋”政策。

对外关系　根据《澳门特别行政区基本法》的规定，澳门可在经济、贸易、金融、航运、通信、旅游、文化、科技、体育等适当领域以“中国澳门”

的名义，单独与世界各国、各地区及有关国际组织保持和发展关系，签订和履行有关协议。截至2022年底，根据中国与外国政府达成的协议而于澳门特别行政区设立领事馆、领区包括澳门特别行政区的驻香港特别行政区领事馆，以及在澳门特别行政区执行领事职务的领事机构有90个，另有3个官方认可的联合国代表机构。给予中华人民共和国澳门特别行政区护照免签证或落地签证待遇的国家和地区144个，给予中华人民共和国澳门特别行政区旅行证免签证或落地签证待遇的国家和地区14个。

（澳门基金会）

【广州市】广州是广东省省会，广东省政治、经济、文化和教育医疗中心，国家重要的中心城市、对外文化交流门户、国际商贸中心和国际综合交通枢纽。广州市位于中国南方，珠江三角洲北缘，地处北纬22°26′～23°56′、东经112°57′～114°3′，东连惠州市博罗、龙门两县，西邻佛山市三水、南海和顺德区，北靠清远市市区和佛冈县、韶关市的新丰县，南接东莞市和中山市，与香港特别行政区、澳门特别行政区隔海相望。2022年，广州市行政区域总面积7434.40平方千米，占全省陆地面积的4.21%。至年末，全市常住人口1873.41万人，城镇化率为86.48%；年末户籍人口1034.91万人，人口城镇化率为81.16%。全年地区生产总值2.88万亿元，比上年增长1.0%。固定资产投资总量8321.28亿元，其中工业投资1239.69亿元，连续4年超过千亿元，增长12.6%。社会消费品零售总额1.03万亿元，增长1.7%，增速居一线城市前列。外贸进出口总额1.09万亿元，比上年增长1.1%，其中进口4753.6亿元，增长5.3%。制定“稳经济152条”等政策措施，新增减税降费及退税缓税缓费近1000亿元。全年一般公共预算收入扣除留抵退税因素后可比增长5.5%；城镇新增就业30.55万人；城市居民消费价格指数上涨2.4%。城乡居民人均可支配收入分别比上年增长3.3%和5.1%。

国家营商环境创新试点城市建设。2022年，广州印发《广州市建设国家营商环境创新试点城市实施方案》，构建“1+2+2”落实体系（1个方案、2个任务清单、2个专项举措），实施营商环境5.0改革，企业年报“多报合一”、破产管理人选任制度创新、工程建设项目联合验收“一口受理”、“多税合一”申报等9个方面50项改革举措在全国复制推广，电子政务、纳税、获得电力3项指标代表国家向世界推介。推动涉企优惠政策直达快享/免申即享，将兑现环节优化为“数据比对、意愿确认、拨付到账”。是年，全市超1300项政策兑现事项纳入“一窗通办”，市级窗口累计受理业务超3.4万件，涉及兑现金额超55亿元。持续优化全国首推的市场轻微违法经营行为免处罚免强制模式，全市累计发布“双免”清单事项449项。全国率先研发跨部门、跨领域信用风险分类指标，在国家发展改革委开展的全国36个省会及副省级以上城市信用状况监测中，广州排名持续保持前列。

产业结构优化。2022年，广州市高技术制造业增加值比上年增长8.1%，先进制造业增加值占规模以上工业比重的61.6%、增加0.8个百分点。以“链长制”和工作专班形式抓产业链供应链，入选国家首批产业链供应链生态体系建设试点，推动华星光电T9、广汽丰田五线等重大项目建成投产，新增8家国家级制造业单项冠军企业、2家国家技术创新示范企业、55家专精特新“小巨人”企业。现代服务业增加值占服务业比重超67%。获批开展国家服务业扩大开放综合试点。获批国家数字人民币等3个试点，启动建设大湾区跨境理财和资管中心，新增上市公司19家，广州期货交易所首个交易品种工业硅挂牌上市。广交会展馆四期建成投用，展览规模和场次居全国首位。

坚持创新第一动力。2022年，广州市自然指数—科研城市排名跃居全球第十位。“2+2+N”科技创新平台体系汇聚成势，新增高水平企业研究院15所，生物医药与新型移动出行未来产业科技园纳入全国首批试点。有效发明专利拥有量首次突破10万件，比上年增长26%，入选首批国家知识产权强市建设示范城市。高新技术企业突破1.23万家，创历史新高。

广深“双城联动”示范区建设　2022年广州市和深圳市在共同推进制度创新、共建国际科技创新中心、协同打造现代化产业体系等领域加强合作。围绕《广州市推动广深“双城联动、比翼双飞”实施方案》，在科技创新、基础设施、营商环境、生物医药、智能装备、智能网联汽车、自贸区等方面深入合作。推动南沙与前海签署深化合作框架协议，推动战略科技力量形成有效联动，南沙科学城和深圳光明科学城共建大湾区综合性国家科学中心，大湾区国家技术创新中心、国家超算广州中心在深圳布局建设分中心。推动基础设施互联互通，两地间建成广深铁路、广深港高铁、穗莞深城际等铁路通道和广深高速、广深沿江高速、珠三角环线高速（广深段）等公路通道，“1小时交通圈”形成，乘坐广深港高铁可实现30分钟互达；南中高速加快建设，狮子洋通道于年底全面动工；广州港与深圳港之间集装箱吞吐量141万标准箱；深圳西部港区接入广州港出海主航道船舶1953艘次。协同推动营商环境改革制度集成创新合作，广州推进营商环境5.0改革，深圳同步出台相关政策。共同推进广深佛莞智能装备产业集群、深广高端医疗器械集群、广深惠智能网联汽车产业集群等国家级先进制造业集群建设，加强上下游产业链合作，共同突破关键技术。加强金融领域合作，至12月底，在深圳证券交易所上市的广州市企业93家，其中主板52家、创业板41家。加强人力资源领域交流合作，广州和深圳市委党校联合举办中青年干部培训班。广州大学与深圳大学签订区域联合基金—粤港澳研究团队项目合同，联合开展新冠疫情科技攻关。

国际科技创新中心建设　2022年，广州实验室重大科研任务取得进展，粤港澳大湾区国家技术创新中心入轨运行，人类细胞谱系、冷泉生态系统配套基础设施建设进展顺利，南方海洋科学与工程省实验室（广州）香港分部加速建设，“2+2+N”（以广州实验室、粤港澳大湾区国家技术创新中心两大国家级航母平台为引领，以2个国家重大科技基础设施为骨干，以国家新型显示技术创新中心、4家省实验室、10余家高水平创新研究院等重大平台为基础）科技创新平台体系加快构建。国家、省重点实验室分别为21个和251个，占全省的70%和58%，省级新型研发机构78个，数量居全省第一位。获批启动实施人体蛋白质导航国际大科学计划，向港澳有序开放在穗重大科研基础设施和大型科研仪器，广州超算中心南沙分中心建设全国首个将超级算力直通香港的网络专线。广州市纳入内地与香港、澳门科技合作委员会正式成员单位，“广深港”科技集群在全球创新指数排名连续3年居第二位。

市场一体化建设　2022年，广州市推动粤港澳大湾区市场一体化建设。率先在粤港澳大湾区内地城市推出并有序落实两批72项与港澳规则衔接事项清单，全面推行采用简化版香港公证文书，升级“穗港通”“穗澳通”，深化“跨境理财通”“科研物资跨境自由流动”等试点，上线粤港澳大湾区首个区块链赋强公证系统，办结全国首件由粤港澳大湾区律师担任调解员的劳动争议案件。迭代推出营商环境5.0改革，50条改革举措在全国复制推广。

宜居宜业优质生活圈建设　2022年，广州推进实施“五乐计划”（《发挥广州国家中心城市优势作用支持港澳青年来穗发展行动计划》，实施对象为港澳台青年，包括“乐游广州”“乐学广州”“乐业广州”“乐创广州”“乐居广州”5项内容15条措施），全国首创薪金补贴、职业资格和技术职称补贴、促就业奖励、一卡走南沙4项举措。香港科技大学（广州）、广州南沙民心港人子弟学校于9月投入使用。完善湾区交通网络，白云机场三期扩建工程首个项目封顶，南沙港区四期投入自动化调试，广州站至广州南站联络线等国铁项目可研获批，地铁22号线首通段等开通运营，地铁运营里程达621千米，居全国第三位。开设64个港澳子弟班，缔结穗港澳姊妹学校338对。打造南沙“创享湾”等优质创新创业基地和孵化服务平台，累计建成港澳青年创新创业基地50个，吸引600余个港澳团队、3000余名港澳青年来穗创新创业。简化港澳医师转内地医师资格认证手续，保障在穗港澳居民享受社会保险“市民待遇”，港澳居民在穗参加养老、失业、工伤保险累计3.75万人次。

（广州市发展改革委）

【深圳市】 深圳市位于北回归线以南，北纬22° 24′ ~ 22° 52′、东经113° 43′ ~ 114° 38′；地处广东省南部，珠江口东岸，东临大亚湾和大鹏湾，西濒珠江口和伶仃洋，南边深圳河与香港相连，北部与东莞、惠州两城市接壤。海域连接南海及太平洋。全市陆地面积1997.47平方千米，海域面积1145平方千米。深圳境内地形复杂，地貌类型多样，属于以丘陵为主，低山、丘陵、台地、阶地、平原相结合的综合地貌区。气候资源丰富，太阳能资源、热量资源、降水资源均居全省前列。

2022年，深圳市年末常住人口1766.18万人。其中，常住户籍人口583.47万人，占常住人口33.0%；常住非户籍人口1182.71万人，占67.0%。人口年龄结构优势继续保持，素质结构持续优化。户籍人口中大专以上学历人口超44%，人口素质稳步提升。

自然资源中，以海产资源、海岸带资源和旅游资源最为丰富，非金属建材类矿产资源较丰富。矿产资源已发现的有23种，占全国173种矿种的13.29%。海产资源有金色小沙丁鱼、金钱鱼、大眼鲷、带鱼、三刺鲷、盲曹鱼和鲈鱼等40余种，以及虾、蟹、贝类和藻类。海岸带资源有适宜围垦和海产养殖的滩涂30.28平方千米，红树林海滩自然保护区3.68平方千米。深圳市比较著名的特产主要有沙井鲜蚝、南山荔枝、南山甜桃、西丽芒果。深圳大船坑麒麟舞被列为国家级非物质文化遗产。

2022年，深圳市地区生产总值32387.68亿元，比上年增长3.3%。制造业托稳深圳经济大盘。全年第一产业增加值25.64亿元，比上年增长0.8%；第二产业增加值12405.88亿元，增长4.8%；第三产业增加值19956.16亿元，增长2.4%。全市进出口总额36737.52亿元，比上年增长3.7%。其中，出口额21944.80亿元，比上年增长13.9%；进口额14792.72亿元，下降8.5%。一般贸易进出口额比上年增长4.0%，占进出口总额的49.6%，比重较上年增加0.2个百分点。是年，实施推动经济社会高质量发展“十大计划”，经济增长实现三个突破：经济总量突破3.2万亿元；规模以上工业总产值4.55万亿元，比上年增长7%，规模以上工业增加值突破1万亿元，达1.04万亿元，增长4.8%；规模以上工业总产值和全口径工业增加值实现全国城市“双第一”。质量效益稳步提升，人均地区生产总值提升至18万元，万元地区生产总值能耗、万元地区生产总值水耗分别比上年下降4.5%、4.2%。实施“万名干部助企行”行动，出台助企纾困、培育壮大市场主体、联动生产端促消费、工业稳增长提质量、推动经济稳定增长等5个“30条”系列政策，为各类市场主体减负1596亿元。新增市场主体52万户，累计394万户，数量居全国城市第一位。具有国际竞争力的企业群不断壮大，新增比亚迪、顺丰2家世界500强企业，世界500强企业总数10家；新增国家级专精特新“小巨人”企业275家，总数442家，数量升至全国城市第三位；新增独角兽企业13家。新增国家级高新技术企业2043家，总数2.3万家；新增境内外上市公司42家，总数535家。

（深圳市人民政府地方志办公室）

【珠海市】 珠海因位于珠江注入南海之处而得名，地处珠江三角洲西南部，东邻香港，南接澳门，山海相拥、陆岛相望，是唯一与港澳陆路相连的湾区城市。2022年，珠海陆地面积1725.02平方千米，常住人口247.72万人，下辖香洲、金湾、斗门3个行政区，高新区、鹤洲新区（筹建）2个功能区。珠海属典型的南亚热带季风性海洋气候，领海线以内海域面积9348平方千米，大陆海岸线长227.26千米，大小海岛262个，是珠三角海洋面积最大、岛屿最多、海岸线最长的海滨城市。生态环境优美，空气质量等各项环境指标保持全国前列，荣获国家生态园林城市、国家森林城市等称号。

2022年，珠海全市地区生产总值4045.5亿元，比上年增长2.3%；规模以上工业增加值1480.8亿元，增长6.9%；工业投资593.8亿元，增长56.4%，制造业投资522亿元、增长81.6%；高技术制造业投资305.7亿元，增长89%；固定资产投资1972.6亿元，下降8.8%；房地产开发投资757.2亿元，下降34.8%；社会消费品零售总额1044.7亿元，下降0.3%；外贸出口1928.7亿元，增长2.3%；一般公共预算收入437.4亿元，增长1.7%；全体居民人均可支配收入6.3万元，增长2.6%。

高质量发展取得新进展 2022年，珠海市全力支持服务横琴粤澳深度合作区建设，完善常态化沟通对接机制，形成支持服务事项清单，积极配合制定《横琴粤澳深度合作区发展促进条例》。推动“澳车北上”落地实施。实施《便利港澳居民在珠海发展60项措施》，全市新增港澳资企业1775家。港澳居民在珠海就医18.5万人次；参加医疗保险人数比上年增长50.6%，参加养老保险人数增长8.2%。规模以上工业总产值5856.6亿元、增长7.3%。工业投资占固定资产投资比例从17.6%提升至30.1%。新增规模以上工业企业173家（总数1683家），79家企业进入广东省制造业500强（全省排名第二）。出台实施助企纾困“39条”、稳经济一揽子政策“143条”。推动重大项目大提速，完成投资1439亿元，为全年计划的125%。获得政策性开发性金融工具金额39.7亿元。新增地方政府专项债券213亿元。金融业增加值增长6.9%，占地区生产总值比重的12.1%。

实体经济发展成效显著 2022年，珠海市按照“低租金、高标准、规模化、配套全、运营优”的五大要点，探索建设5.0产业新空间，目标统筹建设面积2000万平方米（新建1000万平方米，改扩建、提升1000万平方米）。坚持“建成即招满”，至年底，上半年5.0产业新空间全面铺开建设，已开工项目35个、建筑面积821万平方米。签约租赁面积647.5万平方米（其中定制化厂房占27%），协议投资额580.8亿元，成功引进耀灵时代、纬景储能等一批优质项目。促进产业园区提质增效，执行全国首部专门规范工业用地控制线的地方性法规，守好195平方千米工业用地红线。实施“园区投入倍增”工程，全年对园区的道路、水电等配套总投入196亿元，比上年增长1.97倍。实施招商引资攻坚行动，建立市“四套班子”领导牵头的链长制，产业集聚实现新突破，“4+3”产业集群产值4182亿元、增长13.5%。全市新签约亿元以上产业项目578个、增长307%，计划投资2689亿元、增长1.22倍。新增国家级专精特新“小巨人”企业22家、增长2倍。

发展动力活力不断增强 2022年，珠海市构建港珠澳大桥经贸新通道，港珠澳大桥跨境货车接驳能力提升至1500车次/天，日均跨境货车实现“倍增”，增加开通冰鲜禽肉供港通道，港珠澳大桥珠海公路口岸进出口值2700亿元、比上年增长96%，开工建设粤港澳物流园、港珠澳贸易全球中心仓，空港国际智慧物流园部分投入使用。持续推进高水平对外开放，获批设立广东自贸试验区联动发展区，高栏港综合保税区完成填土任务，顺利封关预验收。与香港机场管理局签署合作谅解备忘录，成功举办粤港澳大湾区服务贸易大会。深入推进重点领域改革，落地9个方面66项改革任务，营商环境评价排名全省前列。深化政府投资管理体制改革，组建“大刀队”，推进事前绩效管理改革，节约财政资金72.1亿元，财政透明度排名全国第七。构建“金融三张网”（金融“血管网”“信用网”“法治网”），增强金融服务实体经济能力。

“三大战略通道”建设全面提速 2022年，珠海市完善对外通道建设，加快构建全市域15分钟上高速、1小时通达深港的快速交通体系，推进“三大战略通道”建设，研究梳理14个对接深中通道和港珠澳大桥战略通道相关工程建设计划，总投资562.7亿元。全面改革广珠铁路经营管理机制，推出“广珠铁路热点连接计划”，全年货运量1432万吨、比上年增长12.6%。畅通市内主干路网，香海大桥正式通车。建成南屏二桥、环屏路、金琴快线北延段一期等项目，兴业快线北段主隧道、菱角咀隧道全线贯通。系统治理交通拥堵，开展中心城区交通综合治理三年行动，新增停车位10万个（比上年增长7.8倍），市区重点路段、重点区域在高峰时段拥堵现象得到缓解。

城市扩容提质取得进展　2022年，珠海市推进新一轮国土空间规划，划定“三区三线”。深化全国文明城市创建，深入开展“十大专项行动”。完成“三旧”改造面积106万平方米，新增老旧小区改造面积105万平方米。高水平举办第二届珠海艺术节、首届华语纪录电影大会、首届珠海时尚周等活动。巩固生态环境优势，全面推进“美丽中国”珠海实践五年实施计划，谋划项目183个，总投资519.7亿元，新建改建污水管网612千米，比上年增长98%。成功举办第十四届中国航空航天国际博览会。

农业农村现代化步伐加快　2022年，珠海市乡村产业加快发展，规划建设斗门区预制菜产业园，大力发展预制菜产业。举办广东省庆祝2022年中国农民丰收节主会场活动（斗门）、首届中国“年鱼”产业大会。全市农林牧渔业总产值109.8亿元，比上年增长7.5%。海洋海岛有序开发，建成桂山岛海水淡化厂、外伶仃岛水厂，投入使用东澳岛新码头、万山岛客运码头、三角岛码头。大力发展深远海养殖产业，新增一批深水大网箱，建设大型深远海养殖平台，举办2022年“万山论钓”大赛。乡村环境持续改善，新改建公路55千米，全部村庄达到省定干净整洁村标准，80%自然村达到省定美丽宜居村标准。乡村治理稳步推进，实施“村村有物业”计划，全市122个村集体总收入比上年增长8.9%。

社会事业取得新进展　2022年，珠海市就业形势保持总体稳定，城镇新增就业4.1万人，城镇登记失业率2.36%。面向珠海产业工人，组织实施中小企业员工培训“百万行”（政府资助组织培训全市100万产业工人）三年行动计划，累计培训35万人次。公共服务供给快速增加，全面实施珠海“有业有住有家”计划。开展“学校建设投资倍增”计划和基础教育学位攻坚行动，新增基础教育公办学位3.2万个、比上年增长21.9%。推进“区区有名校”工作，在金湾区、斗门区、高新区新打造初中名校9所，新引进名校长14名。实施“一老一小”优养优育计划，市养老中心正式运营，建设20家普惠婴幼儿托育机构。社会保障水平持续提升，五险参保人数775.6万人次，比上年增长7.8%。完善社会救助制度，提高困难群众低保标准至1180元每人每月、特困人员基本生活标准至1888元每人每月。推进平安珠海建设，实施安全生产大检查和百日攻坚专项行动，生产安全事故数比上年下降24.5%、死亡人数下降39.1%。不断提升社会治理水平，投入专项资金3.5亿元，完成民生微实事项目5517个。实施村（社区）“法律明白人”培养工程，新增国家级民主法治示范村（社区）2个、省级9个，连续5年法治广东建设考评“优秀”。推进行政复议“全城通办”，行政机关负责人出庭应诉率为91.8%。

（珠海市政府办公室）

【佛山市】　佛山市位于广东省中南部，珠江三角洲腹地，东倚广州市，西靠肇庆市，南邻江门市、中山市，北接清远市，邻近深圳和香港、澳门，是粤港澳大湾区的重要节点城市，陆运、水运、空运交通基础设施齐备，交通便捷。佛山全境位于北纬22°38′～23°34′、东经112°23′～113°24′，市域东距西、南距北均约103千米。佛山“肇迹于晋，得名于唐”。1983年设立地级市。2022年，佛山市辖禅城区、南海区、顺德区、高明区、三水区，有21个镇、11个街道。佛山市总面积3797.79平方千米（2021年度国土变更调查）。佛山市户籍人口总户数151.07万户（统计时点为2022年11月30日24

时），比上年增长 2.33%；全市户籍人口 495.40 万人，增长 2.33%，其中城镇人口 463.98 万人、乡村人口 31.42 万人。全年出生登记 5.30 万人，人口自然增长率为 5.33‰。佛山市地处华南褶皱系西南部之粤中拗陷，成矿条件良好，重要的矿产资源有银、铅、锌、锰、稀土、岩盐、石膏、水泥用灰岩、建筑用花岗岩、砖瓦用页岩等。佛山市地处珠江三角洲中部河网区，西江、北江分流的各水道贯穿其中，生态环境优美，是独具特色、历史悠久的岭南水乡，有丰富的旅游资源，行、游、住、食、购、娱等旅游基础设施配套完备，是广东著名的旅游胜地，中国优秀旅游城市。2022 年，佛山市有国家 A 级旅游景区 35 个，其中国家 AAAAA 级旅游景区 2 个、国家 AAAA 级旅游景区 15 个、国家 AAA 级旅游景区 18 个；有 1 个省级旅游度假区（顺德华侨城旅游度假区）。佛山土特产有石湾公仔、佛山香云纱、大塘黑皮冬瓜、乐平雪梨瓜、合水粉葛、顺德国兰、陈村年桔、顺德鳗鱼等国家地理标志保护产品，以及盲公饼、酝扎猪蹄、石湾米酒、西樵大饼、平洲福肉饼、九江煎堆、大良双皮奶、伦教糕、南乳肉等。佛山历史悠久，文化底蕴深厚，是国家历史文化名城，素有南方铸造中心、广纱中心、陶艺之乡、岭南成药之乡、粤剧之乡、武术之乡、民间艺术之乡等美誉。顺德区是世界八大美食之都之一。

佛山市是全国先进制造业基地和广东省重要的制造业中心，至 2022 年底，佛山市有高新技术企业 8700 多家，有科技企业孵化器 114 个、众创空间 90 个，有省工程技术中心 890 个、省重点实验室 32 个；全市人才资源总量超 226 万人，引进的全职院士 3 人，市科技创新团队 229 个，各类领军人才超 300 人。

经济社会发展 2022 年，佛山市统筹疫情防控和经济社会发展，落实“515”高质量发展目标（在创新、协调、绿色、开放、共享 5 个方面发展向高质量快速跃升，在营商环境制度改革等 15 项重点工作中成为地级市高质量发展领头羊）任务，保持经济社会大局稳定。全年实现地区生产总值 1.27 万亿元，比上年增长 2.1%。年内，制定出台《佛山市促进 2022 年经济一季度开好局为全年稳中求进夯实基础的若干举措》《佛山市促进经济平稳增长若干政策措施》《佛山市贯彻落实稳经济一揽子政策的接续政策措施工作方案》等政策，健全“周预警、半月调度、月监测、季分析”工作机制，经济顶住压力稳步恢复。产业结构进一步优化，三次产业结构调整为 1.7 ∶ 56.2 ∶ 42.1。完成规模以上工业增加值 5761.8 亿元，比上年增长 1.6%。全市省、市重点建设项目 436 个，完成投资 1593.25 亿元，完成年度投资计划的 140%。全年完成社会消费品零售总额 3593.6 亿元，比上年增长 1%。全年完成进出口总额 6637.8 亿元，比上年增长 7.7%。完成地方一般公共预算收入 796.9 亿元，剔除留抵退税因素后同口径增长 2.3%。全市金融机构本外币存款余额 2.38 万亿元，比上年增长 15.4%；贷款余额 1.82 万亿元，比上年增长 10.7%。全年签约引进 1 亿元人民币或 1000 万美元以上项目 428 个，投资总额 3466 亿元。全市新登记市场主体 32.5 万户，比上年增长 17.7%；实有各类市场主体 132.2 万户，比上年增长 18.6%。全市居民消费价格（CPI）上涨 2.2%，控制在 3% 的预期目标以内。年内，佛山市获批中国（广东）自由贸易试验区联动发展区、广东省进口贸易促进创新示范区，

产业园区建设 2022 年，佛山市推进构建“中部强核、东西两带、南北两圈”产业格局，制定印发“十大创新引领型特色制造业园区”和“十大现代服务业产业集聚区”规划方案，佛北战新产业园纳入广东省大型产业集聚区。深化落实制造业数字化智能化转型发展若干措施，召开全市制造业数字化智能化转型发展大会，全市 3849 家规模以上工业企业实施数字化转型，占规模以上工业企业比重 40.7%，新增市级数字化智能化示范工厂 26 家、示范车间 82 个，新建 5G 基站 4984 座。印发实施《佛山市服务业发展五年规划（2021—2025 年）》，优化构建“一核、两翼、两廊、多节点”的服务业发展总体格局（“一

核”即禅桂新都市服务业核心区，“两翼”指南北生产性服务业集聚区，“两廊”，即文旅康养生活性服务业走廊，“多节点”指要形成“多节点支撑”发展格局）。佛山人才创新灯塔产业园动工，季华实验室“璀璨行动”启动，仙湖实验室成立国内首个先进零碳燃烧技术联合创新研发中心。新增国家级专精特新企业13家，累计47家。启动“匠才之都”建设，设立“人才日”，全市人才资源总量超236万人。全市农林牧渔业总产值429.7亿元，比上年增长7.1%。新增创建国家级现代农业产业园1个，省级现代农业产业园2个，省级以上农业龙头企业66家。有省级“菜篮子”基地21家，市级“菜篮子”基地73家，粤港澳大湾区“菜篮子”基地17个。年内，颁布实施《佛山市市场主体服务条例》，佛山市在2022年省营商环境评价中仅次于深圳、广州，位列全省第三。国企改革三年行动45项主体改革任务提前完成，107项主要量化指标基本完成。召开企业家大会，设立“佛山市企业家日”，全市40家企业上榜“2022广东企业500强”。新增“四上”企业（规模以上工业、有资质的建筑业、限额以上批发和零售业、限额以上住宿和餐饮业、有开发经营活动的房地产开发经营业、规模以上服务业法人单位）3673家。截至年底，佛山市有境内外上市企业79家（含已过会待发行3家）。

区域协同发展　2022年，佛山市深入推进粤港澳大湾区建设，三龙湾科技城、顺德粤港澳协同发展合作区等平台建设有序推进，深圳科技园佛山科创园一期项目顺利推进。印发实施《广佛全域同城化“十四五”发展规划》，被纳入广州都市圈发展规划。广州地铁7号线西延顺德段全线开通运营。编制关于推进高水平城乡区域协调发展的实施意见，建立南海结对三水、顺德结对高明紧密协作机制。印发《佛山市工业用地红线划定》，在全市范围内划定万亩工业集聚区54个、千亩工业集聚区44个，守住450平方千米工业用地红线。推进村级工业园升级改造，累计拆除改造1.01万公顷。城市“畅通工程”两年行动（2021—2022年）完成。珠三角枢纽（广州新）机场迈进省市合资共建新阶段，南海有轨电车1号线后通段、佛山地铁3号线首通段开通运营。继续实施乡村振兴战略，全市82.2%的村居达到美丽宜居村标准，新建提升农村“四小园”（小菜园、小果园、小花园、小公园）2.07万个。“百里芳华”6条示范带精华段建设效果初步显现。佛山市粮食安全责任考核连续第六年被省评为“优秀”等次。绿美佛山建设展现新面貌，空气质量优良天数比例84.1%，空气质量综合指数3.36，比上年改善5.6%。饮用水水源地水质长期达标，14个国考、省考断面水质全面达到考核要求，完成65条农村黑臭水体整治，全市危险废物处置能力增至81万吨/年。生态安全屏障逐步筑牢，34个“万亩千亩公园”核心区建成开放，新增碧道298千米，20个“秀丽湖库”基本成型。

社会保障建设　2022年，佛山市民生保障水平稳步提高。全年全市城镇新增就业10.66万人，超额完成全年任务。全体居民人均可支配收入6.42万元，比上年增长4%，居民人均可支配收入与经济增长基本同步。出台全省首个全学段教育专项规划，完成新（改、扩）建公办幼儿园、中小学58所，“公参民”学校（公办学校举办或者参与举办民办义务教育的学校）转公办14所，新增公办学位9.3万个。佛山科学技术学院进入软科世界大学学术排名1000强。佛山市医药卫生体制改革在2022年开展的2021年度全省医改考核中获第二名，4家医院在2022年开展的2021年度全国三级公立医院考核中获评“A+”等级以上，疾病诊断相关分组（DRG）支付方式改革在全国交叉评估中获“优”等次。全市星级养老机构总数53个，市颐养院投入使用。全市企业基本养老、失业、工伤保险参保人数分别为362.33万人、326.01万人、359.35万人。低保标准提高至1180元每人每月。国家公共文化服务体系示范区继续巩固提升，公共文化设施室内总面积约155万平方米，万人均室内公共文化设施面积1600平方米，新改造或建成社区体育公园200个。平安佛山建设继续推进，新冠疫情防控措施调整转段平稳有序，严重暴力犯罪、电信诈骗警情分别比上年下降45.7%、18%。佛山市连续4年实现汛旱风灾害“零死亡”。

（佛山年鉴社；佛山市发展改革局）

【惠州市】 惠州市位于广东省东南部、粤港澳大湾区东部，全市土地面积11347平方千米，海域面积4520平方千米，海岸线长281.4千米，是广东省海洋大市之一。半岛与海湾相间，良港较多。岛屿罗列，有大小岛屿162个。1988年1月设立地级市。辖惠城区、惠阳区、惠东县、博罗县、龙门县，另设仲恺高新技术产业开发区、惠州大亚湾经济技术开发区。2022年，惠州市常住人口605.02万人，城镇化率72.91%；户籍人口415.77万人，其中城镇人口239.17万人，乡村人口176.60万人。人口出生率8.36‰，死亡率3.48‰，自然增长率4.88‰。

2022年，惠州市森林面积69.96万公顷，森林覆盖率61.67%，森林蓄积量4357.58万立方米。惠州市已探明矿产38种，发现矿产地（点）506处，能源矿产2种，金属矿产14种，非金属矿产21种，水气矿产1种。其中铌、钽、石灰石、水晶、汞等矿产储量居广东省前列。土特产有惠州梅菜、东江糯米酒，博罗酥糖、罗浮山百草油、酥醪菜，龙门竹笋、年桔，惠东马铃薯、高潭明姜等。惠州是全国首批国家电子信息产业制造基地，国家火炬计划“数码视听产业基地”。主要旅游景区（点）有罗浮山、惠州西湖、南昆山、巽寮湾、双月湾、龙门温泉系列基地、惠东港口海龟国家级自然保护区、象头山国家级自然保护区、白盆湖国家级水利生态风景区、惠东古田自然保护区、平海古城、邓演达纪念园、叶挺纪念园、高潭革命老区等。

经济发展总体平稳 2022年，惠州市落实国家“二十条”“新十条”，及时把工作重点转到医疗救治上来，全力推进医疗救治体系、救治资源建设，推动防控措施调整转段平稳有序。出台稳经济127项政策和78项接续政策以及“促进服务业纾困发展19条”“支持中小企业和个体工商户23条”等一系列政策举措，开展重点企业服务活动，覆盖全市9000多家“四上”企业，新增减税降费及退税缓税241.9亿元，全市实有市场主体84.4万户，比上年增长7.9%。全市经济持续稳定恢复，经济发展呈现稳中向好态势。全年地区生产总值5401.2亿元，比上年增长4.2%，三次产业结构为5.1 ∶ 55.9 ∶ 39.0；规模以上工业增加值增长10.1%、固定资产投资增长8.8%、社会消费品零售总额增长3.1%，外贸进出口总额增长1.2%。地方一般公共预算收入441.7亿元，可比口径增长4%。发放企业稳岗补贴1.88亿元、惠及企业近10万家，发放一次性留工培训补助6.46亿元、惠及企业11.1万家。稳定高校毕业生、农民工等重点群体就业，全市城镇新增就业人员7.7万人。对“米袋子”、“菜篮子”、成品油等485种重要商品、生活服务和水泥砂石等生产资料实行常态化价格监测和保供稳价，全年消费者物价指数温和上涨2.7%。居民人均可支配收入44890元，比上年增长3.6%。

创新引领支撑作用增强 2022年，仲恺高新区在全国高新区排名上升到第32位，惠城区高新科技产业园成功创建全市首个省级高新区。两大科学装置总部暨中科院近物所惠州研究部启用，东江实验室总部区投入使用，建设液态金属靶研发平台、高场超导磁体技术开发平台等11个重大科研平台。新增省重点实验室1个、省级企业技术中心8个。2022年，惠州市高新技术企业2850家，科技型中小企业增至2729家，新增国家级专精特新“小巨人”企业10家、国家级制造业单项冠军产品2个。广东科鑫产业孵化器升格国家级科技企业孵化器，市工程职业学院创建省级大学科技园。推进惠深创新中心（异地孵化器）建设，各类孵化载体有78个。加快培育壮大科技服务业，科技服务业规上企业超100家。入选国家知识产权强市建设试点城市，新增国家知识产权示范企业8家和国家知识产权优势企业11家，全市专利授权总量25096件，比上年增长 9.2%。是年，全社会研发经费投入占地方生产总值的 3.4%。完善关键核心技术攻关“揭榜挂帅”制度，安排 1100 万元扶持 5 个项目，获省自然科学基金和粤惠联合基金立项 70 个。高新技术企业贷款余额 867 亿元，比上年增长 18.9%。科技成果转化取得实效，建设全市统一的技术交易市场平台，技术合同成交额 27.4 亿元，比上年增长 36%。举办首届人才周活动，形成“1+2+N”人才政策体系，全年招引人才超 2 万名。

现代产业体系加速构建　2022 年，惠州市新增产值超千亿企业 1 家，产值超百亿级企业达到 16 家，全市规模以上工业总产值达 1.1 万亿元，增长 10.1%。恒力石化（PTA）项目竣工，埃克森美孚惠州乙烯一期、太平岭核电一期、惠州 LNG 接收站建设提速，中海壳牌三期乙烯项目完成转规、核准及用海报批，中洞抽水蓄能电站全面动工，惠州新材料产业园加快集聚发展，石化能源新材料产业规上工业产值达 3450 亿元。广佛惠超高清视频和智能家电集群入选国家先进制造业集群，亿纬动力电池系统二期、创维数字产业、旭硝子四期等项目开工建设，华星光电高世代模组扩产项目、德赛电池智能制造等项目建成投产，电子信息产业规模以上工业产值达 3846 亿元。举办第八届中医科学大会，国家林药科技示范园区等加快推进，华润三九中药饮片与颗粒生产总部建成投产。是年，大亚湾开发区连续 4 年位列“全国化工园区 30 强”第一名，仲恺高新区获评省级新一代电子信息特色产业园。发布“3+7”产业园区产业用地导图，推动精准招商和精准供地，落实用地 1096.24 公顷，完成基础设施投资 244.9 亿元，新开工项目 104 宗，新投产项目 73 宗，规模以上工业总产值占全市工业总产值比重 65%。2022 年，惠州市印发推进数字化发展实施方案，推动绿色数据中心建设，新认定惠州软件园展创园，推动天安数码惠州湖山智慧生态城、信利康 5G 智慧园等园区建设，全年软件业产值 103 亿元。促进制造业数字化转型，TCL 实业入选国家首批“数字领航”企业，新增省制造业数字化转型标杆示范项目 6 个，累计 1292 家规模以上工业企业实现数字化转型、1.8 万家企业上云上平台。

营商环境优化　2022 年，惠州市深化“证照分离”改革，实施工程建设项目审批分类改革试行告知承诺制审批事项清单；优化“联合验收”等改革措施，系统推进“无证明城市”建设，企业开办全流程“一次办好”，社会投资简易低风险工程建设项目审批时限压缩至 13 个工作日，压减或取消 404 项证明材料。数字政府建设体系逐步完善，政务服务一体化标准化水平提升，试点首席数据官制度，依申请事项网上办理率 100%。“惠帮办”帮助办理事项 1035 宗，“周六延时服务”延伸至法人服务事项，累计办理业务 21 万宗。制定实施提升政务服务优化营商环境十项措施，印发优化营商环境工作清单，推动政府从以行政管理为中心向以服务对象为中心转变。获批设立广东自由贸易试验区惠州联动发展区。出台守信激励服务实体经济十条措施，上线企业信用风险评估平台、“惠信码”平台和中小企业融资信用服务平台，信用贷款余额 1100 亿元。建立企业诉求快速响应机制，受理诉求 1.3 万宗，办结率 99.8%。全面实施《市场准入负面清单》，规范市场准入行政许可行为。

区域发展平衡性协调性增强　2022 年，惠州市实施深度融深融湾八大专项行动，加强与横琴、前海、南沙等重大平台合作对接。举办“共享湾区资源　助力企业发展”制造业平台分享会，参与粤港澳大湾区全球招商大会，全年引进粤港澳大湾区兄弟城市项目 595 个，计划投资总额 1582 亿元。印发实施便利港澳居民在惠州发展若干措施，设立“港澳服务专窗”8 个，仲恺港澳青年创业基地累计引进项目 58 个。高标准高起点谋划建设粤港澳特色合作平台，编制惠州粤港数字经济产业创新合作区建设总体方案。是年，广汕高铁惠州段和惠城南站综合交通枢纽、莞惠城际小金口至惠州北段加快建设，深汕高铁全线开工。推进千万级干线机场建设，惠州机场飞行区扩建工程开工。3 个沿海公用航道项目加快推进，新增生产性码头泊位7个。1号公路新材料产业园至大亚湾段半幅贯通，惠肇高速、环稔平半岛高速先行段开工建设，深汕西高速改扩建惠东吉隆至惠阳淡水东互通段完成交工验收，惠龙高速、惠河高速改扩建顺利推进，开通广惠高速金龙互通，完成金龙大道快速化改造，鹅城大桥、南山快速路等工程项目加快推进。持续实施国省道升级改造，建成演达五路等市政道路28条，提档升级农村公路230千米。划定“三区三线”，编制国土空间总体规划。有序推进城市更新，开工改造老旧小区146个，新建燃气管道286千米，完成城镇燃气管道老化更新40千米。新建成三期智慧停车场31座，新增泊位9200个。打造“最干净整洁城市”，推进“两江一河一湖”环境综合治理，城市生活垃圾分类推进，开展农贸市场环境卫生专项整治，城市风貌明显改善。完成粮食播种11.38万公顷，总产量61.95万吨，撂荒耕地复耕3433.33公顷，建设高标准农田2800公顷。全市农林牧渔业总产值430亿元，比上年增长7.5%。粤港澳大湾区（广东·惠州）绿色农产品生产供应基地一期投入运营，博罗县预制菜产业园申报省级现代农业产业园，引进大百汇现代渔业产业集群项目。7个三产融合发展示范镇土地流转面积5960公顷，带动农户39554户。全市49个圩镇全部达到“宜居圩镇标准”，其中10个圩镇达到“示范圩镇标准”。持续推进环罗浮山等13条特色鲜明、辐射带动能力强的乡村振兴示范带建设，开展村庄清洁、厕所革命、“四小园”建设等系列行动，村容村貌得到改善。全面完成农村集体经济组织股份合作制改革，承包地确权颁证到户率98.5%，土地流转面积占比50.1%，有序推进农村宅基地管理。

民生保障改善　2022年，惠州市民生支出累计500.4亿元，占一般公共预算支出比重72.2%。全市基本养老保险、基本医疗保险参保率分别稳定在90%和95%以上。提高城乡低保、孤儿和事实无人抚养儿童保障标准、困难残疾人生活补贴、重度残疾人护理补贴，发放救助金6.2亿元。发放低收入群众价格临时补贴1795万元，惠及近60万人次。新建成公租房、保障性租赁住房4500多套。编制“一老一小”整体解决方案，建成长者服务之家示范项目12个，镇（街）综合养老服务中心43个，推动49家乡镇敬老院转型升级，托育机构增至217个，每千常住人口拥有托位2.75个。是年，惠州市新增公办学前学位6447个、公办义务教育学位7万个、公办普通高中学位2250个。推进“一县（区）一公办中职学校”建设，创新实施普通高中学校、中职（技工）院校在同一平台开展招生录取。惠州市中心医院创建省级区域医疗中心项目、市中医院东江新城院区二期工程、市第二人民医院红花湖院区一期工程等项目推进，3所“县区第二人民医院”建成投用。加强全人群健康服务能力建设，推进爱国卫生运动，创建省卫生镇10个、市卫生镇6个。完成“岭南书院·丰湖书院”提升工程，推动建设环西湖文博群落，实施中山公园（府城遗址公园）提升工程，惠东三官坑窑址获评广东省“十年十大重要考古发现”，水东街入选国家级夜间文化和旅游消费集聚区。建设“惠民球场”151个，线上线下相结合举办惠州市全民健身运动会。推进夏季治安打击整治“百日行动”，常态化开展“东江”系列集中精准清查行动，构建“智能化＋网格化＋群众路线”基层治理格局，推动“一村（居）一警”提档升级，落实加强“夜间经济”场所治安防控工作十项措施，推进网上网下合成作战体系建设，全市刑事治安警情比上年下降5.7%，“两抢”零发案天数344天。

〔惠州市档案馆（惠州市人民政府地方志办公室）〕

【东莞市】　东莞市位于广东省中南部。1988年设立地级市。2022年全市土地面积2460.38平方千米。年末户籍人口292.45万人，常住人口1043.70万人。农作物总播种面积2.44万公顷，粮食播种面积1999公顷，粮食产量1.01万吨。矿产24种，查明资源储量的矿产10种。海域面积78.5平方千米，海岸线长92.95千米，海岛面积24平方千米。建有国家一类口岸——东莞港。东莞市是岭南文明重要发源地、中国近代史开篇地、华南抗日重要根据地、改革开放先行地，有东莞千角灯、龙舟制作技艺、莞香制作技艺等国家级非物质文化遗产；有龙舟趁景、石排“康王宝诞”、东坑“二月二卖身节”、茶山“茶园游会”等特色文化节庆活动。土特产有莞香、荔枝、麻涌香蕉、东莞腊肠、虎门麻虾、白沙油鸭、万江腐竹、道滘裹蒸粽、石龙麦芽糖柚皮等。东莞市是广东省历史文化名城，获评中国曲艺之乡、中国民间艺术之乡、龙狮之乡、举重之乡、游泳之乡、龙舟之乡。主要旅游景点有林则徐销烟池、威远炮台、沙角炮台等鸦片战争遗址和鸦片战争博物馆、海战博物馆等爱国主义教育基地；明代的迎恩门楼、金鳌洲塔、榴花塔、袁崇焕故居、南社古村落，明清时期的燕岭摩崖石刻，清代广东四大名园之一的可园，蒋光鼐故居、东江纵队抗日纪念馆等人文景点；有东莞同沙生态公园、松山湖景区、水濂山森林公园、植物园、长安莲花山以及虎英郊野公园等自然景观。2022年，东莞市在全国率先启动港资企业全程电子化登记，在全省率先开展环卫作业分级分类管理。入选国家“无废城市”建设名单；“民生大莞家”项目获评全国首批基层治理创新典型案例。是年，东莞市实现地区生产总值1.12万亿元，比上年增长0.6%。其中，第一产业增加值36.50亿元，增长0.3%；第二产业增加值6513.64亿元，增长0.8%；第三产业增加值4650.18亿元，增长0.3%。三次产业比例为0.3 ∶ 58.2 ∶ 41.5。人均地区生产总值10.68万元，比上年增长0.8%；一般公共预算收入766.04亿元，下降0.5%；一般公共预算支出863.58亿元，下降1.2%。

经济高质量发展　2022年，东莞市以大产业重塑体系结构，注重新动能培育，强化以“科技创新＋先进制造”为动力支撑，发展新型产业和数字经济，全年固定资产投资、社会消费品零售总额保持正增长，市场采购贸易额、跨境电商进出口额分别超过700亿元、800亿元，保税物流接近3000亿元。扩容七大战略性新兴产业基地面积至80平方千米，推出六大标准化产业片区，举办全球招商大会。引进10宗30亿元以上特大产业项目，实际投资突破1700亿元，比上年增长5.6%。累计推动超5100家规模以上工业企业完成数字化转型，带动4.5万家企业“上云用云”，打造32家智能工厂（车间），建成华为、思爱普两大赋能中心，全市软件与信息产业增长118%，智能移动终端产业集群通过国家验收。全市一般公共预算收入766亿元，扣除留抵退税因素后比上年增长4.1%。新增市场主体29.6万户，总量158.4万户，稳居广东省地级市第一位；新增规模以上企业超过2200家，排全省第一名；新增高新技术企业1725家，总量突破9000家，排全省地级市第一名；新增国家级专精特新“小巨人”企业31家，总量110家，排全国地级市第五名；新增省级专精特新企业1850家，总量排全省地级市第一名；新增上市企业12家，增量排全国地级市第二名。重启经济调度指挥体系，设立新一轮稳经济扶企纾困专项资金，为企业减轻税费负担546.7亿元，普惠性再贷款再贴现资金投放量和本外币贷款增量均居全省地级市第一位。

国际科技创新中心建设　2022年，东莞市创新实施“居住在港澳、工作在内地”“科研在港澳、转化在内地”协同发展模式，加大项目落地、投融资和国企改革等重点领域改革攻坚力度，深度参与粤港澳大湾区建设，全面扩大对外开放。推进粤港澳大湾区综合性国家科学中心先行启动区（松山湖科学城）建设。重大科研项目取得进展，散裂中子源二期项目通过国家发展和改革委员会立项审批，先进阿秒激光完成立项前期准备工作，南方光源测试平台建成并投入使用，“散裂中子源国家重大科技基础设施项目”获广东省科技进步奖特等奖。松山湖材料实验室一期工程交付使用，承担国家级和省级研发项目122个，引进30个创新样板工厂团队，孵化39家产业化公司，松山湖材料实验室华中科技大学工研院获省技术发明一等奖。科研项目成果突出，散裂中子源一期全球注册用户超过4100人，完成8轮开放运行，完成课题近900项，发表用户文章120余篇，获国家发明专利80余项；国内首台大气中子辐照谱仪试验平台通过验收，中子衍射谱仪成功出束；自主研发加速器硼中子俘获治疗实验装置启动首轮实验。东莞理工学院、广东菲鹏生物有限公司获省科技进步奖二等奖。举办粤港澳大湾区科技创新论坛、中国创新挑战赛、大湾区无人自主技术高峰论坛、华为开发者大会等重大科技活动，开展首届数学论坛。

基础设施互联互通　2022年，东莞市加快实现与粤港澳大湾区城市之间交通一体化发展。参与“轨道上的大湾区”建设，基本建成佛莞城际铁路广州南至望洪段项目，深圳至江门段铁路全线开工，深惠城际铁路前海保税区至坪地段开工建设；配合广深第二高速铁路、中南虎城际铁路前期研究。城市轨道交通二期建设规划调整获得国家批复，1号线一期累计完成18座车站主体封顶和11个区间贯通，2号线三期全线开工建设，3号线一期前期工作有序开展。跨东江四条通道纳入广东省重点项目，狮子洋通道主体工程先行开工段动工建设，松山湖科学城—光明科学城通道项目有序推进，广深高速、莞深高速、常虎高速改扩建工程、常虎高速延长线工程等高速公路项目加快实施。“香港—东莞国际空港中心”一周三班常态化运作，从港莞“双安检”模式简化到东莞“单安检”模式，实现全国首例香港空运安检前置到内地。完善交通基础设施建设，滨海湾大桥、东湾大道（交椅湾段）实现通车，建成首批总长15.5千米的智慧道路。南部各镇打造深莞融合发展新样板，推动新公常路、清龙路等一批跨市交通基础设施前期工作。

重大特色平台建设　2022年，东莞市推动四大战略平台、南部九镇加速发展，不断拓展制造业高质量发展空间。滨海湾新区获批广东自贸试验区联动发展区，重点推广37项自贸试验区改革创新经验；参与粤港澳大湾区珠江口一体化高质量发展试点，融入环珠江口“黄金内湾”战略布局；推进省级信用建设试点改革，纳入广东省信用建设服务实体经济发展改革试点；OPPO全球算力中心一期工程竣工验收，欧菲光·湾区科创中心主体建筑基本完成封顶。松山湖高新区获批国家级知识产权强国建设试点园区，入选首批国家级专利导航服务基地；建成东莞市工业数字大厦及数字化转型推广中心，62家数字化转型服务企业入驻；华为全国首个开发者村落地松山湖；松山湖健康医疗大数据工程中心揭牌成立。水乡功能区完成九大核心单元空地统筹面积550.87公顷；推进平安信息科技港、联东U谷、中铁智造产业中心等产业平台建设，18家意向企业签订进驻协议；上线“投资水乡云平台”，提供招商服务；举办2022年第九届（广东·东莞）电池新能源产业国际论坛活动，推动一批重大项目集中签约。

宜商宜居优质生活圈建设　2022年，东莞市以深化民生服务为保障，打造宜商宜居优质生活圈。实施“湾区社保服务通”、境外高端紧缺人才所得税财政补贴办法，发放境外高端人才个税补贴超1亿元。简化港澳人才职称申报评审材料要求和程序，申报评审东莞市所有专业职称证书可在广东省范围内通用。高质量发展教育工作，东莞市第一所公办未来学校——松山湖未来学校开学，新增学位3600个。东莞暨大港澳子弟学校揭牌，成为全国第二所港澳子弟学校。香港城市大学（东莞）项目一期封顶。大湾区大学列入广东省“十四五”规划（2021—2025年）重大建设项目和广东省教育发展“十四五”规划，松山湖校区第一标段项目封顶。做好人才引进工作，松山湖港澳青年创新创业基地获评首批省级粤港澳大湾区港澳青年创新创业基地，累计引进119个具有港澳籍或港澳高校教育背景的人才项目落地发展。举办6场港澳青年专场网络招聘会，提供264家企业近2800个就业岗位信息，动员市内优质企业开发适合港澳青年就业实习岗位1.38万个。开展粤港澳大湾区文化艺术节，粤澳“共读半小时”，“粤韵金声·情系湾区”粤剧曲艺达人选拔竞演，粤港澳大湾区小篮球联赛、羽毛球赛、机器人邀请赛、文艺联欢会等活动。

（东莞市人民政府地方志办公室）

【中山市】　中山市位于广东省中南部，是中国民主革命先驱孙中山的故乡。1988年升格为地级市，不设市辖区。2022年，中山市下辖23个镇（街道），其中街道8个、镇15个，区域内含有1个国家级开发区（中山火炬高技术产业开发区）和1个经济协作区（中山翠亨新区），辖社区139个和行政村150个。中山市地形以平原为主，河流面积占全境的8%，西江下游的西海水道、磨刀门水道自北向南流经市西部边界，由磨刀门出南海；北江下游的洪奇沥水道自西北向东南经过市东北边界由洪奇门出珠江口。探明并开发利用的矿产有花岗岩石料、砂料、耐火黏土和矿泉水、地下热水。2022年，耕地面积（含可调整地类）4.83万公顷，粮食作物播种2926.9公顷，粮食总产量1.52万吨。林地面积2.85万公顷，森林覆盖率23.14%，森林蓄积量323.3万立方米。主要旅游景点有孙中山故里旅游区、翠亨国家湿地公园、中山温泉、中山詹园、中国（大涌）红木文化博览城、咀香园工业旅游景区、星光联盟·全球品牌灯饰中心、大盛陶艺、灯都古镇灯文化博物馆等。年内，新增孙文西路步行街、厨邦酱油文化博览馆、中山市博物馆、粤丰环保科普研学基地4个国家AAA级旅游景区。中山市土特产主要有中山五桂山沉香、神湾禾虫、神湾菠萝、中山杏仁饼、石岐乳鸽、东升脆肉鲩、小榄菊花肉、小榄茶薇花制品、三乡濑粉、黄圃腊味等。11月，三乡镇雍陌村入选第四批全国乡村旅游重点村。9月14日，中山市南区街道、三乡镇入选第五批广东省全域旅游示范区。5条旅游线路入选国家和省精品旅游线路。2022年末，中山市常住人口443.11万人，其中，城镇人口385.59万人。户籍人口208.13万人。中山咸水歌、小榄菊花会、沙溪凉茶传统制作工艺、龙舞（醉龙）、南朗崖口飘色、龙舞（六坊云龙舞）被纳入国家级非物质文化遗产代表性名录。

经济恢复稳健运行　2022年，中山市制定《中山市2022年新春暖企九条》、“稳经济138条”等政策措施，加强加密经济运行调度，降低超预期因素对经济发展的冲击影响，全市经济基本保持稳定运行。全年全市地区生产总值3631.28亿元，比上年增长0.5%。其中，第一产业增加值89.2亿元，比上年增长5.9%；第二产业增加值1795.25亿元，与上年持平；第三产业增加值1746.83亿元，增长0.8%。壮大市场主体规模，全年新登记市场主体12万户，比上年增长20%，市场主体总量57.8万户。保持财政金融基本平稳，地方一般公共预算收入可比口径比上年增长3%，本外币存款余额8267.2亿元，比上年增长12.7%，本外币贷款余额7055.2亿元，增长8.8%。实现城乡居民收入稳步增长，全年全市居民人均可支配收入59764元，比上年名义增长3.2%。其中，城镇居民人均可支配收入62196元，比上年增长3.1%；农村居民人均可支配收入43490元，增长4.2%。优化固定资产投资结构，全年全市固定资产投资比上年下降0.7%。其中，工业投资比上年增长20.4%，占全部投资的27.2%，提高4.8个百分点；制造业投资增长20.2%，先进制造业投资增长29.7%，高技术制造业增长38.2%，工业技术改造投资下降8.6%。基础设施投资增长11.5%，占全部投资的36.7%，比上年提高4个百分点。房地产开发投资下降23.4%。加快推进重点项目建设，扩大有效投资。全市重点项目完成投资738亿元，完成年度计划的111.1%。其中，省重点项目完成投资465.3亿元，完成年度计划121.9%。工业投资比上年增长20.4%，占比上升至27.2%。实施政府投资项目三年滚动计划，适度超前开展基础设施投资，基础设施投资比上年增长11.5%，占比上升至36.7%。加强全市招商资源统筹，引进亿元以上项目69个。全年全市社会消费品零售总额1593.42亿元，比上年增长4.1%，增速排名居全省第一位。居民消费价格指数比上年增长1.9%。

营商环境持续优化 2022年，中山市实施营商环境改革工程，印发中山市2022年优化营商环境改革重点任务清单，推进落实23个方面182项改革任务。推进深圳、中山营商环境融合发展，“深中融合一体化”专区在广东省政务服务网上线，可受理深中通办事项400项。加大惠企助企力度，全面落实国家和省助企纾困政策，全年累计减税降费及退税缓税缓费170亿元。将每年11月1日设立为“中山企业家日”。实施领军企业和龙头骨干企业“双培育”计划，认定和培育领军企业2家、龙头骨干企业21家。完成广东省“一照通行”涉企审批服务改革试点任务，37个事项实现证照联动审批。深化工程建设项目审批改革，优化增资扩产项目审批，157个增资扩产项目落地建设，50个项目实现“拿地即开工”。

重点领域改革深化 2022年，中山市实施国资国企改革，完成国企改革三年行动任务，中山探索大湾区国企协同发展新模式在全省推广。实施市属国企“4+N”（“4”即中山控投、城建集团、兴中集团、翠亨集团4个集团公司;“N”即在每个集团下设若干个子公司）战略性资源重组。初步搭建起“1+4+N”的政府引导基金体系，形成“一级母基金+二级母基金+子基金”体系。持续推进财政改革，制定新一轮市与镇（街道）财政管理体制调整方案，推进市与镇（街道）财政事权和支出责任划分改革，优化市镇两级财力配置。完善直达资金管理工作机制，直达资金支出进度排名位居全省前列。深化农村综合改革，推进“股权到户”改革，完善股权管理机制。围绕农业产业融合发展、人居环境整治、乡村治理等重点领域，申报省级农村改革试验区。

绿色发展水平提升 2022年，中山市建成并开放秀丽湖公园、古香林公园二期工程等公园100个。精准防治大气污染，空气质量综合指数持续位居全国前列。谋划与推进垃圾分类工作，全市1177个公共机构实现垃圾分类全覆盖，推动居住小区、学校、餐厅、医院、市场等场所创建垃圾分类示范点370个。推进水污染治理攻坚战，实施“一流域一策”“一河一策”精准推进水污染治理，累计完成214条河涌主体工程整治，重点河涌明渠段截污主体工程基本完工，黑臭河涌数量比上年减少40%。推进农村生活污水治理，农村生活污水治理率提高至55%。启动全市小区排水管网改造，完成487个小区排水管网改造，新建市政污水管网975千米，中山市珍家山污水处理厂、中山市中嘉污水处理厂扩容工程实现当年动工、当年通水，新增污水处理能力每日30万吨。

科教文卫发展 2022年，中山市推进教育事业均衡发展，新改扩建幼儿园26所，新增规范化幼儿园学位7910个。新增公办中小学学位6100个，永安中学、烟洲中学投入使用。促进职业教育提质培优，火炬科学技术学校被认定为广东省重点中职学校。推动减轻义务教育阶段学生作业负担和校外培训负担“双减”政策落地落实，促进课后托管服务实现义务教育学校全覆盖。加快卫生事业发展，中山市人民医院纳入全省公立医院改革与高质量发展示范医院，完成市第二人民医院传染病住院楼改建、第三人民医院改扩建工程。完善医疗资源布局，中山市小榄人民医院通过广东省卫生健康委员会三甲复审并成为全市首家区域中心医院。建成并启用“香山书房”101家。

民生保障体系完善 2022年，中山市大力发展民生事业，改善民生福祉，保持就业稳定，高质量推进“粤菜师傅”“广东技工”“南粤家政”三大工程，推行“妈妈岗”等就业新模式，城镇新增就业5.9万人。健全社会保障体系，推进全民参保计划，“博爱康”普惠型商业补充医疗保险惠及70万人。推进养老机构护理型床位建设，养老机构护理型床位占比63.4%。加大兜底保障力度，完善社会救助和保障标准与物价上涨挂钩联动机制，扩大保障范围，低保标准提高到每人每月1160元。提升社会治理能力，推进平安中山建设，刑事治安警情、刑事立案、受理治安案件比上年分别下降19.6%、11.7%、

8.7%。加快法治社会建设，实现法律援助“就近办、一次办”。

携手共建世界级城市群　2022年，中山市携手共建世界级城市群，推进粤港澳大湾区建设。编制实施“东承、西接、南联、北融”一体化融合发展大战略三年行动方案，全方位开放合作持续深化。加强与周边城市合作发展，建设广东省珠江口东西两岸融合互动发展改革创新实验区，推进营商环境、产业、交通、创新、社会治理、规划等“六个一体化”，推动珠江口东西两岸融合互动发展。与佛山市签署战略合作框架协议，印发与广州市、佛山市战略合作三年工作计划（第一批），开展广中、佛中、珠中江融合发展平台前期研究工作。推进深中融合互动发展，与深圳市联合印发实施《深圳市　中山市战略协作框架协议》《深圳中山战略协作第一批重点事项（项目）清单》，开展深中营商环境、产业协作、交通设施、科技创新、社会治理、规划协同等领域合作，推进第一批合作项目和事项44个。推进与港澳交流合作，实施“湾区通”工程，实现不动产抵押登记与香港“跨境通办”，新设港澳直接投资企业330家。5月16日，中山市药品进口口岸正式启用，8款“港澳药械通”药品和医疗器械获批临床使用。

珠江西岸综合交通枢纽构建　2022年，深中通道中山大桥顺利合龙，香海大桥通车、西环高速（含小榄支线）建成，中开高速、东部外环高速、南中高速、中江高速改扩建加快推进，加快形成“四纵五横”高速路网。南沙港铁路客运设施改造基本完成，深江铁路全线动工建设，加快推进南沙至珠海（中山）城际前期工作，争取尽快动工建设，加快推动广州至珠海（澳门）高铁前期工作，携手共建“轨道上的大湾区”。

现代产业体系构建　2022年，中山市推进低效工业园改造，编制主题产业园发展规划及建设实施方案，打造跨镇（街道）的主题产业园10个。印发《中山市大型产业集聚区建设实施方案》，打造全市制造业高质量发展新增长极。启动中山市新一代信息技术产业发展行动计划（2023—2025年）修编工作，支持半导体及集成电路、超高清视频、光电光学、工业软件等新一代信息技术产业发展。推进数字化智能化转型，引进中山中软国际信息技术有限公司等工业互联网与数字赋能平台，新增规模以上工业企业数字化转型596家，认定数字化智能化示范工厂10个，带动3000家企业上云用平台。编制中山市建设生物医药科技国际合作创新区实施方案，加快西湾医药与健康产业园、中山康方湾区科技园等项目建设，推动生物医药科技产业创新发展。

重大科技创新平台建设　2022年，中山先进低温技术研究院项目动工建设。动工建设中山市工业技术研究中心。推动中科中山药物创新研究院建设，组建38个领军人才团队（包括国家杰出青年科学基金获得者9人），集聚研究人员及联合培养研究生470人。中国检验检疫科学研究院粤港澳大湾区研究院新建工程、长春理工大学中山研究院光机电产学研基地项目动工建设。筹建培育广东省海洋新能源创新中心，围绕海洋新能源发电前沿共性关键技术开展研发攻关。联合香港生产力促进局举办“2022年中山市企业转型升级线上交流会”。建设国家级知识产权保护中心获省支持，由省向国家知识产权局推荐在中山市建设国家级知识产权保护中心。中山（灯饰）知识产权快速维权中心实用新型专利快速预审试点筹建工作通过国家知识产权局验收，开通灯饰照明产业实用新型专利快速预审通道。

创新人才加快集聚　2022年，中山市印发《中山市新时代人才高质量发展二十三条》，推动形成“1+10”人才政策体系（1个主政策+10个子政策。中山国际人才港启用，设立“一站式”服务窗口。制定中山市加强高技能人才队伍建设若干政策措施，探索与周边城市高技能人才资格互认、服务互通。修订《中山市粤港澳大湾区个人所得税优惠政策财政补贴办法》，完善补贴政策。加快“1+1+N”港澳青年创新创业平台载体建设。全市50个创业孵化基地向港澳青年全面开放，提升中山粤港澳青年创新创业合作平台服务质量，有在孵港澳团队32个，澳中青年创新创业园开园启用，新增认定南区侨城文化基地为首个市级港澳青年创新创业基地。联动香港、澳门中联办和内地高校开展澳门籍大学生赴三乡镇党政机关实习试点、港澳大学生暑期实习计划。组织20家优质企事业单位赴澳门科技大学开展校园招聘和中山市人才政策宣传活动，提供优质岗位157个。

港澳居民在中山生活便利化推进 2022年，中山市印发2022年“湾区社保通”工作任务清单，创新港澳社保办理服务方式，与中国工商银行（澳门）有限公司、澳门工会联合总会签订服务协议，委托其在澳门提供社保业务导办、代收件和咨询答疑等服务，实现社保业务“跨境办”。建立村（社区）一级内地港澳同胞服务中心62个，推动基层社区与港澳同胞交流。加强政务服务中心澳门“一户通”办事点建设，做好在中山市居住澳门户籍人士的服务工作。推广支持港澳版云闪付应用程序的云闪付乘车码，便利港澳同胞乘坐公交。

开放合作建设加快推进 2022年，中山市医疗卫生合作加强，中山陈星海医院通过“港澳药械通”政策引入药品7款及医疗器械1款，中山市火炬开发区医院向广东省卫生健康委员会递交第二批“港澳药械通”资质申请。创新开展跨境医疗保险，推出大湾区专属重疾、医疗保险产品20种。中山港药品进口口岸启用，至年底，实现获批允许进口品种全覆盖进口，进口药品273批次。印发《中山市支持跨境电商高质量发展二十四条》，推进跨境电子商务综合试验区建设。加快建设中国（广东）自由贸易试验区中山联动发展区，印发中山联动发展区建设实施方案，复制推广自贸试验区制度创新成果，至年底，复制推广自贸区国家、省级改革创新经验累计13批206项。组织企业参加2022年香港国际灯饰展、香港国际“采购汇”、粤澳名优商品展等线上展会等。推动跨境通关便利化，开通中外运码头—深圳盐田的“组合港”航线。

金融领域开放创新推进 2022年，中山市印发《中山非金融企业赴境外（澳门、香港）发行债券流程指引》，鼓励企业赴港澳发行债券。加快发展股权投资行业，全市首笔合格境外有限合伙人（QFLP）业务获批。便利人民币跨境结算，跨境人民币结算优质企业增至32家，跨境双向人民币资金池15个。优化跨境资金结算服务，中山统益贸易有限公司成为全省首家获优质企业贸易便利化试点资格的新型离岸国际贸易企业。中山“互联网＋政务＋金融”服务模式延伸至香港，实现香港企业、市民不出关即可办理中山市不动产跨境抵押登记服务。开展港澳居民购房跨境人民币结算业务，推出跨境购买商品房预售款核查新模式，便利港澳居民在中山市购房。联合香港贸易发展局线上举办“GoGBA政府资助计划——中山篇”，向香港青年推介中山市投资环境及人才和税收优惠政策。与香港新华集团签订战略合作框架协议，打造大湾区智能工业创新港、中日（中山）科技谷、绿色生态办公区（EOD）模式渔人码头等项目。承办第四届粤港澳大湾区中医药传承创新发展大会，推动中山陈星海医院与香港浸会大学签订“香港中山共建科研创新与转化平台合作协议”，中智药业集团与澳门科技大学签订“校企产学研合作协议”。

（中山市人民政府地方志办公室）

【江门市】 江门市位于广东省中南部，东连港珠澳，北接广佛，西通粤西及西南诸省，面向南海，处于粤港澳大湾区连通北部湾和大西南地区的“承东启西”关键位置，与广佛都市圈、深港经济圈两大龙头的陆路距离均在100千米左右，构成粤港澳大湾区的“黄金三角地带”。2022年，江门市推进粤港澳大湾区建设，推进“港澳融合”“侨都赋能”等六大工程。强化基础设施互联互通。深江铁路全线动工，推进珠肇高铁江机段，南沙港铁路江门北站、棠下站完成实体工程建设。江门站开通经武汉、郑州直达济南的始发动车。中开高速江门段全线贯通，加快建设黄茅海跨海通道。深化体制机制“软联通”。江澳跨境金融领域企业信用评级标准研究成果获2022年度中国信用建设优秀论文一等奖。延伸港澳跨境通办服务，进驻专区事项超500项。澳门医疗保险津贴计划覆盖江门。发行广东省首笔自贸区债7亿元。首创全省唯一的“高新技术企业跨境融资+专项补贴”模式。大湾区特色合作平台建设水平得到提升。大广海湾经济区加快建设，RCEP（区域全面经济伙伴关系协定）经贸科技文化合作交流中心前期工作顺利开展。推进粤澳（江门）产业合作示范区，碧海银湖文旅项目一期基本完成，银湖湾澳门国际健康港、银湖湾粤海智能创新港等一批港澳项目签约落户。华侨华人文化交流国家合作平台进展良好，全省率先完成侨情统计工作，成立湾区之眼港澳台侨青年中心，建成华侨华人离岸公共法律服务中心、深圳国际仲裁院江门中心。粤港澳大湾区（江门）高质量农业合作发展平台建设成效明显，省农产品加工示范区、广东省“农业特区”试点等重点农业项目加快，成立全省首个地级市预制菜产业联盟。深化大湾区城市合作。参与粤港清洁生产伙伴计划，获批项目9个。深圳市轨道交通13号线项目首列车在江门下线。推动珠西创谷（江门）科技园有限公司与香港生产力促进局签约，建设“江门和香港、澳门科技转移中心”与“江门香港企业发展中心”。

六大特色优势农业产业加快发展　2022年，江门市加快实施六大特色优势农业产业高质量发展行动方案（2021—2023年），着力促进陈皮、大米、鳗鱼、马冈鹅、茶叶、禽蛋六大特色优势农业产业全产业链延链、补链、壮链、优链，推进一、二、三产融合发展。围绕种质资源保护利用、三产融合发展、农业科技创新、品牌体系建设、营销体系提升五大行动，2022年建成新会柑（陈皮）种质资源保护和良种苗木繁育中心，建立新会陈皮溯源数字化系统。推进茶园扩面提质，举办“第四届广东茶叶产业大会暨广东省农业龙头企业大会”。加大鳗鱼产业招商引资力度，引入融农远宏鳗鱼产业项目。启动全国首个镇级行政区品牌“马冈优品”培育建设工作。推进广东丝苗米优势特色产业集群项目建设，提升江门市粮食产能，延伸粮食产业链，加快推进“一园四区”预制菜产业园建设，促进农业“接二连三”融合发展。2022年，六大产业实现全链条总产值533.9亿元，比上年增长27.64%。

招商引资取得成效　2022年，江门市新批设立外商直接投资项目395个，比上年下降8.56%；合同外资金额18.55亿美元，以商务部人民币口径统计为124.74亿元，增长100.36%；实际吸收外资金额5.35亿美元，以商务部人民币口径统计为35.2亿元，增长53.17%。其中，制造业实际吸收外资24.35亿元，比上年增长92.19%。

产业园区建设　江门大型产业集聚区（简称集聚区）是广东省委、省政府谋划建设的省大型产业集聚区，规划总面积1395平方千米，可新增连片开发面积625.32平方千米，起步区245.3平方千米，是全省新一轮布局面积最大、可连片大规模开发的产业集聚区。集聚区分为北、东、南三大组团，将按照“统一规划、统一管理、统一开发，组团发展、分步实施”的思路开发建设，打造大湾区制造业高质量发展主战场。重点发展新一代电子信息、高端装备制造、生物医药与健康等三大主导产业，兼顾发展新材料、新能源等优势特色产业。2022年，集聚区完成规上工业总产值超3300亿元，实现增加值824.37亿元，占全市规上工业增加值60.6%。北组团片区主要与中欧合作，建设国家级中欧（江门）中小企业国际合作区。加快建设珠西国际物流中心，开通中欧班列和东南亚货运铁路班列；合作建设双元制教育中心，规划建设欧企服务中心、创业中心，打造国际化特色产业新城。面积619平方千米，包括蓬江产业园、新会智造产业园、银洲湖循环经济示范基地、台山工业新城、开平翠山湖科技产业园、鹤山工业城，重点发展高端装备制造、生物医药与健康、智能家电等战略产业集群。2022年，北组团完成规上工业总产值1864.67亿元，实现增加值431.54亿元。东组团片区主要与深圳江门合作，建设“总部+基地”“研发+生产”深度分工合作示范区，为珠江口东西两岸融合发展提供范例。面积481平方千米，包括国家高新区、广东轨道交通装备产业园、珠西新材料集聚区，重点发展新一代电子信息、新能源汽车、高端装备制造、安全应急与环保、新材料等战略产业集群。2022年，东组团完成规上工业总产值1235.55亿元，实现增加值330.49亿元。南组团片区主要与港澳、RCEP成员国合作，共建大湾区宜业宜居宜游的产业示范区。打造具有港澳风情的滨海新城，为港澳同胞、RCEP成员国侨胞来江门发展提供更大平台。面积295平方千米，包括粤澳（江门）产业合作示范区、广海湾产业区、银湖湾滨海新区，重点发展生物医药、节能环保、智能机器人、海洋工程装备、现代农业与食品等产业集群。2022年，南组团完成规上工业总产值201.50亿元，实现增加值62.34亿元。

国家创新型城市建设 2022年，江门市加快建设国家大科学装置江门中微子实验室，加快建设江门双碳实验室，构建“实验室+产业园”政产学研融通发展新模式。国家政法智能化技术创新中心江门市域社会智慧治理应用示范基地、纺织材料粤港联合实验室等一批科研机构挂牌，江门国家农业科技园区通过科技部验收，台山、鹤山农业科技园区先后获批建设省级农业科技园区。深化与中科院生物物理所、中科院高能物理所、中科院大学等大院大所合作，加快中德（江门）人工智能研究院、省科学院江门产业技术研究院建设。国家高端外国专家项目和珠江人才计划取得突破，国家、省高端人才项目等获得立项超20项。出台推进粤港澳大湾区人才高地建设“十八条”，引进外国人才435人，其中境外高端人才223名，外国高端人才占外国人才总量的51.26%，居全省第二位。2022年创新创业大赛获得国赛优秀奖2项，入围省赛数量居全省第三位。全市在省内率先发起并推动与澳门科学技术发展基金合作，并成为粤澳科技创新联合资助地市联动项目（每个项目资助100万元）首批试点市之一，申报的广陈皮种植项目获2022年粤澳科技联合资助地市联动项目立项资助。江门翠山湖高新区、江门鹤山高新区在省级高新区综合评价排名前列。五邑大学化学、材料科学与工程学两个学科进入世界ESI前1%学科，入选US News世界一流学科。开展首届“侨都最美科技工作者”“侨都科普大使”评选活动，推出7条科技产业科普线路。全国首创企业质量提升创新中心，5家企业被认定为江门市首批创新中心。全省首推“侨都质量贷”专属质量金融产品“邑质融”，打造质量融资增信“江门样板”。创新采用“金融+科技”模式，与6家银行签约开展“邑科贷”业务，全市现有科技支行37家。全国首批科技创新再贷款落地，撬动贷款近60亿元，规模全省前列。推动3家高新技术企业在境内上市融资，实现科创板上市企业零的突破。推动社会力量设立“无限创新”江门科技奖（奖金数额居全省前列），增设具有侨乡特色的合作交流奖。省科学院江门产业技术研究院构建“一院+多中心”服务网络，在全市6个县（市、区）建立公共技术服务平台，建设产学研协同创新中心37家，建设运营孵化器3个，入孵企业超60家。

基础设施建设 2022年，江门市融入国家高铁网，江门站于2022年4月首次开行经武汉、郑州至济南方向始发车，实现江门与华中、华北地区的高铁直达。开通国际班列，江门北站凭借优越的区位条件、多样化立体的交通网络、成熟完善的站场配套设施为基础，推进开通中欧及东南亚班列，截至2022年底，江门北站开行5趟中老班列和6趟中欧班列，支持辖区企业实现通过中欧、中老国际班列扩大对RCEP成员国以及共建“一带一路”国家和地区贸易。开通运营江门北—深圳盐田港、珠海高栏港—江门北班列，南沙港铁路建成通车，全力打通粤港澳大湾区海铁联运“最后一公里”。深圳至江门铁路全线开工，珠肇高铁珠江段于2022年

8月取得初步设计批复，完成江门段动工前各项准备工作，广佛江珠城际广州芳村至江门段项目被纳入国家发展改革委和财政部批复的亚投行2022—2024年贷款规划备选项目名单，获得国际银行4亿美元贷款额度。中开高速江门段、江门大道南东线等高快速路建成通车，内联外通的高速直达骨架网逐步建成。台山核电3号、4号机组项目被列入《国家核电中长期发展规划（2005—2020年）》《“十四五”现代能源体系规划》等国家相关规划，纳入《广东省能源发展“十四五”规划》开展前期工作项目。江门广海湾LNG省储备集散基地项目基本完成前期工作，列入《粤港澳大湾区能源协同发展规划》《广东省能源发展“十四五”规划（2021—2025年）》，码头港址列入《关于全国沿海与长江干线液化天然气接收站码头布局发展的意见》的资源储备港址。

创新政务服务　2022年，江门市采取“远程视频+自助服务+人工服务”的服务模式，将政务服务体系和窗口延伸至港澳地区，便利港澳企业和群众“零出关”即可办理超500项江门市高频服务，在全国首创地级市政府在境外设立综合性政务服务专区，港澳跨境通办案例入选首批大湾区规则衔接机制对接典型案例。与深圳市蓝海法律查明和商事调解中心签订合作框架协议，共建市域外法律查明和涉外法律服务中心。探索“全省办、跨境办、在线办、自助办”的大湾区人社服务新模式，全国率先在港澳地区设立人力资源和社会保障服务点，为港澳居民提供“当地”的人社服务窗口。创新设立“境外优才服务专区”，实现外国人工作许可和居留许可“一窗受理、并联审批”，办证时限从14个工作日压缩到7个工作日。推动实施在广东省内工作生活的港澳台居民居住年限在江门累计认可，为港澳台居民办理港澳台居民居住证提供切实便利。设置“24小时车管所”办证厅，为港澳居民提供方便两地往来及车驾管便利服务。

创新金融服务　2022年，江门市依托中国银行、工商银行等金融机构和“江门—港澳跨境通办政务服务专区”，在全国首创江门不动产登记离岸远程智能办理，将“办证窗口”搬进港澳地区，实现港澳居民不出关办理江门不动产转移、抵押等登记业务。出台全省唯一的《跨境融资专项资金管理办法》，支持江门辖区企业与港澳地区的跨境融资及跨境人民币业务发展。办理全省首笔落地的境外股东运用境外资金认购境内企业发行可转债业务。推动全省首笔“进口双保理”业务落地。与澳门加强金融合作，开展江澳跨境金融领域企业信用评级标准研究，推动港澳、江门商协会、企业和知名评级机构联合发布《企业信用评级标准》，便利企业通过信用评级在大湾区尤其是港澳开展跨境融资，助力港澳银行拓展内地业务。澳门银行机构通过信用评级方式已为2家江门企业授予跨境信贷额度。

创新知识产权保护跨区域协作　2022年，牵头推动珠三角九市签订《跨区域知识产权保护合作框架协议》，建立知识产权会商、信息共享、执法协作、纠纷调解、资源共享、联合宣传培训、地理标志联动保护等七大机制，形成跨区域知识产权一体化保护格局。全省首创知识产权纠纷行政调解协议司法确认无缝衔接机制，开设知识产权海外侵权责任保险。

现代产业体系加快形成　2022年，拓展战略性支柱产业规模。智能家电、现代轻工纺织、生物医药与健康、现代农业与食品等战略性支柱产业集群发展壮大，培育出现代农业与食品、现代轻工纺织、先进材料3个超千亿元产业集群。组建广东首个地级市预制菜产业联盟，建设侨都预制菜产业园，打造国内一流绿色健康食品产业基地。战略性新兴产业加快发展。引进总投资200亿元的中创新航60亿瓦时动力电池及储能系统江门基地项目，逐渐形成“关键材料生产、新能源动力电池生产、废旧电池回收”产业体系。新能源电池、智能装备、船舶与海工装备、硅能源等产业链规上工业增加值分别比上年增长13.6%、20.2%、61.9%、45.5%，成为全市工业经济新增长点。数字化智能化改造步伐加快。与华为公司合作共建工业互联网创新中心，组建2022年第一批江门市制造业数字化转型产业生态供给资源池，55家服务商入选，新增5个国家级制造业数字化转型示范案例，3个省级标杆项目，推动200多家企业数字化转型。

生态文明建设持续向好 2022年，江门市河湖长制工作考核居全省第一位，鹤山获国务院督查激励推荐，恩平创建全国生态文明建设示范区，开平孔雀湖国家湿地公园通过国家试点验收，“侨都锦田”土地综合整治项目入选省国土空间生态修复“十大范例”，碧道建设提前三年完成省任务。恩平市创建第六批生态文明建设示范区，开平市获“2022年全国绿水青山就是金山银山实践优秀城市”称号。生态环境质量持续提高，主要考核指标$PM_{2.5}$浓度创有监测记录以来的最好水平，连续三年优于世界卫生组织第二阶段目标，大气主要污染物排放量实现持续下降”。低碳“无废城市”加快建设，推进新会区整县屋顶分布式光伏全国试点。“十三五”江门市单位地区生产总值能耗下降17.62%。江门市入选国家“十四五”时期“无废城市”建设名单。绿色发展持续推进，成立江门首个生态产品交易中心——恩平生态产品交易中心。全市27家被纳入国家碳交易市场企业名单全部完成温室气体排放报告编制，81个基层污染防治项目纳入上级环保专项资金储备库，争取到补助资金1.15亿元。恩平被列为省级首批生态价值实现机制试点。

（江门市农业农村局；江门市商务局；江门市工业和信息化局；江门市发展和改革局；江门市人民政府地方志办公室）

【肇庆市】 肇庆市位于广东省中西部，粤港澳大湾区的西北部。总面积1.49万平方千米。2022年末户籍人口458.35万人；常住人口412.84万人，其中城镇人口215.25万人。2022年，肇庆市落实“疫情要防住、经济要稳住、发展要安全”的重要要求，坚持实体经济为本、制造业当家，抢抓“双区”和横琴、前海、南沙三大平台建设重大机遇，统筹推进疫情防控和经济社会发展，聚焦建设珠三角核心区西部增长极和粤港澳大湾区现代新都市“两个定位”，实施“四个振兴”，推进“六个建设”，经济社会保持平稳健康发展。

经济发展 2022年，肇庆市地区生产总值实现2705.05亿元，比上年增长1.1%。其中第一产业增加值486.46亿元，增长3.9%；第二产业增加值1126.94亿元，增长1.1%；第三产业增加值1091.65亿元，下降0.3%。社会消费品零售总额1117.07亿元，下降3.8%。固定资产投资1585.76亿元，下降14.9%。外贸进出口总额385.65亿元，下降4.9%；实际吸收外资11.06亿元，增长36%。一般公共预算收入160.83亿元，增长9.8%。金融机构本外币各项存款、贷款余额分别为3429.96亿元和2939.68亿元，分别增长12.4%和11.4%。居民消费价格指数上涨2.3%。

现代服务业 2022年，肇庆市服务业实现增加值1091.65亿元，比上年下降0.3%。怀集寻源谷、牛仙谷、德庆巢顶茶业公园、封开黄岩洞等成功创建国家AAA级旅游景区，温德姆至尊酒店、嘉虹酒店、侨邦国际酒店等品牌酒店建成开业，端州石牌里、紫荆西堤文创街、岩前蓝带啤酒体验馆（绮岩小馆）等文旅消费项目建成开放，牌坊广场、岩前村、火车站综合体相互间水上游船线路开通；新增启动建设鼎湖区“鹭鸟天堂·唯美沙浦”等8条乡村振兴示范带。举办“惠民消费月”等活动，发放3000万元肇庆欢乐购消费券，新增限额以上商贸企业122家。举办第二届广东民宿大会暨肇庆首届民宿产业峰会，新引进民宿项目20个，推出“民宿贷”并向市民宿协会及会员单位授信10亿元。

生态环境 2022年，肇庆市空气、水环境质量排名居全国前列。农村生活污水治理率达65%以上，城区环境空气质量优良天数比例86%，环境空气综合指数居全国重点城市第19位。省考以上断面水质全部达标，其中国考断面水质居全省首位、全国第18位，县级以上饮用水源地水质均达Ⅱ类标准。完成生态修复造林6533.33公顷，启动实施国家储备林基地一期项目。德庆在全省率先获批国家林业产业示范园区。广宁县成为全国生态文明建设示范区。

乡村建设 2022年，肇庆市实施农村垃圾、污水、厕所“三大革命”，9943个自然村达到美丽宜居村标准、371个达到特色精品村标准。“鹭鸟天堂·唯美沙浦”等8条乡村振兴示范带启动建设。四会市成为“四好农村路”全国示范县。怀集县下帅乡成为全国民族团结进步示范区示范单位。驻镇帮镇扶村成效显著，全市累计筹集帮扶资金超31亿元、落实各类帮扶项目1716个，带动5.8万农户增收，推动231个村级集体经济年经营性收入超10万元，全市没有出现规模性返贫现象。

惠民保障 2022年，肇庆市财政投入民生类支出303亿元，占一般公共预算支出的76.3%。基本医疗保险参保率持续稳定在98%以上，发布首款普惠型商业补充医疗保险“肇福保”，全市参保人数49.5万人，保费金额超7000万元。城乡最低生活保障标准提高到每人每月883元，城乡补差水平分别提高到每人每月693元、521元；特困供养人员基本生活标准提高到每人每月1413元以上；困难残疾人生活补贴和重度残疾人护理补贴分别提高到每人每年2256元、3024元。及时发放一次性生活补贴，落实乡镇临时救助备用金，实施临时救助1055人次，累计支出159.72万元。加大生活无着流浪乞讨人员救助力度，全年累计救助困难群众473人次。按时足额为优抚对象发放抚恤优待金、生活补助和临时价格补贴。开工改造城镇老旧小区51个，认定绿色社区62个。退役军人服务保障提质增效，推动退役军人自主就业创业率达96%以上，将肇庆复退军人医院建设成为医养结合区域型优抚医院。

平安法治建设 2022年，肇庆市防范化解重点领域风险，做好房地产保交楼、保民生、保稳定工作，问题楼盘销号率94%，涉问题楼盘信访量大幅下降。有效解决农民工欠薪等问题。金融保持稳健运行。市域社会治理现代化试点工作扎实开展，社会治安防控体系进一步完善，常态化开展扫黑除恶斗争、严厉打击毒品、实施“全民反诈”、反偷渡反走私、道路交通安全治理等工作取得成效，全市刑事案件立案数比上年下降8.96%，电信网络诈骗警情下降1.11%，道路交通事故起数、死亡人数分别下降9.98%、16.77%。健全应急管理、安全生产和食品药品监管等机制，实施城镇燃气、自建房安全等专项整治，生产安全事故宗数和受伤、死亡人数均比上年有所下降。抗御历史性“龙舟水”和北江超百年一遇特大洪水冲击，防灾减灾救灾能力持续提高。推进依法行政，严格规范公正文明执法，巩固提升全国法治政府建设示范市创建成果。深化司法体制综合配套改革，提升司法公信力。推动全民尊法学法守法用法，开创法治社会建设生动局面。加强网络安全防护设施和网络安全人才队伍建设，构建数字政府网络安全保障体系。

（肇庆市人民政府地方志办公室）

·责任编辑　何文倩·

年度关注

贯彻落实《南沙方案》

2022年6月6日，国务院印发《广州南沙深化面向世界的粤港澳全面合作总体方案》（简称《南沙方案》），支持广州南沙打造成为立足湾区、协同港澳、面向世界的重大战略性平台。加快广州南沙粤港澳重大合作平台建设，是贯彻落实《粤港澳大湾区发展规划纲要》的战略部署，是建设高水平对外开放门户、推动创新发展、打造优质生活圈的重要举措。

一、方案内容

《南沙方案》的总体要求是以习近平新时代中国特色社会主义思想为指导，全面贯彻落实党的十九大和十九届历次全会精神，坚持稳中求进工作总基调，完整、准确、全面贯彻新发展理念，加快构建新发展格局，全面深化改革开放，坚持创新驱动发展，推动高质量发展，坚持以供给侧结构性改革为主线，坚定不移贯彻“一国两制”方针，深化粤港澳互利共赢合作，厚植历史文化底蕴，加快建设科技创新产业合作基地、青年创业就业合作平台、高水平对外开放门户、规则衔接机制对接高地和高质量城市发展标杆，将南沙打造成为香港、澳门更好融入国家发展大局的重要载体和有力支撑。《南沙方案》的实施范围为广州市南沙区全域，总面积约803平方千米。按照以点带面、循序渐进的建设时序，以中国（广东）自由贸易试验区南沙片区的南沙湾、庆盛枢纽、南沙枢纽3个区块作为先行启动区，总面积约23平方千米。充分发挥上述区域依托交通枢纽快捷通达香港的优势，加快形成连片开发态势和集聚发展效应，有力带动南沙全域发展，逐步构建“枢纽带动、多点支撑、整体协同”的发展态势。两个阶段发展目标，分别是到2025年，南沙粤港澳联合科技创新体制机制更加完善，产业合作不断深化，区域创新和产业转化体系初步构建；青年创业就业合作水平进一步提升，教育、医疗等优质公共资源加速集聚，成为港澳青年安居乐业的新家园；市场化法治化国际化营商环境基本形成，携手参与“一带一路”建设取得明显成效；绿色智慧节能低碳的园区建设运营模式基本确立，先行启动区建设取得重大进展。到2035年，南沙区域创新和产业转化体系更趋成熟，国际科技成果转移转化能力明显提升；生产生活环境日臻完善，公共服务达到世界先进水平，区域内港澳居民数量显著提升；国际一流的营商环境进一步完善，在粤港澳大湾区参与国际合作竞争中发挥引领作用，携手港澳建成高水平对外开放门户，成为粤港澳全面合作的重要平台。五大重点任务是分别是建设科技创新产业合作基地，创建青年创业就业合作平台，共建高水平对外开放门户，打造规则衔接机制对接高地，建立高质量城市发展标杆。

二、贯彻落实

广州市建立统筹推进机制，成立市领导小组和10个专项小组，细化落实重点任务安排，制定市层面贯彻落实《南沙方案》、“1+3”政策体系，市实施方案经市委全会审议通过并以市委、市政府名义印发实施，梳理制定12项重大政策、252项重大事项、60项重大项目三张清单。

学习宣传。广州市先后召开市委全会、市委常委会、市委理论学习中心组学习会、全市动员大会、专题研讨班等重大会议，专题部署贯彻落实《南沙方案》相关工作。印发学习宣传贯彻《南沙方案》的通知，开展《南沙方案》传达学习和专题研究部署。举办市级和正局级领导干部专题研讨班、市管干部研讨班以及政策宣讲活动。配合筹备国家、省新闻发布会以及组织召开市层面新闻发布会。

政策资金保障。至2022年底，南沙港澳居民个税优惠政策、南沙企业享受15%所得税优惠政策和高新技术企业延长亏损结转年限政策落地。南沙新增贯彻落实《南沙方案》100亿元专项债额度单列落实，广州争取到的800亿元专项债中有145亿元落地南沙、全市最多。广州数据交易所正式揭牌，中科院南海海洋研究所落户等标志性事项基本落实。60个重大项目总投资2174亿元，各个项目前期工作有序推进，广丰五线、南砂晶圆、芯聚能一期等项目建成。

科创基地建设。高水平建设南沙科学城，南沙科学城总体发展规划上报省政府，冷泉生态系统研究装置建设进入可行性研究阶段，南方海洋科学与工程广东省实验室（广州）被列入崂山国家实验室基地方案。创新科技合作机制，以香港科技大学（广州）为试点推进科研用物资跨境试点，香港科技大学（广州）纳入第二批享受“十四五”科技创新政策高等院校名单。

人才流通。南沙区出台支持港澳青年创业就业“新十条”措施，以“创享湾”为龙头，经人社部门认定的6个创业孵化基地累计入驻项目1198个，带动就业9000余人次。举办香港科技大学百万奖金（国际）创业大赛广州赛区决赛，组织港澳青年参加“百企千人”“优职英才”港澳青年实习计划，推动境外人才便利执业，港澳涉税专业人士、港澳导游及领队在南沙便利执业获人力资源社会保障部批复同意。

城市标杆建立。南沙湾、庆盛枢纽、南沙枢纽、明珠湾等重点片区建设全面提速，香港科技大学（广州）、民心港人子弟学校正式开学，港式国际化社区建设加快推进，中山大学附属第一（南沙）医院即将启用。地铁18号线（首通段）、南沙大桥、明珠湾大桥等建成，深中通道、深茂铁路、狮子洋通道等加快推进，大湾区“半小时交通圈”不断完善。强化生态环境联建联防联治，南沙新区被列为生态环境部公布的首批气候投融资试点，完成南沙区创建国家生态文明建设示范区规划初稿和专家咨询。

（广州市发展改革委）

横琴粤澳深度合作区建设

2022年，中共广东省委横琴工委、省政府横琴办推动《横琴粤澳深度合作区建设总体方案》（简称《总体方案》）目标任务落实，为横琴粤澳深度合作区（简称合作区）建设发展营造健康稳定的良好环境。

一、完善合作区“四共”新体制

2022年，合作区主动对接、靠前服务。落实跨机构会议制度。建立每月重大事项通报、工作信息报送机制，重大事项及时沟通意见。完善协调联络机制。组建包括省派出机构和执委会相关机构负责人工作小组，建立常态化联络沟通机制，确保工作及时推进。推动个人所得税、企业所得税“双15%”优惠等重大政策落地。推动《合作区发展促进条例》制定出台。制定《合作区建设实施方案》《合作区总体发展规划》等重大文件，为合作区发展奠定基础。

二、保障改善民生，拓展便利澳门居民生活新空间

2022年，合作区推进重点民生项目建设。

加快推进“一线”口岸和“二线”通道基础设施，以及澳门新街坊等重点项目建设，全面放开澳门非营运小客车入出合作区配额。创新社会治理模式。构建以琴澳社会组织为主体的社区联动服务模式，探索粤澳社会工作者职业资格互认及双向跨境执业。引入爱国爱澳社团参与服务，至年底，澳门街坊总会在横琴累计服务30万人次，其中澳门居民4万人次。构建澳门居民、澳门社会组织共同参与的社区治理事项机制，支持澳门居民参选居委会非户籍委员。深化琴澳民生交流。组织80多批澳门社团、4000多名澳门居民到合作区参访交流，加深澳门居民对合作区的了解。开展东西部协作。琴澳共担国家乡村振兴战略，落实对口协作任务，实施合作区·正安县东西部协作三年行动方案。

三、防范化解重大风险，确保社会大局和谐稳定

2022年，合作区构建合作区国家安全体系，构建与珠海市联动工作机制，开展宗教治理、禁毒、反诈、“双反”（反走私、反偷渡）等专项行动，确保合作区国家安全和社会稳定。针对性开展国家安全系列宣传教育活动，推动合作区国家安全教育全覆盖。组建合作区疫情防控指挥部，协同珠海、澳门做好新冠疫情防控工作。构建合作区应急工作机制和指挥体系，完成首次全国自然灾害综合风险普查，成功应对多轮强降雨和台风影响。深化琴澳司法交流协作。创新跨境纠纷多元化解机制，完善港澳陪审员参审和特邀调解员制度，调解涉澳纠纷375件。成立“涉澳案件检察官办公室”，专责办理合作区澳门企业和澳门居民刑事案件。

（广东省政府横琴办）

推进金融服务粤港澳大湾区建设

2022年，广东银保监局贯彻落实《粤港澳大湾区发展规划纲要》有关部署，推进银行业保险业高水平对外开放，服务粤港澳大湾区高质量发展。至年底，粤港澳大湾区内地银行业总资产31.83万亿元，比上年增长9.9%；各项贷款余额21.93万亿元，增长10.6%。保险业总资产1.86万亿元，比上年增长11.0%；提供风险保障金额1609.2万亿元。

一、推进制度型开放，促进大湾区金融规则衔接机制对接

2022年，广东省完善“一体两翼四地”工作机制。成立推进粤港澳大湾区、横琴合作区及南沙重大合作平台建设专项工作小组，建立特色化统计体系，以工作小组“一体”统领系统资源和市场力量“两翼”，形成“上下联动、齐抓共管、信息汇聚、交流合作”格局，出台金融支持大湾区建设意见和系列配套措施。举行粤港澳深四地保险监管联席会议，围绕大湾区保险监管实践、规则衔接、跨境合作等方面达成共识。推进粤港澳大湾区保险服务中心、大湾区国际商业银行设立，探索建立“一地调解、四地互认、四地执行”的金融纠纷调解合作机制。加强系统谋划，推动横琴粤澳深度合作区建设，制定实施方案，明确21项任务措施。配合出台“横琴金融30条”，联合横琴金融发展局研究合作区未来监管制度和合作安排。合作区内银行业各项贷款比上年增长29.8%，其中涉澳企业贷款增长82.91%；合作区金融业增加值增长8.1%，占比35.5%，税收贡献30.7%。支持广州南沙重大合作平台建设，配合出台广州南沙深化面向世界的粤港澳全面合作实施方案。南沙片区银行机构各项贷款比上年增长30.6%。加强制度创新，指导创新大湾区专属重疾险及跨境医疗险产品，累计为12.59万人次提供保险保障超千亿元。其中，“创新粤港澳大湾区专属重疾险”入选“粤港澳大湾区规则衔接机制对接20个典型案例”。2022年12月20日，粤澳跨境车险“等效先认”制度落地实施。探索“跨境保险通”，成立课题研究组，系统研究相关法律法规及各类跨境互联互通经验做法，开展实地调研并形成研究报告。

二、开展跨境金融合作，助力金融市场互联互通

2022年，先行先试落地多项全国首创业务试点。“跨境理财通”试点落地。广东银保监局联合5个部门出台实施细则，推动试点落地，成为全国实施个人资本项目可兑换的重要实践。配套制定业务监管方案，支持辖内26家试点银行的2500多个网点开展试点业务，累计发生业务1.65万笔，金额22亿元，实现大湾区城市全覆盖。创新跨境车险服务。搭建“粤港澳三地用车生活”保险生态圈，首创“三地保单一地购买”跨境车险便民投保服务，车主可直接向当地保险公司提交内地交强险投保资料，由粤港澳三地保险公司相互提供投保服务，累计承保港澳跨境机动车辆5.86万辆次。促进便民惠企创新。全国首创“医保一站通”业务，累计为4.75万名澳门居民办理医保参保业务，解决澳门居民跨境办理医保跑点多、时间长、手续杂等难题。推动横琴在全国率先开展跨境住房按揭贷款业务，累计办理相关业务结汇11亿美元。推动发行国内首单在澳门本地登记、托管清算并上市交易的公司债券，开创非澳企业澳门发债的全新模式。

三、提升发展动能，金融活水赋能湾区实体经济高质量发展

2022年，广东省推进“险资入粤”。搭建政府部门、监管机构、保险企业、融资主体四位一体的“险资入粤”平台，开展“保险资金支持实体经济活动”，举办线上投融资项目发布会，引导保险资金优先投资广东和大湾区。保险资金累计投资广东省余额（含股票）2.19万亿元，比上年增长14.66%；其中，在大湾区内地城市累计投资余额2.12万亿元，增长14.48%。助力大湾区国际科创中心建设。研究制定推进科技金融深度融合实施意见，联合印发知识产权质押登记线上办理试点实施方案，实现辖内20个地市全覆盖，知识产权质押贷款余额比上年增长1.40倍。加强金融资源精准投放，辖内银行机构设立超百家科技支行和科技特色支行，高新技术企业贷款余额超过9500亿元，其中信用贷款、中长期贷款余额占比分别为30%和43%。发展科技保险、首台套保险、新材料保险，累计提供风险保障1.78万亿元，比上年增长13.8%。推动人保财险成立粤港澳大湾区知识产权保险中心。加快推动湾区绿色金融改革创新。制定推进广东银行业保险业绿色金融发展指导意见，创新建立绿色保险统计制度，支持设立全国首家气候支行、全国首家零碳网点，支持建设银行参与发起设立粤港澳大湾区碳金融实验室。引导银行机构加大对绿色交通、可再生及清洁能源、新能源等领域信贷支持力度，辖内主要银行机构绿色信贷余额1.5万亿元，比上年增长57.2%，绿色保险风险保障超万亿元。支持发展特色金融服务业。支持横琴合作区发展科技研发和高端制造、中医药产业、文旅会展商贸产业等“三新”产业，为包括中医药产业园在内的横琴项目累计引入境外贷款超百亿元，文旅会展商贸产业相关贷款比上年增长54.51%。支持南沙航运业壮大发展，推动南沙建成上线全国首个航运保险要素交易平台，完成线上交易保单3305单，累计实现保费1.19亿元，风险保障金额超347亿元。

（广东银保监局）

促进澳门经济适度多元发展

2022年，横琴粤澳深度合作区将发展产业作为促进澳门经济多元、吸引澳门居民就业生活的重要基础性工作，持续推出利好政策和务实举措。

一、谋划布局科技研发和高端制造产业

2022年，合作区出台促进集成电路产业发展措施，粤澳集成电路设计产业园投入运营，采用“行业智库+产业基金+专业园区”的“三轮驱动”发展模式，引进芯潮流、极海半导体等

40余家重点集成电路企业，全年集成电路规上企业营收26.91亿元，比上年增长20.8%。芯耀辉、一微半导体等6家集成电路企业与澳门大学集成电路国家重点实验室共建联合实验室。中国—葡语系国家技术交流中心落户琴澳。澳大研究院获得广东省新型研发机构认定，澳科大研究院与盈科瑞等企业开展产学研合作。广东省智能院完成实验室建设，引入超百名科研人员实地办公，启动研究脑机接口、类脑超算晶圆等前沿项目。先进智能超算中心加快建设。抢抓数字经济发展新机遇，出台支持元宇宙发展10个方面税收措施，协同澳门共同培育元宇宙生态链，打造"一基两翼＋四个空间+N个配套活动"元宇宙超级试验场。区内国家级和省级科技创新平台增至31个，比上年增长55%，国家级高新技术企业326家；有效发明专利2432件，增长18.23%。推进琴澳跨境人才工程，发起设立澳门产业技术研究院，推进国家海外人才离岸创新创业基地建设，启用广东省博士博士后创新（横琴）示范中心，举办"高层次人才横琴行""博士博士后交流会"等招才引智活动，累计引进院士8名、国家重大人才工程入选者121人。

二、做大做强中医药等澳门品牌工业

2022年，合作区出台支持生物医药大健康产业高质量发展政策，加快中医药研发制造，着力打造"澳门注册＋横琴生产"品牌。引进太平资本优化粤澳合作中医药科技产业园管理，联邦制药、丽珠、广药等一批龙头生物医药企业进驻园区。依托澳门"离岛医院"，携手澳门共建"医疗＋旅游"大健康产业。围绕澳门品牌工业领域中小企业发展需求，研究制定支持澳门品牌工业和相关企业发展的政策举措，探索实施"工业上楼"模式，吸引和支持澳门品牌中小企业入驻。

三、稳步发展现代金融业

2022年，合作区金融政策体系初步搭建，出台促进金融产业发展综合性政策，实施上市挂牌扶持、企业赴澳发债及促进中小微企业融资等4类专项政策。在中基协存续登记的私募基金管理人566家，管理规模超6100亿元，发挥"以投带引"资本招商作用，为合作区引入人工智能、集成电路等领域优质项目。

四、协同拓展文旅会展商贸产业

2022年，合作区对接澳门编制文旅、会展、商贸产业三年行动计划。深化琴澳珠文旅产业合作，发布首批"琴澳联合旅游产品"，推出澳门人游横琴推广套餐，联合珠海研究开展跨境周边海岛游产品设计。开通"文旅横琴"官方公众号，全面加强琴澳"一程多站"旅游品牌宣传。创新"一会展两地"模式，成功举办首届中国（澳门）国际高品质消费博览会暨横琴世界湾区论坛。探索商贸发展新路径，成立推动澳门国际机场发展琴澳集成电路与电子元器件交易业务专班，促进琴澳陆空物流一体化。横琴综合物流中心土地挂牌出让，助力澳门商贸物流产业扩容增质。推出"横琴欢乐购"消费券活动，持续推动文旅消费市场稳步复苏。

五、推进重点项目集中签约

2022年，合作区推进2021年签约的12+1个重点项目。其中，中国太平保险集团、ISEWAVE芯潮流、极海半导体、广东省智能科学与技术研究院、分子态中医药健康产业、粤澳半导体基金、广东省集成电路基金武岳峰7个项目在横琴落地并开展实质性经营，中国电子网信产业国际创新中心、横琴中药新药技术创新中心、横琴达安国际创谷、空中客车直升机中国总部、恒健航空产业基金及飞机租赁5个项目取得初步进展。

（横琴粤澳深度合作区经济发展局）

·责任编辑　何文倩·

大事记

1月

1日　《区域全面经济伙伴关系协定》（RCEP）生效。是日，广州市为多家企业开出 RCEP 项下原产地证书，其中南沙自贸区企业沙多玛（广州）化学有限公司获全国首批、广东省首份 RCEP 原产地证书；深圳市有 10 家企业同获 RCEP 原产地证书共 28 份；江门市举办“华商对接 RCEP 经贸合作江门峰会”，发出全球首份华商对接 RCEP 经贸合作“江门倡议”。

1日　珠海市横琴长湾隧道、大横琴山隧道启用，横琴国际居住区海绵城市系列公园开放。

1日　数据显示，截至 2021 年 12 月 31 日，横琴粤澳深度合作区新设澳资企业比上年增长超三成。

1日　粤港澳大湾区（广东）武术交流中心在佛山市南海区西樵镇揭牌成立。

3日　香港特别行政区第七届立法会举行议员宣誓仪式。

4日　中国政府网发布信息称，经国务院批准，国家外汇管理局在上海自由贸易试验区临港新片区、广东自由贸易试验区南沙新区片区、海南自由贸易港洋浦经济开发区、浙江省宁波市北仑区等区域开展跨境贸易投资高水平开放试点。

4日　深圳市前海国际人才港、深港国际法务区启用。

4日　香港特别行政区立法会秘书处宣布，议员梁君彦当选香港特区第七届立法会主席。

4日　珠海市珠机城际二期横琴隧道无砟道床首件浇筑完成。

6日　数据显示，截至 2021 年 12 月 31 日，深圳跨境人民币结算首次突破 3 万亿元。

6日　投资 318 亿元的国际数据自贸港项目落户广州市南沙区。

6日　深中通道东人工岛主线堰筑段隧道封顶。

6日　江门市国资委与广东恒健投资控股有限公司在江门市人才岛举行江门市新兴产业投资基金成立签约仪式。

7日　广东省政协、贵州省政协座谈会在广州召开，双方签署合作框架协议。

7日　《“一问二答”珠澳两地法律指引手册》发布。

7日　广州地铁 7 号线西延顺德段工程通过竣工验收。该线路全长 13.4 千米，设美的大道站、北滘公园站、美的站、南涌站、锦龙站、陈村站、陈村北站、大洲站8座车站。

8—16日　中国（广州）国际纪录片第八届金红棉影展在广州、深圳同步举办。该届影展主题为“蜕”，展映近30部各类优秀中外纪录片，包括21部首映影片、3部IMAX影片、1部动画纪录片。

10日　财政部、国家税务总局联合印发《财政部　税务总局关于横琴粤澳深度合作区个人所得税优惠政策的通知》，2月28日广东省财政厅、国家税务总局广东省税务局转发该通知。该通知自2021年1月1日起执行，至2025年12月31日止。

11日　深圳印发《深圳市境外职业资格便利执业认可清单》。

12日　佛山、东莞成功创建国家创新型城市，是继广州、深圳之后，大湾区又新增的两座国家创新型城市。

12日　香港交易所宣布与深圳证券交易所签署一项战略合作补充协议，以加强两地市场互联互通，共同推进粤港澳大湾区建设。

12日　香港特别行政区第七届立法会举行首次会议，国徽区徽首次同时亮相会议厅。

12日　第十九届中国土木工程詹天佑奖获奖名单公布，大湾区地区有广州市轨道交通14号线一期工程、横琴第三通道、广州市资源热力电厂项目（第三、第四、第五、第六资源热力电厂）、珠海翠湖香山国际花园地块五（一期、二期）4个项目获奖。

15日　澳门特别行政区行政长官、珠海市委书记共同主持召开珠澳联防联控工作视频会议。

16日　广东省十三届人大常委会第三十九次会议表决通过《广东省外商投资权益保护条例》，该条例突出对外商投资的平等保护，规定在外商投资准入负面清单之外的领域，不得针对外商投资设置准入限制，是全国首个地方版外商投资权益保护条例。

18日　澳门金融管理局可为在澳发行的债券编配国际证券识别码。

18日　中国香港和智利在自由贸易协定下更新服务贸易承诺。

20日　2021年广东经济“成绩单”公布，成为首个地区生产总值破12万亿元省份。2021年东莞地区生产总值过万亿元，成为广东继广州、深圳、佛山之后第4座地区生产总值超万亿元的城市。

20日　中科富海（中山）低温装备制造有限公司1.5吨氢液化器出口加拿大发运仪式在中山市翠亨新区中科富海超低温科技园举行。该装置是国内首套氢液化出口产品。

22日　深圳出台《深圳前海深港现代服务业合作区港澳导游及领队执业备案暂行规定》。

22日　交通运输部、财政部、农业农村部、国家乡村振兴局联合印发通知，公布2021年“四好农村路”全国示范市、示范县名单，广州市番禺区、南雄市、佛山市高明区、廉江市、四会市入选示范县名单，佛山市、江门市、梅州市被评为“四好农村路”市域示范创建突出单位。

24日　《中国（广东）自由贸易试验区广州南沙新区片区开展跨境贸易投资高水平开放外汇管理改革试点实施细则》发布。

24日　深圳市中级人民法院裁定全国首例申请

认可和协助香港破产程序案。

24日 最高人民法院印发《关于支持和保障横琴粤澳深度合作区建设的意见》《关于支持和保障全面深化前海深港现代服务业合作区改革开放的意见》。

26日 “港珠澳跨境贸易全球中心仓”和“达安国际创谷”两大珠海对澳合作产业项目落地。

26日 国家发展改革委、商务部发布《关于深圳建设中国特色社会主义先行示范区放宽市场准入若干特别措施的意见》，推出六大领域24条市场准入特别措施。

27日 广州首个QDLP试点项目通过评审。QDLP是合格境内有限合伙人境外投资（Qualified Domestic Limited Partner）的英文缩写，QDLP试点是指允许通过设立私募基金的方式向境内投资者募集资金投资海外市场。

27日 香港特别行政区公务员学院举办首场“国家外交事务系列”讲座。

29日 《横琴粤澳深度合作区外商投资股权投资类企业试点办法（暂行）》施行。

29日 首家澳门独资医疗机构——珠海横琴臻林综合门诊部获横琴粤澳深度合作区颁发的执业登记证书。

29日 江门市人民政府与中创新航科技股份有限公司签署总投资200亿元的项目投资合作协议，中创新航生产基地落户江门市。

30日 广东21个市2021年经济数据全部发布，大湾区内地9个市地区生产总值破10万亿元。

30日 文化和旅游部网站公布首批国家级旅游休闲街区名单，广州市荔湾区永庆坊入选，是大湾区内地九市首个入选街区。

是月 深圳、珠海、中山三市联合印发的《关于开展社会救助政策区域统筹衔接创新试点实施方案》明确，在中山、珠海、深圳任一城市居住满3个月的三市户籍家庭可在居住地申办社会救助申请事项。

2月

5日 广东省人民政府网站发布《关于香港法律执业者和澳门执业律师在粤港澳大湾区内地九市执业管理试行办法》。办法规定，香港法律执业者和澳门执业律师通过粤港澳大湾区律师执业考试，由广东省律师协会集中培训并考核合格后，经广东省司法厅批准取得律师执业证书（粤港澳大湾区），在粤港澳大湾区内地九市执业。

6日 佛山市顺德区发布2021年经济运行情况，以11421.6亿元的工业总产值成为全国首个工业总产值超万亿元的市辖区。

7日 国家发展改革委、中央网信办、工业和信息化部、国家能源局复函同意粤港澳大湾区启动建设全国一体化算力网络国家枢纽节点。

8日 广东省省长王伟中在珠海主持召开推进横琴粤澳深度合作区建设工作协调对接会。

8日 广州市2022年重点项目计划公布。其中正式项目650个，年度计划投资3452亿元；预备项目130个，年度计划投资188亿元。780个市重点项目总投资4.55万亿元。

8日 广东省林业局公布第一批省级森林康养基地名单，肇庆市广宁县竹海大观森林康养基地上榜。

8 日　大型灭火 / 水上救援水陆两栖飞机“鲲龙”AG600-1003 架机发动机在珠海首次试车成功。

9 日　经广东省药品监督管理局审核，用于治疗年龄相关性黄斑变性（AMD）的新药（布西珠单抗）获批在珠海希玛林顺潮眼科医院使用。这是珠海获批引进的首个“港澳药械通”境外新药，也是该医院在全国范围内率先引进的眼科新药。

10 日　广东省推进粤港澳大湾区建设领导小组第七次全体会议在广州召开。

10 日　随着“惠海龙 07”号驳船自东莞驶抵深圳盐田港区，“莞盐组合港”正式运营，粤港澳大湾区组合港迎来新成员。

10—11 日　广东省人民政府横琴粤澳深度合作区工作办公室政法工作处举行“横琴粤澳深度合作区基层社会治理工作实践基地”授牌仪式，7 家单位成为首批实践基地入围单位。

13 日　“肇庆发布”载，鼎湖山发现棕脸鹟莺。经确认，该物种为鼎湖山鸟类分布新记录。

14 日　澳门特别行政区行政长官贺一诚到横琴粤澳深度合作区调研，并与深合区管委会、执委会领导举行新春座谈会。贺一诚在新春座谈会上表示，新的一年工作还很艰巨，但各方要用好深合区总体方案实施带来的重大历史机遇，粤澳两地携手以更务实的举措开创合作新模式和新体制，促进深合区建设尽快取得实质性进展和成效。

14 日　教育部、财政部、国家发展改革委公布第二轮“双一流”建设高校及建设学科名单，中山大学哲学、数学、化学、生物学、生态学、材料科学与工程、电子科学与技术、基础医学、临床医学、药学、工商管理，华南理工大学化学、材料科学与工程、轻工技术与工程、食品科学与工程，暨南大学药学，华南农业大学作物学，广州医科大学临床医学，广州中医药大学中医学，华南师范大学物理学入选。

15 日　《澳门特别行政区城市总体规划（2020—2040）》生效。

15 日　广东省人民政府网站发布《关于推进广东自贸试验区贸易投资便利化改革创新的若干措施》，提出 15 个方面共 27 项具体措施，围绕提升贸易投资便利化水平，发挥广东自贸试验区改革创新引领功能，打造高水平对外开放门户枢纽。

15 日　内地与香港法院互认婚姻家事案件判决的安排生效，该安排有利于保护跨境婚姻双方及家庭利益，增进民生福祉。

15 日　广佛新干线快速路工程征拆实施协议签约仪式在佛山市南海区南海国际会展中心举行。该工程是落实交通强国及粤港澳大湾区国家战略，建设广佛极点和加强粤港澳大湾区互联互通的重要基础设施建设项目。

16 日　广东省生态环境厅组织召开农村生活污水治理攻坚方案专家评审会，广州、珠海成为首批通过专家评审的城市。

16 日　横琴粤澳深度合作区人民检察院出台《关于开展企业刑事合规工作方案》。

17 日　科技部火炬中心通报 2021 年度国家高新区综合评价结果，深圳、广州、珠海、东莞、佛山、惠州、中山、肇庆高新区在 157 个国家高新区中分别位列第 2、第 4、第 17、第 25、第 29、第 32、第 42、第 90 位。

17 日　江门市江海区人民政府与中国科学院大

学举行“共建江海智慧安全应急联合实验室”线上签约仪式。

18 日　香港特别行政区行政长官林郑月娥举行记者会宣布，由于香港疫情十分严峻，根据《紧急情况规例条例》相关的规定，2022 年香港特区行政长官选举从 3 月 27 日推迟至 5 月 8 日举行。

18 日　广州番禺莲花山港至香港的水上生鲜应急保障通道开通，首批 3 吨菜心于 19 日进入香港市场。多个供港物资新通道开辟，香港居民“菜篮子”的稳定供应得到保障。

18 日　珠海市代表团访问澳门，就深入贯彻落实习近平总书记关于横琴开发开放的重要论述，全面贯彻落实党的十九届六中全会精神，扎实推进横琴粤澳深度合作区建设、持续深化珠澳合作、加快建设粤港澳大湾区澳珠极点等进行深入交流。

18 日　“港澳药械通”落户中山陈星海医院暨首个进口药品临床使用启动仪式在陈星海医院举行，首批进口口服抗癌新药“劳拉替尼”正式交付中山陈星海医院，用作临床使用。

18 日　中国证券业协会发布《关于境外证券专业人才在上海市、海南省、重庆市、杭州市、广州市、深圳市从业实施特别程序的通知》，在上海市、海南省、重庆市、杭州市、广州市、深圳市等地推行境外证券专业人才从业特别程序。符合有关条件的港澳证券专业人才可在包括广州、深圳在内的上述城市执业。

20 日　腾讯乘车码上线香港港铁，微信支付内地用户及 WeChat Pay HK 香港本地用户可通过腾讯乘车码小程序扫码乘坐港铁重铁（机场快线车站除外）。

21 日　香港空运牌照局向大湾区航空发放运营牌照。根据发出的牌照，大湾区航空有限公司可运营编定航程的 104 条航线，在香港运载乘客、货物或邮件，无限次往返香港国际机场。

21 日　中国人民银行宣布，250 亿元人民币央行票据在香港成功发行。此次发行的 2 期人民币央行票据中，3 个月期央行票据 100 亿元，1 年期央行票据 150 亿元，中标利率分别为 2.50% 和 2.70%。多个国家和地区的银行、央行、基金、保险公司等机构投资者以及国际金融组织踊跃参与认购，投标总量接近 600 亿元。

21 日　广州市推进粤港澳大湾区建设领导小组第九次全体会议召开。会议审议并原则通过广州市推进粤港澳大湾区建设“十四五”实施方案、粤港澳大湾区国际科技创新中心广州创新合作区建设行动方案、广州市落实《粤港澳大湾区气象发展规划（2020—2035 年）》实施方案、“广州—深圳—香港—澳门”科技创新走廊（广州段）建设行动方案等文件。

21 日　是日起，深圳在深圳港大铲湾、妈湾和盐田集装箱港区开通供港物资水路运输快速通道，3 条“海上快线”全力援港，保障香港物资供应。

21 日　由横琴粤澳深度合作区公安局联合珠海市交通物联网公司共同开发的“澳门单牌车交通出行服务平台”小程序上线运行。

22 日　《惠州市推进粤港澳大湾区建设 2022 年主要工作安排》印发实施，提出惠州 2022 年实施深度融深融湾八大专项行动，包括规划互接、交通互联、产业互补、科技互兴、人文互融、生活互惠、平台共建、机制互通八大部分 33 条举措，明确各项工作主要责任单位。

23 日　横琴粤澳深度合作区劳动人事争议仲裁

委员会第一仲裁庭公开审理一起涉澳劳动纠纷案件，2名澳门籍仲裁员在横琴参审涉澳劳动纠纷，是首次有澳门籍劳动仲裁员参审此类案件。

23日　横琴粤澳深度合作区十字门隧道主体贯通。整体工程计划于2023年中建成通车，项目建成后，从横琴金融岛至珠海湾仔区域约两分钟可达，可极大缓解横琴大桥的交通压力，提升合作区对外通行能力。

23日　香港发表2022—2023年度特区政府财政预算案，将成立“大湾区投资基金”。预算案重点在稳经济纾民困，缓解经济下行及疫情带来的冲击，尽力让市民和企业受惠，同时部署中长期的经济发展并确保经济及金融安全。

24日　粤商·省长面对面协商座谈会在广州召开，围绕“进一步优化我省营商环境，促进横琴粤澳深度合作区和前海深港现代服务业合作区建设”主题，粤商代表与广东省政府领导、省直有关部门负责人沟通交流，凝聚发展共识。

24日　《广东省人民政府办公厅关于推动公立医院高质量发展的实施意见》公布，提出粤港澳共建区域医疗联合体和区域性医疗中心。

24日　珠海机场3号机坪改造工程通过行业验收，投用后可新增10个机位。

24日　交通运输部、应急管理部和中华全国总工会联合公布2018—2020年度公路水运建设“平安工程”冠名项目名单，惠州港荃湾港区煤炭码头项目被冠名为2018年度公路水运建设“平安工程”，成为广东省唯一获此荣誉的项目。

25日　广东省召开2022年全省大湾区办工作会议。

26日　2022年佛山市知识产权大会在季华实验室召开，佛山市市场监督管理局与8家银行、国家知识产权局专利局专利审查协作广东中心签署战略合作协议。当日2022年粤港澳大湾区高价值专利培育布局大赛在佛山市启动。

28日　新广东金融资产交易中心正式运营。整合成立的新广东金融资产交易中心定位为省级地方金融基础设施，是广东省（不含深圳）唯一的金融资产交易场所。

28日　新华社北京电，依照《中华人民共和国香港特别行政区基本法》的有关规定，根据香港特别行政区行政长官林郑月娥的建议，国务院2022年2月24日决定：免去徐英伟的香港特别行政区政府民政事务局局长职务。

是月　科技部中国科技信息研究所发布《国家创新型城市创新能力评价报告2021》，深圳、广州、东莞、佛山在全国72个创新型城市中排名分别为第1、第3、第19、第33位。

是月　广东省经济体制改革专项小组印发《关于推广借鉴广州开发区营商环境改革创新经验做法的通知》，在全省推广广州开发区39条创新举措，分别从政务环境、创新环境、要素环境、开放环境4个方面，推出工程建设审批、全链条人才服务、智能秒批等改革品牌以及政策兑现、电水气热网联办、“中小企业能办大事”等一批可复制推广的改革经验。自2018年获批广东省首个营商环境改革创新实验区以来，广州开发区营商环境改革实现从1.0到4.0迭代升级，打造“黄埔Smile”营商招牌，营商环境指数连续3年居全国经济技术开发区第一位。

是月　广东省科技厅公布2021—2022年度平台基地及科技基础条件建设立项名单，广州有11家、深圳有7家、珠海有3家、佛山有3家、惠州有1家创新平台分获学科类省重点实验室和企业类省重点实验室认定。

3月

1日　《广东省中新广州知识城条例》实施，该条例是中国4个中新国家级双边合作项目中首部省级专项立法的地方性法规。

1日　《横琴粤澳深度合作区支持企业赴澳门发行公司债券专项扶持办法（暂行）》实施。

1日　为进一步优化深港跨境陆路运输模式，保障供港物资运输稳定，同时加强疫情防控，是日起，深港跨境货物运输实施定线定点全流程封闭运行。

1日　《横琴粤澳深度合作区发展促进条例》实施。

1日　珠海市升级外国人来华工作许可办理等服务，在珠海工商大厦办事大厅设立“外国人来华工作服务专区”，外国人来华工作许可和工作类居留许可实现“一窗受理”。

2日　首趟“中央援港同心抗疫”铁路援港班列满载防疫物资，从深圳平湖南国家物流枢纽开出，驶向香港罗湖编组站。中央铁路援港班列正式开通。

2日　由文化和旅游部指导，中国儿童中心对外交流中心联合香港青年新创见共同举办的“第五届香港青年中华文化推广大使培训计划暨香港青年新创见新春线上文化班2022”开班。

2日　横琴粤澳深度合作区执行委员会印发《降低横琴粤澳深度合作区企业综合成本的十条措施》。

2日　佛山市南海区九江码头上11个装有小家电、瓷砖等货物的货柜首次采用“湾区一港通”模式，通过驳船载运发往广州南沙港，在到达南沙港后再换装国际班轮离境运往东南亚地区，标志着南海九江码头与南沙港之间的“湾区一港通”项目正式启动。

3日　9个来自澳门特别行政区艺术机构、艺术工作者的申报项目首次入围国家艺术基金2022年度资助项目名单。

3日　深圳发布《2022年进一步优化深圳口岸营商环境若干措施》，围绕创新监管方式、强化科技赋能、规范口岸收费、高效利企便民4个方面，制定32项任务措施，进一步优化深圳口岸营商环境，为外贸大市再上台阶助力。

3日　由澳门投资者联合发起的金时资本、香港六福集团旗下六福金融发起的六福私募成为《横琴粤澳深度合作区外商投资股权投资类企业试点办法（暂行）》实施以来获批试点的首批企业。

3日　广佛高速公路零时起停止收费，保留既有收费设施，按零费率方式照常运营，对通行该路段的所有车辆免收车辆通行费，并代收其他路段的车辆通行费。

4日　澳门特别行政区政府公布数据显示，2021年澳门本地生产总值为2394亿澳门元，人均本地生产总值为350445澳门元，全年经济比上年实质增长18%，内部需求按年上升3%。

6日　中共中央政治局常委、国务院副总理韩正看望出席全国政协十三届四次会议的港澳地区全国政协委员并参加讨论。

7日　澳门特别行政区统计暨普查局发布统计资料显示，至2021年底，澳门总人口为683200人，按季增加900人，按年增加100人；出生率为7.4‰，是自2005年以来录得的最低水平。

7日　广东医科大学、东莞理工学院签署合作协议，共建松山湖医工融合创新中心、医工联合创新学院。

7日　中国人民银行发布消息，2021年大湾区内跨境人民币结算规模达3.8万亿元，人民币成为大湾区内第一大跨境结算币种。

9日　国家版权局公布2021年度全国版权示范单位和示范园区（基地）名单，广州欧科信息技术股份有限公司、广州漫友文化科技发展有限公司、深圳广播电影电视集团、广东蒙创致远新材料科技有限公司获“全国版权示范单位”称号，中国（广州）超高清视频创新产业园区获“全国版权示范园区（基地）”称号。

9日　工业和信息化部公布第十批国家新型工业化产业示范基地名单，“汽车产业（新能源汽车）·广州番禺汽车城”和“工业互联网·广东省佛山市”示范基地入选“特色”类示范基地。

9日　大湾区大学（松山湖校区）首次全面公开设计方案。

15日　广东省人民政府印发《2022年省十件民生实事分工方案》，推动群众就医、求学、养老、户籍业务等100项高频事项“跨省通办、省内通办”，以及50项高频政务服务在港澳地区“跨境通办”。

15日　广州市科学技术局印发《关于进一步优化外国人来华工作许可办理的若干措施》。其中提到，广州将实行外国人工作许可资质互认，允许境内的外国人直接办理工作许可证。

15日　深圳市交通运输局与香港特别行政区海事处签署《关于大鹏湾水域引航合作的框架协议》。这是深港两地政府部门为促进粤港澳大湾区港口发展，首次在引航领域达成的深度合作。该协议于2022年6月1日生效，为期3年。

16日　《中国地方法治发展报告》公布首份《人民法院普法宣传第三方评估报告》，广东高院居该报告高级法院第3位，广州市中院、深圳市中院、珠海市中院分别居该报告中级法院第2、第4、第18位，广东自由贸易区南沙片区法院、深圳前海合作区法院、广州互联网法院、珠海横琴新区法院、广州知识产权法院分别居该报告专门性法院第2、第3、第4、第5、第7位。

16日　“江门号”中老国际货运班列从位于鹤山市珠西物流中心的江门北站首发。班列途经云南昆明，经磨憨口岸出境，最终抵达老挝万象。

17日　中国政府网发布《国务院关于同意在深圳市暂时调整实施有关行政法规规定的批复》，同意自是日起至2025年12月31日，在深圳市暂时调整实施《中华人民共和国海关事务担保条例》《中华人民共和国进出口关税条例》《中华人民共和国船舶登记条例》《地质灾害防治条例》的有关规定。

18日　香港特别行政区行政长官林郑月娥宣布，为支援受新冠疫情影响的行业，特区政府推出“2022保就业计划”，为中小企业的雇员提供为期3个月的工资补贴，每月补贴为8000港元。

20日　载有医疗、生活物资的20辆集装箱货车从喀什综合保税区驶出开往吉尔吉斯斯坦、哈萨克斯坦等中亚五国，标志着由盐田港集团运营的深穗喀—中亚/南亚多式联运班列正式开通。

21日　中国人民银行宣布，当日在香港成功发行50亿元人民币央行票据。此次发行的50亿元6个月期人民币央行票据，中标利率为2.20%，投标总量约为302亿元，超过发行量的6倍。

22日　粤港澳大湾区首列“广州大朗—二连浩

特—蒙古乌兰巴托”班列从广州大朗国际货运物流堆场启程，目的地为乌兰巴托。

22 日　广佛新干线佛山一环隧道工程主线建成通车，广佛新干线直行交通与广佛江珠高速公路（原佛山“一环”段）出入交通实现分离，往返广佛方向车辆经隧道下穿通过。

24 日　第 31 期“全球金融中心指数”报告发布，香港总排名维持全球第三位。2007 年起，“全球金融中心指数”报告于每年 3 月和 9 月发布。第 31 期报告评估了全球 119 个金融中心，香港总排名为全球第三位，整体评分为 715 分。

24 日　广州碳排放权交易中心有限公司（广州碳交所）与香港交易及结算所有限公司（香港交易所）签订合作备忘录，共同探索大湾区和国际碳市场机遇，共同应对全球气候变化，推动可持续发展。

24 日　广州市教育局与澳门特别行政区教育及青年发展局以“云签约”的形式签订《战略合作框架协议》。根据协议，双方深化穗澳两地在高等教育、职业教育和基础教育等领域的交流合作以及两地少年及青年的交流，以优势互补、互利共赢、协同发展为原则，坚持需求导向，发挥各自的优势和特色，推动两地教育实现常态化交流、项目式合作、协同化发展。

25 日　粤港澳大湾区首个跨境数据验证平台——粤澳跨境数据验证平台在粤澳两地上线试运行。

28 日　横琴粤澳深度合作区执委会发布《降低横琴粤澳深度合作区企业综合成本的十条措施》，这是合作区成立以来，首份以执委会名义发布的综合性政策文件。

29 日　广州开通“穗澳通”一站式商事登记服务，便利澳门特别行政区申请人在穗创业投资，快捷落户广州。

29 日　广州中院“域外法查明通”平台上线，是国内最全面系统的域外法查明数据资源库。

29 日　由智路资本与澳门投资者联合发起申请的 QFLP（Qualified Foreign Limited Partner，即合格境外有限合伙人）试点成功获批。该基金是《横琴粤澳深度合作区外商投资股权投资类企业试点办法（暂行）》出台后获批的首只基金产品，也是横琴粤澳深度合作区成立后，首只投向合作区高科技半导体项目的澳资 QFLP 基金。

30 日　深圳易睿投资发展有限公司 2022 年度第一期定向资产支持票据成功设立，项目发行规模 2.5 亿元，信用评级 AAA，期限为 1 年，是粤港澳大湾区首单专项支持国家级专精特新“小巨人”企业的资产支持票据产品。

30 日　中国科协公布 2021—2025 年第一批全国科普教育基地名单，大湾区内地九市有华南植物园、珠海港珠澳大桥（管养中心）、肇庆鼎湖山国家级自然保护区等 44 个单位入选。

31 日　大湾区（广东）人才港在广州开港。是日，人才港与华为公司、南方航空、建设银行、深圳先进研究院、季华实验室等 20 个单位达成战略合作，12 个优质项目进行路演，现场促成 4 项创新科技成果转化落地。

31 日　广州地铁 22 号线首通段（番禺广场至陈头岗）首班车开通运营。22 号线首通段西起陈头岗，东至番禺广场，全长 18.2 千米，设 4 座车站，其中广州南站、番禺广场站为换乘站。开通初期单程用时约 14 分钟，行车间隔约 7 分 30 秒。广州地铁 22 号线规划南延经过广州市南沙区庆盛站、蕉门和南沙客运港，跨海而过连接东莞，经东莞滨海湾站（TOD）继续东延至深圳沙井站，与深圳地铁18号线对接，可达高铁光明城站。

31日　全国首个地级市层面的工业污水系统专项规划《珠海市工业污水系统专项规划（2020—2035年）》发布。

是月　横琴打造对澳服务全链条跨境办税新模式，提供“远程引导（前）→在线办理（中）→跨境缴税费（后）”全链条服务，实现跨境人民币税费入库业务全流程电子化。

4月

1日　澳门新修订《禁止非法提供住宿》法律生效。根据这一新修订的法律，对于入境澳门获许可逗留期限不多于90日的非澳门居民（具“逗留特别许可”除外），原则上只可入住合法经营的酒店业场所。

2日　《广州市促进科技成果转化实施办法》（简称《办法》）发布。《办法》提出，支持工作成效明显的单位建设科技成果转化试点，市财政将给予每家不超过200万元支持。

2日　广东省委横琴工委、广东省政府横琴办召开2022年度工作会议。

2日　首列“东莞常平号”中越班列从东莞市常平镇货场发车，终点站为越南河内，全程运行1480千米，运输时间4~5天。

5日　首届“广东出版政府奖”项目评选揭晓，《广州大典》（经史子集部）受表彰。《广州大典》收录历代文献4064种，是系统搜集整理和抢救保护广州文献典籍、传播广州历史文化的大型影印地方文献丛书。

5日　珠海拱北海关所属港珠澳大桥海关首次验放欧洲马匹入境，装载着27匹马的3辆“马车”在港珠澳大桥海关监管下通关入境。

6日　广州市南沙区人才发展局使用数字人民币向区内10名高层次人才兑现安家补贴，成为全国首个以数字人民币形式发放人才奖励补贴的案例。

6日　《广州市黄埔区、广州开发区促进元宇宙创新发展办法》发布，是粤港澳大湾区首个元宇宙专项扶持政策，办法围绕元宇宙关键技术实行“揭榜挂帅”，对成功攻克的项目给予最高1000万元奖励。

7日　依照《中华人民共和国香港特别行政区基本法》的有关规定，根据香港特别行政区行政长官林郑月娥的建议，国务院决定免去李家超的香港特别行政区政府政务司司长职务。

7日　深圳市地方金融监督管理局发布《深圳市支持金融企业发展的若干措施》《深圳市扶持金融科技发展若干措施》《关于促进深圳风投创投持续高质量发展的若干措施》，分别聚焦支持深圳金融企业、金融科技及风投创投等各领域发展。

7日　共青团深圳市委员会与深圳市人才安居集团、港湾创新技术（深圳）有限公司、前海新征程（深圳）科创投资咨询有限公司合作建立的深圳市首个“港澳青年驿站”揭牌。

7日　广州市黄埔区市场监管部门发放全国首批无人餐车经营试点备案凭证，这是全国市场监管领域首次发放无人餐车经营备案，标志着无人餐车经营纳入政府政务服务和监管范畴。

8日　粤港澳元宇宙智库暨广州市数字经济协会元宇宙专委会在广州（国际）科技成果转化天河基地成立，是大湾区首个由行业协会联合企业、高校、科研院所共同组建的区域性元宇宙产业智库。

8 日　东莞市推进粤港澳大湾区建设领导小组第六次全体会议召开。

10 日　中葡论坛部长级特别会议以线上 + 线下形式于北京、澳门两地举行，主会场设在澳门中葡商贸合作服务平台综合体，国务院总理李克强以视频方式出席开幕式并致辞。

12 日　经国家税务总局批准，全国首个面向葡语国家及地区的税收合作办公室在横琴粤澳深度合作区税务局成立运作。

12 日　横琴金融投资集团有限公司与珠海金航产业投资集团有限公司全面合作协议签约仪式在珠海国际健康港举行。

12 日　横琴粤澳深度合作区实现跨境通办营业执照，便利澳门投资者到合作区拓展业务。

13 日　国际货币基金组织（IMF）发布代表团工作人员报告，肯定澳门特区政府有效运用财政资源减轻新冠疫情对经济造成的负面影响。

14 日　珠海航空城（机场）集团与澳门国际机场专营股份有限公司签订战略合作框架协议。

15—24 日　第 131 届中国进出口商品交易会（即“广交会”）在线上举行，2.55 万家企业与采购商参展，来自 228 个国家和地区的 53.6 万家境外采购商注册观展。该届广交会增设线上新品首发首展首秀活动，并举办线上会议论坛。

18 日　20 时 09 分，在珠海高栏海关监管下，高栏—港澳“天天班”外贸驳船航线正式投入运营的首个航班“兴航 328”驳船从高栏国际货柜码头启航驶往香港。

19 日　广东举行新闻发布会介绍广东省推进粤港澳大湾区、深圳先行示范区建设成效。2021 年大湾区经济总量约 12.6 万亿元，进入世界 500 强企业 25 家；“深圳—香港—广州”科技集群蝉联全球第二位；大湾区机场旅客吞吐量超过 2 亿人次、港口集装箱吞吐量超过 8000 万标箱，广州、深圳、珠海、东莞 4 个港口迈入亿吨大港行列，深圳港、广州港集装箱吞吐量分别居全球第 4、第 5 位。至 2021 年底，大湾区高速公路通车里程达 4972 千米，路网密度为 9.1 千米 / 百平方千米，在国内外主要城市群中位居前列；大湾区内地城市轨道交通运营里程达 1092 千米，城际铁路运营里程 476 千米。举全省之力支持深圳先行示范区建设见成效，2021 年深圳市地区生产总值突破 3 万亿元，地方一般公共预算收入 4258 亿元，单位地区生产总值能耗、单位地区生产总值二氧化碳排放分别为全国平均水平的 1/3、1/5，战略性新兴产业增加值占地区生产总值比重 39.6%，现代服务业增加值占服务业增加值比重提升至 76.5%，全社会研发投入占地区生产总值比重 5.46%，进出口总额 3.5 万亿元，出口总额连续 29 年居内地城市首位，实际利用外资近 110 亿美元。

19 日　国家发展改革委举行新闻发布会，指出深圳综合改革试点首批 40 条授权事项全面落地实施，重点领域和关键环节改革成效持续显现。

19 日　粤港深度合作园规划获批，规划总用地面积约 163.28 公顷。据南沙区政府介绍，粤港深度合作园（庆盛枢纽区块）将建成港人熟悉、国际一流的无界科创社区，规划常住人口 2.7 万人，就业人口 3.0 万人，建筑面积 218.04 万平方米。

19 日　港珠澳大桥钢结构工程获国际焊接学会“Ugo Guerrera Prize”奖。

21 日　中国（广东）自由贸易试验区广州南沙

新区片区发布2021—2022年度十大创新成果，为15个单位和15名个人颁发“南沙区制度创新先进单位”和“南沙区制度创新先进个人”奖项。南沙自贸片区自2015年4月21日挂牌以来，累计形成789项制度创新成果。

21日　广州港南沙汽车口岸开辟首条滚装南美准班轮航线，广汽、东风等厂商生产的汽车可搭乘以星航运“海洋力量”轮远销南美。这是新冠疫情防控形势下保障国内整车出口物流链协同顺畅的举措，助力广州港打造服务湾区、辐射内陆、联通世界的汽车出海大通道。

21日　珠海市中西医结合医院举行澳门科技大学中医药学院附属珠海医院揭牌仪式。

22日　首张广东省重点物资运输车辆通行证由东风日产乘用车公司提出申请，由广州市工业和信息化局通过广东省重点物资运输车辆通行证信息共享系统审核发出，运输行程从广州花都区到上海嘉定区。这是广东省审发的第一张全国统一的重点物资运输车辆电子通行证。

22日　“琴商交流会”第一期活动在横琴·澳门青年创业谷举办。

22日　大湾区综合性国家科学中心先行启动区（松山湖科学城）全面启动活动在东莞市举行。

23日　粤港澳大湾区司法案例研讨会以线上形式在广州举行。广东和香港、澳门的法官、律师分别按各自诉讼程序，对一宗跨境买卖合同纠纷进行模拟庭审，并就跨境商事纠纷诉讼规则衔接问题进行专业研讨。

24日　生态环境部确定“十四五”时期开展“无废城市”建设的城市名单，广东省入选的是大湾区内地九市。

25日　香港启动“2022保就业”计划，计划总财政承担约430亿港元，惠及约160万名雇员及约14万名自雇人士，达到“撑企业”“保就业”的效果。

26日　广州发布《广州市建设粤港澳大湾区理财和资管中心实施方案》，标志着大湾区理财和资管中心建设正式启动。

26日　珠海市三角岛湖泊整治及生态修复项目入围广东省第二届国土空间生态修复十大范例。

26日　2022年粤港澳大湾区高价值专利培育布局大赛以“线下+线上直播”形式在佛山市启动。该届大赛由广东省知识产权局、香港特别行政区政府知识产权署、澳门特别行政区政府经济及科技发展局以及佛山市人民政府共同主办，于4月至10月在佛山市举行初赛、复赛和决赛。大赛设金奖10项、银奖15项、优秀奖25项。参赛项目分为战略性支柱产业和战略性新兴产业两大产业集群，参赛主体为中小微企业。

26日　国家药监局综合司、海关总署办公厅发布关于增设中山港口岸为药品进口口岸的通知，标志着中山港口岸（中山港、小榄港、黄圃港、神湾港）可正式进口药品。

27日　香港特别行政区立法会恢复举行实体会议，其中立法会会议二读辩论《2022年拨款条例草案》，审议2022—2023年度财政预算案。多位立法会议员认同预算案抗击新冠疫情、协助中小企业的措施。

27日　广东海事局在南沙区举行广州海事劳工条件检查工作站启动仪式，标志着全国首个海事劳工条件检查工作站正式成立。

27日　位于东莞市的广东华中科技大学工业技术研究院获批粤港澳大湾区国家创新技术中心

分中心。

27 日　广东省建设粤港澳大湾区都市现代农业现场会在广州举行。

28 日　珠澳跨境仲裁合作平台线上办案系统开通。

28 日　珠西粤西地区首趟中欧国际货运班列——“江门号”中欧国际货运班列正式开通运行。班列从江门北站起运，经阿拉山口出境，途经波兰马拉舍维奇和德国汉堡，最终运抵德国杜伊斯堡，全程约 1.2 万千米，运输时间约 22 天。

29 日　“2022 粤港澳摄影季暨首届全国群文影像大展”开幕式在东莞市文化馆举行。

是月　商务部“2021 年跨境电子商务综合试验区评估”结果公布，广州、深圳跨境电子商务综合试验区评估结果为“成效明显”，位列第一档。该次评估是商务部首次对全国前五批 105 个跨境电子商务综合试验区 2021 年度建设情况开展评估，旨在推动跨境电商持续创新发展，加快发展外贸新业态新模式。考核评估指标体系包括综试区建设方案实施、工作机制建立、便利化政策落实、年度进出口额、年度出口增速、海外仓建设、产业园建设等 40 多项具体指标。考核评估结果分为“成效明显”“成效较好”“成效初显”“尚在起步阶段”4 档。此次评估共有 10 个综试区位列第一档。

是月　江门新会双水“上大压下”60 万千瓦热电联产项目并网发电，8 月投入商运，新增煤电装机 60 万千瓦，在保障江门市经济社会的用电需求的基础上，将电力送至佛山广州等粤港澳大湾区用电负荷密集地区，推动广东省电力高质量发展。

5 月

1 日　是日起，广东省颁布的《支持港澳青年在粤港澳大湾区就业创业的实施细则》执行，有效期 5 年，涉及支持港澳青年就业创业补贴、大湾区职场导师计划、购买港澳就业创业服务等内容。

1 日　广州地铁 7 号线一期工程西延顺德段开通初期运营，是继广佛线、佛山地铁 2 号线一期后，第三条连接广州、佛山两市的城市轨道交通。该线路全长 13.45 千米，设 8 个站点，全程用时约 22 分钟。

1 日　是日起，“2022 年肇庆欢乐购”消费促进主题活动启动，陆续发放价值 3000 万元的电子消费券。

4 日　横琴粤澳深度合作区推出“澳门青年实习计划”，为促进澳门产业适度多元发展培养更多优质人才。

4 日　香港特别行政区立法会三读以 87 票赞成、1 票弃权、0 票反对通过涉及 2022—2023 年度财政预算案的拨款条例草案。

6 日　“科创中国”大湾区联合体新闻发布会在深圳前海举行。该联合体由深圳市科学技术协会与腾讯、香港中文大学、香港资讯科技联会、澳门科技大学、中国（澳门）金融科技产业智库暨促进会、澳门市务学会等单位共同发起，以前海为核心推动建立大湾区产学研融一体化合作平台，构建开放型融合发展的区域协同创新共同体，打造全球科技创新高地和新兴产业重要发祥地。

6 日　广东省人民政府横琴粤澳深度合作区工作办公室社会事务局与珠海市民政局签署《横琴

粤澳深度合作区社会组织高质量发展共建框架协议》（简称《协议》）。《协议》明确，双方将在共建社会组织合作示范基地、共推枢纽型社会组织成立、共搭社会组织交流合作平台、共促社会组织发挥作用、共创党建示范引领发展良好格局等五个方面展开合作，促进双方统筹规划、合理对接、共享发展。

6 日　广州南沙发布首个国家级新区贯彻落实营商环境创新试点实施文件《南沙区高水平推进营商环境创新试点建设实施方案》。

6 日　横琴粤澳深度合作区工作办公室社会事务局与珠海市民政局签署《横琴粤澳深度合作区社会组织高质量发展共建框架协议》。

7 日　香港旅游发展局以“携手迈进新领域”为主题，举行旅业简报会，宣布最新旅游复苏工作部署，包括推介香港即将落成的文旅地标、介绍香港最新的旅行体验、营造积极正面的香港旅游氛围，并期待香港在未来旅游重启时，成为旅客首选的目的地之一。

7 日　横琴粤澳深度合作区首个广东省少先队校外实践教育营地（基地）在横琴书笙馆揭牌。

8 日　李家超当选香港特别行政区第六任行政长官人选。香港特区政府将选举结果报请中央人民政府任命。第六任行政长官的任期自 2022 年 7 月 1 日至 2027 年 6 月 30 日。

8 日　肇庆启动建设粤港澳大湾区首个预制菜产业园。

10 日　香港创新科技署推出 2022 年内地与香港联合资助计划，就生物技术、人工智能、新材料三个特定主题征求香港与内地机构合作的应用研发项目。

11 日　科技部高技术研究发展中心发布通知，国家重点研发计划“地球观测与导航”重点专项“城市群经济区域建设与管理空间信息重点服务及应用示范”项目综合绩效评价合格通过。其中，由珠海大横琴科技发展有限公司牵头承担的“珠港澳城市群经济区旅游时空大数据公共服务应用示范”子课题通过绩效评价。

12 日　广东省人民政府新闻办公室举行广东经济社会发展成就系列新闻发布会——《推进高质量发展打造新发展格局战略支点》专场，提出实施粤港澳大湾区国际消费枢纽工程。

16 日　深圳发布《深圳前海深港现代服务业合作区专业服务业发展专项资金管理暂行办法》，重点支持会计、评估、咨询、工程服务、文化创意、会展、人力资源、知识产权服务八类行业。

16 日　香港特别行政区政府公布政府绿色债券计划下发行首批绿色零售债券的认购及配发结果。结果显示，该批绿色零售债券的最终发行额为 200 亿港元，全部有效申请均可获配发债券，最多可获 5 手。

16 日　中山市药品进口口岸启用。由广东金城金素制药有限公司、香港保和堂制药有限公司进口的首批“头孢噻肟钠”和“小儿珠珀散”两种进口药品顺利完成通关，成为该口岸通关的首批进口药品。

16 日　南沙举行第二季度重大项目集中签约暨芯粤能碳化硅芯片制造项目主体工程封顶活动。该项目是国内唯一一家专注于车规级、具备规模化产业聚集及全产业链配套能力的碳化硅芯片制造项目，总投资 300 亿元，达产年产值 630 亿元。南沙新区成为国内首个实现宽禁带半导体全产业链布局的地区。

17 日　广东省省长王伟中到江门市调研，强调全力推动江门经济高质量发展。

17日 香港特别行政区行政会议审议并通过政府架构重组建议方案。根据重组建议方案，香港特区政府将增设政务司副司长、财政司副司长、律政司副司长3个新职位；成立新的文化体育及旅游局；分拆运输及房屋局为房屋局和运输及物流局；创新及科技局改名为创新科技及工业局；重组民政事务局为民政及青年事务局；扩大环境局并改名为环境及生态局；改组食物及卫生局为医务卫生局。

18日 全球首艘智能型无人系统母船“珠海云”号在广州下水。该船隶属于南方海洋科学与工程广东省实验室（珠海），由中船黄埔文冲船舶有限公司施工建造，是全球首艘具有远程遥控和开阔水域自主航行功能的科考船。

18日 “澳门居民珠海参保‘跨境办’社保业务合作签约仪式”在南油大酒店举办。

19日 京广大通道空域结构调整方案启用，进一步提升京津冀和大湾区之间的运行安全和飞行效率，标志着连接京津冀地区和粤港澳大湾区两大城市群的南北空中大通道全面建成。

19日 首场合格境外有限合伙人（QFLP）境内投资试点政策发布会暨联合工作机制第一次全体会议在南沙明珠金融创新集聚区举办。会上首批3家QFLP试点申报企业通过评审，审批试点额度近50亿元人民币，标志着广州南沙QFLP试点项目落地。该项目引入境外资本重点投向粤港澳大湾区先进制造、人工智能、新能源等产业。

19日 “迈向碳中和湾区少年行”系列主题活动之“碳中和先锋行动”在深圳国际低碳城启动。

20日 是日起，深圳发布的《前海企业所得税优惠产业界定服务指引》实施，有效期5年。该指引通过《前海企业所得税优惠产业界定要点及资料清单》进一步细化优惠目录相关条目，明确行业描述、界定要点和资料清单等内容，为企业对照自身主营业务是否符合优惠目录、自行判断享受优惠政策的提供参照。

20日 《深圳市前海深港现代服务业合作区关于支持中国特色新型智库发展的暂行办法》（简称《办法》）发布。《办法》聚焦国家战略，将国家高端智库建设试点单位作为主要招引目标，鼓励其在前海落户实体化分支机构，在咨政建言、理论创新、文化传播、舆论引导、社会服务、国际交往等方面贡献智慧。

20日 香港特别行政区政府刊宪，延长豁免或宽减现行34类政府收费额外一年，以落实2022/2023年度财政预算案公布的措施。

20日 珠海澳大科技研究院微电子研发中心新址启用仪式在横琴·澳门青年创业谷举行。

20日 东莞暨大港澳子弟学校揭牌，是东莞市首所港澳子弟学校。

20日 国家发展改革委、农业农村部等五部委联合印发通知，认定第三批100个国家农村产业融合发展示范园，肇庆市怀集县国家农村产业融合发展示范园上榜，为此批广东省仅有2个、大湾区唯一的国家级农村产业融合发展示范园。

21日 广东省肿瘤介入诊治重点实验室揭牌仪式暨粤港澳大湾区介入医学联盟学术沙龙在珠海举办。

21日 “琴澳同心，共创未来”琴澳青年联谊会在横琴粤澳深度合作区举行。

23日 250亿元人民币央行票据在香港成功发行。此次发行受到境外投资者广泛欢迎，包括美、欧、亚洲等多个国家和地区的银行、央行、基金、保险公司等机构投资者以及国际金融组织踊跃参与认购，投标总量接近580亿元，约为发行量的2.3倍，表明人民币资产对境外投资者有较强吸引力，也反映了全球投资者对中国经济的信心。

24日　是日起至7月22日，《澳门陆路整体交通运输规划（2021—2030）》公开咨询。根据这一规划，未来澳门将贯彻“公交优先”和“控车辆”两项政策，朝着为居民和旅客提供更安全、绿色、高效、便捷和宜行的陆路交通运输系统的方向发展，实现构建可持续发展的陆路交通运输体系的目标。

24日　深圳出台《深圳市前海管理局关于支持前海深港国际法务区高端法律服务业集聚的实施办法（试行）》（简称《支持办法》）。《支持办法》聚焦“深港合作”“对外开放”“高端法律服务业集聚”三个关键词，设7章33条，主要对前海深港国际法务区高端法律服务业集聚扶持的适用范围、实施主体、支持对象、准入条件，以及深港和国际合作发展支持、鼓励法律服务业集聚发展支持、物业支持的具体标准和条件等进行规定。

25日　“InnoHK创新香港研发平台”举行启动礼，标志着香港特区政府进一步推动创新科技发展迈向新里程。香港特区行政长官林郑月娥出席启动礼，并表达对香港创科产业发展的信心。

25日　财政部、国家税务总局联合印发《关于横琴粤澳深度合作区企业所得税优惠政策的通知》，推动横琴粤澳深度合作区企业及时享受国家税收优惠，支持横琴粤澳深度合作区建设，促进澳门经济适度多元发展。该通知自2021年1月1日起执行。

25日　粤港澳大湾区直流背靠背电网工程投产。工程应用世界最先进的柔性直流技术，将粤港澳大湾区原本连成一片的大电网分解为多个区域电网，彼此间有防火墙，避免故障造成大面积停电，粤港澳大湾区的电网安全性和供电能力得到大幅提升。

26日　广东省商务厅联合澳门贸易投资促进局在澳门举办粤澳经贸合作推介会，通过政策宣讲、营商环境推介、企业分享、商业配对、商务参观等方式为粤澳两地企业提供多元合作交流平台。

27日　香港回归祖国25周年基本法法律论坛在香港举办。

27日　中国证券监督管理委员会、香港证券及期货事务监察委员会发布联合公告宣布，原则同意将符合条件的交易型开放式基金（ETF）纳入互联互通，进一步深化内地与香港股票市场交易互联互通机制，促进两地资本市场共同发展。

27日　搭载着100个标准集装箱的大麦专列驶入广州大朗国际货运物流基地。这是广州中欧班列（大朗）自开通以来的首列粮食回程班列，标志着广东与共建“一带一路”国家在实现铁路物流互联互通、双向往来方面又有新进展。

27日　由横琴金融投资集团有限公司与珠海金航产业投资集团有限公司共同投资建设的金琴健康港项目奠基开工。

27日　第四届英国高校大湾区人才发展研讨会（横琴站）以视频会议的方式召开。

27日　横琴粤澳深度合作区商事服务局发出合作区首张连锁便利店经营乙类非处方药的《药品经营许可证》，开启合作区“连锁便利店+药店”跨界零售新模式。

27 日　中国（广东）自由贸易试验区工作办公室印发《关于推进中国（广东）自由贸易试验区联动发展区建设工作方案》，中国（广东）自由贸易试验区中山联动发展区获批设立。

28 日　2022 粤港澳大湾区车展在深圳会展中心（福田）开幕。

28 日　“深江 1 号”盾构机掘进至第 200 环，标志着深江铁路珠江口隧道第一标段由盾构试掘进转入全速掘进模式。

29 日　以“算联全球·数聚韶关”为主题的首届“东数西算”粤港澳大湾区（广东）算力产业大会在韶关举行。来自政府相关部门、企业协会、科研机构等数百名嘉宾参会。多名院士学者及企业家代表发表主题演讲，共享前沿成果、共话数字新机、共谋算力未来。

30 日　国家主席习近平在钓鱼台国宾馆会见新当选并获中央政府任命的香港特别行政区第六任行政长官李家超。习近平对李家超当选并被中央政府任命为香港特别行政区第六任行政长官表示祝贺。

30 日　国务院总理李克强会见李家超，颁发任命李家超为香港特别行政区第六任行政长官的国务院令。李家超感谢中央政府的任命，表示将不负中央政府的信任和香港市民的期望。

31 日　南沙港首开中欧班列，实现“丝绸之路经济带”和“21 世纪海上丝绸之路”在南沙港无缝连接。作为粤港澳大湾区交通发展的重要项目之一，南沙港铁路直接服务港区集疏运和临港产业发展，为内陆地区打造便捷高效的出海口。

31 日　广东省自然资源厅组织专家对东莞滨海湾新区海岸带综合示范区开展验收，一致同意以“优秀”等次通过验收。

6 月

1 日　是日起，中国首部城市数字经济地方性法规——《广州市数字经济促进条例》实施。

1 日　北京中科宇航探索技术有限公司正式迁入广州市南沙区，更名为“广州中科宇航探索技术有限公司”，该企业依托中国科学院力学研究所和空天飞行科技中心的科研力量和资源优势，基本定位于国家重大科研项目的成果转化平台，是国内商业航天领域首家混合所有制企业。

1 日　国家工业信息安全发展研究中心公布“2022 年智慧园区解决方案优秀案例名单”。在入选的 26 个案例中，广东省占两席，为“广东松山湖工业互联网 + 电子信息产业园区解决方案”和“广东广州民营科技园智慧园区解决方案”。

1 日　全国首个涉澳妇女儿童权益保护合议庭在珠海揭牌。

1 日　深圳与香港签署的《关于大鹏湾水域引航合作的框架协议》生效。该协议于 2022 年 3 月 15 日签署，生效后提升进出深圳东部港区的船舶通航效率，减少航运和港口企业运营成本，助力粤港澳大湾区企业产业链供应链安全稳定，促进湾区港航领域融合发展。

1 日　东莞松山湖新材料产学研园区——光大 We 谷·溥彦科技园产业发展中心对外开放，这是东莞市推进综合性国家科学中心先行启动区（松山湖科学城）的首批建设项目之一。

2 日　香港中医医院及特区政府中药检测中心动工建设，标志着香港中医药发展迈向新里程。两个项目计划于 2025 年落成，分阶段投入服务。香港中医医院及特区政府中药检测中心位于将军澳百胜角，分别占地4.29公顷、1.72公顷，其中香港中医医院是香港首个采用“组装合成”建筑法的多层式医院项目。

2日　广州港内港港区琶洲港澳客运码头工程竣工验收。该项目是省市重点工程，建成5个500吉吨客船泊位，年设计通过能力171万人次，开通后填补广州中心城区到港澳水上高速客运航线的空白，是粤港澳大湾区标志性的水上交通枢纽和新通道。

2日　深圳发布《深圳市国际职业资格视同职称认可目录(2022年)》(简称《目录》)。持有《目录》内国际职业资格证书的专业人才，不限国籍、户籍，从事与资格证书相一致或相近的专业技术工作，且在深圳工作一年以上的，可按规定条件申报评审高一层级的职称，其境外从业经历可视同境内从业经历。

2日　《中国青年报》公布全国青年发展型城市（县域）建设试点名单，大湾区内地九市有广州市、深圳市、佛山市、东莞市入选城市试点，肇庆市德庆县、惠州市惠城区入选县域试点。广东省入选城市试点为全国之最。

6日　“基于中国散裂中子源的大气中子辐照谱仪试验平台”通过验收，可为众多高科技领域和行业的产品研发与制造，提供先进的大气中子试验环境和大气中子测试与科研平台。

6日　广东省广州市南沙区发布创新链产业链资金链人才链（简称“四链”）融合政策体系，旨在系统提升南沙产业政策体系的稳定性、精准度、灵活度和可获得度，推动南沙经济高质量发展。

6日　国务院批复同意广州设立华南国家植物园，是继北京国家植物园之后设立的第二个国家植物园。华南国家植物园依托中国科学院华南植物园设立，由国家林草局、住房城乡建设部、中国科学院、广东省和广州市人民政府合作共建，以华南地区植物迁地保护为重点，在植物学、生态学、农学、植物多样性保护及其可持续利用等方面积累丰硕的研究成果，曾培育出中国第一批具有生产价值的杂交水稻(1981年获国家发明特等奖)，协作解决三叶橡胶树北移和抗寒性全国攻关(1982年获国家发明一等奖)。7月11日，华南国家植物园揭牌。

6日　深圳发布《深圳市20大先进制造业园区空间布局规划》，按照集中连片、产住分离的原则，在宝安、龙岗、龙华、坪山、光明、盐田、大鹏新区、深汕特别合作区合理划定先进制造业园区，总规划用地面积约300平方千米，按照启动区、拓展区、储备区有计划释放工业用地面积约60平方千米。

6日　佛山市载重吨位最大的沿海运输船舶——“泓富32”开航投入运营，该船为中国船级社（CCS）入级船舶，总长148.66米、型宽24米、型深13.25米、载重吨位19965.5吨，主要经营国内沿海成品油运输。

7日　2022年度广（州）佛（山）全域同城化党政联席会议在佛山市召开，初步确定30个重点合作项目，涵盖五大领域，包括基础设施项目10个、产业及科技创新项目6个、生态环保项目4个、社会民生项目7个、规划衔接项目3个。

8日　广州建设粤港澳大湾区跨境理财和资管中心启动仪式在广州举行。

8日　广州人工智能融合赋能中心在广州无线电集团广电平云广场挂牌。广州市政府与华为技术有限公司签署全面深化战略合作协议，8家生态合作伙伴入驻广州人工智能公共算力中心，广州数字技术创新中心同步揭牌。

8 日　中国教育留学交流（香港）中心公布数据显示，2022 年通过“内地高校招收香港中学文凭考试学生计划”报读内地高校的港生人数继续上升，比上年增长 2.2%。

9 日　位于香港观塘的香港公务员学院动工，工程预计于 2026 年底起分阶段完工。香港特别行政区行政长官林郑月娥表示，希望通过公务员学院的培训，增强公务员的国家观念和国安意识。

9 日　经广东省政务服务数据管理局批准同意，广州市海珠区率先推出全国首批 3 家“数据经纪人”企业，分别为广东电网能源投资有限公司、广州金控征信服务有限公司、广州唯品会数据科技有限公司。

9 日　广州数据交易有限公司揭牌成立，并与广州南沙经济技术开发区商务局签署战略合作框架协议，标志着广东省级数据交易机构正式运营。

10 日　“水·融”粤港澳大湾区人文摄影活动在广州启动。该活动旨在以“水”为脉络，通过三地摄影家的视角和镜头，反映粤港澳大湾区生态文明建设和经济社会发展成就，活动作品在 2022 年底集结成画册发行，并同步举行摄影成果展。

10 日　广东与澳门在广州举行合作交流座谈会，推动粤澳高水平合作取得新的更大成效。

10 日　粤港澳大湾区首个国家级渔港经济区试点——广州市番禺区渔港经济区揭牌成立。

10 日　广州国际金融城发展论坛暨粤港澳大湾区（广东）财经数据中心战略发布会举行，粤港澳大湾区（广东）财经数据中心落地广州国际金融城。该数据中心旨在通过“数据 + 算法 + 研究”综合能力，辅助政府、金融机构和企业的投资决策和风险防控工作。

10—11 日　广东省高技能人才培养联盟年会（理事大会）暨粤港澳大湾区产教融合校企合作签约大会在肇庆高新区召开。

11 日　2022 年粤港澳大湾区律师执业考试在深圳市、珠海市和香港特别行政区举行。

14 日　国务院发布《广州南沙深化面向世界的粤港澳全面合作总体方案》。该方案是贯彻落实《粤港澳大湾区发展规划纲要》的战略部署，是加快广州南沙粤港澳重大合作平台建设，建设高水平对外开放门户，打造优质生活圈的重要举措。

14 日　在横琴举行的“引领大湾区智慧能源创新，共谱零碳岛粤澳深合乐章”座谈会上，粤澳双方宣布合作打造智慧能源技术创新中心，并借此在横琴聚集技术、人才和资金等要素，建设双碳示范高地和生态文明标杆。

15 日　财政部在香港特别行政区发行 2022 年首期 75 亿元国债，包括 2 年期、3 年期和 5 年期各 25 亿元。此次发行的 75 亿元国债，通过香港金融管理局债务工具中央结算系统，面向机构投资者发行。人民币国债发行后，在香港联合交易所挂牌上市交易。

15 日　香港特别行政区立法会通过第六届特区政府架构重组方案下的决议案。

15 日　新华社香港是日电，在瑞士洛桑国际管理发展学院最新发布的《2022 年世界竞争力年报》中，香港排名从 2021 年全球第七位上升至第五位。在年报的四个竞争力因素中，香港继续在“政府效率”和“营商效率”取得良好排名，在“经济表现”和“基础建设”的排名也有所上升。在子因素方面，香港“商业法规”继续排名全球第一位，“公共财政”“税务政策”“国际投资”位于全球前三名。

15日　佛山市政府与澳门特别行政区政府、清华大学联合召开防灾减灾区域协同联动线上专题研讨会，就健全完善粤港澳应急联动协作机制、加强生命线工程和重要基础设施防灾减灾能力建设、提高应对大灾巨灾及其风险的能力等方面进行研讨。

15—17日　澳门江门同乡会拜访团到江门考察交流。

15日　肇庆市人民政府与深圳市农产品集团股份有限公司举行广东（肇庆）供深港特色农产品基地及冷链集配中心项目签约仪式。

16日　横琴粤澳深度合作区执委会召开新闻发布会，介绍横琴粤澳深度合作区企业所得税、个人所得税优惠政策落地实施的相关情况。横琴粤澳深度合作区“双15”税优惠政策进入落地实施阶段，琴澳税负逐步趋同。

16日　由中共广州市委宣传部、广州市文化广电旅游局、中共佛山市顺德区委宣传部（区文化广电旅游体育局）联合出品的大型当代舞剧《龙·舟》在顺德演艺中心进行2022全国巡演首站演出，之后在广州、深圳、澳门、珠海、南宁等地上演。该剧是国内首部以龙舟文化为主题的现实题材精品剧目。

16日　松山湖材料实验室精密仪器研发团队实现国产化台阶仪零的突破，加速国产替代。

17日　港珠澳大桥珠海公路口岸加入金钥匙国际联盟授牌仪式举行。

17日　中共广东省委批复中山市建设“广东省珠江口东西两岸融合互动发展改革创新实验区”，是广东省首个以区域协调发展为主题的改革创新实验区。

18日　南方数据服务联盟创新发展大会在广州市黄埔区举行，南方数据服务联盟在大会现场组建。是日，粤港澳大湾区国家大数据综合试验区启动建设。南方数据服务联盟由工信部电子五所、中国信通院、广发证券、广州化工交易中心、科学城信科集团、腾讯、百度、华为、阿里、商汤科技、新时泰洋投资等11个大数据企事业单位发起，围绕试验区建设发布《推进数据要素市场发展共识》，建立粤港澳三地数据融合长效机制，高水平打造大数据流通与交易综合服务平台，推动数字经济高质量发展。

19日　依照香港特别行政区基本法的有关规定，根据香港特别行政区第六任行政长官李家超的提名，国务院任命香港特别行政区第六届政府主要官员。

20日　教育部发布《关于公布2021年度国家级和省级一流本科专业建设点名单的通知》，北京师范大学—香港浸会大学联合国际学院（简称“UIC”）统计学专业、计算机科学与技术专业入选国家级一流本科专业建设点。

20日　广东省药品监管局、卫生健康委发布《粤港澳大湾区内地指定医疗机构非首次使用临床急需进口港澳药品医疗器械申报指南》。该指南针对指定医疗机构申报本机构已获批准的药品医疗器械，或者申报已纳入粤港澳大湾区内地临床急需进口港澳药品医疗器械目录的药品医疗器械，简化申报材料和评审审批流程，压缩审批时间，提升国际先进药械可及性，维护人民群众用药用械安全。

20—30日　由中央广播电视总台策划打造，与粤港澳大湾区各城市媒体共同制作的大型融媒体直播节目《直播大湾区》在央视中文国际频道（CCTV-4）播出。

22 日　香港特别行政区候任行政长官李家超公布特区新一届行政会议成员名单。新一届行政会议由政治委任制度下的 21 名主要官员及 16 名非官守议员组成，任期从 2022 年 7 月 1 日起生效。

22 日　香港特别行政区政府宣布成立数字化经济发展委员会，由财政司司长陈茂波担任主席，成员包括业界专家、学者、相关政府官员等，任期 2 年。

22 日　民族管弦乐组曲《大湾情缘》在广州星海音乐厅交响大厅首演，随后在佛山、东莞、江门等大湾区多地演出，该作品展现粤港澳大湾区历史人文风貌，是 2020 年度国家艺术基金大型舞台艺术创作资助项目。

23 日　中共广东省委常委会召开会议，认真学习贯彻习近平总书记对广东、对广州系列重要讲话和重要指示精神，推动广州南沙深化面向世界的粤港澳全面合作。

23 日　香港考试及评核局宣布于 2024 年起接纳符合资格的内地学校参加香港中学文凭考试。申请参加文凭考试的学校必须是获内地相关部门认可，符合资格、批准开办文凭考试课程的港人子弟学校。

23 日　香港与深圳签署投资推广合作备忘录，携手开展海外招商工作，发挥双方优势，助推两地海外招商工作迈上新台阶。

23 日　最高人民法院发布《人民法院服务和保障粤港澳大湾区建设情况报告（2019—2022）》，介绍人民法院贯彻落实粤港澳大湾区国家战略，深化司法交流合作，畅通司法法律规则衔接，优化大湾区法治化营商环境有关情况。

24 日　国新办召开新闻发布会，介绍《广州南沙深化面向世界的粤港澳全面合作总体方案》有关情况并答记者问，赋予南沙“立足湾区、协同港澳、面向世界”的重大战略定位。

24 日　国家能源局发布 2021 年度电力可靠性数据，粤港澳大湾区内地城市中，珠海、深圳、中山、广州、佛山 5 个城市的全口径年平均停电时间首次小于 1 小时，供电可靠性排全国主要城市前列。

24 日　中山市政府与香港新华集团战略合作框架协议签约仪式举行。根据协议，香港新华集团集聚优势资源，与中山合作打造大湾区智能工业创新港、中日（中山）科技谷、EOD 模式渔人码头等项目。

25 日　广州市学习贯彻《广州南沙深化面向世界的粤港澳全面合作总体方案》动员大会召开。会议以视频形式开至各区。

26 日　由广东省委、省政府部署，季华实验室（先进制造科学与技术广东省实验室）牵头组织实施并联合全国显示领域优势研究单位和产业链上下游企业推动的“璀璨行动”启动仪式在佛山市举行，40 多个项目参与单位签订合作协议，广东省季华新型显示装备有限公司揭牌成立。

27 日　“澳门与金砖国家：愿景与挑战”座谈会在线上举行，探讨澳门如何与金砖国家开展合作以及应对后疫情时代所面临的挑战。来自澳门城市大学葡语国家研究院、澳门“一带一路”研究中心、亚太商务研究中心和澳门社会经济发展研究中心的专家学者参加座谈会。

27 日　“2022 前海粤港澳台青年创新创业大赛”启动，在启动仪式现场，前海发布惠港九件实事，涉及住房、医疗、就业、创业、服务、平台、落户、科创、金融九大方面，持续推进深港合作。

28日　广东省政府新闻办举行广东省推进广州南沙深化面向世界的粤港澳全面合作新闻发布会。发布会表示，广州南沙是粤港澳合作发展的重大平台之一，是连接珠江口两岸城市群和港澳地区的重要枢纽节点，近几年南沙先后获批国家进口贸易促进创新示范区、综合保税区、国际化人才特区、跨境贸易投资高水平开放试点等国家级重大平台政策，与国家级新区、自贸试验区等形成多重国家战略叠加实施的发展格局，开发建设明显加快，保持良好发展势头。

28日　广东省人民政府新闻办公室举行广东自贸试验区联动发展区建设新闻发布会，公布佛山市、东莞市等13个地市获批设立广东自贸试验区联动发展区。

28日　世界最宽整幅跨海钢箱梁斜拉桥——深中通道中山大桥顺利合龙，标志着深中通道建设取得突破性进展。

28日　220千伏牛山（泡步）输变电工程获评2022年度中国电力优质工程，建成江门市供电局首个“5G智慧工地+智能装配式”变电站。

29日　国家药品监督管理局发布《支持港澳药品上市许可持有人在大湾区内地九市生产药品实施方案》和《支持港澳医疗器械注册人在大湾区内地9市生产医疗器械实施方案》，推进粤港澳大湾区药品上市许可持有人、医疗器械注册人制度改革，进一步推动粤港澳大湾区生物医药产业深度融合，实现粤港澳大湾区医药产业共同发展。

30日　中共中央总书记、国家主席、中央军委主席习近平抵达香港，出席于7月1日举行的庆祝香港回归祖国25周年大会暨香港特别行政区第六届政府就职典礼，并对香港进行视察。是日15时10分许，习近平乘坐的专列抵达高铁香港西九龙站，受到香港特别行政区行政长官林郑月娥和丈夫林兆波、香港青少年、各界群众代表的热烈欢迎。是日下午，习近平在香港科学园考察，同在港中国科学院院士、中国工程院院士和科研人员、青年创科企业代表等亲切交流。是日下午，习近平还分别会见林郑月娥、梁振英、贺一诚以及香港特别行政区行政、立法、司法机关负责人，香港各界代表人士，香港纪律部队代表，中央驻港机构和主要中资机构负责人。

30日　粤港澳大湾区创新合作第十期交流会暨南沙港澳青创“新十条”发布会在广州南沙创享湾举行。会上《广州南沙新区（自贸片区）支持港澳青年创业就业“新十条”措施》发布，为推动港澳青年在南沙创业就业赋予最强动能。

30日　前海管理局与香港大学签署战略合作框架协议，双方以推进粤港澳大湾区建设、支持深圳建设中国特色社会主义先行示范区和增强香港同胞对国家的向心力为基本合作目标，着重在加快科技发展体制机制改革创新、扩大金融业对外开放和提升法律事务对外开放水平方面不断构建国际合作和竞争新优势。

30日　香港浸会大学与内地18所大学以线上形式共同举办“共融共赢再启新程”校长论坛暨香港浸会大学与内地一流高校合作签约仪式。仪式上，浸会大学首次与内地18所大学同时签订合作协议，与香港浸会大学同时签约的内地大学有浙江大学、上海交通大学、复旦大学、南京大学、四川大学、天津大学、重庆大学、苏州大学、上海大学、西南交通大学、南昌大学、山西大学、贵州大学、北京外国语大学、上海音乐学院、中国传媒大学、北京工商大学以及中南大学。

30日　广州市举办智能网联汽车自动驾驶混行试点首发活动，全国首个自动驾驶营运出租车亮相，南沙是广州首个智能网联汽车自动驾驶混行试点区。小马智行自动驾驶3个型号车型入选广州市智能网联汽车首批车型准入目录。

30日　“深港合作，共创未来”前海庆祝香港回归25周年系列活动“科技篇”“法治篇”分别以“粤港澳科技创新合作论坛”和“深圳前海深港国际法务区政策推介会”的形式举行。

是月　教育部宣布批准设立香港科技大学（广州）。该大学是《粤港澳大湾区发展规划纲要》及《广州南沙深化面向世界的粤港澳全面合作总体方案》颁布实施以来成立的首家具有独立法人资格的内地与香港合作办学机构。

7月

1日　庆祝香港回归祖国25周年大会暨香港特别行政区第六届政府就职典礼在香港会展中心隆重举行，中共中央总书记、国家主席、中央军委主席习近平出席并发表重要讲话。是日，习近平会见新任香港特别行政区新任行政长官李家超及香港特别行政区新任行政、立法、司法机关负责人，视察中国人民解放军驻香港部队。是日中午，习近平乘专列离开香港。

1日　香港邮政推出以“香港特别行政区成立二十五周年”及“中国人民解放军进驻香港二十五周年”为题的纪念邮票及相关邮品。

1日　《广东省优化营商环境条例》（简称《条例》）正式实施。《条例》聚焦市场主体反映强烈的准入不准营、招投标等领域隐性壁垒、惠企政策落实“最后一公里”等痛点难点问题制定针对性条款，围绕近年来广东省在“放管服”改革、要素市场化配置、信用体系建设、办理破产等领域行之有效的做法，以地方性法规形式固化。

1日　粤港澳大湾区国家纳米科技创新基地开园暨大湾区纳米产业创新联盟启动活动在广州市黄埔区举行。粤港澳大湾区纳米产业创新联盟由粤港澳大湾区纳米领域科技企业、科研院所等创新主体发起成立，围绕广东省创建粤港澳大湾区纳米产业创新高地的战略布局，在政府指导和市场牵引下充分发挥联盟的平台及协调作用，共建纳米产业协同创新生态，促进纳米科技成果转化，推动纳米产业创新发展。

1日　深圳为庆祝香港回归祖国25周年在市民中心广场举行灯光秀。

1日　《佛山市市场主体服务条例》开始施行，聚焦市场主体需求、企业全生命周期、营造诚信的法治环境，打造高效便民的政务服务体系，建立包容开放的监督管理模式，提供透明、可预期的法治保障服务，是全国首部服务市场主体的地方性法规。

2日　2022莞台港澳青少年文艺联欢会在东莞市莞城街道文化周末剧场举行。

3日　澳门应用最大直径盾构机——“澳琴1号”刀盘在澳门轻轨延伸横琴线项目横琴侧顺利下井。澳门轻轨延伸横琴线项目是澳门首个海底盾构隧道施工的项目，是广珠城际与澳门轻轨换乘的重要配套工程，也是内地及珠三角地区联系澳门的重要客运通道，对于促进大湾区基础设施互联互通、粤港澳紧密合作、打造粤港澳经济合作平台有着重要意义。

4日　交易型开放式基金（ETF）正式纳入内地与香港股票市场交易互联互通机制。ETF纳入内地与香港股票市场交易互联机制开通，是持续优化完善互联互通机制的标志性成果，是扎实推进全面深化资本市场改革、推动高水平对外开放、服务粤港澳大湾区建设的又一重要举措。

4日　中国人民银行与香港金管局签署人民币/港币常备互换协议，将双方自2009年起建立的货币互换安排升级为常备互换安排，互换规模由原来的5000亿元/5900亿港元扩大至8000亿元/9400亿港元。

5日　香港新一届行政会议举行首次例行会议。

6日　广东省传达学习贯彻习近平总书记重要讲话精神干部大会召开，深入学习贯彻习近平总书记在庆祝香港回归祖国25周年大会暨香港特别行政区第六届政府就职典礼上的重要讲话精神。中共广东省委书记李希主持会议。

6日　广东省司法厅为香港律师何君尧和澳门律师邝玉球、程嘉雯、谭晓红分别颁发律师执业证（粤港澳大湾区），是全国首批获准在粤港澳大湾区内地九市执业的粤港澳大湾区律师。

6日　广东印发《广东省建设国家中医药综合改革示范区实施方案》，提出打造大湾区中医药装备制造业集群。

6日　广东省首个进驻产业园区的涉外涉港澳台商事纠纷诉调对接工作室在佛山国际贸易港揭牌，进驻来自金融、贸易、法律、政府部门等多个领域的涉外涉港澳台商事调解员，实现园区企业不出园区就能享受国际商事调解服务。

6日　东莞市举行“奋进新征程　共谱新篇章”莞港视频连线活动，推动莞港合作向纵深发展。

6日　“湾区青创莞港交流会暨庆祝香港回归祖国二十五周年”活动在松山湖高新区举行，东莞市政府代表、企业家代表与创业青年互动交流，参观青年“双创”基地、港资企业。

7日　广东省药品监督管理局在其官网发布消息，决定发布第三批粤港澳大湾区内地临床急需进口港澳药品医疗器械目录。该目录中，共引进4种新药和8种医疗器械。同时将劳拉替尼片移出第一批粤港澳大湾区内地临床急需进口港澳药品医疗器械目录。

8日　香港金融管理局加入国际金融消费者保护组织。

8日　香港机场管理局安排航班于香港国际机场第三跑道进行升降，让本地及海外航空业界持份者有秩序地熟习相关运作程序及协作安排。

8日　横琴粤澳深度合作区第一支QDLP基金“瑞元资本海外债券（QDLP）一期单一资产管理计划”通过建设银行完成购汇、对外投资全流程。

8日　2022年港澳台大学生暑期实习活动全国启动仪式举行，东莞市作为全国试点实习城市之一，在松山湖高新区设分会场，近30人在分会场以视频形式参加全国启动仪式。

8日　中国检验检疫科学研究院粤港澳大湾区研究院动工仪式在中山火炬开发区举行，化妆品质量提升与产业发展研究中心实验室同时启用，成为该研究院首个正式投入运营的实验室。

8日　总投资13.5亿元的华津集团金属产业园在江门市新会区古井镇启动建设，该项目与深圳前海联合交易中心展开战略合作，是江门首家对接深圳市前海联合交易中心的企业。

9日　由致公党中央海外联络委员会、致公党广东省委员会主办的第四届粤港澳对接“一带一路”建设论坛在东莞市举行。

11日　2022年度首期粤港澳大湾区“菜篮子”生产基地认证培训班暨工作推进会在遵义举办，珠海“菜篮子”生产稳供基地新增4个，总量增至7个。

11日　2022年莞台港澳青少年夏令营在东莞市

开营。这是首次举办莞台港澳青少年夏令营。

12日　第二届粤港澳大湾区集邮展览形象设计发布会在东莞市虎门镇举行，这是国家级邮展首次落户东莞市，展品总价值超10亿元。

14日　市场监管总局举行全国商业秘密保护创新试点启动会，会上公布全国首批20个试点地区名单，广州市黄埔区入选。

13日　香港城市大学（东莞）筹建工作视频会议召开。

15日　香港科技创新联盟成立，旨在促进香港科研平台和社会各界的交流合作，为香港的创科发展作贡献。

15日　广州市农业农村局发布《粤港澳大湾区“菜篮子”工作办公室关于公布粤港澳大湾区“菜篮子”生产基地（第十批）认定名单的通知》，认定粤港澳大湾区“菜篮子”生产基地299个，其中276个生产基地来自泛珠三角内地省区。

15日　第五届粤港澳大湾区大学生创新创业项目对接洽谈活动在东莞理工学院举行。广东省内318家投资机构、企业和121个路演团队报名参与，参与对接洽谈活动的投融机构与项目团队达成60份投资意向，对接意向融资金额（含授信金额）4.2亿元。

17日　广州举办粤港澳大湾区纳米产业创新高地院士咨询会。一批纳米“黑科技”成果正式发布。本次会议瞄准技术变革和产业优化升级方向，发挥纳米技术在其他技术领域的交叉性和引领性作用。

18日　位于中新广州知识城的世界气象中心粤港澳大湾区分中心主体结构封顶。该项目总建筑面积41904.8平方米，由国家气象中心、中国气象局气象探测中心、广东省气象局、广州市气象局、广州开发区管委会五方单位合建，建成后为“海上丝绸之路”沿线国家和地区提供气象预测指导产品，攻克粤港澳大湾区气象防灾减灾以及国际远洋航运气象保障等多项“卡脖子”技术难题，可极大提升粤港澳大湾区气象服务保障能力。

18日　工信部网站公布全国新型工业化产业示范基地2021年发展质量评价结果，东莞松山湖高新技术产业开发区连续4年获评五星基地。

19日　粤港澳三地共同发布《粤港澳珠江三角洲区域空气监测网络2021年监测结果报告》。报告显示，粤港澳珠三角区域的空气环境质量持续提高。

19日　广州海事局根据粤港澳大湾区船舶转籍“不停航办证”服务政策，向“建功968”轮原船舶所有人提供船舶注销登记服务，标志着该服务政策正式落地。

20日　广州南沙新区香港服务中心揭牌成立，该中心是广州南沙开发区（自贸区南沙片区）管委会在香港设立的窗口公司，携手香港共建高水平对外开放门户，深化面向世界的粤港澳全面合作。

20日　东莞市香港莞籍社团青年“同开新篇 共握机遇”主题教育活动在东莞市企石镇举行。

21日　深圳前海深港青年梦工场北区开园。前海深港青年梦工场北区定位为“前海深港青年创业圆梦引领区”，引入企业类、机构类、平台类优质项目，结合全系运营配套，打造“四中心一街区”。

21日　首期粤港澳会计师青年高端人才培养班开班，选拔50名粤港澳三地行业骨干，开展为期一年半的培训，以人才协同发展推动大湾区会计行业要素流通、信息共享、业务融合。

21日　江门举行盐田国际内陆港（江门）揭牌仪式暨海铁联运班列推介会。

22日　南沙首个24小时港澳自助服务点启用。该服务点为港澳青年提供创业、涉税、生活、出行等方面“全天候，不打烊”的一站式服务，打通港澳青年创新创业“最后一公里”，提升南沙“创享湾”政务服务便利化程度。

22日　江门市在滨江新区“湾区之眼”举行江门市湾区之眼港澳台侨青年中心揭牌签约仪式。

23日　受加强副高压影响，广东在大暑节气当天再次刷新省内气温年度极值，国家级广州观测站录得37.5℃最高气温，这是该站30年来录得大暑节气当天的最高气温。

23日　中国国家版本馆举行落成典礼。该馆历时三年建设，由中央总馆文瀚阁以及西安分馆文济阁、杭州分馆文润阁、广州分馆文沁阁组成，是国家版本资源总库和中华文化种子基因库。中共中央政治局委员、中宣部部长黄坤明在北京出席典礼并讲话。中共中央政治局委员、广东省委书记李希在广州分馆出席典礼。

27日　《横琴粤澳深度合作区促进集成电路产业发展若干措施》（简称《若干措施》）印发，是合作区成立以来瞄准集成电路产业发展推出的首个专项扶持措施，《若干措施》自2022年1月1日起实施，有效期至2024年12月31日。

27日　广州市南沙区举办“广州市南沙区内地首批港澳工程人才职称证书颁发仪式”，为16名港澳人才颁发职称证书，取得职称证书的港澳人才在内地承接和开展建筑工程项目时，享有与内地工程师相同的资质和待遇。

29日　深圳市检察院、深圳市前海管理局签署共建《港企合规发展服务机制》《海洋生态环境与自然资源保护机制》《公益诉讼协作机制》三项机制合作协议，并正式揭牌成立港企合规发展服务中心。

30日　大湾区医疗器械生物医药产业园在珠海动工建设。

30日　第36届大众电影百花奖各大奖项揭晓，由广东博纳影业、珠江电影集团、湖北长江电影集团领衔出品的《中国医生》获奖，是博纳影业大湾区总部落户广州后推出的首部作品。

8月

1日　广州发布《广州市促进综合保税区高质量发展的实施意见》，推动粤港澳大湾区综保区联动发展，探索推动粤港澳大湾区综保区物流监管、查验标准和保税监管一体化，深入推进实施保税货物跨区流转便利化措施，推动跨关区协同管理，拓展保税货物市场流转空间，激发粤港澳大湾区综保区整体市场活力。

1日　粤港澳大湾区枢纽韶关数据中心集群起步区第一批项目集中开工活动在韶关高新区浈江产业园举行。参加集中开工的项目5个，分别是中国电信、中国移动、中国联通、广东广电以及中瀚云韶关数据中心项目。

1日　广州市人民政府办公厅、佛山市人民政府办公室联合印发《广佛全域同城化“十四五”发展规划》，以基础设施一体高效、科技创新协调联动、产业专业化分工协作、生态环境共保共治、公共服务共建共享为重点，对广佛全域同城化发展作出规划，推动城镇空间、产业空间、生态空间协调发展。规划期限为2021—2025年，展望至2035年。

2 日　广东省委理论学习中心组举行专题学习会，要求携手港澳笃定心志推进粤港澳大湾区建设，更好服务“一国两制”伟大实践。

3 日　财富中文网发布 2022 年《财富》世界 500 强榜单，粤港澳大湾区有 24 家企业进入榜单。

4 日　横琴粤澳深度合作区公布 2022 年上半年地区生产总值，为 223.93 亿元，比上年同期增长 2.5%。

4 日　广东唯一的铁路集装箱中心站——广州国际港中欧班列站点启用，一列满编的中欧班列驶出，标志着广州中欧班列（国际港）进入常态化运营。

5 日　广州港海嘉汽车码头迎来首条外贸船舶，4000 辆商品车启航出海，出口国外市场，创南沙汽车口岸单船单品牌装载数量新高。

5 日　第十二届松山湖中国 IC 创新高峰论坛在松山湖高新区举行，来自全国各地的 100 多名 IC（芯片）产业链上下游企业代表、学者、投资机构代表参加。

6 日　广州市规划和自然资源局发布《2021 广州市交通发展年度报告》（简称《报告》）。《报告》显示：白云机场旅客吞吐量连续两年位居全国第一；大湾区内地九市间日均出行量 662 万人次，占广东省 21 个地级市间总出行量的 75%，广深两大超级城市间日均出行量 17 万人次，仅占湾区城市间出行总量的 2.6%，“双城”联动有待进一步加强。

8 日　澳门往来蛇口海上客运航线恢复营运。根据航线计划，深圳蛇口至澳门航线恢复运营后，每日往返两地的航班数量总计 16 班。

8 日　横琴粤澳深度合作区粤港澳工程争议国际调解中心成立。

8 日　黄茅海跨海通道项目狮山隧道左右线贯通。

9 日　江门市交通建设投资集团有限公司与广东广业石油天然气有限公司合作签约仪式举行。

10 日　深圳印发《深圳市前海深港现代服务业合作区管理局支持科技创新实施办法（试行）》，以深港合作为主线，聚焦“促进深港澳创新要素跨境融通、培育深港澳科技合作创新生态、构建知识产权生态系统、加快数字经济发展、打造海洋科技创新高地”等领域，推出系列扶持措施。

10 日　粤港澳三地共同发布《粤港澳大湾区气候监测公报（2021）》（简称《公报》）。《公报》显示，2021 年粤港澳大湾区总体气候特征是：温高雨少干旱重，局地暴雨极端性强，台风影响弱。总体而言，2021 年大湾区气候属于较好气候年景。

10—13 日　“潮流东莞 篮球城市”2022 第一届粤港澳大湾区小篮球联赛在东莞市举行。

11 日　首届“大湾区国际科创峰会”在香港举行。

11 日　国家知识产权局网站发布《国家知识产权局关于确定国家知识产权强市建设试点示范城市的通知》，广东省入选首批国家知识产权强市建设示范城市有 3 个，分别是广州市、深圳市和佛山市；入选国家知识产权强市建设试点城市有 5 个，分别是珠海市、惠州市、东莞市、中山市、肇庆市。

12 日　横琴粤澳深度合作区管理委员会第三次会议举行，澳门特别行政区行政长官、合作区管委会主任贺一诚主持会议，广东省省长王伟中出席并讲话。会议听取横琴粤澳深度合作区执行委员会2022年工作报告，审议合作区预算草案、投资项目计划等事项。

12日　香港特别行政区政府在《宪报》刊登新获委任的太平绅士名单，共13人，包括前行政长官林郑月娥等。

12日　粤港澳大湾区“广江协同　税力助侨”主题活动在广州增城和江门江海同步举行，两市税务局发布“税力助侨十条”，并在广州增城揭牌成立粤港澳大湾区首个侨梦苑税务驿站。

12日　江门市便利华侨华人投资税收服务中心揭牌，同步启动江门市便利华侨华人投资税收服务平台。

15日　广东省财政厅转发《财政部　税务总局关于广州南沙个人所得税优惠政策的通知》。通知指出，为落实《广州南沙深化面向世界的粤港澳全面合作总体方案》，对在广州南沙工作的香港居民，其个人所得税税负超过香港税负的部分予以免征；对在广州南沙工作的澳门居民，其个人所得税税负超过澳门税负的部分予以免征。通知的执行期为2022年1月1日至2026年12月31日。

15日　中央广播电视总台和澳门特别行政区政府在北京、澳门同步举行仪式，共同开启新一轮合作。

15日　澳门宣布《居住于内地的澳门特别行政区居民医疗保险津贴计划》由原来的珠海、中山、江门，扩至粤港澳大湾区内地九市。

15—16日　广东省人大常委会主任黄楚平到肇庆市调研专精特新中小企业发展情况，听取有关意见建议。

16日　澳门律师内地执业首案调解成功。广州市南沙区人民法院（广东自由贸易区南沙片区人民法院）成功在线上调解一宗涉港民间借贷纠纷并电子送达《民事调解书》。该案是港澳律师获准大湾区内地九市执业后，全国首个由港澳律师代理成功调解的案件。

16日　文化和旅游部公布第二批国家级夜间文化和旅游消费集聚区名单，广东省6个项目入选，均在大湾区，包括广州市长隆旅游度假区、广州市广州塔旅游区、深圳市蛇口滨海文化创意街区、佛山市华侨城欢乐海岸PLUS、佛山市千灯湖片区、惠州市水东街。

17日　澳门《都市建筑法律制度》实施，对应执行及补充的《都市建筑法律制度施行细则》于同日生效。

17日　广州市南沙区发布《广州南沙开发区促进外商投资企业发展扶持办法》《广州市南沙区2022年稳外贸政策措施》《广州市南沙区建设进口贸易促进创新示范区的政策措施》，从入资、经营贡献、服务等方面给予支持。在入资方面，单个企业净入资最高可获得1亿元奖励，叠加“省外资12条”入资最高可获得2亿元奖励。在经营贡献方面，跨国公司总部最高可获1亿元奖励。在服务方面，对为外资企业提供服务的机构给予工作奖励，并提出针对外资企业在项目用地、政务服务、金融、人才、出入境等方面专项举措。

17日　深圳市福田区人民法院通过微法院线上平台，开庭审理一宗香港居民涉内地物业的合同纠纷案。该案由首批获准在大湾区内地九市执业的港澳律师之一的何君尧作为诉讼代理人在线出庭应诉，是港澳律师在内地执业后代理的首宗案件。

17日　南沙“多位一体”微能源网示范项目投产，是中国—芬兰能源合作第一个成功投产的示范项目，致力于打造涵盖冷热电综合能源一体化的粤港澳大湾区智慧低碳园区新标杆。

18 日　第 36 届香港国际旅游展在香港会议展览中心开幕，展览为期 4 天。

18 日　广东政协港澳青年人文交流基地揭牌仪式在广州南沙举行。

18 日　广州住房公积金管理中心与南沙区合作的全国首个人才公寓住房公积金按月还房租项目试点——南沙区青俊人才公寓（万科白鹭郡小区）项目启动，旨在为各类人才安居乐业提供住房保障。

18 日　广东省政府新闻办举行广东自贸试验区改革创新阶段性成果新闻发布会，发布 2021 年度广东自贸试验区最佳制度创新案例 15 个。

18 日　珠海市医疗保障事业管理中心横琴办事处在横琴粤澳深度合作区揭牌。

18 日　位于肇庆市高要区金渡镇世纪大道的粤港澳大湾区（肇庆）水产综合交易中心一期罗氏沼虾水产区域和预制菜自助售卖区试运营。

19 日　由深圳市司法局牵头，深圳市律师协会、前海“一带一路”法律服务联合会联合成立的港澳律师深圳执业服务中心揭牌启用，首批 21 名在深执业粤港澳大湾区律师获颁发执业证。

19 日　由东莞市台港澳事务局主办、东莞台青企业管理咨询有限公司承办的 2022 莞台港澳青年故事会第二期在东莞市南城街道举行。

22 日　横琴粤澳深度合作区全面放开澳门非营运小客车（9 座及 9 座以下）入出横琴配额，取消此前 1 万个配额总量限制。对符合其他申请条件的澳门居民采取“即来即办”方式。

22 日　珠澳两地规模最大的造血干细胞移植病区——中大五院造血干细胞移植新病区启用。

23 日　广东省省长王伟中主持召开省政府常务会议，强调扎实推进《南沙方案》落地落实，加快打造立足湾区协同港澳面向世界的重大战略性平台。

23 日　香港第七批银色债券开售，目标发行额为 350 亿港元。合资格香港居民可通过 20 间配售银行和 27 间指定证券经纪认购债券。

23 日　江门市大湾区办拜访香港贸易发展局广州办事处、香港特别行政区政府驻粤经济贸易办事处，就加强江门、香港两地合作开展座谈交流。

24 日　为帮助内地企业更紧密地联系全球买家，香港贸易发展局 24 日通过线上平台，面向内地企业推介全新融合展览模式“展览 +”。

25—26 日　2022 松山湖科学与技术前沿论坛暨第二届松山湖交叉科学论坛——先进材料变形和失效预报高端论坛在东莞理工学院交叉科学研究中心举行。

26 日　深圳市中级人民法院与中山市中级人民法院在深圳市举行《支持和保障珠江口东西两岸融合互动发展司法合作框架协议》签署仪式。

26 日　中共广东省委、广东省人民政府印发《关于支持佛山新时代加快高质量发展建设制造业创新高地的意见》，推动佛山全面提升发展能级，顺应新时代新要求加快高质量发展，建设制造业创新高地，增强珠三角地区核心引擎的战略支撑。

27 日　“港澳药械通”政策在粤港澳大湾区内地九市实施满一周年。一年来，通过“港澳药械通”政策，广东省药品监管局批准引进港澳药品 20 个、医疗器械 12 个，惠及患者 500 多名。

29 日　中共广东省委、广东省人民政府发布《关于支持东莞新时代加快高质量发展打造科创制造强市的意见》，推动东莞全面提升发展能级，顺应新时代要求加快高质量发展，打造科技创新和先进制造业强市，增强珠三角地区核心引擎的战略支撑。

29 日　广州首个合格境内有限合伙人（QDLP）试点项目落地，粤开资本投资有限公司获批广东省合格境内有限合伙人境外投资试点资格。

30 日　“粤澳合作技能人才评价工作站”在横琴挂牌。

30 日　胡润研究院发布《2022 年中全球独角兽榜》，大湾区有 62 家独角兽企业。中国有 10 家独角兽企业估值超千亿元。其中 3 家企业位于大湾区，分别为 Shein、微众银行以及大疆。

30 日　香港举行青年科创先锋人物评选活动，25 人入选。

30 日　广东省司法厅审批准予首批通过粤港澳大湾区律师执业考试与培训考核的澳门执业律师石立炘在北京市盈科（珠海）律师事务所执业，澳门执业律师江雪梅在广东巨信律师事务所执业，分别成为首位在珠海、江门执业的粤港澳大湾区律师。

30 日　珠海高栏港综合保税区通过预验收。珠海高栏港综合保税区于 2018 年 2 月经国务院批准设立，总规划面积 2.514 平方千米，依托港珠澳大桥、黄茅海跨海通道“双桥”衔接，形成“海陆空铁四位一体”的立体交通体系和功能完备的江海、海铁、海公、海空、管道多式联运体系，使高栏港综合保税区能够快速融入大湾区“1 小时经济圈”，与珠江口东西岸实现高效联动。

30 日　广东首个粤澳合作技能人才评价工作站在横琴粤澳深度合作区挂牌。

30 日　粤澳船舶灾害救援技术交流培训班在珠海开班。

31 日　第二届粤港澳大湾区文化艺术节举行。艺术节以“放歌大湾区·建功新时代”为主题，通过城市联动的方式在大湾区 11 座城市开展文学、影视、音乐、舞蹈、戏曲、曲艺、杂技、美术、书法等合作交流活动。艺术节持续至 9 月 30 日。

31 日　由香港特别行政区政府、香港贸易发展局共同主办的第七届“一带一路”高峰论坛在香港举行。中共中央政治局常委、国务院副总理韩正以视频方式出席论坛并发表题为《携手开创共建“一带一路”新篇章》的致辞。

31 日　全国首个以人才为主题的碧道工程在佛山市三龙湾科技城南海片区开工建设。

是月　广药集团旗下广药国际（澳门）青洲制药厂获得中药制造准照，是由澳门特别行政区政府药物监督管理局颁布的澳门第一个中药口服固体制剂（含外用药搽剂）中药制造准照。该药厂是广药国际在澳门青洲跨境工业区设立的药品和大健康食品生产基地，是澳门最大且首个符合现代 GMP（药品生产质量管理规范）标准的中药制剂制造示范工厂。

是月　广州出台 10 项举措支持大湾区律师在穗执业，具体包括专项培训、执业保险、推介展示等方面。

9 月

1 日　广东省药品监督管理局发布《关于建立粤港澳大湾区内地临床急需进口港澳药品医疗器械预审品种数据库的通告》，粤港澳大湾区内地临床急需进口港澳药品医疗器械预审品种数据库系统上线。

1 日　广州南沙民心港人子弟学校揭牌，首批有500 多名新生入读。广州南沙民心港人子弟学校是粤港澳全面合作示范区的标志性项目之一，也是一所非营利性质港人子弟学校。学校为十二年一贯制，小学、初中、高中计 36 个班，提供1620 个学位。学校采用香港学制，与香港本地课程实现无缝衔接。

1 日　深化粤港合作视频会议召开，两地以视频连线的方式共商深化粤港合作事宜，共同谋划推进粤港澳大湾区建设。广东省委书记李希主持会议并讲话，香港特别行政区行政长官李家超，广东省委副书记、省长王伟中，广东省委副书记、深圳市委书记孟凡利出席会议。

1 日　香港科技大学（广州）开学，不设院系由学生自主选择培养方向。打破传统高校的院系之分，首设“枢纽”和“学域”学术架构，为世界高等教育改革探路。

1 日　2022 粤港澳大湾区服务贸易大会推介会在中国（北京）国际服务贸易交易会“广东主题日”现场举行。

2 日　《深圳市前海深港现代服务业合作区管理局　香港特别行政区政府财经事务及库务局关于支持前海深港风投创投联动发展的十八条措施》在深港两地同步发布。

3—4 日　粤港澳大湾区教育新高地——华南理工大学广州国际校区二期交付启用。该校区是由教育部、广东省、广州市和华南理工大学四方共建的省、市重点项目，是全国唯一一个全部“新工科”学院的校区，旨在为粤港澳大湾区培养新工科领军人才。

5 日　《深圳经济特区数字经济产业促进条例》发布，该条例于 2022 年 11 月 1 日起实施。

5 日　内地与澳门签署《粤澳智慧海事管理合作安排》，合作推进智慧海事系统（澳门版）建设和应用，推动相关管理规定和技术标准的对接，共同提升大湾区海事管理与服务能力。

5 日　珠海金海特大桥主跨合龙，进入桥面系施工阶段。

6 日　全国首部人工智能产业专项立法——《深圳经济特区人工智能产业促进条例》在深圳出台，该条例于 2022 年 11 月 1 日起实施。

6 日　横琴粤澳深度合作区首批 12 个社区及学校的基层党组织书记工作室揭牌成立。

7 日　“志史鉴今砥砺前行：从改革开放到大湾区建设”研讨会在香港、北京、广东及澳门同步线上线下举行。研讨会由团结香港基金、香港地方志中心、广东省人民政府地方志办公室及澳门基金会联合举办，粤港澳三地 30 多名政商界领袖、社会翘楚及专家学者参会，以《香港参与国家改革开放志》的出版为契机，回顾香港在国家改革开放历程中的贡献和得益，并讨论香港和澳门如何更好融入国家发展大局。

7 日　海关总署发布《支持前海深港现代服务业合作区全面深化改革开放若干措施》，围绕深港规则对接、跨境要素流动、深港现代服务业综合保税区建设 3 个方面提出 18 项支持措施。

7 日　中央人民政府 2022 年人民币国债在澳门发行，规模为 30 亿元人民币，面向专业投资者发行。

7 日　全国工商联在官网公布 2022 中国民营企业 500 强名单，其中大湾区上榜企业共 50 家，并有 5 家企业位居榜单前 10 名。

7 日　粤港澳大湾区门户网微信视频号上线。

8 日　《世界经济自由度 2022 年度报告》再次把香港评为全球最自由的经济体。

8 日　青茂口岸开通一周年，旅客通关量超千万。青茂口岸于 2021 年 9 月 8 日开通，是粤澳第五条陆路跨境通道，设有合作快捷查验通道 100 条、人工查验通道 12 条。

10 日　“跨境理财通”落地一周年，大湾区共有 3.56 万名投资者参与，办理“跨境理财通”业务 1.3 万笔，金额达 14.56 亿元。

12 日　中国与葡语国家智库论坛在澳门以线上线下结合的方式举行，主题为“立足澳门平台，推动新时代中国与葡语国家更紧密合作”。

13 日　位于珠海的粤港澳物流园开工建设。粤港澳物流园总建筑面积 14.31 万平方米，总投资 10 亿元，旨在打造集物流控制、供应链金融、信息咨询、专业服务于一体的全球供应链服务中心。

13—18 日　“2022 粤港澳大湾区创新成果暨粤港合作辉煌成就巡展”第四站在东莞市举行。该巡展以“融通大湾区”为主题，采用“图片展 + 明信片 + 全媒体呈现 + 云展览”形式，全景展现粤港澳大湾区“硬联通、软联通、心联通”图景。

14 日　广东省第五批全域旅游示范区公布，共 22 个县（市、区），其中大湾区内地九市 10 个县（市、区）入选。

14 日　广州北江引水工程 4 号隧洞贯通，该隧洞全长 11.4 千米，该工程是粤港澳大湾区互联互通基础设施工程。

15 日　《横琴粤澳深度合作区企业上市挂牌专项扶持办法》发布。

15 日　2022 年粤澳合作联席会议在珠海横琴召开，广东省省长王伟中、澳门特别行政区行政长官贺一诚共同主持会议并作主题发言。

15 日　第四届“科学探索奖”揭晓，港澳地区 3 人获奖。

15 日　横琴粤澳深度合作区成立一周年，合作区“二线”通道海关监管作业场所主体落成，进入配套信息化工程建设阶段。

16 日　《横琴粤澳深度合作区促进中小微企业融资发展扶持办法》发布，是横琴粤澳深度合作区成立以来推出的首个聚焦中小微企业融资发展的扶持政策。

18 日　招商局金融控股有限公司设立暨揭牌仪式在深圳前海举行，注册资本 77.78 亿元，是中国人民银行批准设立的中国第三家、粤港澳大湾区首家金融控股公司。

19 日　《横琴粤澳深度合作区市场主体住所登记管理办法》实施。

19 日　广东省推进实施《广州南沙深化面向世界的粤港澳全面合作总体方案》现场会召开。会议深入学习贯彻习近平总书记对广东、广州系列重要讲话和重要指示精神，落实省第十三次党代会部署，围绕进一步推动粤港澳大湾区建设，就实施《广州南沙深化面向世界的粤港澳全面合作总体方案》，促进广州实现老城市新活力和“四个出新出彩”进行研究部署、推动落实。

19 日　首届大湾区博士博士后“双创”大赛在珠海启动。大赛以“博揽天下英才 共创人才湾区”为主题，设创新赛、创业赛两个组别，划分为新一代信息技术、半导体与集成电路、生物医药与大健康、高端装备制造、新材料、新能源（含新能源汽车）、节能环保以及其他产业领域8个专业领域进行比赛。

20日　50亿元人民币央行票据在香港成功发行。此次发行受到境外投资者广泛欢迎，包括美、欧、亚洲等多个国家和地区的银行、基金等机构投资者以及国际金融组织踊跃参与认购，投标总量约为228亿元，超过发行量的4.5倍。

20日　海关总署发布《海关总署支持广州南沙深化面向世界的粤港澳全面合作若干措施》，支持广州南沙深化粤港澳全面合作，打造成为立足湾区、协同港澳、面向世界的重大战略性平台，在粤港澳大湾区建设中更好发挥引领带动作用。

20日　中宣部举行主题新闻发布会，聚焦新时代“一国两制”在港澳的成功实践。

20日　以“融通大湾区”为主题的“2022粤港澳大湾区创新成果暨粤港合作辉煌成就巡展”第5站在珠海高新区中山公园开幕。

21日　澳门特别行政区政府旅游局与山东省文化和旅游厅在澳门签署首份旅游合作框架协议，加强双方在旅游领域的合作和交流，促进两地旅游业发展。

21日　“凤凰湾区财经论坛2022——变局与信心”在香港、内地同步开幕，香港特别行政区行政长官李家超在开幕演讲中表示，特区政府将深化香港与内地金融合作，推动大湾区建设和促进本地金融业发展。

21日　马房特大桥建成通车，该桥全长1639米，跨越北江，主路双向六车道，设计时速80千米，是连接佛山市和肇庆市的重要交通基础设施，有助于加快粤港澳大湾区城市互联互通、融合升级。

21日　广湛高铁禅城片区开发建设工作指挥部成立，推动广湛高铁禅城片区开发建设。广湛高铁是广东省建设里程最长、投资体量最大的高铁项目，是国家“八纵八横”高速铁路网的重要组成部分。根据规划，广湛高铁佛山站落户禅城城北片区，具体范围为东至汾江路、南至张槎路、西至槎湾路、北至海五路，总用地面积693公顷。

22日　2022粤港澳大湾区绿色金融联盟暨香港绿色金融协会论坛在香港举行。论坛吸引亚洲及其他地区逾1500名人士线上线下同时参与，探讨如何进一步整合大湾区的可持续金融市场，及强化香港连接内地与世界之间的“超级联系人”作用。

22日　香港医院管理局推动“大湾区医疗人才交流计划”，引入内地护士、中医以及放射技师抵港工作，深化与广东省医疗人才专业交流，促进两地公营医疗服务的发展。

22日　粤港澳大湾区门户网珠三角九市分站上线。

22日　中国共产党广州市第十二届委员会第四次全体会议召开，会期1天。会议审议通过《关于推进广州南沙深化面向世界的粤港澳全面合作实施方案》。

22日　位于港珠澳大桥珠海延长线末端的粤港澳物流园动工。

22日　“肇庆发布”载，2022缪斯设计奖之“铂金奖”等奖项揭晓，肇庆新区喜珍科技园的设计分别获建筑类、景观类两项金奖。

23日　中共中央政治局常委、国务院副总理、中央港澳工作领导小组组长韩正在北京主持召开视频会议，听取澳门特别行政区行政长官贺一诚关于澳门经济形势和有关工作情况的汇报，研究支持澳门加快基础设施建设、推动经济适度多元发展有关工作。

23日　粤港两地联合举办“拓展离岸人民币债券市场活用债券融资助力大湾区发展”座谈会。座谈会以视频连线形式举行，粤港两地相关政府部门、金融机构和企业代表约100人参加。

23日　深中通道伶仃洋大桥主缆索股完成架设，主跨1666米的大桥建设取得突破性进展。

23日　江门市、阳江市签订《江门·阳江跨界河湖合作治理协议》，建立跨界河湖水污染防治、河湖“清漂”、入河排污口整治、打击非法养殖等方面的长效协作治理机制。

24日　大湾区科学论坛永久会址在广州南沙区明珠湾灵山岛尖中央商务区东侧动工。同日大湾区科学论坛战略咨询委员会成立大会暨第一次全体大会在南沙召开。

25日　财政部、国家税务总局联合发布《关于广州南沙企业所得税优惠政策的通知》，明确进一步推动广州南沙深化粤港澳全面合作所实行的企业所得税优惠政策。

25日　第二届粤港澳大湾区文化艺术节地方特色活动——“时代曲·湾区情”佛港澳青年原创歌曲联唱会演在佛山市禅城区石湾美陶湾举行，活动分“潮起湾区”“奋楫湾区”“情系湾区”等篇章共13个节目。现场举行“奋楫大湾区，争当领头羊”佛山市唱响地方发展主题系列原创歌曲专辑（含16首）首发仪式。

26日　珠海市政协举行珠海市政协委员工作室（横琴）揭牌仪式。

27日　广东省深入推进《全面深化前海深港现代服务业合作区改革开放方案》现场会召开，会议全面落实广东省第十三次党代会部署，就深入推进《全面深化前海深港现代服务业合作区改革开放方案》进行研究部署、推动落实。

27日　粤港两地政府同意以试行方式，每月增加最多500个港珠澳大桥香港跨境私家车（即两地牌私家车）的常规配额，以加强粤港之间的陆路跨境交通，同时进一步善用大桥。

27日　国家能源集团举行重点项目开工仪式，其中包括国家能源集团珠海港务公司投资11.6亿元建设的珠海港高栏港区国能散货码头工程。

27日　教育部、国务院国有资产监督管理委员会联合举行卓越工程师培养工作推进会。会上，佛山科学技术学院申报的粤港澳大湾区（佛山）先进制造业国家卓越工程师创新研究院入选首批国家卓越工程师创新研究院。

27日　珠西地区首个“跨境电商网购保税＋展示交易”新零售项目“Sunday Box全球购”在中山天奕星河COCO City大型购物商业中心落地。

28日　“中国式现代化道路与中国葡语国家关系发展”主题研讨会在澳门召开，会议聚焦中国与葡语国家关系发展，探讨中国式现代化道路的世界意义和时代价值，以及澳门在促进中国与葡语国家在彼此的现代化进程中合作共赢所应发挥的作用。

28日　2000吨级第四代海上风电安装平台“白鹤滩”号在广州南沙交付投运。该平台是中国首艘2000吨级第四代海上风电安装平台、全球首艘建成交付的新一代2000吨级海上风电安装平台，起吊能力、作业水深、可变载荷、甲板面积均为业内第一。

28 日　广东省药品监督管理局与佛山市人民政府签订《共同推进佛山生物医药产业高质量发展合作框架协议》，以佛山云东海生物医药产业园为重点，建设生物医药产业公共服务平台，促进生物医药产业集群化、特色化发展，推动粤港澳生物医药产业融合。

28 日　珠三角城际轨道交通广佛环线佛山西站至广州北站段（简称“广佛西环城际”）项目工程开工活动在佛山市南海区举行。广佛西环城际铁路正线全长 47 千米，总投资 226 亿元，按时速 200 千米标准建设，其中广州市境内 16.5 千米、佛山市境内 30.5 千米。广佛西环城际是广佛全域同城时代开建的首个城际项目，是连接广州空港经济区与佛北战新产业园、佛山狮山副中心等重大发展平台的快速城际轨道交通线。

28—29 日　第 13 届国际基础设施投资与建设高峰论坛在澳门以线上线下方式举行，举办 2 场主论坛、8 场平行论坛、210 场商务会谈，签署 19 份合作协议，涉及金额约 150 亿美元，比上届增长 5.5 倍。

29 日　世界知识产权组织（WIPO）发布 2022 年全球创新指数（GII）报告，“深圳—香港—广州”科技集群连续三年位列全球百大科技集群第二名。

29 日　粤港澳大湾区发展母基金启动会议暨各专项基金战略合作协议签约仪式在珠海、香港和北京三地同时举行。

是月　珠海首个世界领先高科技现代设施农业示范项目——粤港澳现代农业示范园投入生产。

10 月

6 日　2022 大湾区论坛在香港举行，以“粤港澳大湾区融通共享谱新篇”为主题，多名业界专家和学者对粤港澳大湾区如何推进互联互通，城市之间如何发挥优势推动区域建设分享见解。

8 日　广州海关发布 48 条支持南沙深化粤港澳全面合作的措施。措施围绕促进大湾区要素便捷流动、支持重点项目建设、支持建设中国企业“走出去”综合服务基地、加强粤港澳三地规则衔接 4 个方面，提升跨境贸易便利化水平，支持南沙建设高水平对外开放门户。

8 日　横琴粤澳深度合作区婚姻登记处揭牌，进一步促进琴澳婚姻家庭事业发展、提升对琴澳居民的公共服务能力和水平。

9 日　深圳至江门高速铁路开工建设，全线设深圳西丽站、深圳机场东站、东莞滨海湾站、南沙站、中山北站、横栏站、江门站 7 座车站。

10 日　横琴粤澳深度合作区商事服务局与澳门贸易投资促进局签署商事登记跨境通办合作纪要，共同推动实施商事登记跨境通办机制。

11 日　广州琶洲人工智能与数字经济试验区获评 2022 年广东省数字服务出口基地，是该年度广东唯一获评单位。

12 日　财政部在香港特别行政区面向机构投资者招标发行 2022 年第三期 55 亿元人民币国债，机构投资者积极参与，认购总额 225.11 亿元，认购倍数为 4.09 倍，发行利率低于香港离岸二级市场国债收益率 5 ~ 10 个基点。

12 日　江门开平市农业水价综合改革典型案例入选水利部农业水价综合改革典型案例。

13 日　澳门举办第四届中葡文化艺术节，通过串联第二十五届“葡韵嘉年华”，向市民、旅客提供多场独特的多元文化体验。

13日　国家发展改革委发布《关于推广借鉴深圳综合改革试点首批授权事项典型经验和创新举措的通知》，推广借鉴典型经验和创新举措18条。

13日　南沙在全国首推“元宇宙”赋能智慧新政务，政务服务中心元宇宙政务大厅上线，致力于打造全国第一个可实现全套感知交互服务的元宇宙政务平台。

14日　深圳市福田区河套深港科技创新合作区建设发展事务署网上发布《河套深港科技创新合作区深圳园区技术攻关及产业化创新若干支持措施申请指南》。

15日　《河套深港科技创新合作区深圳园区支持港澳青年实习就业与创新创业资助计划申请指南》（简称《申请指南》）施行。根据《申请指南》，满16周岁至45周岁的港澳青年或毕业于港澳高校的内地青年均可申请资助。资助计划重点支持医疗科技、大数据及人工智能、机器人、新材料、微电子、金融科技六大领域，以及面向未来的前沿科技探索的机构和人员。

17日　中国共产党第二十次全国代表大会新闻中心举行第一场记者招待会，国家发展改革委党组成员、副主任赵辰昕介绍，粤港澳大湾区建设实施五年来，取得明显的成效，“1+N”规划政策体系逐步构建，横琴、前海和南沙、河套等重大合作平台深入推进，国际科技创新中心建设稳步推进，现代产业体系加快构建，基础设施互联互通提速提质，规则衔接机制对接不断加强，宜居宜业优质生活圈逐步构建，港澳居民在内地生活发展更加便利。

19日　首批广东省知识产权公证法律服务示范机构名单公示，12个机构全部位于大湾区内地九市，首批示范机构有效期为3年。

19日　香港特别行政区行政长官李家超发表任内首份施政报告。

19日　国务院知识产权战略实施工作部际联席会议办公室公布知识产权强国建设第一批25个典型案例，广东省有4个案例入选。

20日　2022中国（深圳）文博会澳门精品展在澳门金光会展中心拉开序幕。

21日　粤港澳大湾区投资机遇交流会在香港举行。粤港澳三地政府代表通过线上和线下结合方式，介绍当地营商环境和最新政策措施。商界领袖和行业代表通过案例分析，分享如何把握大湾区发展机遇。

21日　“珠海斗门—深圳蛇口”组合港航线开通。

21日　珠澳跨境电商与新贸易投资趋势论坛在澳门威尼斯人会展中心举办。

22日　香港特别行政区政府创新科技署主办的“创新科技嘉年华2022”在香港科学园开幕。活动以“创科力量梦想启航”为主题，为期9天，通过线上和线下结合方式展出多项当地创新发明和科研成果，让公众了解创科对日常生活的重要性，激发青年的创科热情。

24日　香港特别行政区政府教育局公布，自2023/2024学年起，香港新聘任教师必须通过香港基本法及香港国安法测试。

24日　《广清一体化“十四五”发展规划》发布。规划提出，加速实现广清现代化交通一体互联，到2025年基本实现全方位高质量发展，体制机制全面建立。

24日　深圳罗湖发布45条举措，推进深港深度融合发展。

25 日　广州南沙启用全国最大单体冷库，实现进口冷链货物办结相关手续后，通过高速公路向外辐射，1 小时即可覆盖大湾区城市群。

25 日　全国政协港澳台侨委员会召开粤港澳大湾区现代产业体系建设对口协商座谈会，围绕“粤港澳大湾区发展规划纲要落实情况——构建具有国际竞争力的现代产业体系”议政建言，开展民主监督，推动粤港澳深化合作。

25 日　《横琴粤澳深度合作区促进金融产业发展扶持办法》印发。澳资金融企业落户，最高可获 6000 万元资金扶持。

25 日　住房和城乡建设部公布全国 24 个智能建造试点城市名单，广州、深圳、佛山入选。

26—28 日　由外交部驻澳门特派员公署和澳门特别行政区政府共同推出的首届“中国葡语国家青年交流计划”活动在澳门科学馆举行。活动以“感悟文化交融魅力，当好青年友好使者”为主题，邀请来自安哥拉、巴西、佛得角、几内亚比绍、莫桑比克、葡萄牙、圣多美和普林西比、东帝汶 8 个葡语国家，在澳门大学等 6 所高校学习的留学生和澳门学习葡语的中国学生近 50 人参加。

27 日　国际结算银行公布最新外汇与衍生工具市场成交额调查结果（每 3 年公布一次）。该调查显示，香港继续保持全球第四大的外汇市场、第三大场外利率衍生工具市场及全球最大的离岸人民币业务枢纽，再次确认香港作为主要国际金融中心的地位。

27 日　横琴粤澳深度合作区执行委员会印发《横琴粤澳深度合作区支持生物医药大健康产业高质量发展的若干措施》

27—28 日　2022 中国（东莞）智能终端高峰论坛在松山湖高新区国际创新创业社区举行。

28 日　佛山中德工业服务区（佛山三龙湾科技城）管理委员会印发《佛山中德工业服务区（佛山三龙湾科技城）对德产业合作提升专项扶持办法（试行）》，专门针对德国等欧洲德语国家投资人到佛山所投资设立的企业，为符合条件的企业提供落户奖励、租金补贴等扶持，单个企业累计最高可获 2000 万元扶持。该办法自 2022 年 12 月 1 日起实施，有效期 3 年。

29 日　随着“粤海 42 号”TBM 掘进机（全断面硬岩掘进机）在东莞市大岭山镇破岩而出，珠三角水资源配置工程的 48 条盾构隧洞全部实现贯通。

30 日　“珠澳新智荟”2022 珠澳大学生青年人才与产业对接交流会在珠海举办。

是月　经广东省政府研究同意并报国务院备案，琶洲人工智能与数字经济试验区获评为广东省经济开发区，成为广州第 9 个经开区。

11 月

1 日　为进一步便利内地居民申办赴澳门旅游签注，出入境管理局决定，自是日起启用智能签注设备受理内地居民赴澳门旅游签注申请。

1 日　首届“国际医疗健康周”开幕，利用香港作为亚洲医疗行业创新和投资中心的战略角色，推动香港成为国际医疗健康枢纽。

1—2 日　国务院副总理韩正访问新加坡并主持中新双边合作机制会议，继续深化广州知识城、深圳智慧城市等项目合作。

2 日　广东省省长王伟中主持召开省政府常务会议，研究推进粤港澳大湾区珠江口一体化高质量发展有关工作。

2日　国际金融领袖投资峰会在香港举行，超过200名来自全球约120家金融机构的代表参加峰会，探讨全球金融业如何应对和克服各种错综复杂的不确定因素，并寻求新的突破。

3日　大湾区两地入选国家进口贸易促进创新示范区，分别为广东深圳前海蛇口自贸片区和广东广州黄埔区。

3日　广州印发《广州市市场监督管理局关于推动南沙深化面向世界的粤港澳全面合作实施方案》，从7个方面制定29项具体工作任务，支持南沙深化粤港澳全面合作。

6日　前海联合香港发布“2023年深港联合招才引智计划”，未来将携手开展多场面向全球的“招才引智”活动，吸引更多国际人才到深港发展。

7日　深圳市在香港发行规模为50亿元的离岸人民币地方政府债券，募集的资金用于城市轨道交通、水治理和产业园区建设等项目。

7日　由国家体育总局、国家发展改革委、工业和信息化部、自然资源部、住房和城乡建设部、文化和旅游部、林草局、国铁集团8个部门联合签署的《户外运动产业发展规划（2022—2025年）》发布，支持粤港澳大湾区发展帆船、冲浪、海钓、潜水等项目，辐射带动华南地区，打造华南户外运动休闲区。

7日　由澳门霜冰雪创作实验剧团带来的多媒体艺术创新舞台剧《蝶恋·梁祝》登上第二届珠海艺术节舞台。

7日　江门开平市入选水利部办公厅、财政部办公厅公布2023—2024年水系连通及水美乡村建设县名单，是大湾区唯一入选单位。

8日　2022年前海全球招商大会成功举行，吸引总投资超1200亿元。

8日　2022粤港澳大湾区全球招商大会海外分会场启动仪式在广州举办，首场海外分会场招商活动在德国法兰克福拉开序幕。

8日　全国首宗由粤港澳大湾区律师担任调解员的劳动争议案件，在广州市南沙区劳动人事争议仲裁委员会办结。

8—13日　第十四届中国国际航空航天博览会在珠海落幕。来自43个国家和地区的740多家企业通过线上线下参展，吸引21.5万人现场观展，展会期间签约总值达398亿美元，创历史新高。

9日　由国家药品监督管理局药品审评检查大湾区分中心主办、广东省药品监督管理局协办的粤港澳大湾区药品评检查业务工作座谈会在深圳举行。

9日　香港特别行政区行政长官李家超出席“大湾区青年就业计划”嘉许礼暨分享会时表示，将恒常化推行“大湾区青年就业计划”。

9日　香港与珠海在珠海签署两地机场合作谅解备忘录，两地致力开通“经珠港飞”，两地机场深化合作，共创繁荣发展。

9日　国家知识产权局办公室公布2022年度第二批知识产权信息服务优秀案例。珠海华发集团有限公司旗下横琴国际知识产权交易中心“知识产权信息公共服务助力珠海市打造千亿级产业集群”案例入选，是广东省唯一入选案例。

10日　“澳门平台—汇聚中葡”主题论坛暨合作对接会在第五届中国国际进口博览会期间

举行。

10 日　《广州南沙个人所得税优惠政策实施办法》《2022 年度广州南沙个人所得税优惠政策申报指南》发布。

10 日　由香港特别行政区政府和香港贸易发展局合办的第二届亚洲医疗健康高峰论坛开幕，来自世界各地的专家和业界人士以线上线下形式探讨医疗健康产业的机遇和发展等课题。

11 日　广东省药品监管局完成澳门传统外用中成药“止痛活络摩擦膏”的审批，并向该药品的上市许可持有人澳门澳邦药厂有限公司发出电子药品注册证，是发出的全国首张“在港澳已上市传统外用中成药”电子药品注册证。

11—13 日　粤澳合办“2022 粤澳名优商品展”在澳门举行，吸引 170 多家澳门企业、约 150 家广东省企业，以及 20 家共建“一带一路”国家和地区企业参展。现场展销精选预制菜、大健康、文创、科创、家电、食品、日用品、珠宝首饰等品类的名优产品。

13 日　2022 年粤港科技合作资助计划是日起开始接受申请，截止日期为 2024 年 1 月 12 日。只有同时具备粤港或深港合作元素的项目才能申请“粤港科技合作资助计划”。该计划项目分三类，第一类项目由香港创新及科技基金资助，第二类项目由内地相关部门资助，第三类项目则由粤港或深港两地政府联合资助。项目最长期限为 24 个月。

15 日　澳门发布 2023 年财政年度施政报告，提出特区政府 2024 年的施政总体方向是提振经济、促进多元、纾解民困、防控疫情、稳健发展。

15 日　第二届“世界航商大会”在香港开幕，来自 50 多个国家和地区的 120 余家行业组织及企业参加。与会人士以“凝聚合力 共创未来”为主题，通过线上线下方式，深入探讨全球经贸大变局下航运产业发展面临的挑战与机遇，共同推动构建全球航运新生态。

16 日　“大湾区中医访问学者计划”的两位内地资深中医专家抵港，取得香港中医药管理委员会的有限制注册，在指定公立医院为香港中医师提供中医临床诊疗培训及进行科研相关工作，项目计划为期约 1 年。

16—17 日　“海上丝绸之路”国际文化论坛在澳门举行，主题为“海上丝绸之路文化遗产保护与可持续发展”，邀请海内外多位专家学者发表专题研究成果和演讲。

16 日　广州市人民政府网站发布《广州市全面加强药品监管能力建设具体措施》，鼓励港澳上市药品和医疗器械来穗产业化。

16 日　助推湘赣粤港澳中医药产业协同发展联席会议暨湘赣粤港澳中医药全产业链协同发展联盟启动仪式在湖南郴州举行。

17 日　2022 粤港澳大湾区全球招商大会韩国分会场举办。

17 日　由香港“一带一路”总商会和外交部驻香港特派员公署联合主办的首届“一带一路”青年发展高峰论坛在香港举行。论坛旨在帮助香港青年了解国家发展战略，助力香港拓展多元发展空间，并为个人发展找到更长、更新、更广的赛道。

19—20 日　中国生态文明论坛年会在江西南昌召开。广州市南沙经济技术开发区获“生态文明建设示范区（生态工业园区）”称号，成为粤港澳大湾区“十四五”期间首个获此称号的园区，也是国家生态工业示范园区升级为生态文明建设示范区（生态工业园区）后首批获命名授牌的园区之一。

19日　2022年粤港澳大湾区大学生就业实习双选会开幕式通过“线上+线下”同步开展的方式在珠港澳三地同时启动，开幕式主会场设在北京师范大学—香港浸会大学联合国际学院（UIC），并首次以线上方式设置港澳分会场。

19日　中国人民银行在香港成功发行250亿元人民币央行票据，投标总量超过730亿元，为发行量的2.9倍。

21日　赛迪顾问发布《2022新型显示十大城市及竞争力研究》，广州、深圳分别位列第一和第三。

21日　第13届海峡两岸暨港澳地区艺术论坛在广东省中山市和中国文艺网以线上线下相结合的方式举办。

22日　粤港澳大湾区妇女融合协同发展活动在深圳举办。活动启动仪式上推出一系列有关粤港澳大湾区融合、女性发展、创新创业的举措，健全完善粤港澳三地妇女合作交流机制。

23—25日　粤港澳（东莞）非遗墟市发起“大湾区网友最喜爱的非遗项目”活动，通过短视频方式在全网多平台展示相关项目。

24日　珠海涉澳社保业务“跨境集成办”上线。

24日　第七届粤港澳自然保护地研学座谈会在珠海召开。

24日　工业和信息化部在江苏省无锡市召开国家先进制造业集群现场会，现场公布45个国家先进制造业集群名单，大湾区内地九市有7个集群入选。

25日　国务院同意广东省暂时调整实施《中华人民共和国海关事务担保条例》《中华人民共和国进出口关税条例》的有关规定，对符合条件的按照香港机动车经港珠澳大桥珠海公路口岸入出内地政策入出内地的香港机动车和按照澳门机动车经港珠澳大桥珠海公路口岸入出内地政策入出内地的澳门机动车实行免担保政策。

25日　香港国际机场第三跑道启用，进一步提升香港国际航空枢纽地位。

25日　粤澳联网220千伏第三通道投产，由南方电网公司和澳门电力股份有限公司投资建设。投产后，南方电网公司对澳门输电能力提升三成，达到170万千瓦，可满足澳门“十四五”期间用电需求，标志着内地对澳门电力供应保障能力进一步提高，助力澳门实现碳达峰碳中和目标。

25日　个人养老金制度启动实施，广州、深圳等成为首批试点城市。

25日　横琴国际介入手术机器人中心在珠海市人民医院横琴医院揭牌成立，是粤港澳大湾区首家介入手术机器人中心。

25日　琴澳重点跨境民生工程——澳门轻轨延伸横琴线项目海底隧道顺利贯通，标志着澳门首个以盾构法施工的海底隧道项目取得突破性进展。

26日　国际学术出版机构施普林格·自然上线《自然》增刊《2022年自然指数－科研城市》，发布科研城市100强榜单，广州、香港、深圳分别居全球第10、第23、第28位，三个城市在2021年发表论文共计5038篇（三市分别是2146篇、1435篇、1457篇），仅比排名第二的纽约都市圈5077篇少39篇，但占地区贡献份额仍较低，最高为广州，占地区贡献份额比重为5.4%，低于纽约都市圈（10.5%）、旧金山湾区（8.4%）、东京都市圈（38.8%）。

28 日　科技部、教育部同意批复 10 家未来产业科技园建设试点，其中，广东“生物医药与新型移动出行未来产业科技园”落地广州。

28 日　中国科学院深圳先进技术研究院 / 深圳理工大学（筹）与香港理工大学联合招收培养博士后项目合作备忘录签约仪式在深圳先进院举行，深圳率先探索深港联合招收培养博士后。

28 日　佛山－澳门重点引才工作站在澳门 5 所高校分别揭牌，推动澳门优秀青年人才到佛山市就业创业，实现人才与城市的良性互动、共享共赢。

29 日　香港海关举办“香港认可经济营运商计划”十周年庆祝典礼。典礼上，海关总署与香港海关签署深化粤港澳大湾区认可经济营运商合作备忘录。

29 日　“广东十大最美古树群”名单公布，是广东省首次针对古树群和古树文化开展的大型森林文化推广活动，大湾区有 6 个古树群入选，分别是广州市增城区永宁古树群、深圳市大鹏新区葵涌古树群、珠海市香洲区唐家湾古树群、东莞市清溪古树群、江门市台山市广海古树群、肇庆市四会市罗源古树群。其中，东莞市清溪古树群面积最大 1200 亩，500 株古树；江门市台山市广海古树群树龄最长，平均树龄 552 年，面积 10 亩，4 株古树，优势树种为菩提树。

30 日　粤港澳大湾区文学发展峰会在广州举行。此次峰会是广东省作家协会主办的“粤港澳大湾区文学周”系列活动之一，峰会以“全面推动粤港澳大湾区文学高质量发展”为主题，以线上线下相结合的方式举办。

30 日至 12 月 4 日　首届中国（澳门）国际高品质消费博览会暨横琴世界湾区论坛在粤澳两地举办。高品会及世界湾区论坛在内容设计上紧密结合促进澳门经济适度多元化的主题，突出和围绕湾区高品质生活、消费趋势、横琴粤澳深度合作区政策优势等领域展开的主题演讲和研讨，与研发和高端制造、中医药大健康、文旅会展商贸、现代金融等主题的平行论坛，轮番上演。博览会设五大主题展区，围绕“衣食住行游娱购”等领域展现国内与国际高品质消费产品。

是月　香港教育局宣布上调内地大学升学资助计划的资助额，增幅 5% 至 6% 不等，2022 至 2023 学年起实施。按院校所在地区离港距离，最多可获 19400 港元资助。

12 月

2—4 日　国际金融论坛（IFF）2022 全球年会在广州南沙举行。大会举办两场粤港澳大湾区圆桌会议，举行 IFF 与广州南沙共建跨境理财及资管中心战略协议签约、IFF 全球绿色增长中心战略协议签约仪式。

2 日　以“数字化时代：大湾区中小学智慧教育与协同发展”为主题的 2022 粤港澳大湾区中小学校长论坛以线上线下相结合方式举行，吸引 44.5 万人次参加。

3 日　第十二届澳珠合作发展论坛在澳门举行，珠海市台港澳事务局发布《港澳青年在珠海发展服务指南》。

3 日　2022 横琴粤澳深度合作区人工智能大赛暨第四届珠港澳青少年机器人大赛开幕。

3 日　粤港澳大湾区“氢陶都—绿色搬运体系”建设启动仪式暨广东新氢动力氢能工业车辆产线投产及新品发布会在佛山市举行。国内首条（套）专属氢能工业车辆制造产线——自动化燃料电池电堆产线和动力系统产线在佛山市禅城区南庄镇贺丰园投产发布，标志着粤港澳大湾区氢能工业车辆应用的示范效应在全国率先取得阶段性进展。

5日　香港发布《香港保险业的发展策略蓝图》，提出把握“双循环”策略的契机，促进保险业融入国家发展大局。

5日　中国人民银行与澳门金融管理局续签双边货币互换协议，协议规模为300亿元/340亿澳门元，协议有效期3年，双方同意可以展期。

5日　内地与澳门科技合作委员会第十六次会议以线上连线的方式在北京、澳门举行。会上，澳门特别行政区政府经济及科技发展局、珠海市科技创新局以及横琴粤澳深度合作区经济发展局三方共同签署《共建中国－葡语系国家科技交流合作中心战略合作协议》，标志着科技部在粤港澳大湾区部署的首个国家级国际科技交流与技术转移平台正式落户。中国－葡语系国家技术交流合作中心由澳门、珠海、横琴粤澳深度合作区三方共同筹建，以“双中心”模式运营，分别为设于澳门的澳门中心和设于横琴粤澳深度合作区的珠海横琴中心。

7日　亚洲最大海上石油生产平台恩平15–1平台在距离深圳西南约200千米的大海中建成投入使用。

8日　香港特别行政区政府发展局公布《2022年发展（城市规划、土地及工程）（杂项修订）条例草案》，提倡精简发展程序加快造地，“生地”变成可建屋的“熟地”由最少6年减至4年。

8日　2022年大湾区科学论坛湾区科创峰会在东莞市举行，以“共享共创，迈向一流”为主题，中国科学院院士、中国散裂中子源工程总指挥陈和生等来自科技、学术和企业界的专家共同探讨科技创新发展与合作。

9日　广东省委十三届二次全会在广州召开，省委书记黄坤明代表省委常委会作报告。会议强调要突出深化粤港澳合作，高水平谋划推进新阶段粤港澳大湾区建设，把规划抓在手上，把项目落在地上，把未来融在路上，把百姓记在心上，统筹推进粤港澳大湾区、深圳先行示范区和横琴、前海、南沙三大平台等重大战略落地落实，携手港澳，加快建设国际一流湾区和世界级城市群。

9日　江门市大湾区办到深圳前海深港现代服务业合作区开展调研，先后到新型研发机构、港澳青年创新创业基地、香港招商局集团、前海管理局等单位调研座谈，学习借鉴前海合作区开发开放经验，加快完善江门市对接支持前海合作区相关措施。

10日　第九届深港城市建筑双城双年展（深圳）开幕活动举行。

11日　香港将蓝隧道及将军澳跨湾连接路通车。

12日　《粤港知识产权合作计划（2022年下半年—2023年）》签署，粤港双方继续围绕强化粤港澳大湾区知识产权合作、推进粤港知识产权保护合作、促进粤港知识产权贸易和服务合作、强化粤港知识产权交流研讨、深化粤港知识产权宣传教育等六个方面推进实施新一年度合作项目24个。

12日　广东本外币合一银行结算账户试点扩围，珠海、佛山、东莞、中山入围，进一步满足粤港澳大湾区内更多市场主体多样化的服务需求。

13日　2022全球世界遗产教育创新案例奖名单公布，大湾区有3个项目获奖。《香港赛马会：“乐·忆古迹”项目》《“广州记忆”：历史文化名城数字平台建设》获卓越之星奖，《深圳南头古城公众教育创新探索》获探索之星奖。

14 日　香港和广州南沙贯彻落实《广州南沙深化面向世界的粤港澳全面合作总体方案》系列政策推介会在两地以线上线下互动方式同步进行。

14 日　2022 年珠澳合作会议以视频连线方式在珠海、澳门召开。

15 日　广东省制造强省建设领导小组办公室公布 2022 年度特色产业园名单，共评审出 19 个特色产业园区，珠三角地区有 8 个，分别是广州番禺经济技术开发区（汽车）、深圳市的半导体与集成电路（设计产业）特色产业园（半导体与集成电路）、惠州仲恺高新技术产业开发区（新一代电子信息）、东莞市麻涌镇新沙工业园（食品饮料）、国家火炬计划中山日用电器特色产业基地（智能家电）、江门市的广东轨道交通产业园（轨道交通装备）和江门蓬江产业转移工业园（智能家电）、肇庆高要产业转移工业园（金属制品）。

15 日　国际创新及科技高峰会在香港举行。其间，专家学者、科研人员、业界领袖分享对最新创科议题的见解，为香港加快建设国际创科中心建言献策。

16 日　第一届粤港澳大湾区（广东）统计论坛在深圳举行。

17—18 日　2022 年粤港澳大湾区马术团体挑战赛第一站比赛在广州举行，分别为 80 厘米争时赛和 60 厘米贴时赛两项团体比赛，最终东莞队获得 80 厘米争时赛团体冠军，东莞金伯乐队获得 60 厘米贴时赛团体冠军。24—25 日，第二站比赛在东莞举行。

19 日　中国证券监督管理委员会、香港证券及期货事务监察委员会原则同意两地交易所进一步扩大股票互联互通标的范围，进一步深化内地与香港股票市场交易互联互通机制，促进两地资本市场共同发展。

20 日　《广东省关于澳门机动车经港珠澳大桥珠海公路口岸入出内地的管理办法》施行。规定澳门车主年满 18 周岁、持有港澳居民来往内地通行证，就可申请由其本人登记持有的 1 辆澳门私家车进入内地牌证，没有投资纳税等各种条件限制。澳门居民不用出户可一站式办理所有手续。

20 日　50 亿元人民币央行票据在香港成功发行，投标总量约为 190 亿元，超过发行量的 3.8 倍。

20 日　香港交易及结算所有限公司（香港交易所）开设纽约办事处，将集团的国际布局扩展至北美，以服务集团不断增长的国际客户群。

20 日　香港特别行政区政府公布《青年发展蓝图》，提出特区政府未来的青年发展工作理念和方针，在首阶段提出超过 160 项具体行动措施，协助 12 岁至 39 岁香港青年发展。

20 日　粤港澳大湾区国际人工智能与机器人高峰会在香港举行。

20 日　广汽丰田新能源汽车产能扩建项目二期在广州市南沙区投产。项目总投资 63.42 亿元，占地面积 74 万平方米，产能规模 20 万辆 / 年，是丰田全球集中规模化程度最高的生产基地。

20 日　江门高新港—广州南沙港“湾区一港通”业务模式完成首票实货测试。

21 日　2022 粤港澳大湾区全球招商大会举行，粤港澳三地政府首次联手全球招商。

21 日　2022“一带一路”金融高峰论坛在香港举行。

22 日　香港特别行政区政府公布《香港创新科技发展蓝图》。蓝图明确四大发展方向，包括“完善创科生态圈，推进香港‘新型工业化’”“壮大创科人才库，增强发展动能”“推动数字经济发展，建设智慧香港”和“积极融入国家发展大局，做好连通内地与世界的桥梁”。

22 日　珠海出台《珠海经济特区居家养老服务促进条例》，港澳居民可享受与珠海市民同等服务待遇。

22—24 日　以“服务数字化策源地　贸易数字化领航区”为主题的2022粤港澳大湾区服务贸易大会在珠海举办。

23 日　深圳市前海深港现代服务业合作区管理局网站发布信息称，12 月 22 日，前海首批 4 名港澳导游及领队顺利结业后公示期满，接下来他们将获得前海合作区港澳导游执业证，在前海从事导游服务。

24—25 日　“熊猫杯”粤港澳大湾区青少年棒垒球赛暨慢投垒球联盟赛在中山举行，来自广州、深圳、珠海、佛山、中山及澳门等 20 支队伍近 500 名运动员参赛。

25 日　第四届粤港澳大湾区“九洲杯”帆船赛（珠海站）暨珠海市万山群岛帆船邀请赛、珠澳帆船友谊赛落下帷幕。

26 日　横琴金融投资集团子公司横琴金投国际融资租赁有限公司在深交所发行横琴金投租赁知识产权一期资产支持专项计划，发行规模 1.01 亿元。

28 日　香港“人才服务窗口”在线平台投入运作，新设的“高端人才通行证计划”同时开始接受申请。

28 日　广东省制造业发展年会暨广东省制造业 500 强企业峰会在广州举行。会上发布《2022 年广东省制造业 500 强企业研究报告》（以下简称“报告”）。报告显示，2022 年广东省制造业 500 强企业营业收入合计达到 5.53 万亿元，比 2021 年增加 5.6%，其中超过 1000 亿元的有 12 家。从区域分布来看，佛山入选企业最多，为 90 家，其后为珠海 79 家、广州 75 家、东莞 72 家、深圳 71 家，上述珠三角 5 市入选数量合计占总数的 77.4%；惠州、中山、江门 3 个城市入选企业合计为 78 家，占总数的 15.6%；肇庆也有数家企业入选。

28 日　肇庆市怀集县举行粤港澳大湾区肇庆（怀集）绿色农副产品集散基地农产品交易中心开业暨广东省东西部协作肇庆产业基地揭牌仪式、签约活动。

30 日　广东省发布 2022 年广东省营商环境评价结果，从整体上看，广东全省营商环境建设取得积极进展，广州、深圳营商环境“领跑”全省，城市间的差距在不断缩小，市场主体对广东省营商环境建设的满意度、获得感持续增强。

是月　大湾区两商圈三商店入选首批全国示范智慧商圈、全国示范智慧商店，分别是广州市天河商圈的正佳商场和广州友谊商店正佳店、广州市北京路商圈的新大新北京路店。

·责任编辑　董泽国·

国际科技创新中心建设

综　述

【概况】2022 年，粤港澳大湾区实施创新驱动发展战略，聚焦“基础研究 + 技术攻关 + 成果转化 + 科技金融 + 人才支撑”全过程创新生态链，推进体系化工作任务，科技创新整体水平进一步提升。

2022 年，大湾区珠三角地区研发经费支出约 4000 亿元，占地区生产总值的 3.8%；专利授权量 75.28 万件，其中发明专利授权量 11.12 万件，PCT 国际专利申请量累计 24.94 万件；高新技术企业累计 6.6 万家，入库科技型企业 6.27 万家。根据世界知识产权组织（WIPO）发布的 2022 年全球创新指数报告，“深圳—香港—广州科技集群”连续 3 年居全球创新指数第二位。大湾区国际科技创新中心的国内外影响力逐步提升。

是年，粤港澳大湾区国际科技创新中心建设第一阶段任务完成。加快大湾区综合性国家科学中心建设，编制实施大湾区综合性国家科学中心建设 2022 年工作要点，完善三大科学城规划布局，推进南沙科学城总体发展规划编制。提升产业创新发展能力。编制粤港澳大湾区打造纳米产业创新高地建设方案。推动重大产业创新平台建设，广东省内新增布局建设 5 个国家级企业技术中心，组织建设新一批省级工程研究中心。

推进重大科技基础设施建设。推动东莞散裂中子源完成 2 项合作谱仪建设，惠州“两装置”总部区启用；散裂中子源二期、人类细胞谱系、冷泉生态系统、先进阿秒激光、鹏城云脑网络智能设施 5 个“十四五”国家重大科技基础设施全部完成立项前期工作，散裂中子源二期可行性研究报告获国家发展改革委批复立项。推动广东省内科学谋划重大科技基础设施。组织对“中国天眼阵列”项目在清远选址情况进行调研。

推动开展地方科学基金项目“负面清单 + 包干制”、关键核心技术攻关及迭代应用、高校和科研院所职务科技成果单列管理、科研机构技术转移人才评价和职称评定、知识产权保护“一件事”集成服务、跨层级跨部门公共数据资源治理首席数据官制度 6 项全面创新改革任务。

推动大众创业万众创新。推动广州高新技术产业开发区科学城园区等 17 个国家级双创示范基地和 30 个省级双创示范基地建设。举办双创活动周。征集审核全省 2022 年全国双创活动周主题展示项目并择优向国家进行推荐；采用线上线下相结合方式举办 2022 年全国双创活动周广东分会场系列活动。

（广东省科技厅；广东省发展改革委）

【大湾区科技创新合作】2022 年，粤港澳大湾区构建以广深港澳科技创新走廊为主骨架的创新空间格局，串珠成链推动粤港澳三地创新资源高效流动与共享，加速融入全球创新网络。推动三大合作平台创新发展。推动横琴合作区加快建设广东省智能科学与技术研究院、横琴智能超算平台等一批重大科技创新平台；在前海合作区部署粤港澳合作的新型研发机构；在河套深港科技创新合作区布局建设粤港澳大湾区量子科学中心等高端平台；支持南沙合作区建成各类高端创新平台超过120个。加快三地创新规则衔接、机制对接。聚焦钱过境、人往来、税平衡、物流通等环节。省重点领域研发计划、自然科学基金等项目实现向港澳地区开放。落实粤港澳大湾区个税优惠政策。开展科研用物资跨境自由流动改革试点，广州、深圳探索“白名单”“正面清单”等模式。支持创新创业平台共建共享。散裂中子源、超算中心等重大科技基础设施向港澳地区开放，有6所港澳高校在大湾区珠三角地区设立10个广东省新型研发机构，粤港澳联合实验室数量达到20个，港澳人才加速到大湾区内地创新创业。建立国际科技交流合作“朋友圈”。与全球80多个发达国家、共建“一带一路”国家建立科技交流联系，累计建成超过110个国家级、省级国际科技合作基地。

【大湾区创新基础能力建设】2022年，粤港澳大湾区聚焦补短板、强弱项，不断夯实基础研究策源能力。实施基础与应用基础研究十年“卓粤”计划。依托广东省自然科学基金管理委员会，专业化开展自然科学基金项目组织和管理工作。创新管理体制和组织模式，率先全面开展“负面清单＋包干制”改革试点，组织实施粤穗、粤深、粤佛、粤莞、粤惠等省市联合基金项目。推动国家战略科技力量布局建设。加快建设大湾区综合性国家科学中心，世界一流的重大科技基础设施集群加快形成。布局建设10个省级实验室、30个国家级重点实验室和430个省重点实验室。粤港澳大湾区国家技术创新中心等3个国家技术创新中心逐步成为区域创新的重要平台。基础创新平台支撑能力不断增强。建设粤港澳应用数学中心、科学数据中心，加强基础与应用基础研究。粤港澳大湾区量子科学中心落户河套深港科技创新合作区，探索“一国两制”下粤港澳科教资源深度融合。布局建设12个省临床医学研究中心，加快搭建专业化临床医学研究公共服务平台和协同创新网络。

【大湾区创新体制机制改革】2022年，广东省确定科技体制改革的“1+1+X”总体思路（即1个改革总体方案、1部科技创新条例、若干重点改革任务），统筹制定《广东省科技体制改革三年攻坚实施方案》，围绕全过程创新生态链各环节梳理形成50项体制性障碍或问题，系统谋划未来三年科技体制改革的总体任务和措施；全面贯彻科技进步法，成立广东省科技厅立法工作领导小组和起草工作专班，启动制定《广东省科技创新条例》，将近年来全省行之有效的改革经验和举措固化为地方性法规，以科技立法引领和推动科技体制改革工作，列入省人大常委会立法规划和2023年立法工作计划；启动实施省级财政科研经费管理、科研人员减负、职务科技成果赋权、创新科研项目组织管理方式等16项具体改革任务并取得阶段性进展。

【高新技术开发区建设】2022年，广东省高新区汇聚创新资源与发展要素，持续推动高新技术产业发展迈上新台阶。

强化顶层设计，打造高质量发展先行样本。推动新时期高新区对稳经济促发展保就业发挥更大支撑引领作用，加快高新区高质量发展。2022年度全国国家高新区前十强，广东省占2强，数量全国最多；有5个高新区居全国前30名。优化全省高新区建设布局，新批复汕头金平工业园区等6个省级高新区，全省省级以上高新区数量46个。开展省级高新区监测评价，对全省32个省级高新区进行监测评价，强化分类指导。

提升经济发展韧性，成为经济高质量发展稳定器。2022年，全省国家高新区实现地区生产总值2.25万亿元、固定资产投资7833亿元，分别比上年增长5.97%、4.72%，分别领先全省平均水平4个百分点、7.3个百分点；实现工业总产值4.79万亿元，增长6.75%；实现营业收入 6.63 万亿元，增长 4.45%；出口总额 1.22 万亿元，增长 4.22%；上缴税费 2509 亿元，增长 3.42%。省级高新区发展效益持续提升，逐步成为带动当地经济高质量发展的火车头。

加速集聚高端创新资源，成为科技创新策源地。全省高新区建成国家级火炬特色产业基地 28 个、高新技术产业化基地 11 个、创新型产业集群 19 个，7 个大型产业集聚区均在高新区布局，培育电子信息、先进材料等万亿级高技术产业集群。培育高新技术企业约 2 万家，占全省总数的 28.7%，平均每个国家高新区拥有高新技术企业超过 1100 家，高于全国国家高新区平均水平。国家战略科技力量加速集聚，散裂中子源、人类细胞谱系、深圳国家基因库等重大科技基础设施集群化布局；东莞松山湖科学城被纳入大湾区综合性国家科学中心先行启动区加快建设；粤港澳大湾区、新型显示、第三代半导体三大国家技术创新中心在高新区建设运行。

优化体制机制，成为创新创业首选地。全省高新区在促进科技和经济结合方面开展政策创新，出台扶企、稳经济政策与国家、省市政策同频共振，深化“放管服”改革，实践“一网通办”“零跑动”“免申即享”等系列举措，营造对标世界一流的发展环境。广州高新区建设省营商环境改革创新实验区，启动营商环境改革 5.0，推出 125 项服务市场主体新举措。开展高新区科研助理岗位开发工作，14 个国家高新区开发落实科研助理岗位 16473 个，排全国第一名。

加快开放创新发展，建设对外开放合作重要窗口。依托中新广州知识城、深圳西丽湖国际科教城、东莞中以创新产业园等重大国际合作平台，加强对外合作，开放创新稳健发展。是年，全省高新区出口总额 13393 亿元，占全省比重 25.14%；实际利用外资 598 亿元，比上年增长 10.53%，占全省（1819 亿元）的 32.9%，对经济增长拉动能力不断增强。

【大湾区科技创新成果转化】 2022 年，广东省推进科技成果转化改革，印发实施《广东省技术要素市场化配置改革行动方案》等政策文件，加快推进职务科技成果转化和产业化制度进程。推进高校院所职务成果赋权和单列管理改革试点。2021—2022 年，广东省科学院、暨南大学、广东工业大学、深圳大学、南方科技大学、中

珠海高新技术产业开发区（2022 年）　　（广东省科技厅供稿）

广州高新技术产业开发区（2022 年）　　（广东省科技厅供稿）

国农科院深圳基因组研究所6个试点单位完成成果转化744个，转化合同金额8.4亿元；其中成果赋权178项，赋权成果完成转化171项，协议金额3.2亿元。不断提升技术市场管理效能，优化技术合同认定登记服务，常态化监测技术市场交易动态，首次开展全省技术经纪工程专业职称评定，加大技术转移人才培养力度。全年全省认定登记技术合同47892个，合同成交额4525.42亿元。（广东省科技厅）

区域协同创新

·科技创新合作·

【概况】2022年，广东省推动科技创新开放合作。中国科学院、广东省人民政府、广州市人民政府协同推进华南国家植物园创建工作，华南国家植物园于5月获国务院批复建设，7月揭牌。广东省参与组织实施中国工程院战略研究与咨询项目。组织中国工程院院士到粤开展院士行与高端论坛，开展“科技行”活动，为地方经济振兴提供有力的人才智力和技术支撑，促进更多研究团队、成果、项目、平台、资源在广东扎根，为广东经济社会发展注入新活力，增添新动力。实施省重大人才工程，组织实施新一轮省重大人才工程省科技厅平台项目，试点实施用人单位自主举荐、知名专家举荐、“一事一议”、“揭榜挂帅”等新型模式。加大人才引进培养力度，依托重大创新平台载体，构建从顶尖人才到基础人才的全方位支持政策。完善外国人才管理机制，优化人才发展环境，实施外国人来华工作许可、外国高端人才确认函、外国人才签证、外籍高层次人才认定等政策制度。推动各地市设立“国际人才一站式服务专区”“外国人来华工作服务专区”等，实现来华工作许可和居留许可“一套材料、一套表单、一次申请、一窗受理、一次办结”，全面优化外国人才来华工作管理。至年底，全省持有效“外国人工作许可证”的外国人有4.3万人。

【粤港澳科技交流合作】2022年，广东省推进粤港澳大湾区国际科技创新中心建设，强化产学研创新协同，深化科技创新交流与合作，分别联合香港创新及科技局、澳门经济及科技发展局共同研拟《粤港科技创新交流合作协议》《粤澳科技创新交流合作协议》，将内地重点地市科技局及重要创新主体纳入粤港、粤澳科技合作专责小组。广东省科技厅与澳门经济及科技发展局于9月15日签署《粤澳科技创新交流合作协议》。粤港澳科技合作专题立项65项，资助经费5140万元，其中粤港科技创新联合资助立项21个、经费2100万元，粤澳科技创新联合资助立项24个（含地市联动项目7个）、经费1840万元，港澳科技成果到粤转化立项10个、经费1000万元，粤港澳青年创新创业培训交流专题立项10项、经费200万元。广东省科技厅组织广东省、山东省和海南省的86家企业及相关机构130余名代表赴澳门参加“内地与澳门产学研合作路演对接会”，与澳门25个具有转化前景的科研成果进行交流对接。“天河二号”超算中心对港开放共享，成立广州南沙、珠海、深圳前海、中山、惠州等分中心，建设网络专线，服务港澳地区用户超200家。120个港澳团队通过南沙分中心使用“天河二号”，研究领域涵盖材料化学、生物医药、海洋环境、金融计算等，香港超算用户包括香港大学、香港科技大学、香港中文大学等高校科研团队。散裂中子源继续服务粤港澳大湾区，自2018年建成开放以来，与港澳用户合作完成实验超40项。

【粤港澳大湾区科技创新】2022年，广东省科技厅在珠海横琴布局建设科技企业孵化器、新型研发机构等各类科技创新平台26家。出台横琴粤澳深度合作区促进集成电路产业发展若干措施，推动横琴集成电路产业发展，合作区实际运营的集成电路企业超30家。粤澳中医药科技产业园引进企业216家。印发《关于推进前海科技发展体制机制改革创新的若干措施》等文件，深化深港服务业和科技合作，推动香港城市大学前海太赫兹及毫米波创新研究院、香港大学前海智慧交通研究院落地建设，集聚工程中心、工程实验室、公共服务平台等创新载体 80 个。落地实施广州南沙企业所得税和个人所得税优惠政策。建成各类高端创新平台 128 个。南方海洋科学与工程广东省实验室（广州）被纳入崂山实验室建设方案，创建海洋领域国家实验室基地。重大科技基础设施——冷泉装置被纳入国家“十四五”重大科技基础设施建设规划。建设粤港澳大湾区量子科学中心，吸引港澳科技力量集聚。落地实施首个深港“联合政策包”，建设 5 个面积 2 万平方米的粤港澳青年创新创业基地。落地高端科研项目 150 多个，引入海内外院士专家 11 名，与港方园区共同聚焦生命科学、信息科学、材料科学三大领域，初步形成六大科创集群。（广东年鉴社）

【香港推动科技合作】 2022 年，香港特别行政区政府推出《香港创新科技发展蓝图》，为 5 ~ 10 年的香港创新科技发展制订发展路径和战略规划，确立香港建设国际创新科技中心的目标。推进四大创新科技发展方向，包括完善创科生态圈，实现香港“再工业化”；壮大创科人才库，增强发展动能；建设智慧香港，提升市民生活质素；融入国家发展大局，巩固香港国际化优势。

至 2022 年，内地与香港在促进科研要素跨境流动方面取得进展。至 6 月底，内地向香港的大学和科研机构批出 6.7 亿元人民币进行研发项目和建立实验室；有 5 所香港的大学在内地设立的分支机构，可申请人类遗传资源到港作科研用途。

是年，香港创新科技署推出 2022 年内地与香港联合资助计划，就生物技术（含疫苗、抗体等生物药研发、中医药防治重大临床疾病研究、中药新药创制研究、合成生物学技术），人工智能（人工智能系统的安全性和隐私研究、智慧交通、极端天气 / 自然灾害中的智能机器人及相关应用技术、类脑智能、智慧医疗），新材料（光电子材料、第三代半导体技术、氢燃料电池关键材料、高安全锂离子电池材料、生物医用材料）3 个特定主题征集香港与内地机构合作的应用研发项目。粤港科技合作资助计划自 11 月 14 日起接受申请，资助粤港应用研发项目，鼓励两地大学、科研机构和科技企业加强合作。该计划分为 3 类，第一类项目由香港创新及科技基金资助，供香港机构申请；第二类项目由内地相关部门资助，供内地机构申请；第三类项目由粤港或深港两地政府联合资助，有关申请由香港和内地的机构共同提出，并分别向香港创新科技署和内地相关部门申请。第三类项目包括 38 个不同范畴的科技特定主题或专题，新增数字创意、可见光通信与光计算等领域，配合科技趋势和两地产业发展需要，鼓励开展多元和优质的研发项目。（香港历史研究基金会）

【广州推进大湾区科技创新合作】 2022 年，广州市深化穗港澳科技合作机制模式，进一步提高交流合作水平。进一步健全落实穗港澳科技合作机制。12 月 16 日，参加内地与香港科技合作委员会第十六次会议。在内地与香港科技合作委员会指导下，继续加强与香港海外学人联合会等机构的合作。与澳门经科局建立常态化沟通机制。支持港澳青年到穗创新创业。举办 2022 年港澳台创新创业大赛，通过市场化、社会化的评选模式对港澳台来穗创业青年给予资金补助，吸引 226 家港澳台企业参赛，41 家港澳台企业获得奖励，总奖励补助 590 万元。支持广州超算资源与港澳共享。市财政经费拨付 500 万元，带动南沙区出资 500 万元，支持广州超算中心南沙分中心 2022—2026 年专线线路及运营经费，助力粤港澳大湾区基础科研深度融合。至年底，超过 200 个港澳及海外科研团队使用“天河二号”的超算服务开展科研工作。“线上”和“线下”相结合保持与港澳对接交流。参加“中国与葡语国家科技交流合作”研讨会，支持澳门特别行政区政府经济及科技发展局举办巴葡科技企业（澳门创新创业大赛 2022）和

2022 Beyond Expo“巴葡科技企业路演”元宇宙路演专场活动，组织近30家本地企业与巴西和葡萄牙科技企业线上对接交流。支持穗港科技合作平台建设。香港科技大学霍英东研究院“国际智能制造平台”项目通过验收，该平台从韩国、意大利、中国香港等地引进9个国际知名专家团队，完成21项自主创新技术产品研发，在南沙区成功孵化创业企业28家。深化与大湾区内地城市合作。加强与横琴和前海两个示范区的对接交流，推进科技领域与深圳“双城联动”，推动落实广深、广佛、穗莞科技合作协议。拓展与中山的科技交流合作，8月与中山市科技局签订科技合作协议。（广州市科技局）

【深圳推进深港澳科技创新合作】2022年，深圳市推进深港澳科技创新合作。制定加快推进前海科技发展体制机制改革创新若干措施、前海支持科技创新实施办法，支持粤港澳合作建设新型研发机构，打造全面深化改革创新试验平台，累计建成工程中心、工程实验室等各类创新载体119个。建立深港科技创新合作专班工作机制，形成专班事项动态管理清单。实施深港澳科技计划，推动科研资金跨境使用与科研项目管理制度规则衔接，全年立项资助深港澳A类项目15个、C类项目42个，累计有1.3亿元财政科研资金过境投入使用。举办第14届深创赛深港澳高校预选赛，吸引90个港澳高校创业团队参赛交流。年内，深圳市深港科技创新合作区深圳园区科技创新规划及“六个清单”编制完成，携手香港实施“联合政策包”，新引入未来智联网络研究院等20余个重大项目，香港科学园深圳分园完成装修建设。

（深圳市人民政府地方志办公室）

【珠海推进珠港澳科技创新合作】2022年，珠海市科技创新局出台《珠海市异地创新中心认定办法》，对具有建立境内外科技合作渠道、对接创新创业资源、引进创新人才和项目、开展技术研发及成果转移转化等成效突出的科技创新载体给予奖补；签署《共建中国－葡语系国家科技交流合作中心战略合作协议》，科技部在粤港澳大湾区部署的首个国家级国际科技交流与技术转移平台正式落户。举办珠海市促进境内外科技成果转移转化系列活动，邀请珠澳等地具备科研领先优势、产业前景良好的团队项目进行路演，促成一批优质产业项目落地签约。与澳门特别行政区政府经济及科技发展局联合举办“2022巴葡科技企业（澳门）创新创业大赛”，邀请来自巴西、葡萄牙等地的一批紧贴澳门及大湾区未来科技发展方向的优秀团队项目进行在线路演，多家内地企业、高校、科研院所、投融资机构参与活动并与参赛项目达成初步合作意向。支持高校、科研机构、企业对外开展科技合作，1个项目获省级对外科技合作平台立项，4个项目获粤港澳科技合作项目立项，10个入选市级珠港澳科技创新合作项目。全年举办3期“珠澳科技创新大讲堂”系列活动，邀请国内外及港澳地区的专家、学者、教授、行业领军人物开展专题讲座，为珠澳科技机构、企业、高校等普及科技前沿发展，打造成为珠澳科创领域品牌活动。推进澳珠产学研创新联盟建设，加速珠澳两地需求对接与要素互联互通，举办澳珠产学研创新联盟系列活动——IT合作交流会·北理珠&清华创新中心专场。

（珠海市科创局）

【佛山推进大湾区科技创新合作】2022年，佛山推动香港科技大学（佛山）科技成果转化中心落地佛山市南海区，打造集成果转化、双创孵化、人才培养于一体的孵化平台；支持佛山市香港科技大学LED-FPD工程技术研究开发中心设立“佛山港科大专项”，年内立项扶持2021年度校企合作研发项目11个（扶持资金3200万元），创业团队引进项目6个（扶持资金350万元）。佛山市与广东省科技厅联动设立粤澳科技创新佛山联合专项，支持佛山重点围绕电子信息、环保材料、新能源和智能机器人等领域，与澳门科研院校开展联合技术研发和成果产业化合作，省市联合扶持冯了性药业等3个项目，并推荐12个项目申报2023年粤港澳科技创新专题，借助港澳创新资源协力解决佛山企业创新发展中的关键技术难题。佛山市谋划深化与清华大学合作，推动双方签订第二期合作协议；发挥清华大学佛山先进制造研究院作用，分批次组织精准产学研对接活动；引进清华大学精密测试技术及仪器全国重点实验室的产业化项目，推动在佛山建立成果转化中心，加大清华大学产业化项目的引进力度。佛山市与中山市签订《推进佛中科技创新合作协议》，从合力推动粤港澳大湾区国际科技创新中心建设、加强重大创新平台协同联动、推动产业技术协同创新、加速推动科技成果转化和促进科技创新资源开放共享5个方面深化两市科技合作；共同制定《佛中科技部门协调工作机制》，有针对性地开展对接沟通和合作交流。（佛山市科技局）

【惠州探索惠深港科技创新合作模式】 2022年，惠州市探索“深圳孵化、惠州产业化”模式，惠深创新中心（异地孵化器）入驻企业11家。与香港新启创共建“香港新启创（大湾区）港澳青创基地”，引入香港创业团队2个。

是年，惠州市提出加快建设深圳创新资源首要承接地和科技成果转化首选地，深化“深研惠造”模式下产业协同、差异化发展，推动“双区”供应链、产业链、创新链向惠州延伸。在深圳举办“共享湾区资源 助力企业发展”2022年惠州市制造业平台分享会等招商宣传活动，促进深惠两地产业优势互补、错位发展。全年引进粤港澳大湾区项目1039个，投资总额2176亿元；其中深圳项目446个，投资总额947亿元。

〔惠州市档案馆（惠州市人民政府地方志办公室）〕

【东莞推进大湾区科技创新合作】 2022年，东莞市推进大湾区科技创新合作，举办粤港澳大湾区论坛，与广东省激光行业协会、中国科学院深圳先进技术研究院、佛山、惠州、中山、江门等地围绕科技创新合作进行交流，加强学术探讨与成果转化。联合港澳共建粤港澳中子散射科学技术联合实验室，与香港城市大学合作共建多物理谱仪，依托联合实验室启动首批16项开放课题研究（含重点课题6项）。推进松山湖科学城与深港科技创新合作区、南沙科学城联动发展，构建大湾区国际科技创新中心“半小时科研圈”，建设特色合作平台，探索共建穗莞东江两岸高质量发展示范合作区，加强东莞产业链与广州创新链对接。支持和推动南部各镇全方位对接融入深圳先行示范区建设。深化与港澳地区的科技创新和产业合作交流，深度参与香港“再工业化”加快国际商务区香港中心建设，探索在东莞建设香港科技园分园，导入一批港澳优质生产性服务业资源，强化两地科技成果转移转化合作。

（东莞市人民政府地方志办公室）

【中山推进大湾区科技创新合作】 2022年，中山市建设广东省珠江口东西两岸融合互动发展改革创新实验区，推进珠江口东西两岸科技创新一体化。牵头制定《中山与深圳科技创新一体化发展行动方案》，实施加强重点区域协同联动、推动研发平台创新合作、推动产业链和创新链精准对接、加速科技成果转化应用、推动科技服务资源互通、推动科技金融创新合作、推动科学仪器开放共享、探索跨区域人才协同发展八大任务，推进创新一体化，与深圳共享创新资源、平台和人才。加强与广州、佛山科技交流合作，分别与两市科技部门签订科技创新合作框架协议，建立常态化交流机制，在共建粤港澳大湾区国际科技创新中心、加速推动产业协同创新、共促科技成果转移转化、加强科技金融合作、促进科技创新资源开放共享等领域开展合作。

（中山市人民政府地方志办公室）

【江门推进大湾区科技创新合作】 2022年，江门市融入广深港澳科技创新走廊，加强大湾区科技创新合作。推动与香港科技大学等港澳地区高校建立联合创新平台，在双碳、纺织材料等领域建设粤港联合实验室。与中国科学院大学、深圳航天工业技术研究院等高校及科研院所签订合作协议，联合开展安全应急、双碳等方面科研和成果转化。与香港生产力促进局推动共建江港科技转移中心和企业发展中心，联合举办2022年江港预制菜产业技术线上线下交流会，促进香港地区科技成果在江门转化落地。支持粤港澳科技企业孵化器—珠西创谷创建国家级孵化器，累计吸引50多个港澳青年团队入驻。建立粤（江）澳科技创新联合资助机制，实施粤澳科技创新联合资助地市联动项目，广陈皮种植与陈化过程中环境微生物、化学成分与健康品质综合研究项目获得180万元境内外资助。

（江门市科技局）

【肇庆参与大湾区科技创新协作】 2022年，肇庆市参与大湾区国际科技创新中心建设工作，制定印发《肇庆市推进粤港澳大湾区国际科技创新中心建设2022年工作要点》，从强化战略科技力量支撑、推动区域协同创新发展、加快产业技术创新、优化科技创新环境等方面明确推动参与粤港澳大湾区国际科技创新中心建设工作任务。（肇庆市科技局）

·创新基础能力建设·

【概况】2022年，广东省强化基础与应用基础研究，实施十年“卓粤”计划，构建完善分层次、体系化的基础与应用基础研究专项布局，实施国家自然科学基金区域（广东）创新发展联合基金，创新省企联合基金，不断强化省自然科学基金投入并持续优化基金结构层次，全年省科技创新战略专项资金1/3以上用于基础研究；在省基础研究基金项目中全面实施“负面清单+包干制”改革，在量子科学战略专项试行“首席科学家+板块委托制”。聚焦大湾区综合性国家科学中心建设，建设世界一流重大科技基础设施集群，布局一批实验室、技术创新中心、高水平创新研究院等重大创新平台。

【大湾区综合性国家科学中心建设】2022年，广东省推进粤港澳大湾区综合性国家科学中心建设。布局建设重大创新平台。集聚一批大科学装置、实验室、科研机构等，开展基础研究和关键核心技术攻关，打造成为重大原始创新策源地。光明科学城建设脑解析与脑模拟、合成生物研究设施、鹏城云脑Ⅲ等一批重大科技基础设施，布局建设深圳湾实验室。东莞松山湖科学城建有散裂中子源、先进阿秒激光等国家大科学装置，布局建设松山湖材料实验室和23个省级新型研发机构等。推动科技成果加快转移转化。松山湖科学城依托科研平台加快成果转化，东莞松山湖机器人产业基地孕育60余家创新企业，累计总产值超过50亿元；建有孵化器47个，其中国家级孵化器15个。建设高水平开放创新体系。《关于深入推进重大科研基础设施与大型科研仪器开放共享的若干措施》印发实施，推动深圳光明科学城与东莞松山湖科学城大科学装置和科研平台等共享共用，加强深圳和东莞两地创新资源与大科学装置“协同攻关”，促进学科交叉融合，促进学术交流与合作，发挥大科学装置产业赋能作用。散裂中子源向港澳地区开放，至年底，与港澳用户合作完成实验超40项。

【大湾区重大科技基础设施建设】2022年，粤港澳大湾区加快建设世界一流重大科技基础设施集群，散裂中子源一期、超算中心、国家基因库等基础设施建成并运行顺利，为大湾区经济社会发展提供强力支撑。加快推进惠州强流重离子加速器、加速器驱动嬗变装置、江门中微子实验室等一批在建的重大科学装置建设。未来网络试验设施（深圳）、合成生物研究装置等一批新的大装置项目开工建设。散裂中子源二期、先进阿秒激光、冷泉生态系统、人类细胞谱系、鹏城云脑网络智能设施5项重大科技基础设施被列入国家“十四五”规划，数量居全国首位。

【科技资源开放共享】2022年，广东省开展国家科技基础条件资源调查，进一步摸清高校、科研院所、省实验室及部分企业的大型仪器共享情况。《关于深入推进重大科研基础设施与大型科研仪器开放共享的若干措施》印发实施，推进大型仪器开放共享工作，支持建设广东省大型科研仪器设施共享平台。推动重大科技基础设施开放共享，"天河二号"超算中心对港开放共享，成立南沙、珠海、前海、中山、惠州等分中心；中国散裂中子源所有谱仪均面向全世界开放。

（广东省科技厅）

【广州"2+2+N"科技创新平台建设】至2022年，广州市继续构建"2+2+N"科技创新平台体系，广州成为全国唯一一个聚集国家实验室、综合类国家技术创新中心、国家重大科技基础设施、国际大科学计划、国家未来产业科技园等国家级重大平台的城市。"2+2+N"科技创新平台体系以广州实验室和粤港澳大湾区国家技术创新中心两大国家级最高科研力量为引领，以2个国家重大科技基础设施为骨干，以国际大科学计划、国家未来产业科技园、国家新型显示技术创新中心、4个省实验室、10多所高水平创新研究院为基础，涵盖各类平台27个，贯穿"科学发现、技术发明、产业发展、人才支撑、生态优化"的全链条创新体系，形成战略力量厚实、攻坚体系完备的创新格局。该平台体系集中在黄埔—南沙一线的广州科技创新走廊上，涵盖领域类包括综合类、新一代信息技术、生物医药与健康、海洋、新材料、智能装备与机器人、农业、纳米、航空航天领域等，以基础研究、技术攻关或成果转化为主，兼具研究生培养功能。是年，"广深港"创新集群在全球创新指数排名连续3年居全球第二位；广州在"自然指数－科研城市"全球排名跃升至第十位，国内城市排名上升至第四位。"我国迄今运载能力最大固体运载火箭'力箭一号'首飞成功"入选2022年中国十大科技进展。新型显示材料、深海潜航器等一批关键核心技术取得重大突破。粤港澳大湾区国家技术创新中心作为全国三大综合类技术创新中心之一，入轨运行并启动建设智能系统、粒子应用技术、工业软件等平台。推动中国科学院及院属单位、北京大学、复旦大学、西安电子科技大学等共建高水平新型研发机构。全市省级高水平创新研究院14所，占全省的70%。与中国科学院长春应用化学研究所共建广东粤港澳大湾区黄埔材料研究院，建设航空轮胎动力学大科学装置，攻关国产航空轮胎全产业链自主可控难题。与中国科学院微电子所共建广东省大湾区集成电路与系统应用研究院，建设国内首个基于FDSOI的12英寸研发线，填补国内2X纳米以下FDSOI量产技术空白。与中国科学院国家纳米科学中心共建广东粤港澳大湾区国家纳米科技创新研究院，解决高质量量子点不能耐高温加工的世界性难题，突破美国专利限制，为平板显示产业的转型升级奠定关键技术基础。与中国科学院沈阳自动化研究所共建广东智能无人系统研究院，开展面向深远海的大型智能无人海洋装备研究。与中国科学院力学研究所共建广东空天科技研究院，参与研制的国内最大固体运载火箭首飞成功。与复旦大学共建粤港澳大湾区精准医学研究院，承担国家重点研发计划"生物与信息融合（BT与IT融合）""前沿生物技术"两个重点专项相关课题。

（广州市科技局）

【深圳创新基础能力建设】2022年，深圳市加强创新基础能力建设，加快构建高水平实验室体系，推进重大科研平台在深落地布局，创新策源能力持续增强。鹏城实验室、深圳湾实验室、国际量子研究院建设加快，粤港澳大湾区（广东）量子科学中心获批成立，国际科技信息中心启动运行。印发实施《深圳市培育发展未来产业行动计划（2022—2025年）》、深圳高新区"十四五"发展规划、国家可持续发展议程创新示范区建设方案（2021—2025年）等规划文件，支持科技创新政策体系持续优化。

（深圳市人民政府地方志办公室）

【珠海科技基础设施建设】2022年，珠海市对珠海中科先进技术研究院有限公司拨付财政资金2000万元。全市拥有高水平创新研究院2所、省级技术创新中心1个、省级新型研发机构20个、高等级生物安全实验室1个、省级以上创新平台330个。省级以上创新平台中，含国家级重点实验室1个、省级重点实验室9个、省实验室1个、粤港澳联合实验室2个、省级工程技术研究中心317个。新增5个省级新型研发机构，其中珠海澳大科技研究院获评省级高水平新型研发机构，获省级财政资金支持1000万元。新增广东省数据科学与技术交叉应用重点实验室、广东省医用体外循环吸附与分离技术企业重点实验室、广东省特色药物研发企业重点实验室3个广东省重点实验室，其中广东省数据科学与技术交叉应用重点实验室获省级财政资金支持300万元，广东省医用体外循环吸附与分离技术企业重点实验室、广东省特色药物研发企业重点实验室各获省级财政资金支持100万元。

（珠海市科创局）

【佛山“一区一园一城”平台建设】2022年，佛山市高标准建设“一区一园一城”（佛山高新技术产业开发区、佛山人才创新灯塔产业园、佛山三龙湾科技城）科技创新高地，引领区域创新协同联动发展。

佛山高新技术产业开发区　是年，佛山高新技术产业开发区（简称佛山高新区）实现园区生产总值2006.85亿元，比上年增长3.29%，纳统（纳入统计，作为统计部门的统计调查对象）企业实现工业总产值4881.63亿元；营业收入5785.65亿元；出口总额1314.10亿元；利润总额450.35亿元。佛山高新区在2022年度国家高新区综合评价中综合排名第27名。佛山高新区入选首批国家级知识产权强国建设试点园区。年内，佛山高新区集中力量建设季华实验室、仙湖实验室两大战略科技平台，推进有研（广东）新材料研究院建设，至年底，园区内拥有国家级研发机构27个、省级以上重点实验室17个、省级及以上新型研发机构19个。编制形成全国首个智造场景清单，涵盖四大应用环节23个场景类型，形成一个超155亿元智能制造应用场景合作市场。推进企业技术创新能力建设，构建龙头企业牵头、高校院所支撑、各创新主体相互协同的创新联合体，美的厨热顺德工厂入选世界经济论坛“灯塔工厂”；恒洁卫浴集团有限公司入选人民日报社“品牌强国计划”；华运通达（广东）道路科技有限公司、三晃树脂（佛山）有限公司、广东葆德科技有限公司等被评为国家级专精特新“小巨人”企业；佛山市铁人环保科技有限公司、佛山市海天调味食品股份有限公司、佛山市正典生物技术有限公司获广东省科技进步奖一等奖。佛山高新区加快构筑“高企—瞪羚—独角兽”全生命周期培育服务体系，形成大中小企业融通创新局面。有科技型中小企业1894家，全国排名第14名。有高新技术企业4116家，比上年增加500家。有认定扶持的“瞪羚”企业156家，累计孵化潜在（种子）“独角兽”企业4家。年内新增1家估值近30亿元的潜在独角兽企业，20家高新区企业入选全国“创新积分500”企业名单；34家企业入围2022年度广东省制造业500强企业。

佛山人才创新灯塔产业园　是年，佛山人才创新灯塔产业园打造大湾区高水平的人才高地和创新高地。编制《佛山人才创新灯塔产业园总体规划》《佛山人才创新灯塔产业园总体建设方案》，出台促进佛山人才创新灯塔产业园发展相关政策。加快重点项目建设，灯塔产业园核心区——创新灯塔社区项目北区地块全部完成出让，灯塔社区科创中心、佛山万洋科技众创园、广弘启E创汇湾等重点项目动工建设。优化人才配套服务，出台《佛山人才创新灯塔产业园创智湾公寓租赁管理办法（试行）》，140套博士楼公寓可供符合条件的高层次人才“拎包入住”。创智湾花园动工建设。

佛山三龙湾科技城　是年，三龙湾科技城落实“市统筹、区建设、齐分享”的体制，探索三龙湾科技城发展定位、建设路径，形成“1+1+N”

（“国际合作高端商务区”核心区、“科技研发与成果转化基地”核心区，以及中德智能制造国际合作示范区、顺德机器人谷“机器人技术创新平台”、奇槎科技人才生活配套社区、乐从北围片区“生物医药创新平台”等特色创新平台）科技创新格局。统筹推进项目建设，重点建设项目45个，计划投资总额70.08亿元，累计完成83.38亿元，推进三龙湾大道、三龙湾夜游、聚贤阁装修工程等项目。启用三龙湾国际人才客厅，完成咨询陪伴服务100余项，服务国内外重点企业80余家、外籍人士150余人。探索广东自贸试验区佛山联动发展区建设，编写三龙湾核心片区建设实施方案。强化与港澳科创合作，推动季华实验室产业基地落户澳门资本投资运营的YGA产业园。至年底，香港科技大学（佛山）科技成果转化中心有进驻的科技项目24个。推动港澳青年创新创业，粤港科技展示交流中心（佛山工合空间）累计孵化团队127个，其中港澳团队81个，占比63.8%；佛山市首个面向高层次人才打造的创新创业基地——海创人才创新创业基地，引进高层次人才项目9个。

（佛山高新区管委会；佛山三龙湾科技城管委会）

【惠州科技基础设施建设】 2022年，惠州市支持两大科学装置、东江实验室等重大创新平台建设，联合中科院近物所申报全国重点实验室。加快建设河桥科教城，引进和培育重点实验室、新型研发机构、工程技术研究中心等创新平台35个。强化企业创新主体地位，全市高新技术企业约3400家、科技型中小企业约2800家，提高规模以上工业企业研发机构覆盖率至50%，新增10家国家级专精特新“小巨人”企业。加快埃克森美孚亚太地区研发中心建设，支持中海壳牌、南方电网、亿纬锂能等企业在惠州设立更多高水平研究机构。突出应用牵引，鼓励领军企业牵头组建创新联合体，统筹新产品、新工艺、新设备、新材料等产业链上下游各个环节研发，提升产业链创新活力。是年，惠州建设重大科研平台11个，形成具有自主知识产权的国际国内领先技术成果25项。新增省重点实验室1个（广东省智能化锂电池制造装备企业重点实验室），总数7个；新增省工程技术研究中心27个，省级以上创新平台总量增加到257个；亿纬锂能总部研发中心落成。强流重离子加速器装置运行楼建成，加速器驱动嬗变研究装置土建工程动工建设，两大科学装置总部区正式启用。先进能源科学与技术省实验室总部区工程建设完成60%，12个科研团队引进高端人才468人，申报发明专利43件。

〔惠州市档案馆（惠州市人民政府地方志办公室）〕

【东莞科技基础设施建设】 2022年，东莞市强化产业核心技术攻关，推进松山湖科学城等重大科技基础设施的建设和应用。中国散裂中子源二期、先进阿秒激光设施被纳入“十四五”国家重大科技基础设施建设规划。散裂中子源第二条合作谱仪——大气中子辐照谱仪成功出束。首台自主研发加速器硼中子俘获治疗（简称BNCT）实验装置启动首轮实验。散裂中子源与香港城市大学、东莞理工学院合建的多物理谱仪投入使用。全年创建科普示范社区6个、创客培育学校5所、科普教育基地10个。

（东莞市人民政府地方志办公室）

【中山科技基础设施建设】 2022年，中山市加快重大创新平台建设，打造珠江口西岸创新高地。中山科技创新园动工建设，中山先进低温技术研究院项目于6月正式施工，中山市工业技术研究中心项目于11月动工；低温院参与承担中国科学院C类先导专项和科技部提氦技术重大攻关项目等研发任务，安排市级财政给予运营及科研经费支持1.03亿元。推动中科中山药物创新研究院发展，划拨运营、科研团队、高水平研究院建设市级经费1.89亿元。中科中山药物创新研究院累计投入超35亿元，组建领军人才团队38个，集聚研究人员及联合培养研究生超470人。聚焦生物医药与健康领域技术前沿和产业创新发展需要，开展源头创新和底层基础性技术攻关40个，在国际顶级期刊发表论文120篇。在获批国家自然科学基金依托单位首次自主申报国家自然科学基金项目，立项面上项目4个、青年科学基金项目1个。7月7日，长春理工大学中山研究院项目动工，中山市支持建立科研实验室18个。7月8日，中国检验检疫科学研究院粤港澳大湾区研究院动工，化妆品质量提升与产业发展研究中心实验室同时启用，成为该研究院首个正式投入运营的实验室。该研究院结合国家"十四五"规划与粤港澳大湾区区位、产业、科研成果转化和产业化应用等优势，打造具备国家级检验检测能力资质的创新型研发机构，并引进孵化上下游科技生态，依托国家市场监管总局体系为园区企业提供检测、标准建设、申评注册、评价等服务。

年内，中山市推荐小榄产业园申报设立省级高新技术开发区，成立以市政府主要领导牵头的创建工作领导小组，并按省科技厅要求完善申报相关事宜。

（中山市人民政府地方志办公室）

【江门创新基础设施建设】 2022年，江门市加强创新基础能力建设。推进江门中微子实验室建设，计划2024年建成运行。江门双碳实验室获广东省科技厅批复支持筹建"双碳"省实验室，吸引深圳航天工研院、国能集团、中创新航、五邑大学等科研机构、企业加盟入驻，组建100多人的高水平科研队伍，二氧化碳农业大规模利用等项目与全市企业开展产学研合作。国家政法智能化技术创新中心江门应用示范基地建设加快推进，先后引进24家（个）科技型企业、机构，储备可转化科技成果260多项，获国家重点研发计划项目立项和国家专项资金1578万元。推进广东省科学院江门产研院建设，在全市6个县（市、区）建立公共技术服务平台。围绕硅能源、新能源电池、生物医药等战略性产业，构建支撑制造业高质量发展的实验室体系，推进五邑大学建设高水平理工科大学，参加省研究生"粤港澳联合专项计划"，获批博士点立项建设单位，与澳门大学合作实施"澳门大学—五邑大学博士联合培养专项计划"。

是年，出台《江门市科学技术局关于江门市重点实验室认定管理办法（试行）》，起草《江门市实验室体系建设方案》等政策。组织开展江门市重点实验室认定，富华重工、嘉宝莉、五邑大学、江门海关等19家龙头企业、高校事业单位的实验室被认定为首批市重点实验室，研究方向涉及智能家电、现代轻工纺织、生物医药与健康、现代农业和食品、高端装备制造、智能机器人、激光与增材制造、安全应急与环保等领域，覆盖江门市八大战略性产业集群。深化五邑大学与香港理工大学科研合作，申报粤港澳联合实验室。支持广东省医学大动物模型重点实验室建设，总建筑面积约2.4万平方米，包括猪、猴、兔和犬等大动物的繁育中心、动物实验中心、创新研究中心等设施，总投资（含仪器设备）近4亿元，计划于2023年完工启用。

（江门市科技局）

【肇庆科技基础设施建设】 2022年，肇庆新增国家科技企业孵化器1个（肇庆市创新创业中心）、国家众创空间1个（创客方舟），全市国家级孵化器和众创空间分别为5个和4个，新认定省级工程技术研究中心14个、省级企业技术中心2个、市级工程技术中心34个、市级新型研发机构2个。指导智联梦工厂等3个孵化载体完成省级孵化器和众创空间申报。是年，全市孵化器、众创空间、大学科技园减免租金超3000万元，惠及在孵小微企业超300家。

（肇庆市科技局）

·产学研深度融合·

【概况】 2022年，广东省研究制定《广东省高水平创新研究院建设工作指引（试行）》《广东省新型研发机构管理办法》《广东省工程技术研究中心管理办法》，健全科研平台管理机制。成建制、成体系建设高水平创新研究院。27所高水平创新研究院均位于粤港澳大湾区内，围绕产业前沿技术、关键核心技术组织科研攻关，推进科技成果转化和科技型企业孵化育成，吸引集聚超过2000名全职研发人员。推进新型研发机构建设，大湾区省级新型研发机构累计221个，占全省的80%。开展广东省新型研发机构动态评估。推进省工程技术研究中心建设。探索工程中心管理体制机制创新。融合现有人才激励、科技项目申报等政策，从建设原则、管理职责、申报建设、评估考核等方面作详细规范。指导规模以上企业建立研发机构，建立健全研发制度、研发奖励机制、人才培养和产学研合作机制。组织开展2022年度省工程中心认定，全省工程中心总数超过7400个。（广东省科技厅）

【深港产学研基地】2022年，深港产学研基地参与粤港澳大湾区高质量发展建设，持续开展大湾区青年创业计划、粤港澳台青年创新创业大赛、海峡两岸及深港澳科技成果转移转化论坛等系列活动，目标是打造成为粤港澳青年的创新创业交流平台、孵化培育平台、高新技术研发及转化平台，为深圳市经济高质量发展提供源头动力和支撑。是年，大湾区青年创业计划参加人数近500名，其中四成为港澳本地籍创业青年，该活动连续举办12届，覆盖粤港澳数十所大学，创业计划活动培育的GOGOVAN在香港联合交易所挂牌上市，大湾区青年创业计划成为粤港澳地区参与人数最多、影响力最大的青年创业培育活动之一。由深港产学研基地产业发展中心发起成立的松禾资本投资商汤科技、华大基因、大疆创新等一批创新企业，被评为清科中国创业投资机构TOP50、全国最佳VC机构TOP10。深港产学研基地获得深圳市中小企业创业创新示范基地认定。引入北京大学、香港科技大学资源，建立一批生命健康与生物医疗、信息技术与装备自动化、环境保护和绿色生态等领域的研发机构。强化基地实验室间科研的协同合作，促进多学科和多领域的合作，依托心血管影像与介入医疗器械工程实验室成立热控技术研究所。生物医学中心承担科技部重点研发计划课题“组织工程类医疗器械产品安全性有效性评价技术研究”获得立项。环境实验室“海洋源生物医用PHA材料的绿色低碳生产工艺研发”项目获得广东省资源厅重点项目立项。深圳市智能媒体和语音重点实验室研究的“非接触智能语音交互系统”获广东省科技进步二等奖。生物医学中心研究的“口腔颌面部软硬组织缺损修复材料的研发与应用”获中华口腔医学会科技奖三等奖。全年新增发表论文55篇，专著3部，软件著作权2项；申请发明专利5件，授权6项；申请实用新型专利3件，授权3项。继续设立深港产学研合作基金，对申报的抗菌抑炎促骨整合种植体技术研发等6个项目进行资助，支持实验室与市场结合进行产业转化。（深圳市人民政府地方志办公室）

【广州产学研深度融合】至2022年，广州市出台实施《广州市科技创新条例》，制定《广州市科技创新“十四五”规划》，构建“1+5+N”科技创新法规政策体系，不断完善以企业为主体、市场为导向、产学研用深度融合的技术创新体系，深化企业“需求侧”成果引领承接能力。支持重点领域研发项目101个。企业承担或参与的项目72个，占比71.3%，投入自筹资金5.8亿元。围绕新药创制与医疗器械、医疗卫生与健康、生物安全技术、农业农村、资源环境及社会服务、科技帮扶等重点方向，组织实施市科技计划农业和社会发展科技专题科研攻关项目297个。发挥“一流学科”引领，健全和完善科技成果转化制度体系，构建科技成果多元转化模式，创新科技成果转化激励机制，组建高效率成果转化服务机构。华南技术转移中心上线“华转网”，实现与港澳线上平台互联互通；建设环华工、环中大、环大学城科技成果转化基地。华南理工大学引导学校科研人员通过以技术咨询服务、派遣企业特派员、共建联合实验室等方式加强与各行业龙头企业的对接合作，解决行业关键共性技术，承担的企业委托项目数和经费数均居华南地区高校首位。暨南大学以“一流学科”驱动的生物医药学科群，与香雪制药、广州白云山和丽珠集团药业等一批广州行业龙头企业共建院士工作站和校区联合研发中心等，合同金额超过10亿元。围绕新一代信息技术、人工智能、生物医药、新材料、节能环保等重点行业领域，成立160个产学研创新联盟，通过建立行业联盟，整合各类资源，通过上下游的联合协同，开展高水平的技术创新和市场拓展活动。

（广州市科技局）

【深圳产学研深度融合】 2022年，深圳市围绕产业需求凝练攻关任务，推动以龙头企业为主体、产学研协同创新，着力破解“卡脖子”难题，布局一批国家和省、市重大技术攻关项目，探索关键核心技术攻关新型举国体制深圳路径。围绕光通信、超高清视频、高端数控机床、集成电路基础材料等重点领域，新布局一批关键核心技术攻关项目，推进关键领域自主可控能力加速提升。通过持续攻关，部分产品和技术实现国产替代。深圳汉诺医疗研发的首台国产体外膜肺氧合系统（ECMO）获批上市，性能指标达到国际同类产品水平。深圳计算科学研究院自主设计研发的崖山数据库系统代码自研率实现100%，深圳国际量子研究院超导量子芯片实现超高性能互联，比亚迪国内首创的以四电机独立驱动为核心的新能源汽车动力系统发布上市。年内，组建X9联盟推进科技人才培养和产学研协同。（深圳市人民政府地方志办公室）

【珠海产学研合作】 2022年，珠海市持续围绕重点产业领域开展产学研合作活动，每个项目最高支持100万元。全年受理产学研合作项目174个，其中50个项目立项，获立项资助的企业中超过50%为科技型中小企业，合计投入财政资金4010万元，带动企业自投科研经费2.32亿元。聚焦生物医药、医疗器械、人工智能大数据、新一代信息技术与新能源等珠海市重点产业领域，举办“问需求、解难题、促发展”产学研精准对接系列活动2场，路演项目14个，现场签约7个，对接企业50余家。（珠海市科创局）

【佛山产学研深度融合】 2022年，佛山市继续深化与中国科学院、清华大学、香港科技大学等高校、科研院所产学研合作，着力解决“卡脖子”技术问题，促进新兴产业培育和传统产业转型升级。至年底，佛山14个市级科技创新平台累计引进研发人员超1700人，其中院士2人、博士199人；累计孵化科技型企业315家，累计总产值超27亿元，成果转化与技术服务收入6亿元。其中，广东中科半导体微纳制造技术研究院累计引进各类人才146人，获省级、市级、区级项目立项23个（财政扶持6800万元），累计申请专利73项（其中发明专利4项），孵化、引进企业25家，实现科技成果转化5项，交易额1024万元。佛山（华南）新材料研究院集聚人才286人，累计引进产业化项目16个，培育孵化企业25家；累计获国家级项目立项1个、省级项目立项55个，累计申请专利232项；探索市场化改革，推进“环境二噁英检测技术”等13个科技成果作价入股孵化企业，涉及发明专利36项。有研（广东）新材料技术研究院产业化基地、火炬园项目场地建设进入收尾阶段，动力电池检测中心开始调试及试运营；累计申请专利22件，获国家级、省级项目立项10个；合作设立智能传感功能材料国家重点实验室广东分实验室、国家动力电池创新中心——有研广东院联合实验室，先后获批广东省高水平创新研究院、广东省博士工作站等。佛山智能装备技术研究院累计引进培育孵化高科技企业8家，其中6家被评为国家高新技术企业、2家被评为国家级专精特新重点“小巨人”企业；自主研发的机器人控制系统实现规模化批量应用，形成核心自主知识产权超400件，获中国专利优秀奖。

（佛山市科技局）

【惠州产学研合作】 2022年，惠州市聚焦重点领域布局开展前沿基础研究，获广东省自然科学基金和“粤惠联合基金”立项70个，资金支持1485万元，比上年大幅提升。东江实验室参与国家级项目2个、省级项目立项12个，获项目资金超亿元。完善关键核心技术攻关“揭榜挂帅”制，面向“2+1”产业安排1100万元支持5个项目，每个项目给予100万～400万元支持，引导企业投入研发经费1.4亿元。建设惠深异地孵化器，入驻企业17家，与深职院、深圳技术大学共建校企实践基地；与香港新启创共建港澳青创基地，引入香港创业团队2个。支持硕贝德和TCL集团在境外设立研发机构。举办第七届中国创新挑战赛（惠州赛区），促成企业与技术团队达成合作协议近60项。邀请7名院士举办4场“惠州西湖科学讲坛”，推动惠州产业融合。举办3场“惠州市TRIZ企业技术创新方法应用培训班”，165名企业研发人员和工程技术人员参与培训。5月19日，联合惠州天安数码城举办“2022第二届湾区科技产业创新（惠州）金山湖峰会”。启动“科创惠州”平台建设，促进“产学研”深度融合创新。成立惠州市高新技术产业协会（园洲）科技服务站和惠州市互联网协会（互联网+基地）科技服务站。11月26日，在首届惠州市人才周活动中承办2022惠州“2+1”现代产业人才高峰会议。全市新增产学研合作单位25个，签订横向项目162个，专利成果转让23项，横向项目金额首次突破5000万元，比上年增长2.58倍；成果转化明显，单一成果转让实际到账金额60万元，首次突破50万元/项；与地方共建惠州市材料检测与分析中心，联合申报大学科技园。

〔惠州市档案馆（惠州市人民政府地方志办公室）〕

【东莞产学研协同创新】 2022年，东莞市依托高校建设新型研发机构，与清华大学、北京大学等共建新型研发机构32个，其中省级25个。组织关键核心技术攻关，探索采用“揭榜挂帅”方式组织实施市重点领域研发项目，受理项目申报51个。推进核心软件攻关工程、市核心软件攻关基地和推广中心建设，推动能科科技、一览科技等7家重点优质软件企业落地。推动东莞理工学院华为工业软件学院开设“工业软件实验班”“工业软件本科班”。组织推荐2022年省重点领域研发计划26个，获省立项1个，立项金额300万元。完成国家和省项目的配套资助项目2个，拨付配套资助资金1102.11万元。支持企业建设研发机构和加大研发投入，鼓励企业搭建技术创新平台、中试验证平台等研发机构，全市建有研发机构的规模以上工业企业6577家，建有率52.4%；全市拥有省级工程技术研究中心558个，数量居全省前列。有649家规模以上企业获得研发投入补助1.2亿元。推动东莞理工学院承担国家、省基础研究项目，全年获立项104个经费2822万元。东莞理工学院化学、广东医科大学生物与生化2个学科进入ESI（基本科学指标数据库）全球学科排名前1%。

（东莞市人民政府地方志办公室）

【中山产学研融合推进】 2022年，中山市有省级新型研发机构9个、省级重点实验室6个、省级工程技术研究中心378个；高新技术企业总量2630家，新增3家广东省技术先进型服务企业；成功入库科技型中小企业2701家；新增市级创新标杆企业20家，累计有53家企业获得创新标杆企业认定。举办首届“创新中山”科技奖，评出科学技术进步奖一等奖7项、二等奖19项。开展“服务进企业 政策送上门”——企业研发管理“五有”模式，至年底，累计服务企业超3000家次。新增1个省级大学科技园、4个市级孵化育成载体，2个单位申报省级孵化器和众创空间。全市孵化面积超88万平方米，在孵企业（含团队）超2500家，吸引就业人员1.9万人，在孵企业（含团队）拥有有效知识产权超5200件。推动打造珠江口西岸创新人才高地。是年，中山市先后组织25人申报国家重大人才工程，组织动员长春理工大学中山研究院等企事业单位申报国家外国专家项目；新增入选国家重大人才工程1人、省重大人才工程3人。首批评定出10名“中山英才计划”科技创新领域特聘人才，将分三年发放特聘补贴720万元。引进市第九批创新科研团队13个，其中产业化类9个、基础研究类4个，立项经费5900万元，首期拨付市级经费1475万元，省市级创新创业科研团队增至63个。博士博士后平台累计89个，技能人才63万人。首次实施人才攻坚项目悬赏制，3项人才攻坚悬赏项目全部实现揭榜，悬赏金570万元。支持科技创新领军人才在重点产业前沿细分领域牵头开展科研学术研讨活动，首批资助10个项目680万元。海外引智项目获省科技厅立项6个，其中粤澳科技创新联合资助项目获立项2个，立项经费200万元；银龄专家项目获立项1个，立项经费20万元；海外名师项目获立项3个，立项经费15万元。成立“中山市外籍人才服务专区”，实现外国人工作许可、居留许可“一窗通办　并联办理”。

（中山市人民政府地方志办公室）

【江门产学研深度融合】2022年，江门市推动与香港科技大学等港澳地区高校建立联合创新平台，在双碳、纺织材料等领域建设粤港联合实验室。与中国科学院大学、深圳航天工研院等高校和科研院所签订合作协议，联合开展安全应急、双碳等方面科研和成果转化。加快产业关键技术攻关运用“揭榜挂帅”机制组织重大科技专项，凝练出高端装备、新材料等领域16项关键核心技术进行发榜，最终有12个项目完成揭榜，组成创新联合体解决一批制约产业链发展的核心技术难题。与香港生产力促进局推动共建江港科技转移中心和企业发展中心，联合举办2022年江港预制菜产业技术线上线下交流会，促进香港地区科技成果在江门转化落地。实施“博聚五邑”科研博士特派员、企业科技特派员和农村科技特派员计划，建立广东省科学院江门市人才供给基地，柔性引进近40名博士、博士后帮助江门市科技企业解决技术难题。

（江门市科技局）

【肇庆产学研深度融合】　2022年，肇庆市风华高科、鸿图科技、星湖科技、西江实验室获省重点领域研发计划立项4个，获立项资金7062万元，立项金额创历年新高。其中风华高科牵头组织的“面向中高压、高可靠高端电容器重大技术研究及产业化”项目获批广东省财政资金4762万元，为历年来单项资金最大的科技计划项目。用好2022年省科技创新战略专项资金（“大专项＋任务清单”），其中支持中小企业、农业企业创新和成果转化项目23个，安排资金550万元。指导企业与高校、科研院所深化产学研合作，加速科技成果转移转化，全市完成技术合同登记成交额5.89亿元，财政科技投入完成9.85亿元，占财政支出比例2.69%。

（肇庆市科技局）

【第11届中国创新创业大赛2022新型显示产业创新专业赛】　于2022年6—12月在佛山市举行。大赛由中国创新创业大赛组委会办公室指导，广东省科技厅主办，国家新型显示技术创新中心、新型显示产业技术创新战略联盟和佛山市科学技术局联合承办，以“视见未来·创新无限”为主题，收到400多家企业报名，其中70家企业进入全国半决赛。经过12月17—18日的半决赛、决赛，最终评出成长组一、二、三等奖6名、初创组一、二、三等奖6名以及优秀企业奖9名。

（佛山市科技局）

【中山全球创新技术应用转化中心运作】　2022年8月，中山全球创新技术应用转化中心在古镇镇挂牌运作。该中心为中山市产学研合作促进会与佛山市产学研合作促进会、佛山全球创新技术应用转化中心三方共建，通过“人才—项目—平台—服务—金融”五位一体联动的技术转移模式，整合中山和佛山新一代信息技术、高端装备制造、新材料、新能源等战略性新兴产业创新资源，加强高校知识产权及科技成果转移转化，推进中山技术创新、成果转化的效率提升，通过新技术助推中山产业发展，促进区域经济提质增效升级。

（中山市人民政府地方志办公室）

科技创新载体和平台

【概况】2022 年，广东省初步构建起以 2 个国家级实验室为引领，10 个省级实验室为骨干，435 个省重点实验室、20 个粤港澳联合实验室、4 个“一带一路”联合实验室、18 个高级别生物安全实验室、27 个野外科学观测研究站为支撑的实验室体系。

在粤全国重点实验室　2022 年，广东省落实科技部国家重点实验室重组工作部署，按照“一政策一机制一方案”的思路，推进全国重点实验室重组。完成信息、农业、制造、医药、能源、工程等领域 2 批申报，在首批正式获批的全国重点实验室中，广东省获批 6 个（牵头）。推动省部共建国家重点实验室建设，给予每个实验室 500 万元经费支持。

省级实验室　2022 年，广东省建成 10 个省级实验室、25 个法人实体。体系设计贯穿“基础研究—技术攻关—成果转化—科技金融—人才支撑”全过程创新生态链主要环节，主要布局珠三角核心区，兼顾沿海经济带和北部生态发展区，涵盖“电子信息、海洋科学、临床与基础医学”等优势学科，以及“高端装备制造、绿色石化、前沿新材料”等“双十”（十大战略性支柱产业、十大战略性新兴产业）战略性产业集群。广东省科技厅下达 18.34 亿元资金保障省实验室建设。在第二批省实验室考核评估工作中，南方海洋、广州海洋、深圳湾实验室获优秀等级，韩江、汕头、湛江湾实验室获良好等级。出台《广东省实验室体系建设“十四五”规划》《同领域广东省实验室协同推进建设发展若干意见》《省实验室党建工作指引》《省实验室自主立项工作指引》《省实验室重大事项报批报备通知要求》等政策。

省重点实验室　2022 年，广东省聚焦数理与前沿交叉、半导体器件与集成电路、数字经济、超高清视频显示、绿色石化等重点领域，布局建设 26 个省重点实验室。开展 350 个省重点实验室 3 年考核评估工作，其中评定“优秀”等级 34 个、“良好”等级 73 个、“合格”等级 176 个、“基本合格（整改）”等级 16 个、“不合格”等级 52 个。

【科技基础条件平台】2022 年，广东省推进科学数据中心建设，编制全省地理科学、基因组、农业、林业、中医药等领域的科学数据目录，汇集数据 7149 条。立项建设省级野外科学观测研究站 5 个，农作物种质资源核心库 1 家与基地库 3 家，科学数据中心 5 个，国家科学数据中心在粤分中心 4 个，专项科学考察 6 项，支持财政经费 4800 万元。成立广东省高等级生物安全实验室联盟，加快构建开放共享的广东省生物安全实验室公共服务体系，下拨 8000 万元财政经费保障华南生物安全四级实验室建设。

（广东年鉴社）

【香港科学园】香港科技园公司（科技园公司）在香港科学园为科技公司提供基础设施和一站式的支援服务。科学园总楼面面积约 40 万平方米。至 2022 年，香港科技园有来自 22 个国家和地区的超过 1100 家科技企业和公司，创科社群成员超过 1.80 万人，其中研发人员 1.20 万人。2018—2022 年，香港特别行政区政府在创新科技领域投资超过 1500 亿港元，2022—2023 年度财政预算案成立 50 亿港元“策略性创科基金”为创科企业提供资金。

进驻科学园的 InnoHK 创新香港研发平台是香港特别行政区政府的科技旗舰项目。该平台会集来自世界各地的顶尖研究人员，与香港本地大学和研究机构在人工智能、机器人和医疗科技方面进行合作。进驻 InnoHK 的有 28 个研究实验室、约 2000 名本地和海外研究人员。

InnoHK 包括 Health@InnoHK 和 AIR@InnoHK 两个创新研发平台，各设有获资助的研发中心 14 个。Health@InnoHK 聚焦医疗科技，其研发中心包括香港神经退行性疾病中心、合成化学暨分子生物学实验室、创新诊断科技中心、香港微生物菌群创新中心、先进生物医学仪器中心、免疫与感染研究中心、病毒与疫苗研究中心、眼视觉研究中心、香港心脑血管健康工程研究中心、中药创新研发中心、中国科学院香港创新研究院再生医学、与健康创新中心、肿瘤及免疫学研究中心、干细胞转化研究中心、神经肌肉骨骼再生医学中心。AIR@InnoHK 专注人工智能和机器人科技，涵盖从金融到先进制造业，促进智慧城市的发展，其研发中心包括香港物流机械人研究中心、医疗机械人创新技术中心、博智感知交互研究中心、人工智能设计研究所、香港智能建造研发中心、智能多维数据分析研究中心、人工智能金融科技实验室、产品可靠性暨系统安全研发中心、香港量子人工智能实验室、创新制衣技术研发中心、医卫大数据深析实验室、智能芯片与系统研发中心、香港工业人工智能及机械人研发中心、中国科学院香港创新研究院人工智能、机器人创新中心。

【香港数码港】香港数码旗舰（数码港）是香港信息和通信科技的旗舰机构。数码港社群由超过 1700 家信息及通信科技公司组成，可租用办公室空间 9.80 万平方米，其中超过 10% 为 Smart-Space 共享工作空间，供超过 500 家初创企业使用。2022 年，香港财经事务及库务局委托数码港推行新一轮“拍住上”金融科技概念验证测试资助计划，该计划涵盖范围比以往更广，资助对象除本地金融科技公司外也包括科研机构，提出的试验项目为市场上尚未出现的金融科技应用方案。每个获批项目的资助额由 10 万港元增加到 15 万港元；项目如果涉及跨境应用，或合规科技、联盟式学习（federated learning）技术方案、开放应用程序界面，或环境、社会及管治等新兴领域的应用，资助额可达 20 万港元；项目如果对整体行业有更广的影响，能针对行业瓶颈问题提出解决方案，资助额可达 40 万港元。（香港历史研究基金会）

【粤澳合作中医药科技产业园】粤澳合作中医药科技产业园项目于 2011 年启动，为《粤澳合作框架协议》首个落地项目，位于珠海市横琴新区，占地 50 万平方米。产业园公共服务平台于 2017 年开始运作，研发孵化区于 2018 年落成，建筑面积 12.8 万平方米。至 2022 年底，产业园累计注册企业 233 家（其中澳门企业 61 家），签约入驻企业 91 家（其中澳门企业 36 家）。2022 年度，产业园承接 8 个医疗机构中药制剂品种的研究开发及备案工作；承接澳门企业 3 项中药同名同方药的开发工作，3 个新增澳门注册同名同方药品种的技术评估，承担港澳企业 6 个传统外用中成药的简化注册研究，并为多家企业提供市场数据调研和政策技术法规等科研相关的咨询服务 55 项。依托大湾区中医药科技成果转化基地，加强与高校合作，征集中医药科技成果 145 项，建立相关资料库，推动高校开展产学研工作。是年，新增 2 款中药产品获得莫桑比克注册批文，2 款中成药获得巴西草药注册批文。组织“中医青年说”交流沙龙、“小银针课堂”专业培训 5 期，参加人数 480 多人，分别来自佛得角、莫桑比克和中国澳门地区。

（澳门基金会）

【中新广州知识城】2022 年，中新广州知识城与科研院所等共建协同创新平台 40 个，与华南理工大学达成共建黄埔绿色先进材料技术研究院合作意向。是年，航空轮胎大科学中心一期运营；广州第三代半导体中心完成设备安装调试并投试产；琶洲实验室（黄埔）揭牌；世界气象中心（北京）粤港澳分中心主体结构封顶。设立 2 个省级哲学社会科学重点实验室，科教创新园西电广研院、广外黄埔院、广大黄埔院新校区建设进度分别完成 70%、30%、40%。累计申报国家、省、市各级项目 170 余个，获助科研经费1.5亿元。探索校企协同创新和成果转化创新机制，成立校企联合研究中心20个、研究生实习实践基地42个，服务企业40余家。

（黄埔区国家档案馆）

【综合性国家科技中心光明科学城】 2022年，深圳市光明科学城建设取得重大进展。光明区实施创新驱动发展战略，以建设世界一流科学城作为主阵地，推动光明创新引擎换代。加快大湾区综合性国家科学中心先行启动区建设，推进打造原始创新策源地。大科学装置加快建设。合成生物研究、脑解析与脑模拟两个设施土建工程竣工验收。国家超级计算深圳中心二期启动建设。鹏城云脑Ⅲ纳入国家“十四五”重大科技基础设施建设规划。特殊环境材料器件科学与应用研究、精准医学影像等设施前期工作加快推进。深圳湾实验室、人工智能与数字经济广东省实验室（深圳）实现高水平运行。南科大光明高等研究院、深圳医学科学院（筹）正式挂牌。中山大学深圳校区、深圳理工大学建设加快推进。出台科技金融专项政策，为全区120家中小企业发放专项资金3300余万元。深港澳科技成果转移转化基地累计引进创新创业项目51个。

（深圳市人民政府地方志办公室）

【南方海洋科学与工程广东省实验室（珠海）】 2022年，南方海洋科学与工程广东省实验室（珠海）2022年度获批2项省级促进经济高质量发展（海洋经济发展）海洋六大产业专项项目，立项经费总额3000万元；由院士陈大可牵头组织的国家自然科学基金委员会重大科研仪器研制项目“智能敏捷海洋立体观测仪”于10月获批立项，立项经费8618万元，成为地球科学部时隔五年来首个国家重大科研仪器研制项目。南方海洋科学与工程广东省实验室（珠海）以“优秀”等级通过启动建设期考核评估并获得省级财政奖补资金5.92亿元。至年底，该实验室会聚各类优秀人才1115人，其中固定人员590人；国家级人才100余人，并与多所高校形成稳定长效的研究生联合培养机制。该实验室共同承担国家、省、市等各级纵向及横向科研项目58个，项目立项总额3.6亿元（其中实验室经费0.88亿元），发表论文1936篇，出版专著9部，申请专利211件。获海洋科学技术奖2项（特等奖和一等奖）、中国水运建设行业协会科学技术奖2项（特等奖和一等奖）、广东省土木建筑学会科学技术奖一等奖1项，工业和信息化部第五届“绽放杯”5G应用征集大赛全国总决赛二等奖1项。（珠海市科创局）

【佛山季华实验室】 季华实验室（先进制造科学与技术广东省实验室）位于佛山市三龙湾科技城核心区域，是广东省委、省政府启动的首批4个广东省实验室之一，于2018年5月全面启动建设。2022年，季华实验室二期园区正式交付

2022年，佛山季华实验室园区航拍图　（佛山季华实验室供稿）

使用，整体建筑面积30万平方米。该实验室有科研团队61个，科研人员1454人；全职引进的中国科学院院士1人，双聘院士15人，高层次人才38人，高级职称237人。年内，申请发明专利436件，独有发明专利申请量在全国科研院所中排第三名，在广东省科研院所中排第一名。年内，新增孵化企业6家，孵化企业实现成果转化合同金额突破1亿元，累计孵化科技型企业19家，其中3家获高新技术企业认证。至年底，累计争取各类重大科研项目161个，项目总经费16.01亿元。是年，该实验室获批为国家新型显示技术创新中心显示装备创新平台。承办“璀璨行动”启动仪式，与40余家企业签订合作协议，联合国内显示领域优势研究单位和产业链上下游企业，推动显示制造装备技术升级。针对芯片制造的重点“卡脖子”环节，通过自主立项研制出SiC高温外延装备原理样机。

（佛山季华实验室）

【佛山仙湖实验室】 2022年，佛山仙湖实验室（先进能源科学与技术广东省实验室佛山分中心）形成以院士为核心、国家级高端人才为骨干的科研人才队伍149人。设有广东省院士工作站、博士工作站、博士后科研工作站分站。至年底，申请专利175件，获授权发明专利22件、实用新型专利11件。年内，仙湖实验室自主开发增强型复合质子交换膜，作为唯一国产质子交换膜材料支撑2022年冬奥会近100辆燃料电池汽车示范。推动“国家电投集团华南氢能产业基地”落地佛山市南海区并启动碳纸中试产线建设。成立国内首个“先进零碳燃烧技术联合创新研发中心”，出炉全球首块零碳氨燃料烧制的绿色瓷砖。

（佛山仙湖实验室）

【粤港澳大湾区（佛山）先进制造业国家卓越工程师创新研究院】 2022年9月27日，教育部、国务院国有资产监督管理委员会联合举行卓越工程师培养工作推进会，18个国家卓越工程师学院建设单位和4个国家卓越工程师创新研究院建设单位获授牌。佛山科学技术学院申报的粤港澳大湾区（佛山）先进制造业国家卓越工程师创新研究院入选首批国家卓越工程师创新研究院。佛山科学技术学院是广东省研究生联合培养基地（佛山）建设单位。该基地是粤港澳大湾区（佛山）先进制造业国家卓越工程师创新研究院的建设主体。该基地成立于2015年，由广东省教育厅、佛山市人民政府共建，是国内首个由政府建设的产教融合研究生联合培养开放基地。基地以“中心+高校+企业”模式运行，中心设在佛山科学技术学院，是基地日常管理机构。在政府专项招生计划、财政资金等保障下，形成“政府征题、企业出题、基地审题、高校接题、导师解题、学生答题”工程实践教学方式，解决工程类研究生专业实践环节薄弱、实践创新能力不足的问题，为佛山先进制造业培养输送卓越工程师和输入自主创新智力。

（佛山年鉴社）

【江门中微子实验室】 江门中微子实验室配套基建工程于2015年开始建设。2022年，该实验室建设进入关键设备安装阶段，计划2024年开始投入运行。该项目以国际合作方式进行实验建设及运行，至年底，有19个国家和地区、74个（所）研究机构及大学，约700名研究人员参与建设研究。

【江门双碳实验室】 2022年，江门双碳实验室围绕“硅能源电力系统、新型储能技术、碳计量与碳资源利用、碳捕集与封存、双碳政策与系统设计”五大核心领域，开展交叉融合应用基础研究与技术攻关，构建“实验室+产业园”政产学研融通发展模式，争创双碳省实验室、全国重点实验室和粤港澳大湾区国家技术创新中心分中心。是年，超3万平方米的办公场所、科研实验场地、公共食堂、人才公寓投入使用，引进航天科工深圳研究院、国家能源集团等10个单位参与共建，组建科研团队100余人，在国际顶尖学术期刊上发表高水平SCI论文11篇，获广东省科技厅批准筹建“双碳”省实验室。获批广东省博士工作站、暨南大学广东省博士后创新实践基地，吸引隆基绿能、中创新航等一批重大双碳项目落户建设。

【广东省科学院江门产业技术研究院】 2022年，广东省科学院江门产业技术研究院持续提升区域创新能力。构建“一院＋多中心”技术服务体系，建设公共技术服务平台6个，导入高校及科研院所的科研项目、技术、人才等创新资源，引进高新技术项目落地转化及产业化，助推企业技术改造和产业转型升级。建设运营科技企业孵化器3个，入孵企业超60家，孵化育成科技型企业10家，开展产学研合作项目30个，推动近10所院属院所与江门本地企业共建协同创新中心、工程技术研究中心、科技特派员工作站等创新平台33个，引进41名广东省科学院博士到江门科技企业开展技术合作。

【珠西创谷】 2022年，珠西创谷和香港生产力促进局合作成立江港澳科技转移中心及江港企业发展中心。举办粤港澳企业发展政策展（江门站），向港澳企业宣传江门市政策，吸引港澳企业到江门发展。是年，珠西创谷园区累计孵化企业数281家，累计入驻的港澳台企业64家，累计毕业企业15家。园区硕士博士及获得职称专业人才累计192人，其中港澳台人才超过100人，引进硕士博士人才83名，园区内三级以上高层次人才16人，其中10人为港澳人士，园区累计创造就业岗位约700个。园区企业知识产权数累计530件，获得国内外各类奖项88项，其中港澳企业获奖55项。至年底，园区有国家高新技术企业5家。 （江门市科技局）

【西江实验室】 2022年，西江实验室采取“边建设边科研”方式，聚焦动植物疫病防控、生物制品研发、农产品加工和食品安全等重点领域，参与科技部重点研发计划项目1个，实施省重点领域研发计划项目4个，引进科研团队117人，启动“非人灵长类实验动物繁育基地”项目建设，建设进度和工作成效均在广东省第三批省实验室建设中走在前列。 （肇庆市科技局）

区域创新环境

·区域创新体制机制改革·

【概况】 2022年，广东省围绕大湾区国际科技创新中心建设面临的突出问题，统筹推进政府科技管理职能向抓战略、抓改革、抓规划、抓服务转变，加快实现科技创新治理现代化，建立更有利于科技创新的体制机制，系统性构建国际一流的政策环境。全面实施《广东省自主创新促进条例》，启动制定《广东省科技创新条例》，为改革发展提供法制保障。按照“1+1+X”总体思路，推进科技体制改革攻坚行动，探索关键核心技术攻关新型举国体制的“广东实践”，深化科技评价改革，以人为核心推进科研项目管理改革，以信任和绩效为核心推进科研经费管理改革等。推进职务成果赋权和单列管理改革试点，2021—2022年，广东省科学院、暨南大学等6个试点单位完成成果转化数量744个，转化合同金额8.4亿元；其中成果赋权178项，赋权成果完成转化171项，协议金额3.2亿元。全面实施大湾区创新要素跨境高效流动试点，聚焦钱过境、人往来、税平衡、物流通等关键环节，率先推动粤港澳三地创新规则衔接、机制对接，为资源跨境自由流动与共享提供制度保障。广东省重点领域研发计划、自然科学基金等项目继续向港澳地区开放，全省科研经费跨境拨付至港澳累计3.7亿元。开展科研用物资跨境自由流动改革试点，依托香港科技大学（广州）等高校院所，广州、深圳探索“白名单”“正面清单”等模式。 （广东省科技厅）

【香港区域创新体制机制改革】 2019—2022年，香港本地大学及科研机构获科技部、国家自然科学基金委员会和内地各省市批出过境科研资金6.2亿元（7.6亿港元），支持研发项目超过300个，支持建立粤港澳实验室19个，设立2个国家实验室的香港分支机构。有5所香港本地大学在内地设立分支机构获批。香港特别行政区政府研究推进更多便利港资科技机构或企业在内地开设业务的措施，鼓励香港科研人员加入中国科学技术协会全国学会、国家科技专家库和奖励评审专家库等组织；推行更多便利居港外籍人士前往大湾区内地城市进行科研活动及工作的政策，包括签证时限和税务安排。研究促进内地数据向香港流通的特定便利化安排，计划推出数据跨境流动试行，测试技术标准、措施及数据规管机制；研究推进粤港资讯基础设施对接、互连、互认、互通及界面标准化等。

（香港历史研究基金会）

【广州与粤港澳科技创新政策对接】2022年，广州市引导港澳高校、科研机构在穗设立的分支机构按相关要求适用科技创新免税政策；压缩人体组织、血液等科研样本、试验试剂等检疫审批时限。全市所有重大科技专项面向港澳相关机构开放申报，率先实现市级财政科研经费跨境进入香港，累计拨付经费1.13亿元。率先实施境外高端人才资格认定，实施落实《广州市关于实施粤港澳大湾区个人所得税优惠政策财政补贴管理办法》，降低境外人才税负压力。设立全国首家“大湾区国际人才一站式服务窗口”。

完善高精尖科技人才培养引进机制。争取国家在南沙开展“粤港澳大湾区国际人才蓄水池”改革试点。支持重大创新平台通过设立特聘岗位，“评聘合一”引进一流科学家和高层次人才创新团队。印发《关于进一步优化外国人来华工作许可办理的若干措施》，优化外籍人才管理服务。加强区域联动深化穗港澳科技合作机制。在粤港澳大湾区开展人才、技术、资金等创新要素跨区域自由流动试点。推动广州纳入内地与香港、澳门科技合作委员会正式成员单位。联合南沙区和香港科技大学（广州）设立市区校基础研究联合资助项目，以香港科技大学（广州）为支点强化内地与港澳在基础研究、应用研发及产业化的联动发展，促进科研规则对接。推动香港科技园与香港科技大学建立香港科学园广州南沙孵化基地。以香港科技大学（广州）、广州实验室等为试点推动科研物资跨境自由流动。（广州市发展改革委；广州市科技局）

【深圳科技创新体制改革】2022年，深圳市探索完善实验室管理机制、优化科研机构技术转移机制、完善大科学计划管理机制等首批清单任务全面落地，重点领域和关键环节改革取得明显成效。年内，落实国务院办公厅《关于改革完善中央财政科研经费管理的若干意见》，修订完善《深圳市科技研发资金管理办法》《深圳市科技项目评审办法》《深圳市中国科学院院级经费地方配套资金管理办法》《深圳市中央引导地方科技发展专项资金管理细则》等政策文件，保障和激发科研人员创新活力。深化改革科技奖励评奖制度，印发实施《深圳市科学技术奖励办法》《深圳市科学技术奖四类奖项实施细则》，实行由专家学者、组织机构、相关单位提名的评奖制度。印发实施《深圳市深化完善科技评价机制实施方案》，突出“谁委托谁评价”“谁使用谁评价”，引导高质量成果产出及产业化。

（深圳市人民政府地方志办公室）

【珠海科技创新机制改革】2022年，珠海市推动出台《创新驱动促进产业发展十条措施》，突出“产业第一”导向，围绕产业链发展需求补齐创新链条上的“空白”，支持以提高工作效能及服务效率、提升各类创新主体认同度及获得感为目标，在科研项目管理上实施全流程“一网通办”，重构升级现有扶持方式，发挥龙头企业牵引作用，建设产业链型孵化器，引导天使基金“投早投小投新”，推动国有政策性创投基金改革，创新揭榜挂帅等科研项目组织形式，建立健全科研诚信、监督检查、容错纠错等机制，打造良好创新创业生态。制定《珠海市防震减灾行政处罚自由裁量量化标准》《珠海市防震减灾综合能力提升项目管理办法》《珠海市产业核心和关键技术攻关方向项目实施办法》《珠海市科研诚信管理办法》《珠海市异地创新中心认定办法》和《珠海市科技服务机构入库管理办法》，提供有效政策支撑。全年举办各类政策宣讲活动48场，现场参加人员2.4万人，加大科技政策宣讲解读培训力度，打通政策落地“最后一公里”。（珠海市科创局）

【佛山科技体制机制改革】2022年，佛山市出台关于科技赋能制造业当家三年行动方案（2023—2025年），提出加快推进科技体制机制改革，顺应产业化市场化发展方向，破解影响和制约佛山科技竞争力提升的体制性机制性障碍，着力强化战略科技力量建设，加强基础研究和战略高科技研发，突出企业创新主体地位，抓好科技人才队伍建设，优化科技创新生态，提升科技开放合作水平，打造科技体制机制改革政策高地。印发《佛山市高新技术企业提档晋级三年行动计划》，全年认定高新技术企业1600家，高新技术企业数量增至8700家，入库科技型中小企业5296家，有技术先进型服务企业6家。开展2021—2022年产业领域科技攻关专项评审工作，择优立项“陶瓷卫浴智能生产线关键技术应用研究”等6个项目，立项金额2200万元。启动2022年度佛山市社会领域科技攻关项目发布工作，设立“绿色低碳与环境保护”“生物医药与人口健康”“智慧城市与公共安全”3个专题，每个专题拟支持3个研究方向，每项最高支持100万元。出台《佛山市重点产业集群关键技术目录（2022年修订）》，列出八大应用领域66个技术方向，引导全市各类创新主体聚焦技术目录协同攻关，征集各类需求32项。深化人才体制机制改革，将引人才和育产业同谋划同部署，加快建设高水平人才高地。（佛山市科技局）

【惠州科技体制改革】 2022年，惠州市加快创新型城市建设，围绕“基础研究+技术攻关+成果转化+科技金融+人才支撑”全过程创新生态链，首次实施“粤惠联合基金”，科技体制改革实现突破，全市科技创新水平提升。巩固拓展大联合大协作机制。6月，根据《广东省科学技术普及条例》精神，建立惠州科普联席会议制度，明确联席会议的主要职责、组成人员和工作机制，巩固拓展惠州科普工作大联合大协作的工作机制。编制实施《惠州市全民科学素质行动规划纲要实施方案（2021—2025年）》。

〔惠州市档案馆（惠州市人民政府地方志办公室）〕

【东莞科技体制机制创新】 2022年，东莞市推进科技项目管理机制改革，出台《东莞市科技计划项目监理操作规程》《东莞市科技计划项目验收结题操作规程》《东莞市科技专项资金及项目管理操作指引》《市科技局省级科技专项资金和项目管理工作指引》等文件，重新修订《东莞市科技计划项目财务审计指南》，建立规范、高效的监理机制、验收机制，规范和加强省级、市级财政科技专项资金的使用和项目管理。完善人才工作体系，出台新一轮科技人才政策。至年底，累计引进省级创新创业团队40个，市级创新科研团队53个。实施国际及港澳台人才交流专项，推荐“银龄专家”4人，获广东省科技厅批准4人，项目金额80万元，列全省第三名；推荐“海外名师”9人，获广东省科技厅批准4人，项目金额35万元，列全省第三名。强化金融支持科技创新，引导合作银行为科技企业提供信用贷款251.09亿元，惠及企业2534家，每年为企业提供贴息资助9000万元。是年，东莞市被纳入粤澳科技创新联合资助计划地市联动项目试点，在广东省基础与应用基础研究基金粤莞联合基金设立港澳科研团队项目。

（东莞市人民政府地方志办公室）

【中山科技创新体制改革】 2022年，中山市深化科技体制改革，推动科技创新领域创造型引领型改革，完善科技创新治理体系。加强科技计划项目规范管理，制定《中山市科技计划项目管理工作规程（试行）》；完善科技孵化育成体系，修订《中山市科技孵化育成体系专项资金使用办法》；推动市校高端科研机构绩效评价优化管理，修订《中山市引进高端科研机构专项事业费使用暂行办法》；制定《中山市科技局“免申即享”工作制度（试行）》，将科技孵化载体认定补助等5项业务列为“免申即享”事项，提升企业的政策获得感和资金申请便利度，全年向61家企业补助金额近1300万元。推进科技服务集聚基地工作，开展科技成果推广、技术转移、知识产权服务、知识产权管理体系认证、科技咨询等服务，累计服务企业2082家，走访企业82家，挖掘企业技术需求31条。加强科技计划项目监督管理，实施在研市级重大项目检查，开展医疗卫生一般项目清理工作，清理卫生在研项目220个；全年办理科技项目验收结题100项。责成13个项目承担单位返纳64个科技项目财政资金2078.32万元。

（中山市人民政府地方志办公室）

【江门创新机制改革】 2022年，江门市持续深化科技体制改革，强化规划政策引导，出台《江门市“科技引领”工程三年行动方案（2022—2024年）》。推进科技领域“放管服”改革，完善市级科技计划项目管理工作指引，为科研人员松绑。深化科技奖励制度改革，利用社会力量设立“无限创新”江门科技奖，奖金数额居全省前列。突出“中国侨都”特色，增设合作交流奖，对促进科技交流合作的华侨华人予以奖励。实施重大科技项目“揭榜挂帅”制，推进创新资源市场化配置。首次推出7条科技产业科普线路，挖掘科普应用场景，开创“科技＋产业＋文旅”特色科普研学新模式。全年全市新增8个省级科普教育基地，累计有省级科普教育基地29个。

（江门市科技局）

【肇庆科技创新政策措施】 2022年，肇庆市科技局制定出台《肇庆市科技创新“十四五”规划》《肇庆市科技创新支撑高质量发展实施方案》，研究制定《肇庆市科技创新支撑高质量发展若干措施（暂定名）》报市政府审议。修订《肇庆市科技计划项目管理办法》，针对市级科技计划项目的评审管理、过程与验收管理、监督管理3个关键环节，分别配套出台工作规程，构建更科学、规范、高效、廉洁的“1+3”科技项目全链条管理体系。

（肇庆市人民政府地方志办公室）

·科技成果转化·

【概况】 2022年，广东省推进科技成果转化改革，印发实施《广东省技术要素市场化配置改革行动方案》等政策措施。推进职务科技成果赋权和尽职免责改革，加快推进职务科技成果转化和产业化制度进程。加强科技成果转化平台建设，完善全省成果转化服务体系。首次开展全省工程技术经纪人专业职称评定，加大技术转移人才培养力度。是年，全省认定登记技术合同4.8万项，合同成交额超过4500亿元。

发挥华南技术转移中心和广东高校科技成果转化中心等技术转移骨干平台作用，优化完善广东省成果转化服务体系，提升科技成果转化水平。华南技术转移中心推出企业科技特派员精准对接平台单位，至年底，华南技术转移中心线上平台——华转网累计访问量突破4080万人次，注册用户数6.3万个，集聚各类优质创新资源7万余项，吸引华为云、天翼云、赛宝等770多个优质科技服务机构入驻，服务企业超过1万家；集聚来自清华大学、北京大学和港澳的378个优质特派员派出单位的4081名全球高端科研人才，帮助企业解决技术难题1172项。累计实现技术交易额超过8亿元，带动企业创造经济社会效益超过36亿元。广东高校科技成果转化中心搭建起有成果、有专家、有投资、有政策、有基地、有人才、有案例的“七有”科技成果转化平台，构建连通高校原始创新与成果转化之间的桥梁。累计促成全省高校向企业转移技术成果数超3000项，成果转化金额超6亿元；

培育科技型企业78家，估值超15亿元，助力企业获得投资6.35亿元。

是年，东莞松山湖高新区科技成果转化中心和国家技术转移南方中心举办初、中级技术经纪人培训班12期，培养初、中级技术经纪人781人次，累计培养初、中级技术经纪人1998人。广东高校科技成果转化中心在佛山、惠州、重庆等地组织广东高校科技成果转化技术经理人培训6期，培养技术经理人386人。首次开展全省技术转移职称评定，是年评出首批广东技术经纪工程专业技术职称89人，其中高级工程师40名（含正高7人）、工程师3名、助理工程师44名和技术员2名。（广东省科技厅）

【香港科技成果转化】2022年，香港特别行政区政府在创科基建、会聚人才、推动研发、支援初创和成果转化等方面推出一系列措施。生物科技融资规模居亚洲第一位、全球第二位。至是年10月底，53家未有收入或盈利的医疗健康和生物科技公司在香港上市，融资额约1155亿港元。（香港历史研究基金会）

【广州推进科技成果转化】2022年，广州市加强政府、高校、院所、科技企业、技术转移机构、投资机构五方联动，推动科技与经济深度融合，支撑经济高质量发展。出台《广州市促进科技成果转移转化行动方案（2018—2020年）》《关于印发高校、科研院所科技成果使用、处置和收益权改革实施办法的通知》等一系列促进科技成果转化政策，《广州市科技创新条例》以立法形式将推动成果转化有效举措予以固化。4月，重新制定《广州市促进科技成果转化实施办法》，指导各区和高校、研究院所研究制定科技成果转化政策文件，在职务科技成果权属改革、成果转化收益分配和成果转化类职称等方面进行探索。支持广州现代产业研究院等20多个单位开展技术转移示范机构建设，全市有国家级技术转移服务机构12个，国家创新驿站1个；有科技企业孵化器423个，众创空间345个。粤港澳大湾区国家技术创新中心入轨运营，启动工业软件、智能系统、粒子应用4个直属创新平台建设。推动广州（国际）科技成果转化天河基地建设，首次承办科技部火炬直通车，举办第七届中国创新挑战赛（广东·广州赛区）等活动；大学城基地与中关村青创汇合作，是年通过首年绩效考核。环五山创新策源区筹备启动建设，环中大和南沙科技成果转化基地推进。华南理工大学、中山大学等10个单位开展科技成果转移转化试点建设。广东省科学院、暨南大学、广东工业大学国家科技成果赋权改革试点推进。推动大学科技园建设，建成8家省级以上大学科技园，其中中山大学科技园、华南理工大学科技园、南方医科大学科技园为国家大学科技园。中山大学与广汽集团、广药集团等企业协同建设的生物医药与新型移动出行未来产业科技园获批科技部、教育部全国首批未来产业科技园建设试点。

是年，广州市技术合同登记23389项，合同成交额2645.54亿元，比上年增长9.63%，其中技术交易额1079.36亿元。举办第八届中国创新创业成果交易会，发挥“线上线下展会+创交会网站+66个常态化成果转化基地”的作用，成果转化落地金额累计超百亿元。举办技术经纪人培训班和技术经纪人大赛，全年开展培训活动30余次，提升技术经纪人从业水平。依托科技创新母基金，投资天使类子基金和创投类子基金，母基金累计落地运营22只子基金，子基金实缴规模71.95亿元，其中母基金实缴出资13.94亿元，撬动社会资本58.01亿元，放大倍数4.16倍；子基金累计投资项目168个，投资金额37.74亿元。（广州市科技局）

【深圳企业科技成果转化】2022年，深圳市出台建设概念验证中心和中小试基地相关政策措施，第一批概念验证中心、中小试基地陆续立项建设。探索职务科技成果转化新模式，职务科技成果分割确权累计超过200件，转化合同金额超过6000万元，科研人员转化科技成果积极性显著提升。全年全市技术合同登记1.47万份，成交额 1575 亿元。

（深圳市人民政府地方志办公室）

【珠海科技成果转化】2022 年，珠海市科技创新局加强对技术合同交易重点主体的跟踪服务，走访调研解重点企业发展需求，关注技术交易重点企业情况。是年，全市技术成果交易持续活跃，技术合同成交额 98 亿元，技术合同交易额 55 亿元。在横琴深合区技术合同登记点变更过渡期间，为该区内有需要技术合同认定需求的机构提供服务，确保有关政策的落实。组织发动各有关单位参加 2022 年度广东省科学技术奖提名。实施 2022 年度市社会发展领域科技计划，154 个项目获得立项，涉及医疗卫生、教育、资源环保等技术领域及民生应用方向，其中资助类项目 122 个、自筹类项目 32 个。实施系列科技计划，格力电器、中海石油深海开发、展辰新材料牵头和参与的 3 个项目获 2021 年度广东省科学技术奖一等奖，7 个项目获得广东省科技进步奖二等奖。开展“创新珠海”科学技术奖评审，评出获奖项目 29 项，其中科技进步奖特等奖 3 项、一等奖 6 项、二等奖 10 项，自主创新促进奖一等奖 2 项、二等奖 3 项、三等奖 5 项。

（珠海市科创局）

【佛山科技成果转化】2022 年，佛山市开展市级科技成果转移转化项目申报工作，立项 9 个，资助经费 230 万元。众科联科技成果转移转化平台佛山市技术经纪特派员协作网络基础，挖掘企业技术创新需求近 100 项，对外实施“走出去”战略，推动全市优秀科技成果与市外单位合作，其中北京科技大学顺德研究生院院士团队与广东东鹏控股股份有限公司的技术对接初见成效。是年，举办第六届广东高校科技成果转化对接大会系列活动，活动以“校企协同创新、转化赋能湾区”为主题，吸引 90 所高校 354 个项目报名，最终评出 48 个项目获第五届广东高校科技成果转化路演大赛总决赛奖项。年内，佛山市获 2022 年广东省科学技术奖一等奖 1 项、二等奖 9 项，获奖项目主要集中在生命健康、新材料等新兴产业领域。

（佛山市科技局）

【惠州科技成果转化】 2022 年，惠州市打造大湾区科技成果转化首选地，完善孵化育成体系建设，鼓励更多产业平台建立加速器。深化科技体制改革三年攻坚行动，落实企业研发费用后补助政策，激励企业加强技术攻关。组建科技成果产业化基金，重点支持重离子微孔膜、超导技术、化石能源高效利用等方面成果转化。推动新一代重离子治疗装置首台套落户，支持靶向同位素药物产业化。鼓励金融机构持续推出面向科技型企业的金融产品，探索设立市级创新创业投资基金，推动成立市科技金融联盟。新增 8 家企业获评省级企业技术中心、累计 51 家，新增专精特新“小巨人”企业 10 家，累计 36 家；2 家企业产品获评国家级制造业单项冠军产品。至年底，全市拥有有效发明专利 12216 件，万人发明专利拥有量 20.14 件；新增国家知识产权示范企业 8 家、国家知识产权优势企业 11 家。

是年，惠州市制定出台《惠州市培育发展高新技术企业行动计划（2022—2025 年）》，重点培育发展高新技术企业。全市高新技术企业 2850 家，科技型中小企业增至 2729 家。搭建全市科技企业库，在库企业 9137 家，形成“培育入库企业—科技型中小企业—高新技术企业”的全链条培育发展机制。加快构建“1 个国家高新区 +N 个省级高新区”的发展格局，仲恺高新技术产业开发区在全国高新区排名中提升至第 32 位，惠城区高新科技产业园获批全市首个省级高新区，惠南高新科技产业园创建为全市首个省级文化和科技融合的示范基地。惠州仲恺高新区数字创意技术设备制造创新型产业集群获批国家级火炬中心 2022 年创新型产业集群。是年，全市技术合同认定登记 753 项，技术合同成交额 27.39 亿元，比上年增长 36%，其中，技术交易额 24.76 亿元，增长 30%。举办第十一届中国创新创业大赛暨第六届“天鹅杯”创新创业大赛，2 家企业获优胜奖。广东科鑫产业孵化器升格国家级科技企业孵化器，市工程职业学院成功创建省级大学科技园。推进惠深创新中心（异地孵化器）建设，各类孵化载体达78个。加快培育壮大科技服务业，科技服务业规模以上企业超100家。

〔惠州市档案馆（惠州市人民政府地方志办公室）〕

【东莞科技成果转化】 2022年，东莞市推进科技成果转化落地，全市纳入统计的科技企业孵化器111家（含国家级28家），孵化面积超200万平方米，在孵企业超3700家；众创空间49个（含国家级22个）。推进松山湖国际创新创业社区打造国际一流创新创业社区、粤港澳大湾区创新创业首选地，至年底，招引入驻高科技项目110个，初步构建起社区特色产业集群。集聚一批海内外高层次人才，成为珠三角科技源头创新和高层次科研人员最为集中的区域。推进创新创业综合体建设，成立滨海湾国际开放创新创业社区并印发建设方案，起草水乡创新创业街区工作方案。推进2021年中科院科技服务网络计划（STS）－东莞专项，支持项目12个，立项金额2700万元。搭建科研仪器设备共享和技术交易服务平台“莞仪在线”，至年底，平台注册单位588个，录入科研仪器设备5945台（套），实现预约仪器设备订单9285单。

（东莞市人民政府地方志办公室）

【中山科技成果转化和科技服务业】 2022年，中山市促进科技成果转移转化，办理技术合同认定登记517项，技术合同总额23.77亿元，比上年增长22.15%；技术交易额19.84亿元，增长8.53%。开展技术合同认定登记补助，补助269项767.16万元。集聚基地各入驻机构开展科技成果推广、技术转移、信用管理、知识产权服务、知识产权管理体系认证、首席质量官、科技咨询等服务，服务企业超2000家。举办高新技术企业认定申报培训会、线上项目公益路演、技术经理人培训班等14场培训；联合香港生产力促进局及内地附属机构举办2022年中山市企业转型升级线上交流会。市技术转移和知识交易协同创新平台（中山协同创新网）走访、来访重点企业82家；征集企业技术难题需求31项，联合高校院所专家走访企业对接技术难题5家，举办线上项目路演公益分享视频课5场、平台线上签订技术交易合同34项，合同金额3015.12万元。举办1期2022年专利信息检索分析与利用线上培训班。中山市企事业单位利用德温特专利数据库进行专利检索1900余次；累计利用专利检索平台服务企业超2000家次。

（中山市人民政府地方志办公室）

【江门科技成果转化】 2022年，江门市技术合同登记成交额17.99亿元，比上年增长91.8%。推进孵化载体建设，出台科技企业孵化载体认定管理办法，累计建成众创空间37个、孵化器36个、省级大学科技园1家，总面积超过56万平方米。建成5个港澳青年创新创业孵化基地，累计引进港澳项目119个。推进五邑大学、江门职业技术学院等高校创建大学科技园，支持广东南方职业学院创建国家大学科技园，促进高校科技成果转化。举办“科技杯”双创大赛，整合创业投资等资源支持创新创业和成果转化，培育一批“金种子”企业。是年，有380家企业报名参赛，获得国赛优秀奖2项和省赛奖项4项，入围省赛数量居全省第三名。强化对科技成果转化的金融支持，推动支持科技创新的金融产品与服务创新，是年全国首批科技创新再贷款落地，撬动贷款近60亿元，规模居全省前列。发放“邑科贷”相关科技贷款133笔3.6亿元。

（江门市科技局）

【肇庆科技成果转化】 2022年，肇庆市办理科技成果登记68项；完成技术合同成交额5.89亿元，技术交易额3.49亿元。出台高新技术企业树标提质行动计划，落实市县联动、台账管理、挂点联系等工作机制。全年举办高企政策培训班12场，完成申报企业585家，通过认定509家，通过率87%，创历年最高，全市有高新技术企业1382家；规模以上工业高新技术企业总量714家，占全市规模以上工业企业的48.64%，其中新增亿元以上高新技术企业39家。加强高企培育储备力量，国家科技型中小企业评价入库企业1510家，超额完成省科技厅提出的1400家的指导性目标任务。全市省级农业科技园区总数达到6个。（肇庆市科技局）

·知识产权保护和运用·

【概况】2022年，广东省推进知识产权强国先行示范省建设。《广东省知识产权保护条例》正式实施，《广东省地理标志条例》经广东省人大常委会审议通过，国家知识产权保护工作检查考核连续两年获优秀等级。

是年，全省专利授权量83.73万件，其中发明专利授权量11.5万件，比上年增长11.89%。PCT国际专利申请量2.43万件，占全国总量的35.14%，连续21年保持全国第一。商标申请量136.99万件，商标注册量114.39万件，均居全国首位。马德里商标国际注册申请量1551件，比上年增长2.51%，占全国总量的26.62%，保持全国首位。

至年底，全省高价值发明专利26.07万件，占全国总量的19.71%；累计专利授权量546.43万件，占全国总量的18.33%，其中累计发明专利授权量64.74万件，占全国总量的15.34%；高价值发明专利量、累计专利授权量和累计发明专利授权量均居全国首位。每万人高价值发明专利拥有量20.56件，比全国平均水平高11.16件。

是年，全省战略性产业集群发明专利授权量7.3万件，居全国首位，比上年增长13.45%，占全省发明专利授权量的63.48%，占全国战略性产业集群发明专利授权量比重的16.94%。发布全国首个《高价值专利培育布局工作指南》省级地方标准，新建省级高价值专利培育布局中心81个，累计354个。联合港澳知识产权管理部门举办第四届粤港澳大湾区高价值专利培育布局大赛，第二十三届中国专利奖广东获奖261项，其中金奖8项，居全国第二位。评选出第九届广东专利奖120项和杰出发明人10名。

是年，全省专利和商标质押金额970.24亿元，比上年增长119.25%，居全国第二位，占全国总量的19.93%，质押登记3097笔，增长70.82%，居全国第四位，惠及企业2681家，其中惠及中小企业2573家。全省专利权质押登记金额897.25亿元，居全国第二位，占全国总量的22.35%，增长122.08%，质押登记2938笔，增长73.33%，居全国第四位；商标质押登记金额72.99亿元，增长89.58%，居全国第二位，占全国总量的8.55%，质押登记159笔，增长34.75%，居全国第三位。新发行20单知识产权证券化产品，发行金额超过42亿元，深圳发行全国最大规模知识产权证券化储架产品，储架规模达30亿元。

是年，全省专利许可和转让7.33万次，比上年增长2.55%、占全国总量的19.2%，专利被许可和受让6.6万次、占全国总量的17.24%，均居全国首位。建设10个战略性产业集群和13个重点园区知识产权协同运营中心，发布新一代信息技术、高端装备制造、数字经济、新材料等4个战略性产业集群专利导航成果。全省获批建设国家级专利导航服务基地和专利导航服务支撑机构12家。统筹布局商标品牌指导站建设，新建商标品牌指导站25家，总数达148家。广东商标品牌发展指数连续2年居全国首位。

是年，全省新建商标业务受理窗口5个，累计达14个，获批新建高校国家知识产权信息服务中心1家，新增备案国家知识产权信息公共服务网点2家，全省累计建设国家级知识产权信息公共服务重要网点20家。“广东省知识产权公共信息综合服务平台”累计集成专利专题数据库88个，广东省战略性产业集群专利数据库20个、战略性新兴产业专利数据库34个，重点产业、行业专利数据库14个，地方特色行业专利数据库18个及重点技术专题数据库2个，可提供检索的全球专利数据1.57亿条，中、美、英和马德里商标数据8300多万条，集成电路布图数据5万条，地理标志产品的公告保护数据2300多个（含国外产品61个）、核准公告的专用标志使用企业信息2.2万家，供社会公众免费使用。全年所有系统平台合计访问量110万人次。全省拥有专利代理机构及分支机构1173个、商标代理机构1.26万个，执业专利代理师4518人。举办世界知识产权日、中国专利周等活动，发布知识产权保护状况、十大事件及司法保护典型案例，营造良好知识产权舆论环境。

【知识产权保护】2022年，广东省强化知识产权保护工作部署，落实知识产权保护属地责任，召开知识产权保护大会，加大“大湾区”知识产权侵权违法行为打击力度，加强涉外风险防控体系建设，指导企业应对海外知识产权纠纷。2022年广东省知识产权保护社会满意度为82.36分，比上年提高2.08分。

知识产权行政执法　2022年，广东省开展北京2022年冬奥会和冬残奥会奥林匹克标志知识产权保护等专项行动，护航国家重大活动。驻会开展第131届、第132届广交会知识产权保护工作，快速处理专利、商标纠纷440宗。结合开展“双打”、2022民生领域案件查办“铁拳”行动、2022年重点领域关键环节知识产权保护专项行动等工作，查处一批重大典型知识产权案件。“广东省知识产权局与江西、湖北、湖南知识产权部门联动查处擅自使用‘马坝油粘米’地理标志产品名称系列案”等4件案件入选2021年度全国知识产权行政保护典型案例。深圳市市场监管局查处的潘某恶意申请注册商标案、佛山市市场监管局查处的佛山市爱佳卫生用品有限公司假冒专利案入选国家市场监督管理总局知识产权执法典型案件。广州市市场监督管理局、南沙区综合行政执法局查办首件粤港跨境知识产权行政执法案件——广州迅某贸易有限公司商标侵权案。至年底，全省市场监管部门查处知识产权案件4346件，案值2.95亿元，罚没0.75亿元。

专利侵权纠纷行政裁决　2022年，广东省推进专利侵权纠纷行政裁决规范化建设试点工作，健全专利侵权纠纷行政裁决工作机制，加快建立省级知识产权行政保护技术调查官制度，在国家知识产权局和司法部联合开展的专利侵权纠纷行政裁决示范建设试点验收工作中获评“优秀”等级。“广东广州建立专利侵权纠纷行政裁决书面审理机制”经验做法被向全国推介。至年底，全省办理专利侵权纠纷行政裁决案件1138件。

海外知识产权保护　2022年，广东省发布全国首个企业知识产权国际合规管理地方标准《企业知识产权国际合规管理规范》，印发《知识产权对外转让办事指南》，建设海外知识产权保护专家库，引入海内外合作单位80多个，覆盖30个国家或地区，入库专家近600名。在德国、俄罗斯等国家和地区设立广东省海外知识产权保护服务工作站。

知识产权纠纷解决　2022年，广东省市场监管局（知识产权局）联合省法院等11家单位共建知识产权协同保护智能服务一体化平台；联合广州知识产权法院共建广东知识产权纠纷调解中心，签署《共建广东知识产权纠纷调解中心的框架协议》；联合省司法厅等单位组织开展首批广东省知识产权公证服务示范机构评选。至年底，全省建成知识产权人民调解组织105个、知识产权仲裁机构19个及一批知识产权公证机构，分别办理知识产权案件5726件、500件、4.12万件。

【知识产权保护协同能力建设】2022年，广东省加快形成省级重点支撑、地市错位发展、县（市、区）点站延伸的国家、省、市、县多级联动的知识产权快速协同保护网络。印发《关于加快全省知识产权保护中心体系建设的意见》，6月16日，中国（广州）知识产权保护中心通过国家验收。至年底，全省累计建成国家级知识产权保护中心或快速维权中心13个、省维权援助分中心16个、市县级维权援助机构和工作站227个。全省办理专利快速预审3.5万件，快速维权案件0.8万件。发布全国首个知识产权维权援助地方标准《知识产权维权援助工作规范》。建成集纠纷调解、仲裁在线、公证在线等九大功能于一体的“广东省知识产权维权援助公共服务平台”。广州等4市推进知识产权纠纷快速处理试点工作、“打造知识产权保护和综合服务的‘中山模式’”入选全国法治政府建设示范项目。　（广东年鉴社）

【香港知识产权保护和合作】香港拥有健全的保护知识产权制度，具有法律和知识产权保障制度的优势。2022年，香港继续推进建设区域知识产权贸易中心。年内，粤港保护知识产权合作专责小组（专责小组）订立2022年下半年至2023年底的合作项目，涵盖强化粤港澳大湾区知识产权合作、推进粤港知识产权保护合作、促进粤港知识产权贸易和服务合作、强化粤港知识产权交流研讨、深化粤港知识产权宣传教育5个领域。促进粤港知识产权贸易发展，深化粤港知识产权公共服务合作。推动以仲裁及调解化解知识产权纠纷。举办2022年粤港澳大湾区高价值专利培育布局大赛。在知识产权诉讼及保护、商标、版权及地理标志领域举办交流活动。两地海关将持续通过情报交流及信息资源共享，开展关键领域、重点渠道、重点商品的联合执法行动及项目合作，打击知识产权侵权违法活动。以网络版权保护为重点，加强粤港版权执法协作交流。　（香港历史研究基金会）

【广州打造知识产权保护全链条】2022年，广州市打造知识产权创造、运用、保护、管理和服务全链条。知识产权创造质量大幅提升。至年底，全市有效发明专利11.77万件，拥有注册商标216万件，万人发明专利拥有量62.6件；获第23届中国专利奖79项，其中金奖3项，取得历史性突破，获中国专利奖最佳组织奖。广州发行全国首支纯商标知识产权证券化产品、广州成立全国首个知识产权保险中心，入选2021年度广东省知识产权十大事件。知识产权运用效益稳步提高。至年底，专利商标质押融资153.06亿元，惠及企业763家，惠及企业、质押项目数居全省第一位。全年完成专利转让21039次，比上年增长8.5%，专利许可次数537次，增长232.4%。2022年8月，广州获批“国家知识产权强市建设示范城市”。探索形成多元互补的知识产权质押融资模式，入选国家知识产权局首批知识产权质押融资及保险典型案例。多元化知识产权保护机制逐步形成。中国（广州）知识产权保护中心投入运行。“广东广州建立专利侵权纠纷行政裁决书面审理机制”入选第二批全国专利侵权纠纷行政裁决建设典型经验做法，获国家知识产权局和司法部联合推介。广州获批全国首批知识产权纠纷快速处理试点城市。发布全国首个《知识产权维权援助和保护工作站服务规范》地方标准和全国首个《专业展会知识产权保护与纠纷处理规范》团体标准。跨部门跨区域知识产权保护协作机制基本建立。广州市市场监管局先后与深圳市局、广州海关、黄埔海关、广州市人民检察院、广州中级人民法院和广州知识产权法院签订知识产权保护合作协议；与广州海关、香港海关建立案件信息通报和案件线索移送机制，办结全国首宗粤港澳大湾区跨境知识产权行政执法深度合作“查处广州某司侵犯‘APPLE’等注册商标专用权的跨境侵权案”案。构建“2+N”的知识产权公共服务体系，建立2个国字号知识产权保护中心、4个TISC、5个高校国家知识产权信息服务中心、4个国家知识产权信息公共服务网点和43个市级知识产权信息公共服务网点，知识产权公共服务机构累计162个。建设全国规模最大知识产权服务业载体——位于广州开发区的面积78万平方米知识产权服务园区。

7月19日，广州市知识产权发展联合会成立。该联合会全面整合专利、商标、版权等知识产权各专业领域服务资源，打通知识产权创造、运用、保护、管理和服务全链条，促进广州知识产权和经济高质量发展。　（广州市市场监管局）

【深圳知识产权保护和运用】2022年，深圳市检察机关开展金融知识产权检察。依托知识产权检察办公室，建立全市检察机关知识产权法律保护一体化新机制。依法惩处知识产权犯罪，批捕27人，起诉277人，南山区检察院办理的“大千世界、张某侵犯著作权案”被评为检察机关知识产权综合性司法保护典型案例。发布全国首个电子产品翻新产业知识产权刑事合规指引，深圳市电子行业协会在赛格华强北科技园打造二手电子产品翻新试点平台，研发《电子产品翻新通用技术规范、管理规范》等系列团体标准，推进《深圳市检察机关电子产品翻新产业知识产权刑事合规指引（试行）》全面落地，构建全新产业链，吸引头部企业万物新生集团来深设立华南总部。3月26日世界知识产权日，深圳市市场监督管理局（深圳市知识产权局）举行2021年度知识产权工作成果发布会，发布深圳市2021年度知识产权十大事件、知识产权白皮书及数据统计分析报告。深圳知识产权重点指标持续领跑全国，PCT国际专利申请量18连冠。年内，福田区获全国首批“国家知识产权强县建设示范县”“国家知识产权服务出口基地”称号，出台《深圳市福田区推动科技创新高质量发展若干措施》，加大专利许可交易、知识产权质押融资、证券化融资支持力度，新增“中国专利奖”“知识产权服务企业培育支持”条款，促进知识产权领域全方位发展；制定《深圳市福田区国家知识产权服务出口基地建设工作方案（2021—2025年）》，强化国字招牌集聚优势，推动知识产权培育、转化、投融资、评估、导航等效能提升。成立深圳市新一代信息技术产业知识产权联盟，推动知识产权赋能科技创新，促进新一代信息技术产业发展。深化国家知识产权服务出口基地建设，扩大知识产权服务出口规模，培育知识产权服务市场主体竞争力。推动区知识产权保护中心建设，打造知识产权一站式服务窗口，提升知识产权保护能力。1—6月，辖区企业获专利授权1.03万件，比上年同期增长14.1%。其中，发明专利授权2403件，比上年增长31.6%。3月，福田区获商务部和国家知识产权局联合批复同意建设全国首批“国家知识产权服务出口基地”。

（深圳市人民政府地方志办公室）

【珠海知识产权保护和运用】2022年，珠海市市场监督管理部门开展知识产权行政案件量质双提升。全年知识产权行政案件办理量268件，比上年增长69%。全年已结刑事知识产权司法案件数5件，法定审限内结案率100%；已结民事知识产权司法案件数1974件，1969件在法定审限内审结，法定审限内结案率99.75%；已结一审民事案件1466件，其中上诉案件302件，知识产权民事一审案件服判息诉率79.40%。健全知识产权协同保护机制。市知识产权局、市法院等10部门签署框架协议，强化行政保护与司法保护工作衔接；市知识产权局与广州知识产权法院签署行政调解与司法确认合作协议，完善行政保护和民事司法保护机制；与大湾区各市签订行政执法合作协议，完善跨区域协同保护机制。推动知识产权纠纷多元化解。优化知识产权纠纷处理流程，较法定办案周期（4个月）缩减55%以上，大幅降低权利人维权成本。成立珠海市知识产权人民调解委员会，建立诉调对接机制，拓宽纠纷解决渠道，提升纠纷解决效率。建立侵权监测及电子证据系统。利用大数据、人工智能、区块链等互联网技术，以智能图像识别技术对商品、专利和商标进行检索，实现对知识产权风险的在线识别、实时监测以及源头追溯，并实现对电子证据的电子固证、一键取证以及司法认证，全年提供203个账号为企业服务。建立完善知识产权维权援助体系。实施知识产权重点保护直通车制度，建立维权援助指导专家库，为322家重点保护企业提供维权援助指导等公益性服务。与珠海贸促会共同搭建海外知识产权纠纷应对服务体系，为企业提供海外风险防控与纠纷应对服务。指导珠海冠宇与无效竞争对手发起诉讼的涉案专利，有效应对外资企业专利侵权诉讼，保护龙头企业市场竞争优势。天威飞马应对美国“337调查”案例成为广东省唯一入选国家知识产权示范企业典型案例。

是年，珠海市实施知识产权质量提升工程。实施最新促进知识产权高质量发展资助办法，为417家企业605个项目提供1726.55万元专项资助，引导链主企业、龙头企业等市场创新主体围绕核心技术开展专利组合布局。中国（珠海）知识产权保护中心通过国家知识产权局验收，实现专利快速预审。加强知识产权优势示范企业培育。推广知识产权管理规范国家标准，培育国家级示范、优势企业90家，全省排第五名。加强知识产权运用。聚焦产业开展专利导航，通过专利信息分析，为产业政策制定和企业未来经营方向提供对策建议。是年，围绕集成电路、智能制造、高端打印等产业集群和科研热点开展专利导航36项。实施专利转化专项计划。建设专利技术推广运用平台，至年底，收储专利技术信息22万条，对中小微企业开展“一对一”专利技术对接，全年促成95件专利技术转化，金额1046万元。推进知识产权金融助企纾困。出台知识产权质押融资风险补偿基金管理办法，优化知识产权质押融资模式。全年专利质押融资项目44个，比上年增长528.57%，增速居全省第二位；质押融资金额31.91亿元，增长252.20%。推动首单知识产权证券化项目落地，为10家科技型中小微企业融资1.01亿元。

（珠海市市场监管局）

【佛山入选全国首批国家知识产权强市建设示范城市】 2022年，佛山市入选全国首批国家知识产权强市建设示范城市，是全国38个入选城市之一，也是广东省唯一入选的地级市。年内，佛山市专利授权量10.64万件，比上年增长10.3%，其中发明专利授权量8607件，增长3.62%。专利合作协定（PCT）国际专利申请量975件，比上年增长5.52%。有效发明专利量41387件，比上年增长19.73%。每万人口发明专利拥有量43.05件。至年底，累计有效注册商标60.9万件，累计马德里商标国际注册910件，中国驰名商标163件。全年新增地理标志证明商标2件，累计地理标志证明商标9件。有地理标志保护产品7个，集体商标和证明商标306件。新增国家知识产权示范企业9家、优势企业20家，全市国家知识产权示范及优势企业累计210家，排名全省首位。获第23届中国专利奖34项，其中银奖2项、外观设计银奖1项、优秀奖30项、外观优秀奖1项；获第九届广东专利奖22项，其中金奖3项、银奖9项、优秀奖9项、杰出发明人奖1项。成立知识产权转移转化联盟，初步搭建“科研机构＋高校＋投融资本＋评估机构＋服务机构＋交易平台”的联盟机制，链接知识产权的供给端和需求端，打通知识产权创造到运用的服务链，南京大学、中山大学、华南理工大学等33所高校，一批知识产权服务机构和投融资机构，以及中科院体系237个机构整体加入联盟。打造“投贷联动＋质押融资＋证券化＋保险”四位一体的知识产权金融模式。开展知识产权智库惠企专项行动，建立第一批由15位专家组成的季华知识产权国际高端智库和由60位专家组成的企业知识产权高端智库，促成20多家企业与智库专家签订战略合作框架协议。落地全省首笔知识产权投贷联动项目，发行规模10亿元的全国地级市首单知识产权证券化产品，落地首单知识产权海外侵权责任险，与工行、建行等8家银行建立政银战略合作机制，为佛山企业提供知识产权融资授信。年内，佛山市知识产权质押融资项目332个，金额184.17亿元，占全省的18.98%，排全省第二名，其中专利质押融资金额171.62亿元，居全省首位。佛山市市场监督管理局与广州知识产权法院签订《广州知识产权法院、佛山市市场监督管理局　关于知识产权纠纷行政调解司法确认合作框架协议》，合力健全知识产权行政保护与司法保护衔接机制。年内，佛山市举办第四届粤港澳大湾区高价值专利培育布局大赛。

（佛山市市场监管局）

【惠州知识产权保护和运用】 2022年，惠州市入选国家知识产权强市建设试点城市。全市专利授权量27613件，比上年增长7.76%，PCT专利申请303件。至年底，全市拥有高价值发明专利5566件，万人高价值发明专利拥有量9.18件，全市拥有有效发明专利12216件，万人发明专利拥有量20.14件；全市有效商标注册量146607件，比上年增长17.82%；全市完成知识产权质押融资62笔，质押金额29.28亿元。惠州加快建设知识产权强市，加快打通知识产权创造、运用、保护、管理、服务全链条。培育一批科技成果转移转化专业服务机构和专业化技术经纪人，全年认定登记技术合同800项，成交额28亿元，促进更多“从1到10”的重大科技成果转化。强化知识产权司法保护，审结知识产权案件3184件，护航“惠州智造”。认可和执行香港、澳门特别行政区法院民事判决，服务对外开放和粤港澳大湾区法治融合。

〔惠州市档案馆（惠州市人民政府地方志办公室）〕

【东莞启动国家知识产权强市建设试点城市创建】 2022年，东莞市启动国家知识产权强市建设试点城市创建，推进知识产权运营服务体系建设，出台商标品牌赋能高质量发展三年行动计划，全市发明专利量5.76万件，注册商标57.3万件，均居全省前列。承办首届粤港澳大湾区（广东）高价值商标品牌培育大赛，发布全国首支以人才工作为主题的知识产权证券化产品，推出全国首个知识产权运营平台“托管+保险”服务，启用首个国家地理标志证明商标“谢岗荔枝”，推进国家级知识产权保护中心建设，松山湖高新区获批国家级知识产权强国建设试点园区。全市首单知识产权海外侵权责任险落地“蓝天”、奥林匹克标志等专项行动开展。是年，东莞市知识产权行政保护工作绩效考核居全国第17名，全省知识产权保护工作考核获评优秀等级。 （东莞市人民政府地方志办公室）

【中山知识产权保护和运用】 2022年，中山市联合深圳市签署《深中双城知识产权高效保护合作协议》，建立集中高效的知识产权协作联动合作机制，推进两地知识产权保护工作，监测数据1.27万条。其中，商标品牌150个/次，监测数据量1.11万条；专利111个，监测数据量334条；地理标志3个，监测数据量1322条。升级“中山市知识产权保护监测平台”功能，实现深圳市专家库资源共享，远程线上案件办理时间从3个月缩短至1个月。推进知识产权行政执法与司法保护相衔接，市市场监管局等部门联合出台《关于加强知识产权行政执法与刑事司法衔接工作的协作意见》，从各部门信息共享、案件移送等构建知识产权行政和刑事司法衔接机制，形成工作合力。打造司法保护、行政保护、调解仲裁、社会监督“四轮驱动”的知识产权保护工作格局。加强公检法司及海关等单位以及行业协会之间协调，成立中山海关知识产权保护工作室、中山知识产权人民调解委员会等保护平台。8月，中山市获“北京2022年冬奥会和冬残奥会奥林匹克标志知识产权保护突出贡献集体”称号。健全“政府+银行+保险/担保+服务”共担风险的知识产权质押融资“中山模式”，在镇（街道）产业园区组织开展知识产权金融对接活动，提供知识产权金融服务和政策咨询，促进企业与金融机构对接。引导18家次银行聚焦创新领域，支持企业运用专利、商标等知识产权资产获得融资。全年全市企业知识产权质押登记金额51.48亿元，比上年增长3.29倍。 （中山市人民政府地方志办公室）

【江门知识产权保护和运用】 2022年，江门市发明专利授权量1183件，比上年增长22.72%；PCT国际专利申请量121件，增长19.8%。至年底，江门市发明专利拥有量5755件，商标有效注册量111316件。举办2022年第二届江门市高价值专利培育布局大赛。获第23届中国专利优秀奖3项，新增国家知识产权示范企业2家、国家知识产权优势企业3家、省知识产权示范企业7家。推动首单知识产权海外侵权责任保险落地。在全市重点园区开展知识产权质押融资“入园惠企”活动11场次，引导推动企业“知产”变“资产”。全市实现专利和商标质押285笔，排全省第四名，比上年增长3.67倍；质押登记金额88.48亿元，居全省第五位，增长3.00倍。建设江门市知识产权协同运营中心，打造全市综合性知识产权公共服务机构，为企业提供知识产权咨询、检索、申请、交易、保险及维权等“一站式”服务。举办首届中国侨都（江门）知识产权高端智库峰会，成立全市首个知识产权高端智库专家库，为江门科技创新和知识产权事业改革发展聚智聚力。是年，江门市市场监督管理局与广州知识产权法院、江门市中级人民法院签订合作框架协议并联合发布《关于加强知识产权纠纷行政调解协议司法确认工作的意见》，在全省首推知识产权纠纷行政调解协议司法确认无缝衔接机制。江门市市场监督管理局牵头推动珠三角九市市场监督管理局签订《跨区域知识产权保护合作框架协议》，建立起知识产权会商、信息共享、执法协作、纠纷调解、资源共享、联合宣传培训、地理标志联动保护等七大机制，共同推进跨区域知识产权协同保护工作。参与海关分署组织粤港澳海关保护知识产权联合执法行动，组建临时工作专班，进行联合研判和推进落实。落实省内海关与港、澳海知识产权案件信息交换核查机制，参与粤港澳海关联合执法行动3次，扣留经香港转运的涉嫌侵权货物10批次。

（江门市市场监督管理局；江门海关）

【肇庆知识产权保护和运用】 2022年，肇庆市专题审议《肇庆市知识产权保护和运用“十四五”规划》，制定《2021年度肇庆市知识产权保护工作检查考核实施方案》，落实各地知识产权保护属地责任。开展知识产权纠纷行政裁决示范建设，办理专利侵权纠纷案件100宗、专利侵权纠纷行政裁决案件49件。加强重点领域知识产权治理。开展茶叶类地理标志保护、重点领域关键环节知识产权保护、打击商标恶意注册行为、打击无资质专利代理行为、打击在电子商务平台销售汽车立标商标侵权行为等专项行动，开展端砚、玉器重点专业市场知识产权保护状况和地理标志专用标志合法使用人定向抽查。建设知识产权快速保护机制。设立肇庆市知识产权保护中心，建成广东省知识产权保护中心维权援助肇庆分中心，端州、高要等4个维权援助工作站以及10个维权援助工作服务站点，建立市级层面展会知识产权纠纷快速处理机制，实现知识产权快速保护。加强知识产权协同保护，市中级人民法院、市人民检察院市市场监管局（知识产权局）等11个单位联合签署《肇庆市知识产权司法与行政协同保护备忘录》，健全知识产权行政保护与司法保护衔接机制，与广州市、深圳市、珠海市等地市场监管局共同签订《跨区域知识产权保护合作框架协议》，共同推动珠三角形成跨区域知识产权一体化保护工作格局。探索知识产权纠纷多元化解决机制，肇庆市知识产权纠纷人民调解委员会、肇庆高新区知识产权纠纷人民调解委员会2个知识产权专业调解组织，完成调解案件20件。开展地理标志产品专用标志使用核准试点工作，全市有42家企业获批使用地理标志产品专用标志。是年，肇庆市专利、商标、地理标志等数量指标平稳增长。全市专利授权量8999件，其中发明专利授权量672件，分别比上年增长18.66%、11.63%；商标申请量1.03万件，注册量7770件，有效注册量5.3万件，增长16.22%，其中驰名商标16件；新增地理标志证明商标1件，新增地理标志专用标志核准使用企业13家。有5家企业获得6项第22届中国专利优秀奖，新增6家广东省知识产权示范企业和22家通过知识产权贯标认证企业。商标和专利质押融资项目数42个，比上年增长320%，质押融资金额34.36亿元（居全省第七名），增长8.79倍。受理商标业务680宗，比上年增长2.91倍。（肇庆市市场监督管理局）

【中国（珠海）知识产权保护中心通过国家验收】 2022年9月21日，中国（珠海）知识产权保护中心通过国家知识产权局正式验收，实现专利快速预审，大幅度缩短授权周期，首件发明专利最快31个工作日授权，实用新型专利最快5个工作日授权，发明专利审查授权周期由平均22个月缩短至3～6个月，实用新型由平均7～8个月缩短至1～2个月，外观设计由平均3～6个月缩短至1个月，为创新主体赢得市场先机。该中心面向高端装备制造和家电电气产业为企业提供快速预审、快速确权、快速维权、分析导航等公共服务。 （珠海市市场监管局）

【2022年粤港澳大湾区高价值专利培育布局大赛】 于2022年以“线下＋线上直播”形式在佛山市举行。该届比赛以“高价值专利引领创新型湾区高质量发展”为主题，由广东省市场监督管理局（知识产权局）、香港特别行政区政府知识产权署、澳门特别行政区政府经济及科技发展局、佛山市人民政府共同主办。该届比赛于4月启动，于年内完成初赛、复赛、决赛等比赛环节，以及完成预获奖名单公示，颁奖大会安排在下一年度举行。该届比赛参赛项目超1000个，其中100个项目进入决赛。进入决赛的“百强项目”涉及专利940件，其中发明专利828件，占比88%；“百强项目”2021年营业收入451亿元，资产评估值49.2亿元。 （佛山年鉴社）

【知识产权保护和综合服务“中山模式”】 2022年12月，知识产权保护和综合服务“中山模式”获评为第二批全国法治政府建设示范项目。中山市在全省首创“1+1+N”知识产权保护体系，依托中国中山（灯饰）知识产权快速维权中心，构建知识产权保护和综合服务“中山模式”，打造集专利申请、维权援助、行政执法、仲裁调解、司法诉讼于一体的“一站式”综合服务平台，获国家知识产权局、司法部肯定并在全国推广。年内，中山市家电知识产权快速维权服务中心、市摄影器材知识产权快速维权服务中心共办理知识产权公证1100件。

【火炬开发区入选全国首批知识产权强国建设试点园区】 2022年，中山火炬开发区入选全国首批知识产权强国建设试点园区名单。该开发区修订出台知识产权政策，引导区内企业知识产权事业高质量发展。2017—2022年，园区知识产权专项扶持资金累计发放超2000万元，惠及企业超100家。2022年，印发《中山火炬高技术产业开发区专利资金管理办法》，强化对高价值知识产权支持鼓励，设置最高奖励金100万元。年内，中智药业集团获中国专利奖银奖，中山奕安泰医药科技有限公司和中山市美捷时包装制品有限公司获中国专利奖优秀奖。全年围绕高价值专利培育、质押融资、专利促进保护等专题开展培训10场次。至年底，全区开展市级以上专利导航项目10个，获上级扶持经费300万元；拥有省级以上知识产权优势示范企业近50家。建有省专利审查员实践与创新促进基地2个、市知识产权保护流动工作室5家，40家重点企业设有知识产权专员，基本实现全区知识产权服务网络体系全覆盖。

（中山市人民政府地方志办公室）

·责任编辑　何文倩·

基础设施互联互通

综　述

【概况】《粤港澳大湾区基础设施互联互通规划》颁布实施以来，粤港澳三方密切合作，以建设世界级港口群和机场群、畅通对外联系通道、提升内部联通水平为重点，建成广州港南沙港区四期全自动化集装箱码头主体工程、赣州至深圳铁路广东段、广州白云国际机场第二高速公路北段等一批重大交通项目，机场群和港口群规模达到世界级水平，高速公路网络密度和铁路里程居世界主要湾区前列，辐射全国、畅通世界、面向未来的现代综合交通体系逐步形成。

2022年，粤港澳大湾区内联外通、便捷高效的基础设施体系更加完善。"轨道上的大湾区"加快形成。珠肇高铁珠海至江门段、高明至肇庆段等高铁项目和穗莞深城际前海至皇岗口岸段等城际铁路项目开工建设，新增铁路建设里程311千米。大湾区高速公路网更加完善。广连高速花都至从化段、中开高速江门段二期等建成通车，深中通道、黄茅海跨海通道、狮子洋通道等项目建设推进，大湾区高速公路通车里程5135千米。世界级机场群、港口群加快建设。广州白云国际机场三期扩建、深圳宝安国际机场三跑道扩建、珠海机场改扩建等项目推进，珠三角枢纽（广州新）机场前期工作取得进展。"大湾区组合港"新增"深圳蛇口—清远新港"等8条航线，广州港南沙港区四期自动化码头主体工程完工。能源、信息基础设施体系加快构建。粤澳联网220千伏第三通道投产，南方电网公司对澳门输电能力比上年增长30%。启动建设全国一体化算力网络粤港澳大湾区国家枢纽节点。5G网络加快覆盖，广东省累计建成5G基站23.2万座，数量居全国第一位，实现所有县级行政区域主城区5G网络室外连续覆盖。

【大湾区交通基础设施规划】2022年，广东省以完善区域快速交通网络、提升航空航运国际竞争力为重点，与香港、澳门共同推进粤港澳大湾区交通基础设施互联互通，着力构建内联外通、高效衔接的交通基础设施网络，为粤港澳大湾区建设成为国际一流湾区和世界级城市群提供支撑。

打造大湾区"1小时交通圈"。以高速铁路、城际铁路和高速公路为重点，推动形成以广佛—港深、广佛—澳珠以及珠江口跨江通道为主轴，覆盖大湾区中心城市、重要节点城市、主要城镇的交通基础设施网络，最终实现大湾区"1小时交通圈"。重点加快深中通道、狮子洋通道等过江通道建设，完善港珠澳大桥运营管理机制，更好发挥大桥作用。加快推进落实粤港澳大湾区城际铁路建设规划，完善大湾区铁路骨干网络。支持深圳会同香港研究推动深港西部快轨建设，支持澳门轻轨延伸至横琴，实现与内地铁路网便捷衔接。

畅通对外综合运输通道。以高速公路、高速铁路等为重点，加快完善经粤东西北至周边省（区）的对外综合运输通道。高标准建设沿海通道。加快推进深圳至江门铁路、合浦至湛江铁路、湛江至海口铁路建设，实现沿海铁路通道全线贯通；高标准建设广州至汕尾、汕头至汕尾、漳州至汕头、广州至湛江、深圳至深汕合作区高铁等高铁线路，打造沿海第二高铁通道。加快沈海高速公路瓶颈路段改扩建、黄茅海跨海通道等项目建设，提升沿海高速公路通道能力。强化京港澳双通道建设。提升京广通道能力，加快实施京港澳高速公路拥堵路段改扩建，规划研究永州经清远至广州高铁。加快京九通道建设，推动长深高速公路繁忙路段改扩建，规划研究广州至河源高铁白云机场T3至河源段建设。完善西江流域通道。推进岑溪至罗定铁路、深圳至南宁高铁珠三角枢纽机场至广东省界段建设，规划建设柳州至广州铁路等，完善经南宁至滇中城市群和经贵阳至川渝城市群两大通道，建设通往东盟国家的陆路国际大通道。发挥珠江—西江黄金水道水上运输干线功能，构建贯通两广、连接云贵、通达港澳、辐射东盟的江海联运大通道。

建设世界级港口群。巩固和提升香港国际航空中心地位，增强广州、深圳国际航运综合服务功能，与香港形成优势互补、互惠共赢的港航服务体系。拓展港口群腹地范围，加强与泛珠三角地区合作，共建内地无水港、沿海飞地港。推动粤港澳在航运支付结算、融资、租赁、保险、法律服务等方面实现服务规则对接，提升大湾区内地港口航运服务国际化水平。深化珠澳港口合作，探索澳门自由贸易港功能向珠海港延伸。

建设世界级机场群。巩固香港国际航空枢纽地位，提升广州和深圳机场国际枢纽竞争力，增强珠海机场功能，加强与香港、澳门机场合作，共同打造国际航空枢纽集群。加快推进广州、深圳、珠海、惠州等机场改扩建，推进珠三角枢纽（广州新）机场前期工作，规划建设一批通用机场。扩大机场群国内外航线网络，支持广州白云国际机场打造通达欧美、大洋洲、非洲及南美地区的国际运输通道，形成具有竞争力的国际中转航线网络格局。推进大型机场引入高速铁路、城际铁路、城市轨道和高速公路，提升机场集疏运能力。

【内地与港澳交通衔接】2022年，粤港澳大湾区内地城市与港澳交通衔接更加顺畅。港珠澳大桥通行政策完善，大湾区口岸通关能力和便利化水平提升，人员和物资流动更加便捷高效。

连通内地与港澳的交通基础设施完善。在港珠澳大桥、广深港高铁、京港澳高速等通道的基础上，建成深圳东部过境公路等项目，启动广州至珠海（澳门）高铁（在横琴与澳门轻轨衔接）项目前期工作，深化港深西部快轨（联系香港和深圳机场）前期研究工作，推动香港、澳门更好融入国家发展大局。

港珠澳大桥跨境通行更加便捷。放宽大桥车辆配额，大桥粤港跨境私家车配额由2018年的11000个增加至2022年的21000个，其中香港19500个、内地1500个。同时允许其他口岸粤港跨境私家车配额免加签转走港珠澳大桥口岸，具备通行大桥资格车辆有8万辆。优化创新大桥通行政策，推进“港车北上”“澳车北上”，推动实现冷链车辆可经大桥进入香港，依托大桥搭建内地与港澳机场、港口之间的跨境物流便捷通道。推动港珠澳大桥旅游开发，珠海市牵头会同广东省交通运输厅等部门，研究提出港珠澳大桥旅游开发方案及相关政策措施。

（广东省发展改革委）

【跨境交通便利水平提升】2022年，粤澳新通道（青茂口岸）实行“合作查验、一次放行”新通关模式和24小时通关，平均通关时间仅需30秒，成为验放量居全国第二位的陆路口岸。“澳车北上”政策落地实施。取消澳门非营运小客车出入横琴合作区配额总量限制。

口岸设施完善，莲塘/香园围口岸、新横琴口岸、青茂口岸开通，皇岗口岸完成重建，罗湖口岸改造和沙头角口岸重建加快推进。通关政策优化，创新实施“一站式通关”“合作查验、一次放行”等通关模式，三分之二的出入境旅客通过自助方式通关，大幅提升通关效率，基本实现排队不超过 30 分钟。粤港澳直升机跨境服务加快发展，深圳与香港、澳门均开通直升机航班，从深圳机场到香港全程仅需 15 分钟；广州白云国际机场采取不定期包机形式开通穗港跨境直升机服务，从白云机场到香港信德直升机场仅需 50 多分钟，提高大湾区内通行效率。

（广东省港澳事务办公室；广东省发展改革委）

现代化综合交通运输枢纽建设

·世界级港口群建设·

【概况】粤港澳大湾区拥有世界最大的湾区港口群，基本形成辐射全国、连通全球的航运枢纽。2022 年，世界一流港口建设取得成效。深圳港盐田港区东作业区集装箱码头一期工程、广州港南沙港国际通用码头等项目开工建设；广州南沙港铁路建成通车，世界领先的全自动化智慧港口广州港南沙港区四期工程投入运行；广州港南沙港区五期、深圳港西部港区出海航道二期等项目前期工作加快推进。至年底，粤港澳大湾区港口货物年吞吐量超 16 亿吨，集装箱年吞吐量约 8500 万标准箱，形成以香港国际航运中心和广州、深圳国际海港枢纽为核心，周边港口为支撑，优势互补、互惠共赢的差异化发展格局。粤港澳大湾区港口群规模达到世界级水平，国际竞争力提升。

（广东省发展改革委）

【香港港口建设】香港是国际海运中心及区域枢纽港。2022 年，来自世界各地的远洋轮船及从珠江来港的内河船只到访香港约 67000 航次。港口货物吞吐量超过 1.92 亿吨，跨境渡轮及邮轮乘客 138000 人次。香港是全球最繁忙的货柜港之一，全年处理近 1700 万个标准货柜单位。

是年，香港土木工程拓展署完成南丫岛北角码头重建工程，实施鲤鱼门公众登岸设施建造工程及“改善码头计划”的 9 个码头建造工程。为新界及离岛的偏远公众码头改善工程进行技术研究和详细设计工作。

葵涌青衣区有 9 个私营货柜码头，设 24 个泊位，每年可处理约 2000 万个标准货柜单位，年内处理全港 77% 货柜吞吐量。香港海事处管理 6 个公众货物装卸区，泊位总长度 4828 米，为货运经营商提供另一处，供本地船只装卸货物。

海事处管理 2 个跨境客运渡轮码头，分别为全日 24 小时运作的港澳码头，以及每日上午 7 时至午夜 12 时运作的中国客运码头。

是年，港口每周有超过 240 班国际货柜船连接全球超过 460 个目的地。至年底，香港与 52 个税务管辖区订立多项双重课税宽免安排，包括海运收入的宽免。为促进香港高增值海运服务的发展，船舶租赁、海事保险、船务代理、船舶管理及船务经纪业务均获提供税务优惠。

香港是《亚太地区港口国监督谅解备忘录》的成员，香港海事处在技术合作计划咨询小组担任组长，也是其他工作小组的成员。是年，海事处为 6% 抵港外国远洋轮船进行 250 次港口国监督初次检查，其中 2.4% 被扣留。

（香港历史研究基金会）

【澳门港口建设】澳门港主要由内港、外港及九澳港组成。内港位于澳门半岛西面，由 34 个码头组成，其中 5-A 号码头与 7-A 号码头之间的区域划作货柜作业区，21 号码头与 31-A 号码头之间的区域主要为渔业运作区。南舢舨码头位于内港 8 号与 9 号码头之间，供锚泊于内港之船舶上的澳门渔民或获批人员登岸及离岸。内港客运码头供来往澳门—湾仔客船和海上游船只专用。往内港航道及内港航道均为 55 米宽，两者之海图深度均维持 3.5 米。外港位于澳门半岛的东面，为往来澳门和香港、深圳的定期高速客船专用。外港航道宽 120 米，海图深度维持 4.4 米。九澳港位于路环岛东北面，由油库码头、水泥厂码头、九澳货柜码头及发电厂码头组成，航道宽75米，海图深度维持4.4米。另有氹仔客运码头（供来往澳门与香港和内地高速客船专用），妈阁码头和路环码头（供海上游客船专用），设于澳门渔人码头、路环和林茂塘的游艇码头，以及设于路环联生工业村的散装建材码头。2022年，澳门港口货柜总吞吐量为127786标准箱，货物毛重15.6万吨。（澳门基金会）

【广州港建设】广州港为世界大港，货物吞吐量和集装箱吞吐量位居全球十大港口之列，是中国能源、原材料物资运输和南北商品交流的交通枢纽，是中国综合运输体系的重要组成部分，是华南地区最大的综合性主枢纽港、全国最大的内贸集装箱枢纽港、最大粮食中转港、重要的汽车枢纽港、非洲和东南亚航线枢纽港。

港航生产　2022年，广州港完成货物吞吐量6.56亿吨，比上年增长0.71%，其中外贸1.43亿吨，内贸5.13亿吨；完成集装箱吞吐量2486万标准箱，增长1.6%，其中内贸1455万标准箱，外贸1031万标准箱。是年，广州港货物吞吐量和集装箱吞吐量分别居全球第五、第六位，是大湾区港口中唯一保持两项生产指标均正增长的港口，保持国内最大内贸集装箱运输港口地位。

港口规划建设　广州推进南沙港区、黄埔港区规划修订工作。落实《广州南沙深化面向世界的粤港澳全面合作总体方案》，打造面向世界的合作发展新平台。加快推进广州临港经济区和粤港澳大湾区航运联合交易中心建设。成立市建设广州临港经济区筹备小组和专责小组；两个专责小组分别为南沙临港经济片区专责小组和黄埔临港经济片区专责小组。编制临港经济区规划，依托港口，建设港产城深度融合、产业创新升级的临港经济区。优化港区功能布局，促进港城融合发展。依托港口，建设广州临港经济区，开展规划编制工作。南沙港区成为广州港的核心港区，拥有集装箱、粮食、滚装汽车、国际邮轮游艇、船舶修造等专业化深水泊位，并实现连片式开发。南沙港区建成16个集装箱深水泊位，港区四期开展自动化调试，世界上最大的集装箱船可进靠南沙港区，全年完成集装箱吞吐量1839万标准箱，居世界集装箱单一港区前列。建成7个汽车滚装泊位，形成全国最大汽车码头集群，通过能力超180万辆。建成和在建一批粮食深水泊位，通过能力3600万吨，居国内第一位。南沙国际物流中心一期建成，建设面积62万平方米，冷库仓容30万吨，为全国最大的临港仓库群。建成2个国际邮轮泊位，可停靠22.5万吨邮轮。广州港出海航道南段拓宽到385米，10万吨级集装箱船与15万吨级的集装箱船可对遇通航。

航运物流　2022年，广州港完成内贸集装箱1455万标准箱；完成粮食吞吐量4494万吨，保持全国最大粮食中转港地位；完成商品汽车运输157万辆，居全国港口第二位，其中外贸49.8万辆，比上年增长22.1%，再创历史新高；完成煤炭及制品7821万吨、钢铁2500万吨，均居广东省首位；完成石油及制品2408万吨。以南沙国际物流中心为依托，冷链物流快速发展，南沙港区成为泰国榴梿、椰青、龙眼、山竹等水果的主要进口口岸之一；进口车厘子超过6000自然箱，为内地最大的车厘子进口口岸。广州港开通集装箱航线260条，其中外贸班轮航线154条，通达世界主要港口，全球集装箱班轮三大联盟齐聚南沙港区。有海铁联运班列35条，其中普通集装箱班列15条、散改集班列13条、商品车班列4条、中欧中亚班列3条。全年海铁联运量完成集装箱25.2万标准箱，比上年增长61%，其中南沙港铁路超过10万标准箱。

（广州市港务局）

【深圳港建设】2022年，深圳港货物吞吐量2.72亿吨，比上年下降2.14%。其中，集装箱吞吐量3003.62万标准箱（含深汕小漠国际物流港集装箱吞吐量8.50万标准箱），比上年增长4.41%。海上运输旅客237.25万人次，比上年下降48.05%。年内，“大湾区组合港”模式发挥以深圳港为核心的水运“一盘棋”效应，促进深圳枢纽港国际航运资源和珠三角沿江港口腹地制造业货源深度整合，推动大湾区港口资源整合互补和要素合理分配，提升大湾区港口群整体竞争力。“大湾区组合港”全年新增航线12条，累计开行线路27条，覆盖大湾区近90%城市，进出口吞吐量21.4万标准箱，比上年增长1.3倍，形成更加高效便捷的湾区海上物流大通道。“大湾区组合港”创新改革项目顺应区域物流发展的现状及企业的诉求，使港口可更加灵活调配资源，提高码头场地和集装箱周转效率，码头的堆存压力得到缓解，货物在湾区各码头间全天候水路调拨，无缝衔接江海物流。该项目于8月获广东自贸试验区2021年最佳制度创新案例，被列入国家首批营商环境创新试点改革项目和跨境贸易便利化专项行动复制推广项目。

（深圳市人民政府地方志办公室）

【珠海港建设】2022年，珠海市港口有生产性泊位131个、非生产性泊位10个，其中万吨级以上泊位34个，设计年吞吐量1.71亿吨，集装箱吞吐量352万标准箱。其中，高栏港区有生产性泊位76个，万吨级以上泊位33个，设计年吞吐量1.6亿吨，占全港吞吐量的94%。全港有干散货泊位20个，年吞吐量8064万吨；油、气、化工品泊位36个，年吞吐量4901万吨；多用途泊位16个，年吞吐量货物670万吨、集装箱92万标准箱；集装箱专用泊位5个，年吞吐量260万标准箱；件杂货泊位21个，年吞吐量670万吨；客运及陆岛交通泊位32个，年吞吐量旅客965万人、货物2万吨。

（珠海市交通运输局黄翔）

【佛山港口建设】2022年，佛山市有生产用码头泊位242个，码头泊位长度16.5千米，泊位年吞吐量1.05亿吨。全市通航河流78条，市辖内河航道通航里程1075千米。全年全市水路完成货运量5464万吨，比上年增长13.2%；货物周转量141.44亿吨千米，增长16.78%。佛山港完成货物吞吐量8558.66万吨，比上年下降8.37%。进出港货物主要为钢铁、矿建材料、煤炭及制品、石油天然气及制品。外贸货物吞吐量1791.04万吨。其中，出口主要货物为机械设备电器、木材、化工原料及制品，进口主要货物为钢铁、矿建材料、煤炭及制品等。集装箱吞吐量322.25万标准箱，比上年下降13.08%。年内，推进佛山港口水运设施建设，优化西江黄金水道港口码头布局，强化江海、水陆联运功能，融入大湾区港口群。组织开展《佛山港总体规划》修编工作，完成《佛山港总体规划》修订。加快建设佛山港高明港区高荷码头工程，截至年底，高荷码头工程项目总体完成65.3%。参与广州港南沙港四期项目，佛山市交通投资集团投资广州港南沙港四期项目4.48亿元，其中

2022年9月27日，珠海港高栏港区国能散货码头工程开工

（张洲　摄）

2022年，佛山市加快建设佛山港高明港区高荷码头工程。图为高荷码头工程现场　　（佛山市交通运输局供稿）

3.85亿元用于收购佛山市投资控股集团有限公司持有的南沙港四期19%股权，6249.67万元用于向南沙港四期增资。启动顺德了哥山港区码头二期项目建设，项目定位为“具备临港现代物流能力及辐射粤港澳大湾区、西江流域的内河枢纽港”，规划用地面积20万平方米，计划建设3个3000吨级的多用途泊位，打造成集装卸、物流仓储、堆存配套于一体，具备输运条件与堆存条件、港口功能完善的内河码头。推进顺德水道扩能升级工程前期工作，截至年底，该项目工程可行性研究报告取得广东省发展改革委批复，初步设计通过省交通运输厅组织的评审。　（佛山市交通运输局）

【惠州港口建设】2022年，惠州LNG接收站项目配套码头工程动工建设；荃湾、东联、碧甲3条公用航道扩建项目推进施工图设计以及施工招标。荃美石化码头、中海壳牌南海石化码头扩建工程、欧德油储公用石化码头扩建等项目工程推进。荃湾港区10万吨级多用途码头项目推进，5万吨级石化码头项目竣工验收，5万吨级液化烃码头项目动工建设。印发《深惠汕海上客运航线基地综合发展规划（2020—2030年）》。惠州至香港水运专线开通运营，完成212航次、11472标准箱。开通港口集装箱航线12条，其中内贸航线9条、港澳台航线2条、外贸航线1条；新增海港生产性码头泊位3个，共72个。全年惠州港口货物吞吐量9004.8万吨，集装箱吞吐量42.15万标准箱。有引航船舶1715艘次，实现引航服务收入3339.40万元。服务埃克森美孚惠州乙烯、恒力石化惠州精对苯二甲酸（PTA）、中海壳牌三期等重大石化项目推进，助力惠州打造万亿级石化能源新材料产业集群。

是年，惠州市统筹推进“港产城融合”发展，组织开展《惠州港总体规划》（沿海及内河）修编工作，完成惠州港碧甲、荃湾、东联作业区规划调整及相关港口航道项目纳编，服务保障国家、广东省、惠州市重大项目落地实施。加快布局港区现代物流集聚区，推动惠州港从产业港向贸易港、产业港并重转型；统筹岸线、航道、码头等资源，引进国际航运龙头企业，开辟更多国际海运航线；谋划推动“海陆空铁”多式联运无缝衔接，打造粤港澳大湾区乃至全国南北出海新通道。

〔惠州市档案馆（惠州市人民政府地方志办公室）〕

【东莞港建设】东莞港是国家一类口岸、广东省地区性重要港口，由麻涌新沙南作业区、沙田立沙岛作业区、沙田西大坦作业区、沙角港区和内河港区组成，拥有珠江口53千米成规模开发的深水岸线。2022年，东莞港完成集装箱吞吐量361万标准箱，货物吞吐量1.65亿吨。6个5万吨级以上多用途泊位和11个驳船泊位投入使用，3个7万吨级以上集装箱泊位在建。累计开通内外贸航线112条，其中外贸班轮航线14条、件杂货专线9条、包船航线21条，内贸班轮航线53条、汽车滚装航线3条，湾区快线12条。外贸航线覆盖世界上30个国家和地区的主要港口，内贸航线覆盖国内主要沿海港口。“湾区快线”覆盖粤港澳大湾区城市群；海铁联运对接中欧、中亚班列，连通“一带一路”海陆通道。与香港合作建设东莞—香港国际空港中心，构建“海港+空港+商贸港”的三港合一产业布局。是年，东莞市提升“莞港水运专线”运营水平，承担70%的莞港跨境货物运输任务，完成进出口集装箱26.8万标准箱，服务全市企业2400多家，进出口货值突破1000亿元，为莞港跨境运输的主要通道。

（东莞市人民政府地方志办公室）

【中山港口建设】中山港港区　位于中山市火炬开发区，水路距香港54海里、距澳门51海里，向东进入伶仃洋与国际航线相通，内河接珠江水网，公路以广珠东线、京珠高速公路为骨干线，中山港港区河宽平均400米，水深7～10米，可通航3000吨级江海轮，对外籍船舶开放。2022年，内设客运码头1个，经营方为中港客运联营有限公司；公共货运码头2个，分别为中山港国际货柜码头和中外运码头，经营方分别是中山港货运联营有限公司和中山中外运仓码有限公司。中山港港区开设的固定航线包括中山港—香港、中山港—深圳、中山港—南沙，发展成为集客货运于一体、年均入出境旅客100万人次、进出口货物600万吨的综合性水运口岸，服务区域覆盖全市各镇（街道）及中山周边城市。年内，推进东部马鞍港区客运码头建设，待建设完成后中山港客运码头实施搬迁。全年中山港港区进出境货物208.29万吨，其中进出境集装箱50.08万标准箱。

神湾港区　位于中山市南部神湾镇，陆路距中山港区48千米，水路距香港52海里，主要辐射神湾镇、三乡镇、坦洲镇、板芙镇等镇（街道），对外籍船舶开放。2022年，内设公共货运码头1个和游艇码头1个，货运码头经营方为中山市神湾港货运联营有限公司；游艇码头位于神湾镇磨刀岛磨刀门水道东岸，经营方为广东盛世游艇会有限公司，该码头拥有齐全的查验配套设施供游艇进出境查验使用，开通中山市与澳门特别行政区游艇自由行。全年神湾港进出境货物17.98万吨，其中进出境集装箱4.45万标准箱。

小榄港区　位于中山市西北部的小榄镇，陆路距中山港区35千米，水路距香港75海里，主要辐射小榄镇、南头镇、古镇镇、东凤镇、黄圃镇、阜沙镇等镇（街道）以及佛山市顺德区等周边地区，对国内船舶开放。2022年，小榄港码头岸线长度364米，建有1000吨级货轮泊位8个，经营方为中山市小榄港货运联营有限公司。全年小榄港进出境货物79.69万吨，其中进出境集装箱30.62万标准箱。

黄圃港区　位于中山市北部的黄圃镇洪奇沥水道南岸，主要服务于中山市北部镇（街道），同时辐射佛山市顺德区和广州市番禺区，对国内船舶开放，年设计吞吐能力190万吨，其中集装箱9万标准箱、件杂货100万吨，经营方为中山市黄圃港货运联营有限公司。2022年，黄圃港进出境货物12.48万吨，其中进出境集装箱2.97万标准箱。（中山市人民政府地方志办公室）

【江门港建设】江门港是广东地区性重要港口和地区综合交通体系的重要枢纽，是江门市发展现代物流和临港工业的重要基础，是珠江三角洲西部地区连接港澳市场的重要口岸。江门港划分为七大港区，分别为主城港区、新会港区、开平港区、鹤山港区、台山港区、广海湾港区和恩平港区，其中广海湾、恩平、新会港区为沿海港区，主城、开平、鹤山、台山港区为内河港区。

2022年，江门市有领取港口经营许可证的港口经营企业112家，其中从事危险货物港口作业资质的企业23家，在营港口公用货运口岸企业6家，港口客运企业2家。装卸货类包括矿建材料、煤炭、粮食和集装箱等。至年底，全市港口内贸集装箱运输主要在珠三角各港间流转，外贸集装箱运输多以南沙、盐田、香港为主要目的地。扩大集装箱码头基础设施规模，高沙、高新、公益、三埠、鹤港、天马等作业区相继建成公共集装箱码头。全市有国家一类货运口岸码头5个。（江门市交通运输局）

【肇庆港建设】肇庆港是全国28个内河主要港口之一，是珠江三角洲地区重要的交通枢纽和集装箱“喂给港”，是珠江西江经济带重要的物流中心，规划港口岸线37.6千米，已利用8.38千米，规划未利用港口岸线29.22千米（其中客运及旅游岸线4.1千米）。肇庆港具有优越的航运条件，境内有西江、北江、绥江、贺江等主要通航河流，通航里程714.5千米，其中西江肇庆段225千米达到内河Ⅰ级（3000吨级）标准，北江目前按照Ⅲ级（1000吨级）航道试运行。全市港口完成货物吞吐量4981.85万吨，比上年增长6.97%。其中，西江干线完成4062.06万吨，占比81.53%；北江干线完成919.79万吨，占比18.47%。完成集装箱吞吐量49.20万标准箱，比上年下降12.36%。

（广东省西江航道事务中心）

·世界级机场群建设·

【概况】2022年，粤港澳大湾区世界级机场群建设取得突破。香港国际机场三跑道系统项目、广州白云国际机场三期扩建及相关交通枢纽工程、深圳机场三跑道扩建工程、珠海机场改扩建工程等加快推进。惠州机场改扩建工程开工建设。加快推进珠三角枢纽（广州新）机场、惠州机场二期扩建，以及珠海机场二跑道等项目前期工作推进。珠海机场股权多元化改革工作推进。深圳南头直升机场迁建工程形式建设，推进珠海莲州通用机场二期扩建等项目前期工程，南沙通用机场等一批通用机场项目前期工作开展。截至年底，大湾区世界级机场群旅客年吞吐量2.2亿人次，货邮年吞吐量1040万吨，民航客货运输规模居全球主要湾区之首。

（广东省发展改革委）

【香港国际机场建设】2022年，为维持香港全球及区域航空枢纽的竞争力，香港机场管理局（简称机管局）推进三跑道系统项目，预计于2024年启用。工程包括填海拓地6.5平方千米；建设第三跑道、滑行道、停机坪、T2客运廊、新旅客捷运系统、新高速行李处理系统；扩建二号客运大楼；建设配套基础设施。三跑道系统建成后，可大幅提升香港国际机场的客货运能力，巩固提升香港作为国际航空枢纽的地位。

香港特别行政区政府联合机管局推进香港国际机场及周边的发展，以打造“机场城市”，使香港国际机场成为香港另一新地标。项目包括集办公大楼、酒店、商场、餐饮场所和娱乐设施于一体的“SKYCITY航天城”，港珠澳大桥香港口岸人工岛上建设的自动化停车场等配套设施，以及连接航天城和人工岛、供行人和自动驾驶车辆使用的“航天走廊”。“机场城市”的建设，可促进香港与粤港澳大湾区其他城市间人流和物流的互联互通，带动香港航空业以至旅游、文化、零售、会展和贸易等产业的发展。

（香港历史研究基金会）

【澳门国际机场建设】澳门国际机场于1995年启用，每年可接待旅客780万人次，繁忙时间可单向接待2300人次。2022年，澳门国际机场起降商业班机10206架次，其中抵澳班机5097架次，离澳班机5109架次，接待旅客60万人次，空运货物50745吨。10月，澳门国际机场扩建填海工程获国务院批复。工程主要包括将跑道人工岛与现有两条滑行桥之间的水域填土，扩大停机坪容量，以增加飞机停泊位并构建快速脱离道；在跑道人工岛与停机坪中间预留95米宽的水道，填海面积129.62万平方米，用海面积151.39万平方米。（澳门基金会）

【广州白云国际机场建设】2022年，广州白云国际机场旅客吞吐量2611万人次，居全国第一位；货邮吞吐量188.5万吨，居全国第二位。全年飞机起降26.7万架次，比上年下降26.4%。至年底，白云机场有国内国际航点183个，其中开通定期国际（地区）航点44个，国内航点139个。白云国际机场在2022年中国国际服务贸易交易会上获1000万（含）以上量级服务质量优秀机场奖；居Skytrax“全球机场百强榜”第18位、全球4000万级最佳机场第一位。白云机场三期扩建工程推进。

（民航广东安全监管局符瑶）

【深圳宝安国际机场建设】2022年，深圳宝安国际机场国内货邮吞吐量居全国第一位，国际货运业务量和服务质量均得到提升。其中，空运跨境电商货量比上年增长38.2%，跨境电商业务成为深圳机场国际货运业务新增长极。中州航空联合国内跨境电商巨头云途物流将共同运营的首架宽体货机投放至深圳机场运营，并开通深圳至沙特利雅得、深圳至日本大阪的货运航线，打造跨境电商专线。宝安国际机场从通关政策、安保政策、流程优化、业态创新等多方面推进改革创新，实现跨境电商监管全模式运行、“畅流计划”等通关便利化政策和创新业务模式落地。推出6个行业货运安保试点项目，包括全国首家试点实施航空货运短途驳运安保链项目，提升效率和效益，国际货运业务连续3年保持20%左右的增长，实现航空货运高质量发展。年内，深圳机场集团融入前海“一心一带双港五城”空间格局，新开工16个大型项目，升级配套保障设施，完成投资20亿元、在深固投纳统近65亿元，土地确权面积近400万平方米。重大项目建设推进，利用机场东枢纽建设契机，高标准规划设计T1航站楼，完成T1航站楼概念方案深化及可行性研究报告编制，打造空铁联运一体化综合枢纽。T2航站楼涉铁项目前期工作进展顺利，机场三跑道工程完成S2通道、道桥工程进场道路施工。启动建筑面积80万平方米、总投资超50亿元的一批物流项目建设。配套保障设施升级。跑道南绕滑、东区滑行道与联络道优化、飞行区端联络道道面优化等枢纽配套设施完成目标任务。运控综合大楼项目完成地下主体结构施工。开工建设超2000套T3站前综合配套保障用房。推进地面交通布局优化，完成T3航站楼前交通一体化建设项目方案深化研究。机场卫星厅获全国建设工程质量最高荣誉“鲁班奖”，希尔顿逸林酒店建筑获国家优质工程奖。

（深圳市人民政府地方志办公室）

深圳宝安国际机场（2022年）（深圳市人民政府地方志办公室供稿）

【珠海机场建设】2022年，珠海机场启动升级换代建设工作，包括机场改扩建、综合交通枢纽、空港国际智慧物流园等重点项目，预计投资135亿元；T2航站楼计划于2024年建成。4月14日，珠海机场与澳门机场签订《战略合作框架协议》，共同开拓发展空间，在机场业务服务、产业融合发展、通用航空建设运营、珠澳两地空域等方面开展合作。11月9日，珠海市政府与香港机管局签订《合作谅解备忘录》，共同加强航空产业、国际货运、“经珠港飞”客运及珠海机场股权等方面合作。

（珠海航空城集团林生高、桂子叶）

【佛山机场建设运营】 佛山沙堤机场运营 2022年，佛山沙堤机场开通航线19条，分别飞往北京、温州、福州、义乌、成都等城市。全年安全保障航班起落4121架次，旅客总吞吐量37.39万人次，其中出港旅客19.23万人次、进港旅客18.16万人次，航班正常率95.65%，比上年提高7.23个百分点，全年客座率54.16%。

珠三角枢纽（广州新）机场建设 珠三角枢纽（广州新）机场定位为“粤港澳大湾区国际航空枢纽之一、广州国际航空枢纽的重要组成部分、大湾区西部综合交通枢纽”，是广东省三大国际航空枢纽机场之一。2022年，珠三角枢纽（广州新）机场前期工作加快推进。佛山新机场建设前方指挥部挂牌办公。珠三角枢纽（广州新）机场工程及三大配套工程（空管工程、供油工程和航空公司基地工程）预可行性研究报告于4月上报至中国民航局进行行业审查。提前启动后续阶段研究和设计，完成机场可行性研究阶段勘察现场外业工作，确定“岭南之冠”航站楼建筑方案。推动构建空铁联运体系，组织设计单位联合办公，统筹推进机场和轨道衔接技术工作，共同研究机场与高铁初步设计边界条件，协调解决机场与高铁进度差异问题，形成空铁总体设计方案成果，推动广湛高铁机场段完成初步设计审查并开始施工。提前开展机场轨道交通预留工程前期工作，取得预可行性研究报告批复，按程序进行立项报批。继续开展先行工程建设，机场高压输电线路迁改和机场大道一期工程提前启动并按计划推进。珠三角枢纽（广州新）机场进入省市合资共建新阶段，工程建设主体调整为由广东省机场集团牵头，由省机场集团与佛山市共同出资组建项目公司，按照“投建管一体化”推进珠三角枢纽（广州新）机场各项工作，为机场的建设和运营提供体制机制保障。

城市候机楼运营 2022年，佛山市内设置城市候机楼8处，包括禅城区1处（澜石候机楼），南海区3处（大沥候机楼、西樵候机楼、大沥名都酒店候机楼），顺德区2处（嘉信广场候机楼、陈村候机楼），高明区1处（高明候机楼），三水区1处（三水候机楼），实现全市各区快速联通白云国际机场。城市候机楼为旅客提供航班机票询价、航线推荐、退改签等服务。全市机场快线日均班次约60次，日均往返客流约700人次。

（佛山机场建设办；佛山市交通运输局）

【惠州机场建设】 2022年，惠州市推进千万级干线机场建设，参与粤港澳大湾区世界级机场群建设。惠州机场飞行区扩建工程开工建设，二期扩建工程前期工作推进。惠州机场全年旅客吞吐量103.5万人次，货物吞吐量6905.2吨。惠州机场实现夏秋航季开通45条航线，通航40个航点，覆盖全国35个省会及重要城市。获广东省政府批复同意分两步推动千万级干线机场建设：实施飞行区扩建，满足旅客吞吐量440万人次的年保障能力；实施二期扩建，满足旅客吞吐量1100万人次的年保障能力。

〔惠州市档案馆（惠州市人民政府地方志办公室）〕

·综合运输通道建设·

【概况】 2022年，粤港澳大湾区对外综合运输通道能力提升。大湾区经粤东、粤西、粤北至周边省区的综合运输通道完善，实现至粤东、粤西、粤北各市陆路2小时通达，加快推进至周边省会城市陆路3小时通达，与全球主要城市12小时左右通达。

沿海大通道加速形成。深圳至江门铁路开工建设，项目建成后可实现厦深线—深湛沿海高铁全线贯通；广州经汕尾至汕头高铁、广州至湛江高铁建设加快推进，拟构建时速 350 千米的沿海第二高铁通道；沈海高速等沿海高速公路改扩建加快实施，沈海高速阳江至茂名段完成改扩建，沈海高速汕尾至深圳段、机场至荷坳段加快建设。

京港澳通道能力提升。赣深高铁建成通车，广东省实现“市市通高铁”；广州经清远至永州高铁启动前期工作，推动打造京广高铁双通道。建成广州至连州高速公路，开工建设京港澳高速南沙至珠海段改扩建工程，长深高速公路热水至平南段改扩建工程加快建设，启动京港澳高速广州至深圳段改扩建前期工作，大湾区北上高速公路通道能力提升。

西江流域通道完善。广东、广西签署《加强交通运输互联互通合作备忘录》，强化铁路、高速公路、水运、民航等方面的对接合作，加强粤港澳大湾区与西部陆海新通道的衔接。深岑高速中山新隆至江门共和段、江门龙湾至共和段改扩建工程加快实施，广州至柳州铁路、深圳至南宁铁路珠三角枢纽机场至省界段前期工作推进，拟形成大湾区经南宁至滇中城市群和经贵阳至成渝城市群两大通道。

（广东省发展改革委）

【大湾区快速交通网络构筑】2022 年，粤港澳大湾区城际快速交通网优化完善。以高速铁路、城际铁路、高等级公路为骨干的大湾区城际交通网络加快形成，大湾区内部主要城市间基本实现 1 小时通达。

大湾区城际铁路建设铺开。粤港澳大湾区形成由高速铁路、城际铁路、城市轨道交通组成的多层轨道交通网络。《粤港澳大湾区城际铁路建设规划》提出的近期拟建 18 条线路（按照 23 个项目实施）中，开工建设的有广州东至花都天贵城际等项目 11 个，剩余 12 个项目处于前期工作阶段。建成穗莞深城际新塘至深圳机场段、广清城际广州北至清远段等项目。至年底，粤港澳大湾区铁路通车总里程 2492 千米。

高速公路网络加快完善。是年，广佛肇高速、广中江高速全线通车，黄茅海跨海通道、沈海高速深圳机场至荷坳段改扩建、深岑高速中山新隆至江门共和段改扩建等项目加快建设。至年底，粤港澳大湾区建成高速公路里程 5126 千米，路网密度 9.4 千米 / 百平方千米，高于东京、伦敦以及长三角、京津冀等国内外城市群。加快完善高速公路网，目标是建成以广州为核心，2 小时通达珠三角各市和港澳的高速公路网络。

跨珠江口通道建设加快。公路通道方面，至 2022 年建成港珠澳大桥（双向六车道）、珠江黄埔大桥（双向六车道）、虎门大桥（双向六车道）、南沙大桥（双向八车道）4 条通道，规划新增深中通道（双向八车道，在建）、狮子洋通道（双层双向十六车道，在建）、莲花山通道（双向十或十二车道，“十四五”规划项目）等 4 条通道。铁路通道方面，建成广深港客专 1 个铁路通道，规划新增佛莞城际（在建）、深圳至江门铁路（在建）、中南虎城际（“十四五”规划项目）、深中城际（规划研究）、深珠城际（规划研究）等 6 条通道。优化珠江口两岸客运码头布局，支持发展水上高速客运，打造“水上高速公路”，推动形成包含公路、轨道交通、水上高速客运等多方式的跨江通道格局。

是年，广州推动大湾区快速交通网络构筑。惠肇高速惠城至增城段完成项目核准，惠肇高速白云至三水段、北二环高速改扩建工程、广澳高速南沙至珠海段改扩建工程初步设计获批复，先行段动工建设；黄埔至南沙东部快速通道完成建设方案联审、京港澳高速粤境清远佛冈至广州太和段改扩建工程、京港澳高速广州至深圳段改扩建工程完成工程可行性研究报告评审和修编；莲花山通道、增莞番高速推进深化工程可行性研究。推进在建的 4 个国家铁路、9 个城际铁路、10 个地铁线路项目建设，新建成开通地铁二十二号线首通段和七号线一期工程西延顺德段，建成广佛环线城际铁路佛山西站至广州南站段、佛莞城际铁路广州南站至望洪站段，加快推进“四电接入”等验收前工作；广佛环线佛山西站至广州北站段于9月开工建设。

是年，惠州参与推动广汕铁路惠州段、莞惠城际小金口至惠州北段、深惠城际坪地至沥林北段、深汕铁路惠州段、惠大铁路复线电气化改造及惠州新材料产业园铁路专用线等规划建设，打造西达广州，南至深圳，东联粤东与东南沿海，北接华东、华中的高速铁路网，构建“1小时生活圈”的城际轨道网。推动建设两条高铁“大动脉”，加速联结“双合作区”，推动“融湾入圈”，推动广汕铁路惠城南站综合交通配套项目全面动工建设。是年，惠州市为满足深莞惠市民出行需求，促进深莞惠一体化，优化调整惠阳区深惠2线、深惠2支线、7路、163路、166路和大亚湾深惠1线、266路等7条跨市公交线路接驳深圳地铁14号线沙田站，优化调整大亚湾138B路等1条路市公交线路接驳深圳地铁16号线田心站。至年底，惠深跨市公交线路19条，惠莞跨市公交线路11条，全市跨市公交线路30条。

〔广东省发展改革委；广州市交通运输局；惠州市档案馆（惠州市人民政府地方志办公室）〕

【香港航空运输通道建设】2022年2月21，香港空运牌照局（简称牌照局）向大湾区航空有限公司发出牌照。大湾区航空取得营运牌照。根据发出的牌照，大湾区航空有限公司可运营编定航程的104条航线，在香港运载乘客、货物或邮件，无限次往返香港国际机场。可强化香港以至粤港澳大湾区与世界各地之间的航空交通联系。

5月20日，香港特别行政区政府发布《2022年飞机乘客离境税条例令》，规定使用港珠澳大桥经海天中转大楼抵达香港国际机场转机的过境乘客，可豁免缴飞机乘客离境税。这一安排可鼓励更多内地和澳门的旅客选择在香港国际机场转机，有助提升香港作为大湾区和国际航空枢纽的地位。

11月9日，香港机场管理局（简称机管局）与珠海市政府在珠海签署《珠海市人民政府与香港机场管理局合作谅解备忘录》，旨在深化香港国际机场及珠海机场合作。两地将致力开通“经珠港飞”（通过港珠澳大桥陆路接驳实现“空—陆—空”直通客运服务），发展港珠国际航空货运业务，推动建设高端航空产业群，以及开展机管局入股珠海机场协商等。

（香港历史研究基金会）

【澳门跨境通道建设】澳门和内地之间有5条陆路相连的跨境通道，分别是关闸、横琴口岸、珠澳跨境工业区、港珠澳大桥口岸及粤澳新通道（青茂口岸）。2022年，经陆路入境的旅客700万人次，其中经关闸入境的旅客389万人次，经横琴口岸入境的旅客89万人次，经珠澳跨境工业区入境的旅客5651人次，经港珠澳大桥口岸入境的旅客14.7万人次，经青茂口岸入境的旅客36.2万人次。是年，澳门的跨境汽车流量379万辆次，其中入境189.2万辆次，出境189.4万辆次。海路跨境通道方面，有外港客运码头、内港客运码头和氹仔客运码头。外港客运码头于1993年启用，设泊位14个，24小时运作。内港客运码头设客船泊位2个，提供往来澳门与珠海湾仔的海上客运服务。氹仔客运码头于2017年启用，有高速客船泊位16个和多功能泊位3个，24小时运作。是年，经海路入境的旅客17万人次，其中经外港客运码头入境旅客2.8万人次，经氹仔客运码头入境的旅客9.3万人次，经内港客运码头入境旅客4.5万人次。在空路跨境通道方面，有外港客运码头的直升机停机坪及澳门国际机场。澳门国际机场处理2710班次来自内地，以及2708班次以内地为目的地的商业班机，入境旅客24万人次。

（澳门基金会）

【广州综合运输通道建设】2022年，广州市加快交通基础设施建设并取得进展。

港口航道建设　推进南沙港区、黄埔港区规划修订工作。琶洲港澳客运码头、近洋码头、新沙13号通用码头等重大项目竣工投产，环大虎岛公用航道工程通过交工验收，南沙港区四期全自动化码头开展自动化调试，桂山锚地扩建工程、南沙国际通用码头先行工程、海心沙东区客运码头改造工程开工。

铁路及城市轨道交通建设　广州市推进在建的4个国家铁路、9个城际铁路、10条地铁线路项目建设，新建成开通地铁二十二号线首通段和七号线一期工程西延顺德段，建成广佛环线城际铁路佛山西站至广州南站段、佛莞城际铁路广州南站至望洪站段，加快推进“四电接入”等验收前工作。推动广佛环线佛山西站至广州北站段于9月开工建设，深江铁路于10月开工建设。

公路及城市道路建设　东部公铁联运枢纽一期工程中道路工程部分初步设计获批复，狮子洋通道、惠肇高速白云至三水段、惠肇高速惠城至增城段、北二环高速改扩建、广澳高速南沙至珠海段改扩建等项目部分初步设计获批复，该批公路项目先行工程均动工建设；沙湾大桥改建项目完成联审决策。新花大道（花都大道—迎宾大道）、白鹅潭大道（上涌直街—信义会馆）完成初步设计及概算批复。加快推进广佛大桥系统工程（一期）、会展西路过江隧道、鱼珠隧道、小鹏汽车周边市政道路等重点工程建设。年内建成广州从化至清远连州高速公路（广州段）、广州至连州高速公路花都至从化段及街北高速扩建主线3个高速公路项目（新增里程27.92千米）和云溪路（华南路—大观路）、车陂路—新滘东路隧道工程（黄埔大道至新港东路）等13个城市道路项目（里程共30.18千米）。

（广州市交通运输局）

【深圳综合运输通道建设】2022年，深圳市加快推进建设“轨道上的大湾区”。深江铁路、深汕铁路开工建设，深惠城际前海至坪地段、大鹏支线、穗莞深城际机前段、穗莞深城际前皇段、深中通道等项目建设加快推进，深圳枢纽新建西丽站前期工作开展。签署推动深港跨界轨道基础设施建设的备忘录，完成港深西部铁路（洪水桥—前海）首阶段研究工作。年内，机场和港口枢纽地位巩固。加快空港型国家物流枢纽建设，深圳国际机场卫星厅启用，机场第三跑道扩建、T2航站楼工程加快推进，机场货运设施功能完善。盐田港区东作业区集装箱码头工程加快建设，新增大湾区组合港和内陆港17个。供港运输“海上快线”开通，深港水路运输量比上年增长49.6%。

（深圳市人民政府地方志办公室）

2022年5月1日，广州地铁七号线西延段开通　（初春　摄）

【珠海跨境运输通道建设】2022年，珠海市交通运输行业抓好物流保通保畅，优化港珠澳大桥甩挂点作业流程，粤港跨境货运在珠海日均集中接驳240车次。畅通“陆转水”进出口渠道，促成全市24家进出口企业完成陆路转水运进出口运输。加快推进多式联运发展，印发实施《珠海市推进多式联运发展优化调整运输结构实施方案》《珠海市高栏港集疏运体系建设方案（2021—2025 年）》，依托珠海港区位、货源优势以及港口、铁路、机场等配套资源，打造以高栏港区为主的江、海、铁、公多式联运体系。国能珠海港务公司等 5 家港口企业增资扩容，投资 16 亿元升级改造港口码头基础设施，新增 10 万吨级卸船泊位。推动珠海港开通洪湾国码到蛇口航线和盐田港航线组合港业务，提高港口货运能级量级。

（珠海市交通运输局曾浩然）

【佛山综合运输通道建设】2022 年，佛山市谋划高速公路对外通道，推进惠肇高速、中山东部外环高速二期（北延线）、南沙至新机场高速、佛肇云高速、佛中高速、广台高速支线等高速公路项目前期工作。加快推进广佛全域同城化，推进珠江大桥放射线接广佛新干线（广佛出口放射线二期）、广佛大桥系统工程（一期）、佛清从高速北延线、玉兰路—港口路过江通道等项目。完善城市骨干路网，建成金石大道西延线、云勇公路、新均榄路二期和龙翔大桥及引道工程（主桥部分），广佛新干线快速路银狮公路狮山道口“平改立”工程、伦桂路工程（林上路—文登路段）实现开工建设。加强与周边城市协调，惠肇高速（白云至三水段）先行工程启动，推进清远至高明高速、惠肇高速（三水至封开段）、佛肇云高速、增佛高速、南沙至高明高速、南海至新会高速、江肇第二高速、台山至新机场高速等高速公路项目方案研究。佛山市形成以广佛为核心的“双轴三环九射”的区域高速公路网络，总里程 553 千米，高速公路路网密度 14.6 千米 / 百平方千米，在珠三角内地九市中排名第四位。佛山市快速路通车总里程 464 千米，快速路网密度 12.2 千米 / 百平方千米，市域快速路网布局形成。（佛山市交通运输局）

【惠州综合运输通道建设】2022 年，惠州市编制《惠州市综合立体交通网规划》。谋划构建一流集疏运体系，形成提升“交通带动产业　产业支撑城市”内涵新高度的规划雏形。统筹“港产城融合”发展。推进产业港向产业港、贸易港并重转型。谋划机场发展规划方案，规划空港经济区建设。开展全市县道网规划和农村公路发展规划，推进区域与城乡融合发展。

是年，惠州市“丰”字交通主框架加快建设，1 号公路新材料产业园至大亚湾段半幅贯通，惠肇高速、环稔平半岛高速先行段动工，惠龙高速、惠河高速改扩建等项目推进。广汕高铁惠州段、惠城南站综合交通枢纽基本完工，深汕高铁动工建设，莞惠城际小金口至惠州北段建设推进。惠州机场飞行区扩建工程开工。推进 3 个沿海公用航道项目，新增生产性码头泊位 7 个。建成演达五路等市政道路 28 条，开通广惠高速金龙互通，完成金龙大道快速化改造，实现市中心区“10 分钟上高速”；金山大桥慢行系统完成，鹅城大桥、南山快速路推进。实施国省道升级改造 28 千米，提档升级农村公路 230 千米，改造危桥 26 座，评选“最美农村路”10 条，省级以上“四好农村路”示范县在广东省内率先全覆盖。新开通至深莞公交线路各 1 条，优化调整 6 条跨市公交线路接驳深圳地铁。陆海空立体交通网络成形，加快融入大湾区“半小时经济圈”，群众出行更加便利。

〔惠州市档案馆（惠州市人民政府地方志办公室）〕

【东莞大湾区交通一体化建设】2022 年，东莞加快实现与粤港澳大湾区城市之间交通一体化发展。参与“轨道上的大湾区”建设，佛莞城际广州南至望洪段项目建成，深圳至江门段铁路开工，深惠城际前海保税区至坪地段开工建设。配合广深第二高铁、中南虎城际前期研究，争取佛穗莞城际、广深中轴城际连接松山湖，深莞跨市城市轨道交通对接线路。完善畅通跨市交通设施体系，对接广州的跨东江四条通道纳入广东省重点项目，狮子洋通道主体工程先行开工段动工建设，推进松山湖科学城—光明科学城通道项目和广深高速、莞深高速、常虎高速改扩建工程、常虎高速延长线工程等高速公路项目。“香港—东莞国际空港中心”从港莞“双安检”模式简化到东莞“单安检”模式，实现全国首例香港空运安检前置到内地的项目。（东莞市人民政府地方志办公室）

【中山综合运输通道建设】2022 年，中山市实施交通畅通工程，打造内通外联的珠江西岸综合交通枢纽。推动全市在建交通项目提速，全年完成投资 256.06 亿元，全市公路水路固定资产投资连续 3 年居广东省第二位。完善交通基础设施网络，公路总里程 2839.84 千米（不含“最后一公里”畅通工程），“四纵五横”高速公路网成形。完善“三环十二快”高快速路网，开展轨道交通规划建设，构建中山市横贯东西、纵贯南北、内外通畅、交通便捷的一体化综合运输体系，以深中通道通车时间为控制节点，加快实现 60 分钟通达湾区相邻城市，30 分钟通达深中通道，各镇（街道）中心区 15 分钟通达邻近高速公路出入口的“60　30　15”时空圈。西环高速通车里程 71.14 千米，农村公路建设完成 21.4 千米，居全省第五位；全年交通在建项目 27 个，其中新动工项目 9 个，建成开通古镇快线、国道 105 中山沙朗至古鹤段改建工程全线、金字山互通立交工程、南外环先行段等工程，推进 12 个项目标段实现通车或具备通车条件。

推进与周边城市交通衔接。6 月，成立中山市与佛山市轨道交通项目规划建设联合工作组，加强推动两市轨道交通互联互通，共同谋划佛山地铁 11 号线南延线等项目。加快推进中山市与周边城市普通跨界道路建设，6 月 20 日，印发中山市与周边城市普通跨界道路资金补助实施方案，纳入补助范围跨界道路由市财政按“以奖励促进度”方式在项目完工通车后给予补助。加快广州都市圈城际轨道交通建设，7 月 22 日，广州、珠海、佛山、东莞、中山、江门、肇庆跨市重点事项协调工作会议暨广州都市圈城际铁路项目专项指挥部第二次会议在广州市召开，会议审议并原则通过《广州都市圈城际铁路跨市项目可持续经营责任实施方案》。推进跨市公交线路建设，至年底，中山市开通跨市公交线路 25 条，其中与珠海市互通 16 条、佛山市顺德区 5 条、江门市 2 条、广州市南沙区 2 条。推进与珠海市跨界道路建设，落地开展中珠跨界工程 11 项。（中山市人民政府地方志办公室）

【江门重点交通建设项目推进】2022 年，江门市重点交通建设项目完成投资 181.4 亿元，完成年度计划的 116.9%；公路水路固定资产完成投资 102.1 亿元，完成年度计划的 113.3%，排广东省第四位。其中高速公路项目完成投资 53.8 亿元，普通国省道完成投资 39.5 亿元，县乡村道及农村公路完成投资 6.2 亿元，港口航道及公路客货站场完成投资 2.6 亿元。开展编制《江门市综合立体交通网规划》和《江门港总体规划修编（2035 年）》工作。南海至新会高速发布投资人招标公告，广台高速开平至台山段立项前期、勘察设计等工作推进。江肇第二高速、深南高速江门段、台开至珠三角枢纽机场高速、顺鹤高快速通道江门段、产业大道、桃双干线完成工程可行性研究报告编制工作。

是年，中开高速江门段、江门大道南东线、台开快速路建成通车，会港大道左幅通车。黄茅海跨海通道、银洲湖高速、崖门出海航道二期、江鹤高速和中江高速改扩建以及国道 240 台山段和新会段改扩建、国道 325 开平段改扩建加快建设。开平三埠港搬迁项目动工建设。是年，江门市多渠道筹措交通建设资金超 24 亿元。

（江门市发展和改革局）

【肇庆综合运输通道建设】2022 年，肇庆市推进交通基础设施建设，开展公路、轨道、水运多领域建设。

公路建设　开展肇明高速一期主体建设，累计完成投资 35 亿元，完成重要节点工程杨梅西江特大桥年度工程计划的 93%。国道 355 广宁中华至水声岭段改线工程于 7 月 13 日通车，国道 321 马房特大桥于 9 月 20 日通车，东进大道实现全线贯通。推进广佛肇云、惠肇高速、江肇第二高速、广昆高速扩建工程、端州至新机场快速路重大项目前期工作。

轨道建设　是年，肇庆市轨道交通完成投资10.7亿元，广湛高铁、珠肇高铁工程前期工作取得进展，贵广高铁提质改造工程动工建设，柳广铁路、肇顺南城际等轨道大动脉前期工作协调推进。

港口水运建设　推动德庆悦城、德庆九市、肇庆新区新基湾码头工程纳入政策性开发性金融工具签约项目，争取并全额提取基金2.66亿元。封开长岗、德庆悦城、德庆九市、肇庆新区新基湾4个港口码头项目进入建设阶段，高要金岗码头开展前期工作。推进“气化西江”建设，德庆悦城LNG加注站和西江能源枢纽中心（德庆）项目一期LNG加注站进入施工建设阶段。广东省内首艘新建LNG单燃料动力水泥罐装船于4月23日在肇庆市下水，全市20艘LNG动力船舶改造全部开工建设，完成船体主体建设。

（广东省西江航道事务中心李恩华）

【珠肇高铁江机段建设】2021年12月17日，珠肇高铁江机段开工建设。该段自江门站引出，经江门、佛山、肇庆，终至珠三角枢纽机场站，线路全长98千米，设计时速350千米，投资总额256.26亿元。江门境内里程54千米，投资139亿元，设江门站、鹤山东站，建设工期4.5年，预计2026年建成通车。2022年，江门境内工点动工，洞企山隧道全线贯通，征地拆迁与土建工作开展。

【深江铁路建设】2022年10月9日，深江铁路开工建设。深江铁路自江门站引出，经中山、广州、东莞虎门终于深圳西丽站，全长120千米，设计时速250千米，估算投资为513.1亿元。江门境内里程18.5千米，总投资37.5亿元，建设工期5.5年，预计2028年建成。2022年，开展征地拆迁与土建工作。

（江门市发展和改革局）

【西江（界首至肇庆）航道扩能升级工程】2022年，西江航道事务中心配合广东省交通运输厅完成西江（界首至肇庆）航道扩能升级工程竣工决算现场审计，落实审计问题整改。编制完成项目竣工报告并上报省中心。封开西江大桥、肇庆大桥防撞设施重建及修复处置工程，竣前疏浚、零星礁石清除及丁坝加固工程（XJ14合同段）通过验收。加快推进西江航道扩能升级工程尾留工程设计工作。加强与海事部门、肇事船方沟通协调，做好德庆西江大桥、封开西江大桥部分防撞设施船碰损坏和肇庆大桥41号桥墩防撞浮箱倾斜问题的检测和修复处置工作。

【马房特大桥建成通车】2022年9月21日，

2022年9月21日，肇庆东进大道三期工程马房特大桥建成通车

（肇庆市交通局供稿）

马房特大桥建成通车，东进大道实现全线贯通。马房特大桥横跨北江，起点连接佛山市三水区，终点连接四会市大沙镇，全长1639米，整幅桥面宽44.85米，其中跨江主桥采用斜拉桥结构形式，采用设计速度80千米/时主路双向六车道，设计速度40千米/时辅路单向两车道的一级公路结合城市道路技术标准，总投资5.64亿元。

（广东省西江航道事务中心李恩华）

·客货运输服务·

【概况】2022年，广东高速公路收费站出口车流总量超22亿辆次。粤东、粤西、粤北地区高速公路相继通车，为融入粤港澳大湾区打通快速通道。提升交通运输服务品质，优化调整运输结构。广州市入选2022年国家综合货运枢纽补链强链首批城市，韶关市获绿色货运配送国家示范城市，梅州市打造国家第三批农村物流服务品牌。超额完成省民生实事任务有关3项指标（新建治超监控设施、车道等）。道路运输从业人员“省内通办跨省通办”业务件办结率99.38%，居全国前列。网约出租车40.33万辆，月均订单1亿单以上，市场体量和合规率均居全国前列。

（广东省交通运输厅）

【香港客货运输服务】2022年，香港提升客货运输服务水平。香港机场客运量为330万人次，比上年增长1.6倍，货运量及飞机起降量分别为450万吨和138650架次，下降10.0%和1.4%。

（香港历史研究基金会）

【广州大湾区城际客运】2022年，广州市交通运输部门助力粤港澳大湾区城际客运交通发展，优化完善互联网客运备案和管理体系，指导互联网客运服务平台完成备案8家，备案车辆2934辆次。推进招呼站网络建设，建成招呼站28个，运营线路覆盖粤港澳大湾区城市群，全年发送2.7万班次47.5万人次。（广州市交通运输局于洋）

【深圳口岸客货运输】2022年，经深圳口岸出入境人员445.7万人次，日均1.2万人次，比上年下降42.6%。出入境车辆218.5万辆次，日均0.59万辆次，比上年下降59.48%。深圳海港口岸集装箱吞吐量3003.6万标准箱，比上年增长4.41%。进出口货物21052万吨，比上年增长0.96%。深圳机场空港口岸出入境旅客15.3万人次，比上年增长65.2%。国际空运货物71.2万吨，比上年增长19.4%。年内，深圳机场国内货邮吞吐量居全国第一位。深圳市拥有经国务院批准对外开放的一类口岸16个。其中，陆路口岸7个，分别为罗湖、文锦渡、皇岗、沙头角、深圳湾、福田、莲塘口岸；铁路口岸2个，分别为广深港高铁西九龙站、深圳（笋岗）铁路口岸；海港口岸6个，分别为盐田、大亚湾、蛇口、赤湾、妈湾、大铲湾口岸；空港口岸1个，为深圳航空口岸。罗湖口岸为深圳市客流量最大的旅客入出境陆路口岸，客流量居全国前三位。皇岗口岸是全国货车出入境数量最多的客货综合性公路口岸，也是国内率先实行24小时通关的口岸。深圳湾口岸为国内第一个按照“一地两检”查验模式运作的客货综合性公路口岸。文锦渡口岸为国内最早对外开放的口岸之一。福田口岸为全国首个内地与香港无缝接驳的地铁口岸。莲塘口岸为深港间第七个公路口岸，定位为客货综合性口岸。盐田口岸为国内四大国际中转深水港之一，蛇口口岸为第一个由企业自筹资金建设、管理和经营的海港口岸，赤湾口岸为第一个中外合资港口企业建设和经营的海港口岸，深圳航空口岸为全国第一家以地方投资为主兴建的机场，为中国四大航空港之一。

（深圳市人民政府地方志办公室）

【佛山客货运输服务】2022年，佛山市有道路旅客运输企业51家，其中经营省际市际班车和包车业务的客运企业6家，仅经营班车业务的客运企业1家，仅经营包车业务的客运企业44家。有道路客运从业人员1503人，营运客车1928辆，7.98万个客位。有等级客运站9个，其中一级站2个、二级站1个、三级站6个。全年道路运输客运量完成1773.91万人次，比上年下降11.07%；旅客周转量完成15.07亿人千米，下降19.63%。有在册经营巡游出租车业户16户，从业人员11193人，出租汽车1626辆，年客运量1673.77万人次。有在册经营网约车平台49个，新取得网络预约出租汽车驾驶员证人员1.19万人，累计6.94万人；全年发放网络预约出租汽车运输证7805张，累计发放网络预约出租汽车运输证2.19万张。开展出租车行业文明服务提升行动，引导行业优秀驾驶员和车辆参加省级创优评选活动。出台道路客运招呼站设置与管理办法，全年电召热线为市民提供20.1万次电召服务。发展市际包车指标440个，优化佛山市包车运力结构，增加全市包车运力数量，推动企业购置车辆。

是年，佛山市有在册营运货车4.41万辆，总吨位71万吨位。有在册道路货运业户3565家；汽车维修业户6184户（一类99户、二类623户、三类5462户）；机动车驾驶员培训机构69个，备案训练场153个（训练场总面积182万平方米）。佛山市推进创建绿色货运配送示范城市相关工作，出台新能源城市配送车辆运营和城市配送信息平台资金管理办法，新增新能源城市配送车辆1114辆，建成启用佛山市城市货运配送公共信息平台并接入1300余辆新能源城市配送车辆信息，绿色货运配送示范企业增至11家。聘请交通运输部公路研究院专家指导监督检查全市道路货运企业，提升道路货运及运输服务业安全监管水平。按照“一企一报告”的要求对检查的企业出具检查报告，并跟踪事故隐患整改闭环。研究编制《佛山市道路危险货物运输安全生产监督检查清单》《佛山市道路普通货物运输安全生产监督检查清单》，印发至全市各级交通运输部门实施。深化汽车电子健康档案应用，推进维修业户维修数据归集工作，摸排应接未接维修企业清单，全市有4032家维修企业接入佛山市汽车维修电子健康档案平台。推进机动车排放检验系统与汽车维修电子健康档案平台数据互通，实施实时车辆“检测—维修—复检”数据闭环，全市有175家维修企业通过佛山市汽车维修电子健康档案平台申请为机动车排放性能维护站（M站）。　　（佛山市交通运输局）

【惠州客货运输服务】2022年，惠州市公路运输总周转量82亿吨千米，比上年下降9.3%；水路运输总周转量328亿吨千米，增长2.5%。铁路客运量（普铁、高铁、城轨）932.1万人次，铁路货运量（地方铁路）886.59万吨，比上年增长19.63%。完善航线网络布局，开通45条航线，覆盖35个省会及重要城市。惠州机场全年旅客吞吐量103.5万人次，货物吞吐量6905.2吨。

是年，惠州市运行农村客运线路83条（其中镇通村线路72条），村村通客车率100%。投入中、小型客车81辆，为人口稀少的偏远乡村提供“镇通村”出行服务，打通村民出行“最后一公里”。新增及优化调整全市公交线路27条。开通定制公交线路60条次，完成定制班次1.95万班次，输送乘客近29.4万人次。开通中韩（惠州）产业园至东莞桥头车站、至深圳坪山跨市公交线路，优化调整深莞惠跨市公交线路至深圳地铁14号线沙田地铁站，方便深莞惠市民出行，促进深莞惠一体化。惠深两市开通跨市公交班线21条，形成“半小时经济生活圈”。

〔惠州市档案馆（惠州市人民政府地方志办公室）〕

【中山客货运输服务水平提升】2022年，中山市提升客货运输服务水平。完善招呼站部署，满足群众出行需求，在原有3个汽车客运招呼站基础上增设5个汽车客运招呼站，分别是盛景招呼站、古镇利和招呼站、古镇华艺广场招呼站、五桂山理工四季花城招呼站、五桂山广药招呼站。落实货运通行证制度，实行涉疫地区重点物资运输车辆通行证“应申尽申”“应发尽发”，全年核发重点物资车辆通行证1.5万张，保障重点物资供应企业、物流企业运输渠道畅通。建立健全本地重点产业和外贸企业“白名单”制度，印发中山市第一批物流供应链重点企业名单（94

家）和应急道路货物运输企业名单（6家）。优化企业服务，线上+线下解决产业链供应链诉求33条；设置物流中转站1个，即华润万家中山配送中心，选定京东配送中心、苏宁物流中心、海慧科企物流公司、中外运物流公司4个（家）物流园区（企业）作为生产生活物资中转站选址。组织开展中山市交通物流专项再贷款对接活动，全年中山交通物流专项再贷款落地8189.92万元，累计金额居广东省地级市第三位。

（中山市人民政府地方志办公室）

【江门客货运输服务】2022年，江门市有道路客运企业20家，其中客运班车企业12家（有10家同时具备旅游包车资质）、旅游包车企业8家。有营运客车906辆。有普通货物运输企业812家，个体运输户5306户，普货车辆15299辆。有危险货物运输企业79家，危运车辆1492辆。全市完成公路货运量15058万吨、公路货物周转量1299747万吨千米，分别比上年下降4.7%、4.1%；完成公路客运量1193万人、公路旅客周转量95491万人千米，分别下降46.5%、46.2%。是年，全市有水路运输企业38家，营业性运输船舶300艘（其中客船26艘、3037客位），总载重吨44万吨，功率14.62万千瓦。经营航线有港澳航线、沿海航线和内河航线，经营范围涉及普通货船、成品油船、化学品船及高速客船等。水运企业船舶运营范围主要为深圳、珠海市和珠江三角洲东、西、北江下游各港间普通货物运输及内河各港间成品油、化学品运输，以内河运输为主。完成水路货运量3423.55万吨、货物周转量270381.8万吨千米，分别比上年下降2.47%、0.57%。完成水路客运量120.48万人次、旅客周转量2431.19万人千米，分别比上年下降27.36%、27.37%。

（江门市人民政府地方志办公室）

【肇庆客货运输服务】出租车和网约车管理　2022年，肇庆市网约车工会联合会成立，为新就业形态劳动者工会建设探索新模式、树立新典范。联合肇庆银保监分局出台《肇庆市交通运输局　肇庆银保监分局关于保险业支持网约车治理的指导意见》，构建网约车行业与保险行业深度合作平台，减轻网约车投保人经济负担1000～2000元。开展“推进网约车合规化运营法治宣传教育活动”，提升从业人员与民众的法律意识，营造行业规范浓厚氛围。推动新旧业态融合改革，重新激发出租车行业新活力。是年，肇庆市在中心城区新增200辆巡网一体出租车指标，试点开展“巡网一体”出租车业务，集招手即停和网络接单两大功能，兼具巡游、网约两大优势。

行业安全监管　是年，肇庆市贯彻落实国务院、广东省、该市有关安全生产措施，实施交通运输安全生产强化年活动，常态化推进系统防范化解道路交通安全风险工作、安全生产专项整治三年行动、危险化学品运输安全风险集中治理等专项整治，对全市11670辆“两客一危一重”营运车辆安装智能音视频监控并实施动态监管，危险货物运输电子运单覆盖率100%，完成10处省、市、县三级督办路段，21处农村公路安全隐患突出路口路段，98个“平安村口”，259处国省道沿线6类重要交通安全隐患点整治和44座危旧桥梁改造。完成春运、春节、汛期、国庆等重点时段、重大节假日安全防范和应急保障工作，应对5月最强暴雨及历史性“龙舟水”考验，妥善处置“7·7”国道55二广高速K2556怀集梁村路段路堑边坡滑塌等突发事件。是年全市交通运输行业未发生较大及以上生产安全事故，安全生产形势持续稳定向好。

交通综合执法整治　是年，肇庆市交通部门查处源头单位违法案件182件、非现场执法查处超限运输案件5429件，联合公安部门开展路面治超联合执法3292次，出动执法人员55670人次（交通部门人员26728人次、交警28942人次），查获超限超载车辆4998辆次，查处“百吨王”99辆，卸载货物8.58万吨；实施“一超四罚”案件93件，责令货运企业停业整顿44家，吊销道路运输证35个，列入超限失信黑名单企业23家，抄送外地籍营运车辆违章案件1194件，查处外省籍营运大货车案件2618件。

法治交通建设　是年，肇庆市交通部门对3项重大行政决策事项实行清单管理，制定印发《肇庆市促进货运物流业发展的若干措施》，规范行业管理。深化合法性审查机制，配备公职律师4名、外聘法律顾问2名，优化法治人才保障。推进严格规范公正文明执法，统一申换领全国行政执法证216个，坚持重点领域打击和包容审慎执法相结合，实施69项行政执法免处罚免强制事项清单化管理。深化巩固普法责任，制定实施《肇庆市交通运输系统法治宣传教育第八个五年规划（2021—2025年）》以及年度普法工作计划、责任清单，做好肇庆市国家机关“谁执法谁普法”履职报告评议活动，获评优秀等次。

智慧交通建设　是年，肇庆综合交通运输协调指挥中心（TOCC）发挥数据集散中心作用，向政数、公安交警、城管、税务、应急等部门共享高速公路、客运站场、源头治超企业等视频资源及营运车辆信息。提供线上线下联合治超执法平台，实现科技代替传统、自动代替人工的执法新模式。将公交卡充值点查询、维修企业地址查询、从业资格考试日期查询、非现场执法涉嫌超限车辆查询等服务事项上线“粤省事”肇庆专版，扩展粤省事平台服务事项覆盖范围。至年底，接入结构化数据94.9亿条，数据日新增2601万条，实现数据共享交换59.2万次，交换数据292亿条。

推进公交一体化　是年，肇庆市新增及优化调整公交线路11条。发展定制公交服务，通过“肇庆出行”公交出行软件发布公交线路84条，运送乘客5155.27万人次，方便市民随时随地查询公交车信息，便捷市民出行。2022年，全市投入运营新能源公交车1083辆。

（肇庆市交通运输局）

【澳门轻轨系统建设】澳门轻轨系统氹仔线于2019年通车，全长9.3千米，设11个车站，由氹仔岛西侧海洋站开始，途经氹仔新城市中心区外围、路氹城、澳门国际机场，至东侧氹仔码头为终点站。澳门特别行政区政府先后于2021年3月和9月展开横琴线和石排湾线工程，其中横琴线土建工程委托南光（集团）有限公司代建，造价35亿澳门元。横琴线全长2.2千米，设2个车站，分别位于氹仔线“莲花口岸”站旁及珠海市横琴口岸，以河底盾构隧道连接，于2022年11月25日贯通。石排湾线主体工程由中国路桥工程有限公司承建，造价9.3亿澳门元。石排湾线全长1.6千米，设石排湾及离岛医院2个车站，乘客经“离岛医院”站可转乘氹仔线。澳门轻轨股份有限公司规划连接澳门半岛与氹仔岛东侧的“东线”。妈阁站主体建造工程于2018年展开，以便连接系统至澳门半岛西侧。

（澳门基金会）

【广佛西环城际项目开工】2022年9月28日，珠三角城际轨道交通广佛环线佛山西站至广州北站段（简称广佛西环城际）项目工程开工活动在佛山市南海区举行。广佛西环城际铁路正线全长47千米，总投资226亿元，按时速200千米标准建设，其中广州市境内16.5千米、佛山市境内30.5千米。全线规划设9个站，起自佛山西站，经佛山市南海区狮山镇、里水镇，广州市花都区炭步镇、秀全街道和白云区江高镇，止于广州北站。该项目计划工期为2022年9月至2027年9月，总工期5年。广佛西环城际是广佛全域同城时代开建的首个城际项目，是连接广州空港经济区与佛北战新产业园、佛山狮山副中心等重大发展平台的快速城际轨道交通线。

【佛山南海有轨电车1号线全线贯通】2022年11月29日，佛山南海有轨电车1号线后通段开通初期运营，南海有轨电车1号线全线贯通。南海有轨电车1号线项目列车为先进的第三代低

2022 年 11 月 29 日，南海有轨电车 1 号线后通段通车

（佛山市国资委供稿）

地板现代有轨电客车，采用 3 节模块编组，车辆定员 312 人，最大载客量为 306 人。市民可乘坐有轨电车在蠕岗站与广佛线换乘，在林岳西站与佛山 2 号线同台换乘。从蠕岗站乘坐有轨电车至林岳西站换乘地铁，再到广州南站，需 46 分钟。作为佛山城市轨道交通线网的重要组成，南海有轨电车 1 号线实现南海中心城区与广州城区、广州南站枢纽之间的快速便捷联系，标志着南海轨道交通逐渐成片成网，城市发展骨架进一步向外伸展。

【佛山地铁 3 号线首通段开通】2022 年 12 月 28 日，佛山市城市轨道交通 3 号线首通段开通仪式在东平地铁站举行。佛山地铁 3 号线是贯通佛山南北的主干线，首通段南起顺德区顺德学院站，北至禅城区镇安站，途经顺德区、禅城区，并串联六大镇街。线路长 40.72 千米，设置 22 个车站、2 个停车场、2 个主变电站。其中，在东平站可与广佛线换乘，在湾华站可与佛山地铁 2 号线换乘，在北滘公园站可与广州地铁七号线西延顺德段换乘。3 号线首通段的车辆采用 6 辆 B 型车编组，最高设计速度为 100 千米 / 时，由湾华控制中心调度指挥。佛山地铁 3 号线首通段开通运营，打破佛山城市轨道交通“十字”形的单一架构，有利于形成纵横交错的轨道交通网络格局。

（佛山年鉴社）

【惠州货运水运扩能升级】2022 年，惠州市加快货运铁路新建、改建以及水运系统扩能升级。启动惠大铁路复线电气化改造、惠州新材料产业园铁路专用线、惠州港三大港区进港航道等级提升工程，东江河源至石龙航道扩能升级工程等建设项目。“公转铁，公转水”取得成效，惠州港全年货物吞吐量 8270.04 万吨，其中煤炭、矿石等大宗货物疏港总量 1290 万吨，主要采用铁路、水运、封闭式皮带廊道等绿色运输方式，比上年增长 30%。创新运输组织模式，启动惠州市交通物流枢纽（基地）项目前期研究，构筑“海陆空融合、江海河联动、公铁水互通”的一流综合集疏运体系，以“丰”字交通主框架、高快速路、铁路城轨、内河航道等通道为线，串联市级海港枢纽、空港枢纽、铁路枢纽场以及各县区级物流基地，加快全市“海陆空铁”多式联运发展，发挥不同运输方式组合效率。

〔惠州市档案馆（惠州市人民政府地方志办公室）〕

信息基础设施建设

·新一代信息基础设施构建·

【概况】2022 年，广东省支持粤港澳大湾区加快实现信息互联互通。推动 5G 网络建设，牵头制定 5G 基站年度建设计划，多次召开会议部署协调5G网络建设工作。是年，全省新建5G基站6.06万座，累计建成5G基站23.2万座，实现5G网络珠三角广覆盖，数量居全国第一位，实现全省所有县级行政区主城区5G室外连续覆盖。广东省成为率先建成全国首个20户以上自然村百兆光网全覆盖的省份。推动数据中心持续健康发展。支持全国一体化算力网络粤港澳大湾区国家枢纽节点建设。5月29日，会同韶关市政府，联合省有关部门共同承办首届“东数西算”粤港澳大湾区（广东）算力产业大会，在会上签约30个重大项目，总投资额1200亿元，推动韶关数据中心集聚大数据相关产业发展。至年底，全省有投产使用的数据中心310个。

加强粤港信息化合作。每年与香港特别行政区政府联合召开粤港信息化合作专责小组会议，协调解决粤港信息化合作中存在的问题和障碍，支持粤港加强智慧城市合作。

（广东省工业和信息化厅）

【澳门信息基础设施建设】2022年，澳门固定电信服务总线数为92382条，流动电信服务总用户数为1213216户。互联网总用户数为208536户，其中光纤宽频上网用户数206718户。

“城市无线宽频网络计划”于2009年开展，2010年9月对外提供服务。截至2022年12月，“WiFi GO”的服务地点有190个。澳门邮电局于2017年准许合资格互联网服务供应商在室外设置Wi-Fi热点并向公众提供服务，并推出“FreeWiFi.MO”计划，推动澳门机构对外提供免费Wi-Fi。截至2022年12月，商业Wi-Fi热点有2569个，“FreeWiFi.MO”热点577个。

11月7日，澳门电讯有限公司（简称澳门电讯）及中国电信（澳门）有限公司获准建立及营运采用5G技术的公共地面流动电信网络及提供公用地面流动电信服务，牌照为期8年。澳门电讯于11月14日推出5G服务，截至12月录得登记用户数79996户，储值卡用户数5197户。

（澳门基金会）

【广州新型数字基础设施建设】2022年，广州部署新一代通信网络，5G基站建设排名广东省第一位，全市光纤接入端口1379.9万个，排名全省第一位。构建多层次的算力设施体系，在黄埔、番禺、南沙等区形成通用算力集聚区。建设广州人工智能公共算力中心并对外提供算力服务。扩能增容华南唯一工业互联网标识解析国家顶级节点，国际域名K根镜像和A根镜像开通。

（广州市工业和信息化局）

【深圳信息基础设施建设】2022年，深圳市印发《深圳市推进新型信息基础设施建设行动计划（2022—2025年）》，提出力争到2025年实现“千兆到户、万兆入企”，将深圳打造成全国“千兆城市”标杆。实施千兆光网普及和百万用户提速计划，加快实现住宅小区千兆宽带全覆盖。有5G基站2.3万座，5G分流比居国内一线城市第一位。专项部署900兆低频打底网，全年新建3000站，提升城区重点区域深度覆盖，推进深汕数字乡村广覆盖。加快推进千兆光网建设，千兆覆盖率提升至90%以上。完成深圳各区域政企OTN（光传送网）节点全覆盖。构建多层次算力供给体系，围绕深圳“20+8”产业集群和数字经济高质量发展需求，推动“2+8”算力体系自建资源规划布局。完成4个合作算力中心及1个集团骨干云池扩容，IDC机柜投产累计超2万架，大幅增加算力及网络资源。云资源池新增超4万核vCPU，累计超5万核vCPU，算力资源为广东省系统内最大规模、利用率最高。强化与鹏城实验室算力调度、算网一体、未来网络发展研究，结合超算中心、智算中心以及“东数西算”枢纽节点，共同构建自主可控的国家算力网络，实现全国大型算力协同调度与高效计算。

（深圳市人民政府地方志办公室）

【珠海信息基础设施建设】2022年，珠海市建成开通5G基站4569座，完成广东省工信厅下达的任务目标（2600座）。在全省各地市宽带建设发展综合排名中居第一位，5G基站占比全省排名第一位。截至年底，全市累计建成 5G 基站 1.32 万座，实现全市区域 5G 网络连续覆盖。光纤网络和 4G 网络完善，4G 基站累计 1.53 万座，光纤用户累计 107.2 万户，入户率 128.1%，建成光纤网络城市；500 兆及以上高带宽光纤用户 21.88 万户，占比 18.2%。全市实现窄带物联网全覆盖，NB-IoT（窄带物联网）基站数 2468 座。加快推进跨境通信网络建设，三大电信运营商建成国际通信业务出入口局和海底光缆等新型信息基础设施，为数字经济发展构建以智能化为特征的数字基础设施。通过数据专用通道，珠海跨境互联网访问时延从传统的访问路径与国际互联网访问路经对比，效率提升 60% ~ 80%。珠海电信采用华为最新、自主可控的 OTN（光传送网）网络设备，发起开通的跨境专线 6 条，承接对端发起珠海落地的跨境专线 24 条，国际出口局业务可直达香港和澳门，最大单波通道为 100G，可以平滑升级扩容。珠海移动国际电路出入口局承载往港澳电路超 100G，珠海移动往香港时延从 8 毫秒减少至 3 毫秒，往澳门电路从 8 毫秒减少至 2 毫秒，通道带宽超 600G；珠海移动是国际政企专网 9 个节点之一，为珠海出口其他方向（不经港澳转接）国际电路提供一跳直达国际出口局基础。

（珠海市工信局郑琪）

【佛山新一代信息基础设施构建】2022 年，佛山市固定宽带接入端口总数 881 万个，其中 FTTH/O（光纤到户）光纤接入端口 854.3 万个，占宽带端口比例的 97%。具备千兆接入能力的家庭数 939.2 万户，千兆光纤网络覆盖率 282.3%。10G-PON（无源光纤网络）端口总数 15.7 万个，占 PON（无源光纤网络）端口比例的 55.5%。移动通信基站总数 7.9 万个，其中 5G 基站数 1.87 万座，5G 基站占比 23.6%，每万人拥有 5G 基站数 19.6 座，重点场所 5G 网络通达率 100%。佛山市固定宽带接入用户总数 355 万户，其中 500 兆、1000 兆以上宽带接入用户数分别为 98.69 万户、80.23 万户，占比分别为 27.8%、22.6%。移动宽带用户数 1199 万户，移动宽带普及率 126 部 / 百人，其中 5G 用户数 471.2 万户，5G 用户占比 37.9%。年内，佛山市部署工业互联网标识解析设施，在全国率先启用区域二级节点平台，佛山美的、长天思源、奔朗新材料分别牵头建设行业二级节点平台，夯实万物互联基础。建立转型供给资源池，引进和培育熟悉工业场景、集成能力强的平台商、服务商，精准输出高质量、见效快、可复制的转型解决方案。美的美擎工业互联网平台成为佛山首个跨行业跨领域工业互联网平台，上线工业 APP 超 1000 个，服务工业企业超 20 万家，连接设备超 200 万个；另有海尔卡奥斯、徐工汉云等 8 个“双跨”平台落户。有超 100 家国内外知名数字化智能化转型服务商入选佛山市级资源池。截至年底，佛山市累计推动 3849 家规模以上工业企业实施数字化转型，占规模以上工业企业比重 40.77%，创

2022 年，佛山市部署工业互联网标识解析设施，在全国率先启用区域二级节点平台，佛山美的等企业牵头建设行业二级节点平台

（佛山市工业和信息化局供稿）

建1家国家“数字领航”企业、2家世界“灯塔工厂”，打造出48家数字化智能化示范工厂、146个示范车间、超100个标杆示范项目。是年，工业和信息化部公布第十批国家新型工业化产业示范基地名单，佛山市成为全国8个、广东省2个获批国家新型工业化产业示范基地（工业互联网）的城市之一。佛山市入选工信部2022年度千兆城市名单，是广东省4个千兆城市之一，是2022年度珠三角唯一获评的千兆城市。

（佛山市工业和信息化局）

【惠州信息化建设】2022年，惠州市家庭宽带普及率为129.2%，居广东省第一位；宽带建设综合排名全省第四位；5G用户占比41.6%，居全省第二位。农村信息基础设施建设方面，农村光纤用户102万户，建设农村光纤线缆9.2万皮长千米，9928个20户以上自然村光纤网络覆盖率100%，具备千兆光网接入能力，基本实现城乡同网同速。农村地区新建4G基站694座、5G基站512座，打通农村偏远地区通信“最后一公里”，助力乡村振兴发展。推进“3+7”园区、广汕高铁等重点领域5G网络覆盖，全市新建5G基站3394座，建成5G基站10521座，实现5G信号市区、县城、重点工业园区和百强镇核心区域室外连续覆盖、行政村基本覆盖。开展“三线”整治，完成通信线4312皮长千米、电视线469皮长千米、电力线156皮长千米线路整治。

〔惠州市档案馆（惠州市人民政府地方志办公室）〕

【东莞信息化建设】2022年，东莞市信息化建设取得成效，软件和信息技术服务业、电信业务、5G建设进度提升。规模以上互联网和相关服务业、软件和信息技术服务业实现营业收入313.6亿元，比上年增长102.4%。松山湖、南城两个市级软件和信息技术服务业集聚区有规模以上企业97家，占全市比重65%；规模以上企业营业收入220.36亿元，占全市比重70%。华为花瓣云、中软国际、能科科技、鑫蜂维网络（阿里云生态）、一览科技、上海望友、瀚云科技等重点项目落户东莞，为东莞新增营收超140亿元。电信业务总量192.7亿元，比上年增长17.3%。对三大电信运营商2021年电信业务总量增长全年达标奖励项目和2021年下半年电信业务总量稳增长事后奖补3个项目进行奖补900万元，其中东莞电信168.59万元、东莞移动615.85万元、东莞联通115.57万元。全年建成5G基站4300座，累计开通5G基站1.8万座。实现5G基站等通信基础设施建设与市政建设项目“四同步”（同步规划、同步设计、同步施工、同步验收）。

（东莞市人民政府地方志办公室）

【中山信息基础设施建设】2022年，中山市新建5G基站1800座，累计建成开通5G基站8187座，每万人拥有5G基站18.5座，重点场所5G网络通达率100%，5G用户占比38.4%，500兆位每秒及以上用户占比28.1%，达到国家千兆城市评价标准。城市家庭千兆光纤覆盖率217.4%，城市10G-PON（无源光纤网络）端口占比32.6%。全市宽带建设发展综合排名广东省第二位。全市277个20户以上自然村全部实现4G网络和光网覆盖。

（中山市人民政府地方志办公室）

【江门信息基础设施建设】2022年，江门市累计建成移动通信基站4万座，其中5G基站8232座，实现主城区、重要商圈和重点工业园区的5G网络室外连续覆盖。光纤和网络建设方面，是年江门市移动宽带用户523.2万户，其中5G用户206.2万户；固定宽带用户187.5万户，家庭宽带接入用户154.1万户，其中500兆以上宽带接入用户占比20.6%，1000兆以上宽带接入用户占比17.5%，FTTH/O（光纤到户）光纤接入用户178.3万户，累计建成移动通信基站4.0万座，5G基站8232座。制度建设方面，持续发挥市信息基础设施建设工作联席会议制度作用，统筹协调信息基础设施建设计划与实施工作以及信息基础设施建设的具体组织与检查督导，解决基站选址、智慧杆建设和开放公共资源等方面问题。推进5G等新型信息基础设施建设，牵头组织开放江门市免费开放公共物业资源支持信息基础设施建设清单（第三批）。5G应用发展方面，落实《广东省加快5G产业发展行动计划（2019—2022年）》和《江门市促进5G产业发展行动方案（2019—2022）》，根据《江门市5G产业发展扶持资金管理实施细则》，组织2022年度项目申报，促进5G网络、技术、产品与应用融合。是年，江门市按照广东省政务云“1+N+M”的布局，建成广东数字政府政务云江门节点，全市政务云总体运算能力为37308核vCPU、83685 GB内存、2627.31 TB存储，承载信息系统683套，开通虚拟服务器2581台。在2022年省财政厅及省政务服务数据管理局开展的云平台节点项目资金绩效评价工作中，江门市被选为粤西和大湾区代表城市。

（江门市政务服务数据管理局，江门市工业和信息化局）

【肇庆信息基础设施建设】2022年，肇庆市贯彻落实《肇庆市加快5G发展实施方案（2020—2022年）》，推进5G网络、光纤网络建设。全市累计建成开通5G基站6248座，其中2022年新增5G基站2314座，实现全市圩镇5G网络全覆盖和主要工业园区5G网络全覆盖，20户以上自然村光纤网络和4G网络全覆盖。新增建设光缆线路长度10803千米，累计13.7万千米；全市城域互联网出口带宽超6000G。

（肇庆市工业和信息化局）

·智慧城市群建设·

【概况】2022年，广东省打造数据要素流通顺畅的数字大湾区。推行深圳先行示范区数据要素市场化配置改革试点，支持深圳粤港澳大湾区大数据中心建设。在广州南沙、深圳前海、珠海横琴开展“数据海关”试点，探索建立数据跨境审批与管控机制，开展跨境数据流通的审查、评估、监管等工作。其中，广州南沙推进澳门科技大学、香港科技大学科研专线建设，完成澳门科技大学到珠海登陆站的线路连接。以申报国家数据要素市场化配置综合改革试点为契机，争取国家支持广东省建立跨境数据流动、“数据海关”机制。粤港澳合作打造数字湾区。广东省与港澳建立政务服务“跨境通办”工作机制，推进港澳版云闪付、微信香港钱包、支付宝香港钱包、澳门通及中银澳门跨境钱包等港澳移动支付工具在粤港澳大湾区应用。广东省争取国家支持，在汕头设立区域国际通信业务出入口局，与香港合作开展粤港主要跨境公用电信陆缆传输通信更新工作，畅通省内通信出口通道。争取中央网信办同意按“一事一议”的方式支持广州开展跨境数据试点，推动香港科技大学实现广州—香港校区之间语音、数据、视频等数据安全高效传输，澳门科技大学实现分布式校区间组网互联。实施数字贸易工程。广东省培育8个省级数字服务出口基地、100家省数字贸易龙头企业，将粤港澳大湾区全球贸易数字化领航区建设方案上报国务院，是年全省跨境电商进出口额6454亿元，比上年增长95%。强化数字贸易载体培育，重点推动广州市天河中央商务区建设国家数字服务出口基地，并开展省级数字服务出口基地认定，天河商务区集聚科技类企业超2万家，国家高新技术企业超700家，是年全省认定7个省级数字服务出口基地，新增6家出口超千万美元的数字服务出口企业。推进贸易数字化改造，实施“粤贸全球”工程，举办线上展会100余场，吸引1.8万家企业参加。

（摘自《广东年鉴（2023）》）

【香港智慧城市建设】2022年，香港特别行政区政府分阶段完成《香港智慧城市蓝图2.0》中制定的措施。措施聚焦在智慧出行、智慧生活、智慧环境、智慧市民、智慧政府及智慧经济、创新科技应对疫情和智慧乡村先导计划的范畴。

智慧出行方面，香港运输署完成中环及其邻近地区电子道路收费先导计划—可行性研究的顾问合约。根据3座过海隧道调整收费后，周边道路及中环交通情况，以及为打击违例停车及上下客货活动而测试自动交通执法系统的结果，决定何时及如何落实先导计划。政府向13辆自动驾驶车辆颁发62张车辆驶许可证进行测试，并向立法会提交条例草案，为更广泛测试及使用自动驾驶车辆提供法律基础。149条专线小巴路线的营办商推行二维码支付系统，1.8万名的士司机接受电子支付。政府建立专线小巴实时到站信息系统、通过香港出行易流动应用程序以及资料一线通网站，向公众发放预测的交通情况。

智慧生活方面，4月，电子健康纪录互通系统（医健通）有540万人登记，2400个医护机构加入、54200名医护专业人员拥有账户。10月，香港有46400个免费Wi-Fi；快速支付系统（转数快）有1120万个登记，每日平均交易超过100万笔。

智慧环境方面，超声波污泥预处理设施投入服务，以加强污水处理设施内可再生能源的使用。年内完成运作数据收集及表现分析，所得数据有助于扩大超声波污泥预处理技术的应用。防治鼠患试验计划在杨屋道街市推出先导计划，通过应用物联网技术部署无线动态传感器、捕鼠器、鼠饵盒等，加强监察街市内的防鼠及灭鼠工作，并作出针对性改善及跟进工作。香港食物环境卫生署分阶段安装灭鼠装置，于6月开始实施计划，为期一年。

智慧市民方面，政府批准519所中学及294所小学的IT创新实验室计划拨款申请，涉及资助额分别为2.1亿元和6100万元。通过研究人才库资助10200名STEM（科学、技术、工程和数学教育）毕业生从事研发工作，总资助额42亿元。科技人才入境计划批准679个配额和331个签证/进入许可申请。

智慧政府方面，特别行政区政府推动各部门在2025年底前采用智方便，并提升智方便系统，为市民提供更方便和一站式政府电子服务。在发展数码基建方面，计划大幅增加数据中心可用楼面面积。超过1300个机构（包括金融与保险、公用事业、运输、医疗、电信、创新科技等领域）加入网络安全信息共享伙伴计划。香港特别行政区政府各政策局/部门在精准规管计划下为400多项牌照申请中超过90%提供电子牌照服务。在精简政府服务计划下，政策局/部门为900项涉及申请和批核的政府服务中90%提供电子提交选项。香港创新及科技局效率促进办公室拟继续推动政策局/部门持续改革和加快推行电子服务，以优化公共服务及达到2022年10月施政报告提出的两年后政府服务全面电子化的目标。

智慧经济方面，香港旅游业议会（议会）在旅行社信息科技发展配对基金先导计划原有1000万元基础上，获额外拨款3000万元优化计划，包括提高每家旅行社的资助上限至2个项目共20万元、扩大资助范围至涵盖硬件等。

创新科技应对新冠疫情，客运大楼的智能洗手间管理系统于2022年投入使用。该系统利用感应器和数据分析估算洗手间用量，以预先安排清洁工作和补充消耗品。通过一站式医院管理局手机APP“HA Go”处方为不同疾病病人设置遥距康复练习和自我照顾信息。遥距康复服务在所有香港医院管理局医院推行。“HA Go”遥距医疗服务在更多乡村和郊外地区继续试行。

智慧乡村先导计划方面，政府为90个乡村处所提供免费Wi-Fi服务。

3月1日，推出香港法律云端，为设于本港的在线设施，配备先进信息保安技术，提供安全、稳妥及可负担的资料储存服务。政府提供1570万元香港法律云端基金资助符合资格的订户订用香港法律云端，为期3年。截至2022年11月3日，香港法律云端有超过500位订户。

12月22日，香港创新科技及工业局公布《香港创新科技发展蓝图》，提到创科是香港推动数字经济和智慧城市发展的重要支撑。推动经济高质量发展，数字化是必然趋势，也是建设智慧城市的基本元素。（香港历史研究基金会）

【澳门数字政府建设】2022年4月，澳门特别行政区政府整合澳门印务局的法律搜寻系统、澳门行政公职局的“澳门法例资料查询系统”、澳门法务局的“澳门法律网”3个系统，推出新的“搜法易”平台，在保留原有系统功能和优点的同时，增加提供多种搜寻方法和分类项目。4月11日，澳门特别行政区电子政务应用程式“一户通”升级至2.0版本，重新设计技术层面、数据管理及服务呈现结构，同时加强云计算中心运作，保障系统运行稳定，加强以用户为导向，为居民提供更多便民服务。5月25日，“一户通”增设“我的照片”功能，用户可将自拍照和证件照上传，并以电子方式提交近照，方便办理政府线上服务或于线下柜台办理指定公共服务，不须递交实体照片。

是年夏季，澳门教育及青年发展局、澳门体育局等公共部门增加“一户通”作为青少年暑期活动登记和报名方式，超过6000人通过该途径登记。9月1日，《以电子方式送交诉讼文书及支付诉讼费用》生效，在诉讼制度中引入以电子方式送交诉讼文书和支付诉讼费用，便利当事人参与诉讼，提高司法效率。9月6日，“一户通”新增“场地设施预约”及“活动报名”功能，相关申请步骤全程网上进行，用户可随时查询最新资讯、审批进度、抽签结果和申请记录等，并可即时缴费，获取更方便的预约及报名渠道。9月26日，澳门经济及科技发展局通过“一户通”推出电子商标注册证。10月15日，《以电子方式出示驾驶车辆所需文件》生效，驾驶者可选择通过“一户通”以电子方式出示驾驶执照和民事责任保险证明文件，效力等同实体文件。通过绑定“一户通”功能，驾驶者可免除携带车辆识别文件（登记折）、所有权登记凭证、车辆通过定期或特别检验的证明文件。

是年，推出私人公证员公证查证平台服务，将公证文件查证服务由公共公证员拓展至私人公证员，方便公证文件的接收方即时核实文件的真实性，保障交易安全。（澳门基金会）

【广州智慧城市建设】2022年，广州市推进国家新城建试点，出台《广州市基于城市信息模型的智慧城建“十四五”规划》，以CIM（城市信息模型）平台促进建设项目审批服务制度改革，推进BIM（建筑信息模型）建筑设计方案三维电子报批及BIM施工图三维电子审查，并汇聚相关BIM模型到城市信息模型平台，至2022年第三季度完成BIM审图项目724个。推进1300平方千米三维现状信息模型建设。建立覆盖水安全、水环境、水资源管理的水务物联感知体系网，涵盖539个内涝水位及45个视频监测，2419个窨井液位监测，282个闸站、191个泵站工况监测，667个河道水位监测，5个水体水位监测，10个管网流量水质监测；全国首创无水质监测河流的水环境预警模型，差异化巡河预警5024条次，基层巡查人员巡查次数减少24%，重大问题上报率提升7%；智慧排水被住建部列为“新城建”全国专项试点。（广州市工业和信息化局）

【广州数字政府建设】2022年，广州市印发《广州市“数字政府”改革建设实施方案（2022—2023年）》《广州市数字政府统一基础运维管理改革方案》《广州市数字政府政务云管理运营改革方案》等文件，组建国内超大城市首个广州政府数字安全运营中心，推动数字政府改革建设。广州“12345”政府服务热线受理中心被党中央国务院授予“人民满意的公务员集体”称号；2022年全国一体化政务服务能力评估排名“非常高”首位；省级数据交易机构——广州数据交易所落户南沙并挂牌运行。

推进城市数字化治理。“穗智管”对接35个部门115个业务系统，建成智慧党建、经济运行、一网通办、民生服务、医疗卫生、营商环境等24个应用主题，汇聚数据量超71亿条，实现城市运行态势“一屏统观”。创新建立“人、企、地、物、政”5张城市基础要素全景图，为城市运行管理提供精细的城市运行数据支撑。

打造市级网格化智能运行监控中心，实现市—区—镇（街）三级网格化业务联动。建立市区两级人口治理数据赋能新模式，优化人口核查业务，实现基层减负与精细化管理。全国率先以视频智能分析实现“泥头车”超载运输等50多类城市管理问题自动抓拍、智能识别、一键派案。

提升智慧政务服务能力。建设一体化政务服务平台，支撑全市48个部门1675个事项网上申请、1262个事项审批、7个政务大厅和3类专业大厅预约服务。高频常用证照基本全量电子化，实现69类电子证照（信息）调用共享，累计精简106项登记材料。推进减材料工作，全市申请材料免提交比例超过30%。至2022年底，“穗好办”上线惠民利企事项5000余项。实现政务服务线上线下一体化，创新推出“VR政务大厅”、无纸化导办服务、“云窗口”试点应用。

（广州市政务服务数据管理局刘绮璇）

【深圳智慧城市建设】2022年，深圳市推进“新城建”对接“新基建”，项目库有项目140个，投资总额213.844亿元，完成投资额60.35亿元。

上线CIM平台1.0　建成全市域统一的二、三维空间基础底座，构建“两级平台、四级应用”平台框架，完成住房建设、教育、生态环境等领域重点专题空间数据导入CIM平台工作。

城市运行管理服务平台建设　按照住房城乡建设部城市运管服平台建设“两标准一指南”要求，基本完成平台应用体系建设，于11月30日完成预生产上线部署。

城市智能化运行　智慧水务一期初步汇聚45类管理对象、5852个监测站点数据，“数字电网”建设实现全市3900千米输电线路、20多个变电站的精细化建模，燃气智慧物联网管理接入124万户深圳市民燃气表具，前端感知设备实现所有场站和8441千米管线100%覆盖，全市建成多功能智能杆1.8万根，在国内率先发布多功能智能杆政策标准。

“双智”试点　8月，深圳颁布《深圳经济特区智能网联汽车管理条例》，为国内首部智能网联汽车管理法规。强化政策规范赋能、完善车城融合平台、增强物联车联能力建设、提升服务能力，推动智慧城市基础设施与智能网联汽车协同发展。至年底，累计开放智能网联汽车测试道路里程201千米，开放测试道路187条。

智慧社区建设和数字家庭试点　建设智慧物业管理信息平台，编制《智慧物业服务和数据交换规范》，完成9700多个物业管理区域落地地图，形成全市物业管理区域基础数据。龙岗区入选住房城乡建设部、工业和信息化部的全国首批数字家庭建设试点城区。

智能建造与建筑工业化协同发展　10月，深圳入选住房城乡建设部智能建造第一批试点城市，长圳公共住房项目、华润集团总部大厦、腾讯滨海大厦等项目成为智能建造示范项目。推广BIM技术应用，上线“BIM电子招投标系统”，建设全市BIM管理平台，推进人工智能审图试点建设，新开工装配式建筑占新建项目比例位居全国前列。在龙岗区落地“深圳建筑产业生态智谷”，培育智能建造产业生态。

智慧口岸　依托智慧城市和数字政府建设，做好智慧口岸顶层设计，推进建设大口岸综合服务网、口岸智慧大脑、口岸协同运行平台。梳理口岸政务数据资源，整合“海陆空铁”口岸通关量、通关时间、工作人员、口岸资产等口岸一期数据清单200余项，打造口岸数据中台，推进口岸数字化转型。

（深圳市人民政府地方志办公室）

【珠海智慧城市建设】2022年，珠海市加快推进新型智慧城市建设。项目管理方面，规范珠海市智慧城市项目管理，要求智慧城市建设平台公司按照项目管理实施细则要求办理变更和延期手续。全年完成智慧国资、“最珠海”APP、不动产数字公共服务超市平台、智慧能源大数据平台（一期）、智慧市场监管综合服务平台5个项目验收工作。推动珠海市智慧医疗便民服务平台、珠海市视频云平台等5个项目加快完成验收。重点项目成效方面，视频云平台新建人脸摄像机，接入社会视频，建立起视频资源智能化服务体系，支撑航展、抗疫等城市安全保障工作；

“绿水青山一张图”项目以卫星遥感技术为亮点，实现对定量遥感技术与城市综合监测服务实质性应用相结合的创新，支撑国土、规划、应急等部门业务需求；“最珠海”平台推出旅游交通、社保住房、教育医疗、政务办事等 1200 余项民生服务，承办市政府“消费券”“暖心券”发放活动。（珠海市工信局郑琪）

【佛山智慧城市建设】2022 年，佛山市被广东省委、省政府纳入智慧城市综合改革试点，编制出台《佛山市智慧城市综合试点改革工作方案》，提出在“数字 + 科创”“数字 + 兴业”“数字 + 惠民”“数字 + 智城”“数字 + 兴业”5 个方面推进智慧城市建设。推动美的集团创建 2 家“灯塔工厂”，遴选 26 家数字化智能化示范工厂、82 个示范车间、38 个工业互联网标杆示范项目，指导美的厨电等 3 个产业链协同数字化转型试点建设。推进智慧教育，启动佛山市“名师导学”精品微课建设项目工作，开展佛山市中小学校园安全智能化综合管理平台建设。推进智慧医疗，优化“一站式”卫生健康移动综合服务平台，深化电子健康码普及应用，实现佛山市卫生健康领域“一码通用”。优化和推广佛山通城市移动服务平台，推出新市民积分计算器、企业开办选址参考服务等一批便民利企服务新场景，打造“佛山通”品牌。建设“一网统管”城市大脑中枢，打造全市一体化数字政府基础设施公共支撑平台，提供五大类 114 项基础能力大屏，建成 19 个应用专题共 122 个特色子专题。构建“空天地”一体化平台，利用卫星影像、无人机巡航和高点视频等感知手段，配合人工智能平台的图像识别能力，构建城乡融合“空天地”一体化的城市管理体系。建设全市一体化在线政务服务平台，开展“全程网办、全市通办、一件事一次办”等专项改革，至年底，佛山与广州、深圳、珠海、东莞、惠州、中山、江门、肇庆、香港、澳门 10 个粤港澳大湾区城市推进实现 4858 项事项“湾区通办”，涉及佛山可办外地事项 3918 项、外地可办佛山事项 940 项，涵盖企业经营许可、换补领居民身份证等高频服务。推进 5G 网络建设，5G 基站累计建设 1.87 万座，建设规模居全省第四位，为科技创新奠定信息基础。

【佛山数字政府建设】2022 年，佛山市落实《“数字佛山”建设总体规划——佛山市智慧城市和数字政府建设（2021—2025 年）》，加快推进数字政府 2.0 建设，为佛山打造一流营商环境，争当地级市高质量发展领头羊赋能。数字政府基础建设继续加强，佛山市电子政务云平台的市级政务云资源池有物理服务器 346 台（租用资源池 107 台、自建资源池 239 台），可提供 74765 多核中央处理器（CPU）能力，232 太字节（TB）内存能力，7140 太字节（TB）存储能力；承载业务系统 316 个，合计云主机 3771 台。政务数

2022 年，佛山市建设“一网统管”城市大脑中枢，打造全市一体化数字政府基础设施公共支撑平台（佛山市政务服务数据管理局供稿）

据共享开放继续推进，编制政务服务数据资源目录8822个，上报库表数据量超40亿条；在“开放广东”全省政府数据统一开放平台累计开放数据目录3416个，开放数据总量超4600万条。政务服务能力提升，38个部门443项行政许可事项清单印发，政务服务一体机在全市行政村的铺设完成，“粤省事”及“粤商通”平台“佛山益晒你”服务专区上线，人才引进、毕业报到、居住证申领等433个高频业务实现“秒批秒办”。城市智慧治理实现突破，“一网统管”平台为全市提供视频联网平台、时空云平台、城市信息模型（CIM）平台、可视化开发平台等五大类114项基础能力；“空、天、地”一体化平台在试点镇（街道）为城管、水务、环保等8个部门提供违建识别、水域排污巡查等28项服务；城市安全风险综合监测预警平台试点建设桥梁、燃气、消防、排水、电梯、轨道、交通、林火、高危企业九大监测专项。

（佛山市政务服务数据管理局）

【惠州智慧城市建设】2022年，惠州市夯实智慧交通运输发展基础，组建交通运行监测调度中心（TOCC）运营团队，形成TOCC指挥架构及运营团队工作体系；编制TOCC运行报告，开展数据分析应用探索，为实战化提供强大的数据支撑；聚焦市民出行需求，打造全链条“三少一快”的公交出行服务。利用TOCC交通出行大数据，精准优化、共享开放、“三码合一”公交线路服务，实现群众乘车“少步行”“少等待”“少切换”，助力公交优先“快通行”。加强数字化治理，实现应急资源可视化和实时指挥调度，完成道路应急要素上图623处，实现平战结合，快速响应。智慧城管建设加速提档升级，围绕全周期管理和“一网统管”目标，印发城市运行管理服务平台建设方案，申报纳入2023—2025年市级政府投资项目三年滚动计划。加快网格化治理多元融合，共享接入9个部门地理信息等数据407万条、视频1.5万路；纳入智慧城管监管的渣土运输企业84家、渣土运输车2355辆、环卫作业车564辆、在建工地1264个、建筑渣土受纳场所38个。推动一体化指挥调度治理，完成133项城市管理事件处置权责清单，确立“专业优先、系统归口、辖区兜底、执法保障”四大原则，全年调度案件38207件。加快便民服务终端建设，完成门户网站适老化和无障碍改造，“惠民城管通”公众号+小程序便民服务平台上线运行，拓展和畅通民意诉求表达、政务服务办理渠道，“一网统管”“一网通办”更加便捷完善。至年底，完成31个智慧停车场项目建设并投入试运营，新增泊位9209个。63个智慧停车场投入运营，其中全自动机械式停车场15个、自走式停车场48个，新增泊位20018个。全年完成502个停车场（泊位22万个），实现市区大部分停车场泊位互联共享和智能化管理。推出“惠泊车”微信公众号和APP。整合169个路内临时泊车路段、停车位近万个，以及34个路外既有停车场、泊位3291个，通过智慧云平台实现实时监控、统一调度、统一监管。

【惠州数字政府建设】2022年，惠州市利用数据要素市场化配置改革机遇，推进政务服务“一网通办”、市域治理“一网统管”、政府运行“一网协同”、数据资源“一网共享”，数字政府改革建设工作推进，“周六不打烊”服务经验被广东省委改革办形成专报上报中央改革办，“惠减负”专题入选“全国第三届（2022）政务服务软实力·线上线下融合典型案例”，网络安全工作以全省第一名的成绩获评“粤盾-2022”攻防演练“地市优秀防守单位”，网络安全指数评估居全省第三位，全市新增省标杆政务大厅和培育大厅各1个，标杆大厅总数4个、排名全省第二位，“粤复用”上架案例数居全省第三位，“12345”热线获评全国“青年文明号”。

“一网通办”推动营商环境优化取得成效　是年，惠州市推进政务服务事项标准化二次统筹，在全省率先发布实施《市、县、镇、村四级分级分类政务服务标准》，构建“1+7+76+1200”的政务事项分级分类格局。推出“主动办”，实现政策主动精准送达企业群众，实现高龄津贴“免申即享”，惠及全市80周岁以上长者7.81万人。推进个人数字空间应用，在全省率先完成个人数字空间线上用证场景对接，赋能群众公积金、不动产、户政等高频业务办理“少填、少报、少跑”。升级“周六不打烊”服务，服务事项从500余项拓展到800余项，服务层级从市、县（区）延伸到部分镇街，办理业务超21万宗，节约群众工作日时间7万小时。提升帮办效果，全市58个政务服务大厅帮助群众办理“急难愁盼类”“重点项目类”“效能监察类”事项1035宗。提速解决企业困难“直通车”，修订优化《惠州市建立解决企业困难“直通车”工作机制实施方案》，市政府主要领导主持“直通车”现场会，协调解决4家企业4个诉求，问题解决率和满意率提升。建立惠州投资服务总窗口，按照“前台综合咨询、后台连线部门、服务窗口答复”的模式，为投资者提供“一站式”、便捷、高效的服务；在粤商通开设惠州窗口，构建全市招商引资载体导览，为企业提供精准导航投资服务。开展政务大厅常态化督查，发现问题104个，通报、约谈相关责任人30人次，推动政务服务质量提升、营商环境优化。开展政务服务“好差评”活动，参评290万人次，满意率99%。各县（区）同向发力，推动线上线下政务服务规范化便利化。

“一网统管”推动市域治理取得成效　是年，惠州市强化“一网统管”基础建设。完成“粤治慧”平台地市基础版部署，实现基础平台与省平台对接。强化“一网统管”专题建设。市委政法委牵头的社会治理专题列入全省试点；市交通运输局建设的TOCC（交通运行监测调度中心），建成“一中心三平台”，实现“一屏观交通、多方促应用”；市司法局在全省创新增设“立法直通车”小程序，让群众通过“指尖”就能参与立法，实现法规规章“一键可查”，立法建议“一点提交”；市城管执法局智慧城管平台实现城市管理问题常态化调度、采集巡查和处置监督，推动城市管理手段、管理模式、管理理念创新；市财政局的“数字财政”系统拿下第一个上线预算域、第一个实现“预算转指标”、第一个办理支付业务、第一个在全市范围内跑通全类型支付业务的地级市四项全省第一；市公安局在反诈骗领域研发“断卡精灵”数据攻防反诈实战应用，电信诈骗发案数比上年下降15%。

“一网共享”支撑场景应用取得成效　是年，惠州市强化数据共享机制建设。成立市级政务数据共享协调小组，推行“首席数据官”制度，在全市3个县（区）、10个部门实施首席数据官试点工作，新增数据共享订单200单，部门“用数”意识增强。强化数据资源“一网共享”平台建设。市大数据中心归集数据37.35亿条，建成四大基础库和15个专题库，为28个部门33个系统提供53个接口资源和211个库表资源，支撑各级各部门多场景、多元化应用，打造多个数据共享应用亮点。依托“粤省事”，公安、民政部门在全省创新推出“流浪走失人员信息采集服务”；依托人口基准信息库和社保专题库，人社部门建成社保大数据分析风险防控体系，比对数据70多万条，处理违规参保、重复享受和冒领待遇等问题；依托自然人基础库，支撑农业农村部门优化宅基地管理服务，减少群众提交资料以及基层审核工作量（456.77万条数据人工核对转为大数据比对）；依托“惠州看数”平台，接入经济运行、疫情防控等多领域11个部门20个应用，建成掌上端和N个看数维度的数字化工作台，为政府决策提供支持。探索数据要素市场配置改革。完成惠州农商行普惠客群筛查和社保贷2个试点产品验证和龙门农商行公积金贷产品的结果输出，为18个客户申请公积金贷款授信404.83万元。

〔惠州市档案馆（惠州市人民政府地方志办公室）〕

【东莞智慧城市建设】2022年，东莞市围绕“干净、整洁、有序、安全、群众满意”的城市管理目标，综合运用云计算、大数据和物联网等先进技术，分期打造集感知、分析、服务、指挥、监察“五位一体”的智慧城管平台，推进城市管理向精细化、智慧化发展。打造广东省首个市场化运营的数字城管项目，创新“日盘点、周统计、月分析”大数据模式，明晰218项城市运行管理问题处置责任，新增17个部门参与城市管理，形成“大城管”格局。推进一码共治模式，设施赋码1.07万个。首创“e”执法，“红黄绿”三码评价保障“三教而罚”小微执法。推广智信APP，开通账号6783个，上报案件超71万件，实现简易案件自动批转，自动批转率5.1%。利用智能分析共享市雪亮工程视频监控，实现实时监测管理。

（东莞市人民政府地方志办公室）

【中山智慧城市建设】2022年，中山市加快推进城市管理智慧化建设。深化智慧城管平台功能应用，加强视频智能在线抓拍运用，利用中心城区自建带智能抓拍功能的摄像头，结合市政务服务数据管理局视频共享交换及智能分析平台，实现城市管理问题自动感知，使用视频平台发现案件5000件，提升城市感知能力。全年通过智慧城管平台受理各类城市管理问题3.5万件，办结率95.8%。创新智慧化管理措施，加强中心城区古树名木精细化管理，利用微信小程序建设古树名木全流程信息化管理平台，提升古树名木的管理水平，该项目获第十届广东省市直机关先锋杯工作创新大赛中山赛区三等奖。完成古树名木全流程信息化管理平台建设，中心城区321棵古树名木数据全部录入，推进养护、复壮、迁移等作业精细化管理。推动城市管理重点信息化项目建设。推进违法用地和违法建设行为“两违”联合执法平台建设，结合无人机巡查动态监测技术、云计算、人工智能（AI）等技术，实现各类变化图斑全生命周期管理。推动公园智慧管理系统建设，节假日实行公园周边自动识别预约车辆、公交车直接进园、停车场关闭即走、保安交警加强联勤等措施，缓解公园周边交通拥堵问题。推进智能责任牌项目建设，在全市24条示范街安装智能责任牌，加强市容环境卫生责任区管理。推进垃圾处理全流程监管项目建设，实现垃圾“全覆盖、全流程、分层次”管理。加快推进城市大脑城市管理专题建设，推动实现实时掌控城市态势。统筹谋划数字乡村“中山方案”，推动南朗街道左步村国家AAA级旅游景区、横栏镇“互联网＋花木产业”和沙溪V+龙瑞互联网产业园等多个镇（街道）因地制宜打造数字乡村建设“模板”。创新开展全民数字素养和技能提升有奖答题活动，通过中山发布和网信中山两个平台，累计参与人数近8万人次，以答促学。开展“数字化赋能乡村振兴”“数字教育培训资源开放共享行动”“数字教育大讲堂”等主题活动。

（中山市人民政府地方志办公室）

【江门智慧城市建设】2022年6月9日，广东省数字政府市域社会治理“一网统管”示范区和数据要素市场化配置改革试验区揭牌暨首张融合数据元件的数据资产凭证发布活动在江门举行。其间，江门颁发全国首张融合数据元件的数据资产凭证。是年，江门市完成“粤治慧”江门节点基础平台部署，对接经济运行、水利、应急管理等15个专题应用，汇聚部门数据100余万条；完成融合通信基础平台和物联感知平台部署，整合全市视频、音频等通信资源，接入城市部件感知终端。重视基层实战经验，选取江海、鹤山为县域治理“一网统管”试点，建成一批县域属地特色专题。

（江门市政务服务数据管理局）

【肇庆智慧城市建设】2022年，肇庆市完成常态化开展文明城市创建实际考察点位视频监控（鼎湖和高要）设施建设、系统等级保护测评工作、肇庆市城区信息采集服务项目（二期）以及肇庆市市级数字化城市管理平台信息系统三年运维服务项目采购工作。全市数字化城管平台监督指挥成效显著，收到案件123.33万件，立案120.00万件，派遣120.00万件；应结案119.98

万件，结案 119.27 万件，结案率 99.41%。

（肇庆市城市管理和综合执法局）

【佛山市“智慧城市”联合创新实验室揭牌】2022 年 12 月 7 日，佛山市举行“智慧城市”联合创新实验室揭牌仪式，佛山科学技术学院、佛山职业技术学院、顺德职业技术学院、广东东软学院 4 个分中心获授牌。该实验室主要打造五大平台：协同研究交流平台，设置专项研究课题，举办学术会议，建设科研资源池，推动跨实验室联动；技术测试平台，聚焦网络、数据和应用等场景，进行技术演练与模拟测试；创新资源汇聚平台，探索数据开放、共享和融合机制，汇集各方优势资源；数据要素市场化配置改革平台，探索数据要素赋能实体经济发展；数字化人才培养平台，为企业、高校的创新实验、课题研究和学生实习提供应用场景，促进人才培养。佛山市政务服务数据管理局主导成立佛山市“智慧城市”联合创新实验室，总部设在佛山公交大厦。（佛山年鉴社）

【中山打造“1+N”网络运作服务架构】2022 年，中山市推动电子政务外网、电子政务云、大数据中心、国产化 PC 终端等建设，引入国内网络安全新产品、新技术和新能力，构建全市党政部门横向一体、省市镇村四级纵深覆盖，统一安全防护的电子政务外网，强化政务侧重点基础设施建设，从底层构建更加安全的数字政府基础底座。在广东省率先打造“1+N”（1 家骨干服务商 +N 家接入服务商）网络运作服务架构，对中山市整张电子政务外网进行“优化、扩容、加固、演进”，完善政务云网联动的安全能力，提高网络利用效率及业务快速响应能力和承载能力。4 月，电子政务外网案例在工信部组织的全国首届“光华杯”千兆光网应用创新大赛中获全国总决赛二等奖。

（中山市人民政府地方志办公室）

·网络安全保障·

【概况】2022 年，广东省加强网络安全保障体系和能力建设。加强互联网基础管理，深化 APP 综合治理，与相关部门协同开展“扫黄打非”“打击跨境赌博”“整治虚假违法广告”等专项行动，处置违法违规网站和域名 63.54 万个。治理虚拟货币。处置“挖矿”IP 地址 10 万个，广东“挖矿”IP 地址下降数量及下降幅度均居全国第一位。助力提升企业网络安全防护能力。开展“广东省工业企业网络数据安全技术支撑单位”遴选工作，12 家企业入选。（广东省通信管理局）

【香港网络安全保障】2022 年，香港特别行政区政府加强网络安全保障，确保政府系统和服务可持续正常运作。

针对全球有针对性和有组织的网络攻击，政府资讯科技总监办公室（简称资科办）制定《政府信息科技保安政策及指引》，并参照最新国际标准及业界良好作业模式定期检查和更新。资科办定期为政府各决策局 / 部门进行审计，确保其信息系统遵循相关保安规定。

在技术层面，政府从整体的信息保安措施着手，应对各类型网络安全威胁。2020 年 9 月，推出新一代政府私有云端基建平台，至 2022 年，支援超过 350 项数码政府服务。政府网站及系统均采用多层保安措施，包括资料加密、防火墙、内容传递网络、抵御分散式阻断服务攻击的清洗功能、入侵侦测及防御系统、抗恶意软件、端点保护方式、实时监测工具等，可侦察、堵截和抵御各种保安威胁。采用垃圾邮件过滤系统，以抵御恶意电邮攻击。

为应对紧急事故，资科办成立政府计算机保安事故协调中心，协助和协调各部门处理计算机紧急应变及事故的工作。资科办每年举办跨部门网络安全演习，以加强政府各个部门防御和应对网络安全事故的能力。政府计算机保安事故协调中心与警方、香港计算机保安事故协调中心和香港互联网注册管理有限公司合作，加强市民对网络安全的认识。网络安全及科技罪案调查科与社区、相关人员及海外执法机关，共同打击科技罪案和维护香港网络安全。香港政府加强与内地和其他地区在网络安全方面合作和信息分享，及时应对网络安全威胁。资科办加入全球保安事故协调中心组织和亚太区计算机保安事故协调组织等，并与国家互联网应急中心保持紧密交流合作，通报网络安全情报。

（香港历史研究基金会）

【广州网络安全保障】2022年，广州市修订《广州市网络安全事件应急预案》，遴选网络安全应急联动机构28个，完善网络安全应急体系。落实重要活动期间网络安全保障工作要求，完成党的二十大、北京冬奥会和第131、第132届广交会等重要时期网络安全保障工作。联合开展网络与数据安全抽查，排查整改重要信息系统问题隐患364项，组织网络安全攻防演练，提升重要信息系统网络安全防护能力。加强网络安全监测预警和应急处置，全年发出预警通报2239个，处置网络安全事件369起，避免网络安全事件对公共安全造成重大影响和损失。组织网络安全宣传周系列活动，宣传覆盖累计超过2000万人次，提升全民网络安全防护意识和技能水平。完成广州市网络安全综合监管平台建设，形成“一个平台、两大支撑、三大能力”的网络空间安全综合监管和治理格局。

（广州市政务服务数据管理局）

【深圳网络安全监管】2022年，深圳市于每季度组织开展网络安全和保密检查。市检察机关落实网络安全工作责任制，完成等级保护、分级保护、密码测评，开展应急安全演练，开展网络安全防护和检查，开展电子证据技术协助。市审计部门完成“深蓝–2022”网络安全实战攻防演练，组织开展网络安全和信息化建设审计项目。（深圳市人民政府地方志办公室）

【珠海网络安全保障】2022年，珠海市加强对关键信息基础设施网络安全工作统筹。召开2022年珠海市网络安全协调工作机制和关键信息基础设施安全保护协调会议，专题部署全市关键信息基础设施安全防护工作。落实个人信息和重要信息数据存储要求。对全市网络平台运营情况进行摸底排查，加强对个人信息重要数据流动管理，防范重要数据泄露和滥用风险。开展重要系统应对和数据备份评估工作。市委网信办会同市公安局、市政数局等单位对智慧珠海云计算中心和珠海市“数字政府”政务云开展系统应对和数据备份评估工作。联合举办“御海”攻防演练，查找数字政府网络安全漏洞，并全部督促整改到位。强化应急处置。组建全市首批网络空间安全应急技术支撑单位，提升网络安全应急保障能力。利用网络安全态势感知平台，汇聚整合各类网络安全数据资源，依托大数据技术进行信息汇聚、研判分析、预警通报、应急指挥、协调处置，保障网络信息安全。

（珠海市委网信办王晨旭）

【佛山网络安全保障】2022年，佛山市健全网络安全工作体系，加强网络安全工作研究部署，提升网络安全保障能力，推动数据和个人信息安全。全年全市网络与信息安全形势总体平稳。佛山市委网信办联合佛山传媒集团，打造佛山市网安宣传品牌“E网同心”，通过邀请相关职能部门、网络安全专家上线佛山电台FM94.6频率《早晨从946出发》节目，以及佛山电台企业服务类节目《946商学院》专题栏目，融合广播、新媒体资源，扩展提升宣传效果。举办2022年度网络安全事件应急演练暨“飞鸿杯”网络安全大赛，以全佛山网络地址为攻击对象，在真实环境下开展攻防对抗，重点涉及全市200个单位，检验相关政务信息系统、重点行业信息系统的网络安全防护和应急处置能力。举办“启沅杯”2022年佛山市工业互联网安全技能竞赛。举办2022年国家网络安全宣传周活动，围绕“网络安全为人民，网络安全靠人民”主题，结合网络知识普法、网络安全教育、网络素养提升、网络正能量传播等重点工作，通过数字化交互、沉浸式体验、多元化呈现等形式，开展一系列网络宣传活动。在全市范围内遴选出一批高水平网络安全讲师，通过各种形式的讲授，服务佛山市网络数据安全培训工作。

（佛山市委网信办）

【惠州网络安全管理】2022 年，惠州信息基础设施建设和安全管理取得成效。推进电子政务云管理，逐步完善“全市一朵云”架构，推动政务云县（区）分节点建设工作，云主机提供 1262 台分机，为 67 个单位、256 个应用系统提供支撑。加强党的二十大等重要节点网络安全防护，举办“惠盾 –2022”网络安全演练，在“粤盾 –2022”广东省数字政府网络安全攻防演练工作中，获评全省优秀防守单位，完成党的二十大等重要时期安全保障服务任务。

〔惠州市档案馆（惠州市人民政府地方志办公室）〕

【东莞网络安全保障】2022 年，东莞市推进网络强市建设，构筑网络安全保障，健全完善网络安全处置协同工作机制，修订《东莞市网络安全事件应急预案》。加快建设市网络安全态势感知与协调指挥平台，实现主动监测、及时预警、统筹指挥。开展为期 6 个月的“莞盾 –2022”攻防演练活动，对 250 个靶标系统发起 2400 次模拟实战攻击，发现、整改涉 142 个系统共 153 处安全隐患，强化数字政府防护能力。推动北斗卫星导航系统应用工作，探索开展 IPv6［Internet Protocol Version 6（互联网协议第 6 版）］网络升级改造。部署开展关键信息基础设施、重要信息系统网络安全检查、弱口令安全隐患排查等 11 个专项检查，全年发布网络安全预警 12 次、网络安全通报 69 份，现场处置网络安全事件 11 件，全市各级各部门网络安全责任意识和防御处置能力提升。

（东莞市人民政府地方志办公室）

【中山网络安全保障体系建设】2022 年，中山市完善网络安全保障体系建设，防范化解网络安全风险隐患，加大网络安全应急处置力度，筑牢网络安全防护屏障。强化技术防范，加强网络安全协调联动，开展“香山网盾 –2022”网络安全攻防实战演练，强化应急响应能力。年内，中山市政务服务数据管理局被广东省政府评为“粤盾 –2022”广东省电子政务网络安全攻防演练“优秀防守单位”。创新推出中山政务终端零信任管控方案，并落地全国首个样板点。组织开展全市网络安全检查，对教育、卫生等重点行业开展网络安全和数据安全专项检查。创新打造网络安全应急响应联动平台，实现监测通报、整改处置等全闭环管理“一平台”操作。利用网络空间测绘技术，探索绘制全市网络资产“地图”。着眼人才培养，首次颁发“首席网络安全官”聘书、首次建立“香山网安共建网”，探索打造政企校合作人才培养新高地。提升技能素养，举办中山市第二届“香山杯”网络安全大赛，吸引中山社会各界超 300 名选手组队参加。加强网络安全法律法规学习宣传普及，编制《网信领域法律法规汇编》，开展网络安全宣传周活动，策划六大主题日活动，举办活动 150 余场。

（中山市人民政府地方志办公室）

【江门网络安全保障】2022 年，江门市筑牢数字政府网络安全屏障。4 月，印发《江门市电子政务外网网络与信息安全事件应急预案》。12 月，编制《江门市“数字政府”网络安全体系建设总体规划（2022—2024 年）》，明确建设目标及内容，落实配套措施，完善网络安全体系建设。落实重点时期 24 小时值班值守，开展应急处置演练，确保北京冬奥会和冬残奥会、党的二十大、重大节假日等重点时期政务外网网络安全稳定运行。市政务服务数据管理局联合市委网信办、市公安局组建江门市防守队，参加“粤盾 –2022”广东省数字政府网络安全攻防演练，在广东省 21 个地市中排名第二位。

（江门市政务服务数据管理局）

【肇庆网络安全保障】2022年，肇庆市落实网络安全工作责任，落实《中华人民共和国网络安全法》《中华人民共和国数据安全法》等法律法规，依法治网管网，在2021—2022年度广东省落实网络安全工作责任制考核中与广州、深圳、珠海并列地级以上市第一位。强化网络安全监测处置，抓好网络安全重大事件预防工作，开展肇庆市数字政府网络安全攻防演练，在“粤盾”攻防演练中连续3年获得广东省网络安全攻防演练优秀防守单位称号。举办以“网络安全为人民　网络安全靠人民”为主题的2022年肇庆市网络安全宣传周活动。加大对自媒体的管理力度，压实网络平台主体责任，组织召开季度座谈会4次，签订《互联网行业自律公约》23份。联合市公安网警到率性论坛、美食部落、肇庆零距离等网络平台检查18批次，约谈重点平台、人员6批次。全年未发生重大网络舆情事件。

12月20日，肇庆市首个互联网辟谣平台上线，打造“延伸触角、打破壁垒、靶向发力、矩阵发声”的集谣言举报、辟谣信息发布、谣言信息收集于一体的辟谣信息综合平台，抢占辟谣引导“主动权”。（肇庆市委网信办）

【工业互联网安全职工技能竞赛】2022年12月21日，“启沅杯”2022年佛山市工业互联网安全技能竞赛在佛山市顺德区举行。该次竞赛由佛山市委网信办联合佛山市工业和信息化局、佛山市公安局、佛山市总工会、佛山市顺德区委宣传部（佛山市顺德区互联网信息办公室）联合主办，主要围绕工业互联网场景的漏洞挖掘及漏洞利用等内容展开，面向佛山企业征集工业互联网安全应用场景的优秀案例，涵盖工业控制场景、智能家电场景、工厂数据采集和控制场景、火力发电场景、博流数据库数据安全管理场景、高安全专网系统场景、工业攻防演示试验箱系统场景、工业互联网标识解析场景等。大赛吸引60多家企业报名参赛。30支队伍入围决赛，最终选拔出冠军、亚军、季军、第四名、第五名各1名。获前三名的队伍和选手分别由市总工会授予佛山市职工（工业互联网安全）技能竞赛“优胜团队”和“技术能手”称号。

（佛山市委网信办）

能源安全保障体系建设

·能源供应·

【概况】2022年，广东省天然气年消费量143亿立方米，液化石油气供应量240万吨。至年底，全省建成市政燃气管道5万千米，城市燃气接收门站42座，调压站40座，气化站151座，储配站628座，加气站104座，其他场站（含供应站等）3015座。16个地市“市市通”主干管网接驳管线工程实现通气，61个县级行政区开展“县县通”主干管网接驳工程建设，4个县级行政区实现通气。全省燃气管道等老化更新改造开工项目150个，改造完成市政管道0.78千米、庭院管道22.8千米、立管34.24千米、用户设施2.14万户。（广东省住房城乡建设厅）

【香港电气供应】香港电灯有限公司（简称港灯）负责供电给香港岛及邻近的鸭脷洲和南丫岛；中华电力有限公司（简称中电）供电给九龙和新界，包括大屿山和多个离岛。2家电力公司供应的电力是50赫兹交流电，供电电压是220伏特单相及380伏特三相。港灯与中电各自拥有输配电网，两个电网由跨海电缆连接。联网系统除可提供紧急电力支援外，还可使两家电力公司共享部分发电储备。联网电缆总输电量为720兆伏安。中电输电系统也与广东省电网相连，既可从广东省输入电力，也可向广东省输出电力。中电还从大亚湾核电站输入电力，核电站设有两座984兆瓦压水式反应堆，所生产的电量中70%输送给中电。此外，中电在2014年至2023年期间以临时形式，从大亚湾核电站多输入一成电力。中电还拥有位于从化的广州抽水蓄能电站第一期1200兆瓦发电量中一半使用权。青山发电有限公司的发电厂和大亚湾核电站在非用电高峰时段所产生的电力，由从化的抽水蓄能电站储存起来，抽水蓄能电站在用电高峰时段提供水力发电，以应付香港的电力需求。

住宅和工商业使用的气体燃料，以煤气和石油气为主。香港使用的石油气主要从海路输入，先储存于青衣的5个石油气库，再输送给用户，有70个车用石油气加气站。天然气经海底管道，从内地输送至龙鼓滩发电厂和南丫岛发电厂，以作发电之用。此外，天然气输送至大埔厂房，经地底管道由大埔输送至马头角厂房，用作煤气生产。另外，中电也经香港支线，从海底输入来自内地“西气东输”二线管道的天然气。

（香港历史研究基金会）

【澳门能源供应体系】电力　澳门的电力供应由澳门电力股份有限公司（简称澳电）专营，输电网由27座主变电站及8座客户高压开关站，以及长1072千米的66千伏、110千伏及220千伏高压电缆所组成。粤澳电网通过8回220千伏主供线路及4回110千伏备用线路相连。2022年11月25日，粤澳联网220千伏第三通道投产。第三通道由澳电与中国南方电网共同建设，连接澳门北安变电站与珠海烟墩变电站，从而形成粤澳电网“北、中、南”三通道格局，输电能力提升至170万千瓦。11千伏的中压配电网由1697个客户变电房及46客户开关站，连接2681千米长的电缆组成。低压配电网由1011千米长的电缆组成，公共照明电网由605千米长的电缆及16536盏路灯组成。

澳电发电设施主要由2座发电厂组成，分别为位于路环岛上的路环发电厂A厂和路环发电厂B厂，其额定装机容量分别为271.4兆瓦和136.4兆瓦。路环发电厂A厂使用低速柴油发电机组，路环发电厂B厂使用复式循环燃气轮机组。2座发电厂设备容量分别占澳电总设备容量的66.6%和33.4%，2022年发电量各占澳电总发电量的7%和93%。

是年，澳门总用电量为5442吉瓦时，最大负荷为986兆瓦，总装机容量408兆瓦，总用电量增长率比上年下降3.7%。在澳门用电的能源结构中，有4874吉瓦时从中国南方电网购入（占比89.56%），406吉瓦时由澳电自行发电（占比7.46%），162吉瓦时从澳门垃圾焚化中心购入（占比2.97%），其余为光伏发电（占比0.003%）。是年，澳电有276522家客户，比上年增长0.7%，其中73.38%为商业客户、24.27%为住宅客户、2.33%为工业客户、0.02%为电动车客户。

是年，澳电推进新调度中心大楼项目及新一代数据采集与监控系统（SCADA）/能源管理系统（EMS）/配电管理系统（DMS）项目；完成智慧变电房试点项目；开始建设新的海水冷却系统；启用电网工程管理移动应用程序，完成373个工作流程的梳理、整合，实现超过1万个电网施工及运维数据点的可视化，覆盖36种电网关键资产，实现电网工程数字化管理，促进管理模式及作业方式转变，为未来资产管理数字化打下基础。是年，澳电更换57000多台智能电表，全澳智能电表数量突破13万台，占总客户数48%。

天然气　澳门特别行政区天然气批发供应公共服务批给合同于2022年1月1日起生效，供应商由澳门城市燃气有限公司（简称澳门城燃）承接。澳门城燃由南光天然气有限公司和中国石化长城燃气投资有限公司合资成立、经营。

3月26日，氹仔至澳门半岛天然气过海管道定向穿越成功，有助于解决澳门天然气应用的关键难点问题。过海管道入出土点分别位于澳门半岛西湾湖南侧和氹仔海滨休憩区，全长2千米。管道最深穿越处在海平面以下58米，为澳门最长、难度最大的定向钻穿越工程。至年底，建成天然气低压管线76.68千米，天然气管网覆盖率73%。

是年，澳门城燃与中国电子信息产业集团有限公司合作，开发全国首个国产化数据采集与监视控制系统（SCADA系统）并投入运营，提升澳门城市燃气设施监控系统的安全性。该项目被评为中国自动化领域年度最具影响力工程项目。

澳门的天然气主要用于电力生产。是年，输入天然气1.17亿立方米，比上年增长37.2%；消耗量为1.20亿立方米，其中用于电力生产1.01亿立方米，分别增长40.1%和49.6%。

能源效益和节能　2022年，澳门有5031辆电动车，比上年增长1.1倍，占全澳机动车总数2%。其中，3035辆为轻型车辆、820辆为重型车辆，轻型摩托车有200辆，重型摩托车976辆。是年，澳电在澳门56个公共停车场新增电动车充电设备，充电基础建设总数为2000个，覆盖全澳超过90%公共停车场，于42个公共停车场新增500个电动摩托车充电位，所有充电服务升级至云平台。

为推动太阳能光伏发电，澳门特别行政区政府在上网电价和光伏电力收购合同设置优惠条款，鼓励安装相关系统以逐步扩大绿色能源的使用。在澳门房屋局、旅游学院、印务局和濠江花园建筑物上，以及氹仔客运码头停车棚上安装太阳能光伏系统。（澳门基金会）

【广州能源供应体系】燃气供应　2022年，广州市新增管道燃气居民安装用户18.06万户，全市城镇居民覆盖用户46.59万户。在广东省率先成立城镇燃气安全专业委员会，开展城镇燃气安全排查整治行动，完成燃气管网更新改造，检查燃气企业6940家次、燃气场站13387个次、公共场所14.7万个次、工地11848个次，巡查燃气管线80万余千米次，发现问题隐患3.6万余处并全部整改。聚焦用气餐饮场所和城中村、出租屋用户端燃气安全，推进近7万个用气餐饮场所全覆盖安装可燃气体浓度报警装置，排查整治居民用户320万户次，拆除不合格燃气热水器4210台。

电力供应　2022年，广州全口径用户平均停电时间0.33小时/户，比上年下降54%，连续14年保持全国主要城市前十位，低于纽约、伦敦、旧金山等城市，达到国际先进水平。海珠琶洲及大学城、增城挂绿新城等区域实现“零停电”，黄埔科学城、中新知识城、明珠工业园等区域停电时间小于2分钟，越秀、荔湾全区供电可靠率99.999%，完成12个高可靠性示范区建设。开展北部山区从化局专项攻坚，全口径平均停电时间进入1小时。全年终端正确动作率及遥控成功率等基础指标达95%以上，自愈复电成效50.6%，提升供电可靠性指标0.277小时，自愈成效处于南方电网公司地级市公司领先水平。不停电作业次数30043次，减少用户平均停电时间5.67小时。中压线路故障率1.611次/（百千米·年），比上年下降23.16%。重复停电用户比例4.07%，比上年下降48.85%。是年，在广东省和广州市社情民意调查政府公共服务满意度评价中，广州市供电服务满意度获十四连冠和二十二连冠，第三方客户满意度获88分。升级用电营商环境改革举措，广州“获得电力”从1.0版升至5.0版，创新打造广州“四办”举措等一批全国可复制推广经验，相关做法收录于国家能源局《全面提升“获得电力”服务水平专刊》并全国推广。率先在“获得电力”领域立法，打造世界一流用电营商环境典型经验被国务院职改办专刊收录。推进电力外线工程高压并联审批5个工作日办结、低压免审批常态化运转。搭建绿色用能服务平台，对接数字政府，共享项目信息，主动获取企业用电需求，提早为企业提供用电服务。推行“互联网+电力服务”，推广电子证照、电子签章和电子合同的应用，实现“零证办电”“刷脸签约”，推动供电领域电子签章与广州市区块链可信认证平台对接；创新“信用+供电服务”办电模式，推出“信易电”服务，将线下业务转为线上。建立市区两级“地方政府+供电企业”联席办公室，在加快推进项目投产过程中迭代更新“获得电力”改革举措。推行电水气热网公共服务“一次办”，整合踏勘、设计、施工、验收等服务。印发《关于金融支持企业碳账户体系建设的指导意见》，基于“穗碳计算器”小程序助力企业碳排放行为闭环应用、行业碳排放核算和区域碳排放监测。组建市负荷管理中心，完成新型电力负荷管理系统平台建设，推进多元负荷需求侧资源（可中断、可转移、可调节负荷）改造。发布全国首个电力需求响应责任保险产品。贡献电能替代年电量7015万千瓦时。推进电能替代及节能降耗技术研究和推广，开展电能替代客户分析，建立电能替代产品信息库。广州供电局联合中国通信工业协会数据中心委员会、中国IDC圈和广州市节能协会举办广州数据中心节能降耗技术交流会。

城市供水　2022年，广州市保障好城乡供水安全。至年底，全市有自来水厂37座，综合生产能力848.57万立方米/日，出厂水水质合格率100%，管网水水质合格率100%，水质综合合格率99.99%，集中供水普及率100%。提升水资源保障能力，牛路水库应急备用水源工程封顶，北江引水工程（水源工程）形象进度71.25%，珠三角水资源配置工程南沙段形象进度77.56%。推进城乡供水改造，至年底，全市累计完成市政老化供水管网改造196.6千米，完成249个行政村的农村供水改造，完成12.3万户2000年前建设“既无物业管理又无加压设施”的老旧用户共用用水设施改造。是年，广州市在广东省营商环境评价中获得用水指标得分获全省第一名，入选国家公共供水管网漏损治理重点城市，申报国家再生水利用配置试点。2021年底至2022年初，广州市应对东江60年一遇旱情，落实《2021—2022年广州市抗旱防咸保供水工作方案》，通过建设四大应急供水工程（增城区柯灯山水厂二期工程、黄埔区柯灯山水厂转供水加压站工程、刘屋洲水源泵站应急蓄水建设工程、穗云水厂至黄埔区DN1400抗旱应急供水管建设工程），加强节水宣传和再生水利用，及时发布水源预警信息，精准保障重点人群用水等措施，保障城乡供水安全稳定。

（广州市城市管理和综合执法局；广州供电局；广州市水务局林淑）

【深圳能源供应体系】2022年，深圳供电局承担深圳市及深汕特别合作区的供电任务，供电面积2421平方千米，供电客户374万户；有110千伏及以上变电站282座，110千伏及以上输电线路5416千米。供电密度全国最大，为全国第五个最高负荷突破2000万千瓦及供用电量双双突破1000亿千瓦时的城市电网，负荷密度1.07万千瓦/平方千米，居全国大中城市首位。深圳电网是西电东送的典型受端城市电网，与香港电网多电压等级互联，管辖内拥有核电、气电及新能源等多种结构电源，非化石能源发电量占全社会用电量58.2%，电力占终端能源消费比重47%，均高于全国及广东省平均水平。改革创新全国领先，为全国首个开展输配电价改革试点、全国“双百企业”中唯一供电企业。至年底，深圳燃气集团在深圳地区有管道天然气用户419.88万户。

是年，深圳地区供应管道天然气22.55亿立方米，其中向城市燃气用户供应11.15亿立方米，向电厂用户供应10.76亿立方米，外输东莞惠州0.65亿立方米。深圳市天然气气源主要有西气东输二线、广东大鹏LNG接收站一期气源、广东大鹏LNG接收站TUA（液化天然气接收站使用协议）气源、国家管网深圳LNG接收站、深圳市天然气储备与调峰库等。至年底，深圳燃气在深圳地区拥有瓶装气居民用户在册客户46.6万户（其中一年以内有用气的活跃用户27万户），在深圳地区供应瓶装液化石油气4.25万吨，批发液化石油气57.56万吨。至年底，深圳燃气在深圳地区运营燃气管线8873千米，其中高压、次高压管网342千米，中压管网6853千米，低压管网1678千米，市政管网覆盖率90.92%。

（深圳市人民政府地方志办公室）

【珠海电力供应】2022年，珠海市可再生能源装机规模扩大。全市发电装机总容量666.28万千瓦。其中，煤电装机容量为262.4万千瓦，占全市发电装机总容量的39.4%，比上年减少2个百分点；风电、光伏发电等可再生能源电力装机容量94.4万千瓦，占全市发电装机总容量的14.2%，增加3个百分点。

（珠海市发展改革局李洛晞）

【佛山能源供应结构】2022年，佛山市电网运行正常，电力供应充裕。全年完成供电量777.35亿千瓦时，比上年增长1.12%；完成售电量758.11亿千瓦时，增长1.17%；综合线损率2.48%。全年全市全社会用电量758.91亿千瓦时，比上年下降2.8%。全市居民用电量122.92亿千瓦时，比上年增长4.19%。清洁能源发电量51.16亿千瓦时，减少电煤消耗164.1万吨、减排二氧化碳436.4万吨。

是年，佛山市新增天然气管网210千米，累计建有天然气管道6432千米，管道天然气消耗量32.92亿立方米。全市高压输配系统建成运行的液化天然气（LNG）储配站有9座，调压站11座，门站5座（包括南庄门站、明城门站、芦苞门站、杏坛门站、新城门站）。全市天然气通气居民用户数163万户，比上年增加17万户。管道天然气普及率为58%，比上年增加5.98个百分点。全市有瓶装液化石油气企业23家，液化石油气储配站22个，瓶装液化石油气供应站243个，全年全市液化石油消费量约50万吨。全市有投产使用的汽车加气站11个，其中南海区5个、顺德区4个、高明区1个、三水区1个。全市新建成的车用加氢站8个，其中禅城区1个、南海区4个、高明区3个。

至年底，佛山市并网光伏发电项目规模168万千瓦，排名广东省第二，占全省（1590万千瓦）的11%。其中，分布式光伏项目规模158万千瓦，分布式光伏项目并网规模居全省第一位，占全省（753万千瓦）的21%。

（佛山市供电局；佛山市住建局；佛山市发展和改革局）

【惠州能源供应】2022年，《惠州市能源发展“十四五”规划》《惠州市节能“十四五”节能减排实施方案》《惠州市成品油分销体系“十四五”发展规划（2021—2025年）》《惠州市关于进一步提升“获得电力”服务水平　持续优化用电营商环境工作方案》等印发，统筹推进全市能源行业管理。深化“放管服”改革，提升能源领域行政审批效能；推动各县（区）政府加快成立提升“获得电力”工作机构，通过定期会议或合署办公的形式，实体化运转联席办公室；深化“三零”与“三省”服务，实行“以租代建”，推广“临电租赁”，压减办电时间、简化办电流程，提高供电可靠性，电力用户“获得电力”便利度提高。

是年，惠州市成立煤电油气运保障工作协调机制，负责协调煤电油气运重大问题，强化能源供应保障。组建惠州市保障电力供应协调领导小组，通过推进新型电力系统示范区建设、培育需求侧响应能力、建立全市火电企业督导机制、加快电源电网建设等形式保障电力稳定供应。通过对成品油市场监测，适时调度油品资源，成品油未出现断供限购情况。制定《惠州市天然气“压非保民”保供应急预案》，督促各县（区）和城燃企业因地制宜制定有序用气方案，制定可中断用户清单并动态调整，组织各城燃企业开展压非保民应急演练，保障全

2022年8月22日，惠州LNG接收站项目建设现场举行LNG储罐气顶升活动
（惠州市能源和重点项目局供稿）

市民生用气稳定。

〔惠州市档案馆（惠州市人民政府地方志办公室）〕

【东莞能源供应结构】2022年，东莞市推动一流电网千日攻坚行动，加快建设重大能源项目，推进电力安全有序供应，全年电力供应最高负荷1919.73万千瓦，比上年增长3.77%，供电量959.02亿千瓦时，未发生错峰用电。推动东莞三联电厂纳入应急备用电源，协调蓝月电厂两台机组并网发电，提高供应能力35万千瓦。完成洪梅电厂等本地电源送出线路工程核准，缓解供电偏紧形势。全市城镇天然气供气总量16.7亿立方米，瓶装液化石油气供气总量36.6万吨，天然气汽车加气总量0.19亿立方米，新建市政中压燃气管道133.7千米，全市燃气普及率99%。组织广东省燃气专家完成5100千米高、中、低压燃气管网评估工作，以及全市9.2千米老旧管道重新敷设和改造工程，协调广东省特种设备检测研究院协同省内专家完成227千米高压管道检测任务。完成全市22个瓶装液化石油气储配站及385个在营供应站的安全检查评估及隐患整改工作。推进老旧小区"瓶改管"建设，印发《关于加快推进老旧小区加装管道天然气工作的通知》《关于加快推进东莞市老旧小区加装管道天然气工作的补充通知》。推进全市瓶装气经营企业更换配送车辆1500辆，订购新型配送车辆800辆，推动解决瓶装燃气"最后一公里"的配送问题。（东莞市人民政府地方志办公室）

【中山能源供应结构】2022年，中山市能源消费1169.51万吨标准煤。天然气和一次电力消费占比超70%。全市液化石油气设计储存量5650立方米，燃气普及率99%，液化气供气量13.39万吨，天然气销售量6.05亿立方米。天然气用户85.26万户，其中工商业用户4040户、居民用户84.86万户，天然气月平均用气量5045.11万立方米。至年底，全市建成市政燃气管网总长度1903.98千米，其中年内新增119.24千米。提高天然气保障能力，推进天然气管网珠中江干线项目。3月16日，中山市人民政府批复同意广东省天然气管网珠中江干线项目（中山段）选址研究和规划设计条件，珠中江干线项目（中山段）开展优化管道路由等前期工作。编制印发《中山市氢能产业发展规划（2022—2025年）》，推动氢能产业成为新的经济增长点。申报加入广东省燃料电池汽车示范城市群建设，争取国家和省相关政策、资金支持产业发展及示范应用。9月23日，支持指导翠亨新区成立中山市氢能源产业发展技术联盟，强化联动深圳等大湾区城市氢能产业资源。

（中山市人民政府地方志办公室）

【江门能源供应】电力发展　2022年，江门市加快推进能源项目建设，建成新会双水"上大压小"热电联产等电源项目，强化能源电力供应保障能力。至年底，全市电力装机容量1315万千瓦，其中核电350万千瓦、煤电602万千瓦、气电130.8万千瓦、光伏182万千瓦、水电14.7万千瓦、风电25.1万千瓦、其他10.3万千瓦，清洁能源装机占比54%，形成以煤电、核电为基础，风电、光伏发电、水电等可再生能源全面发展的多元化清洁电力供应体系。

能源消费　是年，江门市最高用电负荷582.1万千瓦；全社会累计用电量342.37亿千瓦时，比上年下降2.41%；规模以上工业原煤消费量1511.75万吨，增长11.55%。天然气消费量22.03亿立方米，比上年下降14.90%。

重点电源项目建设　江门市加快推进台山核电3号、4号机组和5号、6号机组项目以及国能台山电厂2×100万千瓦超超临界煤电机组项目、江门广海湾LNG广东省储备集散基地项目（江门广海湾LNG接收站）、抽水蓄能等重大能源项目前期工作，提升电力能源生产供应保障能力。加快台山核电后续机组项目前期工作，台山核电项目规划6台机组，分三期建设。一期2台175万千瓦第三代原子能反应堆（EPR）机组建成投运，3号、4号机组纳入国家核电发展中长期规划，5号、6号机组具备规划建设条件。推进国能台山电厂2×100万千瓦超超临界煤电机组项目前期工作。项目总投资80亿元，规划建设两台100万千瓦超超临界清洁高效先进燃煤发电机组，同步建设烟气脱硫、脱硝设施；增设百万吨级碳捕捉（CCUS）项目。项目完成前期工作，机组公用系统完成建设。推进鹤山、台山抽水蓄能电站项目前期工作，鹤山抽水蓄能电站项目总投资88亿元，规划建设4台25万千瓦可逆式水泵水轮机组。台山抽水蓄能电站项目总投资66亿元，规划建设4台单机容量30万千瓦的可逆式水泵水轮机组。是年，鹤山、台山抽水蓄能电站项目各项前期工作推进。推进江门（台山）核储互补电化学储能电站项目等新型储能项目建设，提升电力系统调节能力。推进天然气热电联产项目建设。加快推进开平翠山湖燃气热电联产、台山工业新城综合能源站、珠西新材料集聚区分布式能源站、新会大泽热电联产项目等一批气电项目建设。

（江门市发展和改革局）

【肇庆能源供应】2022年，肇庆市能源消费总量为1074.12万吨标准煤，石油（油品）消费量与上年持平。全社会用电量及全社会用电最高负荷分别为211.97亿千瓦时、363.2万千瓦。电源装机总量为378.6万千瓦，其中，火电装机容量241.2万千瓦，水电装机容量67.8万千瓦，新能源总装机容量69.6万千瓦（含光伏装机容量45.3万千瓦、风电装机容量16.2万千瓦、生物质发电装机容量8.1万千瓦）。全年完成电网基建项目投资16.16亿元，主网项目投产17项，投产变电站5座，均为110千伏变电站，新增供电能力60.1万千瓦。（肇庆市发展改革局）

·能源储运·

【概况】 2022年，广东省能源局推进能源重大项目建设，加强督促指导、问题协调和要素保障，扩大能源领域有效投资。抽水蓄能电站加快建设，建成阳江一期、梅州一期抽水蓄能电站，开工建设梅州二期、云浮水源山、汕尾陆河等抽水蓄能电站；新型储能蓬勃发展，装机容量71万千瓦，火电调频储能应用走在全国前列。建成投产500千伏深圳中西部受电通道、闽粤联网工程和粤澳联网220千伏第三输电通道等21项电网重点工程，全省电网东西部交换能力提升至1000万千瓦，闽粤联网工程新增省间互济能力200万千瓦。全省建成7个LNG接收站和储气设施，液化天然气储气设施总能力259万立方米，供气能力238亿立方米/年。开工建设天然气主干管网互联互通穗莞干线、兴宁—和平—连平干线、茂名—云安干线等项目。至年底，建成天然气主干管道总长度3914千米，实现天然气主干管道“市市通”。新增投产汕尾甲子、揭阳神泉项目，新增装机140万千瓦。至年底，全省累计建成投产海上风电项目24个、装机容量791万千瓦。（广东省能源局）

【广州能源储运】 2022年，广州市加强能源储运建设。天然气供气管道长度10770千米，完成燃气管网更新改造133.9千米，完成市政老化供水管网改造196.6千米。9月，广州自来水公司配合地铁十三号线二期工程建设，同步实施迁改的东风路供水管改造工程通水。该工程投资金额超8亿元，全长17.50千米，横跨荔湾、越秀两区。东风路是广州市重点主干路段，广州水投集团采用“夜间加快施工，日间还路于民”施工方式，落实交通疏解、安全施工、噪声防治等工作，提高沿线50万用户供水安全稳定性。该工程获“2022年广州市市政公路工程安全文明绿色施工样板工地”。

（广州市城市管理综合执法局；广州市水务局林淑；广州市水投集团曹浏）

【深圳电网规划】2022年，深圳供电局谋划推动“十四五”电网规划建设，服务“双碳”目标，谋划1000万千瓦级市外清洁电力，率先完成藏东南送深工程深圳段核准属地工作，粤东送深第二通道工程纳入“十四五”规划修编并上报国家能源局。挂牌成立“新能源服务中心”，加强新能源服务技术支撑和业务流程检查。推动新能源管理信息系统实用化建设，实现新能源并网 100% 线上办理。开展藏电受端规划、粤东海风送深规划，推动市外优质电力送深。推动重要电源建设，完成妈湾改造、光明燃机等重点电源的接入系统批复，提前研究至远景全市所有清洁电源的接入系统方案。协同解决电压稳定、重点工程涉密集通道等重大问题。对接数字政府城市信息模型（CIM）平台，促进与城市规划信息融合互通。全年完成电网建设投资 62.3 亿元（主网 26.5 亿元、配网 35.2 亿元、小型基建 0.66 亿元），投资计划完成率 103%。完成主网项目储备 20 项、开工 25 项、投产 20 项，全年新建变电站 7 座，新增主变容量 165.2 万千瓦，新增线路长度 221.67 千米；配网项目开工 951 项，投产 1325 项，结算 2282 项。500 千伏深圳中西部受电通道工程按期投产，完成广东电网目标网架（第一阶段任务），并获市政府领导肯定性批示。市住房和建设局、市工业和信息化局共同批准并联合发布全国首部《附建式变电站设计防火标准》。年内，深圳市燃气集团取得坪山区、光明北片区范围内分布式光伏项目统筹建设权。落地坪山翰宇药业、深圳北站、莲花村地铁站、石厦城中村等分布式光伏项目，打造绿色园区、绿色交通、绿色城中村、绿色学校等多种“光伏 +”应用场景。

（深圳市人民政府地方志办公室）

【佛山电网发展】2022 年，佛山市优化用电营商环境，围绕佛山市委“益晒你”企业服务体系，推行“三零”（零上门、零审批、零投资）和“三省”（省心、省力、省钱）服务，推广“四办”（主动办、线上办、联席办、一次办）举措，打造“佛山 E（易）来电”服务品牌。提升办电效率，业扩服务时限达标率 99.38%，创新建立工业园区办电模式，根据用户不同需求提供整体产权报装、个体产权报装两种办电模式。推广“电力预装 + 临电共享”，推动拿地即用电。降低办电成本，实施业扩投资界面延伸至用户红线以及 200 千瓦及以下小微企业低压供电，为客户节省 4.69 亿元。提升服务便利度，互联网业务办理比例 99.5% 以上，推广电子证照、电子签章，实现“刷脸办电”“零证办电”。搭建“信用 + 供电服务”业务场景，推广“信用办电”。拓展“电水气”联办专窗运营区域，覆盖全市 15 个营业厅。推进电网绿色低碳发展。打造三山新城高可靠供电示范区、禅城区智能配电升级改造示范区、三水北部绿色高效发电示范区、高明全域数字化智慧能源示范区 4 个各具特色的新型电力系统示范区。完成“十四五”能源节约与生态环境保护规划，支持新能源“能并尽并”，全年受理 148 万千瓦新能源并网需求，投产佛山首座榕茵光伏集中式电站。

（佛山供电局）

【惠州电力储运】2022 年，惠州市实现新能源应并尽并，政企联动推动电源侧储能、负荷侧储能有序发展，优化独立储能布局，提高电网消纳能力同时保障电网经济运行；确保新能源发电应并尽并、能并早并，探索新能源可观、可测、可控实现手段，匹配合理的电网调度界面和调控一体化模式，将电源侧储能和负荷侧储能纳入电网调度中，统筹好源网荷储全链条供用电平衡。

是年，惠州市加快打造粤港澳大湾区首个、全国领先的地市级新型电力系统示范区。印发《加快推进惠州市新型电力系统示范区合作共建行动方案》，覆盖惠州电力系统，市县两级同频推进新型电力系统示范区建设，政企合力推动电力绿色低碳转型。建设大湾区首个全域新型电力系统示范区，投产广东省首个“低压直流远供 + 微电网”示范工程，建成首个“获得电力”示范厅。目标网架各阶段建设任务按期推进，“2518”及骨干电源 9 项接入系统工程前期工作提速。创新出台中台“666”运作机制，现代供电服务体系运转质量提高。3 月 25

日，国家重点电网工程和广东省重点建设项目 500 千伏外环中段线路工程（惠州段）实现 170 千米线路全线贯通。

是年，惠州市完成密集输电通道隐患治理，推动隐患整改 7.2 万项，设备单元责任制取得成效。完成党的二十大等重要时期保电任务，应对近 10 年最强“龙舟水”，驰援清远、韶关抗灾，帮助 14 万余户用户快速复电。

〔惠州市档案馆（惠州市人民政府地方志办公室）〕

【东莞能源储运体系建设】2022 年，东莞市推动工业级储能、家庭储能、能源电子和关键材料、电池制造设备等全面发展，重点发展大型储能集成终端产品制造，推动储能数字化发展。以示范应用场景为先导，探索建立电网侧独立储能商业模式落地机制，支持工业园区、大型企业建设用户侧独立储能项目。探索“以市场换项目”方式，引进和培育突出需求侧的储能系统集成商，开发验证和应用安全高效的储能集成系统。发展智能电网和先进储能应用，推进智能电网关键材料、核心部件、设备集成以及先进储能中的充放电、通信装置、系统管理等关键技术和设备研发制造。支持电池龙头企业加快开拓家庭储能产品市场，利用家庭储能电池向磷酸铁锂路线加速转化机会，打造安全可靠的高质量产品。支持整合上下游供应链，联合开发新型家庭储能、光储一体系统，加强与海外光伏安装商和建筑商合作，快速打通海外客户消费通道。能源电子领域，引进储能变流器生产及其关键部件企业，加强面向新能源领域的关键信息技术产品开发和应用，包括适应新能源需求的第三代半导体、电力电子、柔性电子、传感物联、智慧能源信息系统以及有关的先进计算、工业软件、传输通信、工业机器人等适配性技术和产品。加快发展绝缘栅双极型晶体管（IGBT）功率半导体器件，推动碳化硅（SiC）、氮化镓（GaN）等宽禁带半导体功率器件的产业化推广及应用。关键材料领域，重点瞄准磷酸锰铁锂正极材料、硅基负极材料、湿法涂覆隔膜等关键材料新变革，加大产业孵化育成力度，在土地、资金等方面予以支持保障，推动企业扎根东莞产业化、打造总部。

（东莞市人民政府地方志办公室）

【中山能源储运体系建设】2022 年，中山市加快研究谋划氢能产业发展。编制印发《中山市氢能产业发展规划（2022—2025 年）》，推动氢能产业成为新的经济增长点。申报加入广东省燃料电池汽车示范城市群建设，争取国家和省相关政策、资金支持产业发展及示范应用。发展龙头企业，推动明阳新能源投资控股集团有限公司、中科富海（中山）低温装备制造有限公司、中山大洋电机股份有限公司、喜马拉雅氢能科技有限公司、广东晓兰新能源汽车有限公司等重点企业发展。与中石化、中海广东天然气、兴中能源等企业共同谋划加氢站建设，提升加氢设施服务能力，助推氢能产业发展及燃料电池汽车示范应用。搭建产业服务平台，9 月 23 日，支持指导翠亨新区成立中山市氢能源产业发展技术联盟，强化联动深圳市等粤港澳大湾区城市氢能产业资源。

是年，中山市首个光储充一体化项目落地。10 月 9 日，中山兴中能源发展股份有限公司投资建设的裕中大厦光储充一体化示范站落成启用。该示范站是中山市首个光储充一体化项目，位于中山市中山四路 45 号，占地面积 150 平方米，总投资 138.5 万元，由 48 千瓦光伏，215 千瓦时储能，8 个充电桩（4 个快充桩、4 个慢充桩）组成，每年可实现减排标准煤 14 吨、二氧化碳 36 吨。光储充一体化站利用棚顶光伏发电供园区使用，多余电力可由储能系统吸收储存，峰电时段将供应给充电桩或园区使用，富余电力可出售至南方电网，完成“发电—储电—充电”组合闭环。项目接入兴中能源智慧能源管理平台，通过云端架构连接光伏、储能、充电、配用电等设备，实时监控与展示电量、功率、运行、告警等减排效果数据，并根据需要合理控制光储充放功率，达到能源最优利用的效果。

（中山市人民政府地方志办公室）

【江门能源储运体系建设】电网建设　2022年，江门市建成500千伏变电站4座、220千伏变电站31座、110千伏变电站135座，110千伏及以上输电线路总长0.62万千米，与周边地市电网联通。并加快推进珠西南外环配套500千伏线路工程、江门500千伏鳌峰开关站扩建、500千伏华厦阳西电厂二期7号、8号机组项目接入系统工程等重点输变电工程建设，加快向粤港澳大湾区用电负荷中心送电通道建设，完善电网基础设施互联互通。

天然气储备设施建设　江门市推进天然气接收储运设施建设，加快推进广东江门广海湾LNG省储备集散基地项目（江门广海湾LNG接收站）前期工作，一期建设5个22万立方米LNG储罐，1座26.6万立方米LNG船舶接卸泊位接收能力600万吨/年。远期再规划建设15个储罐及1座26.6万立方米LNG船舶接卸泊位，总接收能力1200万吨/年。项目纳入国家《粤港澳大湾区建设“十四五”实施方案》，以及《广东省推进粤港澳大湾区建设“十四五”实施方案》《广东省能源发展“十四五”规划》规划；接收站码头纳入交通部、国家发展改革委、国家能源局联合印发的《全国沿海与长江干线液化天然气接收站码头布局发展意见》中的资源储备港址。

（江门市发展和改革局）

【肇庆电网建设】2022年，肇庆电网完成固定资产投资18.86亿元，投资完成率101.72%。投产35千伏及以上输变电项目17个，新增35千伏及以上主变容量80.9万千伏安，新增线路143千米。至年末，肇庆电网有35千伏及以上输电线路4520千米、变电站134座、主变容量1819万千伏安。其中500千伏变电站2座，容量350万千伏安；220千伏变电站14座，容量651万千伏安；110千伏变电站83座，容量769万千伏安；35千伏变电站35座，变电容量共49万千伏安。肇庆电网负荷、电量分别2次、3次创新高，日用电最高负荷363.26万千瓦，比上年增长2.73%；日最大供电量796.07万千瓦时，增长6.85%。提前谋划“四核一区多节点”目标网架，将500千伏德庆站纳入“十四五”规划，较原规划投产时间提前10年。推动27项电网重点项目纳入地方党委政府工作考评范畴，年内，投产主网项目17个、配网项目1144个。110千伏双龙、云桂、永平（沙浦）、沙沥变电站投产，提升产业集聚区电网承载力。220千伏西江电厂至珠山站线路工程投产送电，支撑132万千瓦的骨干电源按期发电上网，解决肇云电网因负荷增长导致电源供电能力不足问题。

（广东电网公司肇庆供电局）

【惠州荃湾港区煤炭码头岸电项目】2022年5月19日，全国首个大型绿色环保示范公用煤炭码头——惠州港荃湾港区煤炭码头岸电系统项目建成投产。惠州市创新通过输煤传动桥架和海缆敷设相结合的双电源供电方式，满足海岛码头高供电可靠性需求，确保岸电电源在与船舶电源连接、退出及转换过程中可实现无缝切换和稳定运行。

〔惠州市档案馆（惠州市人民政府地方志办公室）〕

水资源安全保障

·水利基础设施·

【概况】2022年，粤港澳大湾区九市完成水利投资438.5亿元，比上年的353.4亿元增加85.1亿元，增长24.1%，创历史新高。珠江三角洲水资源配置工程加快建设，预计2023年底前建成通水；珠中江水资源一体化配置、深汕合作区引水等重点水资源配置工程前期工作加快推进，区域水网建设成形。统筹调度东深、珠银水库等供水工程，确保对香港和对澳门供水安全。推进西江干流治理、潖江蓄滞洪区建设与管理等工程建设，加快推动大湾区堤防巩固提升和东江干流治理工程前期工作，完善大湾区防洪工程体系。

【大湾区重要水利工程】珠江三角洲水资源配置工程　该工程任务为从西江水系向珠江三角洲东部地区引水，解决广州、东莞、深圳市生活生产缺水问题，提高供水保证程度，同时为香港以及广州番禺、佛山顺德等地区提供应急备用供水条件。工程线路全长 113.2 千米，年设计供水量 17.08 亿立方米，总投资 353.99 亿元。工程于 2019 年 5 月开工，截至 2022 年底，完成投资 235.44 亿元，预计 2023 年底建成通水。

深圳罗田—铁岗水库输水隧洞工程　该工程为珠江三角洲水资源配置工程在深圳境内配套项目之一。该工程任务是将西江来水在深圳境内进行合理的分配和使用，满足远期宝安区、光明区、南山区（部分）的供水要求。工程输水干线总长 21.68 千米，总投资 58.02 亿元。工程于 2022 年 5 月开工，截至 2022 年底，完成投资 8.25 亿元，计划 2025 年 5 月完工。

公明水库—清林径水库连通工程　该工程任务为连接深圳市两大重要储备水库公明水库和清林径水库，西江水通过珠三角水资源配置工程进入深圳的公明水库，东江水通过东部供水工程进入深圳清林径水库，两大水库实现连通后，可实现深圳市东、西部水源的灵活调度，解决深圳市供水水源单一问题，提高深圳市的供水保证率，并应对水污染突发事件和特枯水年破坏程度高的问题。同时，项目建成后可利用已有对港供水管道输水到香港，作为香港备用水源。该工程主体工程由 1 条干线、5 条分水支线、2 个取水口、1 座提升泵站、5 座水厂加压泵站和东深供水工程分水支线组成。连通工程干线长 42.1 千米，输水规模为 267 万立方米 / 天（30.9 立方米 / 秒），总投资 117.37 亿元。工程于 2022 年 11 月开工，至 2022 年底，完成投资 450 万元，计划 2028 年 3 月完工。

珠江三角洲水资源配置工程东莞市配套供水项目（沙溪分水口至五点梅水库群连通管工程）　该工程为珠江三角洲水资源配置工程在东莞境内配套项目之一，工程任务是将西江来水分配至东莞西部区域使用，满足滨海湾新区和虎门镇、长安镇的供水需求。工程输水管道总长 12.45 千米，总投资 10 亿元。工程于 2022 年 3 月开工，截至 2022 年底，完成投资 3.2 亿元，计划 2023 年 12 月完工。

广州市牛路水库建设工程　该工程为以广州市城市供水为主，兼顾防洪、发电的应急备用水源工程。工程新建水库总库容 6663 万立方米，平均供水规模 8.4 万吨，总投资 23.17 亿元。工程于 2018 年 8 月开工，截至 2022 年底，完成投资 22 亿元，计划 2025 年完工。

珠江三角洲水资源配置工程（2022 年）　（广东省水利厅供稿）

广州北江引水工程　该工程为解决广州市花都区、空港经济区、白云区等广州北部片区供水需求，完善广州市中心城区应急备用水源的重大民生工程。工程远期（2030年）最大取水规模100万吨/天，输水主线路长26千米，总投资23.3亿元。工程于2019年10月开工，截至2022年底，完成投资12.45亿元，计划2024年建成通水。

深汕西部水源及供水工程　工程为深汕合作区“一引、三蓄、二厂”水源规划布局中的3座蓄水库之一，为合作区首座中型蓄水工程，年可供水1931万立方米。工程建成后，可缓解深汕合作区供水紧张局面，优化供水布局。新建水底山水库总库容1929万立方米，输水管线7.38千米，总投资10.39亿元。工程于2021年3月开工，截至2022年底，完成投资1.66亿元，计划2026年10月完工。

【大湾区智慧水利】2022年，广东省智慧水利建设围绕贯穿并支撑“五纵五横”的水资源配置骨干网、江河安澜的防洪安全网、秀水长清的万里碧道网、优质普惠的农村水利保障网，构建智能高效的智慧水利网“2+N”智能业务应用体系。推进全省江河湖库、水利工程的“智能+”，逐步构建空天地一体的监测感知体系。实现水利业务数字化场景和应用的“智慧+”，提升水旱灾害防御、水资源管理与调配能力。加快东江、北江数字孪生流域建设，推进省级数字孪生水网规划，提升精准化科学化决策的“孪生+”，构建具有预报、预警、预演、预案“四预”功能的智慧水利体系。8月，广东智慧水利工程（一期）项目获广东省政数局批复立项，投资金额4.43亿元，计划于2023年开工，建设工期3年。

【对港澳供水安全保障】2022年，广东省通过推进精细化水量调度，开展东江下游河湖闸坝工程联合调度，落实临时水量调节机制等措施，全年对香港供水8.1亿立方米，连续3年对港年供水量超过8亿立方米。印发《广东省水利厅保障香港供水应急预案》，提升对香港供水应急处置能力。研究对澳门供水形势，制订咸期对澳门供水调度预案，超前部署蓄水补库计划，协调水利部珠江水利委员会实施压咸调度，确保对澳门供水安全，全年对澳门供水0.924亿立方米。4月，广昌至洪湾系统优化工程投入运行，8月平岗—广昌原水供应保障工程完工，对澳门供水保障能力提升。东深供水工程和珠海对澳门供水工程被水利部列入第一批重大调水名录，工程运管水平提升。（广东省水利厅）

【香港完善水利基础设施】香港水务署负责水利基础设施的完善，工作目标包括策划和管理水源发展及供水系统事宜，设计和兴建水务设施，供水及分配系统的操作及维修保养，食水水质控制，以及提供客户服务及执行水务设施条例。主要工作包括水源发展的策划和管理，集水、贮水和输水，食水处理和分配，水务工程计划的策划、设计和建设，顾问工程管理，水质控制，供水系统的维修保养和资产管理，水塘安全监察，防漏和水压管理，客户服务，以及水费的结算和征收。2022年，香港的人口为741万人，获供水的人口占总人口数超过99.99%。用户数方面，住宅用户数为2846058户，商业用户数为256615户，政府用户数为13750户，冲厕用水用户数为40450户，其他用户数为2149户。

（香港历史研究基金会）

【澳门供水基础设施建设】2022年，澳门供水管网总长度为748千米。为增加澳门水库蓄水容量，特别行政区政府推进石排湾水库和九澳水库扩容工程，其中九澳水库扩容工程于2021年12月完成临时接收，石排湾水库扩容工程展开工程计划编制。扩容后两座水库的蓄水容量可由30万立方米增至152万立方米，澳门水库的总有效库容可提高至312万立方米。

是年，输入原水量为9237万立方米，比上年下降2.7%；总供水量为9029万立方米，下降2.6%；年用水量8325万立方米，下降3.5%；最高日供水量27.69万立方米，原水回收利用率为输入总水量的1.5%。

是年，澳门自来水股份有限公司（简称澳

水）安装水表259576台，更换水表35110台，全澳人均日用水量0.34立方米，家居人均日用水量0.16立方米。

2021年4月起，澳门推出“低层楼宇总供水设施维修资助计划”，结合居民主动申报及澳水向相关楼宇发出维修劝喻，以解决低层楼宇因缺乏管理而导致内部供水设施出现严重锈蚀、老化和渗漏等问题。计划预算金额为1000万澳门元，初步为期3年，至2022年，累计有3077户住户受惠。（澳门基金会）

【广州水利工程建设】2022年，按照《广州市防洪排涝建设工作方案（2020—2025年）》，广州市统筹推进403项水利工程建设。至年底，完工152个项目，其中水库、山塘除险加固91个，水闸7个，泵站3个，堤防12个，河道整治8个，湖泊调蓄改造1个，内涝及管道改造项目30个。北江引水工程（水源工程）形象进度为71.25%，牛路水库大坝主体工程封顶、工程总体形象进度为94.94%，沙迳水库开展前期工作。（广州市水务局）

【深圳水利基础设施建设管控】2022年，深圳市强化水利基础建设全过程管控，推动水资源保障、水污染治理、水灾害防御、水生态修复等工作任务取得阶段性进展。公清连通工程、罗铁输水隧洞工程、西丽南山原水管工程及深汕西部水源工程主体工程开工，为及早实现西江水分配和东江、西江水互剂互调，保障深汕合作区供水安全奠定基础。落实质量安全生产主体责任，与在建工程参建各方责任人签订责任书，压实安全生产责任；组织开展质量安全检查142次，排查隐患992处，下发整改通知书142份；以深汕西部水源及供水工程为依托，开展水利工程安全生产标准化达标创建工作。多项工程获得奖项，其中固戍水质净化厂二期工程入围国际咨询工程师联合会（FIDIC）全球工程项目奖，并获广东省建设工程优质结构奖，铜锣径水库扩建工程获广东省土木工程詹天佑故乡杯奖，铁岗长流陂支线供水工程（一期）获广东省优质水利工程奖三等奖。

（深圳市人民政府地方志办公室）

【佛山水利基础设施建设】2022年，佛山市有水库114座，总库容1.13亿立方米，其中中型3座、小（1）型21座、小（2）型90座，全部水库基本具备灌溉蓄水功能。全市在运行的装机容量50千瓦以上的泵站474座，总装机容量40.20万千瓦；有水闸570座，总过闸流量1.78万立方米/秒。年内，佛山市实施水利基建项目169个，完成年度投资57.82亿元。完成沧江水利枢纽重建工程、沙口水利枢纽除险加固工程、

2022年，佛山市完成禅城区奇槎泵站工程　（佛山市水利局供稿）

刘洞水闸电排站重建工程、太平排涝泵站工程、崇步二站重建工程及高明区8项小型水库除险加固工程。三水区白坭镇鸡陵岗泵站工程获评为2022年度广东省优质工程，佛山水道北岸镇水围堤围整治提升工程获评为2022年度广东省水利建设工程文明工地。组织完成南海区西樵镇山根水利枢纽工程、太平排涝泵站工程、桂城四乡联围移堤工程、西岸电排站重建工程、禅城区奇槎泵站工程、高明河（荷城段、杨和段）治理工程等工程验收102项次，解决工程防洪排涝应急需要和一批历史遗留工程。推进省属项目珠三角水资源配置工程，工程佛山段全年计划投资21.5亿元，实际年度完成投资27.26亿元，完成率126.79%。由省水利厅主导的大湾区堤防巩固提升工程被列入国家《“十四五”水安全保障规划》《粤港澳大湾区水安全保障规划》，其中佛山市被纳入大湾区堤防巩固提升工程的重点堤防项目有南顺第二联围、南顺联安围、三山围、群力围、番顺联围（顺德段）、番顺石龙围（顺德段）和中顺大围（顺德段）7段堤围，整治堤防长度138.58千米。禅城区奇槎泵站工程和南海区西樵镇山根水利枢纽工程申报中国水利工程行业大禹奖。其中奇槎泵站工程总投资1.11亿元，2022年6月1日完成竣工验收。工程建成后，解决禅城城南片区28平方千米的排涝问题。西樵镇山根水利枢纽工程总投资1.02亿元，2022年3月18日完成竣工验收。工程投入使用后运行正常，解决桑园围片区7.51平方千米的防洪排涝和引水问题，通过新建的山根水闸和引水泵站提高片区引水能力和改善水环境及枯水期水动力。（佛山市水利局）

【惠州水利基础设施建设】2022年，惠州市推进水利基础设施建设。白花河防洪排涝治理工程完成主体工程建设，完成投资4.8亿元，年度投资完成率120%；赣深高铁惠州北站片区防洪排涝工程、稔平半岛至大亚湾供水工程、西枝江堤防达标加固工程、惠阳城区第三净水厂、淡水河防洪排涝整治工程（一期）、永汉河防洪提升工程（一期）、公庄河防洪排涝工程（一期）7个重大水利项目实现年内动工建设目标。市直项目方面，联和水库排洪分水闸重建工程完工；惠州大堤南堤滨江公园段护堤挡墙除险加固工程动工。治理中小河流42千米；招元、七星墩、白沙河3项中型水库除险加固工程动工并完成年度投资计划；43项小型病险水库除险加固工程完成主体工程建设；建成碧道96.75千米，为年度计划的1.2倍；新增农业水价改革面积113平方千米。在2021年汛期因强降雨导致的11项重点水毁水利工程，在2022年“龙舟水”到来前全部完成修复。

〔惠州市档案馆（惠州市人民政府地方志办公室）〕

【东莞水利工程管理】2022年，东莞市开展水利工程管理标准化建设，编制印发水库、水闸、堤防、泵站4类水利工程标准化管理指南和《东莞市水利工程标准化管理三年实施方案》，完成16个中型泵站省级标准化创建项目。印发《东莞市水利工程安全鉴定规划（2022—2030年），完成4座水库、224座水闸、18座泵站安全鉴定，7座小型病险水库完成除险加固，34座水库大坝完成安全监测设施建设，51座分散管理小型水库全部收归镇街集中管护或实行第三方市场化管护。推进水利工程运行安全隐患排查整改，落实整改安全隐患2542处（自检发现2531处、上级发现11处）。是年，全市有中型水库8座、小（1）型水库44座、小（2）型水库66座。

（东莞市人民政府地方志办公室）

【江门水利基础设施建设】2022年，江门市出台《江门市推进水利高质量发展实施方案》《江门市水利发展“十四五”规划》，实施水利领域“六大工程”，加快谋划江门水网建设。全年启动实施水利工程262项，完成投资41.59亿元，创历史新高。推进病险水库（闸）除险加固、中小河流治理、西江潭江跨界重点支流综合治理等重点项目建设。推进大湾区堤防巩固提升工程

（江门段）、新会区甜水水库项目、西江潭江重点支流综合治理工程（二期）等项目前期工作，配合广东省开展珠中江水资源一体化配置工程规划工作。

推进江门大湾区重要水利工程建设。潭江河流治理工程包括恩平、开平、台山、新会四段，加固堤防总长 76.89 千米，重建、加固改造穿堤建筑物 172 座，批复概算投资为 8.73 亿元（其中新会堤段 3.46 亿元、台山堤段 2 亿元、开平堤段 1.81 亿元、恩平堤段 1.46 亿元），至年底，台山、开平、恩平段完工。新会段推进实施，计划 2023 年完成建设任务。江新联围为珠江三角洲五大堤围之一，工程保护江门核心城区和新会城区等区域。由于工程的堤围沉降变形较大，部分堤段无法达到设计防洪标准，穿堤涵闸存在闸底脱空等隐患，需进行加固以消除安全隐患，按设计标准恢复工程防洪能力。工程于 2019 年 12 月开工建设，2022 年完工。是年，实施病险水库除险加固工程 53 项，其中大型水库开平市大沙河水库除险加固工程于 2021 年开工建设，计划于 2023 年底前完成主体工程；中型水库新会区梅阁水库除险加固工程完工；中型水库开平市狮山水库除险加固工程于 2022 年 12 月开工建设，计划 2023 年底完成主体工程。是年，全市实施小型水库除险加固工程 50 项，总投资 2.49 亿元，完成主体工程建设。

是年，江门市探索“智慧水利”建设，编制江门市“智慧水利”建设方案，以水利大项目和“数字政府”建设为依托，筹集 1.5 亿元，推动全市水利信息化水平提速升级，启动实施“潭江流域综合预报调度系统”（数字孪生潭江）、“江门市智慧水利创新平台”和“江门城区水系智慧调度系统”等重点水利信息化项目建设。由“数字政府”建设专项资金 727.8 万元建设的“江门市智慧水利创新平台”，同步完成“一网统管”水利专题开发，形成“一张图”尽览水利行业信息的格局。依托“江门市碧道建设工程”和“江门市西江潭江流域跨界重点支流综合治理工程（一期）”2 个基建项目统筹投资 1.18 亿元，同步开发打造的“潭江流域综合预报调度系统”，重点为台风暴雨期间潭江干流沿河主城区防潮防洪调度提供智能化决策支撑，提升潭江流域综合预报调度效能，并在是年水利部全国数字孪生流域建设先行先试中期评估中被评为“优秀应用案例”。

是年，江门市纳入广东省中小河流治理（二期）水利实施项目有 34 个，已完成 27 个项目。是年实施 7 个项目，截至年底，7 个项目累计完成投资 1.53 亿元。推进农村供水工程建设，印发《农村供水“三同五化”改造提升工作计划方案》，明确年度任务及具体工作措施，开展农村供水提质增效工作，提升农村供水工程消毒处理能力。是年，全市投入 5.26 亿元，实施新会区鑫源水厂和万亩水厂、台山农村供水“三同五化”提质改造工程，以及开平市大沙镇、金鸡镇农村供水“三同五化”提质改造等 17 个农村供水改造项目建设，供水受益人口为 8.34 万人。全市农村自来水普及率 99.5% 以上，农村供水规模化工程覆盖率 95% 以上。

推进中型灌区节水改造建设，出台《江门市中型灌区改造建设及运行管理示范创建工作方案》，在广东省率先提出整市推进灌区改造建设思路，推动余下尚需改造的 17 个中型灌区在“十四五”期间全部完成改造。是年，完成中央投资计划的开平市狮山灌区、鹤山市青年和金峡灌区、恩平市西坑灌区 4 个灌区改造项目，利用政府专项债券先行推进台山市塘田水库灌区、桂南水库灌区等 7 个中型灌区开展改造。开展数字孪生灌区等试点工作，探索灌区改造和管理运行新模式，提升全市农田灌溉保障能力。

（江门市水利局）

【肇庆水利基础设施建设】2022 年，肇庆市印发实施《肇庆市水利发展“十四五”规划》，计划实施项目 74 个，总投资 456 亿元。重大水利项目建设提速，开工建设项目 259 个，完成水利投资 30.3 亿元，比上年增长 30.9%，超额完成 30 亿元的年度目标任务。西江干流治理工程

（肇庆段）完成投资 5.51 亿元，肇庆新区丰乐截洪渠综合整治工程（二期）完成投资 1.56 亿元，四会市岗美工业园转型升级基础设施建设项目（龙沙大道—堤路结合）于 6 月动工，完成投资 2.78 亿元；封开县南丰、江口防洪工程于 8 月开工，完成投资 1.87 亿元。完成 17 项小型水库主体工程建设，累计完成 363 座小型水库安全运行管理标准化创建。411 座小型水库全部完成管护模式改革。中小河流治理（二期）项目完成治理河长 232 千米。全市有 10 个条件成熟的中型灌区改造项目开展项目遴选，全年有 5 个（封开县 2 个、怀集县 3 个）中型灌区通过广东省级中型灌区续建配套与节水改造项目遴选，其中封开县 2 个项目于 12 月开工。

（肇庆市水利局）

【澳门内港南雨水泵站及下水道工程】 为解决澳门内港凹地势低洼而一直存在的水浸问题，澳门特别行政区政府分三期开展排水系统整治工程，工程项目包括建造雨水泵站、污水泵站、雨水箱涵及雨水·污水下水道，施工范围长度约 1.3 千米，预计总工期为 3 年至 4 年。2022 年 11 月 29 日，第一期工程启动，建造内港南雨水泵站及预留污水处理设施的结构平台，占地面积 2200 平方米，泵站抽水量 17.8 立方米·秒，工程按 50 年一遇标准设计，判给造价 1.41 亿澳门元。

（澳门基金会）

·水利防灾减灾体系·

【概况】 2022 年，广东省气象水文年景较为特殊，出现历史罕见的大旱大涝天气，汛前东江、韩江流域及粤东地区出现 60 年来最严重旱情，汛期西江、北江、韩江发生 8 次编号洪水，北江流域出现超 100 年一遇特大洪水。全年启动水利防汛Ⅳ级及以上应急响应 7 次、水利抗旱应急响应 1 次，发出洪水预警通知 7 份、洪水预警信号 368 次、水情简报快报 23326 份、预报预警信息 1782 份，处置山洪灾害预警 1514 个，发出责任人预警信息 76 万条，发出水量及咸情专报 30 期、咸情预报 810 站次。全年发布调度指令 1102 道，组织 207 座大中型水库、334 座拦河闸坝动态控泄、拦洪削峰，累计预泄腾库 7 亿立方米，拦洪 92.83 亿立方米，滞洪 3.08 亿立方米，减淹城镇 284 个，减淹耕地 445.82 万亩，避免人员转移 296 万人，实现“人员不伤亡、水库不跨坝、重要堤防不决口、重要基础设施不受冲击”和抗旱保供水安全的防御目标，最大程度减少灾害损失。

【大湾区重要水利防灾减灾工程建设】 西江干流治理工程　工程主要任务为在已有防洪工程基础上，通过堤防加固、险工险段治理、穿堤涵闸建设等措施，提高西江干流两岸防洪能力，防护耕地面积 277.33 平方千米，保护规划人口 193.2 万人。工程整治堤防 65.2 千米，改造涵闸 67 座，总投资 24.65 亿元。工程于 2020 年 9 月开工，至 2022 年底，完成投资 18.55 亿元，计划 2023 年 9 月完工。

湛江蓄滞洪区建设与管理工程　工程主要任务为通过潖江蓄滞洪区与飞来峡水利枢纽联合运用，提高北江大堤、北江中下游的清东围、清西围等堤围的防洪标准。主要施工内容是建设蓄滞洪区内 17 个堤围，分为 4 个安全区和 13 个蓄洪区，其中饭店围、江咀围、白沙塘围和官路唇围为安全区，其他堤围为分洪区。蓄滞洪区范围 80.81 平方千米，其中安全区 4.37 平方千米，淹没区面积 76.44 平方千米。批复工程概算总投资 16.28 亿元，实施过程中，因政策调整，征地移民专项需增加投资 4.93 亿元，工程总投资 21.21 亿元。工程于 2020 年 3 月开工，至 2022 年底，完成投资 18.74 亿元。

惠州市白花河防洪排涝治理工程　工程任务为以防洪、排涝为主，重点是提高惠州市惠东县白花镇镇区防洪排涝能力，通过建设堤防、整治河道、新开截洪河、新建排涝泵站、增设信息化等综合措施解决白花河流域洪涝灾害问题。主要建设内容包括：河道综合整治 3.2 千米，新建虎径截洪渠 0.91 千米，新开分洪河道 3.9 千米，建设堤防（含加固达标）17.37 千米，新建水闸6座，新建排涝泵站2座，项目总投资13.15亿元。工程于2020年12月开工，至2022年底，完成投资11.9亿元，计划于2023年12月完工。

（广东省水利厅）

【香港防洪及渠务】香港渠务署管理长约2790千米的排水渠和水道，以及27个乡村防洪计划。该署推进多项雨水排放系统改善工程，以配合地区发展和应对气候变化带来的影响。

香港的公共污水排放系统涵盖整个市区范围，为全港超过93%的人口提供服务，每日收集约280万立方米污水，其中超过99%的污水经化学或更高级别处理后排放。净化海港计划实施后，维多利亚港两岸所有污水排放均被截流，并经深层隧道网络输往昂船洲污水处理厂处理和消毒后排放入海。香港特别行政区政府推行其他措施，减轻残余污染物经雨水系统排入维多利亚港所造成的污染，包括纠正错驳的排污渠、在部分雨水暗渠设置旱季截流器，以及修复老化的污水渠。

截至2022年底，超过17000间村舍的污水管接驳到公共污水渠。符合资格住户可申请贷款及补助，将家居污水管接驳到公共污水渠。所有排放污水到公用排水渠或下水道的饮水用户，均须缴付排污费，收费为每立方米供水2.92元。每户住宅用户每四个月用水期的首12立方米用水免收排污费。（香港历史研究基金会）

【澳门渠务防灾】澳门渠网系统包括澳门半岛、氹仔和路环岛各独立渠网系统。2022年，澳门市政署接获下水道范畴投诉个案2200宗，其中属下水道问题的个案比上年下降20%。全年疏通及清理24.4万平方米公共下水道及各区雨水集水井3.18万次；开展针对饮食场所隔油井的巡查839次，对隔油井未发挥应有功效的场所开立99宗实况笔录；巡查地盘排水589次，检控违规排污案件32件。

（摘自《2023澳门年鉴》）

【广州水利防灾减灾工程体系建设】2022年，广州市建设水安全韧性城市，完善以堤库结合为主的防洪（潮）工程体系，印发市总河长令2022年第1号，开展防洪排涝攻坚行动，推动妨碍河道行洪突出问题整治、内涝治理及海绵城市建设，目标为至2025年12月基本形成“源头减排、管网排放、蓄排并举、超标应急”的城市排水防涝工程体系。至2022年底，全市防洪排涝工程体系完成任务45项，堤防加固建设10.09千米，水库除险加固建设40座，河道整治建设11.57千米，泵站建设8座，水闸建设6座，行泄通道建设1个，省级病险水库除险加固任务9项。推进海绵城市示范建设，建成区达标比例为30.1%。抗击北江超百年一遇洪水，抵御“雨洪潮”三碰头，以及台风“暹芭”“木兰”“马鞍”等极端天气，实现无伤亡，少损失。

（广州市水务局）

【深圳防汛防风】2022年，深圳市在汛前更新全市“三防”责任人名单并通过《深圳特区报》向社会公布。印发《深圳市防汛防旱防风指挥部关于开展2022年汛前防汛防风工作大检查的通知》，组织各部门对可能存在的隐患进行拉网式滚动排查，派出6个督导检查组分赴全市和部分成员单位开展督导检查。修订《深圳市防台风应急预案》《深圳市防汛应急预案》《深圳市防旱应急预案》。完善“三防”工作制度，制定出台《深圳市主要气象灾害风险提示（2022年版）》《深圳市防旱节水工作指引》。

（深圳市人民政府地方志办公室）

【珠海水利防灾减灾工程体系建设】2022年，珠海市印发实施《珠海市海堤提升建设总体方案（2021—2035年）》《珠海市农村水利治理规划（2021—2035年）》，部署全市364千米海堤提升建设和农村排灌闸站建设与更新改造任务。制定《珠海市加强水库除险加固和运行管护实施方案》，建立健全水库除险加固和运行管护长效机制，组织消除水库安全隐患。制定《珠海市灌排泵站管理养护费用指导价》，细化灌排站管养标准，推动建立分级考核管理监督制度。印发《珠海市水利建设诚信管理办法》，制定水利建设领域诚信管理制度。全年，完工水利防灾减灾工程 13 项，新开工 7 项，工程建设和运行管理维持安全质量零事故，水利工地疫情防控零病例，建管工作机制得到健全。

（珠海市水务局杨泳豪）

【佛山水利防灾减灾体系建设】 2022 年，佛山市应对西江、北江近 15 年最大洪水过程和 8 次暴雨、洪水、台风灾害，尤其是“5·10”强降雨、“6·8”和“6·14”龙舟水、“7·2”台风“暹芭”强降雨等主要汛情，处置 28 处各类险情，启动市级水利防汛Ⅱ级内部应急响应 3 次、Ⅲ级内部应急响应 4 次、Ⅳ级内部应急响应 11 次，发布山洪灾害预警 3 次，向各级责任人发布预警短信 820 条，各区水利部门启动水利防汛应急响应 72 次。年内，佛山市未出现山洪灾害险情，实现汛旱灾害零伤亡。佛山市各级水利部门履行防汛抗旱安全责任，确保全市 114 座水库、246 个山塘、805 个千亩以上堤防、562 座水闸、464 个泵站等水利工程防汛“三个责任人”（行政责任人、技术责任人、巡查责任人）均得到落实，并向社会媒体公示。汛前确保 144 个水利防汛物资仓库各类物资齐备、管养到位，储备有冲锋舟、应急移动电源车、应急排涝泵等物资，总价值 1.1 亿元，每项水库、堤防、水闸、泵站等水利工程均按额定标准配齐配足防汛砂石料。水利防汛抢险和市政排涝队伍 3200 余人，配备大型“龙吸水”应急设备抽排车辆 14 辆，抽排能力 4.368 万立方米 / 时。此外有各类应急排涝车 28 辆、潜水泵 184 台、吸污车 64 辆等装备。佛山市检查高明区更合镇、杨和镇和三水区南山镇，排查出山洪灾害隐患点 22 处，受威胁人员 2000 余人，落实预案、防灾减灾宣传等非工程措施，打通山洪防御“最后一公里”。重点排查 16 处内涝黑点和多处积水关注点，推动工程整治措施，汛期落实管网清疏、应急排涝等处置方案。动态调整水库汛限水位，优化运管工作机制，后汛期科学蓄水，预防枯水年旱情发生。

是年，受强降雨、洪涝、台风等灾害影响，佛山市农田、鱼塘受浸 13.87 平方千米，房屋受浸受损 1107 间，树木倒伏 780 棵，广告牌受损 158 块，供电受灾停用户 14390 户，通信受灾停用户 1500 户，出现城乡内涝 79 处次、地质灾害 4 处、管涌等小型水利工程险情 5 起，组织人员转移 4.83 万人次，直接经济损失 1.03 亿元，未发生重大灾情险情和人员伤亡。年内，佛山市统筹推进风险隐患排查。统筹市、区、镇三防指挥机构和成员单位，排查水利工程、山洪和地质灾害及建筑工地等重点领域，落实 25215 处排查点建档造册，印发《关于做好风险隐患整改工作的提醒函》，指导做好 9 项破堤工程、9 座病险水库、7 项在建涉水工程、115 处地质灾害点、20 处山洪灾害点落实工程治理和非工程防控措施，共同压实防控责任。健全完善三防预案制度，修编《防汛防旱防风防冻应急预案》《三防应急督导工作方案》，印发《水旱风冻灾害预警信息和防御指引发布工作机制》《防台风“六个百分百”实施细则（暂行）》，出台《关于加强台风暴雨洪水等重大灾害天气防御工作的意见》，提升水旱风冻灾害应对能力。巡堤查险方面，在抵御近 15 年最大洪水期间，维持应急响应 287 小时，前置应急小分队 12 支次，组织上堤人员 14.8 万人次。

（佛山市水利局；佛山市应急管理局）

【惠州水旱灾害防御】 2022 年，惠州市在“龙舟水”期间（5 月 21 日至 6 月 20 日）发生洪涝灾情，全市平均降水 567.2 毫米，较常年同期（402.3 毫米）偏多 41%，较上年同期（260 毫米）偏多 118%。受“龙舟水”强降雨影响，博罗县、龙门县江河水库水位普遍上涨，永汉河、增江干流、柏塘水、公庄河、麻陂水 5 条中小河流超警戒水位，其中永汉河永汉站在 6 月 14 日 13 时洪峰水位达到 22.3 米，超过警戒水位 2.3 米。有 53 座水库超汛限水位，其中，大型水库

1座，为显岗水库，其在6月14日17时达到最高水位23.49米，超汛限水位0.49米；中型水库4座，分别为黄山洞水库、梅树下水库、下宝溪水库、黄坑水库；小型水库48座。山洪灾害预警平台监测到触发山洪灾害预警98处。全市损坏水库2座、堤防3处、护岸30处、水闸3座、灌溉设施62处、机动泵站1座，冲毁塘坝1座，水利工程设施直接经济损失3364万元。惠州通过压实以行政首长负责制为核心的水旱灾害防御责任、开展水利工程度汛安全检查督查、及时启动应急响应、科学调度水利工程、强化山洪灾害监测预警、做好抢险救灾等举措，应对洪涝灾情，水利行业安全平稳度汛，实现“江河堤围无一决口、各类水库无一垮坝、山洪灾害无一人伤亡”的“三无”目标。全年未发生明显旱情，进入枯水期后，根据水利工程蓄水现状和来水预测情况，科学调度水利工程，增加水源储备，发挥水利工程蓄水保水效益，强化计划用水，群众生活用水以及工业生产、农业灌溉和生态用水均正常保障。

〔惠州市档案馆（惠州市人民政府地方志办公室）〕

【东莞水利防灾减灾体系建设】2022年，东莞市推进水旱灾害防御和水利工程管理标准化、流域管理试点等改革，修编《东莞市水务局水旱灾害防御工作规程》，编制《东莞市水务局水旱灾害防御预案》《东莞市水务局排水防涝预案》《东莞市排水防涝规划建设管理规定》《东莞市城镇排水（雨水）设施维护管理质量标准及考核办法》。全市118座水库完成汛期调度运用计划及防洪抢险应急预案编制，27个严重易涝点完成“一页纸”抢险预案编制。强化防汛责任制落实，首次明确65座大中型水闸、93座中型泵站、18个山塘防汛“三个责任人”（行政责任人、技术责任人和巡查责任人），以及33个镇街（园区）的城市排水防涝安全责任人，制定履职手册。围绕指挥调度、预报预警、预演预案、抢险保障“四大体系”开展水旱灾害防御标准化建设，万江、东城街道完成试点建设。升级改造市水旱灾害防御信息系统，研发“东莞水文”APP在全市推广使用，44个水务部门安装使用水旱灾害协同指挥平台。配合广东省水文局开展东莞市水文局前期筹备工作。开展防汛专项检查14次，组织全市民兵轻舟分队骨干集训，开展防汛应急演练17次、大流量排水车实操训练8次。加强全市56个“三防”物资仓库管理，建立包括水上抢险救援队、供水应急抢险队、水利工程应急抢险队、5家优质施工企业的抢险库，组建包括排水、环境、水文、水工、机电及综合管理6个专业、54人的专家库。派遣人员装备紧急驰援韶关、清远等地抵御北江百年一遇洪灾。全年抵御强降雨29场、台风5个等洪涝灾害，启动抗旱Ⅳ级应急响应1次、防汛Ⅳ级应急响应3次，排查整改水旱灾害风险隐患29处，发布防汛预警短信16万余条，编制《水情简报》212期，调度水利工程116次。成功应对43天咸潮上溯，完成2021—2022年东江流域枯水期抗旱防险保供水工作。实施“5个首次调度”，构筑“3道防线”，做到“2个预腾空”，应对“龙舟水”历史性严峻汛情，实现全市安全度汛。

（东莞市人民政府地方志办公室）

【中山水利防灾减灾体系建设】2022年，中山市加快水务项目落地实施，推动全市水务工程项目116个，完成水务投资59.17亿元，其中水利防灾减灾工程建设项目76个，累计完成水利防灾减灾工程建设投资7.2亿元。推进茅湾涌防洪排涝整治工程、西河泵站工程、中珠联围（马角至大涌口水闸段）海堤加固工程、横栏镇九顷泵站工程、铁炉山水库扩容提升工程等水利防灾减灾项目。加强水利市场监管，推进水利工程招标项目23个，交易金额73855.35万元。探索推进“远程异地评标”，2月，完成广东省内首宗通过地市间合作采用远程异地评标模式的水利工程招标项目“中顺大围东升堤段大堤灌浆工程项目”。推进水务安全生产工作，开展专项检查8个，突出防范建设施工、市政排水、供水、水害灾害防御、河湖生产安全、有限空间、高空作业、危大工程等重要领域重要环节，累计检查2500次，全年水务安全生产形势稳定良好。完善水旱灾害防御工作机制，推进应急预案体系建设，修订水旱灾害防御应急预案等预案5项；实施水旱灾害防御体系标准化建设，完成全市标准化建设。做好水利工程运行管理工作，推进中山市3座小型水库除险加固工程，完成63座水闸安全鉴定工作。

（中山市人民政府地方志办公室）

【江门水利防灾减灾体系构建】2022年，江门市落实防汛责任制。汛前组织各地落实包括水库、堤围、水闸、水电站、泵站等工程的“三个责任人”10160人次，督促台山、开平、鹤山、恩平等有山洪灾害防治任务县（市）落实好山洪灾害防御责任人500人次。全市落实防汛物资仓库117个，抢险队伍400支、11161人，水旱灾害防御专家库49人、县级专家库78人。市、县两级水利部门组织开展11次演练。江门市编制完成《江门市水利防汛防旱工作预案》《江门市江新联围防汛抢险应急预案》《江门市城市超标准洪水防御预案》《江门市潭江河流超标准洪水防御预案》《潭江流域防洪预报调度方案》，制定《江门市潭江防御洪水方案》《江门市东部三区一市水系调度方案》《江门市洪水干旱防治规划》，全市7个县（市、区）、75个镇（街）、行政村与重点水利工程均编制防汛应急预案，全市553座大中小型水库均落实调度运用方案。落实山洪灾害防治非工程措施运用工作。建立完善山洪灾害日常防治和监测预警责任制，制定山洪灾害防治“五员”的岗位职责，完善山洪灾害“包保”制度，确定“包保”责任人和“包保”职责。做好山洪灾害监测预警设备运行维护，完善山洪灾害群测群防体系建设，村级制定“一页纸”预案，张贴风险地形图，发放“明白卡”和宣传小册子，按规定配置简易雨量（水位）报警器、铜锣、手摇报警器、农村大喇叭等预警设施设备。

是年，江门市成功防御26轮明显降雨过程，抵御“暹芭”“马鞍”“奥鹿”等台风袭击。6月，防御西江流域江门段出现的十年来持续时间最长、致灾风险最高的洪水过程。全市水库工程全年拦蓄雨洪10亿立方米，未出现水利工程重大险情和人员伤亡报告。

是年，江门市水利部门围绕蓄水、保水、供水、用水、节水各个环节，分析各行业水量供需情况，研究编制和审批各大中型水库汛期调度运用计划，审核重要取水企业和中型灌区的取水计划，科学划定汛末蓄水目标，确保枯水期生活生产和生态用水需求。加强与水文、气象等部门的沟通，关注雨情水情，每月动态监控水库蓄水、放水情况，定期会商研判，做好水工程蓄水和调度管理。入汛前，严格控制水库发电放水，提高水库蓄水保水总量；前汛期，抓住5月、6月多轮强降雨的有利时机，在保障防洪安全的前提下，尽力回蓄水量，“龙舟水”结束后实现全市水库总蓄水量占正常库容73%，其中大中型水库总蓄水量占79%；在防御第3号台风“暹芭”强降雨期间，对全市33座大中型水库和相关重要防洪工程实行精细化调度，实现总蓄水量在7月9日达到峰值11.7亿立方米，占正常库容的89.3%，为下半年和枯水期生产生活用水提供保障。坚持以大中型水库蓄水和西江为主水源，潭江和小型水库作为应急备用水源，保证饮用水安全。通过全市642项农村集中供水工程（规模以上57项，规模以下585项），实现农村饮水人口全覆盖，保障农村饮水需求。精细化调度全市33个中型灌区（设计灌溉面积833.33平方千米），为灌区范围内的农田提供农业灌溉用水保障。（江门市水利局）

【肇庆水利防灾减灾】2022年，肇庆市做好水利防灾减灾工作。于汛前重新调整水旱灾害防御领导小组，确保紧急防御期间落实各项应急处置工作，为抗洪抢险提供组织保障。组织开展汛前防汛备汛检查和风险防控，发出“一县一清单”

整改通知，整改41个薄弱环节，全市水毁水利工程修复工作于年底前完成，恢复水毁水利工程的防洪功能。全市水利系统从3月24日起执行汛期24小时值班和领导带班制度，加强与气象、水文、应急部门协同作战，及时发布预警。至年底，启动水利防汛Ⅲ级应急响应2次、Ⅳ级应急响应7次，督促指导县（市、区）水利部门向相关责任人发出山洪灾害预警短信215次11912条，山洪灾害处置率为100%；派出243个专家组、846人次赴基层水管单位和在建水利工程开展防洪调度、抢险技术支撑。“龙舟水”期间，提请广东省水利厅协调水利部珠江水利委员会调度广西上游龙滩、大藤峡等骨干水库，拦洪36亿立方米，削减西江下流梧州站洪峰水位1.8米，调度支流贺江合面狮水库拦洪约1亿立方米，削峰23%，削减封开南丰镇洪峰水位1.5米，避免封开江口街道、南丰镇严重受淹。同时调度封开都平、白垢、江口3个梯级电站预泄0.22亿立方米，腾出行洪天然河道，贺江洪峰顺利通过南丰镇。成立市水利系统专家库，有省、市、县涉及水工建筑、机电电气、水文水资源、路桥、地质等专业的专家近200名，并与市应急管理局实现资源共享。全市建成防汛物资仓库近100座，基本满足防汛抢险所需。2022年肇庆市水利智慧防汛平台项目纳入省水利厅智慧水利先行先试试点。（肇庆市水利局）

【澳珠合作开展跨界河涌管护】2022年，珠海市加强与澳门跨界治水合作，珠海市政府与澳门特别行政区政府签署《鸭涌河综合整治工程建管及接收协议》，为粤港澳大湾区澳珠一极水务工程合作建设提供新模式。珠海市水务局与澳门市政署签订《鸭涌河水体、河岸绿化及设施管理协议》，就鸭涌河管养维护委托事项、要求和费用达成一致意见，由澳门委托珠海统一管护鸭涌河水体、河岸绿化及设施，维护鸭涌河水面岸线整洁和水环境安全。

（珠海市水务局杨泳豪）

【防灾减灾区域协同联动线上研讨会】2022年6月15日，佛山市政府与澳门特别行政区政府、清华大学联合举行防灾减灾区域协同联动线上专题研讨会。会上，清华大学公共安全研究院副院长袁宏永作主题报告，介绍清华大学公共安全研究院研究成果；澳门特别行政区政府有关部门代表分享包括组织架构、预警信号处理、防灾减灾成果等澳门民防工作相关经验；佛山市政府有关部门代表对佛山市应急管理工作整体形势及面临的风险挑战、主要做法及成效等作详细介绍。研讨会以佛山、澳门两地共同面临的汛期城市内涝、台风灾害为切入点，从健全完善粤港澳应急联动协作机制等方面开展专题研讨。（佛山年鉴社）

·责任编辑　章坦妮·

现代产业体系构建

综　述

【概况】2022 年，广东省以制造业创新中心为核心节点，全力打造国家、省、市三级制造业创新体系。2022 年 11 月，工业和信息化部正式批复同意由四川新视创伟超高清科技有限公司（四川省超高清视频创新中心依托单位）牵头并联合广东博华超高清创新中心有限公司（广东省超高清视频创新中心依托单位）共同组建国家超高清视频创新中心。至年底，广东省国家级制造业创新中心数量达到 4 个（国家印刷及柔性显示、高性能医疗器械、5G 中高频器件、超高清视频创新中心），数量居全国第一位（全国共 26 家）。

加快布局省级制造业创新中心、企业技术中心。围绕战略性产业集群布局建设，出台《省级制造业创新中心建设管理办法》，省市联动支持创新中心发展。大湾区建有 27 个省级制造业创新中心和 1332 个省级企业技术中心（含深圳），基本覆盖战略性产业集群，支撑制造业高质量发展。

是年，大湾区加快实现信息互联互通。推动 5G 网络建设，制订 5G 基站年度建设计划，协调部署 5G 网络建设工作。全年全省新建 5G 基站 6.06 万座，累计建成 5G 基站 23.2 万座，实现 5G 网络珠三角广覆盖，数量稳居全国第一位，实现全省所有县级行政区域主城区 5G 网络气象台室外连续覆盖。广东省是率先建成全国首个 20 户以上自然村百兆光网全覆盖的省份。推动数据中心持续健康发展。支持全国一体化算力网络粤港澳大湾区国家枢纽节点建设，截至年底，全省已投产使用的数据中心达 310 个。

大湾区推动数字经济和大数据产业发展。推动出台实施国内首个数字经济地方性法规——《广东省数字经济促进条例》。连续 5 年举办中国工业互联网大会暨粤港澳大湾区数字经济大会，持续推动粤港企业“5G+ 工业互联网”融合创新，加快实现数字化转型。培育壮大软件、大数据、人工智能产业。广州、深圳获授中国软件名城，广东成为拥有 2 个国家人工智能创新应用先导区的唯一省份。电子信息制造业销售产值连续 31 年保持全国第一位，全年软件业务收入居全国第二位。

大湾区加快发展生产性服务业。充分发挥工业设计支撑产业高质量发展作用。截至年底，珠三角地区累计认定 36 个国家级、290 个省级工业设计中心，广东省生态工业设计研究院成功创建首批国家工业设计研究院。推动先进制造业和现代服务业融合发展。截至年底，珠三角地区累计培育 89 个单位（含深圳市）入选工业和信息化部服务型制造示范名单。累计向工信部推荐五批国家工业遗产申报对象，珠三角地区累计获批 2 家。

持续开展粤港澳相关合作。广东省每年与香港特区政府联合召开粤港信息化合作专责小组会议，协调解决粤港信息化合作中存在的问题和障碍，支持粤港加强智慧城市合作。深化粤港清洁生产合作，共同推动在粤的港资企业开展清洁生产技术改造，提升企业清洁生产水平，

2019—2022年，粤港双方累计共同发布4批690家“粤港清洁生产伙伴”标志企业名单，其中2022年新增155家。支持珠海横琴粤澳深度合作区建设集成电路产业集聚区。推动设立广东省半导体及集成电路产业投资基金设计子基金并落户横琴，计划基金总规模52亿元，已投资过会项目9个，共10.15亿元；推动设立广东粤澳半导体产业投资基金并落户横琴，首期规模约100亿元，首批45亿元基金已合拢；引进建设集成电路重大项目，并引进方瑞联合、芯潮流、艾派克等企业项目落户横琴发展。

（广东省工业和信息化厅）

【产业用地规划】2022年，广东省自然资源厅强化用地计划指标保障。支持各地通过“争、挣、腾、买、挪”等途径分级分类保障项目用地指标需求，加大对大型产业集聚区、先进制造业、政策性开发性金融工具签约项目的计划指标支持力度。持续深化“放管服”改革。将县级政府组织编制的土地征收成片开发方案审批权委托各地级以上市人民政府实施，加快推进全省土地征收成片开发方案审批。印发《粤港澳大湾区重大项目资源要素服务支撑清单》，安排专人专班跟踪负责服务支撑清单内项目用地预审、用地审批进展情况，通过环环相扣的“保姆式”跟进，及时解决项目堵点难点。全年批准大湾区用地面积1.23万公顷，保障白云国际机场三期、沈阳至海口国家高速公路汕尾陆丰至深圳龙岗段改扩建工程等国家和省重大项目用地需求。持续深化工业用地市场化配置改革。推动《关于深化工业用地市场化配置改革的若干措施》落地见效，推行“标准地”“带方案”等供应方式，加强“只租不售”标准厂房用地保障，印发《广东省工业用地“标准地”供应工作指引（试行）》，进一步提高工业用地供应质量，降低企业用地成本。

（广东省自然资源厅）

【“数字湾区”建设】2022年，广东省打造数据要素流通顺畅的数字大湾区。推行深圳先行示范区数据要素市场化配置改革试点，支持深圳粤港澳大湾区大数据中心。在广州南沙、深圳前海、珠海横琴开展“数据海关”试点，探索建立数据跨境审批与管控机制，开展跨境数据流通的审查、评估、监管等工作。其中，广州南沙推进澳门科技大学、香港科技大学科研专线建设，完成澳门科技大学到珠海登陆站的线路连接。以申报国家数据要素市场化配置综合改革试点为契机，争取国家支持广东省建立跨境数据流动、“数据海关”机制。

粤港澳合作打造数字湾区广东省与港澳建立政务服务“跨境通办”工作机制，持续推进港澳版云闪付、微信香港钱包、支付宝香港钱包、澳门通及中银澳门跨境钱包等港澳移动支付工具在粤港澳大湾区应用。争取国家支持在汕头设

2022年9月30日，广州数据交易所在广州南沙揭牌，广州数据交易所的揭牌标志着广东省级数据交易机构正式成立　（广州交易集团供稿）

立区域国际通信业务出入口局，与香港合作开展粤港主要跨境公用电信陆缆传输通信更新工作，畅通省内通信出口通道。争取中央网信办同意按“一事一议”的方式支持广州开展跨境数据试点，推动香港科技大学实现广州—香港校区之间语音、数据、视频等数据安全高效传输，澳门科技大学实现分布式校区间组网互联。

实施数字贸易工程，广东省培育8个省级数字服务出口基地、100家省数字贸易龙头企业，粤港澳大湾区全球贸易数字化领航区建设方案已上报国务院，全年全省跨境电商进出口额6454亿元，比上年增长95%。强化数字贸易载体培育，推动广州市天河中央商务区建设国家数字服务出口基地，开展省级数字服务出口基地认定，天河商务区集聚科技类企业超2万家，国家高新技术企业超700家，全年全省认定省级数字服务出口基地7个，新增出口超千万美元的数字服务出口企业6家。推进贸易数字化改造，实施“粤贸全球”工程，举办线上展会100余场，吸引1.8万家企业参加。（广东省发展改革委）

【大湾区银行保险合作发展】截至2022年末，大湾区内地银行业总资产31.83万亿元，比上年增长9.9%；各项贷款余额21.93万亿元，增长10.6%。保险业总资产1.86万亿元，比上年增长11.0%；提供风险保障金额1609.2万亿元。

推进制度型开放为主线，大湾区金融规则衔接机制对接迈出坚实步伐。加强顶层设计，完善“一体两翼四地”工作机制。成立推进粤港澳大湾区、横琴合作区及南沙重大合作平台建设专项工作小组，建立特色化统计体系，以工作小组“一体”统领系统资源和市场力量“两翼”，形成“上下联动、齐抓共管、信息汇聚、交流合作”的工作格局，支持出台金融支持大湾区建设意见，配合省、市政府出台系列配套措施。召开粤港澳深四地保险监管联席会议，围绕大湾区保险监管实践、规则衔接、跨境合作等方面达成共识。推进粤港澳大湾区保险服务中心、大湾区国际商业银行设立，探索建立“一地调解、四地互认、四地执行”的金融纠纷调解合作机制。

推动横琴粤澳深度合作区建设，制定实施方案，明确21项任务措施，兼具操作性和发展性。出台“横琴金融30条”，合作区内银行业各项贷款比上年增长29.8%，其中涉澳企业贷款增长82.91%；合作区金融业增加值增长8.1%，占比达35.5%，税收贡献达30.7%。支持广州南沙重大合作平台建设，配合出台广州南沙深化面向世界的粤港澳全面合作实施方案。南沙片区银行机构各项贷款比上年增长30.6%，全年南沙金融业对经济贡献排名全区行业前五位。

加强制度创新，构筑粤港澳三地保险规则衔接基石。在国家金融监督管理总局的支持下，指导创新大湾区专属重疾险及跨境医疗险产品，累计为12.59万人次提供保险保障超千亿元。其中，“创新粤港澳大湾区专属重疾险”入选“粤港澳大湾区规则衔接机制对接20个典型案例”。推动粤澳跨境车险“等效先认”制度于2022年12月20日落地实施。探索“跨境保险通”，成立课题研究组，系统研究相关法律法规及各类跨境互联互通经验做法，形成专门研究报告。

以跨境金融合作为抓手，大湾区多项创新试点助力金融市场互联互通。先行先试落地多项全国首创业务试点，用优质金融服务架起三地互联互通互惠的桥梁。联合出台实施细则，推动“跨境理财通”试点落地，成为全国实施个人资本项目可兑换的重要实践。配套业务监管方案，坚持“一视同仁、成熟一家、备案一家”的原则，支持辖内26家试点银行2500多个网点开展试点业务，累计发生业务1.65万笔、金额22亿元，实现大湾区城市全覆盖。创新跨境车险服务。搭建“粤港澳三地用车生活”保险生态圈，首创“三地保单一地购买”跨境车险便民投保服务，车主可直接向当地保险公司提交内地交强险投保资料，由粤港澳三地保险公司相互提供投保服务，为跨境通行带来通关便利，累计承保港澳跨境机动车辆5.86万辆次。促进便民惠企创新。全国首创“医保一站通”业务，累计为4.75万名澳门居民办理医保参保业务，解决澳门居民跨境办理医保跑点多、时间长、手续杂等难题。横琴在全国率先开展跨境住房按揭贷款业务，累计办理相关业务结汇超11亿美元。发行国内首单在澳门本地登记、托管清算并上市交易的公司债券，开创非澳企业澳门发债的全新模式。

以提升发展动能为核心，金融“活水赋能”湾区实体经济高质量发展。推进“险资入粤”。主动搭建政府部门、监管机构、保险企业、融资主体四位一体的“险资入粤”平台，开展“保险资金支持实体经济活动”，创新举办线上投融资项目发布会，引导保险资金优先投资广东和大湾区。保险资金累计投资广东省余额（含股票）2.19万亿元，比上年增长14.66%。其中，在大湾区内地城市累计投资余额2.12万亿元，增长14.48%。助力大湾区国际科创中心建设。联合印发知识产权质押登记线上办理试点实施方案，实现辖内20个地市全覆盖，知识产权质押贷款余额比上年增长1.4倍。加强金融资源精准投放，辖内银行机构设立超百家科技支行和科技特色支行，高新技术企业贷款余额超过9500亿元，其中信用贷款、中长期贷款余额占比分别达到30%和43%。创新发展科技保险、首台套保险、新材料保险，累计提供风险保障1.78万亿元，比上年增长13.8%。中国人民财产保险股份有限公司成立粤港澳大湾区知识产权保险中心。加快推动湾区绿色金融改革创新。出台推进广东银行业保险业绿色金融发展指导意见，创新建立绿色保险统计制度，支持设立全国首家气候支行、全国首家零碳网点，支持建设银行参与发起设立粤港澳大湾区碳金融实验室。引导银行机构加大对绿色交通、可再生及清洁能源、新能源等领域信贷支持力度，辖内主要银行机构绿色信贷余额1.5万亿元，比上年增长57.2%，绿色保险风险保障超万亿元。支持发展特色金融服务业。支持横琴合作区发展科技研发和高端制造、中医药产业、会展商贸产业等“三新”产业，为包括中医药产业园在内的横琴项目累计引入境外贷款超百亿元，文旅会展商贸产业相关贷款比上年增长54.51%。支持南沙航运业发展，推动南沙建成上线全国首个航运保险要素交易平台，完成线上交易保单3305单，累计实现保费1.19亿元，风险保障金额347亿元。

（广东银保监局）

【大湾区金融合作发展】2022年，广东省地方金融监督管理局印发实施《关于金融支持横琴粤澳深度合作区建设的意见》《关于金融支持前海深港现代服务业合作区全面深化改革开放的意见》；南沙自贸区率先在全国开展跨境贸易投资高水平开放试点。截至年底，广东与港澳跨境人民币结算金额累计超25万亿元，人民币成为粤港跨境收支第一大结算货币；赴港上市企业283家，数量居全国第一位；广东港资银行营业性机构数量居全国第一位；广州期货交易所成功

2022年9月19日，深圳证券交易所举行创业板ETF期权和中证500ETF期权上市仪式

（深圳市人民政府地方志办公室供稿）

上市第一个交易品种“工业硅”。在2022年第32期全球金融中心指数（GFCI）排名中，香港的国际金融中心地位持续稳固、列全球第四位，深圳列第九位，广州列第25位，大湾区主要金融中心城市的国际影响力进一步提高。

推动中央金融管理部门出台金融支持横琴、前海合作区和南沙的政策文件。《关于金融支持横琴粤澳深度合作区建设的意见》（简称《横琴意见》）和《关于金融支持前海深港现代服务业合作区全面深化改革开放的意见》（简称《前海意见》）已经国务院批准，由人民银行、银保监会、证监会、国家外管局四部委联合广东省政府正式颁布实施。

推进横琴合作区金融改革创新，支持澳门经济适度多元发展。推进横琴合作区资金电子围网系统建设；落地两笔对澳门融资租赁公司的资产跨境转让业务，实现澳门融资租赁公司在该领域的突破；落地全国首单担保机构跨境融资担保业务；首单企业债券成功赴澳发行；支持新设金羽融资租赁、天合（珠海横琴）融资租赁、首个外资商业保理——昇翠商业保理3家公司；横琴合作区粤澳跨境数据验证平台首个服务场景落地；推出港澳台居民线上办理境内证券账户开立业务；落地首个面向澳门居民的定制保险保障方案。

推进前海合作区金融改革开放，支持巩固香港国际金融中心地位。加速在前海合作区形成以深港账户通、汇款通、融资通、贸易通、深港服务通、跨境理财通“六通”为代表的深港金融合作新格局。前海合作区落地首笔深港企业征信机构获取双方客户的企业征信信息；落地全国首笔“不落地购汇”业务；实现金融科技跨境创新应用测试运行；落地境内经营性租赁支付外币租金业务；创新推出前海港澳人士专属前海湾区通卡，解决港澳人士在大湾区创业就业因无境内征信记录难以申办人民币信用卡问题。高标准建设前海深港国际金融城，全年新入驻金融机构81个，总计240个，港资外资占比约30%。

南沙自贸片区积极发展特色金融产业。南沙自贸片区重点发展跨境金融、航运金融、科技金融、飞机船舶租赁、股权投资、商业保理、绿色金融七大特色金融。获批开展9项资本项目改革、4项经常项目便利化试点，成为全国首批4个开展跨境贸易投资高水平开放试点的地区之一，累计交易金额141亿美元。上线运行全国首个线上航运保险要素交易平台，成立总规模达50亿元的南沙航运产业基金；开展全国首笔以人民币为交易货币的境外租赁特种船舶交易业务、大湾区内首笔人民币保理资产跨境转让业务。

金融市场互联互通不断深化。“金融通”范围稳步扩大。“跨境理财通”跨境汇划金额超30亿元。债券通“南向通”上线平稳运行。深港符合条件的交易型开放式基金（ETF）纳入互联互通机制。深港通股票范围进一步扩大，累计交易金额突破57万亿元。广东省政府赴澳、深圳市政府赴港连续两年成功发行离岸人民币地方政府债券，获港澳金融机构超额认购，成为地方政府港澳发行离岸政府债券典范。

跨境金融服务实现多项“率先”。率先开展代理见证开户业务有序扩大试点银行范围，新增3家试点银行，并将中国银行、工商银行业务范围交叉扩大至澳门、香港；率先实现大湾区移动支付互通；率先推出港澳居民征信报告查询服务；率先开通大湾区跨境缴费，跨境电子账单直接缴费业务在港澳地区全覆盖；率先开展跨境保险业务，跨境车险“等效先认”正式落地，推出跨境车险、跨境医疗险和大湾区专属重疾险等特色保险产品；率先实现本外币合一银行结算账户试点扩围，从原来的广州、深圳，拓展到佛山、东莞、中山、珠海、茂名、湛江六地。

金融监管合作不断加强。粤港澳金融管理部门共同参加粤港澳大湾区绿色金融联盟会议，共同推进粤港绿色金融合作。内地金融科技创新监管工具与香港金融科技监管“沙盒”联网对接，粤港澳大湾区金融科技跨境创新测试首个项目正式“入盒”测试。

（广东省地方金融监督管理局）

【海洋资源管理和开发】2022 年，广东省自然资源厅做好重大项目用海保障。对粤港澳大湾区重大用海项目建立“一个项目、一名分管领导、一个专班、一跟到底”的“四个一”服务保障机制，全力推动重大项目用海审批取得进展。是年，广东省大湾区内 7 个沿海地市共审批项目用海 94 宗、面积 4556 公顷，其中获国务院批准用海 6 宗、面积 975 公顷，省政府批准用海 8 宗、面积 815 公顷，保障中海壳牌惠州三期乙烯、惠州 LNG 接收站等重大项目用海需求。深化海洋资源管理改革。贯彻落实自然资源部关于支持粤港澳大湾区和深圳市深化自然资源领域改革探索意见，支持指导深圳、珠海、江门市开展海域使用权立体分层设权试点，探索从立体空间层面提升海域资源利用效率。探索推动养殖用海海域使用权市场化配置，指导江门台山市完成 1 宗养殖用海项目挂牌出让。探索推进无居民海岛使用权市场化出让试点，组织完成珠海市牛头岛部分无居民海岛使用权挂牌出让。印发实施全面建设海洋强省三年行动方案，明确海洋工作发展方向，提出围绕打造国际一流湾区，全面推动粤港澳大湾区海洋经济高水平发展，形成海洋经济发展动力引擎。

是年，广东省海洋生产总值 1.8 万亿元，比上年增长 5.4%，占全省地区生产总值的 14%，占全国海洋生产总值的 19.1%，连续 28 年居全国首位。珠三角核心区海洋经济发展新动能不断积蓄。现代化海洋产业体系建设取得较大进展，产业基础高级化、产业链现代化加速推进，埃克森美孚惠州乙烯一期项目进入装置安装阶段，恒力石化（PTA）项目竣工。海洋科技自立自强水平稳步增强，天然气水合物勘查开发国家工程研究中心挂牌运作，国家海洋综合试验场（珠海）正式落户。对外开放全面持续深化，横琴、前海、南沙等重大合作平台开发建设加快推进，粤港澳合作更加紧密，大鹏湾水域深港进出船舶实现“一次引航”，澳门轻轨延伸横琴线项目海底隧道顺利贯通，国际数据传输枢纽大湾区南沙节点建成投产，举办中国海洋经济博览会等国际会议。综合立体交通体系逐渐成形，广州、深圳国际综合交通枢纽功能巩固提升，南沙港区四期投入运营，深江高铁、狮子洋通道开工建设。全年省级促进经济高质量发展专项（海洋经济发展）共支持粤港澳大湾区海洋电子信息、海上风电、海洋工程装备、海洋生物、天然气水合物、海洋公共服务六大产业项目 34 个，经费 2.71 亿元。（广东省自然资源厅）

【珠三角核心区示范带动能力增强】2022 年，珠三角核心区示范带动高端制造业加快发展。实施产业链供应链韧性提升行动，粤芯二期、广汽自主品牌 20 万辆新能源汽车扩产、华星光电 T9 生产性等项目建成投产，粤芯三期、华润微电子、增芯科技传感器等集成电路重大制造业项目获批建设，“广东强芯”工程深入推进，打造中国集成电路第三极迈出坚实步伐。科技引领支撑作用强化。以大湾区综合性国家科学中心为牵引，加强重大科技创新平台建设，大湾区量子科学中心挂牌成立，散裂中子源二期获批建设，粤港澳大湾区国家技术创新中心实质运行。实施新一轮重点领域研发计划，启动核心软件攻关工程，在 5G、新能源汽车、生物医药、超高清视频显示等领域突破一批技术瓶颈。粤港澳大湾区高水平人才高地建设扎实推进，新引进一批科技领军人才和高水平创新团队，全职在粤工作的中国科学院、中国工程院院士 135 人，研发人员数量 130 万人。国务院印发《广州南沙深化面向世界的粤港澳全面合作总体方案》，南沙发展迎来新的重大机遇。

【沿海经济带产业集群成型发展】2022 年，沿海经济带成为吸引外商投资的热土，绿色石化、绿色钢铁、海工装备等临海产业带逐渐成型成势。广东省海洋生产总值连续 28 年居全国首位，海洋经济竞争力核心地位持续巩固。沿海重大基础设施加快完善。广湛、广汕、汕汕3条时速350千米的沿海高铁大通道加快建设，推动沿海经济带东西两翼加快融入粤港澳大湾区、实现联动发展。深江高铁全线开工，狮子洋通道开工建设，珠江口东西两岸融合新的重要通道加快开辟。省域副中心城市发展能级加快提升。汕头广澳港区疏港铁路动工建设，新能源产业、新材料和新一代电子信息产业加快发展，纺织服装和玩具创意产业加快升级，深圳汕头深度协作纵深推进。（广东省发展改革委）

先进制造业

·制造业发展·

【澳门制造业发展】2022年，澳门出口总值135.2亿元，比上年增长4.3%。其中，澳门本地产品出口总值20.2亿元，比上年增长0.7%；再出口总值115.0亿元，增长5.0%。全年在《内地与澳门关于建立更紧密经贸关系的安排》协议项下出口产品的货值1.16亿元，免去税款达538万元。（摘自《2023澳门年鉴》）

【广州先进制造业发展】2022年，广州市先进制造业实现工业增加值3267.52亿元，占全市规模以上增加值的61.6%；高技术制造业实现工业增加值1002.76亿元，占全市规模以上工业增加值的19.5%。其中，医药制造业比上年增长49.5%；电气机械及器材制造业增长5.5%。部分新产品保持较快增长，新一代信息技术产品中的显示器、智能电视产量分别比上年增长19.4%和84.0%；集成电路圆片产量增长12.4%；工业机器人、工业控制计算机及系统等工业数字化转型产品产量分别增长25.7%和32.8%。新增国家制造业单项冠军企业（产品）数量8家、国家技术创新示范企业数量2家，均创历年新高。鹿山新材料、白云化工获评国家制造业单项冠军企业（产品），白云化工获评国家技术创新示范企业。（广州市工业和信息化局）

【深圳先进制造业发展】2022年，深圳市规模以上工业总产值超4.5万亿元，连续4年居全国城市首位；全口径工业增加值超1.1万亿元，首次居全国城市首位。深圳首次成为规模以上工业总产值、全口径工业增加值“双第一”城市，工业第一大市地位更加稳固。坚持把稳增长摆在突出位置，强化运行调度，全力保障产业链供应链稳定畅通，制定出台“工业经济30条”等重要政策，确保工业生产平稳运行，全市规模以上工业增加值比上年增长4.8%，增速高于全国、全省，在一线城市和工业大市中保持领先水平。工业增加值占地区生产总值比重达35.1%，工业对全市经济增长的贡献率近50%，贡献率在各行业中排第一名。

深圳工业转型升级步伐加快，产业新动能增长强劲。着力发展以先进制造业为主体的“20+8”产业集群，加快推动制造业高端化、智能化、绿色化发展。深圳蝉联先进制造业百强市首位，新一代信息通信等4个集群入选国家先进制造业集群，数量居全国首位。汽车制造业增加值比上年增长1.05倍，拉动全市规模以上工业增加值增长1.4个百分点；主要高技术产品产量持续快速增长，首台国产体外膜肺氧合机（ECMO）获批上市并投入使用，新能源汽车、充电桩、民用无人机、5G智能手机产量分别增长1.83倍、1.14倍、34.7%、22.3%。培育服务取得突破，企业发展质量不断提升。全年新增境内外上市公司42家，总数达535家；新增国家级制造业单项冠军企业（产品）20家，连续两年居全国第一位；新增国家专精特新“小巨人”275家，居全国第二位，总数达442家。专精特新工业企业发挥强力支撑作用，全年增加值合计比上年增长8.3%，对全市规模以上工业增加值的贡献率达22.1%。

强化招商引资，强化重大项目全周期管理服务，推动落地一批补短板、锻长板项目。比亚迪深汕二期、中海油等6个百亿级重大工业项目和贝特瑞、迈瑞医疗等10个30亿级重大工业项目正式开工，中芯国际12英寸线、华星光电 T7 等一批项目建成投产。工业投资规模超过 1600 亿元，比上年增长 19.2%，其中，技改投资规模近 700 亿元，工业投资规模连续四年居全省第一位，技改投资规模连续两年居全省第一位；汽车制造业投资增长 3.25 倍，计算机、通信和其他电子设备制造业投资增长 23.1%。

（深圳市人民政府地方志办公室）

【珠海先进制造业发展】2022 年，珠海市落实《市领导挂点联系重点企业工作机制》《珠海市重大项目落地投产专项督导制度》等制度，市、区两级形成工作合力，加强项目服务，推动迈为、科恒、维景储能等重点签约项目早日开工，推动爱旭、得尔塔等重大项目加快产能释放。大力支持市内企业增资扩产，实施技术改造，引导企业向高端化、智能化和绿色化转型升级，全年推动 300 家以上企业实施技术改造，形成工业经济新增量。（珠海市工信局郑琪）

【佛山先进制造业发展】2022 年，佛山市规模以上先进制造业完成工业增加值 2916.14 亿元，比上年增长 3.1%，占规模以上工业增加值的比重为 50.6%，增加 1.2 个百分点，其中先进装备制造业、生物医药及高性能医疗器械、石油化工产业、先进轻纺制造业、高端电子信息制造业等行业分别增长 7.1%、4.5%、4.2%、3.5%、1.8%，新材料制造业下降 5.9%。佛山市规模以上先进制造业增加值仅次于深圳。

高端电子信息制造业　2022 年，佛山市高端电子信息制造业实现增加值 165.53 亿元。元器件领域，全年生产电子元件 28.2 亿只、电光源 10.1 亿只、半导体分立器件 837.9 亿只、光电子器件 948.6 亿只，其中光电子器件占全省光电子器件产量（5468.5 亿只）的 17.3%。

先进装备制造业　2022 年，佛山市先进装备制造业实现规模以上工业增加值 1230.39 亿元。其中，通用设备制造业实现规模以上工业增加值 371.2 亿元，占全省该行业增加值（1460.1 亿元）的 25.4%；专用设备制造业实现规模以上工业增加值 202 亿元，占全省该行业增加值（1505.4 亿元）的 13.4%。全年生产金属切削机床 1.27 万台、金属成形机床 7000 套、模具 1303 万套。

石油化工产业　2022 年，佛山市石油化工产业实现规模以上工业增加值 262.68 亿元。全年涂料产量 137.6 万吨，占全省涂料产量（495.8 万吨）的 27.8%。

先进轻纺制造业　2022 年，佛山市先进轻纺制造业实现规模以上工业增加值 906.9 亿元。全年生产布匹 3.7 亿米，占全省布匹产量（20.2 亿米）的 18.3%。全年生产酱油 258 万吨、饮料 348.5 万吨。

新材料制造业　2022 年，佛山市新材料制造业实现规模以上工业增加值 338.76 亿元。全年钢材产量 476 万吨，铝合金产量 12.6 万吨。

生物医药及高性能医疗器械　2022 年，佛

2022 年，佛山市先进装备制造业实现规上工业增加值 1230.39 亿元。图为蒙娜丽莎生产车间（佛山市工业和信息化局供稿）

山市生物医药及高性能医疗器械实现规模以上工业增加值 89.9 亿元，其中医药制造业实现产值 264.5 亿元、医疗仪器设备及器械制造实现产值 68.9 亿元。细分领域中成药生产实现产值 168.5 亿元，卫生材料及医药用品制造实现产值 38 亿元，中药饮片加工实现产值 13 亿元，医疗诊断、监护及治疗设备制造实现产值 12.7 亿元，化学药品原料药制造实现产值 11.1 亿元。全年全市医药制造行业生产中成药 2.2 万吨，占全省中成药产量（22.4 万吨）的 9.8%。

（佛山市工业和信息化局）

【惠州先进制造业发展】2022 年，惠州市规模以上工业企业 3934 家，完成规模以上工业总产值 11122.2 亿元，比上年增长 10.1%；完成规模以上工业增加值 2424.8 亿元，占全省比重的 6.1%，居全省第五位；增长 6.3%，居全省第二位，分别高于全国、全省 2.7 个百分点、4.7 个百分点。其中，规模以上制造业增加值 2277.4 亿元，增长 6.3%。规模以上先进制造业、规模以上高技术制造业增加值占规模以上工业增加值比重分别为 65.9%、39.1%，高于全省占比（55.1%、29.9%）10.8 个百分点、9.2 个百分点。工业投资完成 1396.5 亿元，占全省（12122 亿元）的比重为 11.5%，增速 42.1%，总量和增速均居全省第二位；工业投资占固定资产投资比重由上年同期的 33.1% 提升至 43.2%。

是年，惠州市电子信息产业总产值 3846.3 亿元，比上年增长 2.4%；增加值 787.8 亿元，增长 2.5%。石油化工行业总产值 2486.1 亿元，比上年增长 27.4%；增加值 526.3 亿元，增长 16.1%。建材行业总产值 434.8 亿元，比上年下降 4.4%；增加值 97.5 亿元，增长 2.2%。轻工业总产值 2414.7 亿元，比上年增长 9.5%；增加值 546.7 亿元，增长 3%。医药制造业总产值 38.85 亿元，比上年增长 30.6%；增加值 9.58 亿元，增长 8.6%。

〔惠州市档案馆（惠州市人民政府地方志办公室）〕

【东莞先进制造业发展】2022 年，东莞市聚焦“科技创新 + 先进制造”城市特色，坚持制造业立市不动摇，以稳增长、新功能、高质量为主线，以战略性支柱产业和战略性新兴产业为重点，制定优质企业培育目标和体系，推动制造业转型升级。确定 2022 年东莞市“倍增计划”试点企业 523 家、协同倍增企业 500 家，实现园区、镇（街）全覆盖，规模涵盖大、中、小型企业。部分高技术产业实现双位数增长，计算机整机制造、电子工业专用设备制造、光纤光缆及锂离子电池制造、医药制造等产业分别增长 56.6%、14.3%、12.9%、11.3%。深化制造业集群化发展，“佛莞泛家居”入选第三批国家先进制造业集群，智能移动终端产业集群高分通过国家验收。实现“全国服务型制造示范城市（工业设计特色类）”、“消费品工业‘三品’战略示范城市”创建。宇瞳光学、凯格精机、宜安科技、德丰电创入选国家级制造业单项冠军，新增“小巨人”企业（业绩良好、发展潜力巨大、培育价值初期的小企业）31 家、新增省级“专精特新”企业 1849 家、“新升规”工业企业 1989 家，高新技术产业势头强劲。

（东莞市人民政府地方志办公室）

【中山先进制造业发展】2022 年，中山市推动智能制造业发展。引进中软国际信息技术有限公司等一批工业互联网与数字赋能平台，新增规模以上工业企业数字化转型 596 家，认定数字化智能化示范工厂 10 家，带动 3000 家企业连上云用平台。重点发展新一代信息技术、生物医药、高端装备制造三大战略性新兴产业，先进制造业增加值占规模以上工业比重提高到 48.6%。加快发展新能源产业，新增光伏发电并网容量 21.5 万千瓦。加快重大产业载体建设，推进省级大型产业集聚区建设，加快光电与智能终端产业园等项目建设。

加快创新平台建设，建设中山先进低温研究院、中国检科院大湾区研究院、中山市工业技术研究中心，加快中科中山药物创新研究院、长春理工大学中山研究院等创新平台建设。培育高新技术企业，拥有国家高新技术企业总量超2600家，科技型中小企业超2700家。支持企业科技创新，组织开展“揭榜挂帅”项目5个、“战略性新兴产业技术攻关”项目20个。启用中山国际人才港，博士、博士后平台增至89个，省市级创新创业科研团队增至63个。建设国家级知识产权保护中心，中山市入选全国首批知识产权强市建设试点城市。

制定促进工业设计发展扶持政策。印发《中山市工业设计发展行动计划（2022—2025年）》，拟订《中山市工业设计发展项目资助实施细则》作为配套实施细则，推动全市产业升级。推进工业设计中心建设，引导条件成熟的制造业企业整合现有资源组建相对独立的工业设计中心，认定悦辰电子、名门锁业、中泰家具、德立洁具、中荣印刷、榄菊日化等19家企业的工业设计中心为中山市第二批市级工业设计中心。推荐东菱威力电器、太力科技、鑫光智能、领先展示等15家企业申报第五批省级工业设计中心。依托五金厨卫行业龙头企业，推动在小榄镇组建省级精密五金产业工业设计研究院。

（中山市人民政府地方志办公室）

【江门先进制造业发展】2022年，江门市高端装备制造规模以上企业260家，在轨道交通、船舶与海工装备、电力装备、数控机床等领域拥有良好的产业基础。根据广东省产业集群统计口径，2022年江门市高端装备制造产业产值69.93亿元。

轨道交通领域，依托广东轨道交通产业园，以全国第三、全省唯一具备和谐号动车组生产资质的中车广东公司为核心，汇集车门、制动系统、空调系统、照明系统、总装基础件、车辆内饰件等全链条配件企业，广东轨道交通产业园成为全省配套最齐全的轨道交通产业园。全市以欣龙隧道项目为依托规划盾构机产业园，延伸产业链条，推动轨道交通施工装备及其关键零部件产业发展，助力打造“轨道上的大湾区”。

船舶与海工装备领域，主要集中在船舶制造、维修以及拆解回收利用，拥有航通船业、南洋船舶、海星游艇等骨干企业，其中，南洋船舶是广东省内最大的民营造船企业，最大单船造船能力为8万载重吨级；航通船业是专业生产各类海洋工程作业船及辅助船的企业，可承建全球最大的半潜驳船主船体；海星游艇是中国大陆地区唯一进入全球80英尺以上游艇前30强的制造商。

电力装备领域，培育海鸿电气、敞开电气、ABB低压开关等龙头企业，其中，海鸿电气是一家专业从事集输配电与控制设备的研发、生产、销售和安装调试服务于一体的国家火炬计划重点高新技术企业，绿色节能立体卷铁心技术世界领先。

数控机床领域，拥有广东科杰、艾普升、凯特精密等一批专精特新企业，其中，广东科杰是“高速数控雕铣机”国家标准起草单位，雕铣机及其变形产品在3C产品触摸屏盖板玻璃相关业务的全国市场占有率较高。

激光装备领域，拥有龙头企业海目星，该企业是一家专注于“激光+自动化智能装备”行业领先的研发型国家级高新技术企业，专注于动力电池智能制造、大功率钣金激光切割、3C通用激光及自动化、光伏工艺智能制造等四大板块，成为业界知名的激光及自动化装备综合解决方案提供商。

智能机器人领域，拥有动力博石、诺贝机电、同川科技、南大机器人等一批科技型初创企业，结合本地特色产业如印刷线路板、新能源电池等应用需求，提供机器人系统集成、非标自动化装备、机器人教育装备等产品。

（江门市人民政府地方志办公室）

【肇庆先进制造业发展】2022年，肇庆市实现规模以上装备制造业增加值237.63亿元，比上年增长4.2%；装备制造业投资额完成183.3亿元，下降5.2%。装备制造业新签约项目141个，计划投资额239.43亿元，其中新能源汽车及汽车零部件项目26个，计划投资额58.56亿元；电子信息项目32个，计划投资额50.02亿元。新投产装备制造业项目81个，总投资223亿元，其中新能源汽车及汽车零部件产业新投产项目18个，总投资167亿元；新投产电子信息项目23个，总投产22亿元。

（肇庆市人民政府地方志办公室）

·制造业布局·

【广州产业空间革新】2022年，广州市加快广州人工智能与数字经济试验区建设，试验区内“四上”（规模以上工业、有资质的建筑业和全部房地产开发经营业、限额以上批发零售业和住宿餐饮业、规模以上服务业法人单位）企业超2200家，阿里巴巴等11个项目投产运营。开展“老城新园”高质量发展标杆园区试点工作，加快珠江科创园、岭南V谷科技园标杆园区建设。遴选首批9个村镇工业集聚区改造试点项目，推动引入智能网联与新能源汽车、新一代信息技术等支柱产业。加强用地用房供需信息共享对接，推动存量工业用地提高容积率，推进标准厂房建设。拓展应用“穗碳计算器”，清理整治“散乱污”场所2049个，绿色制造国家级示范项目数量居全国前列。出台全省首个市级工业遗产管理办法，认定首批市级工业遗产16处，组织举办全国工业文化发展大会。

（广州市工业和信息化局）

【深圳制造业布局】2022年，深圳市规划建设20大先进制造业园区，全力保障工业发展空间。年内，实施连续5年每年建设不少于2000万平方米产业空间的“工业上楼”行动，以市场化方式组建工业软件、智能传感器、生物医药、合成生物、新能源汽车首批5只产业专项基金，入选国家首批产业链供应链生态体系建设试点城市。年内，根据《关于发展壮大战略性新兴产业集群和培育发展未来产业的意见》等系列政策文件，开展《深圳市战新与未来产业空间布局规划暨20大先进制造业园区空间保障指引》编制，该规划围绕产业链部署创新链、围绕创新链布局产业链，坚持“一个尊重、五个统筹”城市发展要求，统筹生产、生活、生态三大布局，以国土空间总体规划为引领，优化产业空间布局，在深化20大先进制造业园区空间布局的同时，统筹划定20大科技创新园区，形成“20+20”的战略性新兴产业和未来产业空间总体格局，并对20大先进制造业园区逐一制定空间保障指引，明确园区用地布局、供应规模、供应时序和实施路径，保障优势产业项目高效落地，支撑“20+8”产业高质量发展。

【珠海现代产业体系打造】2022年，珠海市工业和信息化局会同市招商、发改、商务等部门，推动出台工业经济高质量发展实施方案、若干

广州知识城生物医药产业园区（2022年） （李剑峰 摄）

试行措施及考评方案等“1+5+3”（“1”为1个实施方案、“5”为5个十条试行措施、“3”为3个考评方案系列政策），对全市产业发展定方向、定目标、定路径和定规则。明晰重点产业方向，大力发展新一代信息技术、新能源、集成电路、生物医药与健康（四大主导产业）和智能家电、高端装备、精细化工（三大优势产业）为重点的“4+3”产业集群，建设现代化产业体系。（珠海市工信局郑琪）

【佛山产业园区规划发展】2022年，佛山市印发《佛山市十大创新引领型特色制造业园区规划方案》《佛山市十大现代服务业产业集聚区规划方案》。其中，十大特色制造业园区包括佛山南庄高端精密智造产业园、佛山新能源汽车产业园、佛山人才创新灯塔产业园、佛山信息装备先进制造业产业园、佛山九龙高端装备及新材料制造产业园、佛山伦教黄金珠宝时尚产业园、佛山北滘机器人谷智造产业园、佛山临空经济区智造产业园、佛山水都饮料食品产业园、佛山云东海生物医药产业园，规划面积226.48平方千米，坚持因园制宜、一园一策，重点发展新能源汽车、高端装备制造、新材料、智能机器人、生物医药等战略性新兴产业和战略性支柱产业。十大服务业集聚区包括佛山数字经济创新产业集聚区、佛山西樵岭南文旅产业集聚区、佛山北滘工业设计产业集聚区等，规划面积216.77平方千米，重点培育发展云计算、大数据、工业设计、现代物流、金融商务等现代服务业。年内，佛山各园区做好重大先进制造业项目招商引资，把十大制造业园区作为佛山承载大项目、大集群的主阵地，广东宁德邦普一体化新材料产业项目、星源材质华南新能源产业基地、瑞浦动力与储能锂离子电池及系统制造项目等重大项目加快建设，园区产业集聚和规模效应持续显现。

2022年1月，佛北战新产业园经广东省政府同意，被纳入省大型产业集聚区，成为全省先进制造业发展的重要基地、科技创新产业化的示范高地、对接“双区”“两个合作区”支撑“一核一带一区”协调发展的重大产业平台。佛北战新产业园跨佛山市南海、三水两区，总规划面积487平方千米，其中园区符合现行规划可立即开展建设的用地约54平方千米，远期规划建设用地300平方千米。按照“规划引领、分步实施”的原则，产业园将划定1个核心起步区和9个核心区，面积共108平方千米。核心起步区为佛山高新技术产业开发区云东海生物港，9个核心区则包括佛山高新技术产业开发区大同湖科技产业园、大塘新材料产业园、中国（三水）国际水都饮料食品基地、白坭聚龙湾智能装备产业园、佛山西站枢纽新城、南海电子信息产业园、广珠铁路官窑货场物流园、狮山新材料万亩产业园、丹灶新能源产业基地。

（佛山市发展和改革局；佛山年鉴社）

【惠州制造业布局】2022年，惠州市推动制造业优化升级，新增3家企业（累计10家）被评为国家级智能制造工厂、8家企业（累计51家）被评为省级企业技术中心、10家企业新认定为国家第四批专精特新“小巨人”企业，2家企业生产的产品获评国家级制造业单项冠军产品。印发实施消费品行业、推动落后产能退出的工作计划，加强水泥、印染、食品、医药等行业管理，开展第八届中医科学大会“中医药大健康产业论坛”筹备工作。推动制造业绿色低碳发展，对25家企业开展节能专项监察，完成17家重点用能工业企业能效评估诊断，提出技术节能措施78条，初步估计企业节能约31万吨标准煤、减少二氧化碳排放约92万吨；39家企业通过清洁生产审核验收。制定实施《惠州市整治“散乱污”工业企业行动方案》，列出一批高耗能低产出、存在环保问题或安全生产隐患的工业用户，作为启动有序用电时重点限制类企业。提升工业设计产业层次，举办第十一届“省长杯”工业设计大赛惠州分赛区，力促一批工业设计成果的转化应用，加速工业设计产业发展。组织澳宝、TCL瑞智等5家工业企业申报省级工业设计中心、服务型制造示范项目。

是年，惠州市推进广佛惠、惠深产业链协作。推进广佛惠超高清视频和智能家电国家先进制造业集群建设。广州市牵头，联合佛山市及惠州市成功竞标国家先进制造业集群（新型显示和智能家电）。广佛惠三市组建产业集群建设工作领导小组，签署三方战略合作协议，落实地方配套专项资金。编制广佛惠联合培育发展超高清视频和智能家电先进制造业集群实施方案，推动该集群入选国家先进制造业集群决赛优胜者名单，获评“国家先进制造业集群”。

是年，惠州市搭建产业对接合作平台。举办龙头企业产业链对接会，吸引来自深莞惠等地的企业参会交流，促成恒泰科技、粤安印刷、聚飞光电等企业成功进入小米和华为等龙头企业供应体系。举办惠州市2023年“汇聚金融、赋能实体”——金融支持电子信息企业融资对接专场活动。

是年，惠州市推动“3+7”工业园区提质增效。引导产业向园区集聚，落实“要素跟着项目走”机制。将新增建设用地指标70%以上用于工业项目。按照“三个优先”（“3+7”园区优先、工业项目优先、供地后3个月内动工优先）的原则，实行精准化、差异化配置用地，真正把土地资源优势转化为产业发展优势。新增工业项目入园发展，将土地、资金、项目等要素往园区集中。制定出台园区项目快速落地措施等一系列政策措施，力促园区在项目招商、土地供应、工程报建、管理服务等方面突破创新。

〔惠州市档案馆（惠州市人民政府地方志办公室）〕

【东莞产业集群体系培育】2022年，东莞市深化制造业集群化发展，“佛莞泛家居产业集群”（与佛山市联合申报）入选国家第三批先进制造业集群，东莞市国家级先进制造业集群达3个，分别是东莞市智能移动终端集群、东莞市智能装备集群和佛莞泛家居产业集群。智能移动终端产业集群以92分通过国家工信部验收。广深佛莞智能装备产业集群签订战略合作协议。传统产业转型升级加快，推进“3+1”（食品饮料、纺织服装和家具三大优势传统产业加信息技术服务业）集群试点培育，围绕认定7个产业集群核心区完善配套资金政策。加快构建“4+5”（新一代电子信息、高端装备制造、纺织服装鞋帽、食品饮料4个战略性支柱产业集群，软件与信息服务、新材料、新能源、生物医药及高端医疗器械、半导体及集成电路5个战略性新兴产业集群）战略性产业集群培育体系。印发“链长制”实施方案，出台“链主企业”（整个产业链中占据优势地位的核心企业）遴选办法，谋划选取首批9个重点产业链，强化“链长+链主”产业链建设机制。麻涌镇新沙工业园入选省特色产业园。凭借农副食品加工业、造纸和纸制品业、纺织服装和服饰业良好基础，入选2022年消费品工业“三品”战略示范城市。

（东莞市人民政府地方志办公室）

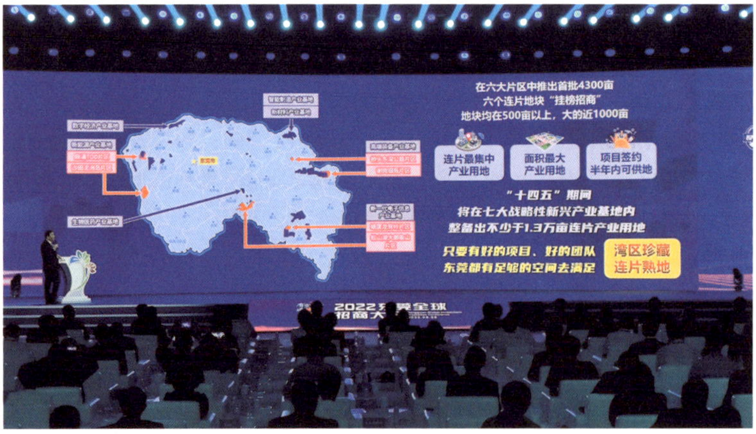

2022年8月26日，东莞市发布六大标准化产业片区产业发展战略规划

（程永强　郑志波　摄）

【中山制造业布局】2022年，中山市优化制

造业布局。发挥“3+4”重大产业平台引领制造业布局优化的作用。强化“东承”功能，以火炬国家高技术开发区（产业园）、翠亨新区（产业园）为主要载体，深入对接深圳、香港都市圈，规划建设深圳—中山产业拓展走廊，打造万亩级深中合作创新区，加快推动规划、创新、产业、营商环境、交通、公共服务六大领域协同发展。发挥“西接”作用，以中山西部产业园为重要载体，加快与江门及粤西城市在交通、能源、水利、物流等方面的互联互通，建设粤港澳大湾区（珠西）高端产业集聚发展区。加快“南联”步伐，以香山新城（中山南部新城）为重要载体，深化与澳门、珠海合作，加强生命健康、基础设施、文化旅游、青年创新创业等领域的联动发展，共建“珠中澳”优质生活圈。深化“北融”发展，依托中山北部产业园，积极对接广州都市圈，强化与广州、佛山在产学研合作、产业链协作、港口航运合作等领域的协同发展，推动北部片区与佛山共同打造万亿级智能家电产业集群。

加强中山制造与广深港澳对接合作。中山主动对接深圳“西协”战略，依托深圳—中山产业拓展走廊建设，引进新一代通信网络、集成电路、新型显示项目，发展新一代电子信息产业；引进工业机器人、高档数控机床、智能化光电加工装备等项目，发展高端装备制造业；引进生物医药、生物医学工程、精准医疗等高端医药医疗项目，发展健康医药产业。主动对接深圳创意孵化、工业设计等平台和企业，助推灯饰、服装、家电、五金等传统产业提质升级。加强与深圳在未来通信高端器件、前沿生命健康、前沿卫星应用技术设备等领域的合作，共建未来产业先导区。依托中山制造业产业集群优势，加强与广州高端服务业、高技术产业对接合作。深化产学研合作和协同创新。对接广州人工智能与数字经济试验区，深度融入广佛经济圈。加强与香港、澳门对接合作。加快推进“粤港生物医药合作创新区”的谋划和建设，探索香港—中山生物医药产业协同发展合作机制。鼓励港澳资本进入中山先进制造业和战略性新兴产业等领域，与港澳校企院所共建协同创新平台，探索在中山合作创建国家级产业园区。

（中山市人民政府地方志办公室）

【肇庆产业集聚区建设】2022年，肇庆市谋划面积992平方千米的大型产业集聚区规划建设方案，按照承载大产业大项目的连片空间要求，将其中土地连片最集中、交通区位最优越、未来最可期的区域作为市管起步区重点打造，科学规划137平方千米的“2+5”集聚区起步区空间布局。以打造粤港澳大湾区高水平制造新城为总体目标，依托产业基础精准产业定位。明确集聚区围绕新能源汽车及零配件、电子信息产业、先进装备制造三大主导产业，生物医药、新材料2个特色产业，全力打造3个千亿级主导产业和2个千百亿级特色产业集群。市管起步区构建“1+1+2”产业发展体系，建设成为辨识度高、集群集聚、承载力强的先进制造业核心发展区。加快推进集聚区的基础和配套设施项目建设，聚焦水、电、道路，防洪排涝及污水处理厂等基础设施项目，强化统筹，分时序抓紧推动建设，有120多个在建基础设施项目动工建设，全年累计投入78亿元，新修道路93.89千米，新建管网295.84千米。扎实开展集聚区的产业招商、以商引商，新增签约项目208个，计划总投资276.21亿元，新增开工项目177个，计划总投资364.08亿元，新增投产项目209个，计划总投资364.04亿元。集聚区累计规模以上工业企业950家，实现规模以上工业企业总产值3012.66亿元，规模以上工业企业增加值568.03亿元（占全市总量的68%），工业投资410.3亿元（占全市总量的59%）。（肇庆市工业和信息化局）

战略性新兴产业

·产业集群·

【广州新兴产业集聚】是年，广州市打造“智车之城”。孚能、采埃孚等重点项目招商落地，签约汽车零部件厂商近地化项目106个，总投资概算1159亿元。小鹏汽车一期12万辆、广本新增12万辆等重点项目建设顺利，小鹏汽车智能工厂通过资质审查。南沙区、花都区开展自动驾驶混行试点，5款车型纳入全市智能网联（自动驾驶）汽车示范运营车型目录，在全国率先开展自动驾驶汽车规模化示范运营。推进“双智”试点，加快4个示范区智能网联汽车（车联网）项目建设，建成自动驾驶微循环小巴便民线路。围绕构建“一快一慢”充换电服务体系和建设“超充之都”目标，全年新建公私充电桩6.03万个，投运超充站52座。

建设国家集成电路“第三极”核心区。天津大学湾区研究院落户广州，工业和信息化部电子五所、广电计量建设完善车规级芯片检测服务平台，推动芯聚能车规级碳化硅功率模块实现产业化，高云半导体公司成为国内首家进入汽车市场并实现量产的FPGA供应商。

打造“显示之都”。支持广东省超高清视频前端系统创新中心发展，推动超高清视频产业投资基金组建，引进新奥特注册落户超高清全球总部。国产大型超高清视频转播车量产下线，在设备选型等相关核心关键设备首次实现全国产化。超高清显示模组和4K主控板卡出货量保持全球第一位，显示面板在建产能居全国第一位。

建设现代高端装备产业集群。完成广佛深莞智能装备国家级先进制造业集群项目建设。布局商业航天产业，赴甘肃等地开展上门招商，组织8家商业航天企业到穗考察，支持运载火箭制造与发射服务、卫星应用与地面终端制造等业务发展。推动低空经济，推进广州市民用无人驾驶航空试验基地（试验区）申报。进军高端船舶制造领域，广船国际攻克双燃料船舶建造技术，下水全球首艘天然气水合物钻采船（大洋钻探船），中船黄埔文冲支线箱船手持订单排名世界第一位。

构筑生物医药与健康高地。支持5家医药企业14个品种开展仿制药一致性评价。组织开展智能脱消间研制和定型，推动本土儿童口罩生产企业与广药零售渠道对接，组织12家企业对接供港需求。

打造新材料产业高地。出台绿色石化和新材料产业链行动计划。服务跟进广石化绿色安全高质量发展技术改造项目，推动引进中石化高端新材料研究院。研究设立电子化学品专区，向省争取新设立、认定化工园区权限下放。组织开展新材料企业与超高清视频显示龙头企业对接活动。（广州市工业和信息化局）

【深圳战略性新兴产业】2022年，深圳市战略性新兴产业增加值1.3万亿元，占地区生产总值比重突破40%，提前3年完成“十四五”规划目标。年内，出台《深圳市培育发展未来产业行动计划（2022—2025年）》，建立并持续完善“六个一”工作体系，市区联动、统筹布局打造未来产业“6+5”核心承载区，实施“强基”“突破”“加速”“融合”“汇聚”五大工程，努力开辟新领域、制胜新赛道，推动合成生物、区块链、细胞与基因、空天技术等在5年至10年内成长为战略性新兴产业，推动脑科学与类脑智能、深地深海、可见光通信与光计算、量子信息在10年至15年内成长为战略性新兴产业。制定经济政策，印发经济社会高质量发展“十大计划”和培育发展壮大“20+8”产业集群总体意见，经济社会高质量发展“十大计划”包括以先进制造业为主体的战略性新兴产业高质量发展计划、现代服务业能级提升计划、扩大高质量投资计划、畅通国内国际双循环计划、国土空间提质增效计划、绿色可持续发展计划、住有宜居计划、教育医疗增量提质计划、文体设施建设计划、深港深度合作计划，“20+8”产业集群包括网络与通信、半导体与集成电路、超高清视频显示、智能终端、智能传感器、软件与信息服务、数字创意、现代时尚、工业母机、智能机器人、激光与增材制造、精密仪器设备、新能源、安全节能环保、智能网联汽车、新材料、高端医疗器械、生物医药、大健康、海洋产业20个战略性新兴产业集群和合成生物、区块链、细胞与基因、空天技术、脑科学与类脑智能、深地深海、可见光通信与光计算、量子信息 8 大未来产业。

（深圳市人民政府地方志办公室）

【珠海产业集群布局】2022 年，珠海市加快推进产业集群布局，随着高景、爱旭等项目建成投产，维景储能、科恒、耀灵时代、普拉迪等一批重点新能源企业落地开工，初步构建起全省总量最大、产业链最为完善的硅能产业体系。主动对接粤澳紧密合作大战略，融入琴澳一体化大格局，全力支持澳门经济适度多元发展，先后引进方瑞联合半导体、集创北方、芯耀辉、壁仞科技等一批高质量集成电路企业落户横琴粤澳深度合作区，拉动珠澳集成电路设计产业规模提升近 30%，为合作区集成电路产业发展奠定坚实基础。（珠海市工信局郑琪）

【佛山战略性新兴产业集群】2022 年，佛山市 20 个战略性产业集群实现规模以上总产值 28639.4 亿元，占全市规模以上总产值比重 99.7%，成为推动全市经济高质量发展重要抓手和着力点。十大支柱产业集群（新一代电子信息、绿色石化、智能家电、汽车、先进材料、现代轻工纺织、软件与信息服务、超高清视频显示、生物医药与健康、现代农业与食品）实现规模以上总产值 26038.6 亿元，占全市规模以上总产值的 90.6%，成为全市工业经济发展的“压舱石”。十大新兴产业集群（半导体与集成电路、高端装备制造、智能机器人、区块链与量子信息、前沿新材料、新能源、激光与增材制造、数字创意、安全应急与环保、精密仪器设备）实现规模以上总产值 2600.9 亿元，呈现蓬勃发展态势。

主要的产业集群中，智能家电产业集群实现产值 5712.3 亿元，先进材料产业集群实现产值 6009.4 亿元，汽车产业集群实现产值 1511.9 亿元，现代农业与食品产业集群实现产值 1735.6 亿元，高端装备制造产业集群实现产值 495.6 亿元，安全应急与环保产业集群实现产值 935.9 亿元，新一代电子信息产业集群实现产值 819.9 亿元，新能源产业集群实现产值 578.6 亿元，生物医药与健康产业集群实现产值 450.4 亿元。佛山市参加工业和信息化部组织的先进制造业集群竞赛，先后联合其他地市以广佛惠超高清视频和智能家电、广深佛莞智能装备、佛莞泛家居产业集群参赛，成为国家重点支持的先进制造业集群。截至 2022 年底，佛山市有 3 个产业集群进入国家先进制造业集群名单，分别是广佛惠超高清视频和智能家电产业集群、广深佛莞智能装备产业集群。

2022 年，广佛惠超高清视频和智能家电产业集群实现工业总产值超 9100 亿元（其中佛山超 6100 亿元，按竞赛要求统计口径计算），产业规模和总体水平居全国之首，是全国规模最大、品类最多、产业链条最完整的集聚区域。多个细分领域优势明显，珠三角家用空调器占全球总销量的 60%，彩电占全球总销量的三分之一，小家电产销量约占全国的 50%，显示模组市场占有率居全球第一位，4K 电视产量居全国第一位，4K 芯片出货量居全国第一位。

2022 年，广深佛莞智能装备产业集群实现工业总产值超 9800 亿元（其中佛山超 2900 亿元，按竞赛要求统计口径计算），产业规模约占全省 78%。集群规模集聚、质量领先、增长快速、动力强势，成为全国规模最大、品类最多、产业链最完整的智能装备产业集聚区域。集群共有智能装备产业企业 17072 家，其中规模以上企业 6949 家、高新技术企业 4503 家。拥有国家级技术创新载体 89 家，单项冠军企业 32 个，参与制定国家标准 784 项。集群已初步发展成为全国智能装备产业核心技术主要策源地，技术创新水平处于全国领先水平。

2022 年，佛莞泛家居产业集群主导产业实现产值 1.8 万亿元（其中佛山 1.35 万亿元，按竞赛要求统计口径计算），占全国该产业总产值比重约 20%。集群拥有规模以上企业超 8900 家，高新技术企业 3837 家，国家级技术创新载体 28 个。佛山市作为“佛莞泛家居产业集群”龙头，家居产业涵盖泛家居所有领域，拥有家电、门窗、陶瓷、家具、五金、纺织等众多行业，形成集原材料交易、研发设计、加工生产、产品销售于一体的全产业链，成为国内最成熟、产业链最完整、配套最完善、全球最大的泛家居制造产业集群。

（佛山市工业和信息化局）

【惠州“2+1”产业集群】2022年，惠州市围绕打造“2+1”产业集群，以产业园区、重大项目为抓手，培育优质企业，加强稳链强链补链延链。

电子信息产业集群方面。2022年，全市形成5G及智能终端、超高清视频显示、智能网联汽车、新能源电池等主导产业。电子信息产业集群产值5053.87亿元，比上年增长6.84%。其中，电子信息核心产业产值3846.29亿元，增长2.42%；增加值787.78亿元，增长2.48%。中国民营经济研究会发布《2023中国百强产业集群（民营经济集聚区）研究报告》，惠州超高清视频和智能家电集群、新能源电池产业集群入选“2023中国百强产业集群”，其中，惠州超高清视频和智能家电集群排第七名，跻身百强榜前十名。

石化能源新材料产业集群形成年产能2200万吨炼油、220万吨乙烯炼化一体化的规模。石化区吸引全球20多个国家和地区的国际知名化工企业落户，其中世界500强和行业领先企业投资占比近90%，壳牌、巴斯夫、科莱恩、三菱化学、LG化学等一批世界知名化工企业进驻。石化行业总产值2837亿元，年均增长10.9%；清洁能源加速建设，总装机676万千瓦，占能源总装机比例的71.7%。电网建设取得重大进展，完成投资162亿元，新增110千伏及以上变电站37座、输电线路1900千米。

生命健康产业初步形成以中医药为特色产业，医药、器械同步发展的产业集群，产值377亿元。

〔惠州市档案馆（惠州市人民政府地方志办公室）〕

【东莞战略性新兴产业集群】2022年，东莞市发展七大战略性新兴产业（新一代电子信息、高端装备制造、新能源、新材料、半导体及集成电路、生物医药、数字经济）基地，将七大战略性新兴产业基地扩容至80平方千米，整合推出连片、成熟的塘厦镇龙背岭片区、松山湖高新区象山片区、桥头镇东深公路片区、沙田镇泥洲岛片区、谢岗镇银瓶片区、麻涌镇TOD片区六大标准化产业片区，聚焦新一代电子信息、新能源、高端装备制造三大产业，招引一批龙头支柱项目，带动形成产业集群发展生态。银瓶高端装备产业在基地规划编制、土地整备、基础设施、招商引资、项目建设等方面取得阶段性成果。8月，东莞市六大标准化片区产业用地面向全球龙头企业招商，签约项目投资总额近1100亿元。东莞市制定多项配套政策，实现10个亿元以上项目签约落户。成立松山湖国际机器人产业基地，搭建完整机器人生态体系。通过“基地+基金”模式，孵化包括云鲸公司在内机器人及智能硬件团队超50家，引进机器人创业团队或公司60支。至年底，银瓶高端装备产业基地实现产值171.5亿元，完成土地收储面积81.14公顷，完成固定投资52亿元。

（东莞市人民政府地方志办公室）

【中山战略性新兴产业集群】2022年，中山市形成以新一代信息技术、高端装备、健康医药等战略性新兴产业集群。电子信息产业集群以火炬开发区为龙头，南头镇、小榄镇、东凤镇、黄圃镇等为支撑，拥有新一代通信、新型显示、电子元器件、新型照明等产业链，产业配套完备。装备制造产业集群有国家火炬计划中山（临海）装备制造业基地、国家火炬计划中山电梯特色产业基地、中国游戏游艺产业基地、中国包装印刷生产基地4个国家级产业基地，中山光电装备与产品制造产业基地、中山市新能源汽车产业基地、中山市风电装备制造基地、中山市北斗卫星及物联网装备5个省市共建战略性新兴产业基地。健康医药产业集群有国家健康科技产业

中山市智能制造装备产业园（2022 年） （阮春燕　摄）

基地、华南现代中医药城等国家级、省级产业园，形成涵盖生物制药、化学药、现代中药、医疗器械、诊断试剂、保健品、数字医疗、医药流通、健康服务业等领域的健康医药产业集群，聚集诺华山德士、联邦制药、完美、辉凌制药、康方生物、腾飞基因等国内外知名企业和创新型企业。家电产业集群主要分布在西北片区南头镇、黄圃镇、东凤镇、小榄镇等镇，有中山市长虹电器有限公司、TCL 家用电器（中山）有限公司、华帝股份有限公司、格兰仕（中山）家用电器有限公司、中山市美的电器有限公司、广东奥马冰箱有限公司等知名企业，具有粤港澳大湾区品类最齐全的产业链，电视机、空调、冰箱、厨房电器等产品规模在全国位居前列。灯饰产业集群有“中国灯饰之都”古镇镇、“中国照明灯饰制造基地”横栏镇、“中国半导体智能照明创新基地”小榄镇等灯饰制造重镇，产品涵盖室内装饰灯具、酒店工程灯具、户外景观照明、家居节能照明等 12 大类 20 小类，灯饰及相关产品出口 130 多个国家和地区，民用灯饰销量占全国的 60%。全市有灯饰相关企业 3 万家，其中灯饰制造企业 2 万家，灯饰从业人员 20 万人，大型灯饰专业市场 5 个，年灯饰交易额 500 亿元。

（中山市人民政府地方志办公室）

【江门战略性新兴产业集群】江门市是广东省委、省政府规划发展全部 20 个战略性产业集群的布局城市和承担发展 8 个战略性产业集群任务的核心城市。2022 年，全市实现规模以上工业总产值 5579.16 亿元，比上年增长 1.8%；规模以上工业增加值 1359.35 亿元，增长 3.1%，增速比全省（1.6%）高 1.5 个百分点，增速排全省第四位。先进制造占工业增加值全市规模以上工业增加值比重 41.9%。全市 15 条重点产业链合计实现产值 4344.64 亿元；增加值 1046.45 亿元，比上年增长 3.8%。其中，金属制品（690.69 亿元）、食品（603.89 亿元）、家电（508.62 亿元）、石化新材料（502.29 亿元）4 条产业链产值规模超 500 亿元。印发战略性新兴产业发展“十四五”规划，根据现有产业优势和未来发展潜力，聚焦“4+3”产业，提出江门市战略性新兴产业重点发展方向。做强做大支柱产业。聚焦新一代信息技术、新材料、高端装备制造、新能源四大产业，构建布局合理、链条稳固、创新迭代的现代产业体系。培育发展新兴产业。突出发展重点，加强生物产业、节能环保产业、新能源汽车产业等三大战略性新兴产业关键领域技术创新和产品开发，加快形成以创新为主要引领和支撑的经济体系和发展模式。

（江门市人民政府地方志办公室）

【肇庆战略性新兴产业集群】2022 年，肇庆市在广东省20个战略性产业集群和肇庆市“主导+特色”产业集群发展的基础上，聚焦制造业升级发展带来新市场新机遇，培育打造一批千亿级的战略性、支柱性产业，提升肇庆在大湾区产业体系中的战略地位，坚持实现“制造业当家”。金属加工产业是肇庆市传统优势产业之一，也是产值规模最大的产业，与省先进材料、现代轻工纺织两大战略性支柱产业互相对接联动。产业集群以四会市、肇庆高新区、高要区为核心，重点发展先进铜铝有色金属、优特不锈钢、金属表面处理等领域，形成以金田铜业、宏旺金属、新亚铝为龙头，带动一批金属制品行业配套企业协作发展的产业集群。开展战略性产业集群企业融资服务，定期梳理更新产业集群企业名单信息，及时向省厅报送争取上级支持，加强与金融机构沟通对接服务，至11月，合作金融机构为142家次战略性产业集群企业（项目）新增融资16.03亿元，累计为2629家次企业（项目）融资370.05亿元。

（肇庆市人民政府地方志办公室）

【“佛莞泛家居产业集群”入选第三批国家先进制造业集群】2022年10月，东莞市与佛山市联合申报的“佛莞泛家居产业集群”项目入选国家第三批先进制造业集群名单，是广东省唯一入围的产业集群。泛家居产业通常是指与居家生活紧密关联的生产制造和服务行业，包括建材、门窗、卫浴、橱柜、家具、饰品、灯具、家电、家居用品及相关服务等。作为大湾区内的两大制造业城市，佛山、东莞泛家居产业发展基础较好、产业支撑能力强、集群化特征明显，两地集聚一批泛家居“链主”企业和大量的家居上下游企业，形成较强的区域带动能力和行业影响力。

2022年，东莞市家具制造业402家，完成规模以上工业增加值112.3亿元，占规模以上工业增加值的2.1%，配套环节较好，产业分工专业化水平较高，产业配套优势明显。出台《东莞市家具产业集群培育发展行动计划》，明确产业发展定位和方向，构建起企业清单、项目清单、政策工具包、创新体系、战略咨询机构工作体系，全方位支撑集群高质量发展。支持东莞国际名家具设计研发院搭建“产、学、研”对接桥梁，打造国际化公共技术创新平台。东莞市形成“上游原材料、设备等供应，中游产品生产制造，下游服务机构配套”的泛家居全产业链条，提升区域带动能力和行业影响力。形成厚街镇、大岭山镇2个家具产业集群核心区，厚街镇拥有多家知名品牌企业，依靠产地办展、前展后厂的独特方式，是全国领先的“家具展贸之都”；大岭山镇集聚一批以代工生产外销为主的家具制造企业，是广东省重要家具出口基地。出台《厚街镇家具产业集群试点培育资金管理办法》《大岭山镇家具产业核心区资金管理办法》，支持家具企业集群化、高端化、品牌化、数字化以及绿色化五大发展方向、16类资助项目，推动东莞市家具产业集群高质量发展，成为珠三角地区家具成品、机械、材料、配件等家具产业集散地和辐射源。

（东莞市人民政府地方志办公室）

·新支柱产业·

【香港生物医药产业】2022年，香港有超过250家生物科技相关公司，大部分为医疗健康公司，从事领域包括药物、以传统中药为本的药用或健康产品、医疗和诊断器材。2022年度至2023年度的财政预算案中预留额外100亿港元，推动发展生命健康科技。香港特区政府施政报告中选定生命健康科技为策略性产业。世界500强企业上海医药与香港科技园公司签约，共建生物医药联合孵化器。

根据香港生产力局于7—9月开展的《香港生命健康产业发展研究》，香港生命健康产业分布主要有九大类别，分别是药物和材料产业（占比28%）、医疗和诊断设备产业（占比26%）、中药产业（占比11%）、保健食品产业（占比11%）、医疗服务产业（占比8%）、基因和干细胞产业（占比3%）、人工智能医疗产业（占比3%）、再生医学产业（占比2%）及其他产业包括美容护肤、医疗消耗品等（占比8%）；粤港澳大湾区内其他企业则集中在医疗和诊断设备产业（占比39%）、药物和材料产业（占比18%）及基因和干细胞产业（占比13%）。

业务性质方面，香港企业中有25%从事研究及51%从事生产，包括自有品牌生产（OBM）、原设计生产（ODM）或代工生产（OEM）。粤港澳大湾区内其他企业分别有25%从事研究及77%从事生产。所有类别中，香港企业有从事研究比例最高的类别是基因和干细胞（占比80%）及人工智能医疗（占比80%）、有从事生产比例最高的类别是中药（占比63%）。

人员规模方面，75%的香港企业不超过50人。用地方面，在香港有研发实验室的香港企业中，超过六成的企业实验室面积在1000平方尺（111.11平方米）以内；在港有试产线的香港企业中，近六成的企业试产线面积在1000平方尺（111.11平方米）以内；在香港有生产线的香港企业中，超过八成的企业生产线面积在10000平方尺（1111.11平方米）以内。

产值方面，20%的香港企业实现年度总营业额高于1000万美元，达到这一规模比例最高的类别为基因和干细胞（占比30%）。37%的粤港澳大湾区内其他企业实现年度总营业额高于1000万美元，达到这一规模比例最高的类别为中药产业（占比67%）。

粤港澳大湾区内其他企业在香港投资五大考虑因素中，看好香港其中4项表现，依次为营商环境、拓展海外市场的便利性、政府支援及行业相关优惠政策、本地临床数据获其他国家认可，充分反映香港国际竞争力备受认可，对海外企业具吸引力。这4项因素以外，营运成本高是令不少企业关注的主要因素。

38%的受访香港企业有意在港投资，当中有意投资研发（占比84%）、试产（占比65%）和生产（占比67%）。所需用地少于5000平方尺（555.55平方米）的企业，以进行研发（占比70%）、试产（占比65%）；所需用地少于10000平方尺（1111.11平方米）的企业进行生产（占比51%）。当中在香港投资预算为300万美元以上的企业，以进行研发（占比21%）、试产（占比27%）、生产（占比48%）。

37%的粤港澳大湾区内其他企业有意在香港投资，当中100%有意投资研发工作，而有意在香港投资试产和生产的同样占比为14%。所需用地少于5000平方尺（555.55平方米）的企业，以进行研发占比（62%）、试产（占比43%）、所需用地少于10000平方尺（1111.11平方米）的企业进行生产（占比33%）。当中在香港投资预算为300万美元以上的企业，以进行研发（占比27%）、试产（占比47%）、生产（占比71%）。

受访香港企业表示未来一年最需要的五类人才依次为市场学、资讯科技/统计学/数据分析、产品检测及认证、企业管理、制造/工业工程；当中需要制造/工业工程人才的企业中有超过60%认为本地供应不足。受访的粤港澳大湾区内其他企业表示未来一年最需要的五类人才依次为市场学、制造/工业工程、企业管理、产品检测及认证、资讯科技/统计学/数据分析。

（香港历史研究基金会）

【澳门大健康产业】2022年，澳门以中医药研发制造为切入点，稳步推进大健康产业。是年，澳门转化医学创新研究院揭牌，以中医药及生物医药领域的转化项目作为首阶段重要任务，重点支持发展中医药产业，尤其推动澳门中药质量研究国家重点实验室及澳门大学其他学院相关科研成果落地。成立药物监督管理局，执行《中药药事活动及中成药注册法》，完善大健康产品制造、中医药制造及科技产品制造的工业准照审批工作。善用CEPA（《内地与香港关于建立更紧密经贸关系的安排》）等有利政策，协助澳门大健康产品销往内地及海外。

（摘自《2023澳门年鉴》）

【广州新兴产业发展】2022年，广州市工业总产值 25113 亿元，比上年增长 0.1%；全口径工业增加值 6947 亿元，增长 1%；工业增加值占地区生产总值的 24.1%，增加 0.3 个百分点，连续 3 年企稳回升。全年完成工业投资 1240 亿元，比上年增长 12.6%，总量创历史新高，连续四年破千亿元。数字经济核心产业增加值 3700 亿元左右，占地区生产总值的 12.6%；软件和信息服务业收入 6400 亿元，增长 10%；规模以上工业企业总数超过 6800 家；工业税收（含海关代征）占全市比重 48%。获评国家首批产业链供应链生态体系建设试点城市、国家消费品工业“三品”战略示范城市，广佛惠超高清视频和智能家电集群、广深佛莞智能装备集群、深广高端医疗器械集群入选国家先进制造业集群名单，出台国内首部城市数字经济地方性法规《广州市数字经济促进条例》。

2022 年，广州市高端装备（不含汽车、电子、金属制品业等）产值 3156 亿元，占全市规模以上工业产值 13.4%，规模以上工业企业超过 1900 家。广州市高端装备产业初步形成以黄埔区为轴心，以增城区、南沙区、番禺区、白云区、花都区和中心城区为依托的产业布局。其中，黄埔区重点发展智能装备及机器人；南沙区重点发展船舶及海洋工程装备等大型装备；白云区着力打造轨道交通全产业链；增城区着力发展特色智能装备；番禺区、花都区大力发展汽车等主导产业相关智能装备。全市有国家智能制造示范工厂 3 家，智能制造优秀场景 1 个，国家级、省级智能制造试点示范项目 90 个、省智能制造生态合作伙伴 108 家，省机器人骨干（培育）企业 23 家。推动 150 余个首台（套）重大技术装备产品产业化应用，有效解决特定领域的装备短板和关键核心技术“卡脖子”问题。

（广州市工业和信息化局）

【深圳四大支柱产业】2022 年，深圳市推进高新技术产业、物流业、金融业、文化产业四大支柱产业发展。

高新技术产业　推动深圳国家高新区成为引领深圳科技创新的核心引擎、发展高新技术产业的先行示范基地。改革完善高新区管理体制机制。成立由市长担任组长的深圳国家高新区领导小组，制定领导小组及管委会工作规则，完善高新区工作机制，推动各区成立由区主要领导挂帅的园区领导小组，加快设立园区管理机构，明晰园区管理职责，积极推进加强园区管理力量。编制《深圳高新区扩大管理范围初步方案》，获科技部火炬中心原则认可。利用市、区两级财政资金，设立高新区发展专项计划，支撑培育“20+8”战略性新兴产业和未来产业。深圳高新区扩容后发展迈进快车道，2022 年实现工业总产值 1.6 万亿元，比上年增长 13.6%；营业收入 2.4 万亿元，增长 5.3%；出口总额 5412.7 亿元，增长 14.4%，以占全市均 8% 土地产出约 30% 的地区生产总值，在全国高新区综合排名中位居第二位。

物流业　扩大物流行业发展规模，提高行业运行效率，推动物流业实现供给侧结构性改革与高质量发展，9 月 5 日，印发《深圳市交通运输专项资金现代物流业领域资助资金实施细则》，以推动现代物流业高质量发展为主题，建设高效集约全球物流枢纽城市的战略目标，建立发展智慧物流、绿色物流、冷链物流的思路，优化市重点物流企业贴息、智能快件箱资助项目，新增运输结构调整、冷链物流发展资助项目。推动《深圳市重点物流企业认定管理办法》修订工作，为培育具有国际竞争力的现代流通体系领军企业，形成完善集约高效的现代物流服务体系，支撑现代产业体系升级打下基础。推动落实推进“一带一路”合作倡议，发展中欧班列、中老班列。是年，运行的出口线路 16 条，通达德国、波兰、俄罗斯、老挝、哈萨克斯坦等 38 个国家。截至年底，累计开行 388 趟次，累计货运量 35686 标准箱，实现贸易额 12.2 亿美元。开行进口班列 107 趟次，累计货运量 8848 标准箱，实现贸易额 6317 万美元。4 月，“湾区号”首次为客户提供“中老泰”端到端全程冷链服务新尝试，这是华南地区首列

"中老泰"冷链往返班列，标志粤港澳大湾区与东盟地区间的国际冷链物流通道正式打通。高标准推进物流基础设施建设。落实交通港航基础设施指挥部工作部署，协调推动黎光物流园、鹏深智慧保税物流园等示范标杆项目建设，盐田港冷链服务仓、普洛斯物流园三期、盐田智能供应链物流园等项目建成并竣工验收。推动国家物流枢纽网络建设。协调平湖南商贸服务型国家物流枢纽，重点开展平湖南综合物流枢纽项目产业遴选、用地规划调整等工作。深圳机场空港型国家物流枢纽完成规划编制，南货运区货代一号库、东区 DHL 一期开工建设，南区顺丰二期、东区 UPS 二期等项目加紧开展前期工作。盐田港港口型国家物流枢纽完成枢纽建设实施方案编制，盐田港东作业区码头一期工程、平盐铁路改造等重大基础设施建设取得明显进展。全年物流业增加值 3302.23 亿元，比上年增长 3.98%；物流业增加值占全市地区生产总值的比重 10.20%，增加 0.14 个百分点。从行业效率看，社会物流总费用 3573.95 亿元，比上年增长 1.46%，下降 0.8 个百分点。从行业需求看，社会物流总额 69249.81 亿元，比上年增长 3.81%，增速减少 8.79 个百分点。推进物流枢纽建设。印发《深圳市现代物流基础设施体系建设策略（2021—2035）及近期行动方案》，明确构建"7+30+N"三级物流场站体系。完成空港型国家物流枢纽规划编制，印发实施港口型国家物流枢纽实施工作方案，加快实施平湖南综合物流枢纽项目遴选、土地整备、用地规划调整。推动重点物流企业引进菜鸟系企业战略投资，支持企业提升市场竞争力，促进交通物流领域信息综合服务数字化转型升级。

金融业 全市金融业综合实力和创新能力持续提升，金融业增加值 5138 亿元，比上年增长 8.2%。高标准规划建设香蜜湖新金融中心、前海深港国际金融城、深圳湾科技金融核心区、红岭新兴金融产业带等。深交所股票成交金额居亚洲第一、全球第三，科技成果与知识产权交易中心揭牌成立。率先开展契约型私募基金商事登记试点，ETF（交易所交易资金）纳入互联互通机制正式开通。证券基金期货行业持续保持全国领先地位。年内，深圳辖区证券公司（证券公司数据仅为母公司数据，非合并口径）实现营业收入 997.52 亿元，净利润 388.94 亿元，均居全国第一位，分别比上年下降 19.97%、22.95%。其中，经纪业务、投行业务、资管业务和自营收入分别为 307.81 亿元、188.61 亿元、67.96 亿元、203.07 亿元，分别下降 18.22%、4.23%、8.91%、43.58%。纳入深圳地区生产总值核算指标的深圳辖区证券分支机构证券交易额为 84.20 万亿元，比上年增长 21.85%。辖区基金管理公司和期货公司分别实现净利润 113.94 亿元、17.41 亿元，分别比上年增长 8.67%、7.5%。产险寿险增势明显，保险保障功能增强。年内，深圳市保险业实现保费收入 1527.65 亿元，比上年增长 7.09%。分机构看，财产险公司实现保费收入 460.44 亿元，比上年增长 6.31%。人身险公司实现保费收入 1067.21 亿元，比上年增长 7.43%。分险种看，车险实现保费收入 215.39 亿元，比上年增长 4.05%。非车险实现保费收入 245.04 亿元，比上年增长 8.39%。健康险实现保费收入 381.03 亿元，比上年增长 3.85%。深圳保险业赔付支出 440.61 亿元，比上年下降 5.46%。

文化产业发展 全年深圳市规模以上文化企业 3143 家，营业收入 9691.46 亿元，文化产业增加值 2600 亿元。成为全国首批文化和旅游产业发展获国务院督查激励的城市。全市共有省级文化和旅游融合示范区 2 个（甘坑小镇、大鹏所城）。全市共有市级以上文化产业园区 71 个，其中含国家级文化产业示范园区 1 个、国家级文化产业基地 9 个、省级文化产业示范园区 9 个。深圳市印发《深圳市培育数字创意产业集群行动计划（2022—2025 年）》《关于推进文化与金融深度融合发展的意见》，持续推进龙岗数字创意走廊创建国家文化产业示范园区。

（深圳市人民政府地方志办公室）

【珠海主导产业】2022年，珠海市新能源产业集群发展势头最好，实现产值502亿元，比上年增长81.8%，占全市规模以上工业产值比重8.6%；新一代信息技术产业集群实现产值901亿元，增长6.4%，占全市规模以上工业产值比重15.4%；生物医药与健康产业集群实现产值313亿元，增长7.6%，占全市规模以上工业产值比重5.3%；集成电路产业集群实现产值84亿元，下降5.6%，占全市规模以上工业产值比重1.4%；智能家电产业集群率先突破千亿元，实现产值1109亿元，比上年增长6.3%，占全市规模以上工业产值比重18.9%；高端装备制造产业集群实现产值416亿元，增长13.1%，占全市规模以上工业产值比重7.1%；精细化工产业集群实现产值857亿元，增长11.3%，占全市规模以上工业产值比重14.6%。

（珠海市工信局黄剑）

【佛山新兴支柱产业】2022年，佛山市工业领域主要有高端装备制造产业集群、新一代电子信息产业集群、先进材料产业集群3个战略性支柱产业集群。

高端装备制造产业集群　佛山市高端装备制造业以通用设备制造业、专用设备制造业通用设备制造业为主，铁路、船舶、航空航天和其他运输设备制造业、仪器仪表制造业规模较小。2022年，佛山市高端装备制造产业集群实现规上工业总产值495.6亿元、工业增加值97.7亿元，其中，智能制造装备产业实现增加值88.6亿元，海洋工程装备产业实现增加值4.9亿元，轨道交通装备产业实现增加值2.8亿元，航空、卫星及应用产业实现增加值1.3亿元。佛山市装备制造产业集群围绕上中游原材料、零部件配套，下游通用设备、专用设备、交通运输设备等整机产品研制，布局形成较为完整的产业链条。集群有规模以上工业企业1218家，拥有以科达制造、美芝制冷设备、美芝精密等为代表的龙头企业，以及弘麦电器、东方精工、南方风机等骨干企业，集群有上市企业22家。

先进材料战略性支柱产业集群　佛山市先进材料产业集群依托发展成熟的陶瓷、金属加工、塑料制品等优势传统产业，通过开展新技术、新产品研发以及新项目招引，截至2022年底，已形成陶瓷制品、塑料制品、铝型材加工为重点，化学原料、黑色金属压延、金属制品等行业全面发展的先进材料产业体系。2022年，佛山市先进材料战略性支柱产业集群实现规模以上工业总产值6009.42亿元，占全市工业比重的20.9%，成为支撑佛山市经济发展的主导力量之一。佛山市先进材料产业集群现有规模以上企业1953家，其中营收规模超10亿元的骨干企业40家，拥有联塑科技、兴发铝业、凤铝铝业等龙头企业，培育出国家级制造业“单项冠军”企业4家、专精特新“小巨人”企业7家、省级专精特新企业32家。

新一代电子信息战略性支柱产业集群　佛山市新一代电子信息产业集群主要涵盖电子元件、电子器件、计算机、通信设备、视听设备等领域，形成以电子元器件制造为优势，半导体照明、集成电路、通信天线等为特色和重点的产业发展格局。2022年，佛山市新一代电子信息战略性支柱产业集群实现规模以上工业总产值819.9亿元，有规模以上工业企业313家，有6家企业2022年营收规模超过10亿元，其中群志光电营收规模超100亿元。拥有以群志光电、国星光电、顺达电脑等为代表的龙头企业，以及盛路通信、蓝箭电子、航天柏克等骨干企业，有上市企业14家。

（佛山市工业和信息化局）

【惠州新兴产业】2022年，惠州市电子信息产业优势产业规模和效益水平不断提高，引进康泰智能配电网核心设备产业基地、高弘云谷智能制造、中海科技LED等项目，推动制造业数字化转型；新能源汽车产业发展壮大，汽车零部件产业从提供零件和部件等配套向模块化系列化发展，引进日铁曲轴生产三期、比亚迪新能源汽车线束、嘉瑞科技新能源汽车零部件轻量化二期等项目，推动汽车零部件产业从提供零件和部件等配套向模块化系列化发展；生命健康产业不断发展，助推医疗器械产业实现集聚发展，引进美好创亿、开蒙医疗数字智慧健康产业等生命健康产业项目。港口片区持续扩能升级，印发港口片区产业发展规划，明确发展思路；推进港口资源整合，业主码头推动实现公用化；港口集疏运条件逐步完善，发展以公、铁、海为核心的多式联运。

《惠州市先进制造业发展“十四五”规划》将医药与健康产业纳入“生命健康产业集群”推动发展，依托龙门大健康产业园、环罗浮山“三生”融合产业经济圈、惠州国家林药科技示范园区、惠城区国际生物健康谷、仲恺中德医疗产业园，发展中医药、生物医药、医疗服务和医疗器械等产业。加强与广深港澳等地交流合作，探索建设惠港（澳/穗/深）等健康产业等特色合作平台。推动惠州平安罗浮山中医康养产业项目（一期）等8个项目纳入省2022年重点建设项目范围；将罗浮山中医药产业项目、惠州市公共卫生医院（公共卫生医学中心）等4个项目纳入省2022年重点建设前期预备项目。推进国家林药科技示范园、九龙峰南药种植示范基地、岭南药用植物园建设，打造道地药材和岭南特色中药材原料产业基地。依托龙头企业组建林业新经济研究中心的筹备工作；申报惠东猴耳环广东省林业特色产业基地。

〔惠州市档案馆（惠州市人民政府地方志办公室）〕

【东莞新兴产业】2022年，东莞市战略性新兴产业投资创新高，引进1亿元以上战略性新兴产业和支柱产业项目协议投资额1031.1亿元，比上年增长26.1%，引进投资80亿元的松山湖天域半导体等一批标杆项目。其中，高端装备制造比上年增长1.03倍，新能源增长96.1%，新材料增长84.3%，生物医药及高端医疗器械增长41.9%，半导体及集成电路增长12.9%。推进新兴产业发展，成立松山湖国际机器人产业基地，搭建完整机器人生态体系。通过“基地+基金”模式，孵化包括云鲸公司在内机器人及智能硬件团队超50家，引进机器人创业团队或公司60支（家）。松山湖高新区新能源及新能源汽车、生物医药、新材料等战略性新兴产业增速分别达到27%、22%、16%。华为全国首个开发者村落地松山湖，建成东莞市工业数字大厦及其数字化转型推广中心，基本实现5G网络连续覆盖及商用。年内新增上市企业2家、国家级专精特新“小巨人”（指业绩良好、发展潜力和培育价值处于成长初期的、专业化精细化特色化新颖化特征明显的中小企业，通过培育推动其健康成长，最终成为行业中或本区域的巨人）6家、省级专精特新中小企业129家，新兴产业发展持续向好。

（东莞市人民政府地方志办公室）

2022年1月22日，宁德时代110千伏配套用电工程投产。图为变电站外观（卫鹏聪 摄）

【中山战略性支柱产业】2022年，中山市推动新一代电子信息、高端装备制造、生物医药与健康、智能家电四大战略性支柱产业发展。

新一代电子信息产业　中山市发展电子信息制造业和信息软件服务业，加快布局5G等信息基础设施，实施制造业数字化智能化转型升级，推进超高清视频与高端软件等数字产业，促进基于新一代电子信息产业新兴业态发展。2022年，中山市电子信息制造业产业规模实现平稳增长，纳入工业和信息化部统计的90家电子信息制造业企业实现工业总产值1220亿元，比上年增长10.1%。印发《中山市新一代信息技术产业发展行动计划（2018—2022年）》《中山市加快5G产业发展行动计划（2019—2022年）》等相关政策文件，支持新一代电子信息产业集群发展，并配套设立产业扶持资金，加大对新一代电子信息产业、项目的支持力度。年内组织开展新一代信息技术产业项目申报工作，支持包括智能终端、光电光学、半导体材料等领域的新一代信息技术产业项目11个，合计支持资金5200万元。

高端装备制造业　中山市按重点培育一批具有国际竞争力、自有品牌价值的大型行业龙头骨干企业（集团），以及处于产业链关键环节、起着“补短板”作用的专精特新“小巨人”“单项冠军”“独角兽”企业，扩大高端装备制造产业总量规模，提升高端装备制造产业发展能级，打造具有较强竞争力的高端装备制造产业基地。2022年，中山市规模以上装备制造企业共1323家，实现销售收入2406.23亿元。其中，规模以上电梯产业企业27家，实现销售收入114.72亿元。在新能源和节能环保装备、光电装备、智能制造装备、船舶和海洋工程装备、物联网装备、通用和专用设备、健康医疗器械、电梯、游戏游艺设备、新能源汽车及汽配等重点发展领域，先后引进哈工大高端无人装备、中科院低温制冷装备产业园、瑞科纳米碲化镉太阳能发电装备、江龙高性能船艇、晓兰新能源客车、鑫光工业4.0设备、科瑞精密光机电设备等国内外优质项目。

生物医药与健康产业　中山市推进健康医药产业投融资体制改革创新，加快全省生物医药与健康战略性支柱产业集群建设，与广东粤财投资控股有限公司、翠亨新区（中山西湾投资控股发展有限公司）、中山国资平台（中山金融投资控股有限公司、中山中汇投资集团有限公司）等共同组建“广东粤财（中山）生物医药投资基金”，主要投资方向为符合省产业发展基金产业投资目录的生物医药、医疗器械、医疗装备等领域项目，其中将设置基金规模的30%～40%额度优先用于投资中科院上海药物研究所推荐项目，推动全市生物医药与健康产业集群发展。年内，中山康方生物医药有限公司（简称康方生物）研发的全球首创PD-1/CTLA-4双特异性肿瘤免疫治疗药物开坦尼（卡度尼利单抗注射液）获得国家药品监督管理局的批准。该药物是国内首个获批上市的双抗，也是全球首个获批上市的肿瘤免疫治疗双抗。

智能家电产业　2022年，中山市家电产业完成工业总产值1922亿元，占全市规模以上工业总产值的28.7%。全市家电产业规模以上工业企业1285家，其中，年产值超1亿元企业240家，超10亿元企业22家，超50亿元企业6家，形成以南头镇、黄圃镇、东凤镇3个专业镇为核心，小榄镇、阜沙镇、古镇镇、三角镇等镇为重点，产业链、供应链、创新链配套完善的现代集群经济，成为粤港澳大湾区重要的家电制造中心。其中，东凤镇是全球最大的环境电器制造基地、中国燃气具燃烧系统研发制造基地和全国燃气具重要生产基地。南头镇集聚以TCL空调器、奥马冰箱、广东长虹等龙头骨干为代表的一批大型家电企业，形成以空调、电视、冰箱等大家电为龙头，小家电门类丰富，零配件配套完善的特色产业优势。黄圃镇家电产业基础扎实，集群度高，产业链配套完整，基本形成从研发到核心配套件制造、整机组装、物流和售后服务的完整产业链。小榄镇聚集家电及其零配件企业1000家，主要生产厨房类、电暖类、清洁类等系列的家用电器。阜沙镇集洗衣机、冰箱、空调等传统大家电和小家电及零配件于一体，形成以东菱威力为龙头的产业发展格局。2022年，中山日用电器特色产业基地以智能家电为特色入选广东省特色产业园。

（中山市人民政府地方志办公室）

【江门战略性新兴产业】2022年，江门市十大战略性新兴产业实现总产值约540亿元，形成具有地区特色的战略性新兴产业集群。发展硅能源产业。推动一期投资45亿元的隆基项目落地。加快发展新能源电池产业。引进总投资200亿元的中创新航50千瓦时动力电池及储能系统江门基地项目，逐渐形成“关键材料生产、新能源动力电池生产、废旧电池回收”产业体系。加快发展轨道交通产业。以总规划面积408.79公顷的广东轨道交通产业园为依托，做大做强轨道交通产业集群。园区以全国第三、全省唯一具备和谐号动车组生产资质的中车广东基地为核心，汇集全链条配件企业，成为广东配套最齐全的轨道交通产业园。打造国家级安全应急示范基地，成功推动江门高新区申报为2022年国家安全应急产业示范基地（综合类）创建单位。（江门市人民政府地方志办公室）

【肇庆“主导＋特色”产业】2022年，肇庆市优化产业布局，促进以新能源汽车及汽车零部件、电子信息等为主导的先进制造业发展，推动全球动力电池龙头宁德时代首个华南地区动力及储能电池生产基地在肇庆高新区实现投产，产能逐步提高；推进小鹏汽车肇庆基地产线完成升级，全年新能源整车产量达到13万辆；加快风华高科、喜珍电路、金田铜业、华润水泥等龙头企业发展，为加快建成粤港澳大湾区西部制造新城打下基础。全市“主导＋特色”产业企业1168家，比上年增加219家，实现工业总产值3619.3亿元，占全市规模以上企业工业总产值的81.6%，增长5.8%。

（肇庆市人民政府地方志办公室）

【火炬工业集团构建“深圳产业＋中山智造”融合格局】2022年，中山火炬工业集团全面对接深圳市，深度参与深圳产业链分工，构建“深圳产业＋中山智造”融合格局，围绕装备制造、机器人、第五代移动通信技术（5G）与人工智能、区块链等打造完整产业链，实现研发创新、科技孵化、生产制造、检验检测等全价值链覆盖，打造深中千亿“智造”产业新集群，加快推进“火炬智谷”建设，推动深中战略性产业集群协同发展。火炬工业集团已在半导体和集成电路、超高清视频显示、智能终端、新能源、数字创意、智能网联汽车等产业方向进行布局，精准对标深圳“20+8”重点产业方向，比亚迪、明阳、大族、芯鼎微半导体等项目相继落地园区。

（中山市人民政府地方志办公室）

·重大产业项目·

【广州重大产业项目】2022年，广州市推进“坚持产业第一、制造业立市”重大战略部署，735个产业建设项目完成投资1725亿元，完成年度计划的110.8%。399个战略性新兴产业和先进制造业项目完成投资766亿元，完成年度计划的108.1%。新一代信息技术产业项目加快落地实施，粤芯半导体三期、增芯项目开工建设，广芯半导体封装基板产品制造项目、兴森科技FCBGA封装基板项目开工，芯粤能一期建成。智能与新能源汽车全产业链强化，广汽埃安产能扩建项目、埃安第二工厂、广汽丰田五线、小鹏乘用车基地建成投产；广本新能源扩产项目、巨湾技研储能器件与系统生产基地项目开工建设。新型显示产业项目加快投产，华星光电T9投产，乐金显示OLED、维信诺模组生产线项目产能释放。生物医药与健康产业壮大，诺诚健华药品生产基地等项目加快建设，达安基因知识城体外诊断创新产业园等开工建设。视源智能制造及中试基地、先导集团高端设备产业园、联合利华华南生产与销售基地、益海嘉里湾区新制造基地等一批重大项目开工建设。301个现代服务业项目完成投资918亿元，完成年度计划的113.4%。大湾区科学论坛永久会址、奇安信华南总部、广电计量检测总部基地、鹏瑞集团金融城东区、农业银行金融城项目、广州环球贸易中心、广州白云神山物流枢纽、南沙花园酒店二期等项目开建；广交会展馆四期建成。35个现代农业项目完成投资42亿元，完成年度计划的106.1%。从化区越秀风行生态田园综合体、南沙渔业产业园水产分拣加工中心、广州孔旺记食品有限公司屠宰加工厂升级改造等项目开工建设。（广州市发展改革委）

【深圳重大产业项目】2022年，深圳市印发《“企·航”——深圳民营企业发展服务计划》，搭建政府和企业常态化沟通平台，密切政企互动，精准开展产业项目对接、需求对接，协同解决企业问题和诉求，为民营企业发展拓展空间、开拓市场、整合资源、提供服务。审查相关总部项目遴选方案及产业监管协议。年内，对前海现代物流及新能源产业总部项目、大家财产保险总部项目、国际金融资产管理中心、宝安商贸服务企业总部项目、深圳数字化综合物流基地、平湖南综合物流枢纽、宝安芯片及数字视讯联合产业基地、高端锂离子电池负极材料产业化等总部项目和重点产业项目进行审查，以及对坪山区“专精特新”（生物医药）产业园区、龙岗平湖跨境电商产业园等优质产业空间试点项目进行法律审查。为优化总部项目监管工作（考核期由5年延长为7年）提供法律服务。龙岗区建立周调度机制，启动深圳建筑产业生态智谷总部基地一期、平湖智造园等重大产业项目建设。坪山区重大产业项目2个变电站完成选址。（深圳市人民政府地方志办公室）

【珠海重大产业项目】2022年，珠海市创新管理体制，成立市招商署，形成全市一盘棋招商格局。发挥珠海国有企业万亿级规模优势，实施“以投促引”，大幅降低项目引进代价和成本，爱旭、高景、闻泰、京东方等一批引领性战略性项目，以及迈摩丝、晶通半导体、莱翱电子、惠然科技等高成长高价值项目相继落户珠海。落实《市领导挂点联系重点企业工作机制》《珠海市重大项目落地投产专项督导制度》等制度，市、区两级形成工作合力，加强项目服务，推动迈为、科恒、维景储能等重点签约项目早日开工，推动爱旭、得尔塔等重大项目加快产能释放。大力支持市内企业增资扩产，实施技术改造，引导企业向高端化、智能化和绿色化转型升级，全年推动300家以上企业实施技术改造。（珠海市工信局郑琪）

【佛山重大产业项目】2022年，佛山市安排重点建设项目436个，总投资10492.69亿元，年度计划投资1138.84亿元。其中，安排广东省重点建设项目174个，总投资7869.47亿元，年度计划投资708.89亿元；安排市重点建设项目262个，总投资2623.21亿元，年度计划投资429.95亿元。安排市本级政府投资项目89个，总投资2588.36亿元，年度计划投资248.65亿元。其中，续建项目45个，总投资1289.74亿元，年度计划投资210.02亿元；新开工项目20个，总投资487.5亿元，年度计划投资29.44亿元；预备前期项目2个，估算总投资554.55亿元。年内，佛山市重点建设项目共完成投资1593.25亿元，完成年度计划投资的139.9%。其中，省重点建设项目完成投资996.7亿元，为年度计划投资的140.6%；市重点建设项目完成投资596.55亿元，为年度计划投资的138.75%。市本级政府投资项目完成投资220.49亿元，完成年度计划投资的92.08%。年内，完善指挥部重大项目调度机制，组建全市重点建设项目领域三级党组织体系，优化完善市重大工程项目建设总指挥部和专项指挥部运行机制，建立包括镇（街道）、区级、专项指挥部、市总指挥部、省总指挥部的多级项目协调体系。建立市领导挂钩联系重点项目机制，定期到联系项目实地调研，协调解决存在的问题和困难。成立佛山市重大项目并联审批工作专班，推动项目审批部门开展重大项目并联审批、限期办结，推动2022年计划新开工的

40 个省、市重点项目以及 24 个政策性开发性金融工具项目全部动工建设。

（佛山市发展和改革局）

【惠州重大产业项目】2022 年，惠州市推动重大项目建设。埃克森美孚乙烯、恒力石化 PTA、中海油 PX 等重量级项目投资建设提速，超额完成计划投资目标。中海壳牌三期乙烯项目用海获得国家同意并启动填海造地工程。太平岭核电一期、惠州 LNG 接收站及其外输管道、省天然气管网惠州—海丰支干线、大亚湾石化区综合能源站等项目有序推进，中洞抽水蓄能电站项目完成核准并开工建设，中广核惠州港口海上风电二 PA/PB 项目完成核准变更。协调成立以市政府主要领导为组长的太平岭核电二期工程推进工作领导小组，10 项支持性附件全部完成，项目核准申请联合上报文于 12 月 28 日报送至国家发展改革委。全年全市规模以上石化能源新材料行业投资完成 476 亿元，比上年增长 48.1%，成为全市工业投资增长的重要引擎。

〔惠州市档案馆（惠州市人民政府地方志办公室）〕

【东莞重大产业项目】2022 年，东莞市在粤港澳大湾区内地九市率先建立重大项目资源要素“一张表”配置机制，推动优质重大项目加快落地。修订完善重大项目实施管理办法和考核办法，印发全链条服务管理重大项目实施方案，在项目策划生成、前期审批、施工建设、验收投产等阶段全周期服务重大项目快速落地。全市重大项目完成投资 1262.2 亿元，比上年增长 7.8%；新开工建设项目 222 个，总投资规模 2562.5 亿元；建成投产项目 143 个。省重点项目完成投资 551.7 亿元，完成年度投资计划的 134.4%。广东光大科研制造中心、通用航空制造及供应链项目等 116 个产业项目开工建设，总投资近 1000 亿元，松山湖华为终端总部、新能源锂电池封装项目一期等 69 个产业项目建成投产，产业呈现集群化发展。深惠城际东莞段、市轨道交通 2 号线三期、莞深高速公路改扩建工程、常虎高速公路改扩建工程开工，市轨道交通 1 号线一期、莞番高速三期工程、狮子洋通道工程等交通设施加快建设。黄旗山南麓香遇走廊二期建成开放，松山湖水厂一期、芦花坑水厂一期动工建设，9 个污水处理厂改扩建工程加快实施。松山湖未来学校、市中医院国医馆落成启用，市人民医院 BNCT（硼中子俘获治疗）治疗中心大楼、国际商务区北部学校主体封顶，高水平理工科大学国际合作创新区、市人民医院科教综合楼和急救中心工程、东部中心医院项目动工建设。

（东莞市人民政府地方志办公室）

【中山重点工业项目】2022 年，中山市推进村镇低效工业园改造升级、万亩千亩现代主题产业园以及省级大型产业集聚区建设部署，统筹布局首批十大跨镇街的主题产业园。其中，智能家电产业园、岐江新城智慧港、新能源产业园、新材料产业园、深中合作创新区、翠亨科创产业园和健康医药产业园 7 个主题产业园位于中山大型产业集聚区规划范围内，是大型产业集聚区“两核两带多园区”产业空间发展格局的重要支撑。

中山十大主题产业园建设　2022 年，十大主题产业园立足中山市制造业基础，谋划出智能家电产业园、智能家居产业园、岐江新城智慧港、新能源产业园、半导体产业园、新材料产业园、深中合作创新区、健康医药产业园、翠亨科创产业园和高端显示产业园 10 个主题产业园。8 月，中山市制定《中山市现代主题产业园规划建设标准》，向市财政申请专项资金 2 亿元，用于十大主题产业园连片用地报批。全年招引企业 51 家，新增投资额超 190 亿元；新动工重点工业项目 138 个，其中增资扩产项目 123 个，占全市增资扩产项目数的 78.3%。

广东省中山南区产业园　2022 年，广东省中山南区产业园涵盖民营企业、外资企业、港澳台企业等各类型工业企业 19 家（其中规模以上工业企业 1 家），实现工业总产值 74 亿元，税收3.5亿元。编制《中山南区科技产业园产业发展规划》。该产业园是珠三角地区首个省级产业园，规划面积1.1平方千米，以智能装备制造、新能源、新材料为主导产业，围绕中山光子科技中心和氢能氦能科技园进行开发，以电梯产业园和科技成果转化园联动发展。

中山科技创新园　2022年，中山科技创新园进入实质施工阶段。6月，位于创新园内的中山先进低温技术研究院项目动工建设。11月24日，中山市工业技术研究中心动工建设，中山光子科学中心项目开展前期工作。

中山市智能制造装备产业园　2022年，中山市智能制造装备产业园累计招引落户项目32个，计划投资总额122亿元，预计达产产值202.12亿元，已建成投产项目18个，在建项目9个。其中，富恒新能源汽车轻量化新材料研发生产项目，广东鼎立森新材料有限公司的有机硅光学材料研发、销售、生产总部基地项目，莱福德科技股份有限公司的莱福德智能电源总部基地项目、研发中心以及生产基地3个项目实现“拿地即动工”；柏达精密科技制造项目从洽谈筹备到取得施工许可证用时少于1个月；云丰金属项目的闲置放行、施工报建均当天完成审批；科创园项目从土地摘牌到取得施工许可用时2天；加拿大丝艾项目从动工到竣工用时1年。广东联域智能技术有限公司智能照明生产总部基地和研发中心动工建设，填补板芙镇乃至全市中大功率户外照明、工业照明及特种照明产业空白。

（中山市人民政府地方志办公室）

【江门战略性支柱产业】

2022年，江门市十大战略性支柱产业实现总产值4966亿元，比上年增长3.74%，其中现代轻工纺织、现代农业与食品、先进材料3个产业集群产值超1000亿元；十大战略性支柱产业增加值1240亿元，比上年增长6.8%。江门推动智能家电、现代轻工纺织、生物医药与健康、现代农业与食品等战略性支柱产业集群发展壮大。其中，现代农业与食品产业有李锦记、美心、东古、天地壹号、嘉士利等食品品牌企业。加快建设一批服务大湾区的特色农产品加工示范基地和现代农业产业园，组建广东首个地级市预制菜产业联盟，建设侨都预制菜产业园，打造国内一流绿色健康食品产业基地。

（江门市发展和改革局）

【国家级制造业数字化转型示范项目（案例）】

2022年，江门市新增5个国家级制造业数字化转型示范项目（案例）　江门云科智能装备有限公司的“面向机械加工行业的iSESOL工业互联网平台数字化运营项目”，入选工业和信息化部2022年特色专业型工业互联网平台；广东明道信息技术有限公司的“明道易车间工业互联网平台助力江门市金属制品行业链上中小企业生产效率平均提高10%”，入选工业和信息化部2022年度中小企业“链式”数字化转型典型案例；维达纸业（中国）有限公司的“基于博依特云桥工业互联网平台的智慧造纸创新应用”，

粤澳（江门）产业合作示范区新财富环保工业园（2022年）
（江门新会区地方志办公室供稿）

入选工业和信息化部 2022 年工业互联网平台创新领航应用案例；广东省广播电视网络股份有限公司江门分公司的“智能化网络安全运营服务平台”，入选工业和信息化部 2022 年网络安全技术应用试点示范；江门市新会区新华胶丝厂有限公司的“聚焦碳中和的胶丝企业数字化转型解决方案”入选国家工业互联网产业联盟和中国信息通信研究院评选的“2022 年数字技术赋能企业碳中和优秀案例”。

（江门市工业和信息化局）

· 节能环保技术研发和总部基地产业集聚带 ·

【香港电动车普及】根据香港特区政府 2021 年 3 月 17 日公布的《香港电动车普及化路线图》，香港争取在 2050 年前实现碳中和的目标，向“零碳排放、清新空气、智慧城市”的愿景迈进。《香港电动车普及化路线图》当中提出的主要措施涵盖多方面，包括在 2035 年或以前停止新登记燃油私家车，包括混合动力车；推动试验各种电动公共交通工具及商用车，包括巴士、小巴、的士、货车等，力求在 2025 年制定具体推行的方向及时间表；多方面扩展电动车充电网络，并逐步将充电服务市场化；推动电动车技术及维修人才的进修培训；争取在未来数年立法就电动车退役电池推行生产者责任计划，并推广电池二次应用的绿色科研；设立专责小组审视全球减碳新技术的高端发展；设立 2 亿港元“低碳绿色科研基金”资助研发环保技术；善用物联网、大数据、人工智能等技术领域的发展；善用粤港澳大湾区电动车技术发展带来的机遇等，推动电动车普及化，把香港缔造成宜居的绿色智慧城市。（香港历史研究基金会）

【广州绿色建筑与建筑节能】2022 年，广州市新开工绿色建筑面积 3086 万平方米，绿色建筑比例 100%。中新广州知识城南起步区获得华南地区首个、全国第二个绿色生态城区设计和运管三星级双标识。是年，广州市住房和城乡建设局印发《广州市绿色建筑发展专项规划（2021—2035 年）》，联合市发展改革委等 12 个部门印发《广州市绿色建筑高质量行动实施计划（2022—2024 年）》，推动绿色建筑提质增效。是年，组织开展建筑领域节能降碳系列课题研究，从提升新建建筑能效水平、推动既有建筑节能改造、强化绿色低碳施工和加强绿色物业运营等 9 个方面编制系列技术指引、参考图集和实施措施，全方位、全链条、全流程推进全市建筑领域碳达峰行动。推进能耗统计工作，完成 1237 栋国家机关办公建筑和大型公共建筑、6787 栋居住建筑和中小型公共建筑能耗数据统计，统计覆盖面、数据完整度得到提升。广州地铁设计研发大楼成为全市首座大型近零能耗建筑，广州太古汇和地铁白江站线高效制冷系统 2 个项目获选中国建筑节能年度发展报告（2022 年）中“公共建筑节能最佳工程实践案例”。

（广州市住房和建设局）

【深圳节能环保技术研发和总部基地产业集聚带】2022 年，深圳市发布《深圳市培育发展安全节能环保产业集群行动计划（2022—2025 年）》。深圳湾超级总部基地片区完成固定资产投资 110.3 亿元，片区累计有 16 个单体建筑方案落地实施，已全部开工。SIC 超级总部中心、神州数码集团总部、天音大厦、中国电子总部基地主体结构封顶。年内，深圳市印发《深圳市海绵城市建设管理规定》，进一步固化“部门行业管理、属地落实”工作机制，强化社会主体在海绵城市建设方面的法定责任，将海绵城市建设和设计的一系列底线要求变成法律条款，加强海绵城市建设长效法治化保障。结合光明科学城、深圳湾超级总部基地等重点开发区建设，以二级排涝分区为单元，谋划“十四五”期间打造 74 个达标片区，推进海绵城市建设由“小海绵”向“大海绵”体系转变，全市新增海绵城市达标面积 88.82 平方千米。年内，全市安全节能环保产业实现增加值 409 亿元，占 20 大产业集群比重 3%。安全监测预警装备、高效照明、高效电机及其控制系统、污水处理、资源循环利用等部分细分领域居全国领先水平。

（深圳市人民政府地方志办公室）

【佛山节能环保技术研发和总部基地产业集聚带】2022年，佛山市节能环保技术研发和总部基地产业集聚带以南海区"广东新能源汽车产业基地（仙湖氢谷）"、高明区"现代氢能有轨电车修造基地"等为主要载体，有一汽解放、国家电投、康明斯、中石化等龙头企业，相关项目涵盖上游氢能基础设施、中游氢燃料电池核心部件和动力总成、下游氢能源汽车制造等环节。在正极材料方面，佛山企业在磷酸铁锂正极和三元正极均有布局。其中，德方纳米佛山分公司主要产品为磷酸铁锂正极，年产能2.5万吨，占总产能25%；广东邦普主要负责镍钴锰三元正极材料研发生产，年产量1.5万吨。在隔膜方面，金辉高科是国内第一家使用湿法工艺生产锂离子电池隔膜的厂家，制定广东省地方标准《锂离子电池聚乙烯隔膜》，并与佛塑科技一起，组织制定锂离子电池国家标准《锂离子电池聚烯烃隔膜》，其产能超1亿平方米/年；东航光电则属于干法隔膜技术路线，在佛山基地已建成年产能8000万平方米的生产线。在导电剂方面，佛山格瑞芬新能源拥有全资子公司青海昊鑫，后者国内导电剂行业市占有率位于前三名；佛塑科技的研发中心研制出新型高导电石墨烯-碳纳米管复合导电剂浆料，能应用于磷酸铁锂动力电池和三元锂离子电池。在铝塑膜方面，佛塑科技也自主研发铝塑膜新材料，主要应用于移动通信、笔记本电脑等小型电器用聚合物锂离子电池以及普通锂离子电池软包装外壳封装材料等。在整车及零部件制造业方面，佛山初步形成新能源汽车整车及零部件供应体系，在电池、电机、电控等关键核心技术领域集结一批优质资源，新能源汽车全产业链布局基本形成。整车制造领域，一汽-大众、飞驰汽车等车企布局新能源汽车，形成新能源汽车整车制造集聚发展态势。在动力系统领域，广东清能、佛山清极投入研发生产氢燃料电池系统和电堆，佛山鸿基创能的膜电极、广东济平的催化剂等关键零部件技术水平跻身于国内前列，产品实现批量装车配套。截至2022年底，佛山市累计推广新能源汽车数量14.92万辆，累计建成加氢站34座，累计建成充电站275座、充电桩（不含私人充电桩）8421个。

2022年，佛山市发展和改革局与佛山市人才发展集团有限公司、佛山环境与能源研究院合作组建的佛山市能源和双碳管理服务中心挂牌成立，协助市政府开展能源和双碳管理，服务企业开展节能降碳工作。佛山市发展和改革局成立广东邦普动力电池定向循环一体化项目工作专班，推进广东宁德邦普一体化新材料产业等重大项目高效落地。服务指导企业节能审查工作，并与省能源局加强沟通协调，推动广东邦普循环科技有限公司系列项目完成节能审查（整改），为企业争取合法用能权超13万吨标准煤。年内，佛山市作为牵头城市，联合广州、深圳、福州等11个城市继续推动"广东燃料电池汽车示范应用城市群"建设。

（佛山市发展和改革局）

【中山绿色建造体系建设】绿色建筑　2022年，中山市印发《中山市绿色建筑创建行动实施方案（2021—2023年）》，助力全市绿色建筑发展。全年城镇新建民用建筑中绿色建筑面积占比80.19%，达到市政府报告的年度目标。推动中山先进低温技术研究院项目、中山市工业技术研究中心项目按绿色二星标准建设。年内，完成《中山市绿色建筑发展专项规划》编制、征集意见和专家评审工作。

建设科技与建筑节能　2022年，完成中山市民用建筑能源资源消耗统计、能源审计和监测平台建设工作；选取15幢公共建筑开展能源审计，研究制定公共建筑单位能耗限额；选取小榄镇、坦洲镇、黄圃镇、阜沙镇及南朗镇5个镇（街道）开展能耗监测平台建设工作。推动中山市建筑科技产业发展，促进中山市建筑业科技实力和创新能力双提升，完成《关于促进中山市建设科技产业发展的指导意见》编制工作。

（中山市人民政府地方志办公室）

【肇庆新能源汽车及汽车零部件产业】2022 年，肇庆市以广东省（肇庆）大型产业集聚区为载体，以谋划建设大旺新能源智能汽车产业城为抓手，充分发挥小鹏汽车、瑞庆时代等龙头链主企业作用，着力建链强链补链延链，加快推动新能源汽车及零部件产业进一步发展。全市新能源汽车及汽车零部件企业 81 家，实现规模以上工业产值 705.65 亿元，比上年增长 50.64%。主要分布在肇庆高新区、高要区、四会市、端州区、鼎湖区和怀集县。主板上市企业有鸿图科技、派生科技、登云汽配 3 家企业，新三板上市企业有动力金属、骏驰科技，三浦车库 3 家企业，埋士电源、四会连杆、皓明有机硅 3 家企业被列入国家专精特新“小巨人”，同宇新材料等 7 家企业被列入省专精特新企业。年内，肇庆小鹏基地实现生产整车 13 万辆。首期投资 120 亿元的瑞庆时代项目于 5 月 30 日竣工投产，初步形成小鹏汽车、瑞庆时代为双龙头的产业集群。全市规模以上整车及改装车企业 4 家，包括小鹏汽车、玛西尔电动车、宝龙汽车、精益汽车。全市有规模以上汽车零部件企业 77 家，初步形成电池、电机、电控、电线、轮胎、底盘、中控、传感、照明等关键零部件的产业链。代表企业包括瑞庆时代、小鹏汽车、理士电源、合普动力、爱龙威机电、鸿图科技、鸿特精密、鸿泰科技、动力金属、亚太新材料、吉阳装备、国耀精密、嘉利车灯、骏鸿实业等。

【国内首条（套）专属氢能工业车辆制造生产线投产】2022 年 12 月 3 日，粤港澳大湾区“氢陶都－绿色搬运体系”建设启动仪式暨广东新氢动力氢能工业车辆生产线投产及新品发布会在佛山市举行，国内首条（套）专属氢能工业车辆制造生产线——自动化燃料电池电堆产线和动力系统生产线在禅城区南庄镇贺丰园投产发布。该生产线专业生产适配于工业车辆的动力系统，是国内首条（套）专属于氢能工业车辆制造产线，凸显氢能车辆应用端专属场景的技术及产品应用价值，标志着粤港澳大湾区氢能工业车辆应用的示范效应在全国率先取得阶段性进展。活动上，新氢动力发布多款“行业首个”氢能产品，其中包括搭载固态金属储氢系统的 3.5 吨氢燃料电池叉车、3.5 吨氢燃料电池叉车、7 吨氢燃料电池叉车、6 吨氢燃料电池牵引车、80 千瓦牵引底盘、10 千瓦牵引底盘、氢燃料池观光车以及氢燃料电池移动电源（氢电宝）。（佛山年鉴社）

2022 年，中广核广东太平岭核电 2 号机组完成穹顶吊装

（惠州市能源和重点项目局供稿）

【国内首艘氢燃料电池动力工作船】2022年5月17日，国内首艘入级中国船级社（CCS）的氢燃料电池动力工作船“三峡氢舟1号”在位于中山市神湾镇的江龙船艇中山科技园开建。该船由中国长江电力股份有限公司投资，长航集团所属武汉长江船舶设计院有限公司总体研发设计，采用中国船舶重工集团开发的氢燃料电池和锂电池动力系统，通过中国船级社武汉规范研究所设计审图。该船采用钢铝复合结构，总长49.9米，型宽10.4米，最高航速可达每小时28千米，主要用于三峡库区及两坝间交通、巡查、应急等工作。搭载的核心动力设备均为自主研发，最大特点是实现零排放，续航力可达200海里。

（中山市人民政府地方志办公室）

·数字经济和共享经济·

【澳门电子认证服务】2022年，电子认证服务（eSignTrust）作为澳门特别行政区政府在区内认可的唯一电子证书签发实体，为市民、企业人员及公共行政工作人员签发电子证书，具备法律效力，提供网上身份的认证，增强电子文件的证明力。是年，eSignTrust于9月推出附设安全电子签名产生设备（智能卡）解锁码PUK卡，用户可使用安全便利的解锁功能。10月，提供网页版的PDF文件电子签名验证工具（测试版），便利市民查核PDF文件内的电子签名是否有效，有助判断电子签名的有效性及可信性。至年底，有效电子签名证书总数比上年下降8%，按证书服务类别分析，以“云签”跌幅较大，约17%；其次为合格证书，轻微下跌，约4%。标准证书增长8%，升幅主要来自电子报关外贸经营人的申请。“云签”个人用户的数量明显下降，主要受政府提供的其他服务影响。2022年继续通过国际认可的网誉认证审计（Web Trustfor Certification Authorities），连续5年取得网誉认证标记（WebTrustSeal）。年内把互认电子签名证书作为优化提升粤港澳大湾区信息基础设施的施政安排，《港澳两地电子签名证书互认的框架性意见》于3月签署生效，互认工作按序推进。（摘自《2023澳门年鉴》）

【广州数字经济和共享经济发展】2022年，广州市围绕数字产业化和产业数字化两大核心，推进数字技术全方位赋能产业发展，出台国内首部城市数字经济地方性法规——《广州市数字经济促进条例》。推进新型数字基础设施建设。全面部署新一代通信网络，5G基站建设持续排全省第一名，全市光纤接入端口1379.9万个，居广东省第一位。构建多层次的算力设施体系，在黄埔、番禺、南沙等区形成通用算力集聚区。建设广州人工智能公共算力中心并对外提供算力服务。扩能增容华南唯一工业互联网标识解析国家顶级节点，国际域名K根镜像和A根镜像相继开通。政务服务“一网通办”融合发展持续打造全市统一的“穗好办”政务服务移动端，实现3200多项便民利企服务事项“指尖办”。数字惠民服务水平不断提升，开设“广州共享课堂”，推动全市512所学校接入智慧阅读平台。广州地区105个医院和165个基层医疗机构全面实现实名制就医和医疗健康服务“一码通用”；建设广州市为老服务综合信息管理平台与23个部门涉老数据实现共享，实现养老服务的“一站式”办理。全力推进国家新城建试点，出台《广州市基于城市信息模型的智慧城建“十四五”规划》，促进建设项目审批服务制度改革。印发实施《广州市政务信息共享管理规定》，建设城市大数据平台。广州市政府数据统一开放平台开放数据集1254个。探索医保数据资产凭证应用，提升就诊便利度。制定《广州市要素市场化配置综合改革试点方案》。推动国内广州数据交易所挂牌运营。加强“数据采集合法合规”监管，严肃查处超范围采集个人信息移动应用。是年，组织市区两级公安机关查处490多家超范围采集公民信息的APP运营企业。

2022年，广州市不断增强数字产业创新能力，支持重点核心领域企业开展关键核心技术攻关，推动科技成果转化。印发实施《广州市半导

2022 年 9 月 29 日，TCL 华星第 8.6 代氧化物半导体新型显示器件生产线项目（T9 项目）投产 （李剑锋 摄）

体与集成电路产业行动计划（2022—2024 年）》，推动粤芯三期、芯粤能等重大项目加快建设；乐金光电 OLED、超视界 8K 面板、维信诺柔性模组、TCL 华星 t9 等新型显示项目相继落户投产。显示面板在建产能居全国第一位，原创漫画发行量占据全国漫画市场 30% 以上的份额，网络音乐总产值占全国 25%，数字文化装备制造产业全国领先。是年，广州市数字产业重点在类脑智能与脑机接口、语音识别、图像识别、无人驾驶、智能机器人、无人机、智能家居等核心领域支持企业开展关键核心技术攻关。佳都科技人脸识别核心算法准确率高达 99.5%，达到国际先进水平；高云半导体量产唯一通过车规认证的国产 FPGA 芯片，实现在 5G 通信、无人驾驶、高清图传等领域的国产芯片替代；中望龙腾成为国内领先的 CAD/CAM 类工业设计软件提供商，牵头创建广东省工业软件创新中心。推进人工智能与数字经济广东省实验室（广州）示范应用科研布局和平台建设，面向运动和意识障碍康复的双向 – 闭环脑机接口、抑郁症的发病机制及干预技术研究 2 个课题获批国家科技创新 2030–“脑科学与类脑研究”重大项目。开展人工智能领域创新产品目录征集，广州科慧健远医疗科技有限公司的“神经网络自闭症构音障碍（儿童）快速筛查机器人”等 82 个产品入选。推动思迈特软件与华南理工大学共建联合实验室，广州地铁设计研究院与香港科技大学（广州）签订产学研战略合作协议。广州市数字经济企业深挖本行业新技术、新产品，加强技术研发突破。昊志机电的空气轴承、谐波减速器成为国内达到世界级精度及寿命标准的产品；瑞松科技“薄壁曲面铝合金高质高效搅拌摩擦焊关键技术及成套装备”项目通过科技成果鉴定，技术水平被认定为“整体技术国际先进，部分技术达到国际领先”。培育佳都新太“城市地面基础设施智能监测与运行保障关键技术研究与示范”等 4 个工业和信息化部物联网关键技术与平台创新类示范项目。支持华南技术转移中心建设，汇集具有转化意向发明专利 2.7 万件、科技成果 1 万余项。推动广州（国际）科技成果转化天河基地等服务机构建设，建立全国首个大湾区科技成果转化板，成立“湾创天使一号基金”。是年，全市规模以上数字经济核心产业企业发明专利授权量达到 2218 件，占全市发明专利授权量的 16.1%；PCT 国际专利申请量 152 件，占全市 PCT 国际专利申请量的 19.0%。

（广州市工业和信息化局）

【深圳数字经济和共享经济发展】2022 年 8 月 30 日，深圳市出台《深圳经济特区数字经济产业促进条例》，聚焦数字经济产业发展的全生命周期和全链条服务进行制度设计。年内，举办“聚焦数字经济合作 谱写智慧城市篇章——东盟媒体看数字中国”网络宣传活动。11 月 17 日，中国联合网络通信有限公司深圳市分公司与深圳市政府签署加快“十四五”期间数字深圳建设战略合作框架协议，全面加强在数字信息基础设施、数字政府、智慧城市、工业互联网、数据安全等领域深度合作。推进5G应用赋能工业互联网、智慧医院、智慧教育、智慧能源等20多个行业领域，打造34个标准化产品和21个行业标杆案例。助力各区工信局完成工业企业深度调研，推动工业企业数字化转型加速。联合中广核、比亚迪、研祥等企业成立5G联合实验室30个。在由工业和信息化部主办的第五届“绽放杯”5G应用征集大赛中获9个奖项，在国际专题邀请赛中获一等奖。在中国信息通信研究院联合上海经济和信息化委员会、上海市通信管理局主办的首届“光华杯”千兆光网应用创新大赛上获全国一等奖1个、三等奖1个。

年内，制定出台《深圳市促进重大科技基础设施和大型科研仪器开放共享管理办法》和相关配套细则，重大科技基础设施和大型科研仪器共享工作迈上新台阶。共享平台整合单台套原值超过50万元（含）且利用市财政资金购置的大型科研仪器4886台（套），总原值79.03亿元，涉及分析仪器、计量仪器、电子测量仪器、医学诊断仪器、工艺试验设备、计算机及其配套设备等14个类别，平台开放率100%，使用率达109.1%，实现大型科研仪器有效集中、开放共享的高效管理，为支撑深圳基础研究高质量发展发挥作用。

（深圳市人民政府地方志办公室）

【珠海数字经济高质量发展】2022年8月，珠海市印发《关于支持数字经济高质量发展的实施意见》，紧扣“产业第一”，以数字技术创新应用为驱动力，通过实施“十大工程”、22项任务，重点打造新智造、新商贸、新文旅、新海洋、新治理、新服务“六大应用”，全面推进数据价值化、数字产业化、产业数字化、数字化治理“四化协同”，从统筹协调、资源要素保障、数字经济品牌、安全防护、考核评价5个层面强化珠海全市数字经济发展保障。充分发挥珠海市加快数字化发展工作领导小组的统筹指导作用，加强数字经济发展运行监测、考核评价，推进数字经济创新发展试验区建设，增强数字经济发展影响力和知名度。

（珠海年鉴编辑中心）

【佛山数字经济和共享经济发展】2022年，佛山市继续推进实施数字经济发展战略，完善数字基础设施，加快培育新业态新模式，推进数字产业化和产业数字化。印发实施《“数字佛山”建设总体规划——佛山市智慧城市和数字政府

2022年12月12日，横琴粤澳深度合作区首条无人驾驶线路启用　　（横琴粤澳深度合作区供稿）

改革建设（2021—2025）》，从“数字+科创”“数字+兴业”“数字+惠民”“数字+智城”“数字+优政”五个方面高起点、高标准谋划推进“数字佛山”和智慧城市综合改革试点建设，为佛山加快数字化发展奠定制度基础。年内，佛山新建5G基站超4900座，累计1.8万座，实现重点产业园区全覆盖。推动优化云计算基础设施布局建设，开普勒华南数据中心、佛山顺德五沙（宽原）大数据中心等重点项目建设进度良好，超额完成年度投资计划。加快推进新一代信息基础设施建设，打造高水平创新基础设施，推进融合基础设施建设。重点推进46个“新基建”重大项目建设，全年完成投资88.87亿元。加强数字产业载体建设，推动佛山市数字经济创新发展集聚区规划建设。加快建设集成电路产业创新高地，健全完善工作协调机制，抓好推动半导体及集成电路产业集群落地实施工作。建设打造产业载体及创新平台，谋划实施“璀璨行动”，组建“新型显示制造装备创新联合体”。坚持以信息技术与制造业深度融合为主战场，持续推动产业数字化转型，截至2022年底，全市数字化智能化示范工厂累计达48家，数字化智能化示范车间累计达146个，规模以上工业企业数字化智能化转型比例达到40.77%。强化工业企业数据管理，在工业领域探索首席数据官建设路径，促进企业数字化转型。推出全周期奖补措施，引导企业制造能力持续升级，单个项目最高奖补比例50%、最高奖励金额1亿元，解决企业数字化转型后顾之忧。建立转型供给资源池，拓宽服务供给，美的美擎工业互联网平台成为佛山首个跨行业跨领域工业互联网平台，51家企业入选省资源池，超100家国内外知名数字化智能化转型服务商入选市级资源池，转型解决方案日益丰富。围绕深化行政审批、商事制度、金融服务等领域改革，出台专项行动方案，倾力构建“益晒你”企业服务体系。全市政务服务事项100%提供在线服务，98%实现“全程网办”。深化企业服务“一件事”改革，推行企业开办、生产经营等17类主题658项集成服务全覆盖，推出227项政务服务“秒批秒办”事项，全市已有68个项目实现“拿地即开工”，佛山“一照通行”改革获国务院办公厅督查激励通报。

2022年，佛山市电子信息制造业规模保持平稳。全年电子信息制造业实现增加值约155亿元，拥有佛山光电显示产业基地等4个省、市共建战略性新兴产业基地（高端新型电子信息），群志光电、昇辉电子、顺达电脑厂、瑞德智能、全亿大科技、腾龙光学等龙头企业。超高清视频整体水平跻身全国前列。年内，佛山深化与广州、惠州的超高清视频产业合作，联合共建广佛惠超高清视频和智能家电产业集群，集群主导产业规模稳居国内前列，带动粤港澳大湾区相关产业规模超1万亿元，成为全国产业规模最大、品类最多的超高清视频与智能家电产业集聚区。软件产业发展迅速，全年全市80余家规模以上软件和信息技术服务业企业总营业收入比上年增长近10%。全市74家涉软企业取得国家高新技术企业资质，10家企业通过ISO 27001信息安全认证，7家企业取得CMMI5级认证，6家企业取得CMMI3级认证。截至年底，全市获授权软件著作权数量累计6203件，获授权的专利数量累计8626件。佛山市将数字化转型作为推动传统产业转型升级的重要抓手，出台《佛山市加快制造业产业集群数字化智能化转型工作方案（2022—2025）》等政策文件，从营造浓厚氛围、树立标杆示范、普惠扶持奖励、构建优良生态等多方面发力，加快促进数字经济与实体经济深度融合，佛山成为全国8家、全省2家获批国家新型工业化产业示范基地（工业互联网）城市之一。截至年底，全市3849家规模以上工业企业实施数字化转型，占比达40.77%，创建1家国家“数字领航”企业、2家世界“灯塔工厂”，打造出48家数字化智能化示范工厂、146个示范车间、超100个标杆示范项目。美的美擎工业互联网平台成为本土首个跨行业跨领域工业互联网平台，上线工业APP超1000个，服务工业企业超20万家，连接设备超200万台；

海尔卡奥斯、徐工汉云等8家“双跨”平台落户，超100家国内外知名数字化智能化转型服务商入选市级资源池。

（佛山市发展和改革局；佛山市工业和信息化局）

【惠州数字产业化发展】2022年，惠州市强化产业集群，全力打造世界水平数字产业基地。制定出台《惠州市先进制造业发展“十四五”规划》，完成《战略性产业集群“1+20”政策文件中期评估》《惠州市发展电子烟产业的研究报告》《惠州市汽车产业发展概况》《关于超高清视频显示产业链供应链的研究报告》《锂电池产业链分析研究报告》《加快绿色低碳转型和数字化转型推动两大支柱产业高质量发展》等系列报告。加大项目建设力度，加快推动旭硝子、亿纬锂能动力电池、创维数字等重点项目落地建设，推动环带电子新型电子元器件等项目投产。举办TCL科技、亿纬锂能、德赛集团产业链对接会。推动绿色数据中心加快建设；万国数据一期项目完成主体结构土建工程，中国移动一期在土建施工。推进软件和信息服务业发展，引进中科创达、深圳太极智数等软件信息服务业优质企业，推进九联智城公司升规纳统。推进惠州市软件园（德赛园、潼湖园、科鑫园）完善运营，新认定惠州市软件园（展创园），推动天安数码惠州湖山智慧生态城、信利康5G智慧园等在建园区加快建设，拓展产业载体空间，促进产业集聚。推进“三线”整治工作，试点镇街整治效果明显，形成引领示范。促进产业数字化转型，新增超高清视频、新能源电池等领域的省制造业数字化转型标杆示范项目6个，新增2家云平台服务商进入省工业互联网生态供给资源池；新增工业企业上云上平台1143家，带动292家规模以上工业企业实现数字化转型。

〔惠州市档案馆（惠州市人民政府地方志办公室）〕

【东莞软件和信息技术服务业集聚区建设】2022年，东莞市软件和信息技术服务业、规模以上互联网和相关服务业实现营业收入313.6亿元，比上年增长1.02倍。其中，松山湖、南城两个市级软件和信息技术服务业集聚区规模以上企业97家，占全市的65%，实现规模以上营业收入220.36亿元，占全市的70%。华为花瓣云、中软国际、能科科技、鑫蜂维网络（阿里云生态）、一览科技、上海望友、瀚云科技等一批重点项目成功落户东莞，全年新增营业收入超140亿元。

（东莞市人民政府地方志办公室）

【中山数字经济发展】2022年，中山市印发《中山数字经济发展规划（2021—2025年）》《中山市推进制造业数字化智能化转型发展若干政策措施》，聚焦标杆企业、标杆平台、示范园区（产业集群），支持制造业数字化智能化转型。年内，新增规模以上工业企业数字化转型596家，累计2256家。推动中顺洁柔、皮阿诺、合胜厨电3家企业完成省级数字化示范项目建设，奥马冰箱、明阳电气等9家企业完成省级5G+工业互联网标杆项目建设。认定纬创资通、中荣印刷等数字化智能化示范工厂10家。引进中软国际、精工智能、致景科技，认定市级工业和工业互联网公共技术服务平台25家，提供智能改造方案4500套。形成首批市级制造业数字化智能化供给资源池企业102家，提供三大类35套解决方案。设立新一代信息产业扶持配套资金，自2021年起，安排资金超8000万元支持新一代电子信息产业发展。推动中山D+M国际设计港建设，构建全产业链设计创新体系和设计产业生态区。推动中山美居智能制造大数据产业园、火炬大数据产业园区和全通星海孵化园3个省级大数据产业园建设，聚集大数据、人工智能、“互联网+”、数字经济等新兴产业。

（中山市人民政府地方志办公室）

【肇庆数字经济发展】2022年，肇庆市推动制造业数字化转型。围绕“4+4”产业领域，打造一批数字化转型标杆示范项目。有6个数字化转型标杆示范项目获省财政专项资金扶持，项目涉及电子信息、新能源汽车、生物科技等方面。推进动力金属的5G智能示范产线、小鹏汽车的5G+智慧化工厂、福田化工的5G+智能制造等一批5G+工业互联网项目建设。封开华润水泥“5G协同高能耗企业转型安全低碳之旅”项目获第五届“绽放杯”5G应用征集大赛智慧工业专题赛二等奖。小鹏汽车“为智造添‘翼’——肇庆小鹏汽车5G智慧工厂”项目获第五届“绽放杯”5G应用征集大赛广东区域赛决赛一等奖和网络人气奖。肇庆高新区园区智慧用能服务产业集群被列为首批省产业集群数字化转型试点，肇庆国家高新区智慧用能管理服务平台全年完成305家企业能源数据接入，其中肇庆高新区的企业187家，为园区35家重点用能单位建设能耗在线监测系统，大数据智能挖掘存在明显节能优化空间企业117家，年节电空间节电量6600万千瓦时，存在明显降费优化空间企业119家，年降费优化空间2800万元。开展2022年产业集群数字化转型试点项目培育入库申报工作，全市有“大型产业集聚区高耗能产业低碳数字化转型项目”“肇庆市建筑陶瓷产业集群数字化转型试点”“新能源汽车制造产业集群数字化转型”“封开水泥灯塔工厂项目”“高要区铝合金压铸加工产业集群数字化转型工程”“面向绿色循环可持续发展的超级拼版印刷电路板产业集群数字化转型工程”6个项目，参与2022年产业集群数字化转型试点项目入库申报。

（肇庆市人民政府地方志办公室）

【京东（佛山）数字经济产业园启用】2022年1月19日，湾区制造业数字化智能化转型交流大会暨京东（佛山）数字经济产业园启用仪式在佛山市南海区狮山镇举行。京东商家服务中心、协同创新中心、品牌营销服务中心、产教融合中心、京东消费促进中心等职能机构入驻该产业园区，为企业提供大数据分析、电商运营支撑、品牌推广、人才培育等专业服务，为佛山南海制造业数智化发展提供一站式服务。该产业园占地面积约7万平方米，历时一年半建成，致力建成百亿元级数字经济示范园区。

（佛山年鉴社）

【广州数据交易所成立】2022年9月30日，广州数据交易所揭牌仪式在广州市南沙区举行，标志着省级数据交易机构正式成立运营。揭牌当日，首批数据经纪人及168家数商企业签约进场，申请挂牌的交易标的超300个，进场交易标的超200个，涉及金融、交通、建筑、信息等多个行业。

（广州市政务服务数据管理局）

【A股第一家研发设计类工业软件上市企业】2022年3月，广州中望龙腾软件股份有限公司登陆上海交易所科创板，成为A股第一家研发设计类工业软件上市企业。该公司有CAD/CAM/CAE相关核心技术发明专利40件、软件著作权306项，是国内少有的同时具备二、三维CAD自主核心技术的软件厂商，致力于为全球用户提供高性价比二、三维CAD、CAE及CAM软件产品与服务，产品广泛应用于航空航天、汽车制造、电子电气、船舶、通信、工程建设等领域。

（广州市工业和信息化局）

现代服务业

·国际金融枢纽建设·

【香港金融业服务】2022年，香港依靠成熟的监管制度、严谨的系统性风险监察体制架构及庞大外汇基金支持并运作良好的联系汇率制度，香港金融市场一直畅顺运作，亦未见出现资金进出异常的情况。香港独特的条件，包括在一国两制下的制度优势、优良的法治传统、市场化及国际化的营商环境，加上稳健的基础设施配套、与国际接轨的监管制度、全面的金融产品，以及资讯和资金自由流通等都有助持续巩固香港作为全球领先金融中心的地位。

在政府、金融监管机构和业界的共同努力下，在香港营运的金融科技公司和初创企业拥有超过800家大型和小型，以及初创金融科技企业。香港财经事务及库局将委托数码港推行新一轮“拍住上”金融科技概念验证测试资助计划，资助对象除了本地金融科技公司外，亦包括科研机构。参与机构须伙拍金融机构，提出的试验项目为崭新实用而市场上尚未出现的金融科技应用方案。每个获批项目的资助额由10万港元提高至15万港元。如果项目涉及跨境应用，或合规科技、联盟式学习技术方案、开放应用程序界面，或环境、社会及管治等新兴领域的应用，资助额可达20万港元；如果项目对整体行业有更广的影响，而且能针对行业瓶颈问题提出解决方案，资助额可达40万港元。香港财经事务及库务局联同香港金融管理局及香港银行学会推出“金融科技从业员培训资助先导计划”，为成功取得金融科技专业资历的从业员提供八成学费资助，上限为2.5万港元，名额约1500个。

2022年11月，香港金融科技周举行，由财经事务及库务局和香港投资推广署主办，由香港金融管理局（金管局）、香港证券及期货事务监察委员会（证监会）和香港保险业监管局（保监局）合办，以“突破界限、共创非凡”为主题，透过4个主题探讨金融科技的未来发展，包括环球金融科技概况、中国内地和粤港澳大湾区（大湾区）的金融科技、新兴科技的应用和虚拟资产。活动吸引来自超过95个经济体，逾3万多人次参与，超过500万人次在线观看，500多名知名演讲嘉宾，600多家赞助商及参展商，以及30多个国际贸易代表团参与。活动以Web3和元宇宙为重点，并首次发行限量版非同质化代币（NFTs），主要议题之一是监管，分布式分类账技术（DLT）和Web 3在适当监管下预期可以提升效率和透明度。证监会将就如何给予散户投资者适当程度的虚拟资产使用权，以及香港是否对在虚拟资产上设立交易型开放式指数基金（ETF）的可能性持开放态度，并进行公众咨询。

香港特区政府推动人民币业务在离岸的发展。是年，中国证券监督管理委员会宣布在港股通之下纳入国际企业，在境外研究启动国债期货，在港股通之下希望就港股设立人民币股票交易柜台，同时让南向的资金可以参与投资。人民银行与香港金融管理局（简称金管局）公布优化货币互换协议，改为常备协议形式，无须续期。协议规模并由原来的5000亿元人民币/5900亿港元扩大至8000亿元人民币/9400亿港元。在这个基础上，金管局进一步优化人民币流动资金安排，包括扩大规模及简化操作，支持香港离岸人民币市场的持续发展。优化与人民银行的货币互换协议，以及金管局的人民币流动资金安排，确保香港作为离岸市场有充裕的人民币流动性，进一步巩固香港发展离岸人民币业务的独特优势及领先地位

（香港历史研究基金会）

【澳门金融业发展】截至2022年底，在澳门获准经营的金融机构有34家银行（其中1家为澳门特区政府拥有的邮政储金局）、26家保险公司、2家退休基金管理公司、1家金融公司、4家融资租赁公司、2家金融中介业务公司、10家兑换店、6个兑换柜台、4家现金速递公司、1个非银行信用机构、2个支付服务机构、2家金融资产交易公司及1家投资基金管理公司。同时，在澳门获准设立的代表办事处有2个，包括1个外地金融机构代表处及1个外地再保险公司代理办事处。

截至2022年底，澳门34个已开业的信用机构（包括澳门特区政府属下的邮政储金局及33家银行）总资产25883亿元，存款总额为12617亿元，贷款总额12740亿元，贷存比率为101.0%。除邮政储金局外，目前在澳门经营的银行中有12家是本地注册成立，其余均为外地注册银行的分行，来自中国、葡萄牙、英国、美国、新加坡等国家和地区。澳门银行的经营模式高度电子化。电子银行服务包括利用移动电话或互联网等渠道，为客户提供24小时不间

断的银行服务。

截至2022年底，获许可经营的保险公司共有26家，当中从事人寿保险业务12家及一般保险业务14家。按保险公司来源地分，11家属本地成立的公司，余下15家属外地分公司。另外还有2家基金管理公司获准于澳门从事退休基金管理业务，1家总公司设在外地之再保险公司（代理办事处）。至2022年底，共有802人受聘于保险行业，而获许可的保险中介人有8300名，当中个人代理人6323名，推销员1885名，法人代理人80名，保险经纪人12名。

2022年，澳门保险业的保费收入为382.5亿元，比上年增长6.6%。人寿保险的保费收入约占市场总保费收入的93.2%，其余的6.8%来自一般保险。寿险保费收入比上年增长8.0%，总额达356.6亿元；而一般保险的保费收入下降9.2%，总额为26.0亿元。

退休基金方面，截至2022年底，澳门有6家人寿保险公司及2家退休基金管理公司提供退休基金管理服务。根据《私人退休基金法律制度》而设立的退休基金共52个，其中1个是封闭式基金，51个是开放式基金。累计有2001个由企业机构或个人设立的私人退休基金计划，以及8.6万个由企业机构或个人设立的非强制性中央公积金计划，参与的人数超过22.6万人，基金总资产为388亿元。

（摘自《2023澳门年鉴》）

【广州金融改革创新】2022年，广州市持续深化粤港澳大湾区金融开放创新。支持港澳代理见证开户试点在广州新增试点银行，支持本外币合一银行结算账户体系试点范围扩大。至年末，FT账户使用主体累计超9300个，“跨境理财通”试点银行增至31家。推出32条措施支持广州南沙深化面向世界的粤港澳全面合作，开发建设“粤信融”南沙合作区模块探索涉外身份核验。与澳门金融管理局联合建立金融消费权益保护协调机制，首个粤港金融科技跨境创新应用（基于API技术的跨境自动汇款服务）完成入盒测试。筑牢广州绿色金融创新优势，支持南沙新区获批全国首批气候投融资试点，广州市连续四年在国内绿色金融改革试验区建设成效综合评价中排第一名。推进企业碳账户试点，发布全国首份标准化的企业碳信用报告。深化粤港澳大湾区绿色金融合作，联合港澳发布全国首份内地非金融企业赴港澳地区发行绿色债券流程指引。建成全省统一的金融机构环境信息披露系统。广东首家天然气火电厂绿色（碳减排）票据再贴现成功落地。

推动科创金融、普惠金融加快发展。申请创建广深科创金融改革试验区和普惠金融服务乡村振兴改革试验区。开展广州数字人民币试点，丰富数字人民币试点应用生态圈并将试点范围拓展至全省。完成广州市机动车、船舶、知识产权等担保登记统一查询试点，发展动产和权利融资业务。联合香港金融管理局推动落实《关于在粤港澳大湾区开展金融科技创新监管合作的谅解备忘录》工作要求，推动人民银行金融科技创新监管工具与香港金融科技监管沙盒联网对接。

（中国人民银行广东省分行营业管理部）

【深圳国际金融枢纽建设】2022年，深圳前海深港国际金融城入驻金融机构214个，全国首家“双牌照”境外银行大新银行、大湾区首家金融控股公司招商金控落户，深港首次以联合公告形式发布支持风投创投联动发展18条措施。前海深港国际金融城位于桂湾和前湾片区，总体规划面积2.3平方千米（不包括公园和水系），依托前海嘉里中心、华润前海大厦T5、弘毅大厦等产业载体，打造深港金融创新高地、深港供应链金融创新基地和深港财富管理中心。在功能定位上打造深港金融合作平台，建设国家金融业对外开放试验示范窗口、跨境人民币业务创新试验区和金融创新监管试验区。截至年底，前海深港国际金融城已签约入驻金融机构241个，其中港资和外资近30%。招商金控、法国安盛集团（AXA）、意大利忠利保险、瑞银集团、汇丰集团、渣打银行、纳斯达克上市支付公司PayPal落户前海，玉山银行（中国）、大新银行深圳分行、恒生前海基金、微众银行、招联消费、新华养老保险、华泰联合证券、创金合信基金、博时资本、前海再保险、康曼德资本、招商局创投、中银股权、国新风险投资等重点港资、持牌和风投创投机构入驻金融城。

（深圳市人民政府地方志办公室）

【珠澳金融合作】2022年，珠海市深化对外金融合作创新，推动成为国际区域经济合作跨境资金的进出港、接驳口和汇集地。推动粤港澳大湾区发展母基金一揽子合作项目逐步落地：通过整合运用FTN账户、QFLP试点以及境外SPV等创新金融工具，打通资金高效、安全的入境通道，有10.02亿美元和80亿元人民币两笔资金汇入。推进外债便利化额度试点，实现高新技术企业在额度内自主借用外债，助力高新技术小微企业借助境外低成本资金实现发展，辖内企业利用该便利政策融资1700万美元。提升跨境贸易和投融资便利化水平。推进FT账户（自由贸易账户）试点，提升跨境资金流动自由度和便利度，并推广至中国工商银行、中国农业银行、中国银行和中信银行4家商业银行，截至年底，开立FT账户2020个，各类分账核算业务折合人民币1487.50亿元。支持珠海金融机构向港澳企业或项目发放贷款，支持珠海9家银行办理贸易融资资产跨境转让人民币结算，办理结算金额1140.66亿元；支持银行机构持续开展“跨境理财通”业务，全市有20家银行获得试点资格；截至年底，珠海辖内跨境理财通“南向通”（粤港澳大湾区内地投资者在港澳销售银行开立个人投资账户，通过闭环式资金管道汇出资金购买港澳销售银行销售的投资产品）、“北向通（港澳投资者在粤港澳大湾区内地代销银行开立个人投资账户，通过闭环式资金管道汇入资金购买内地代销银行销售的投资产品）”投资者1.32万户，累计汇划资金超2.6亿元。创新优化港澳居民购买境内商品房网签及结汇流程，便利港澳居民在内地居住生活，试点金额达1.07亿元。支持首笔保理资产跨境转让至澳资法人银行业务落地，珠澳资法人银行在人民币贸易融资资产跨境转让业务上的合作。推动开展数字人民币试点，共同研究制定试点实施方案，支持成立工作领导机制，保障试点工作的有序推进实施。推动6个银行机构170个银行网点正式启动本外币合一银行结算账户体系试点，支持在一个账户内实现多币种资金的收付结算和集中管理，增强人民币账户与外币账户的协同管理，便利企业、个人自主使用和管理本外币资金。

（珠海市金融工作局余桂龙）

【佛山跨境金融服务】2022年，佛山市推动跨境金融创新，推进贸易便利化试点政策覆盖面扩大，做好货物贸易便利化试点政策的服务和落实。截至年底，佛山市辖区有7家银行为19家企业获批开办货物贸易外汇收支便利化试点业务，共办理业务2.2万笔，金额125亿美元。广发银行佛山分行获得跨境电商收付汇业务资格，佛山成为经国家外汇管理局备案的全国首个获批开展跨境电商资金收付业务的地级市。全年全市市场采购贸易方式出口收汇29.4亿美元，是上年的1.51倍，跨境收汇率30%，增加22个百分点。落实资本项目便利化改革措施，提升资金使用效率。落实资本项目外汇收入支付便利化政策，简化企业资本项目收入支付手续。年内，辖内银行落地资本项目外汇收入支付便利化业务2018笔，便利化支付金额折合4.82亿美元，是上年的2.75倍。扩大下放银行登记的试点业务范围，允许辖内企业直接在银行办理部分跨境信贷项下注销业务。全年辖内银行落地跨境信贷注销业务49笔，其中外债注销31笔、内保外贷注销9笔、境外放款注销9笔。推进跨境人民币业务创新发展，“跨境理财通”创新政策落地，为佛山和港澳投资者提供更加便利、快捷的跨境金融服务。截至年底，佛山市资金跨境汇划1062笔，金额3.38亿元，结算金额位于粤港澳大湾区城市前列。引导企业强化“本币优先”

和汇率避险意识，推进跨境人民币业务工作，全年佛山全辖跨境人民币结算规模2983.89亿元，比上年增长76.77%，本币结算占比42.59%，增加14.4个百分点。加大跨境金融区块链服务平台应用推广力度，已落地出口应收账款融资、企业跨境信用信息授权查证、服务贸易税务备案银行核验、资本项目收入支付便利化真实性审核、出口信保保单融资5个应用场景。推动国企探索发行境外债券，高明建投集团于2022年4月在香港证券交易所成功发行规模为2亿美元的境外债券，为佛山市首笔国企境外债券、佛山市首笔国企绿色可持续债券、广东省内最大规模银行备证境外债券。

年内，中国人民银行佛山市中心支行联合佛山市财政局出台企业汇率风险管理扶持政策，举行外汇套保业务增信保障项目签约仪式，佛山市融资担保基金与16个银行机构签订战略合作协议，佛山市佰斯拓铝业有限公司等6家企业与相关银行就外汇套保业务现场签约，标志着佛山成为全省首个落地外汇套保增信保障政策的城市。截至年底，累计帮助88家企业减免外汇套保业务保证金2307.9万元。中国人民银行佛山市中心支行联合佛山市商务局出台中小微企业汇率风险管理扶持政策，可为相关企业提供财政奖补约150万元。年内，佛山企业通过外汇套保管理汇率风险的业务规模比上年增长8.3%，年化计算的外汇套保率达14.6%，新增“首办户”家数547家。

（佛山市金融工作局；中国人民银行佛山市中心支行）

【惠州金融业发展】2022年，惠州市有银行机构34个、财务公司1家、保险公司61家、证券机构28个、期货营业部2家。地方类金融机构取得一定发展，有小额贷款公司13家、融资担保公司6家、典当行26家，在中国基金业协会协备案的各类私募基金共95只，基金总规模近255亿元。全市金融业增加值304.2亿元，比上年增长5.2%，占地区生产总值的5.6%，拉动地区生产总值增长0.3个百分点。金融业成为全市服务业中仅次于房地产业、批发零售业的第三大支柱产业。

2022年，惠州市本外币存贷款规模分别突破8000亿元、9000亿元。至年底，全市本外币存款余额8396.63亿元，比上年增加586.96亿元，增长7.52%；全市本外币贷款余额9479.08亿元，增加1000.22亿元，增长11.80%。存贷比112.89%，连续14个月保持全省第一位。全市银行不良贷款率0.89%。保险市场整体处于调整期，全市保险业保费收入176.87亿元，比上年增加3.01亿元，增长1.73%，其中产险62.23亿元、寿险114.64亿元；各项赔付支出共53.16亿元，出口信用保险为1579家企业提供830.4亿元保障，增长21.7%。

〔惠州市档案馆（惠州市人民政府地方志办公室）〕

【东莞金融业发展】2022年，东莞市金融业实现增加值749.81亿元，比上年增长9.0%，拉动地区生产总值增长0.5个百分点。本外币贷款余额1.68万亿元，比上年增长12.38%，较年初增加1849.02亿元，增量保持全省地级市首位；银行不良贷款率降至0.67%；证券交易额5.7万亿元，增长0.81%；保费收入556.02亿元，增长3.5%。截至2022年底，全市境内外上市企业78家，是年新增上市企业12家，新增上市企业家数全省地级市排名第一。全市银行机构49个，证券期货机构53个，保险机构66个。另有小额贷款公司15家、融资担保公司9家、融资租赁公司1家、典当行47家、纳入监管名单商业保理公司2家。

货币政策引导　2022年，东莞市贯彻落实2次降准政策，为辖内金融机构释放长期稳定资金44亿元，指导法人银行获中期借贷便利（MLF）资金138亿元，在银行间市场发债募集资金120亿元；全年发放普惠性结构性货币政策工具资金383.12亿元，金额居全省地级市首位。全年辖内银行机构新发放企业贷款加权平均利率4.23%，比上年回落0.47个百分点，为实体经济节约融资成本36亿元，为市场主体减免支付手续费超2.5亿元。

重点领域发展支持　2022年，东莞市打造“1+1+N+N”（1套线下首贷服务体系、1个线上首贷服务中心、N个银行机构、N个银行网点）首贷服务机制。推动政策性开发性金融工具资金落地见效，辖区银行机构发放符合科技创新再贷款和交通物流专项再贷款要求的贷款居全省地级市前列。

房地产金融市场发展　2022年，中国人民银行东莞市中心支行优化调整差别化住房信贷政策，引导金融机构住房贷款首付比例、利率水平下行。阶段性调整房地产贷款集中度管理要求，推进金融支持“保交楼”工作，推动完善地区商品房预售资金监管实施细则以及二手房“带押过户”政策落地，指导全市金融机构保持房地产融资平稳有序。

（东莞市人民政府地方志办公室）

【中山跨境金融服务】2022年，中山市扩大跨境贸易和投融资便利化措施覆盖面。推动优质企业贸易外汇收支便利化，取消企业准入收支规模要求，业务办理时间缩短90%；跨境资产转让业务试点稳步开展，推动广发银行中山分行成功将1笔7000万元的国内信用证福费廷资产转让给澳门地区金融机构，落地全市首笔人民币国内贸易融资资产跨境转让业务。贸易新业态跨境资金结算服务持续优化，推动中国银行中山分行接入市场采购联网信息平台，帮助中山统益公司成为全省首家获优质企业贸易便利化试点资格的新型离岸国际贸易企业。提升人民币跨境使用便利度，跨境人民币结算优质企业增至32家，跨境双向人民币资金池达到15个，推动交通银行中山分行为中山完美集团旗下4家企业部署人民币跨境支付信息系统（CIPS）标准收发器，实现跨境人民币业务一站式处理。6月30日，港资商业银行——创兴银行中山支行正式开业。创兴银行是一家“跨境特色综合性商业银行”，成立创兴银行中山支行为中山企业提供跨境双向人民币资金池、全口径跨境融资、跨境平行贷款、跨境理财通南向通、跨境见证开户等跨境金融产品。企业借入境外低成本资金更高效便捷，简化企业借入外资账户管理，非金融企业多笔外债可共用一个外债账户，成功落地全市首笔专精特新企业跨境融资便利化试点业务。信保保单融资突破地域限制，推动工商银行中山分行利用国家外汇管理局跨境金融服务平台，为长虹电子办理全省首笔异地出口信保保单线上融资业务，审批时间从10天压缩至2天，提升该类业务办理效率。

是年，人民银行中山中心支行指导银行机构在信贷合作、结算优惠、便利化服务等方面为企业提供“一站式”全流程跨境人民币结算服务。推动跨境理财通业务发展，激活中山、香港、澳门3个地区财富管理行业，满足居民对家庭资产的灵活配置需求。推动贸易融资资产跨境双向转让人民币结算业务，指导银行机构发挥金融科技力量，加大人民币跨境支付信息系统（CIPS）标准收发器推广应用，打通跨境人民币结算“最后一公里”。至年底，全市跨境人民币结算规模928.69亿元，创2016年以来新高，业务量居广东省（不含深圳）第六位，比上年增长40.47%；参与“跨境理财通”的个人投资者1223人，汇划跨境人民币437笔、金额1.05亿元，业务量居全省（不含深圳）第五位。

【中山西湾科创投融中心建设】2022年11月，人民银行中山中心支行联合中山市金融局、中山银保监分局印发《关于推动金融支持翠亨新区实体经济发展打造科创投融中心的行动方案》。方案从政策扶持、引进金融机构、推动金融改革创新、提升跨境投融资便利化、防范科创金融风险5个方面出台14项具体措施，支持翠亨新区打造西湾科创投融中心，为翠亨新区参与国家、省关于珠江口“黄金内湾”一体化发展示范窗口的工作部署提供金融支撑。建立以银行、保险、证券、期货、产业基金、融资租赁等为重点的多层次、广覆盖、差异化的金融机构体系。探索建立“东岸风投基金 + 西岸制造”科创融资协助机制。支持东岸城市在西岸设立股权投资基金，推动深圳股权投资基金到西岸设立机构、开展业务。探索翠亨新区与前海共建金融合作示范园，引进前海金融机构落户翠亨新区。加强金融产业对接，优先招引深圳金融机构在翠亨新区设立珠江西岸分支机构或业务中心。支持翠亨新区推进基础设施领域不动产投资信托基金（REITs）试点，设立城市更新基金，盘活存量资产，拓宽融资渠道。推动深圳证券交易所设立中山服务基地。支持翠亨新区出台完善企业上市扶持政策，建立上市后备企业“一企一策”“一事一议”工作机制，搭建科技金融综合服务平台，推动企业充分利用多层次资本市场。推进合格境内有限合伙人境外投资（QDLP）试点，拓宽境内资本对外投资渠道，促进境内外金融市场的互联互通。支持翠亨新区开展外债便利化额度试点，便利成长初期的中小微科创型企业借入境外低成本资金，拓宽企业融资渠道。完善地方科创金融风险化解处置机制，加强跨部门、跨领域信息共享、监管协调和政策协同，发挥科创金融在服务实体经济、引领区域金融改革中的作用。

（中山市人民政府地方志办公室）

【江澳金融合作】2022 年，江门市发展和改革局（市大湾区办）会同市金融局、人民银行江门市中心支行等单位率先开展江澳跨境金融领域企业信用评级标准研究，研究成果获得 2022 年度中国信用建设优秀论文一等奖，并推动港澳、江门商协会、企业和知名评级机构联合发布《企业信用评级标准》，便利企业通过信用评级在大湾区尤其是港澳开展跨境融资，澳门银行机构通过信用评级方式为 2 家江门企业授予跨境信贷额度。

（江门市发展和改革局）

【肇庆金融支持大湾区建设】2022 年，中国人民银行肇庆市中心支行（国家外汇管理局肇庆市中心支局）创新汇率避险机制，推动全国首创的“一保双免”汇率避险模式实现结售汇两端落地。创新为企业办理美式期权汇率避险业务，开展外汇套保首办户拓展专项行动。推进港澳居民内地购房跨境人民币便利化结算试点增量扩容，打通港澳居民认购安居商品房“绿色通道”。搭建“肇汇通”外贸新业态结算平台，支持贸易新业态发展。推广跨境金融服务平台，全年指导银行通过平台发放出口应收账款融资 1.37 亿美元。统筹推进“跨境理财通”业务，全年办理相关业务 858.8 万元。截至 2022 年底，香港居民内地安居购房跨境人民币结算业务 43 笔，涉及金额 1075.69 万元。

（中国人民银行肇庆市中心支行）

·特色金融产业·

【香港绿色可持续金融】2022 年，香港特别行政区政府推动绿色和可持续金融的发展，5 月 3 日，香港金管局和 IFC（国际金融中心）共同发起的“绿色商业银行联盟”与渣打银行网上合办“绿色及可持续资本市场蜕变圆桌会议”，以促进业内绿色金融知识共享与专业能力提升，提供绿色银行转型的相关知识，并为商业银行、领先实体企业、科技创新者、思想领军者和监管机构等市场参与方分享业界经验及前瞻性思考提供平台。

2022 年 6 月 7 日，“绿色商业银行联盟”宣布加入基石成员、全球合作伙伴和知识合作伙伴。总资产超过 7 万亿美元的中国银行（香港）、花旗集团、东方汇理银行、汇丰银行和渣打银行成为联盟的基石成员。联盟的 5 个基石成员均是绿色金融领域的先行者，这些银行将与 IFC 和香港金管局密切合作，鼓励客户采用绿色策略、推广绿色产品和服务的最佳实践方针，释放新的商机，实现经济绿色转型。联盟与金融学院辖下负责研究工作的香港货币及金融研究中心合作，发表题为《气候风险：定义、测量、现行实践和监管》的首份前沿议题研究报告。为促进业内绿色金融知识共享，报告旨在向亚洲乃至全球读者深入浅出地介绍气候风险及其对金融服务业的广泛影响。报告概述气候风险的定义和量度方法，探讨应对气候风险的实践经验，并重点讨论与气候问题相关的监管措施。

2022年4月，香港特区政府发行首只绿色零售债券。零售债券募集的资金直接投放于具环境效益的绿色项目，共建香港的绿色环境、绿色生活。该批零售债券发行额最多60亿港元，发行条款和模式与之前的通胀挂钩债券（即iBond）相同。零售绿债每手1万元，年期为3年，息率与本地通胀挂钩并且不会少于两厘。

（香港历史研究基金会）

【广州绿色金融业发展】至2022年末，广州市绿色贷款余额7913.95亿元，占全市各项贷款比重的11.48%，居广东省首位。广州地区累计发行各类人民币绿色债券1308亿元、境外绿色债券15.4亿美元，包括全国首批碳中和债券等多个“首单”绿色债券。广州期货交易所成功上市工业硅期货和期权，成为国内首个新能源金属期货品种，并获批开展碳期货品种研究。广州碳排放权交易中心碳配额现货成交量2.14亿吨，占全国各试点总量的26.17%，成交额56.4亿元，居全国碳排放权交易试点首位。南沙被纳入全国首批气候投融资试点。在人民银行总行组织的全部4次试验区建设成效自评价中，广州试验区均获评第一名。2022年，广州市参与金融机构环境信息披露指南、环境权益融资工具、碳金融产品3项国家绿色金融标准制定，并获印发实施。推动碳排放权抵押贷款、林业碳汇生态补偿机制2项标准在全省复制推广，制定广州试验区绿色企业和项目认定标准和管理办法。推动广州银行、广州农商银行参与人民银行组织的粤港澳大湾区首批地方法人银行环境信息披露试点，鼓励引导建设银行花都分行等分支机构参与环境信息披露，协调粤港澳大湾区金融机构发起环境信息披露倡议。

2022年，广州市推动中国工商银行、中国农业银行、中国银行、中国建设银行、交通银行五大国有银行和广州农商银行在广州设立绿色分行，邮政储蓄银行、兴业银行、浙商银行等设立绿色支行，广州银行、粤财信托等设立绿色金融事业部，建设银行在广州设立全国首家气候支行，推动设立广州市绿色金融协会、广州绿色金融研究院、广州绿色金融服务中心等专门服务绿色金融的服务机构。设立广东股权交易中心绿色环保板、广东中小企业信用信息融资对接平台“粤信融”绿色金融专区、广州开发区“开绿融”、南沙区“绿色银赁通”等绿色金融对接平台。开发“绿色碳链通”等服务绿色金融的金融科技应用，以金融科技赋能绿色金融。创新推广绿色供应链融资模式、碳惠贷、碳排放权抵押贷、药品置换责任保险、“保险＋期货＋银行”、“银行＋融资租赁”等系列绿色金融产品和服务。支持广州地铁集团、越秀集团等发行“三绿”“三标”和再生纸、光伏行业等全国首单绿色债券和绿色资产证券化产品，支持南方电网、广州公交集团等参与发行全国首批碳中和债、首单碳中和资产证券化产品。广州地铁、知识城集团、科学城集团等先后在海外发行境外绿色美元债券，支持广州轨道交通和电动公交置换、新能源汽车产业发展、智能电网建设、绿色建筑和生活垃圾零填埋等重点领域建设。

2022年，广州市推动广州期货交易所服务绿色发展。广州期货交易所获批复的两年产品研究规划中，16个产品有碳排放权期货、电力期货以及6个新能源金属产品共8个产品品种服务于绿色发展。探索推进基于能源数据的企业碳账户建设。6月，上线广州市企业碳账户发出全国首份标准化碳信用报告，形成企业碳排放数据采集、核算、评价贴标和融资对接的全流程闭环，探索构建企业碳账户体系，并在花都区落地试点，为绿色金融服务“双碳”目标探索有效路径。推动广州碳排放权交易中心发展碳排放权抵押、配额回购、配额托管、远期交易等创新型碳金融业务，研究碳市场期现联动产品，联合香港交易所推进粤港澳大湾区碳市场建设。支持南沙获批全国首批气候投融资试点，发挥绿色金融应对气候变化投融资作用。依托粤港澳大湾区跨境理财与资管中心建设，探索发展碳资产管理业务。（广州市地方金融监督管理局）

【深圳绿色和科技金融发展】2022年，中国人民银行深圳市中心支行强化政策引导和激励约束，用好用足碳减排支持工具，引导金融资源向绿色低碳领域倾斜。持续开展“深入各区促进绿色金融政银企对接”专项行动，推动绿色金融政策、金融资源与企业项目需求高效对接。指导金融机构持续开展环境信息披露，加强绿色金融专营体系建设。截至年底，深圳绿色贷款余额6449.6亿元，比上年同期增长43.8%，高于各项贷款增速35.8个百分点。1月6日，平安银行联合平安证券在深圳举办平安绿色金融助力高质量发展白皮书（2022）发布暨研讨会，发布银行业首部绿色金融白皮书。年内，市人大常委会对《深圳经济特区绿色金融条例》开展立法后评估。

2022年，深圳市围绕“20+8”产业集群，研究制定科技金融专项政策，上线知识产权质押融资试点专区。创建科技金融创新服务试点示范园区，推进科技金融创新服务试点示范园区成为科技金融创新服务“十百千万”专项行动首批实施单位，并获批建设首批科技金融创新服务中心，探索科技金融创新发展新路径。南山区开展科技金融在线评级及股权融资评价服务，累计帮助7835家企业获得贷款382.37亿元。光明区推动出台科技金融专项政策，为全区120家中小企业发放专项资金3300余万元。设立总规模100亿元的光明科学城科技金融专项资金计划，为500家科技型中小微企业、15家大型科技企业提供融资支持。

（深圳市人民政府地方志办公室）

【珠海科技金融发展】截至2022年底，珠海市发挥科技创业天使风险投资基金的作用，支持科技企业在珠海落地和发展，科技天使基金累计已投资项目27个，总投资额超过2.8亿元；其中25个为直投项目，投资2.35亿元；2个为合组子基金，撬动社会资本总额11亿元，培育孵化科技企业成长的成效逐步提升。实施新修订的《珠海市科技信贷风险补偿金管理办法》，风险补偿资金池规模增至4000万元，合作银行从原来12家增加到21家，2022年新增81个科技信贷项目入库，新增科技信贷额5.61亿元，财政资金撬动金融资本的放大倍数达到14倍。落实央行“科技创新再贷款”政策，联合人民银行引导金融机构加大对科技企业的定向支持。举办“2022年珠海科技金融服务周”系列活动，开展“科技信贷直通车”“股权融资直通车”“暖企专家行”等金融服务专场活动，聚集多方资源赋能科技型企业，促进科技、金融与产业融合发展。（珠海市科创局赵兴淼）

【佛山地方金融发展】截至2022年底，佛山市已被纳入监管正常经营类地方金融法人机构有94个（小贷32个、融担7个、典当27个、融租20个、商业保理5个、交易场所3个）。

小额贷款　截至2022年底，佛山市有小额贷款公司32家，其中禅城区3家，南海区18家，顺德区9家，高明、三水区各1家。全市小额贷款公司注册资本合计50.25亿元；贷款余额54.95亿元，比上年增长12.4%；累计投放金额98.82亿元，增长12.04%；实现净利润1.83亿元。年内，有1家无实际经营的小贷公司注销试点资格。截至年底，小额贷款行业不良贷款余额8.36亿元，不良贷款率15.22%；剔除无实际经营业务僵尸企业的不良贷款后，不良贷款余额为1.15亿元，不良贷款率2.41%。全市小额贷款公司累计为中小微企业和“三农”（农业、农村、农民）提供贷款66.8亿元，占整体投放金额的70.77%。

融资担保　截至2022年底，佛山市有持证融资担保法人机构7个（禅城区3个、顺德区2个、高明区1个、三水区1个），实缴资本24.95亿元，从业人员259人，资产总额42.37亿元，净资产30.88亿元。全市融资担保在保余额75.79亿元，小微企业、涉农客户在保余额合计50.49亿元（占比66.62%），累计代偿金额4.52亿元，实现净利润4001.22万元，上缴所得税1663.45万元。截至年底，融资担保余额62.26亿元，比上年同期增长10.53%，占全市的82.15%，其中小微企业、涉农客户担保余额为55.33亿元，在所有业务占比88.87%，发挥支农支小主力军作用，积极破解困扰中小微企业的融资难、融资贵问题。

典当　截至2022年底，佛山市有典当法人机构27个（禅城区5个、南海区8个、顺德区10个、高明区2个、三水区2个），注册资本5.74亿元，从业人员184人。全市典当行业典当余额4.33亿元，比上年下降1.37%；利润总额2901万元，净利润总额1831万元；典当总额12.58亿元，下降16.45%，其中涉动产典当总额4.67亿元、涉房地产典当总额4.51亿元、涉财产权利典当总额3.40亿元。2022年，广东省地方金融监督管理局抽取佛山市15家典当行进行年审，通过率93.4%。

商业保理　截至2022年底，佛山市有商业保理法人机构5个（禅城区1个、南海区1个、顺德区3个），实缴资本4.04亿元，从业人员38人，总资产7.58亿元，总负债4.37亿元，净资产3.21亿元，应收保理融资款本金6.36亿元，不良资产余额5894.25万元，不良资产率4.11%。

融资租赁　截至2022年底，佛山市有融资租赁法人机构20个（禅城区4个、南海区10个、顺德区5个、三水区1个），从业人员306人，实缴资本合计48.57亿元，总资产120.77亿元，总负债69.65亿元，融资租赁合同余额93.30亿元；不良资产余额5.53亿元，不良率5.92%，净利润2.57亿元，缴纳税金1.06亿元。全市融资租赁行业涉中小企业投放比例达58.56%，涉装备制造业投放比例37.81%。

（佛山市金融工作局）

【惠州特色金融发展】2022年，惠州市推进特色金融平台创新发展，加大对“省中小融平台”的宣传推广力度，做好平台政策宣传。至12月末，全市有10332家企业在平台注册，各金融机构受理企业融资金额4.69亿元；推进“监管沙盒”、供应链金融平台创新试点工作。至2022年末，简单汇平台上惠州地区的各类企业客户共计2077家，通过金单为914家惠州地区企业累计解决融资规模达100.68亿元；开展首贷拓展专项行动。惠州市首（转）贷服务中心设立，破解企业首贷不易、续贷不畅、信息不对称、融资效率低等难题。

是年，惠州市16个项目与国家开发银行、中国农业发展银行、中国进出口银行对接，获得投放资金33.57亿元；引导企业登录省中小融平台申领省财政贷款贴息。至年末，全市可享受省首贷贴息284.77万元；配合做好市有关助企纾困政策一揽子政策的制定落实，为小微企业提供转贷服务，帮助企业延长贷款周期。21家银行开展业务235笔，总金额16.73亿元。惠州市开展“汇聚金融赋能实体”金融服务实体经济年系列活动，组织各类金融资源主动对接全市各类实体经济的融资需求，组织10场实体经济专场及1场房企系列专场对接活动，为112家企业给予授信额度超180亿元，为26个商协会所属企业给予授信额度超130亿元，提供转贷服务1.1亿元。出台优惠政策，助力企业降低融资成本。对2022年10月到2023年1月利用普惠小微信用贷款的企业，提供1000万元的贴息补助资金，降低企业信用贷款成本，鼓励企业使用信用贷款，缓解当前的资金压力。

是年，开展科技金融，促进科技与金融深度融合发展。制作《惠州市科技金融信贷产品和服务汇编》，通过再贴现投向科技企业资金达42.63亿元，推动TCL科技集团发行全国首笔民营企业科创债5亿元。办理惠州首笔线上知识产权质押融资登记业务。创新绿色金融，提高金融服务碳达峰碳中和能力。组织绿色金融政银企对接会，授信逾150亿元；推动碳减排支持工具落地惠州，提供优惠利率贷款14.27亿元；作为广东省首批试点建立再贴现支持碳减排票据工作机制，办理惠州首笔碳减排票据再贴现业务和全省首笔绿色供应链票据再贴现业务。

〔惠州市档案馆（惠州市人民政府地方志办公室）〕

【东莞特色金融发展】2022年，东莞银行33家新市民金融服务示范点揭牌，东莞市成为全国首个新市民金融服务示范点镇区全覆盖地市。33家示范点设立于产业园区、工厂、商圈、农贸批发市场、市民活动中心等区域，每个镇街（园区）设立一家，实现东莞33个镇街（园区）全覆盖，延伸新市民金融服务半径。示范点联动新市民金融服务各类业务场景，聚焦创业、就业、住房、租房、消费、教育、培训、医疗、养老等重点领域金融需求。创新推出新市民专属金融产品，为新市民客群提供特色金融服务。中国人民财产保险东莞市分公司与东莞市南城农业技术服务中心签订《古树名木综合保险合同书》，为东莞市南城街道26棵古树提供保险保障，是省内首单将古树救护险和公众责任险相结合综合保险单，保障古树名木因自然灾害、意外事故及病虫害而发生损失，为受灾古树救护提供最高65万元资金支持。2022年11月，全省第一批、东莞市首家企业信用报告自助查询代理点落地使用。

（东莞市人民政府地方志办公室）

【中山绿色金融发展】2022年，中山市推动碳减排支持工具、煤炭清洁高效利用专项再贷款落地。加大对绿色项目的金融支持，推动全省首笔垃圾发电行业可再生能源补贴确权贷款落地中山。6月，推动华润银行中山分行落实全市首笔碳排放权质押贷款业务。8月，推动农业银行横栏支行成为全省首家发布生态农业预期碳汇量实现碳中和的“零碳网点”。9月，推动中山小榄村镇银行成为全省首家发布环境信息披露报告的村镇银行。11月18日，人民银行中山中心支行联合市金融局、中山银保监分局以市政府办公室名义印发《中山市人民政府办公室关于启动中山市“绿色金融专营机构”、“绿色低碳金融实验室”建设的通知》，在全市8家银行开展“绿色金融专营机构”试点建设。至年底，中山市绿色贷款余额439.91亿元，比上年增长1.34倍。

（中山市人民政府地方志办公室）

【肇庆绿色金融发展】2022年，中国人民银行肇庆市中心支行优化绿色金融资源配置，牵头印发《肇庆市金融支持新能源汽车及汽车零部件产业高质量发展八项行动计划》，推动金融机构从组织、渠道、产品层面开展服务创新，为新能源汽车产业链企业提供高质量金融服务。全市6家法人农商银行发布《2021年环境信息披露报告》。2022年末，肇庆市绿色贷款余额199.47亿元，比上年增长46.79%。联合肇庆高新区举办肇庆（高新区）企业碳账户上线暨“云碳贷”系列产品发布仪式，推动工业、农业绿色转型。向83家企业发放“云碳贷”16.2亿元，建立省内首个农户“碳账户”体系，通过开发“治村宝”小程序统计碳积分，激发乡村群众共治共享人居环境的动力，打造绿色金融支持乡村振兴新模式，截至12月，全市共有6个村获评绿色信用村，并分别获授信1亿元，320个绿色信用户合计获授信1亿元。

（中国人民银行肇庆市中心支行）

·金融市场互联互通·

【香港推动沪港通、深港通、债券通】2022年，香港特别行政区政府强化香港国际金融中心和全球离岸人民币业务枢纽的地位和功能，深化和扩大内地与香港金融市场互联互通。香港拥有多元化的跨境投资渠道，包括沪港通、深港通和债券通计划，为全球投资者提供高效便利的人民币金融平台，让他们在内地债券和股票市场进行投资。这些计划让内地投资者得以在香港和海外市场进行金融投资。

2022年1月，香港金融管理局（金管局）公布可开展跨境理财通业务中“南向通”的香港银行数目增至24家，“北向通”的香港银行数目则是22家。“南向通”的香港银行名单有上海商业银行有限公司，大新银行有限公司、南洋商业银行有限公司、华侨永亨银行有限公司等。内地伙伴银行包括上海浦东发展银行股份有限公司、中信银行股份有限公司、中国银行股份有限公司、平安银行股份有限公司等。“北向通”的香港银行名单有中国光大银行股份有限公司、中国光大银行股份有限公司、香港上海汇丰银行有限公司和集友银行有限公司等。内地伙伴银行有上海银行股份有限公司、中国农业银行股份有限公司、招商银行股份有限公司等。

2022 年 12 月 19 日，中国证券监督管理委员会和香港证券及期货事务监察委员会联合公告，宣布原则同意两地交易所进一步扩大沪深港通下的合资格股票范围。根据联合公告，沪深股通下的合资格股票范围将扩展至包括市值为 50 亿元或以上并符合一定流动性标准等条件的上证 A 股指数及深证综合指数的成分股，以及同时发行 A 股及 H 股并在上海证券交易所、深圳证券交易所上市公司的股票；港股通下的合资格股票范围将纳入符合有关条件的外国公司股票（即恒生综合大型股指数和恒生综合中型股指数的成分股，以及市值达 50 亿港元或以上的恒生综合小型股指数成分股）。沪股通下港股通亦将与深股通下的港股通一致，即纳入市值 50 亿元港币或以上的恒生综合小型股指数成分股。符合条件的外国公司股票纳入港股通，可丰富内地投资者的资产配置选择外，更有助吸引其他优质的国际企业到香港上市，提升香港融资平台的竞争力，有利本港市场的进一步发展。

（香港历史研究基金会）

【广州推进金融市场互联互通】支付结算　2022 年，中国人民银行广州分行推动电子营业执照开立账户试点，推进银行账户服务标准化、规范化、便利化。开展支付服务减费让利，为小微市场主体减负纾困。开展移动支付示范镇建设，推广农村地区移动支付“一码通用”，提升农村基础金融服务的精准度和适配性。推广网上支付跨行清算系统手机号码支付业务，加强中央银行会计核算数据集中系统（ACS）运维管理。改造云闪付 APP 受理环境，促进移动支付与智慧交通、智慧生活、智慧医疗、智慧养老等城乡重点民生领域便民场景融合应用。创新粤港澳大湾区支付业务，启动本外币合一银行结算账户体系试点，推进香港、澳门代理见证开立内地个人银行账户业务试点。开展粤港电子支票联合结算，推广粤港、粤澳跨境电子账单直接缴费等业务。治理电信网络诈骗和跨境赌博“资金链”，探索建立更加全面的打击电诈考核评估体系。

经理国库　2022 年，广州市落实大规模增值税留抵退税政策，推动国家退税减税“政策红利”精准直达市场主体。开发“广东省国库综合业务系统”，推广非税收入电子化缴库。开通数字人民币缴纳税费、数字人民币税收异地缴库业务。开发“广东省国库监管数据应用系统”，增强对商业银行代理国库业务的非现场监管效能。提升“国债下乡”便利性，试点开展乡村国债服务站建设和智能助农终端国债销售。推广跨境人民币电子缴（退）税、行邮税电子缴库、跨省异地电子缴税等业务，提升国库服务的便利度、满意度。推动广东首批地方法人银行上线财关库银横向联网业务，提升预算收入入库效率。

征信管理　2022 年，中国人民银行广州分行推进“粤信融”征信平台建设，建设“粤信融”线上“首贷服务中心”专区，构建“线上平台 + 线下窗口”首贷金融服务体系。开发建设“粤信融”南沙合作区模块，为港澳企业融资需求对接提供全方位、一体化服务。至年末，“粤信融”累计共享政府部门和公用事业单位涉企信用信息 8.75 亿条，基本覆盖广州市 300 万户市场主体。“珠三角征信链”上链企业 419 万家，上链信用信息 8696 万条，累计提供企业信用报告查询 476.6 万笔。依托“农融通”平台推进信用村“整村授信”，以农村信用体系建设推进乡村振兴。推动村镇银行、资产管理公司及地方金融组织等小微放贷机构接入征信系统，拓展征信系统机构覆盖类型。广泛布设信用报告自助查询代理点，满足群众的征信查询需求。

推进中征应收账款融资服务平台应用，推进广州市机动车、船舶、知识产权等担保登记信息的统一查询试点工作。

金融消费者权益保护　2022年，广州市金融系统推动粤港澳大湾区金融消费权益保护工作。在南沙建立面向粤港澳的金融纠纷多元化解机制，广州市金融纠纷调处中心与南沙区法院签署《关于共同建立诉调对接工作机制的合作协议》，建立“跨境理财通”业务投资者保护工作机制，健全跨境投资者保护内控制度。

跨境人民币服务　2022年，中国人民银行广州分行推进跨境人民币业务创新支持南沙建设取得新进展。推进重点企业、重点领域、重点区域人民币跨境使用，提升人民币结算便利化水平。推进“跨境理财通”及自由贸易账户（FT账户）试点，拓宽FT账户试点应用场景。全年办理跨境人民币结算金额1.07万亿元，比上年增长8.4%。其中，跨境收入5071.16亿元，比上年下降0.8%；跨境支出5615.24亿元，增长18.4%；广州市与港澳地区跨境人民币结算金额7211.51亿元，占广州市跨境人民币结算量的67.5%。至年末，全市累计办理跨境人民币结算业务6.77万亿元。与136个国家和地区（不含港澳地区）发生跨境人民币结算业务，累计业务量8590.12亿元。全年全市有267家跨国企业办理跨境人民币资金池业务，资金收付金额1988.07亿元。

（中国人民银行广东省分行营业管理部）

【深圳推进金融市场互联互通】2022年，深圳市有序推进金融市场互联互通。深港交易型开放式基金（ETF）实现互联互通，本外币合一银行结算账户体系试点、本外币一体化资金池业务试点、“跨境理财通”业务试点等项目持续推进。成功在香港发行2022年离岸人民币地方政府债券50亿元。大湾区保险服务中心建设方案加快报批。

年内，深圳市贸促委与市地方金融管理局联合承办第十六届中国（深圳）国际金融博览会，展会面积3万平方米，近300个金融机构展示1000多款创新金融产品及服务，现场观展近3万人次。其中“金融人才招聘专区”90余家金融机构提供近2000个岗位，吸引应聘者1.3万多人次；同期举办8场专业论坛，助力深圳金融业持续高质量发展。

（深圳市人民政府地方志办公室）

【珠海跨境人民币结算】2022年，中国人民银行珠海市中心支行持续推进港珠澳大桥、广东粤澳合作基金、粤澳合作产业园等重点项目跨境人民币结算，助力粤港澳大湾区建设，截至年底，广东粤澳合作发展基金首期200亿元资金全部以人民币汇入，支持粤澳合作产业园从境外借入人民币资金累计63.08亿元，支持澳门新街坊项目跨境人民币融资10.18亿元。拓宽澳门人民币市场流动性补充渠道，指导本地法人银行与澳门金融机构开展同业拆借业务，全年拆出14.50亿元；指导银行通过账户融资为澳门金融机构提供资金，全年融出955.26亿元。持续推进跨境资产转让人民币结算试点，推进大湾区金融市场互联互通，截至年底，横琴粤澳深度合作区7家试点银行办理贸易融资资产跨境转让人民币结算累计1140.66亿元。持续推进自由贸易账户（FT）业务，截至年底，试点银行累计开立FT账户2020个，办理各类分账核算业务1487.50亿元，搭建全功能资金池17个。持续推进跨境理财通业务，获得试点资格银行增至20家，截至年底，累计办理跨境理财通签约账户1.33万个，投资资金汇划2.64亿元。

（中国人民银行珠海市分行李腾）

【佛山推进金融市场互联互通】2022年，佛山市推进金融支持粤港澳大湾区建设，完善配套加强合作，促进金融市场互联互通。优化金融机构布局，加强金融合作平台建设。推进广东金融高新区建设，围绕“国际化金融后台基地”与“现代产业金融中心”双定位，以“产业链招商”思路开展招商引资工作，新引进怡和商务服务（广东）有限公司等315个项目，新增注册资本473亿元。截至2022年底，广东金融高新区核心区引进项目1617个，累计投资规模2568亿元，其中金融高新区基金类机构1393个，募集与投资资金规模1909亿元。园区集聚银行、保险、证券等金融及高端服务业态，会聚金融、科技人才6万名。2022年底，佛山现代保险产业集聚区共引进74个保险项目，包括保险公司总部1个、保险公司市级区域总部20个、保险服务机构53个，累计投资23.75亿元。全年集聚区实现保费收入249.19亿元，比上年增长12.99%。其中，华农财产保险股份有限公司正式落地禅城，是佛山市首个保险法人机构总部。推动金融机构互联互通，实现金融机构"引进来"和"走出去"。在内地与香港、澳门关于建立更紧密经贸关系的安排（CEPA）协议下，布局推动港澳金融机构在佛山市设立分支机构。截至年底，全市有恒生银行、澳门国际银行等港澳资银行。深圳市主要金融机构如银行、保险、证券期货等持牌机构已在佛山市设立分支机构或子公司共50个（家）。顺德农商银行在广州南沙、珠海横琴均设立分行，作为该行在南沙自贸区、横琴自贸区的示范窗口，利用好自贸区金融创新政策，拓展跨境业务；招商银行佛山分行作为总行下辖一级分行，管辖江门、中山二级分行。充分利用港深交易所资源，加快推动企业上市。与深交所、深圳证券机构、头部投资机构建立战略合作关系，共同培育、扶持佛山优质本地上市后备企业，鼓励佛山企业申报上市。依托深交所资本市场培育系统，打造市、区统一的企业上市综合服务平台，并与深圳证券交易所签订战略合作备忘录开展相关合作。截至年底，佛山市累计境内外上市公司76家，上市企业数量和市值均位居全省地级市前列。

（佛山市金融工作局）

【惠州推进金融市场互联互通】2022年，惠州市推动金融融合发展。出台全省首例政府财政资金直接奖补企业汇率避险业务的文件，成功落地全省首笔"免保证金、免抵质押"创新产品"银担汇"远期结售汇业务。推动落实非金融企业外债便利化试点等9项资本项目改革措施和4项经常项目便利化措施。成功落地惠州首笔"多笔外债共用一个外债账户"业务。成功落地港澳居民跨境人民币跨境购房业务，参与全国首批多边央行数字货币桥试点工作。支持TCL科技集团财务有限公司成为全省首批3家自贸区外开展本外币一体化资金池业务试点企业，结算2.74亿美元。利用东亚、汇丰、恒生、澳门国际等港澳资银行在惠分支机构，助力惠州企业"走出去"和国外优质企业"引进来"，推动粤港澳大湾区金融融合发展。跨境投融资便利化试点企业范围不断扩大，便利化额度从500万美元扩大到1000万美元。出台全省首例"商务发展专项资金＋汇率风险管理"财政支持政策。

〔惠州市档案馆（惠州市人民政府地方志办公室）〕

【东莞推进金融市场互联互通】2022年，东莞市推进粤港澳大湾区跨境贸易和投融资便利化，扩大金融业对外开放，促进金融市场和金融基础设施互联互通，提升粤港澳大湾区金融服务创新水平，防范跨境金融风险。印发《东莞市金融工作局关于印发〈私募投资基金及基金管理人设立联合会商机制〉的通知》。推动东莞银行香港分行开业运营，成为全国首家在境外设立分行城商行。印发实施《东莞市外商投资股权投资企业管理暂行办法》，推动首批外商投资股权投资企业（QFLP）试点项目落地，打通境外投资者参与境内投资渠道。探索建立与中国人民银行东莞市中心支行、东莞银保监分局三方联合监管机制，推动建立东莞农商银行量化考核机制。指导东莞农商行推进普宁农商银行风险化解处置工作，推动37亿元专项债资金入股普宁农商银行，与粤财控股签署《合作框架协议》，完成第一阶段化险帮扶工作。推动东莞银行加强风险管理，强化规范经营。

（东莞市人民政府地方志办公室）

【中山“互联网＋政务＋金融”服务模式落地香港】2022 年 5 月 6 日，中山市举办中山－香港“不动产登记＋金融服务”跨境通办业务合作签约及启动仪式，签署《中山－香港“不动产登记＋金融服务”跨境通办业务合作框架协议》，实现港澳居民、企业无须出关办理中山市不动产跨境抵押登记服务。中山市通过政务数据共享，将香港居民在中山买房的不动产登记从“跨境往返＋线下办理”优化为“香港银行便民窗口＋网上办理”模式。香港银行便民窗口通过中山市不动产登记·金融管理平台录入申请信息、上传影像资料、提交登记申请；中山市自然资源局在线审核通过后，系统自动将登簿信息及不动产登记电子证明推送至银行，实现登记业务申办线上流转。新模式下，从提出申请到领取证书全流程“不出关办理”，从受理到发证最多 1 个工作日办结，减少香港企业、居民为跨境购房的往返奔波次数。至年底，中国建设银行（亚洲）股份有限公司办理跨境抵押业务 16 宗。

（中山市人民政府地方志办公室）

【肇庆推动金融市场互联互通】2022 年，肇庆市加强跨境金融合作，优化金融服务。截至年末，“港人港贷”累计办理 155 笔，金额折合人民币 9622 万元；创新开展香港居民内地安居购房跨境人民币结算业务 391 笔，合计金额 2.58 亿元；辖内银行办理“跨境理财通”业务 43 笔，涉及金额 1075.69 万元。全年全市跨境人民币结算金额 101.97 亿元，其中与港澳跨境人民币结算 62.38 亿元，占比 61.2%。根据《肇澳金融同业合作协议》，截至年末，向福加德等 6 家企业放款 5.79 亿元，其中澳门对口银行放款 2.27 亿元。

（肇庆市金融工作局）

·现代服务业体系构建·

【广州培育建设国际消费中心城市】2022 年，广州市社会消费品零售总额增速居全国 5 个率先培育建设国际消费中心城市首位，14 个创新案例在全国推广。梳理配套政策 150 项，形成“3+11+N”规划体系。编制建设国际消费中心城市发展规划（2022—2025 年）和重点商业功能区发展规划（2020—2035 年），出台支持专业市场发展措施。天河路、北京路商圈入选首批“全国智慧商圈”，正佳广场、友谊商店正佳店、北京路新大新国风店被评为“全国示范智慧商店”，万博商圈获批省级示范特色步行街。广百股份和广州友谊入围中国连锁经营协会（CCFA）发布的“2021 年中国连锁 TOP100”榜单。升级优化时尚、珠宝、美妆等产业消费，推动“会展＋交通＋商业”流量消费，强化文商旅体娱融合消费，形成产业型、流量型、服务型三大消费体系。网络零售店铺数、直播场次均居全国第一位，琶洲试验区入选全国十佳电商示范基地。3 家企业入选全国“诚信兴商典型案例”。广州市实物商品网上零售额增速是全国平均增速的 2.2 倍，其中，番禺区、越秀区、南沙区、荔湾区增速超过 30%。出台商务领域居民生活服务业品质化发展措施。引进首发首店，加强“老字号”传承。举办中华美食荟、网上年货节、汽车消费节、国际美食节、羊城夜市等品牌消费活动。开展家电“以旧换新”促销。首次发放“羊城欢乐购”超亿元政府消费券，释放消费市场潜力。

（广州市商务局）

【深圳现代服务业体系构建】2022 年，深圳市发展壮大具有全球辐射力的现代服务业，现代服务业增加值 1.52 万亿元，占服务业增加值比重提高到 76.3%。编制先进制造业和现代服务业招商引资清单，制定面向重点国家和地区企业投资合作三年行动方案，实施产业链招商专项行动。最高人民法院出台《关于支持和保障全面深化前海深港现代服务业合作区改革开放的意见》，适用域外法律、跨境司法协助安排等实现突破。编制落实《前海深港现代服务业合作区总体发展规划（2021—2035 年）》，推进河套专用口岸、福邻口岸、港深西部铁路口岸、前海客运口岸等规划，为河套深港科技创新合作区、前海深港现代服务业合作区建设提供支撑。6 月 17 日，深圳市推进全面深化前海深港现代服务业合作区改革开放工作领导小组会议召开。

（深圳市人民政府地方志办公室）

【珠海跨境贸易便利化】2022年，珠海市实施《珠海市优化口岸营商环境促进跨境贸易便利化工作方案（2021—2023）》。推广应用“两步申报”（即第一步概要申报，第二步完整申报）通关模式，实施“两段准入”〔是指以进口货物准予提离进境地口岸海关监管作业场所（含场地）为界，分段实施“是否允许货物入境”和“是否允许货物进入国内市场销售或使用”两类监管作业（分别简称“第一段监管”“第二段监管”）的海关监管方式〕监管作业改革，推广应用进出口货物“提前申报”模式。推进水运口岸实施口岸放行信息电子化，完成高栏国码“无人值守+零接触”智慧闸口新系统升级，实现外贸吉箱24小时智能通关模式，提供高效便捷的全天候提吉箱服务。落实口岸收费目录清单公示制度，动态公示更新口岸收费，全市111家报关代理企业、船舶代理企业、码头经营单位在“单一窗口”录入相关收费目录清单1989项，全年企业根据实际业务情况动态更新收费清单信息389条。全年全市7个试点口岸海关查验合格集装箱（自然箱）3965个，其中人工查验3562个、机检及过磅403个，厢式货柜车3343辆次，免除外贸企业吊装移位仓储费用437万元，惠及外贸企业5224家次。推进港航物流类单证电子化，洪湾国码建成集装箱交提预约系统，装箱单实现电子化，可线上办理集装箱交提业务，同时可在微信公众号“扬帆洪湾”上查询相关集装箱信息、过磅信息及电子发票等信息；建设“E运通平台”，与各船务公司完成业务信息资料对接。推进口岸物流协同电子平台项目建设，珠海港航物流信息化平台作为珠海国际贸易“单一窗口”地方特色应用项目，完成建设并通过数据测试，具备上线推广应用条件。（珠海市商务局梁倩）

【佛山普惠金融服务体系建设】2022年，佛山市运用多种政策性金融工具，助力普惠金融高质量发展。支持企业融资专项资金效能加快释放。全年佛山市支持企业融资专项资金为3239家企业提供政策性转贷资金548.9亿元，企业数和资金数分别比上年增长34.73%和30.59%；累计为企业提供转贷资金服务2026.35亿元，办理资金业务20173笔，惠及11991家企业。发挥政策性小额贷款保证保险助贷作用，推动银行信贷摆脱对抵押物的过度依赖。帮助企业获得贷款209笔、贷款金额5亿元，获得贷款企业191家；累计帮助企业获得贷款3012笔、贷款金额59.95亿元，获得贷款企业1452家。佛山市融资担保基金推动构建政府、贷款机构、担保机构（保险机构）共同分担风险的再担保机制，着力提升中小微企业金融服务水平。市融资担保基金新增放款金额474.97亿元，新增服务各类市场主体28315户；累计放款金额866.85亿元，累计服务各类市场主体41928户。年内，出台专门针对首贷户的政策支持文件，印发《佛山市关于构建首贷全链条金融服务体系工作方案》，为扩大小微企业金融服务覆盖面，构建“首贷户”服务体系。做好首贷户贴息扶持政策。落实对2022年7月1日至12月31日在佛山市内银行业金融机构首次获得贷款的佛山市小微企业和个体工商户给予贴息补助的扶持政策。开展“访万企解难题”金融暖企专项行动，截至2022年底，已累计走访26.96万家企业，已授信企业1.45万家，累计授信792.10亿元，发放贷款463.69亿元。推进“粤信融”广东（佛山）中小微企业信用信息和融资对接平台升级改造，截至2022年12月末，粤信融（佛山站）完成注册企业18.22万家，撮合银企融资对接3.19万笔，累计实现融资2889.52亿元；省中小融平台有11104家佛山企业登录使用，并为514家企业提供贷款17.92亿元。建设“一网统管”金融服务专题。对企业纳税、社保等政务数据进行对接，整合各类数据资源建立金融信用信息专题数据库，以数据库为基础，设计企业信用评价模型，运用大数据挖掘、比对和分析，构建企业信用评价体系。打造综合性金融服务平台和“融资服务码”。在佛山“益晒你”企业综合服务平台基础上构建金融信贷板块（综合性金融服务平台），对接粤信融等平台，打造线上金融超市。（佛山市金融工作局）

【惠州商贸物流业】2022年，惠州市推进县域商业体系建设，支持企业开展供应链赋能。鼓励商贸流通企业打造特色鲜明、基础牢靠、服务完善的供应链服务体系，布局县镇产业链渗透和供应链延伸，提供集中采购、统一配送、销售分析、库存管理等服务，增强农村实体店铺经营水平和抗风险能力。完善县、乡、村三级物流配送体系，畅通工业品下乡、农产品进城渠道。

〔惠州市档案馆（惠州市人民政府地方志办公室）〕

【东莞现代服务业发展】2022年，东莞市发展现代服务业，推动生产性服务业向专业和价值链高端延伸，生活性服务业向高品质和多样化升级，加强公益性、基础性服务业供给，发挥服务业在增强东莞先进制造业竞争力以及经济转型升级中的支撑作用，东莞服务业在粤港澳大湾区中的综合实力增强。印发《东莞市服务业发展“十四五”规划》，提出要聚焦“科技创新+先进制造”赋能高质量发展，坚持从东莞发展实际出发，依托粤港澳大湾区建设，发挥东莞的区位和产业优势，强化产业特色，选择细分领域重点错位发展。优先发展知识密集型服务业，做大做强科技服务，构建“源头创新+技术创新+成果转化+企业培育”为主体的创新生态。

（东莞市人民政府地方志办公室）

【中山构建现代服务业体系】2022年，中山市服务业增加值比上年增长0.8%，其中金融业增加值增长6.9%，金融机构本外币存款余额增长12.7%，贷款余额增长8.8%。实施现代服务业百企培育计划，加快发展生产性服务业，提高生活性服务业发展质量。完善总部企业扶持奖励政策，新增认定广东中晟电磁科技股份有限公司、巴洛克木业（中山）有限公司等总部企业15家。9月7日，世界500强之一的央企中国海油下属新能源板块广东区域总部企业——中海油（广东）综合能源有限公司在中山东区街道举行揭牌仪式，标志着中国海油新能源广东总部落户中山。加快构建现代物流体系，支持11家企业开展物流基础设施改造升级，完成维龙现代物流园主体工程建设，推进京东现代物流园建设。加快现代金融业发展，制订上市企业倍增计划，完善上市后备企业培育机制，新增境内外上市公司2家，进入创新层新三板挂牌企业6家，新增直接融资超143亿元。新增股权投资基金15只、基金管理机构4个。

是年，中山市发挥会展资源优势，强化展览服务，促进展览业高质量发展。打造本土展览项目品牌，推动中山机床模具及塑胶机械展暨中山工业自动化及机器人装备展览会、中国家电交易会暨中国家居用品交易会、中山简爱家博会及中山国际游戏游艺博览交易会4个展览项目获评为广东省会展项目百强。创新开展“粤贸全国”工作，助力中山企业开拓国内市场。开展“粤贸全国 质造中山”线上营销活动。与国内最大的企业间电子商务平台（B2B）“阿里巴巴1688”合作，开展粤贸全国中山专场—阿里巴巴1688线上营销活动。

（中山市人民政府地方志办公室）

【肇庆现代服务业发展】2022年，肇庆市服务业增加值实现1091.65亿元，比上年下降0.3%。怀集寻源谷、牛仙谷、德庆巢顶茶业公园、封开黄岩洞等成功创建国家AAA级旅游景区，温德姆至尊酒店、嘉虹酒店、侨邦国际酒店等品牌酒店建成开业，端州石牌里、紫荆西堤文创街、岩前蓝带啤酒体验馆（绮岩小馆）等文旅消费项目建成开放，牌坊广场、岩前村、火车站综合体相互间水上游船线路开通；新增启动建设鼎湖区“鹭鸟天堂·唯美沙浦”等8条乡村振兴示范带。举办“惠民消费月”等活动，发放3000万元肇庆欢乐购消费券，新增限额以上商贸企业122家。举办第二届广东民宿大会暨肇庆首届民宿产业峰会，新引进民宿项目20个，推出“民宿贷”并向市民宿协会及会员单位授信10亿元。

（肇庆市商务局）

【广州获批开展国家服务业扩大开放综合试点】2022年12月20日，广州获批开展国家服务业扩大开放综合试点，试点期为自批复之日起3年，是该试点以来的首批副省级城市。试点要求完整、准确、全面贯彻新发展理念，稳步扩大规则、规制、管理、标准等制度型开放，紧紧围绕地区发展定位，进一步推进服务业改革开放，加快发展现代服务业，塑造国际竞争和合作新优势，为加快构建新发展格局、推动高质量发展作出贡献。

（广州市商务局）

海洋经济

·海洋资源开发利用·

【香港海洋资源管理】2022年，香港实施净化海港计划后，维多利亚海港两岸所有污水排放都已被截流，并经深层隧道网络输往昂船洲污水处理厂进行化学处理和消毒，然后才排放入大海，令维港的整体水质显著改善。采取减轻残余污染物经雨水系统排入维多利亚海港所造成的污染等措施。这些措施包括纠正错驳的排污渠、在部分雨水暗渠设置旱季截流器，以及修复老化的污水渠。净化海港计划推行后，维多利亚海港的水质已显著改善。

海洋环境管理方面，香港水域内的海上垃圾由海事处负责清理。沿岸垃圾由渔农自然护理署、食物环境卫生署、康乐及文化事务署，以及其他政府机构清理。海洋环境管理跨部门工作小组则会协调不同部门的工作，应对海上垃圾及环境事故。还通过海岸清洁联合平台凝聚社会力量，共同保护海洋环境。

（香港历史研究基金会）

【广州海洋经济发展】2022年，广州市制定关于全面建设海洋强市的意见并审议通过。推动海洋新兴产业发展，申报设立广州市资源规划与海洋科技协同创新中心，推动海洋资源保护与开发关键技术协同攻关，组织实施广东省海洋经济发展（省海洋六大产业）专项，全年有3个项目获得立项支持，支持经费2000万元，促进海上风电、海洋电子信息产业发展。全年全市捕捞产量4.2万吨，产值13.68亿元，分别比上年下降18.9%和7.2%。其中近海捕捞产量1.05万吨，比上年增长7.5%；淡水捕捞产量1.5万吨，下降46.4%；远洋捕捞产量1.7万吨，增长18.6%。

（广州市规划和自然资源局）

【深圳推进全球海洋中心城市建设】2022年，深圳市印发《关于完善陆海统筹的海洋生态环境保护修复机制的意见》《深圳市“十四五”海洋生态环境保护暨珠江口海域综合治理攻坚战实施方案》，基本建成“1个框架意见+10项配套制度”的海洋环境保护体系。试点入海河流“降总氮”与总氮排放削减协同增效，西部海域入海河流总氮浓度年均值比上年下降20.05%。加强入海排放口规范化监管，印发《入河（海）排放口设置技术规范》，对20个海水养殖入海排污口开展溯源排查，确认责任主体，形成监管台账。提升海洋生态环境监管能力，完成深圳市海洋污染基线和生态本底2个航次现场调查，优化近岸海域陆海联动点位布设，实行海水水质“一月一测一报”。强化海洋垃圾治理，组织实施海洋垃圾专项清漂行动，开展海洋垃圾常态化巡查，实现“巡查－通报－清理－复核”的海洋垃圾闭环管理。推进美丽海湾建设，加强海洋生态保护。

是年，深圳市首次推出蓝色债券品种，发行蓝色债券11亿元，用于水污染治理项目，通过减少入海河流中的污水量和污染物，提升近海环境质量和海洋生态环境，有助于完善大湾区蓝碳经济发展生态，肩负国家赋予深圳建设“全球海洋中心城市”重大战略使命。深圳银保监局在系统率先研究制定《深圳银行业保险业推动蓝色金融发展的指导意见》，推动银行保险机构支持深圳海洋经济高质量发展，助力深圳全球海洋中心城市建设，打造蓝色金融创新发展“深圳样本”。

年内，深圳市推动海洋新城建设，服务海洋经济、海洋科技、海洋产业发展。统筹建设海洋新城，全年完成海堤水工结构1677米，纳土约554万立方米，完成地基处理面积57.1万平方米，累计完成地基处理面积183.1万平方米，获自然资源部支持，完成中欧蓝色产业园区域1.04平方千米成熟区块分期验收。构建海洋产业生态，深圳全球海洋中心城市建设促进会累计吸纳321个会员单位，吸纳15名高级顾问和148名专家进入智库。年内，盐田区全力打造全球海洋中心城市核心区，加快发展千亿级海洋产业集群。发挥盐田区位、产业、资源等综合优势，建设港口型国家物流枢纽，推动全球海洋中心城市核心区建设聚力成势，东港区一期主体工程开工建设，平盐铁路电气化改造正式启动，盐港东立交建成通车，拖车服务中心一期完成主体建设，盐田港加快迈向全球领先现代化港口。盐田综保区等片区整体纳入广东自贸试验区联动发展区，综保区二期封关运作，全国率先实现“港—区—城”联动免预约全天候全链条运作，进出口总额突破千亿元大关。国际船舶保税LNG完成首船加注，盐田港成为全球第四个实现LNG加注的枢纽港，中石油、中石化、中海油、中船燃、国家管网“五巨头”加注业务注册落户盐田，全年保税燃油完成加注25.1万吨、增长11倍，LNG加注突破8000吨。

（深圳市规划和自然资源局艾衍慧）

【珠海海域海岛保护和开发利用】2022年，珠海市批准项目海域使用权26宗，面积2960.61公顷，分别比上年增长44%、205%。其中省管用海项目1个，市管用海项目3个，区（功能区）级用海项目20个，市管临时用海2个。年内，自然资源部下发珠海市海域使用疑点疑区图斑16个，其中经整改后不认定为违法用海图斑12个，移交海洋执法部门处理图斑2个，现场核查后认定为影像误判图斑2个。5月12日，高栏港综保区获得自然资源部填海竣工海域使用验收的批复，为高栏港综保区封关验收奠定基础。

（珠海市自然资源局孙栎熙）

【惠州海洋资源管理】2022年，惠州市陆地面积113.50万公顷，海域面积45.20万公顷。相当于陆域面积40%左右，大陆海岸线长269.59千米；有海岛162个，主要分布在大亚湾，呈南北向延伸排列，自北向南有港口列岛、中央列岛和沱泞列岛等。

2022年，惠州市执行国家法律法规及规章制度，落实海洋功能区划和海域使用论证制度，科学规范海域使用行为。全年审批市级用海9宗，审批用海面积159.51公顷。对国家（省）重大战略项目用海工作实行全要素保障、全链条跟进、全流程提速、全方位服务。服务保障风电项目用海，从项目用海论证到办理不动产权证书全程跟踪，提供全方位全流程服务保障。7月7日，为用海企业出具《中广核惠州港口二PA、PB海上风电场项目用海预审意见的函》。用海申请材料于9月1日报审批。11月23日，中广核惠州港口二PA、PB海上风电项目取得用海批复。

2022年，惠州市在惠东平海内港、范和港以及考洲洋等地开展海洋生态修复工作，投入资金9500万元，营造红树林面积186.93公顷，提前超额完成省厅下达惠州市的红树林营造任务；期满一年管护的新增红树林面积通过省厅核查，并下达惠州市13.84公顷新增建设用地计划指标奖励。

〔惠州市档案馆（惠州市人民政府地方志办公室）〕

【中山海洋资源管理】2022年，中山市保障中山嘉明电力有限公司横门电厂取水口、深中通道中山南朗虎池围纳泥区趸船码头等项目用海，提供用海面积2.68公顷。加快火炬开发区茂生涌泵站建设工程、玻璃围海堤整治工程等水利工程项目审查工作。加快陆海统筹步伐，启动中山市海岸带综合保护与利用规划编制工作。支持明阳新能源投资控股集团在中山打造千亿级企业，推动中山市海上风电产业提质增效。2022年中山市实现海洋生产总值315.70亿元，比上年增长1.7%。（中山市人民政府地方志办公室）

【江门海域海岛开发利用】2022年，江门市推进海域海岛海岸线资源的高水平保护和高效率利用，将海洋资源优势转化为高质量发展优势。优化海洋资源管理制度，在江门市自然资源统筹管理委员会下增设海洋管理专责小组，主要负责初审全市海洋发展规划和年度计划，审议市本级用海审批事项，加强对全市海洋资源的科学配置和海洋经济的统筹协调；建立健全《江门市自然资源局市管项目用海审批工作细则》《江门市自然资源局海域使用项目会审小组工作制度》，优化审批流程，提高审批效率，规范市本级用海审批工作，做好项目用海服务保障工作。是年，全市审批（出让）用海项目29个（市本级4个），面积1416.99公顷。探索海洋资源管理改革，全省海域使用权立体分层设权试点工作取得突破，采用“水上光伏、水下养殖”的立体用海模式，批准3个渔业光伏发电项目用海，其中广东台山海宴镇200MWp渔业光伏发电项目为全省首个获批并进行立体确权的光伏用海项目；完成全省养殖用海海域使用权市场化出让试点项目台山市上川岛底播养殖项目挂牌出让工作，出让海域面积600公顷，出让年限为6年，是全省出让面积最大的养殖用海项目。加大海洋资源管理投入，广东省自然资源厅安排江门市2022年度省级海洋资源管理与利用专项资金1264.57万元，组织实施项目16个，资金支出进度为91.82%，在全省排第一名。加快处理围填海历史遗留问题，完成台山广海湾鱼塘港物流区建设项目生态评估、“未批已填”类围填海历史遗留问题处理方案集中备案材料上报以及“两线之间”图斑划定成果上报等工作。完善海域海岛监管长效机制，健全海洋协管员制度，加强海域海岛监视监测能力建设，全年组织开展海域海岛监视监测行动80多次，完成用海项目、346个无居民海岛、22段严格保护岸段及42个标志碑的监视监测工作，发现并向海洋执法部门通报海域使用疑点疑区44处，核查自然资源部下发的海域使用疑点疑区21处，对违法用海行为做到早发现、早制止、早处理。

（江门市自然资源局）

·海洋空间布局·

【广州海洋空间布局】2022年，广州市开展海洋产业功能区布局研究，调研南沙、番禺、黄埔、海珠区代表性涉海企业，提出构建“一带三片”海洋产业发展格局和16个海洋产业功能区的对策建议。印发实施《广州市海洋经济发展“十四五”规划》，构建“一带双核多集群”海洋经济发展新格局，提出到2025年，全力打造海洋创新发展之都，成为海洋科技创新策源地、涉海资源要素配置中心、南海综合开发先行区、海洋产业集群高地和海岸带高质量发展示范区，全球海洋中心城市建设初见成效。

（广州市规划和自然资源局）

【深圳海洋空间布局】2022年，深圳市继续推动构建以国土空间总体规划（海洋）、重点海域详细规划为基本构架，以各类海域专项规划为支撑的海洋空间规划体系。强化重大项目用海要素保障。完成盐田港东港区围填海历史遗留问题处理方案备案，推进盐田港东港区一期工程、海洋新城钢便桥、矾石水道航道一期、东部海堤三期重建工程等项目用海手续办理。结合海域利用要求，推进土洋–官湖、龙岐湾、前海湾等重点海域详细规划编制，小梅沙海域详细规划通过深圳市建筑与环境艺术委员会审议。编制完成大鹏新区海岸带城市设计、深汕特别合作区海岸带综合保护与利用规划等专项规划研究，为海岸带地区综合管理提供规划支撑。

开展深圳都市圈海域协同发展、东部游憩用海布局研究等海域规划研究，推动洲仔岛保护和开发利用规划报批，助力打造高品质用海空间，支撑全球海洋中心城市建设。

（深圳市规划和自然资源局艾衍慧）

【珠海牛头岛部分无居民海岛使用权出让】2022年，珠海市做好海岛资源市场化配置，充分发挥牛头岛区位优势，科学合理地保护与适度利用牛头岛。3月，广东省自然资源厅开展牛头岛部分无居民海岛使用权市场化出让工作。珠海市配合开展市场化出让工作相关材料的收集、审核、报批，并于10月14日完成牛头岛部分无居民海岛使用权出让，由中交四航（珠海）海湾实业有限公司竞得使用权，出让面积为54.13公顷，成交价为4.5亿元。牛头岛位于香洲区东南部约14海里处，属无居民海岛，由万山区管辖，海岛功能定位为交通与工业用岛，整岛自然形态表面积148公顷，投影面积136公顷，岛岸线8.26千米，与桂山岛连岛大堤直接相连。牛头岛是广东省首个通过市场化出让确权主导功能为工业仓储的无居民海岛。

（珠海市自然资源局孙栎熙）

【惠州海洋空间开发利用】2022年，惠州市深化完善国土空间总体规划“1+4+22+1”（1个市级总体规划、4个分区规划、22个专题研究、1个数据库）成果体系。完成“三区三线”划定工作，其中陆域生态保护红线2102.72平方千米，海域生态保护红线1400.90平方千米；划定城镇开发边界1391.43平方千米。组织编制《惠州市海洋生态保护修复项目实施方案》，完成红树林修复工程宜林地改造施工73.33公顷、鸟类栖息地营造工程2公顷、红树苗种植工作73.33公顷，进一步提高海洋生态品质。

〔惠州市档案馆（惠州市人民政府地方志办公室）〕

【中山海洋空间布局】2022年，中山市开展省级海岸带综合保护与利用规划编制工作，在海岸带谋划生态修复、海洋产业、亲水空间项目，提出海陆资源规划管控和统筹措施，强化规划管控。至年底，完成该规划编制前期招标及相关专题研究初步成果。

（中山市人民政府地方志办公室）

·现代海洋产业体系构建·

【广州船舶与海工装备制造业】广州是中国三大造船基地之一，至2022年，聚集广船国际、中船黄埔、英辉造船、粤新海洋等21家船舶制造企业，产品覆盖集装箱船、成品油船、大型多功能化学品船、滚装船、客滚船、半潜船、挖泥船、可燃冰开采船等，产能500万载重吨/年，单船造船能力突破30万吨。广州市船舶与海工装备产业主要集聚于南沙区，以南沙经济技术开发区、南沙中船龙穴修造船基地为发展重点，打造千万吨船舶修造及海洋工程装备基地。黄埔区、番禺区分布有黄埔文冲、顺海船舶和英辉南方等船舶制造企业。全市船舶制造企业紧跟船舶大型化、智能化、集成化、绿色化的市场潮流，船舶制造企业不断向高端化、高附加值船型迈进。中船黄埔文冲支线箱船手持订单在全球市场占有率19.1%，排名世界第一位，以多用途型迷你海岬型（MINICAPE）为代表的中型散货船产品在业界领先。广船国际是世界领先的灵便型液货船建造商，实现液货船系列全覆盖，其中灵便型液货船建造数量长期居国内第一位，是世界手持豪华客滚船订单最多的企业，国内最大的客滚船出口商。广州市船舶制造企业不断由传统造船向海工领域进军。在海上风力发电设施领域紧抓机遇做大做强，文船重工、广船国际成为华南地区大型海上风电单桩钢管设备、海上非嵌岩桩风机导管架装置重要生产基地，产品成功应用在粤东西沿海，在该领域合同产值超过6亿元。2022年，中国船舶黄埔文冲公司为长江三峡设备物资有限公司建造的2000吨自升自航式一体化海上风电安装平台（H6017）进坞搭载。中国船舶黄埔文冲公司建造交付国

2022年12月18日，中国自主设计建造的首艘面向深海万米钻探的超深水科考船——大洋钻探船在广州南沙举行船体贯通仪式

（南沙区地方志办公室供稿）

内首艘插桩式自升自航抢险打捞工程船、首艘1600吨深潜坐底风电工程船、首座桁架式桩腿风电安装平台等高端海上风电装备，有华南最大的风电导管架、单桩等风电钢结构生产线。2022年，广州市海工装备企业开始进军海上渔业养殖设备市场。广船国际建造的海南首座半潜式深远海智能养殖旅游平台“普盛海洋牧场1号”在中国船舶广船国际签字交付。该系列平台由海南普盛海洋科技发展有限公司投资建造，中国科学院广州能源研究所研发设计，广船国际所属文冲修造负责建造，服务于海南省乐东县龙栖湾国家级现代智慧海洋牧场。该平台总长86米、宽30米、高21米，作业吃水10米，采用钢质半潜结构与软体网组成约3万立方米的养殖水体，可搭载智能渔业养殖系统，实现自动投饵、鱼群监控、水质监测等现代化渔业生产功能。12月，中国船舶集团旗下广船国际为福建省闽投深海养殖装备租赁有限责任公司建造的120米长养殖旅游平台举行开工仪式，该平台是国内在建的最大、最豪华的养殖旅游平台之一，平台配备光伏发电系统、专业的养殖装备及数字渔业系统。（广州市工业和信息化局）

【深圳建设现代海洋产业体系】2022年，深圳市海洋经济全面复苏，海洋产业集群培育初见成效，集聚一批涉海龙头骨干企业，涉海企业近3万家。出台《深圳市培育发展海洋产业集群行动计划（2022—2025年）》，加速汇聚海洋高端发展要素。建立海洋产业“链长制”工作机制，出台《深圳市海洋产业链“链长制”工作方案》。发挥政府资金引导作用，研究设立海洋产业基金。推动海洋产业集群协会高质量发展，并推动成立深圳市海洋产业联盟。构建海洋产业集群战略支撑体系，提升深圳市在海洋产业战略方面的预判能力。高层次开展海洋产业招商引资，举办海洋产业招商大会，牵引多个优质项目落户深圳。年内，深圳全球海洋中心城市建设促进会累计吸纳321个会员单位，吸纳15名高级顾问和148名专家进入智库。金港大厦被授予“宝安海洋产业示范园”，海智云谷项目被认定为盐田区“海洋产业及数字创意投资服务重点园区”。

（深圳市规划和自然资源局艾衍慧）

【珠海海洋产业】2022年，珠海市海洋渔业和水产品加工业转型升级加快，发展远洋捕捞、深海养殖等海洋渔业业态，推动养殖生产从近岸走向深远海，新增深水大网箱30个，大型深远海养殖平台“湾区横洲号”投产，渔业产值达80亿元，比上年增长9.4%。海洋交通运输业稳步前行，全年珠海港全港完成货物吞吐量1.02亿吨、集装箱1401万吨（110万标准箱）、旅客吞吐量163万人次。海洋工程装备取得多项突破，珠海船舶与海洋工程装备产业规模以上

工业企业 20 家，产值 140.98 亿元，比上年增长 17.3%。4 月，由中国自主设计的亚洲第一深水导管架“海基一号”成功安装，标志着中国在超大型海洋油气平台导管架设计建造技术上取得新突破。流花 11-1 导管架首组空中立片在中海福陆场地正式吊装就位，是国内首个自主设计、建造的 330 米级深水导管架。

海洋新能源产业初具规模，海上风电项目总装机容量达到 500 兆瓦，发电 12.86 亿千瓦时，比上年增长 50%。中国首个气田地下数智化系统——珠海金湾高栏终端天然气处理工艺数字孪生示范项目投入使用，完成珠海液化天然气（LNG）二期项目 LNG 储罐全部承台混凝土浇筑，标志着由中国自主设计和建造的世界最大 LNG 储罐正式由基础施工迈进主体施工阶段，为华南地区规模最大的液化天然气储运基地，为粤港澳大湾区提供持续稳定的清洁能源。

（珠海市自然资源局孙栎熙）

【惠州海洋经济发展】2022 年，惠州市推动全市海洋经济发展，编印发实施《惠州市海洋经济发展“十四五”规划》，推进惠州海洋经济高质量发展。探索创建万亩级红树林示范区。组织开展专题调研论证工作，全面掌握全市红树林保护修复现状和宜林地情况。

是年，惠州市推进涉海重大项目建设和海洋经济发展。恒力石化（惠州）PTA 项目、中海壳牌惠州三期乙烯项目分别于 2022 年 6 月、10 月取得用海批复；中广核惠州港口一海上风电项目实现全容量并网发电，中广核惠州港口二 PA、PB 海上风电场项目在加快推进。

〔惠州市档案馆（惠州市人民政府地方志办公室）〕

【中山海洋资源开发利用】2022 年，中山市提高区域防洪安全保障能力，根据市政道路配套需求，助推深中通道工程重大项目建设实施。全年办理审查用海业务 4 宗。保障中山市嘉明电力有限公司横门电厂取水口、深中通道虎池围趸船纳泥项目以及火炬开发区茂生涌口泵站水闸建设工程、玻璃围海堤整治工程等项目用海需求。（中山市人民政府地方志办公室）

【江门船舶与海工装备产业】2022 年，江门市船舶与海工装备产业主要分布在新会区、台山市，其中新会银洲湖区域是江门市船舶与海工装备产业的核心区，沿岸的崖门镇、古井镇、沙堆镇具备产业高质量发展的优良港湾，是全省中小型船舶生产企业主要集聚区之一。全市拥有规模以上企业 13 家，主要集中在中游的船舶制造、海工装备制造以及下游的船舶拆解回收、修船领域，龙头企业包括南洋船舶、航通船业、海星游艇等。是年，江门市船舶与海工装备产业实现产值 30.56 亿元，比上年增长 82%。

（江门市工业和信息化局）

【千吨级海洋先进船艇智能制造项目建设】2022 年 12 月，江龙船艇科技股份有限公司新建的千吨级海洋先进船艇智能制造项目陆地部分完工投入使用，水下部分预计 2024 年初投入使用。该项目于 2020 年投资，位于中山市神湾镇竹排工业区西北端，距离江龙船艇中山科技园 400 米，建设规模 3 万平方米。车间按照 1000 吨及 2000 吨的标准车间打造，计划建设 3 个 1000 吨级舾装泊位，泊位总长 262 米。该基地产品下水采用垂直卷扬式升船机，升船平台 1 座，长 158 米，宽 41 米，移船采用组合式液压模块车，将提升船舶移船下水作业的效率和安全性。

（中山市人民政府地方志办公室）

·责任编辑　贺坤·

生态文明建设

综　述

【概况】广东省自然保护地保护对象包括自然生态系统、自然遗迹、野生动植物和自然景观四类。广东省具有较高自然保护价值的生态系统主要有森林生态系统、湿地生态系统和海洋生态系统。森林生态系统包括常绿阔叶林森林生态系统、落叶阔叶林森林生态系统、常绿与落叶阔叶混交林森林生态系统、针阔混交林森林生态系统和暖性针叶林森林生态系统5种类型，以常绿阔叶林和针阔混交林为主。湿地生态系统包含沿海滩涂、内陆滩涂、盐田、沼泽地、森林沼泽、红树林、沼泽草丛、灌丛沼泽，另有河流水面、湖泊水面和水库。主要河流有西江、韩江、北江、东江和珠江等。广东省海洋生态系统是南海大生态系统中的重要组成部分。广东省自然遗迹以地质遗迹为主，全省有地质遗迹169处，包括世界级地质遗迹2处，国家级43处，省级124处。广东省是野生动植物资源较为丰富的地区，有高等植物336科2246属7998种（包括种下等级），野生植物种类数量居全国第四位。全省海洋动物资源丰富，已记录游泳动物中鱼类1064种、海兽类17种、虾类135种、头足类73种及少数海龟和海蛇，中华白海豚、绿海龟、文昌鱼、黄唇鱼、珠母贝、龙虾等珍稀濒危物种成为自然保护区的主要保护对象。广东省内的自然景观多与代表性自然生态系统及自然遗迹嵌套分布，形成颇具特色的地方自然景观。至2020年底，全省批复自然保护地1361处，批复总面积306.72万公顷，矢量总面积296.42万公顷（含重叠），去重后矢量总面积260.35万公顷，占全省陆海总面积的10.64%。

2022年，广东省推进节能减排工作，推动能源绿色低碳转型。全省能耗总量3.65亿吨标准煤；全省单位地区生产总值能耗比上年下降2.6%。出台《广东省“十四五”节能减排实施方案》，优化完善能源消耗总量和强度“双控”、主要污染物排放总量控制制度，实施节能减排重点工程，健全节能减排政策机制，推动能源资源配置更加合理、利用效率提高，主要污染物排放总量持续减少。2021—2022年广东省4项主要污染物累计减排量分别为化学需氧量20.32万吨、氨氮2.54万吨、氮氧化物7万吨、挥发性有机物3.4万吨，均完成国家下达广东省的2022年累计减排任务。从行业类别来看，化学需氧量和氨氮减排量主要来源于新改扩建污水处理厂及管网建设（占95%）；氮氧化物减排量主要来源于老旧柴油货车淘汰（占75%），其次是工业治理（占17%）；挥发性有机物减排量主要来源于产业结构升级（占45%）及老旧汽车淘汰（占31%），工业治理（占24%）。

（广东省林业局；广东省生态环境厅；广东省能源局）

【绿美广东生态建设】2022年，广东省实施绿美广东大行动，推进绿美广东生态建设，开展生态保护修复。接续实施高质量水源林、沿海防护林、大径材培育等林业重点生态工程建设，通过工程带动加强林分改造和森林抚育，营造乡土阔叶树种和珍贵树种，优化林分、改善林相，不断提高森林生态系统质量和生态服务功能，提升生态系统的多样性、稳定性、持续性。全年完成造林和生态修复17.72万公顷，建设高质量水源林6.85万公顷，建设沿海防护林1.01万公顷，建设大径材培育基地2.31万公顷，抚育中幼林20.20万公顷。其中，珠三角九市完成造林和生态修复5.70万公顷，建设高质量水源林1.49万公顷，建设沿海防护林0.19万公顷，建设大径材培育基地0.77万公顷，抚育中幼林7.84万公顷。

【大湾区湿地保护体系建设】2022年，广东省持续推进大湾区湿地保护体系建设，广东广州海珠国家湿地公园和深圳福田红树林湿地成功申报为国际重要湿地，广东广州花都湖、广州南沙滨海、深圳华侨城、中山翠亨4处湿地被列入省级重要湿地名录，珠三角地区重要湿地数量11处。推动国家湿地公园建设，广东花都湖、新会小鸟天堂和开平孔雀湖3个国家湿地公园试点建设通过验收。至年底，珠三角地区有国家湿地公园15个、省级湿地公园2个。红树林保护修复成效显著，2020—2022年，珠三角地区新营造红树林331.98公顷，修复现有红树林面积289.21公顷。（广东省林业局）

【大湾区海洋环境生态系统监测】2022年，广东省近岸海域年均优良水质面积比例为89.7%，珠江口、大亚湾、雷州半岛珊瑚礁3个典型海洋生态系统健康状况总体保持稳定，海面漂浮垃圾主要为泡沫和塑料瓶。全省近岸海域一类、二类、三类、四类和劣四类海水水质面积比例分别为71.8%、17.9%、2%、2.1%、6.2%。劣四类海水水质主要分布在珠江口、湛江港、汕头港等河口海湾，主要超标指标为无机氮和活性磷酸盐。在珠江口、大亚湾、雷州半岛珊瑚礁和南澳岛4个海域开展海洋生物多样性监测，监测内容包括浮游生物、底栖生物、潮间带生物和珊瑚等种类组成和数量分布等。监测海域鉴定海洋生物958种，其中浮游植物353种，浮游动物265种，底栖生物和潮间带生物311种，珊瑚29种。珠江口、大亚湾、雷州半岛珊瑚礁和南澳岛4个海域各鉴定海洋生物299种、309种、298种和311种，海洋生物多样性指数平均分别为2.14、3.41、2.74和2.94。珠江口河口生态系统呈亚健康状态。海水无机氮含量偏高，水体呈富营养化；部分贝类生物体内石油烃水平较高；生物群落健康指数处于不健康状态，浮游植物密度过高，浮游动物密度、生物量过低，大型底栖生物密度过高、生物量偏低。大亚湾海湾生态系统呈亚健康状态。海水水质和沉积环境质量良好；生物群落健康指数处于不健康状态，浮游植物密度过高，浮游动物密度过低、生物量在正常范围内，大型底栖生物密度、生物量过低。对汕头南澳青澳湾、深圳大梅沙、深圳下沙、珠海东澳南沙湾、阳江闸坡5个重点海水浴场开展监测，水质优良天数比例分别为94.1%、88.9%、100%、100%、100%，适宜和较适宜游泳天数比例分别为94.1%、88.9%、100%、100%、100%。开展14个海滩垃圾监测，珠江口、大亚湾海域开展海漂垃圾和微塑料监测。珠江口和大亚湾海面漂浮微塑料密度分别为3.32个/立方米和1.21个/立方米。漂浮微塑料主要为碎片、线、泡沫和薄膜，成分主要为聚乙烯和聚丙烯。

（广东省生态环境厅）

【自然保护地体系建设】2022年，广东省加强自然保护地体系建设政策指引。印发实施《关于建立以国家公园为主体的自然保护地体系的指导意见》，加快推进以国家公园为主体的自然保护地体系建设。强化自然保护地规划引领。将“以国家公园为主体的自然保护地体系基本建立”列入《广东省国民经济和社会发展第十四个五年规划和2035年远景目标纲要》。广东省自然资源厅、广东省林业局联合印发《广东省自然保护地规划（2021—2035年）》，重点开展自然保护地整合优化、本底调查等任务。自然保护地法规体系逐步建立。颁布实施《广东省野生动物保护管理条例》《广东省自然保护区建立和调整管理规定》《广东省惠东海龟国家级保护区管理办法》等法规规章，加强海洋自然保护区管理。自然保护地管理有关技术规范逐步建立。印发《广东省自然保护区建设技术指引（试行）》《广东省海洋公园建设技术指引（试行）》等，加强海洋自然保护区能力建设。强化统筹监督，推进各项专项督查工作。持续开展“绿盾”自然保护地监督检查工作。加强海洋自然保护区保护监督管理，监控擅自使用、占用海洋自然保护区，以及违反规定在海洋自然保护区内建设不符合主体功能定位的建设项目和开发活动。优化生态格局，推进自然保护地整合优化工作。组织编制《广东省自然保护地整合优化方案》，衔接全省国土空间“三区三线”划定，将典型和重要生态系统、自然遗迹、自然景观和生物多样性保护关键区域纳入自然保护地范围，解决历史遗留问题。（广东省林业局）

【绿色低碳发展】2022年，广东省推进碳达峰碳中和工作。在省碳达峰碳中和工作领导小组第一次会议上审议通过《关于完整准确全面贯彻新发展理念推进碳达峰碳中和工作的实施意见》（简称《实施意见》）和《广东省碳达峰实施方案》（简称《实施方案》）。审议通过《广东省推进碳达峰碳中和2022年工作要点》等4项文件。加快构建双碳“1+1+N”政策体系。《实施意见》和《实施方案》提出10项重大改革举措、2项重大示范、6项重大工程清单和“碳达峰十五大行动”，构成广东省“双碳”工作的总体部署。制定广东省碳达峰碳中和“1+1+N”政策体系重点任务分工方案，推动制定出台能源、工业、建筑、交通、农业农村5个重点领域和21个地市碳达峰实施方案，以及科技支撑、绿色金融、财税价格等配套政策措施，印发绿色金融、节能减排实施方案等。开展相关课题研究和技术研发应用。组织开展广东省碳达峰碳中和背景下的经济结构调整思路和政策体系课题研究，为广东省碳达峰碳中和背景下的经济高质量发展方向提供科学支持依据。加快二氧化碳捕集利用与封存（CCUS）示范应用，会同中国海油、壳牌、埃克森美孚，开展千万吨级CCUS集群全产业链示范项目前瞻性研究。推动双碳专项工作。围绕碳达峰碳中和主要任务和重大示范、重大工程，推进碳排放智慧云平台立项。研究提出双碳专项资金需求。构建上下衔接、统一规范的碳排放统计核算体系，转发国家《关于加快建立统一规范的碳排放统计核算体系实施方案的通知》，明确各地各部门统计核算责任。

加快推进绿色低碳循环发展。推进环境基础设施建设，制定实施《关于加快推进城镇环境基础设施建设的实施方案》。推进塑料污染治理。印发实施《广东省塑料污染治理行动方案（2022—2025年）》，从塑料制品生产、流通、消费、回收利用、末端处置全链条综合施策。转发《国家发展改革委办公厅　生态环境部办公厅　水利部办公厅关于江河湖海清漂专项行动方案的通知》，健全保洁长效机制，推进清漂工作常态化规范化。推进循环经济发展。印发实施《广东省循环经济发展实施方案（2022—2025年）》，以全面提高资源利用效率为主线，以“减量化、再利用、资源化”为原则，以实现经济社会全面绿色转型为目标，提出促进循环经济法发展的五大重点任务和十大专项行动，加快建立健全绿色低碳循环经济体系。加快建立生态产品价值实现机制。印发实施《关于建立健全生态产品价值实现机制的实施方案》，以体制机制改革创新为核心，以城乡区域协调发展为关键，推进生态产业化产业生态化，聚焦生态产品“难度量、难抵押、难交易、难变现”等重难点问题，探索政府主导、企业和社会各界参与、市场化运作、可持续的生态产品价值实现路径，协同推进生态环境高水平保护和经济高质量发展，推动形成具有广东特色的生态产品价值实现机制。

强化绿色低碳试点示范建设。制定《广东省生态产品价值实现机制试点示范工作方案》，指导推进各地开展实践探索，启动第一批试点工作。推进绿色产业示范基地建设，加强对广州经济技术开发区、东莞松山湖高新技术产业开发区两个国家绿色产业示范基地建设的指导，督促按照既定的实施方案开展有关工作。开展园区环境污染第三方治理试点，向国家争取将广东省相关园区纳入国家第三批试点名单。推动大宗固体废弃物综合利用示范建设，指导韶关、云浮等市修改完善实施方案。争取国家将广州、深圳、佛山等纳入国家废旧物资循环利用示范体系示范城市建设名单。

（广东省发展改革委）

生态防护屏障打造

·自然生态保护和修复·

【概况】2022年，广东省有243个省级生态修复项目纳入储备库，组织出台《广东省重点生态保护修复项目谋划储备工作专项行动方案》。广东南岭山区山水林田湖草沙一体化保护和修复工程实施项目317个，全部完成国家19项试点绩效目标。广东省自然资源厅联合省财政厅、省生态环境厅印发《广东省中央重点生态保护修复治理资金（山水林田湖草沙冰一体化保护和修复工程方面）管理办法实施细则》。

矿山石场治理复绿　2022年，广东省组织出台《广东省2022年矿山石场治理复绿实施方案》《广东省自然资源厅关于下达2022年全省历史遗留矿山生态修复任务的通知》，持续推动广东省矿山治理修复工作。根据全国历史遗留矿山核查工作要求，完成全省1.6万公顷历史遗留废弃矿山核查认定工作。超额完成2022年度全省民生实事矿山石场复绿任务，完成矿山治理修复面积700公顷。

农村建设用地拆旧复垦　2022年，广东省完善拆旧复垦支持政策，开展《广东省农村建设用地拆旧复垦管理办法（试行）》修订工作。有序推进农村建设用地拆旧复垦指标交易。全省完成农村拆旧复垦项目交易485.27公顷，成交金额507亿元，省财政收入13.67亿元。2022年核查512个项目，面积744.13公顷。

海洋生态修复　2022年，广东省自然资源厅联合省林业局印发《广东省红树林生态修复技术指南》，指导各地市开展红树林营造修复工作，在湛江市、江门市率先推动万亩级示范区红树林创建。

全域土地综合整治　2022年，广东省自然资源厅组织起草《广东省全域土地综合整治试点工作专项奖励方案》《广东省全域土地综合整治管理细则》。印发21个省级试点名单，组织编制和审查国家级、省级试点实施方案，探索全域土地综合整治广东模式。

（广东省自然资源厅）

【香港2022国际城市林务研讨会】2022年3月2日，由香港贸易发展局主办的香港2022国际城市林务研讨会线上举行。该研讨会两年一届，是香港特别行政区成立25周年的庆祝活动之一。线上研讨会为期2天，以“我们的福祉：城市林木与社区”为主题，来自世界各地的知名专家、决策者、学者和业界专业人士分享城市林务管理经验，交流最佳作业方式，重点交流如何进行城市规划来连接人与自然，发展以自然为本的生态基建，创造优美的生活空间等话题。研讨会邀请20多名来自香港本地、内地和海外的主讲嘉宾，就“福祉城市”“大湾区的城市林务”“改善健康与福祉的景观设计”“健康的城市林木”4个主题分享见解。研讨会由香港建造业议会、香港园境师学会、香港高等教育科技学院及香港大学合办，吸引来自世界各地超过1700人登记参加。

（香港历史研究基金会）

【广州自然生态保护和修复】2022年，广州市完成编制《广州市国土空间生态修复规划

（2021—2035年）》。该规划按照“山水林田湖海”整体保护的理念，统筹广州市生态修复工作全局，协同推进山上山下、地上地下、岸上岸下、流域上下的山水林田湖草一体化保护和修复，部署青山计划、绿水计划、蓝湾计划、锦田计划、筑境计划、一体化保护修复6项行动计划、22类重点生态修复工程，涵盖110余处山林湿地空间、127千米沿江滨海岸线、54个江心岛洲等特色生态资源的修复。年内，由广州市申报的生态修复项目获“广东省第二届国土空间生态修复十大范例”奖项，其中“广州市顺兴石场矿山生态修复项目”“广州市麓湖水体生态修复工程项目”入选“十大范例”，“广州市蕉门河生态修复与人居环境改善项目”入选“十大范例提名”，“广州从化良口镇生态设计小镇建设暨鸭洞河治理工程”获生态修复设计单项奖。

（广州市规划和自然资源局）

【深圳推进生物多样化保护】2022年，深圳市强化生态保护和修复监管工作。推动生物多样性保护主流化，编制印发《深圳市生物多样性保护行动计划（2022—2025年）》并督促落实。举办“5·22”国际生物多样性日主题活动。在《湿地公约》第十四届缔约方大会（COP14）开幕式上，宣布在深圳建立“国际红树林中心”。深圳入选联合国生物多样性魅力城市。10月，视频作品《万物“深”长》获COP15（联合国《生物多样性公约》缔约方大会第十五次会议）创意短视频大赛二等奖。年内，引导深港青年同步启动共同守护红树林行动，累计开展活动48场，近23800人次参与。

（深圳市人民政府地方志办公室）

【珠海生物多样性保护】2022年，珠海市明确生物多样性工作重点，建立完善生物多样性保护工作进展报送制度，做好中华白海豚、红树林等重要物种、重要生态系统保护。落实涉生态影响的专项规划环评、海洋工程项目环评。至年底，完成生物调查与评估25宗，避免项目建设对生物资源和生物种群结构造成较大影响。谋划编制《珠海市生物多样性保护战略与行动计划》，建立“珠海市生物多样性调查、观测、评估与保护优先区域划定管控”项目库。在5月22日“国际生物多样性日”，利用微信公众号、企业群等平台宣传保护生物资源、生态环境的重要性。

（珠海市生态环境局）

【珠海造林绿化和生态修复】2022年，珠海市开展造林与生态修复工程，以疏残林、低质低效松树林、近过熟相思林、桉树纯林等改造提升为重点，强化中幼龄林抚育，通过人工造林、更新改造、套种补植等技术措施，因地制宜扩大阔叶林、混交林种植面积，构建稳定健康优质高效的森林生态系统，巩固提升森林碳汇能力。全年全市完成造林与生态修复1772.2公顷，其中造林900.13公顷、新造林抚育524.07公顷、封山育林完成348公顷。坚持山水林田湖草海一

2022年10月24日，广东省林业局发布关于广东十大最美古树群评选结果的公告，珠海唐家湾古树群登上“广东十大最美古树群”榜首

（南方农村报供稿）

体化保护和系统修复，完成编制《珠海市国土空间生态修复规划（2021—2035年）》。重点围绕海岸带（线）、海域海岛重点海湾、滨海湿地以及历史遗留矿山等领域开展生态修复工作。年内，竣工验收省级生态修复专项资金项目“珠海市东澳岛东澳湾重点海湾整治项目”。统筹完成作为“省十件民生实事”项目之一的外伶仃岛历史矿山生态修复项目，修复工程完成率141%。“珠海市三角岛湖泊整治及生态修复项目”入选“广东省第二届国土空间生态修复十大范例”。（珠海市自然资源局）

【佛山自然生态保护和修复】2022年，佛山市做好自然生态保护和修复工作。推进全域土地综合整治试点，南海区为广东省唯一的以县域为单元的全域土地综合整治省级试点、顺德区杏坛镇为全域土地综合改革国家试点，2个试点实施方案均通过上级部门审查。开展土地整治拆旧复垦工作，全市立项城乡建设用地增减挂钩试点项目3个、拆旧复垦面积17.62公顷，竣工验收项目3个、复垦面积28.52公顷，验收为耕地面积22.67公顷。开展历史遗留矿山图斑核查和年度矿山治理复绿、历史遗留矿山修复工作，全市认定属10类图斑49个（面积250.81公顷），属20类图斑26个（面积91.4公顷）。年内，佛山市发布《佛山市人民政府关于禁止猎捕陆生野生动物的通告》。开展野生动物保护专项执法行动，办理野生动物案件59件。办理野生动植物行政审批59宗，救护野生动物879只、放生348只。出台《佛山市河心岛生态修复五年延伸行动方案》，印发河心岛环境监测评估和高质量生态修复工作技术指引。选定禅城区海心沙等5个河心岛作为示范岛。各区负责对所管辖的示范岛组织生态修复综合方案编制。衔接河长制，加强河心岛常态化管理，建立河心岛巡查清单。在高明区云勇林场举行鸟类放归自然活动，放飞野生鸟类85只。（佛山市自然资源局）

【惠州推进自然生态保护】2022年，惠州市落实中央、省关于生态环境保护的决策部署，推进污染防治攻坚，推进中央环保督察整改，加快构建现代环境治理体系，全市生态环境质量保持稳定优良。第二轮中央生态环境保护督察交办案件全部办结（含阶段性办结7件），解决一批噪声污染、臭气扰民等群众反映强烈的生态环境问题。惠州深化拓展污染防治攻坚下沉督导机制，形成“7+6”督导惠州模式，即县（区）督导组专项督导组，在县（区）督导组基础上，成立由市住房城乡建设局、市自然资源局等单位牵头的6个专项督导组，分别负责黑臭水体整治、矿山生态修复等重点工作的督导。至年底，下沉督导2371人次，排查问题646个，下发交办单296份，推动年度重点工作任务落实。全市完成城市空气质量监测、饮用水源地、地表水（含河流和湖库）监测、土壤环境质量监测及污染源监测等任务，全年获取监测数据约200万个，掌控全市环境动态。

〔惠州市档案馆（惠州市人民政府地方志办公室）〕

【东莞自然生态保护和修复】2022年，东莞市推进“绿美东莞”建设，茅洲河生态修复综合整治项目（东莞滨海湾段）和银山市级湿地公园生态修复工程分别入选和获提名“广东省第二届国土空间生态修复十大范例”。结合“绿盾”行动开展自然保护地强化监督工作，建立问题台账，严防各类破坏、损害自然保护地生态环境的违法违规行为。对全市6个市级自然保护区开展无人机航拍巡查工作。加强林地林木管理，审核审批建设工程征占用林地申请111宗，核发各类林木采伐许可187宗。开展建设工程征占用林地批后监管专项行动，组织核查东莞市2019年以来取得林地使用许可建设项目305个。部署开展2022年常态化监测工作和森林、草原、湿地调查监测工作，为国土空间规划管控、保护和开发利用自然资源提供决策依据。探索自然资源调查监测体系构建，包括研究拟订自然资源调查监测体系构建实施方案和建设方案；以南城为试点开展城镇国土空间现状监测，以麻涌镇、桥头镇产业单元为例开展城市更新工业园区产权现状分析及对策研究等；申请立项开展全市地下水资源监测网络构建工作，保障全市用水安全。推动磨碟河、太平水道流域综合整治，开展绿化、美化、亮化工程，完成面积34.1万平方米绿化铺设。滨海湾海岸带综合示范区（东宝公园）整治修复海岸线450米，其中建成生态化海堤350米、滨海湿地面积6000平方米，成为全省海岸带综合示范区建设示范标杆。

（东莞市人民政府地方志办公室）

【中山自然生态保护和修复】2022年，中山市推进《中山市国土空间生态修复规划（2020—2035年）》编制工作，印发《中山市2022年度生态补偿专项资金筹集与分配方案》，筹集与分配生态补偿资金总金额2.71亿元。启动中山市耕地及生态公益林生态补偿实施情况评估工作，对全市2018—2022年耕地与生态公益林生态补偿实施情况进行评估。完成为期2年的南朗街道横门口水道西侧3千米岸线整治工程后期管护工作。印发"三区两线"（"三区"即省级以上自然保护区，省级以上风景名胜区，县级以上城市规划区等重要居民集中区周边；"两线"即高速铁路、高速公路、国道、省道等重要交通干线，海岸线直观可视范围）历史遗留矿山生态修复工作方案，对全市石场进行分类和确定修复方向，制定矿山生态修复"一矿一策"方案。完成神湾镇古宥大坑塘及合力采石场修复工程（一期），超额完成省下达的矿山石场治理复绿任务。探索市场化方式推进矿山生态修复，南区街道万宜石场作为全市探索市场化方式推进矿山生态修复试点。开展临时用地复垦工作，组织开展临时用地复垦方案专家评审，评审通过临时用地复垦方案38宗；督促到期的临时用地实施复垦，发出临时用地履行复垦义务催办函12宗，办理复垦验收3宗。推进全域土地综合整治试点工作，完成编制三乡镇全域土地综合整治国家级试点和黄圃镇、坦洲镇、民众街道全域土地综合整治省级试点项目实施方案，推动农用地整理、建设用地整理和乡村生态保护修复工作。9月20日，中山市区域综合统筹型生态补偿机制入选《广东省自然资源领域生态产品价值实现典型案例》第一批典型案例。

（中山市人民政府地方志办公室）

【江门推进生物多样性保护】2022年，江门市开展野生动植物保护工作，组织开展清除非法猎具专项行动。1月，在全市范围内开展清除非法猎具专项行动，遏制盗猎和破坏栖息地等行为，保护野生动物资源。联合市场监管等部门对相关人工繁育单位、农贸市场和野生动植物经营利用单位开展执法检查，督促有关单位建立详尽的台账登记制度，依法依规开展相关活动。加强繁育利用监督管理，会同属地林业主管部门不定期对14家陆生野生动物人工繁育和经营利用单位开展监督检查。督促完善环境卫生管理、防逃逸设施、台账登记、管理规范等工作，依法依规开展人工繁育、出售、购买、利用野生动物活动。森林灾害防治方面，重点防控松材线虫病、薇甘菊、红火蚁，全市松材线虫病发生面积293.93公顷，防治总面积551.6公顷次，清理病死树13952株；薇甘菊发生面积2943.53公顷，防治面积3225.4公顷次；红火蚁发生面积185.53公顷，防治面积234.47公顷次，处理蚁巢3801穴；全市林业有害生物成灾率为0.6‰，控制在省下达的指标范围内。加强植物检疫监管工作，开展"林安2022"林业植物检疫执法专项行动。印发《江门市林业有害生物灾害应急预案》，建立健全处置工作机制应对防范江门市林业有害生物灾害。开展林业外来入侵物种普查，累计出动普查人员320人次，完成普查里程6468千米，设置样地数59个，发现外来入侵物种58种，整理标本39种169份。

（江门市自然资源局）

【肇庆推进生物多样性保护】2022年，肇庆市做好生物多样性保护工作，对自然保护区、森林公园、湿地公园等野生动植物重要栖息地监测巡护，特别是对国家和省重点保护野生动物主要生息繁衍场所以及野生鸟类集群的越冬地、繁殖地和迁徙停歇地的监测巡护。组织开展“清风行动”等严厉打击破坏野生动物资源专项行动。强化野生动物保护宣传教育，组织举办“保护野生动物宣传月”“拒食野味从我做起”“鸟节”“爱鸟周”等主题宣传活动，向市民群众倡导文明健康绿色环保的生活方式，提升全社会保护野生动物意识。在烂柯山省级自然保护区多次发现中华穿山甲野外种群，大稠顶省级自然保护区首次记录到藏酋猴和广东省分布新记录西南齿唇兰等新物种。做好野生动物收容救护工作，接收移交的各级保护野生动物49种267只（条）；组织野生动物放生活动9次，放生野生动物13种64只（条）。

【肇庆国土绿化和生态修复】2022年，肇庆市完成造林6560公顷，新造林抚育4080公顷。实施绿化美化乡村67个，其中绿美古树乡村4个，红色乡村4个。开展义务植树活动，创新尽责形式，率先打造义务植树线上募捐活动，全市义务植树667万株，198万人次参与。启动《肇庆市国土空间生态保护修复规划（2021—2035年）》编制并形成初步成果。

全年完成矿山石场治理复绿（省政府民生实事任务）面积36.32公顷，超额完成广东省下达的18.86公顷工作任务，完成率192.58%，累计投入资金608.75万元。完成历史遗留矿山生态修复任务44.38公顷，逐步实现历史遗留矿山重披绿装、重展绿颜。推进申报山水林田湖草沙系统一体化保护与修复工程，编制形成《广东肇庆粤港澳大湾区西部山水林田湖草沙一体化保护和修复工程实施方案》，拟布局21项工程、53个子项目，项目库的资金规模约65亿元。

（肇庆市自然资源局）

·生态保护红线划定和自然生态空间用途管控·

【生态保护红线划定】2022年，广东省级国土空间规划在“三区三线”划定工作中坚持落实粤港澳大湾区发展战略，强化省级统筹作用，差异化配置资源，按照底线思维、生态优先，科学评价、应划尽划，实事求是、划定牢守，多方统筹、上下联动的原则，将整合优化后的自然保护地，生态功能极重要、生态极脆弱区域，以及目前基本没有人类活动、具有潜在重要生态价值的区域划入生态保护红线。

2021年7月至2022年3月，广东省作为“三区三线”（农业、生态、城镇空间和永久基本农田、生态保护红线、城镇开发边界）划定试点省份，按照国家部署开展三轮试划工作。2022年4月，国家正式部署“三区三线”划定工作，广东省落实国家划定规则，省自然资源厅牵头会同省直相关部门和各地市共同推进三轮正式划定工作，严格落实耕地和永久基本农田、生态保护红线、城镇开发边界划定的优先序，优先划定耕地和永久基本农田控制线，保持生态保护红线基本稳定，从严从紧划定城镇开发边界，划定一个可考核、可审计、可追责的“三区三线”成果。2022年10月14日，自然资源部正式发文明确广东省“三区三线”划定数据成果通过质量检查，可以作为报批建设项目用地用海依据。

（广东省自然资源厅）

【广州自然生态空间规划与用途管控】2022年，广州市编制印发《广州市生态环境保护“十四五”规划》，该规划是“十四五”时期指导全市开展环境保护和生态建设的战略性、纲领性文件。印发《广州市农业农村现代化“十四五”规划》，不断优化农业产业布局，推动农业绿色发展。组织评估修编《广州市城市环境总体规划（2014—2030年）》，在全面评估规划实施情况的基础上，依据“生态优先、绿色发展”的原则开展规划修编并形成规划修编初步成果，这是生态环境保护部门参与综合决策的基础性规划、参与“多规融合”的空间性规划，进一步指导和规范国土空间规划和各类专项规划编制实施。推动《广州市城市环境总体规划（2014—2030年）》、声环境功能区区划、调整后的饮用水源保护区区划、“三线一单”纳入广州市“多规合一”平台，并开展相关项目、规划联审。全年有370个联审决策方案（项目）经市生态环境局联合会审。健全广州市建设用地土壤环境联动监管机制，编制《广州市建设用地土壤环境管理联动监管方案（试行）》，强化广州市土壤环境管理信息共享机制。组织推进“三区三线”划定工作，同步组织各区各部门成立工作专班，重点落实市委、市政府重大战略部署，先后完成三轮试划和三轮正式划定工作。其中，永久基本农田实现数量布局双优化，城镇开发边界扩展系数为现状城镇用地的1.34倍，新增城镇空间列全省第一位。

（广州市生态环境局；广州市规划和自然资源局；广州市农业农村局）

【深圳自然生态空间用途管控】2022年，深圳市实行最严格生态环境保护制度，系统开展生态空间保护和修复。完善生态保护红线监管，在全国率先构建市级生态保护红线监管指标体系，完成2021年度生态保护红线保护成效试评估。强化自然保护地监管，组织对全市25处自然保护地开展全覆盖遥感监测和现场勘查，对发现问题的整改情况提交市林长办考核，促进问题整改。启动生态修复生态环境监管，编制深圳市生态修复生态环境监督工作指南，探索开展重点生态修复项目生态环境现场核查。

（深圳市人民政府地方志办公室）

【珠海严控生态保护红线】2022年，珠海市严控生态保护红线。将整合优化后的自然保护地，生态功能极重要、生态极脆弱区域及具有潜在重要生态价值的生态空间划入生态保护红线。至年底，珠海市划定生态保护红线3501.22平方千米，其中，陆域生态保护红线194.63平方千米，占陆域面积的11.28%，海洋生态保护红线3306.59平方千米，占海域面积的35.37%。5月25日，珠海市三角岛湖泊整治及生态修复项目入选广东省第二届国土空间生态修复十大范例。强化用地指标保障，保障重点项目建设。落实国家和省指标跟着项目走的要求，统筹保障产业项目、5.0产业新空间项目、乡村振兴项目、基础设施项目等全市各类建设用地的用地指标需求。全年完成用地报批项目130个批次（含横琴粤澳深度合作区），总用地规模947.93公顷，其中新增建设用地940.99公顷，保障爱旭太阳能、汇创达、产业整备、珠肇高铁等一批市重点项目、香洲区格力三溪等多个5.0产业新空间等建设项目用地需求。推进土地整备，为产业空间提质增效。全年全市完成整备用地62宗，整备土地面积539.05公顷。通过提前将“生地”做熟，为产业项目提供充足土地空间，实现“土地等项目”。通过实施“拿地即开工”“交地即发证”“交验即发证”，变“串联办理”为“并联办理”，全年全市“拿地即开工”项目30个，推动富山工业城E区–智能装备制造项目，三溪科创小镇启动区、粤澳物流园项目一期等一批项目落地。（珠海市自然资源局）

【佛山生态红线划定和自然生态空间用途管控】至2022年底，佛山市划定生态保护红线面积323.06平方千米，占市域面积的8.51%。其中生态保护红线内自然保护地核心区面积4.80平方千米，其他区域面积318.26平方千米。划定红线类型包括水土保持、水源涵养以及生物多样性维护三类，划定对象包括风景名胜区、地质公园、森林公园、湿地公园等。生态保护红线内原则上禁止开发性、生产性建设活动，除对生态功能不造成破坏的10类有限人为活动之外，仅允许国家重大项目占用。是年，佛山市以生态保护区、生态控制区等生态敏感范围为基础，划定生态管控区。区内涉及生态保护红线、永久基本农田、水源保护区、城市蓝线等要素的，按相关法律法规严格管理，其余范围在不破坏生态功能的基础上，按土地用途实行准入管理。区内以生态保育为导向，按照“生态优先、系统完整”的原则，推进山水林田湖的整体保护与系统修复，维护生态安全和生物多样性。

（佛山市自然资源局）

【惠州自然生态空间保护】2022 年，惠州市加强自然保护地监管，常态化开展“绿盾”专项行动，对人类遥感监测活动线索逐一核查处置，清理退出象头山国家级自然保护区的平安山一级水电站。推进自然保护地监督检查专项行动，逐一审查罗浮山与西湖两个风景名胜区的 23 处人类遥感监测活动线索，核查惠东、仲恺的 3 处湿地图斑。开展自然保护地整合优化预案落地工作。全市自然保护地范围边界矢量化数据制作完成率 52%，全市自然保护区总体规划和综合科学考察工作量完成率分别为 74% 和 77%，自然保护地遥感监测问题图斑整改完成率 94.6%。新建乌禽嶂省级森林公园，组建专业巡护队开展惠东乌禽嶂穿山甲保护野外巡护；就地保护莲花山白盆珠省级自然保护区内的中华秋沙鸭。在市植物园多次开展“世界野生动植物日”“国际生物多样性”等科普法制宣传活动，发放宣传画册 5000 多份。

〔惠州市档案馆（惠州市人民政府地方志办公室）〕

【东莞生态保护红线调整】2022 年，东莞市推进市级国土空间总体规划编制工作，围绕“三区三线”划定、成果完善、重点项目协调及市镇两级传导 4 个方面推进，取得阶段性工作成效。年内，根据自然资源部下发的《关于在全国开展“三区三线”划定工作的函》和部省对“三区三线”有关划定要求及工作部署，推进国家层面三轮“三区三线”划定工作。指导镇街（园区）完成 82 个镇级土地利用总体规划修改方案。印发实施《东莞市农业农村污染治理攻坚战实施方案（2022—2025 年）》，确定农村生活污水治理技术路线和模式，推进农村生活污水治理攻坚。至年底，完成生活污水治理自然村 43 个，超额完成广东省民生实事治理示范村任务，完工率 143.33%。巩固黑臭水体整治成效，推动农村黑臭水体消黑，全市 53 条农村黑臭水体基本消除黑臭。推进农村环境整治，重点围绕生活污水治理、黑臭水体整治、集中式饮用水水源地规范化整治等方面，结合现场检查及各相关工程进展情况，确定全市 64 个完成 2022 年农村综合整治的行政村名单，通过省生态环境厅成效调研评估，比上年增加 13 个行政村。

（东莞市人民政府地方志办公室）

【中山“三线一单”生态环境分区管控成果更新调整】2022 年，中山市研究全市产业准入共性管控要求及单元特异性、差异化管理需求，开展生态保护红线、环境质量底线、资源利用上线、生态环境准入清单“三线一单”生态环境分区管控成果更新调整工作。通过衔接相关功能区划调整、“十四五”规划等政策文件，对 2025 年环境质量底线目标、资源利用上线目标以及全市生态环境准入共性清单、56 个环境管控单元差异性准入清单进行局部更新。开展 2022 年度“三线一单”落地应用情况年度评估，年度评估报告通过专家评审。

（中山市人民政府地方志办公室）

【江门自然生态空间用途管控】2022 年，江门市开展珠西南外环配套 500 千伏线路工程和珠海至肇庆高铁江门至珠三角枢纽机场段的不可避让生态保护红线论证工作。10 月，江门市“三区三线”划定成果经自然资源部审批通过。“三区三线”中包括生态保护红线的划定成果。根据上级下发的生态保护红线数据，江门市生态保护红线面积 2560.95 平方千米，其中陆域生态保护红线面积 1425.76 平方千米，海洋生态保护红线面积 1135.19 平方千米。

（江门市自然资源局）

【肇庆自然生态空间用途管控】2022年，肇庆市获取各类用地指标2164.67公顷，使用1283.47公顷，剩余可用用地指标8812.公顷。市级召开8次市建设用地审批小组会议，累计审议通过用地报批100宗、1365.6公顷，面积比上年增长19%。6月2日，在国务院办公厅印发《国务院办公厅关于对2021年落实有关重大政策措施真抓实干成效明显地方予以督查激励的通报》中，肇庆市鼎湖区被评为“耕地保护工作突出、土地节约集约利用成效好、闲置土地比例低且用地需求量大的地方”，获国家单列计划指标1000亩（66.67公顷）奖励。完成产业项目用地报批38宗、354.4公顷，保障小鹏汽车整车扩能项目、新协航（肇庆）预制菜生产及冷链物流项目等70个产业项目用地需求。推进重大基础设施项目动工建设，金利人道、肇明高速（一期）等项目用地获国家批复，广湛高铁项目（高要段）完成报批组卷，广宁浪江抽水蓄能电站基本完成报批组卷，另外还有一批重要地方公路（如永安大道等）和变电站项目（如怀集万和变电站等）等用地获省批复。核发建设项目用地预审与选址意见书5宗，涉及面积552.16公顷，加快推进广东肇庆浪江抽水蓄能电站项目、国道G324线高明富湾至高要马安段新改建工程等省、市重点项目建设。上报省自然资源厅土地利用总体规划修改方案暨永久基本农田补划方案并通过踏勘论证3宗，涉及深圳至南宁高铁珠三角枢纽机场至省界段项目等项目补划永久基本农田面积80.15公顷。出台《肇庆市建设用地审批标准化审查手册（试行）》《肇庆市批次用地报批组卷预审查制度（试行）》，进一步提高用地报批组卷的精准性和资源要素使用的有效性，实现用地审批快审、廉审，有效推动项目快启动、快建设、快投产、快见效。下放农村村民住宅建设用地审批权限，市政府印发《肇庆市市管权限农村村民住宅建设用地涉及农用地转用和未利用地转用审批职权实施方案》，委托县级人民政府实施市管权限农村村民住宅建设用地涉及农用地转用和未利用地转用审批职权，进一步促进农村村民住宅建设用地审批效率提升。

（肇庆市自然资源局）

·森林生态屏障构筑·

【大湾区公益林和天然林管护】2022年，广东省有效管护粤港澳大湾区内地九市106.27万公顷的省级以上公益林，森林质量逐步提升，公益林中森林质量较好的一、二类林率由91.4%提高到92.3%，生态供给、调节、服务、支持功能进一步增强。贯彻落实中办、国办印发的《天然林保护修复制度方案》，全面停止天然林商业性采伐，粤港澳大湾区内地九市48万公顷天然林全面上图入库并严格保护。（广东省林业局）

【广州森林生态屏障构筑】2022年，广州市科学实施造林与生态修复工程，坚持“建抚并举”方针，按照因地制宜、适地适树原则全面推进高质量水源林建设，实现森林质量精准提升。年初，下达全市营造林任务2440公顷，各区、各林场合理落实建设范围和用地，科学确定造林模式，推广选用红锥、火力楠、木荷、枫香、格木、樟等乡土树种营造混交林。年底，全市完成造林和生态修复2746.67公顷。编制印发《广州山水林田湖草生态修复示范建设实施方案（2021—2025）》，结合广州市“十四五”生态修复省下达任务，重点围绕北部生态涵养区、中部城市森林区、南部沿海防护林区三大片区，实施大岭山森林提升与修复工程、从化温泉镇及周边高质量水源林综合修复工程、增城高质量水源林综合修复工程、白云—花都—天河—黄埔农林复合生态修复工程、南沙防护林生态修复工程等八大建设工程，计划到2025年建成山水林田湖草生态修复示范区，示范带动全市生态系统保护与修复实现高质量发展。

（广州市林业和园林局）

【深圳森林生态建设】2022年，深圳市审议通过《中共深圳市委关于深入推进“山海连城绿美深圳”生态建设的意见》。举办2022全国水土保持生态建设（水土生态）高峰论坛，吸引24875人次观看。推进“山海连城绿美深圳”生态建设，实施“公园城市”行动，编制公园城市建设总体规划，实施“生态筑城、山海连城、公园融城、人文趣城”行动，构建“一脊一带二十廊”魅力生态骨架。

（深圳市人民政府地方志办公室）

【珠海森林生态建设】2022年，珠海市加强森林生态建设，做好林业防治、林地审核审批、执法等工作。以松材线虫病、薇甘菊和林地红火蚁防控为重点，全面落实防治目标责任。全面开展监测和防治，全市松林监测普查面积8686.67公顷，监测普查覆盖率100%，松材线虫病防治作业面积1073.33公顷，薇甘菊防治作业面积530.07公顷，红火蚁防治作业面积47.27公顷，有效抑制松材线虫病、林地红火蚁和薇甘菊的蔓延，保护森林资源和生态安全。强化检疫监管。加强对涉木涉苗企业及春季造林绿化苗木检查，结合检查开展宣传教育。主动上门做好企业林业植物检疫服务，签发林业植物检疫证书109份，实施检疫调运电缆盘和包装箱2426个、木材63.3立方米、苗木60364株；签发森林植物及其产品产地检疫合格证8份，实施产地检疫苗木21.28公顷。全年审核审批长期用林项目55个（面积84.76公顷），保障珠肇高铁、港湾7号－金鼎连片产业制造基地（一期）（二期）项目、高新区智能产业等多个集群、三溪科创小镇格力新能源产业基地配套工程等一批重点项目。全年立案查处林业行政违法案件53件，作出行政罚款金额1019.52万元；移送涉嫌刑事案件7件。推进森林火灾风险普查工作，联合相关部门开展森林火灾隐患排查整治和查处违规用火行为专项行动，排查火灾隐患58处，完成火灾隐患整改58处。建立珠海市“林长＋线长”联席会议制度，在规划对接、巡山护林、森林防火、工程选址方面加强合作。全年全市未发生重大以上森林火灾，森林火灾受害率控制在省、市要求的0.9‰内。建成全市四级林长制组织体系，各项制度建设基本建立，落实市、区、镇、村四级林长981名、监管员194名、护林员333名，协调解决造林绿化、森林督查、科学绿化、森林防火等林业重难点问题。

（珠海市自然资源局）

【佛山森林生态屏障构筑】2022年，佛山市推进国土绿化工作，提升森林资源总量和质量，筑牢森林生态屏障。全年完成造林3099.7公顷，其中南海区145.31公顷、三水区383.9公顷、高明区2570.49公顷；完成人工造林305.51公顷，封山育林500.85公顷，退化林修复2293.34公顷。全面加强新造林抚育管护，完成新造林抚育1545.87公顷。开展云勇林场“提质扩面”工程，修复周边林区的生态环境，提高区域森林生态效益，打造粤港澳大湾区绿色发展典范。

（佛山市自然资源局）

【惠州森林生态建设】2022年，惠州市森林面积69.96万公顷，森林覆盖率61.67%，森林蓄积量4357.58万立方米。全市有国有林场17个（其中市属10个、县属7个），总经营面积5.78万公顷，林地面积5.48万公顷，有林地面积4.98万公顷，森林覆盖率86.3%。其中10个市属国有林场经营面积4.67万公顷，林地面积4.48万公顷，有林地面积4.03万公顷，森林覆盖率91.2%。全市界定生态公益林面积30.37万公顷，其中，省级以上生态公益林29.58万公顷，市级生态公益林0.79万公顷。全市有自然保护地86个，在包含交叉重叠面积的情况下，全市批复自然保护地总面积25.54万公顷，根据批复矢量化后面积为25.62万公顷，剔除交叉重叠的面积后，全市自然保护地总面积23.61万公顷，实际占地面积占全市陆海总面积的14.88%。其中，自然保护区28个，批复面积18.45万公顷；森林公园47个，批复面积4.51万公顷；湿地公园9个，批复面积0.23万公顷；风景名胜区2个，批复面积2.35万公顷。全市创建省级森林小镇10个、森林村庄881个，完成村庄绿化1060个。全市有单株古树名木10881株（其中一级古树71株，二级古树436株，三级古树10359株，惠州市名木15株），古树群落144个。

是年，惠州市推进国土绿化试点示范项目建设。3月，惠州市《粤港澳大湾区（惠州市）东北部国土绿化试点示范项目》成功申报中央财政国土绿化试点示范项目，项目总投资4.025亿元，计划统筹惠东县、博罗县和龙门县为项目实施主体，完成退化林修复7800公顷，森林抚育4333.33公顷，红树林造林66.67公顷，油茶营造200公顷，建设总面积1.24万公顷。推进林业重点生态工程建设，加快推进高质量水源林、沿海防护林、大径材培育等重点生态工程建设。加大古树名木保护管理力度，印发《惠州市关于进一步加强古树名木及重点保护绿化树木管理工作的通知》，组织开展古树名木第五次普查，对全市古树名木实行挂牌保护，及时抢救复壮濒危、长势病弱的古树。2022年1月，《粤港澳大湾区（惠州市）东北部国土绿化试点示范项目》申报中央财政国土绿化试点示范项目。3月，获财政部、国家林业和草原局批复同意。

〔惠州市档案馆（惠州市人民政府地方志办公室）〕

【东莞森林公园建设】至2022年底，东莞市建有森林公园21个，面积339.26平方千米。完成银瓶山森林公园三期项目建设，基本完成东坑月明湖湿地公园、凤岗天堂围园岭公园建设，完成大朗荔香湿地公园景观提升项目，推进黄旗山城市公园、黄牛埔森林公园入口景观提升改造。与东莞市交投集团签订战略合作协议，深化拓展东莞市森林公园品质提升。大屏嶂森林公园获评省级自然教育基地，清溪镇大王山森林公园获“2022年广东省林长绿美园”称号。

（东莞市人民政府地方志办公室）

【中山森林资源保护】2022年，中山市推进国家森林城市建设，全面推行林长制工作，落实各项生态建设，筑牢绿色生态屏障。根据广东省森林资源档案在线更新管理系统，中山市森林覆盖率为23.14%，蓄积量为323.3万立方米，林地面积2.85万公顷。9月15日，广东省林业局公布一批省级重点林木良种基地、林木种质资源库和保障性苗圃名单，中山市申报的“沉香属省级林木种质资源保存库”入选省级林木种质资源库。年内，中山市完成高质量水源林种植434公顷、新造林项目抚育513公顷，修复现状红树林生态修复31.54公顷、红树林造林10.07公顷。划定省市两级生态公益林面积2.54万公顷（38.13万亩），执行补偿标准每亩161元，发放补偿金额6131万元。结合全市乡村振兴示范带、美丽宜居乡村、特色精品村建设项目，组织开展乡村绿化美化建设，完成古镇镇、三角镇、二乡镇等8个镇（街道）共11个乡村绿化美化建设任务。完成中山国家森林公园建设方案（2022—2027年）、广东中山国家森林公园管理方案、香山省级自然保护区建设与专项规划编制工作。中山国家森林公园完成主大门建设及界址、标识牌竖立，中山翠亨湿地纳入广东省重要湿地名录，中山树木园获评“广东省科普教育基地”，中山田心森林公园获评“广东省沉香属省级林木种质资源保存库”。强化古树名木保护，组建中山市绿化委员会古树名木专家库，制定古树名木保护管理工作指引，完成全市在册、新增共1234株古树名木挂牌保护，建立图文档案和电子信息数据库，制定“一树一策”保护方案，全市名木1株、一级古树3株被纳入广东省林业监测数据管理平台管理。

（中山市人民政府地方志办公室）

【江门森林生态建设】2022年，江门市做好林长制工作提升绿美江门生态建设水平，开展“森林家园”创建活动，提高市民参与度和生态保护意识。江门市有森林面积43.08万公顷，森林覆盖率45.31%，森林蓄积量2644.22万立方米，三项指标均居珠三角第三位。出台林长制实施方案和七项配套制度，设立市县镇村四级林长约4000人，建立基层“一长两员”管护架构。江门市在全省率先出台全面推进林长制工作三年行动计划（2022—2024年），探索建立并实施“林长+”协作机制。2022年，市第一林长、市林长联合签发林长令3道，各级林长巡林近4万人次，推动国土绿化、自然保护地机构设置、公益林补偿资金支出等工作。开平孔雀湖国家湿地公园（试点）建设通过国家验收，成为江门市第二个国家湿地公园。新会小鸟天堂国家湿地公园获评首批“广东省林长绿美园”称号。开展“森林家园”创建活动，江门市评定37个单位为“森林家园”；组织开展国家森林城市建设主题宣传活动，采取线上浇水、线下植树的形式，在市东湖公园开展“青春伴我行”江门市2022年“互联网+”青少年义务植树，带动市民参与森林城市建设；组织开展“林安2022”林业植物检疫执法宣传活动，活动现场摆放宣传展板、林业有害生物标本，通过讲解宣传、游戏互动、拍照打卡等形式，提高市民参与度和生态保护意识。

2022年，江门市完成造林与生态修复5126.67公顷，其中高质量水源林造林1666.67公顷、封山育林33.33公顷，沿海防护林体系建设33.33公顷。完成50个乡村绿化美化示范村建设。开展义务植树活动，全市参与义务植树246.89万人次，植树折算株数569.22万株。完成造林绿化空间适宜性评估，涉及调查评估面积15686.67公顷。印发《江门市关于科学绿化的实施意见》，为全市国土绿化和树木保护工作提供指引。（江门市自然资源局）

【肇庆森林生态建设】2022年，肇庆市加强森林生态建设，持续做好森林督查工作，接收国家下发的森林督查变化图斑2472个，核实违法图斑218个。全市森林督查案件347件，其中涉嫌违法违规使用林地案件74件，涉及林地面积33.66公顷，涉嫌违法违规采伐273件，涉及蓄积7025.3立方米，查处整改均到位94件，253件正在查处。省下达林地定额288公顷，全市批准长期使用林地项目108个，涉及林地面积1095公顷，争取到省追加后用林审批超原下达的280%，缴纳森林植被恢复费2.56亿元。保障广宁浪江抽水蓄能、高新区新能源汽车基地、鼎湖莲花—富溪市管起步区、珠肇高铁、广湛高铁、德庆九市码头、全市输变电工程、农村集中供水工程等一批省市重点项目用林需求。严格执行森林采伐限额和凭证采伐制度，全市发放林木采伐许可证14308张，发证蓄积274.55万立方米，其中占限额发证13824张，发证蓄积269.63万立方米，占年采伐限额的88%。

（肇庆市林业局）

·海岸线资源保护和自然属性维护·

【广州海岸线资源保护和自然属性维护】2022年，广州市规划和自然资源局加强海洋生态修复，开展南沙区沙螺湾村红树林湿地生态抚育性修复，种植红树林1公顷；推进南沙区大角山海滨公园生态海堤改造及提升项目，加快建设南沙省级海岸带保护与利用综合示范区；完成番禺区海鸥岛红树林海岸升级改造与生态修复，修复海岸线3910米，新种红树林6.41公顷。高水平保护和利用海洋资源，历史围填海遗留问题处置工作提速，番禺历史围填海处理方案获得自然资源部备案，广州港国际通用码头项目上报自然资源部审查并获得同意，完成狮子洋通道项目、深圳至江门铁路等省市重点项目用海报批，保障国际航运枢纽建设。

（广州市规划和自然资源局）

【珠海海域海岛保护和开发利用】2022年，珠海市批准项目海域使用权26宗，面积2960.61公顷，分别比上年增长44%、2.05倍。其中省管用海项目1个，市管用海项目3个，区（功能区）级用海项目20个，市管临时用海2个。年内，自然资源部下发珠海市海域使用疑点疑区图斑16个，其中经整改后不认定为违法用海图斑12个，移交海洋执法部门处理图斑2个，现场核查后认定为影像误判图斑2个。5月12

日，高栏港综保区获得自然资源部填海竣工海域使用验收的批复。市做好海岛资源市场化配置，发挥牛头岛区位优势，科学合理地保护与适度利用牛头岛。3月，省自然资源厅开展牛头岛部分无居民海岛使用权市场化出让工作。珠海市配合开展市场化出让工作相关材料的收集、审核、报批，并于10月14日完成牛头岛部分无居民海岛使用权出让，由中交四航（珠海）海湾实业有限公司竞得使用权，出让面积54.13公顷，成交价4.5亿元。牛头岛位于香洲区东南部约14海里处，属无居民海岛，由万山区管辖，海岛功能定位为交通与工业用岛，整岛自然形态表面积148公顷，投影面积约136公顷，岛岸线8.26千米，与桂山岛连岛大堤直接相连。牛头岛是广东省首个通过市场化出让确权主导功能为工业仓储的无居民海岛。

【珠海岛礁资源生态环境野外科学观测研究站挂牌】2022年1月8日，北京师范大学珠海校区、广东珠海淇澳－担杆岛省级自然保护区共建的“珠海岛礁资源生态环境野外科学观测研究站”挂牌仪式在该自然保护区管理处举行。该观测研究站定位于建设高水准的科学研究和教学实习基地，并实施建设空天地一体化岛礁资源生态环境监测与运维系统，红树植物多样性与生态系统功能控制实验平台，开展大湾区岛礁陆海气相互作用过程机理及影响机制、红树生物多样性与生态系统功能、岛礁特有植物资源开发及应用和新型海上搜救技术等研究，服务于大湾区生态环境建设，以及北京师范大学珠海校区地理学科建设和双方人才培养。

（珠海市自然资源局）

【惠州考洲洋重点海湾整治项目】2022年，惠州市根据《广东省财政厅关于提前下达2021年自然资源生态修复专项资金的通知》，申请专项资金4400万元，组织实施红树林保护和修复等蓝碳增汇工程，开展惠东县考洲洋重点海湾整治项目。通过人工干预与自然恢复相结合的方式，对惠州市惠东县考洲洋湿地开展红树林生态修复和鸟类栖息地营造等工程，具体包括红树林种植面积73.33公顷，采购种植红树苗293.33万株；鸟类栖息地营造工程面积10.67公顷；布设诱杀防治黑光灯86个（虫害防治），增殖放流黑鲷鱼苗10万尾，该项目完成建设并于7月通过省级验收。通过重点海湾整治项目，全面提升惠州市考洲洋海域的生态环境状况、生态系统减灾功能以及生态系统多样性。

〔惠州市档案馆（惠州市人民政府地方志办公室）〕

【东莞海岸线保护与利用】2022年，东莞市开展海岸带综合保护利用规划编制。印发实施《东莞市海洋生态环境保护“十四五”规划》《东莞市2022年近岸海域污染防治工作方案》《东莞市珠江口邻近海域综合治理攻坚战实施方案》等文件，对近岸海域污染防治提出整治目标与要求。加强陆海统筹和区域协同，将总氮指标纳入主要入海河流常规监测，加强流域综合整治，改善入海河流水质。优先考虑陆海功能定位衔接，从陆海资源品质提升、陆海权属冲突化解、海岸建筑退缩线、岸线占补整治修复项目等角度，科学合理划定海陆统筹单元。按照“陆海统筹、生态优先、集约利用”思路，发展海洋经济，推动海洋强市建设。编制东莞市海岸带综合保护与利用规划，安排211万元财政资金用于规划编制，规划按功能分区发展方向，实现陆海功能定位衔接，形成中期规划成果。推动滨海岸线品质提升，滨海湾海岸带综合示范区（东宝公园）整治修复海岸线450米，其中建成生态化海堤350米、滨海湿地面积6000平方米，成为全省海岸带综合示范区建设示范标杆。推动磨碟河、太平水道流域综合整治，开展绿化、美化、亮化工程，完成面积34.1万平方米绿化铺设，茅洲河生态修复综合整治项目（东莞滨海湾段）入选广东省第二届国土空间生态修复十大范例。

（东莞市人民政府地方志办公室）

【中山海岸线资源保护和自然属性维护】2022年，中山市贯彻执行海岸线占补实施办法，海域使用审查工作指引，海岸线、河岸线退让规划管理办法等规章制度，严格海域使用审批，严格把关对岸线开发利用，严格管控各类规划落实退让要求，严格控制在退让范围内新建、扩建、改建建筑物，保护海岸沿线景观，保护和利用好岸线资源。至年底，全市自然岸线现状保持良好，大陆自然岸线保有率5.2%。

（中山市人民政府地方志办公室）

·湿地保护修复·

【广州湿地保护修复】2022年，广州市推进湿地生态修复工程，加强生物多样性保护，生物物种数量持续提升。据各点监测数据，广州市湿地范围记录有维管束植物835种、昆虫类738种、两栖类8种、爬行类22种、鸟类187种、哺乳类8种、鱼类64种、底栖动物67种。其中，海珠湿地再次发现世界昆虫新物种，命名“海珠珐轴甲”，以及9个中国新记录种（包括1个新记录科和3个新记录属），都是在中国首次发现并记录。完成国际重要湿地申报工作，入选世界自然保护联盟（IUCN）绿色名录，成为全国首个入选绿色名录的国家湿地公园；南沙湿地、花都湖湿地完成省重要湿地申报工作。完成营造红树林12.62公顷，修复红树林19.78公顷。完成新增红树林43公顷、修复红树林160公顷建设项目的项目立项、招标工作，进入勘测、设计和施工阶段。5月，根据广东省林业局印发的《广东省红树林保护修复专项行动计划实施方案》《广东省红树林生态修复技术指南》，编制印发《广州市主要红树植物推荐名录》。

（广州市林业和园林局）

【深圳国际红树林中心建设】2022年11月13日，《湿地公约》第十四届缔约方大会通过关于“国际红树林中心”决议草案，标志着全球首个“国际红树林中心”落户深圳福田。福田红树林生态公园获全球首批“湿地教育中心星级奖”，罕见候鸟中华仙鹟首现深圳。福田红树林位于深圳湾东北部，沿海岸线长约6千米，总面积367.64公顷，是全国唯一处在城市腹地、面积最小的国家级自然保护区，主要保护对象为红树林和鸟类。福田红树林与拉姆萨尔国际重要湿地——香港米埔保护区隔水相望，共同组成后海湾红树林湿地生态系统。福田保护区红树林面积约100公顷，具有丰富的生物多样性，有真红树植物7科11种、半红树植物6科8种、本地自然生长的红树植物7种。红树林保护区是东半球国际候鸟南北迁徙通道上重要的“越冬地”“中转站”和“加油站”，每年有近10万只长途迁徙的候鸟在深圳湾越冬或过境。记录鸟类262种，其中59种为国家重点保护鸟类。2022年全球有6162只黑脸琵鹭，其中深圳湾有369只，占全球总量的6%，是全球第三大黑脸琵鹭栖息地。（深圳市人民政府地方志办公室）

【深圳湿地公园建设】至2022年底，深圳市正式挂牌建设湿地公园17个，其中国家级湿地公园1个（广东深圳华侨城国家湿地公园），市级湿地公园10个。湿地公园总面积941.26公顷，其中湿地面积286.87公顷。

（深圳市规划和自然资源局艾衍慧）

【珠海湿地保护修复】2022年，珠海市组织编制印发《珠海市自然保护地规划（2021—2035年）》，明确自然保护地具体建设任务，推动自然保护地发挥科普宣教、生态旅游功能，提升生态、社会和经济效益。创新湿地监测手段，提升保护管理能力。加强珠江口中华白海豚国家级自然保护区、淇澳红树林保护区等重要湿地的监测工作，开展有害生物防治，丰富红树林群落生物多样性，维护湿地生态安全；推进红树林保护修复工作。编制《珠海市红树林保护修复规划（2021—2025年）》，划定红树林营造修复区域，优化红树林保护空间布局和保护体系，提高湿地生态质量。开展科普宣传，加强对外合作交流。结合“世界湿地日”“爱鸟周”组织开展形式多样的湿地宣传教育和合作交流活动，推动粤港澳大湾区生态合作交流，初步搭建粤港澳自然保护地交流合作平台。（珠海市自然资源局）

【佛山湿地保护修复】2022年，佛山市启动《佛山市湿地保护利用规划（2022—2035年）》编制工作。年内，佛山市将各类湿地公园列入各级林长巡林建议清单，全市范围内未发生破坏湿地资源的违法案件。推进国家湿地公园的验收工作，完成广东南海金沙岛国家湿地公园（试点）和广东三水云东海国家级湿地公园（试点）的主体建设并顺利通过省级验收评估。加强湿地动植物资源监测体系建设，对三水云东海、南海金沙岛、芦苞涌、北江、美的鹭湖湖心岛、三江汇湿地公园等开展科学考察，摸清湿地公园内动植物资源种类数量和分布情况，掌握湿地公园动植物资源消长情况，开展包括植物和鸟类、兽类、两栖类、爬行类、鱼类、昆虫类等动物资源调查监测，逐步完善湿地监测体系。年内，佛山市先后组织开展湿地公园摄影大赛、国际湿地日科普宣教、爱鸟周宣传、湿地课堂、湿地农耕体验、湿地植物科普讲座、《中华人民共和国湿地保护法》宣传等系列活动，引导群众了解和认识湿地与人类的关系。继续做好河心岛生态修复工作，出台《佛山市河心岛生态修复五年延伸行动方案》，印发有关环境监测评估和高质量生态修复工作技术指引。

（佛山市自然资源局）

【东莞湿地公园建设】2022年，东莞市有湿地公园20个，其中国家级湿地公园2个，市级湿地公园3个，镇级湿地公园15个，总面积2121.05公顷。年内，形成《东莞市自然保护地建设项目基本情况调查报告》，印发《东莞市湿地保护规划（2021—2025年）》。打造湿地生态稳定、湿地景观优美、生态保护与科普教育及生态旅游功能兼备的城郊型湿地公园。开展15个自然保护地边界范围勘界矢量化工作，理顺自然保护地管理机构，明确各自然保护地责任主体、管理机构职责。开展自然保护地经营范围调整地块"回头看"，强化林场水库扩建工程日常巡查管控，完成管控范围实物调查。东莞市东清湖市级湿地公园建成开园，银山市级湿地公园获省国土空间生态修复十大范例提名。

（东莞市人民政府地方志办公室）

【中山湿地保护修复】2022年，中山市推进湿地公园建设，打造具有中山特色湿地保护体系。全市受保护湿地面积，包括自然保护区、湿地公园、湿地保护小区、饮用水源保护区以及森林公园内水体等湿地资源。组织翠亨新区、南朗街道开展红树林营造修复工作，完成红树林营造10.07公顷、现状红树林修复31.54公顷。12月，中山翠亨湿地成功申报为广东省重要湿地。

（中山市人民政府地方志办公室）

2022年，佛山市全面加强河心岛常态化管理，建立河心岛巡查清单，将其纳入河长巡河工作清单中，突出河长巡查督办作用。图为海寿岛

（佛山市自然资源局供稿）

【江门湿地公园建设】2022年，江门市协调推进新会小鸟天堂、开平孔雀湖、台山镇海湾红树林3个国家湿地公园建设。广东开平孔雀湖国家湿地公园试点建设工作于2022年12月14日通过国家林业和草原局验收。统筹加快推进粤港澳大湾区水鸟生态廊道江门段工程规划建设。至年底，江门市廊道节点质量提升工程方面完成生物多样性提升30.8公顷、湿地环境修复33公顷、植物隔离带建设7.6千米；在栖息地生境修复方面，完成红树林生境优化34.75公顷、湿地景观优化522.534公顷、优质水源涵养林建设479.66公顷；科普宣教建设方面，完成自然教育基地3处、科普教育活动52次；生态旅游建设工程方面，完成滨海栈道及湿地景观走廊11.8千米、亲水平台等设施13处建设；水鸟生态廊道监测方面完成25个监测样方建设任务。

（江门市自然资源局）

【肇庆国家湿地公园建设】2022年，肇庆星湖国家湿地公园做好相关项目建设。完成石牌村五孔闸升级改造项目前期工作，10月中旬进行施工。1月中旬完成七星岩大桥维修加固工程，3月10日开展安全检测，并验收合格。引进黑天鹅10只、白鹇20只、鸳鸯60只、孔雀8只、白鸽100只在仙女湖金沙滩区域进行散养展示，丰富星湖湿地的鸟类品种。

（肇庆市星湖管理局）

环境保护和治理

·城市水环境综合整治·

【概况】2022年，广东省149个地表水国考断面水质优良率为92.6%、劣V类比例为0，比上年增加3个优良断面、减少2个劣V类断面，超额完成国家下达的2022年考核目标。印发实施《广东省2022年水污染防治攻坚工作方案》，推动练江、枫江等重点流域水污染综合整治，促进全省水环境综合质量提升。强化饮用水源水质保护，持续推进水源地规范化建设，加强水库型水源地生态环境保护和管理。全省县级及以上城市集中式水源地水质稳定100%达标，完成纳入国家清单任务中乡镇级饮用水源保护区划定，农村“千吨万人”环境问题整治完成率96.2%。

是年，广东省以提升生态系统质量和稳定性为核心，坚持系统治理、综合治理、源头治理，纵深推进河湖长制，推动河湖综合治理、水土流失综合治理、重点河库水资源保护，扩大优质水生态产品供给，构建秀水长清的万里碧道网，建设造福人民的幸福河。河湖长制工作连续5年（2018—2022年）获得国务院督查激励。

（广东省生态环境厅；广东省水利厅）

【河湖岸线管控】2022年，广东省强化河湖水域岸线空间管控，批复《广东省主要河道水域岸线保护与利用规划》，明确包括珠三角主要河道在内的省主要河道岸线功能区和控制线。整治侵占河湖等违法违规问题，对包括珠三角主要河道在内的2654千米省主要河道实行月度监测，排查和清理“四乱”问题。开展珠江三角洲网河区清淤疏浚工作的研究，解决珠江三角洲网河区河涌淤积问题。全年累计清理违规侵占河湖的建筑物面积188.5万平方米，腾退被侵占的河湖管理范围面积2200多万平方米，清理非法占用河湖岸线长度200千米，清理垃圾废弃物等32.6万吨，扣押非法车船350架（艘），664宗妨碍河道行洪突出问题全部整治销号，纳入水利部系统的2100宗“四乱”问题全部整治销号。

【水土保持】2022年，广东省完成水土保持考核评估工作，自2018年水利部等国家部委开展规划评估工作以来，连续4年获得“优秀”等次。持续推进水土流失综合治理，强化重要江河源头区和重要水源地范围的水土流失预防，将全省42座水库型水源地列入重点预防保护项目范围，以水库所在镇为预防范围，采取近库滨水区生物隔离带建设，库区林分改造和封育保护等措施分年度开展水土流失预防保护。开展水土保持生态清洁小流域建设。以国家水土保持重点工程项目为牵引，全面推动小流域综合治理提质增效，以山青、水净、村美、民富为目标，以水系、村庄和城镇周边为重点，推动生态清洁小流域建设。是年，全省完成8个国家水土保持重点工程项目，其中6个项目为生态清洁小流域项目，完成国家下达水土流失治理面积任务426平方千米，提前一年完成《国家水土保持重点工程2021—2023年实施方案》下达的重点治理任务。全年全省高标准完成15条生态清洁小流域项目建设。

【落实最严格水资源管理制度】 2022年，粤港澳大湾区内地九市用水总量217.8亿立方米，万元地区生产总值用水量、万元工业增加值用水量分别降至20.8立方米、15.7立方米。广东省获2021年度国家实行最严格水资源管理制度考核优秀等次。印发实施“十四五”用水总量和强度管控方案、地下水管控指标方案，明确粤港澳大湾区内地九市用水总量和强度双控目标，健全覆盖流域与区域、地表与地下、常规与非常规的水资源刚性约束指标体系。严格水资源论证和取水许可管理，全年大湾区内地九市开展312项建设项目水资源论证和5项水资源论证区域评估，坚决抑制不合理用水需求。强化对北江、西江等大湾区跨界河流生态流量保障，粤港澳大湾区内地九市累计确定41条重点河湖生态流量目标并推进落实。（广东省水利厅）

【香港水环境综合整治】 至2022年，香港的公共污水排放系统涵盖整个市区范围，为全港超过93%的人口提供服务，每日收集约280万立方米污水，当中99%的污水经化学或更高级别处理后才排放。所有把污水排入公共污水渠的用水户均需缴付排污费，收费为每立方米供水2.92港元。27个工商行业排放的污水需要缴付工商业污水附加费。3月15日，香港海事处和深圳市交通运输局签署《关于大鹏湾水域引航合作的框架协议》，双方就引航合作船舶范围、引航合作调度、引航收费标准等达成共识。这是香港深圳两地政府部门为促进粤港澳大湾区港口发展，首次在引航领域达成的深度合作。该协议于6月1日生效，为期3年。

（香港历史研究基金会）

【澳门水环境综合整治】 2022年，澳门特别行政区设有10个沿岸及15个离岸海域水质检测点。以标准上限为1.00计算，整体海域录得水质评估指数为0.41，重金属评估指数为0.02，非金属评估指数为0.92，比上年大致改善。澳门沿岸以非金属污染为主，全年大部分监测点的非金属评估指数、富营养化指数及叶绿素a浓度均有所回落。是年，澳门污水处理总量81.29百万立方米，5座污水处理设施的日平均处理污水量22.3万立方米。氹仔污水处理厂（含澳门国际机场污水处理站）、路环污水处理厂和跨境工业区污水处理站的出水水质均符合设计标准和规章的规定；而澳门半岛污水处理厂出水水质主要因进厂污水的污染负荷偏高，导致生化需氧量日均值及总悬浮固体日均值超标，但比上年有所改善。（澳门基金会）

【广州城市水环境综合整治】 2022年，广州市开展“少清淤、不调水、自然水位运行”的低碳生态治理实践，实施排水单元达标建设、合流渠箱清污分流改造等专项行动，重点推进合流区域溢流污染治理，持续巩固提升水环境治理成效，据2022年12月水质监测，已完成治理的147条城市黑臭水体均为不黑不臭。印发市总河长令2022年第1号，开展防洪排涝攻坚行动，推动妨碍河道行洪突出问题整治、内涝治理及海绵城市建设。制定《广州市跨区河涌协同治理工作指导意见（试行）》，破解跨界河涌治理难题。市级河长、流域河长带头巡河调研77次，组织区级河长培训会，全市各级河长巡河29万次，上报解决河湖问题1.6万个。拆除涉水违法建设

48.96万平方米，完成清理整治“散乱污”场所1804个，清除涉水卫生黑点5412个，清理垃圾5.62万吨，发现水域保洁问题988宗，清捞垃圾5356.92吨970车次。规范排水户排水行为，强化源头污水收集效能，全年办理排水许可3263宗。做好畜禽养殖废弃物资源化利用工作，全市畜禽粪污综合利用率90%以上。制定印发《广州市农业农村局办公室关于明确池塘养殖尾水水质监测管理的通知》，细化完善池塘尾水抽检工作流程，开展连片50亩以下水产养殖尾水治理示范点建设，完成9个尾水治理示范点建设。以源头收集支管建设为核心，完成建设206个城中村截污纳管工程，完成20678个机关事业单位、工业、居民小区、商业等排水单元达标建设；补齐转输干管短板，累计完成355条合流渠箱清污分流改造。“一厂一策”推进实施城镇污水处理提质增效，全年市、区排水公司洗管10179千米，洗井42.4万口，挤出外水3382处。全市新（扩）建污水处理厂3座，新增污水处理能力9万吨/日，城镇污水处理厂设计规模达到800.03万吨/日。组织全市水域检查督导，加强与佛山市水务、环保等职能部门工作协调，根据天气和水域情况，及时通报水域保洁问题，指导调整保洁力量，组织开展全市相关区的海漂垃圾的清理、转运、处置的巡查监管、监督整改工作。全年全市累计出动保洁船56699艘次，清捞垃圾5356.92吨。推进农业绿色发展，严格控制农业面源污染，促进投入品减量化、生产清洁化、废弃物资源化、产业模式生态化。全市化肥农药使用量实现负增长，养殖池塘升级改造尾水治理第一年度任务完成，农业污染进一步削减，助力水环境持续改善。

（广州市水务局；广州市城市管理和综合执法局；广州市农业农村局）

【珠江水域污染整治】2022年，广州市在珠江水污染治理方面坚持“陆海统筹、河海共治”的系统治水思路，制定52项措施和9份工作清单，以水质不能稳定达标的考核断面为重点，组织实施“一断面一策”方案，建立健全考核断面水质异常应对工作机制，巩固考核断面水质全面达标成果。统筹推进珠江水污染防治工作。强化水污染防治督导协调帮扶及水质监测预警，着力提高工业企业污染治理和环境监管水平；督促加大500条重点区域一级支流水环境综合整治力度，除1条因施工影响不纳入考核评价外，499条中有492条消除劣Ⅴ类，占比为98.6%。开展广州市珠江口邻近海域综合治理攻坚，以近岸海域无机氮削减为核心，以陆域总氮减排为突破口，逐一明确断面总氮目标，厘清水质保障责任，形成近岸海域治理攻坚合力。（广州市生态环境局）

【深圳城市水环境综合整治】2022年，深圳市以“双转变、双提升”为抓手，围绕全市河流稳步达优总目标，持续巩固提升水环境质量。印发《深圳市2022年水污染治理工作方案》《深圳市水污染治理2022年度建设计划》，全市新增污水管网65.88千米，修复老旧管网90千米，整治暗涵暗渠8.62千米。建成公明二期等5座水质净化厂，新增污水处理规模62.8万吨/日，出水主要指标达到地表水Ⅳ类及以上。全市水质净化厂进厂水量20.81亿吨，比上年增长4.66%；平均进厂BOD5浓度达113毫克/升，进厂BOD_5（生化需氧量）平均浓度高于100毫克/升的厂规模占比78.43%；生活污水集中收集率达到84.5%，与上年持平。全市21个国考省考断面全部达标，水质优于地表水Ⅲ类的断面比例达95.2%；159个黑臭水体、1467个小微黑臭水体稳定消除黑臭。聚焦雨季溢流污染，重点攻坚66个小流域及7座水质净化厂，印发353项任务清单，溯源查明“厂、网、河、源”问题和成因，实行挂图作战、动态管理，有效降低国考断面汛期污染峰值，提升河流水质达标水平。全市310条河流优良河段长度714.2千米，占比67.6%，比上年提升17.6个百分点。深圳在国家对城市污水处理提质增效三年行动评估工作中排名全国前列；深圳提质增效工作被广东省选为典型案例向全省推广并上报国家部委。年内，聚焦推动水环境治理向“全面达优”迈进，重点审计水库管理、南山区政府主要领导自然资源资产和生态环境保护责任履行情况等，开展BOT（建设、经营、转让）模式水质净化厂运营管理情况审计，揭示水库建设工程进度滞后、水库缺乏管理制度、违法占用基本农田、水污染防治工作落实不到位等问题。南山区审计局探索开展街道级领导干部自然资源离任审计工作，推动完善街道级自然资源资产管理和生态环境保护长效机制。大鹏新区审计局研究建立新区街道一级领导干部自然资源资产离任审计评价指标体系，厘清新区各职能部门涉及自然资源和生态环境审计内容。

（深圳市人民政府地方志办公室）

【珠海水环境综合整治】2022年，珠海市实施前山河流域水环境综合治理二期项目，石角咀水闸国考断面水质月均值达到地表水环境质量Ⅲ类标准。推进52条问题河涌治理，其中完工48条、施工中4条，水质比上年有明显改善。推进斗门区白蕉工业园片区水系连通示范区建设，改善该片区水生态环境。年内完成碧道建设97.15千米，累计建成碧道220.43千米。编制印发《珠海市水生态环境保护“十四五”规划》《珠海市碧水保卫战行动计划（2021—2025年）》《珠海市2022年水污染防治攻坚工作方案》《珠海市前山河石角咀水闸国考断面2022年攻坚方案》4个重点规划、方案，明确新时期水生态环境保护工作的时间表、路线图、任务书，推动水污染防治攻坚各项工作任务落实。

加强与澳门跨界治水合作，珠海市政府与澳门特别行政区政府签署《鸭涌河综合整治工程建管及接收协议》，为粤港澳大湾区澳珠一极水务工程合作建设提供新模式。珠海市水务局与澳门市政署签订《鸭涌河水体、河岸绿化及设施管理协议》，就鸭涌河管养维护委托事项、要求和费用达成一致意见，由澳门委托珠海统一管护鸭涌河水体、河岸绿化及设施，全面维护鸭涌河水面岸线整洁和水环境安全。

（珠海市生态环境局；珠海市水务局）

【佛山水环境综合整治】2022年，佛山市实施水环境全流域强统筹大兵团分层次治理新举措，开启全流域治理模式，实现由流向治理向流域治理转变，“保好水、治差水”年度目标任务完成。在佛山市水环境治理指挥部统筹下，以流域水系为单元，坚持“流域治理+一河一策”，系统推进上下游、左右岸、干支流、水里岸上综合治理。8个城市集中式饮用水水源地水质全部达标；14个国考、省考断面全部达标且12个水质优良、劣Ⅴ类比例为0，市考断面劣Ⅴ类水质比例19.23%，低于25%的年度控制目标，完成65条农村黑臭水体治理；清理江河两岸问题17195宗，拆违后绿化58万平方米，新建碧道298千米。水环境治理重点项目基本完成，全年完成治水投入153.3亿元，推动九大流域86项重点任务、265宗治水项目；重点攻坚国考、省考断面以及21条市考劣Ⅴ类河涌、71条黑臭水体整治，制定“一河一策一图一表”挂图作战。截至年底，《佛山市水环境治理工作方案》明确的265个治水项目，已完工/常态化实施192个，在建62个，开、完工项目占比95.8%，前期准备阶段项目11个，占比4.2%，水环境治理项目基本达到年度计划要求。治水项目示范亮点初步呈现，37个“总河长示范项目”项目全部开工，其中已完工25项。其中，禅城区南庄镇完成东平河水轴线滨水公共空间改造项目，变成集青少年时尚运动、市民健身休闲、滨江观景廊道等功能于一体的休闲娱乐健身公园；顺德区陈村镇完成文海河支涌活水连通工程建设，进一步活化水体，改善文海河水质；三水区南山镇围绕乡村振兴，完成六和中心城区农村生活污水治理项目验收。

（佛山市水利局）

【惠州水环境综合治理】2022年，东江干流惠州段水质稳定达Ⅱ类，西枝江水质优良，集中式饮用水源水质达标率100%，11个国考断面水质优良比例100%，优于省下达目标（81.8%）18.2个百分点，比上年提高9.1个百分点，劣Ⅴ类比例为0，增加2个优良水体断面。是年，惠州市加强重点支流整治，新增完成入河排污口整治303个，整治完成率98.4%，超额完成省下达任务目标（90%）。全市九大流域112条主要一级支流劣Ⅴ类减少5条，优良水体增加21条，比上年上升19%。加快重点工程建设，完成6座续建污水处理厂建设，新增污水处理能力8.45万立方米/日，新建污水管网415千米，改造老旧管网315千米。完成3条农村黑臭水体（国家级1条、省级2条）整治及省民生实事50个自然村生活污水治理的年度任务，农村生活污水治理率81.5%；加大重点时段污染防控。建立气象预警、提前布局、过程调控工作机制，制定初期雨水应对方案，加密国考断面沿程手工监测分析，有效应对汛期污染。至年底，全市11个国考断面水质优良比例100%，19个省考断面达标率100%（优良率94.7%），劣Ⅴ类比例为0。

〔惠州市档案馆（惠州市人民政府地方志办公室）〕

【东莞水环境综合治理】2022年，东莞市印发《东莞市深入打好黑臭水体攻坚战实施工作方案》，部署落实东莞市黑臭水体整治工作，全年建成区22条黑臭水体稳定，实现“长治久清”，53条农村黑臭水体基本消除黑臭，累计完成30条农村黑臭水体市级评估工作；持续优化内河涌截污控源、生态修复等措施，加强河涌水质监测，研判分析并落实每月通报，继续攻坚劣Ⅴ类水体、稳定消劣水体。1335个自然村全部纳入城镇污水处理或采用一体化（分散式）处理、资源化利用、农村生活污水治理率达95%以上。印发《东莞市美丽河湖评定指引（试行）》，成为全国首个出台的美丽河湖建设与评定技术方案的地级市。打造美丽河湖样板，推动连片美丽河湖示范项目的建设工作，加快实现河湖“清水绿岸、鱼翔浅底”。年内组织麻涌镇华阳湖、中堂镇北海仔河申报美丽河湖优秀案例，其中华阳湖入选全省5个美丽河湖优秀案例之一，推荐至生态环境部参与全国美丽河湖优秀案例竞评。

（东莞市人民政府地方志办公室）

【中山水环境综合整治】2022年，中山市加大水污染防治力度，印发《中山市水污染治理总体工作方案》《中山市2022年水污染防治攻坚工作方案》。成立中央环保督察通报问题整改暨全市水污染治理工作指挥部，指挥部下设9个专责小组，统筹协调推进全市水体治理工作，并建立流域专班制度，按照全市流域和水污染治理项目划分片区和流域，协调、督办各流域水污染治理工作，推动问题整改及水污染治理工作落实。建立地表水考核断面劣Ⅴ类一级支流监管台账，开展定期水质监测分析及开展汛期污染强度分析，形成汛期重点关注断面及突出问题清单，全面推进全市15个流域16项未达标水体整治，累计完成214条河涌整治主体工程。印发工业废水排放去向及手续办理指引，指导工业企业选择废水排放去向。全年全市新建污水管网975千米，检测污水管网549千米，修复病害管网55千米。推进污水处理提质增效，开展差别化精准提标试点工作，全市有进水生化需氧量（BOD）浓度低于100毫克/升的城市生活污水处理厂均制定“一厂一策”。保障饮用水安全。增设水源保护区高空监控点位19个，按季完成中山市饮用水源地水质监测工作，水质监测结果均达到或优于Ⅲ类标准。推进饮用水水源地环境问题清理整治工作，中山市水源保护区环境问题整治完成率90.56%。建成“中山市入河排污口管理系统”及其应用程序并投入使用，记录全市入河排污口数据6万个。开展入河排污口现场监督检查及动态管理项目，对全市水质不达标河流每月实施入河排污口现场监督检查，动态更新全市入河排污口数据信息。完成全市180个问题排污口整治，超额完成省下达的年度目标任务。印发《中山市涉水城市面源污染专项整治工作方案》，专项整治餐饮、洗车、美容美发、农贸市场、建筑工地、垃圾站、公厕等重点行业领域涉水城市面源污染，从源头削减涉水城市面源污染，排查排水单位1.28万家。印发《中山市农村生活污水治理攻坚行动方案（2021—2025年）》《中山市农村生活污水治理项目建设施行简易审批实施意见》《中山市农村生活污水处理设施维护运行管理办法》，成立农污专班，实行党组班子领导包干，对镇（街道）分片挂点对接，形成市镇村三级农污治理工程网格化管理。每日更新全市农村生活污水治理情况日调度表，累计与相关镇（街道）及中山公用召开农污工作碰头会29次，全市农污工程累计建设污水管网791千米，雨水管道20千米，立管改造257千米；日均投入工程建设人员1500人；年内新增的省民生实事44个行政村生活污水治理任务全部完成，222个涉农行政村中123个达到治理要求，全市农村生活污水治理率由2022年初的35%提升至55.41%。印发《中山市农村黑臭水体治理试点实施方案》，推广大湾区农村黑臭水体治理经验模式。6月8日，中山市申报成为国家2022年农村黑臭水体治理试点项目，成为广东省唯一获得该年度中央财政资金支持的农村黑臭水体治理试点城市。

是年，中山市启动水污染治理攻坚，中山市入选海绵城市建设示范市和农村黑臭水体治理试点城市，治水工作取得阶段性成效。

（中山市人民政府地方志办公室）

【江门水环境综合整治】2022年，江门市15个地表水国考、省考断面水质优良比例为93.3%，地表水国考断面污染指数同比下降6.68%，水环境质量在全省排第六名，比上年上升1名。县级以上集中式饮用水水源地水质达标率稳定保持100%。是年，江门市印发实施《江门市2022年水污染防治攻坚工作方案》，推进落实2022年水污染防治各项工作。印发实施《潭江分段治理工作方案》，以潭江流域恩平段、开平段、台山段为主战场，深化控源截污措施，统筹安排35项重点工作任务，实施潭江分段治理。完成《江门市乡镇级集中式饮用水水源保护区名录》编制，完成82个饮用水水源地规范化建设，落实"千吨万人"已完成清理整治的问题"回头看"。推动工业污水集中处理，新建工业污水管网18.9千米，新增工业尾水集中处理能力1万吨/日。提高城镇生活污水处理设施减排效益，新建、扩建生活污水处理厂4座，新增城镇生活污水处理能力7.62万吨/日，完成新建城镇生活污水管网163.69千米，修复改造污水管网24.42千米。落实农业农村污染治理，新增637个自然村实现农村生活污水治理覆盖，累计完成8747个自然村治理，治理率80.24%。完成85个列入拟整治清单的排污口整治，累计完成374个排污口整治，整治完成率92.6%。完成2022年度西江潭江流域跨界重点支流综合治理工程（一期）任务。在恩平市永安河、莲塘河、茶坑河、三山河实施4个生态修复工程。（江门市生态环境局）

【肇庆水环境综合治理】2022年，肇庆市推动西江水质保护工作，成立西江生态环境保护工作专班，初步构建起"大环保、大生态"的治水工作格局，部门联动，形成合力，推动城镇生活源、工业污染源、农业农村面源和船舶码头污染源的"四源"管控。推进城镇生活污水治理，持续推进生活污水处理设施及配套管网建设。至年底，全市城市生活污水管网1287.87千米，城市生活污水处理厂18座，总处理规模73.5万吨/日，城市生活污水集中收集率57.12%。推进农村生活污水治理，因地制宜开展治理工作，多模式推进农村生活污水治理。新增455个自然村完成污水设施建设，全面完成省民生实事工作任务。加强集中式饮用水水源地保护，科学划定和优化完善饮用水水源保护区，强化饮用水水源地规范化建设。加强农村饮用水水源水质监测，严格落实监测饮用水水源地水质工作，监测结果均优于或达到Ⅲ类标准。开展入河排查整治专项行动，建立问题入河排污口整治台账，按"一口一策"要求制定整治方案，组织各责任主体实施分类整治。至年底，完成68个问题入河排污口的整治，完成率98%。（肇庆市生态环境局）

·海洋资源环境保护·

【概况】2022年，广东省开展近岸海域污染防治，对珠江口邻近海域进行综合治理攻坚，制定实施《广东省2022年近岸海域污染防治工作方案》，加强入海排污口监管，推进海水养殖污染治理。做好海洋生态环境保护"十四五"规划强化海洋生态环境监管，开展2022年广东省近岸海域污染防治联合行动。（广东省生态环境厅）

【广州海洋资源环境保护】2022年，广州市规划和自然资源局加强海洋生态修复，开展南沙区沙螺湾村红树林湿地生态抚育性修复，种植红树林1公顷；推进南沙区大角山海滨公园生态海堤改造及提升项目，加快建设南沙省级海岸带保护与利用综合示范区；完成番禺区海鸥岛红树林海岸升级改造与生态修复，修复海岸线3910米，新种红树林6.41公顷。高水平保护和利用海洋资源，历史围填海遗留问题处置工作提速，番禺历史围填海处理方案获得自然资源部备案，广州港国际通用码头项目上报自然资源部审查并获得同意，完成狮子洋通道项目、深圳至江门铁路等省市重点项目用海报批，保障国际航运枢纽建设。

（广州市规划和自然资源局）

【深圳海洋资源环境保护】2022年，深圳市推进海洋生态环境保护工作。印发《关于完善陆海统筹的海洋生态环境保护修复机制的意见》和《深圳市"十四五"海洋生态环境保护暨珠江口海域综合治理攻坚战实施方案》，基本建成"1个框架意见+10项配套制度"的海洋环境保护体系。试点入海河流"降总氮"与总氮排放削减协同增效，西部海域入海河流总氮浓度年均值较上年下降20.05%。加强入海排放口规范化监管，印发《入河（海）排放口设置技术规范》，对20个海水养殖入海排污口开展溯源排查，确认责任主体，形成监管台账。提升海洋生态环境监管能力，完成深圳市海洋污染基线和生态本底2个航次现场调查，优化近岸海域陆海联动点位布设，实行海水水质"一月一测一报"。强化海洋垃圾治理，组织实施海洋垃圾专项清漂行动，开展海洋垃圾常态化巡查，实现"巡查—通报—清理—复核"的海洋垃圾闭环管理。推进美丽海湾建设，加强海洋生态保护。

（深圳市人民政府地方志办公室）

【珠海海洋生态环境保护】2022年，珠海市生态修复项目实施成效显著。东澳岛东澳湾重点海湾整治项目完成市级验收，完成海岸线修复708米，完成沙滩修复约8800平方米，卵石滩约4100平方米，整体改善东澳湾及周边海域海洋生态环境，提升海岸防灾减灾能力，拓展公众亲水空间；三角岛西北角公益区域生态修复项目开工，并于12月底初步完成矿山主体修复工程；珠海市三角岛湖泊整治及生态修复项目获广东省第二届国土空间生态修复十大范例。编制印发《珠海市海洋生态环境保护"十四五"规划》《珠海市珠江口邻近海域综合治理攻坚战实施方案》《珠海市2022年持续实施近岸海域污染综合治理专项攻坚方案》《2022年珠海市海域污染综合治理秋季攻坚行动方案》。加强海洋生态环境协同监管执法，10月28日，珠海市生态环境局牵头组织市交通运输局、市海洋综合执法支队、珠海海事局联合开展2022年近岸海域污染防治联合行动。提升海洋生态环境监管能力，完成入海河涌等污染源溯源监测与国控点位加密监测，完成珠海市珊瑚礁和海草床等生态系统调查及分析。建立信息共享协作机制，及时应对处置船舶溢油、赤潮等海洋环境突发事件。

（珠海市自然资源局；珠海市生态环境局）

【惠州海洋生态环境保护】2022年，《惠州市海洋生态环境保护"十四五"规划》印发，指引惠州市开展海洋生态环境保护工作。惠州市推行以红线制度为基础的海洋生态环境保护新模式，强化入海排污口管理，根据条件推进水质监测和开展巡查，严防新增非法和设置不合理入海排污口。推动海水养殖生态环境监管工作，督促完成100家海水养殖场排查登记和养殖尾水直排处理。开展惠州海域海洋垃圾分布热点区域调查，评估惠州市海洋垃圾治理重点。严把涉海项目环评审批关，审批涉海项目7个。开展近岸海域污染防治联合行动，出动执法船艇84艘次、执法车辆87辆次，出动执法人员1000人次，检查渔船348艘次。近岸海域海水水质面积优良比例100%，水质保持稳定优良。

〔惠州市档案馆（惠州市人民政府地方志办公室）〕

【中山海洋资源环境保护】2022年，中山市加强海洋资源保护，提高海洋资源利用效率，服务保障中山嘉明电力有限公司横门电厂取水口、深中通道中山南朗虎池围纳泥区趸船码头等项目用海，提供用海面积2.68公顷。加快火炬开发区茂生涌泵站建设工程、玻璃围海堤整治工程等水利工程项目审查工作。推进陆海统筹，启动中山市海岸带综合保护与利用规划编制工作。支持明阳新能源投资控股集团在中山打造千亿级企业，推动中山市海上风电产业提质增效。全年全市实现海洋生产总值315.7亿元，比上年增长1.7%。2月7日，中山市自然资源局加挂中山市海洋局牌子。

（中山市人民政府地方志办公室）

【江门海洋生态环境综合整治】2022年，江门市近岸海域水质优良（一、二类）面积比例为76.4%，同比提升2.1个百分点，高于省下达考核目标（73.7%）要求。4条主要入海河流（潭江、大隆洞河、那扶河、海晏河）及1条共考河流（虎跳门水道）入海断面水质达标率100%。2022年，江门市生态环境局印发实施《江门市2022年近岸海域污染整治工作实施方案》《江门市珠江口邻近海域综合治理攻坚战实施方案》，打好江门市珠江口邻近海域综合治理攻坚战，推进近岸海域水质持续改善。开展入海排污整治专项行动，完成台山市赤溪镇、北陡镇沿海岸等30个生活入海直排口整治。开展直排海污染源整治，投资906.6万元完成台山市海宴镇污水处理厂升级改造。印发实施《江门市加强海水养殖生态环境监管行动方案》，完成全市海水养殖项目环境影响评价情况摸排。开展"碧海""2022年近岸海域污染防治联合行动"等系列专项行动，累计出动船艇762艘次、车辆1827辆次，执法人员8759人次，查获海洋生态违法案件1件，清拆违法养殖用海设施2333.33公顷。

（江门市生态环境局）

·水生生物资源养护·

【深圳水生生物资源养护】2022年，深圳市加强生态环境建设，养护和合理利用水生生物资源，改善水域生态环境，推动渔业健康可持续发展。开展生态养护型的人工鱼礁区，至年底，建有杨梅坑、鹅公湾、东西涌3个人工鱼礁区，面积7.64平方千米，投放礁体8877个，总空方51.74万立方米。深圳市水生野生动物保护救护部门通过主动救护及渔民、市民救助方式，救护江豚、小抹香鲸等鲸豚类9次；救护5只龟鳖类、5条两栖类和2条鱼类二级水生野生保护动物。组织开展水生野生保护动物日常执法、多部门联合执法及"双随机"执法检查53次，出动执法人员213人次，检查水生野生动物养殖场所76家次，救助中华花龟、两爪鳖、金龙鱼等国家、省级水生野生保护动物35只。其中，5月30日开展水生野生保护动物专项联合执法行动，突击检查南山区水族店15家，查获涉嫌违法违规行为3起，解救并向深圳市动物园移送气泡珊瑚、两爪鳖、美丽硬仆骨舌鱼等水生野生保护动物一批，向经营利用人派发科普宣传单张200余份，维护全市水生野生保护动物利用的良好秩序。

是年，深圳市组织水生生物资源增殖放流工作，海域累计增殖放流虾苗4022万尾，鱼苗1530万尾，贝类705万粒，珍稀水生动物中国鲎苗种1506个、成体598个，不断推进渔业资源可持续发展。

（深圳市人民政府地方志办公室）

【珠海水生生物资源养护】2022年，珠海市加强保护水生生物物种资源，维护水生生物资源多样性，科学开展系列公益、科普宣传活动，组织渔业资源增殖放流，加快推进人工鱼礁建设，营造全民亲海爱海、严格保护利用海洋渔业资源的浓厚氛围。全年，全市投入渔业资源养护资金122万元，放流各类鱼苗170万尾、虾苗2350万尾，有力促进渔业资源恢复。加快推进人工鱼礁建设，完成制作并投放鱼礁单体1236个，形成礁体空方量5万立方米。组织开展海洋与渔业资源环境损失赔偿款收缴以及渔业资源增殖保护费征收工作，其中督促指导4个海洋工程项目落实生态补偿措施，缴交补偿款75.27万元；征收渔业资源增殖保护费179.07万元。

（珠海市农业农村局）

【佛山水生生物增殖放流】2022年6月6日，佛山市（高明区）水生生物资源增殖放流活动在荷城街道举行，活动以“养护渔业资源，共建美丽佛山”为主题，投放检疫合格鱼苗200万余尾，包括西江流域本土品种草鱼、鲫鱼、西江边鱼、鲮鱼、鳙鱼、鲢鱼、青鱼、鳜鱼等。年内，佛山市各级农业农村部门在“国际生物多样性日”“全国放鱼日”等适宜水生生物繁衍生息的特殊时间节点，组织开展5场增殖放流活动，各级财政投入增殖放流专项资金117.5万元，共计放流西江流域经济鱼种、特色鱼种等846.5万尾。组织开展“云放鱼”活动，引导社会公众通过线上线下多种方式参与增殖放流活动，让增殖放流活动成为促进渔业可持续发展和生态文明建设的宣传平台，在全社会营造关爱水生生物资源、保护水域生态环境的良好氛围。

重视珠江流域禁渔工作，强化增殖放流点上下游执法检查，佛山市、区两级渔政部门组织开展“亮剑2022”系列专项执法和2022年珠江禁渔期执法行动，对增殖点放流点上下游有害渔具进行清理和水上执法检查，对群众反映强烈的违法捕鱼重点区域进行专项整治，严厉打击电、毒、炸鱼等违法捕捞行为，并与公安部门形成联合打击的高压态势，曾经长期盘踞在佛山市西江水域的外省籍“三无”电鱼船基本销声匿迹。加大宣传力度，利用电视新闻报道、电台、报纸开展宣传活动，通过发放简报、宣传资料，在河堤、码头、渔村张贴、悬挂横幅标语，宣传保护江河水生生物。

【佛山水生生物资源养护】2022年，佛山市加强生物多样性与濒危物种保护。推进濒危物种救护与驯养繁育，高明区万绿源生态种养殖有限公司是国内唯一的“农业农村部佛山鼋人工繁育基地”，截至年底，现存4只成体鼋、800余只人工繁育子一代幼鼋。年内，佛山市级财政安排180万元，支持鼋保护和繁育。开展鼋野化适应性活动，通过效果评价项目验收，鉴定确定2只野化幼鼋20个月适应野化环境生长，鼋野化适应性保护效果显著。加强《中华人民共和国野生动物保护法》宣贯，强化水生野生动物保护管理工作，严格水生野生动物人工繁育、经营利用行政许可审批管理，全年全市发放“水生野生动物人工繁育证”667份、“水生野生动物经营利用证”374份。全市从业人员1.6万人，名龟、鳄鱼、娃娃鱼等养殖数量约350万只，产值估算超3亿元。

开展“云放流”活动；联合省农业农村厅主办2022年广东省水生野生动物保护科普宣传月活动等系列宣传活动。加强水生外来入侵物种监管，开展普查调查，启动佛山市农业外来入侵物种普查工作，各级财政落实普查经费108.7万元；组织开展鳄雀鳝养殖和经营环节摸底排查和登记造册，对发现鳄雀鳝全部进行无害化处理；宣传鳄雀鳝等外来有害生物科普知识，引导群众充分认识擅自引入、放生或者丢弃鳄雀鳝的危害性。

（佛山市农业农村局）

【惠州水生生物资源养护】2022年，惠州市加强东江禁渔、海洋伏季休渔期管理。做好水生野生动植物保护，全年办理水生野生动物人工繁育许可证307张、经营利用许可证21张，特许捕捉证 1 张。开展国际生物多样性日和增殖放流活动。全年在大亚湾海域投放斑节对虾、黑鲷、黄鳍鲷等鱼虾苗 1320 万尾。

是年，惠州市构建渔业高质量发展产业链体系。市政府招商引入惠州大百汇现代渔业产业集群项目，包括现代水产遗传育种中心、科研与运营管理中心、渔光智能产业园等 11 个子项目，建设期限约 10 年。推进水产业绿色健康发展和转型升级，完成大亚湾禁养区渔排清拆和惠东高位池尾水直排问题整改。完成池塘升级改造 0.067 万公顷，启动建设美丽渔场 1 个。创建国家级养殖示范区 1 个，省级养殖示范区 4 个。创建省级良种场 3 家。提高渔业安全生产、水产品质量安全水平，巽寮渔港升级改造项目建设取得进展。推进渔业船舶安全风险防控。提升水产品质量安全，全年全市出动执法人员和技术人员 340 人次，行政处罚 1 起，罚款金额 0.4 万元，国家产地水产品兽药残留监测抽检合格率 100%。

【黄唇鱼在惠州人工繁殖成功】 2022 年 7 月，“2022 年度黄唇鱼人工繁育技术研究”现场验收会在位于惠东港口的广东省鳇鲸海洋生物科技有限公司举行。该公司是国内拥有黄唇鱼“水生野生保护动物人工繁殖许可证”的企业，其黄唇鱼实现人工繁育的成果通过专家组验收。全球极危物种、国家一级重点保护野生动物黄唇鱼在惠州成功实现人工繁殖，在国内实现人工调控条件下多次自然产卵。专家组组长、中国科学院院士、中科院水生生物研究所研究员认为，黄唇鱼突破人工繁育瓶颈后，研究机构可以实现批量繁育黄唇鱼苗，通过增殖放流进行保护，特别是作为一种旗舰性的鱼类，对恢复海洋生物多样性具有重要意义。

〔惠州市档案馆（惠州市人民政府地方志办公室）〕

【东莞水生生物资源养护】 2022 年，东莞市水产养殖面积 4067 公顷，渔业产值 11.24 亿元，水产品总产量 5.01 万吨。东莞市开展单位和个人自行开展规模性水生生物增殖放流活动大检查，加强农业面源污染治理，开展绿色健康养殖行动，增殖放流等水生生物资源养护行动，加强水产品质量安全监管，养殖结构不断提质升级，规模化和标准化养殖水平继续提升，积极引导龟鳖、观赏鱼等特色养殖，推动东莞水产品绿色健康发展。

是年，东莞市加强渔业资源保护，开展海洋渔业增殖放流活动。6 月 24 日，在石龙镇金沙湾公园组织举办江河渔业增殖放流活动，在东江石龙段放流鳙鱼、草鱼、鲮鱼、鲢鱼苗和草鱼苗共 400 多万尾；7 月 20 日，在滨海湾新区滨海景观活力长廊（苗涌段）临近海域组织举办农业资源及生态保护补助资金增殖放流活动，在新区海域共投放黄鳍鲷鱼苗 80 万尾，斑节对虾苗 1500 万尾；7 月 29 日，在虎门镇威远岛组织举办东莞市海洋渔业资源增殖放流活动，共投放黄鳍鲷鱼苗 55 万尾、鲻鱼苗 65 万尾、刀额新对虾 562.5 万尾、近缘新对虾 562.5 万尾，共计 1245 万尾。

（东莞市人民政府地方志办公室）

【中山水生生物资源养护】 2022 年，中山市开展水生生物资源增殖放流活动，补充全市经济鱼类种群数量。年内，开展翠亨国家湿地公园通江水域增殖放流 2 批次，放流种类为黄鳍鲷、鲻、刀额新对虾、长毛对虾，共 1950 万尾。完善海洋伏季休渔和珠江禁渔期制度，推进休渔和禁渔工作的法治化和规范化。实施相关海域海洋伏季休渔管理，完成市内所有自然水域（河道）及通江湖泊禁渔管理。完善水生野生动物救助体系，开展水生野生保护动物救护工作，全年救助国家一级保护动物绿海龟 2 只、国家二级保护动物大鲵 2 只，转移救助国家保护龟类 1078 只。（中山市人民政府地方志办公室）

【江门中华白海豚省级自然保护区建设】 2022 年，江门市推进各项中华白海豚保护工作。4 月，

《广东江门中华白海豚省级自然保护区管理办法》施行。年内，开展多样化科普宣教活动，全年通过广东自然保护地公共服务预约平台接待参观科普宣教馆来访人员超过1000人次，制作保护区科普宣传片，开展科普宣教活动19场次（其中进校园科普讲座3场、“保护中华白海豚 守护海岸线行动”研学活动2次、亲子游活动4次），派发宣传资料近7000份，直接受益人数超1500人。

江门中华白海豚省级自然保护区是2003年12月，经江门市人民政府批准，在台山大襟岛海域建立的市级自然保护区；2007年1月，经广东省人民政府批准，晋升为省级自然保护区。该保护区位于江门市下辖的台山市大襟岛及附近海域，保护区总面积为107.477平方千米，其中核心区42.358平方千米，缓冲区25.801平方千米，实验区39.318平方千米，主要保护对象是中华白海豚。至2022年，根据科考调查结果，保护区及周边海域是中国中华白海豚重要的集中分布区域，不仅数量集中，而且拥有完整的世代结构，包括婴年期、幼年期、少年期、青年期、壮年期和老年期等全部6个年龄段，种群年龄结构健康合理，种群数量保持相对稳定。

（江门市自然资源局；广东省林业局）

·大气污染治理·

【概况】2022年，广东省制定大气污染防治政策和行业技术规范指导文件；强化VOCs（挥发性有机物）重点污染源深度治理；全方位推动移动源管理；推进工业炉窑锅炉综合整治；组织开展广东省2022年秋冬大气污染防治百日攻坚行动，建立8个重点地市、3个片区技术帮扶组；积极推进噪声污染防治工作；统筹推进光、扬尘污染防治、消耗臭氧层物质和餐饮油烟管理工作，开展相关科学研究。

（广东省生态环境厅）

【香港大气污染治理】至2022年，香港特别行政区政府推行多项措施减少本地发电厂、车辆和船舶等的空气污染物排放。规定本地供应船用轻质柴油的含硫量上限为0.05%，所有在香港水域的船只必须使用含硫量不超过0.5%的燃料或液化天然气等合规格燃料。实施最严格的汽车燃料和车辆废气排放标准。推出鼓励与管制计划，逐步淘汰欧盟四期柴油商业车；设立管制措施，规管维修不善的柴油车排放的过量黑烟及汽油和石油气车排放的过量废气。逐步收紧电力行业的法定排放量上限，鼓励电力公司进一步发展和使用更多零碳能源，减少空气的污染物及排放物。

粤港双方继续落实“珠江三角洲地区空气质素管理计划”和跟进各项污染防治措施的进度和成效。至年底，粤港澳大湾区空气监测网络设有监测站23个。（香港历史研究基金会）

【广州大气污染治理】2022年，广州市按照“控车、降尘、少油气”思路，深化$PM_{2.5}$和臭氧协同控制。开展蓝天保卫战，6项主要大气污染物指标中，除臭氧外，广州市其余5项指标均优于国家二级标准，各项指标比上年下降或低浓度持平。全市环境空气质量持续提高。全年细颗粒物（$PM_{2.5}$）每天达标，平均浓度22微克/立方米，再创新低，在国家中心城市中保持最优；空气质量优等级天数比上年增加50天；二氧化氮实现连续3年稳定达标，平均浓度创历史新低。广州市组织大气环境预警防控专家团队，结合新建成的13个挥发性有机物组分监测站、293个小型监测站、300辆出租车移动监测系统以及广州塔垂直监测数据等，及时提出针对性措施建议，动态更新减排清单，制定247家企业污染排放特征谱库，支撑科学治气。约谈相关行业企业和重点用车大户，压实企业社会责任。发布《关于错峰卸油、夜间加油和绿色出行的倡议书》《关于重点企业加强污染减排的倡议书》，督促签订《广州市柴油车重点单位环保用车公开承诺书》。新增纯电动巡游出租车1823辆，投入使用氢燃料电池车近300辆，注销国Ⅲ排放标准营运柴油货车1901辆，强化

1000多个涉油工地对合格油品的使用措施。对132家重点企业进行分级管理，完成17家企业50多万个密封点泄漏检测与修复。检查建设工程扬尘污染1万多个次。全力开展秋冬季节百日攻坚行动。利用自动监控、走航监测、无人机巡查、遥感监测、小型空气质量监测站，严格查处环境违法行为。省市环境监测、气象部门预测广州市全年超标98天，实际超标59天；预测中度污染18天，实际中度污染4天；未出现重度污染。（广州市生态环境局）

【深圳大气污染防治】2022年，深圳市持续打好“蓝天保卫战”。光明区继续实施控尘、控排、控车、控油、控不利天气影响“五控”攻坚行动，开展涉VOCs企业滚动核算和分级分类整治，超额完成全年VOCs削减172吨任务。光明区全年细颗粒物（$PM_{2.5}$）浓度为18.3微克/立方米，比上年下降14.1%；可吸入颗粒物（PM_{10}）浓度为35.9微克/立方米，下降21.3%。罗湖区聚焦$PM_{2.5}$和臭氧污染协同治理、精准治理，巩固提升罗湖辖区大气环境质量，年内$PM_{2.5}$浓度为15.8微克/立方米，空气质量优良率94%，居全市第四名（次于深汕特别合作区、大鹏新区、坪山区），为全市唯一没有中度及以上污染的行政区。（深圳市人民政府地方志办公室）

【珠海大气污染防治】2022年，珠海市修订实施《珠海市环境空气质量功能区划》，重新调整环境空气质量功能区分类。印发实施《珠海市2022年大气污染防治重点任务清单》，有序推进四类220家涉气企业的重点治理任务。部署印发实施《珠海市2022年秋冬季大气污染防治年末攻坚清单》，明确5个领域30项攻坚任务措施。更新各国控站点周边1千米、3千米、5千米涉气污染源并制作工作台账和点位图，实施挂图作战，点对点精准监管。及时修订《珠海市轻度及中度污染天气应对方案》《珠海市重污染天气应急预案》，优化污染天气响应和应对流程。（珠海市生态环境局）

【佛山大气污染治理】2022年，佛山市空气质量优良天数比例为84.1%，空气质量综合指数为3.36，比上年提高5.6%，无出现重度及以上污染天气。二氧化硫（SO_2）年平均浓度6微克/立方米，二氧化氮（NO_2）年平均浓度29微克/立方米，可吸入颗粒物（PM_{10}）年平均浓度38微克/立方米，细颗粒物（$PM_{2.5}$）年平均浓度21微克/立方米。一氧化碳（CO）日浓度的第95百分位数为1.0毫克/立方米，臭氧日最大8小时滑动平均（O_3-8h）浓度的第90百分位数为184微克/立方米，除臭氧外其余五项污染物均达到国家二级标准限值。年内，印发实施《佛山市强化大气污染防治行动方案（2022年）》，压实各部门职责，协同推进大气污染防治。推进工业污染整治，精细化开展燃气锅炉治理，发布《佛山市人民政府关于燃气锅炉执行大气污染物特别排放限值的通告》；逐步推进家具制造业、包装印刷业、涂料油墨制造业和金属表面喷涂、塑料、人造石六大重点行业挥发性有机物（VOCs）重点企业治理提升，按照省的部署推进挥发性有机物重点企业清单（2021版）的企业按期完成深度治理。截至年底，全市638家挥发性有机物企业完成低效治理设施淘汰，255家省重点企业完成挥发性有机化合物（VOCs）深度治理任务。推进移动源污染防治，在禅桂新中心城区设立绿色物流区试点区域，通过划定绿色物流试点道路，推动试点道路内货运物流、邮政快递采用新能源车辆通行配送，鼓励私家车和轻型货车新能源替换；按照省的统一部署分阶段逐步实施国Ⅲ及以下柴油车淘汰；推动黑烟车抓拍恢复处罚，优化升级黑烟车抓拍点位，全年全市建成183个黑烟车抓拍点位，印发实施《佛山市人民政府关于限制黑烟车上路行驶的通告》；强化机动车检验机构监管，推动建立机动车排气检验及维修制度，印发《佛山市汽车排放检验与维护制度实施方案》。出台《佛山市施工工地非道路移动机械环保监督管理方案》，开发建设施工工地非道路移动机械冒黑烟自动抓拍系统。推进扬尘污染防治，加强城市道路洒水降尘、工地扬尘管控，压实扬尘污染防治主体责任，创新工程施工精细化管理，建立预防为主、防治结合的长效机制和权责清晰、措施有力、合力攻坚的扬尘污染综合防控体系。发挥第三方参与、无人机高空探查等手段，加大巡查检查、宣传和行政处罚力度。

（佛山市生态环境局）

【惠州大气污染治理】2022 年，惠州市环境空气质量指数 2.58，优良率 93.7%，优于广东省平均水平 91.3%；$PM_{2.5}$ 浓度为 17 微克 / 立方米，优于广东省下达目标（24 微克 / 立方米）7 微克 / 立方米。惠州市空气质量居全国 168 个重点城市第十位、全省第六位，空气质量和空气质量优良率排名均居珠三角第一位。是年，惠州市坚持精准应对、攻坚克难，打好大气污染防治百日攻坚战。市领导任百日攻坚工作小组组长，印发《百日攻坚工作方案》，市领导部署、调研、督导，协调推进污染天气应对措施落实，在全省率先发出《重点企业加强污染减排倡议书》《错峰卸油、夜间加油和绿色出行倡议书》，动员全社会共同参与攻坚；建立常态化专家帮扶、重点污染源排查更新机制，编制网格化污染应对手册，通过大气污染防治精细化系统，每日滚动发布空气质量信息，及时发出预警预报，提出具体应对措施，加强跟踪落实。百日攻坚期间，实施 53 家氮氧化物排放企业和 128 家 VOCs（挥发性有机物）排放企业等减排大户压减排放、重点区域加油站错峰卸油等措施，污染天气预警时暂停扬尘源施工，加强交通管控，挽回超标风险天数 22 天。至年底，环境空气优良天数比率（AQI 达标率）93.7%，综合指数 2.58，比上年改善 8.8%。

〔惠州市档案馆（惠州市人民政府地方志办公室）〕

【东莞大气污染治理】2022 年，东莞市空气质量保持较高水平，空气质量优良天数比例为 80%，$PM_{2.5}$（细颗粒物）年均浓度下降至 20 微克 / 立方米，首次迈入“20”大关，持续达到世界卫生组织第二阶段标准。6 月 5 日，印发实施《东莞市 2022 年空气质量持续改善行动方案》。截至 2022 年，完成煤炭消费压减 112 万吨，整治“散乱污”企业 1637 家，推广使用新能源出租车 1.55 万辆、淘汰国Ⅲ柴油车 1.73 万辆。环境空气质量指数（AQI）范围在 18 ~ 199，达标天数 292 天，达标天数比例 80%，比上年下降 6.3 个百分点。二氧化硫（SO_2）年均浓度为 8 微克 / 立方米，比上年下降 11.1%。二氧化氮（NO_2）年均浓度为 26 微克 / 立方米，比上年下降 10.3%。可吸入颗粒物（PM_{10}）年均浓度为 36 微克 / 立方米，比上年下降 14.3%。细颗粒物（$PM_{2.5}$）年均浓度 20 微克 / 立方米，比上年下降 9.1%。一氧化碳（CO）日均值第 95 百分位数浓度为 1.0 毫克 / 立方米，比上年上升 11.1%。臭氧（O_3）日最大 8 小时值第 90 百分位数浓度为 189 微克 / 立方米，比上年上升 14.5%。（东莞市人民政府地方志办公室）

【中山大气污染治理】2022 年，中山市统筹大气污染防治工作。推进挥发性有机物（VOCs）综合治理，完善全市 114 家涉 VOCs 重点企业分级管理动态调整机制，推动 C 级、B 级企业数量向 A 级转型升级，A 级企业数量比上年增长一倍，并将分级管控范围扩大到 401 家企业；开展涉 VOCs 企业排放监测 320 家次；开展 VOCs 质谱走航监测 7400 千米；开展重点企业全覆盖检查和抽查 107 家次，发现问题 39 个并全部完成整改；督促 144 家企业完成一轮次活性炭更换工作；通过“互联网 +”VOCs 系统远程监控 98 家重点企业治理设施运行情况，发现并处理问题 83 个。开展工业炉窑和锅炉污染综合治理，视频监控全市生物质锅炉 216 台，完成 90 台工业锅炉及炉窑烟气监测。开展加油站油气回收检查 126 家次，开展用车大户入户检查 48 家，检查 557 辆运输车辆油品及车用尿素质量，联合交警部门开展专项行动 48 次，处罚超标排放柴油货车 36 辆，通过机动车尾气遥感监测检测发现黑烟超标车辆3006辆次。推进中山市第二阶段禁止使用高排放非道路移动机械区域划定工作；实施非道路移动机械编码登记制度，完成1790辆非道路移动机械登记编码。加强餐饮油烟排放管控，通过油烟在线监控实时监控全市200家重点餐饮企业及单位食堂。利用人工智能（AI）识别系统严格管控易发区域露天焚烧行为。加强对全市6家电厂、3家垃圾焚烧厂和23家重点企业开展大气督导，压减氮氧化物排放；开展5次共历时102天的污染天气应对，出动9万人次落实污染天气应对措施。

2022年，中山市大气主要污染物指标SO_2、NO_2、PM_{10}、$PM_{2.5}$、O_3的浓度分别为5微克/立方米、22微克/立方米、34微克/立方米、19微克/立方米、184微克/立方米，CO为0.8毫克/立方米；$PM_{2.5}$、PM_{10}、NO_2和CO四项指标年均值均是历史最低水平，SO_2年均值与上年并列历史最低水平。大气环境综合指数为3.01，与上年持平，优于珠三角平均水平（3.06），在全国168个重点城市排名第15位，广东省排名第15位，珠三角第四位。

（中山市人民政府地方志办公室）

【江门大气污染防治】2022年，江门市环境空气质量总体持续提高，综合指数同比提高1.2%，$PM_{2.5}$、PM_{10}年评价浓度分别为20微克/立方米、40微克/立方米，均创2013年有监测记录以来历史最好水平，$PM_{2.5}$浓度连续三年优于世界卫生组织过渡期第二阶段标准。2022年，江门市坚持以臭氧和$PM_{2.5}$协同控制为重点，深入推进挥发性有机物和氮氧化物协同减排，推动大气污染防治工作取得新成效。推进挥发性有机物综合治理。开展低挥发性有机物源头替代，完成21家企业低VOCs原辅材料源头替代工作；组织实施VOCs重点企业分级管控，对288家企业实施差异化管理，推动105家企业实现等级提升；全面开展挥发性有机物深度治理，109家VOCs省级重点企业全部完成深度治理，60家企业完成低效治理设施改造升级或淘汰。强化工业锅炉炉窑治理，全面推动工业锅炉（窑）整治提升，在全省率先发布燃气锅炉执行大气污染物特别排放限值公告，223台燃气锅炉完成低氮燃烧改造，39台生物质锅炉完成淘汰或改燃清洁能源，168家工业炉窑企业全部稳定达到B级及以上水平。实施强化移动源污染管控，完善遥感监测系统，新建12套黑烟车电子抓拍设备，累计监测柴油车排放177万辆次。科学应对不利气象条件影响。组织开展秋冬季大气污染防治百日攻坚行动，对各类污染源全面实施在线监控监管和现场督导检查，百日攻坚期间江门市“抢回”13天优良天。

（江门市生态环境局）

【肇庆大气污染防治】2022年，肇庆市强化氮氧化物、挥发性有机物协同减排，落实中央专项资金5000万元扶持华润水泥等一批企业开展氮氧化物、挥发性有机物（VOCs）深度治理和燃气锅炉低氮燃烧改造，为臭氧污染防治奠定基础。着力开展秋冬季大气污染百日攻坚，精细化落实工业企业应急减排。抢回11天优良天数，成功阻止3天中度污染，避免2天重度污染。

（肇庆市生态环境局）

·固体废物污染治理·

【香港固体废物污染治理】2022年，香港特别行政区政府通过资源循环方式处理都市固体废物，推广能源效益，提高居民生活质量。都市固体废物主要由废物收集车辆收集后运往废物转运站压缩，再循海路或陆路运往策略性堆填区弃置。香港有3个策略性堆填区，其中新界东南堆填区扩建工程完成；新界东北堆填区扩建工程合约于年初批出，工地平整及建造工程于11月展开；新界西堆填区扩建工程的招标工作进行中。是年，有关网络处理都市固体废物313万吨，占全港都市固体废物总量的77%。政府推行不同减废及回收计划、都市固体废物收费计划，发展其他废物管理基建设施和转废为能设施，目标在2025年前实现零废堆填，即不再依赖堆填区处置都市固体废物。政府推出各项生产者责任计划，从源头减废，促进循环经济发展，全年收集和处理的废电器电子产品2.21万吨，废玻璃容器1.90万吨。为推动回收再造业的发展，政府在屯门设立占地20公顷的环保园，鼓励业界发展先进的循环再造技术和增值工序。私营回收再造商在环保园内回收废食油、废金属、废木材、废电器电子产品、废塑料、建筑废料、废玻璃、废橡胶轮胎、废电池和废纸。

（香港历史研究基金会）

【澳门固体废物污染防治】2022年，澳门特别行政区弃置的城市固体废物量43.7万吨、人均城市固体废物弃置量为每人每天1.77千克、建筑废料量为233万立方米，总废弃车辆数量8939辆，比上年有所减少。炉渣量9.3万吨，飞灰量为2.1万吨，比上年略增。特殊和危险废物量8255吨，比上年增长32.7%。澳门的资源废物主要出口到外地进行循环再造，包括政府主导的回收计划和私人营运回收，小部分在本地循环再造。全年废物资源回收率22.5%，比上年有所下降。澳门环境保护局回收光管和灯泡2.1万千克，电子及电器设备1761吨，分别比上年下降2.3%和10.0%；废旧电池回收量5.2万千克，增长24.0%。澳门环境保护局和市政署回收的纸张、塑胶、金属、铝铁罐、玻璃和厨余62.1万千克。澳门城市固体废料的搬运和清理由澳门清洁专营有限公司专营。固体废物主要经澳门垃圾焚化中心处理，该中心由新旧两个厂房组成，各设有焚化炉3台，每天总处理能力1728吨。是年，澳门环境保护局继续推进澳门垃圾焚化中心第三期扩建工程，扩建后增设2台处理能力每天650吨的焚化炉、1座具有优化工艺的新特殊和危险废物处理站，1座新行政楼和1座新变电站。计划在建筑废料堆填区兴建以厌氧分解产生生物气发电为主要技术的有机资源回收中心，于11月16日展开公开招标程序。

（澳门基金会）

【广州固体废物污染治理】2022年，广州持续推动固体废物环境管理，组织开展危险废物规范化管理工作，印发《广州市2022年危险废物规范化环境管理评估工作方案》，在市级层面开展危险废物环境管理评估抽查168家次，评估基本达标以上130家次；在区级层面开展危险废物规范化现场检查1084家次。组织街镇环保员对全市9711家中小规模企业危险废物关键管理环节进行了简易判断式检查。组织专家对120家危险废物产生单位规范化管理进行一对一帮扶。印发《广州市生态环境局办公室关于开展涉铝加工行业企业含油铝屑核查和强化豁免利用监管工作的通知》等，加强含油金属屑利用豁免和铝灰渣贮存利用处置监管。深入开展有色金属压延加工、汽车制造、金属制品等行业企业含油金属屑底数核查，加强含油铝屑利用处置环境监管，是年全市豁免利用含油金属屑1.02万吨。印发《广州市2022年一般工业固体废物和危险废物系统业务审核工作指南》《广州市危险废物申报登记抽查核查指南》，推进固体废物申报登记工作。是年，全市18706家企事业单位完成2021年危险废物申报，17452家企事业单位完成2022年度危险废物管理计划，11015家企事业单位完成一般工业固体废物申报，5636个企事业单位完成医疗废物申报，申报登记企业数量和数据质量均有所提升。推进危险废物处置能力建设，开展小微企业危险废物收集试点，不断提升全市危险废物处置能力。是年，全市有22个危险废物持证经营单位，总利用处置能力56.15万吨/年、收集能力49.41万吨/年，可满足现阶段全市危险废物处置需求。

是年，广州市推进秸秆综合利用和农膜回收管理。以秸秆综合利用重点县为抓手，探索总结出“机械化收割碎秆+腐熟剂直接还田”“秸秆+畜禽粪便发酵制成有机肥间接还田”等综合利用模式，在全市推广应用。指导各区逐步完善建立政府引导、企业主体、市场导向、多方回收的农膜回收体系，建立全市农膜回收信息调度制度，摸清农膜使用及回收情况，做到应收尽收。

是年，广州市秸秆综合利用率93.71%、农膜回收率96.87%。

（广州市生态环境局；广州市农业农村局）

【深圳固体废物污染治理】2022年，深圳市印发《深圳市“十四五”时期“无废城市”建设实施方案》及2022年工作指标体系和任务清单，设置24项主要指标目标及八大行动，推动固体废物减量化、资源化、无害化、低碳化。推进危险废物收集处置能力建设，新建14家危险废物集中收集贮存转运设施，新增危险废物收集能力38万吨/年。建成投产宝安环境治理示范基地危险废物二期项目，新增危险废物利用处置能力18万吨/年。加大危险废物处置交易平台推广力度，为企业提供多样化、低成本的危险废物处置选择，注册使用平台企业数量达5838家，指导14家危险废物收集单位为小微企业提供“一站式”服务，解决小微企业废物收运难题。探索新污染物和化学品治理，梳理分析新污染物管理政策，编制深圳市新污染物治理实施方案，开展POPs（持久性有机污染物）公约履约评估及电子行业化学品现状核查。印发《深圳市再生资源回收行业发展和空间布局实施方案（2022—2025年）》，加快完善本市再生资源回收体系建设，促进再生资源回收行业创新发展。深化塑料污染治理，电商快件不再二次包装率提升至95.4%，不可降解塑料购物袋使用量降幅90.9%。

（深圳市人民政府地方志办公室）

【珠海固体废物污染治理】2022年，珠海加强固体废物污染的治理，对相关企业进行规范化管理。通过广东省固体废物管理信息平台转移危险废物的企业1800多家，全年转移危险废物27.67万吨。其中，省内跨市转出15.00万吨，市内转移12.36万吨、跨省转移0.31万吨。主要类别为表面处理废物（HW17）、焚烧处置残渣（HW18）、含铜废物（HW22）和其他废物（HW49）。持续开展《珠海市2022年重点企业危险废物规范化管理服务》项目，四轮次对全市危险废物重点企业规范化管理情况进行现场技术核查，全年核查企业653家。全年珠海市产生医疗废物1.01万吨，比上年增长91.3%。医疗废物由珠海海宜环境投资有限公司统一调度处置，无害化处置率100%。依法将86家涉镉等重金属排放企业纳入重点排污单位名录，推动重金属污染防治减排工程，完成重点重金属污染物减排2.1%的年度目标任务。11月，印发《珠海市“十四五”重金属污染防治实施方案》，明确“十四五”重点重金属污染物的减排任务目标，将减排措施和工程分解落实并形成清单，推进防控工作稳步有序向前。4月，经生态环境部确定，珠海市正式列入“十四五”时期“无废城市”建设试点城市之一。同月印发《珠海市“无废城市”建设试点实施方案》，成为全省最早印发实施方案的省级试点城市。年内，启动《珠海经济特区固体废物污染环境防治条例》地方性法规立法工作，出台实施《珠海经济特区生活垃圾分类管理条例》《珠海市促进低价值可回收物回收若干措施》等法规文件；开展高性能再生混凝土的关键技术研究、建筑垃圾制备渗蓄混凝土材料技术开发和推动有机固废多功能热解碳化技术与装备的研发及产业化研究，推进技术体系建设；建立市级专项资金鼓励企业节能和清洁化技术改造，支持社会资本参与相关固体废物项目的投资建设，推进市场体系建设；印发《珠海市2022年生态环境领域监督执法正面清单》，强化监管体系建设。

（珠海市生态环境局）

【佛山固体废物污染治理】2022年，佛山市推进“无废城市”试点建设。成立由市长担任组长的佛山市“无废城市”建设试点工作领导小组，下设6个工作专班，形成工作专班机制和联络员制度。把“无废城市”建设纳入市绩效考核体系以及生态环境保护“党政同责、一岗双责”责任制考核。印发《佛山市“无废城市”建设试点实施方案》及配套任务清单、重点工程项目及责任清单，围绕工业固体废物、生活源固体废物、农业源固体废物、危险废物四大领域及制度、技术、市场、监管四大体系，明确58项试点指标、89项任务、28项重点工程；明确“市区同创”机制，以市级方案为蓝本，市各区结合实际，发挥特色，开展区级“无废城市”创建。推进佛山市“无废城市”服务管理平台建设，依托移动互联网、大数据、物联网等技术，通过数据共享，流程再造，监管职责无缝对接，形成全程可监控、可预警、可追溯、可共享、可评估的“互联网+”监管机制，强化以收集（处置）企业为核心的固废末端业务精细化管理。截至年底，该信息化平台一期系统开发完成并上线运行。稳步推进固废处置基础设施建设。全市有16家企业获危险废物综合经营许可证，危险废物处理处置能力增至81.1万吨/年，其中，已建成4个铝灰渣资源化利用项目，铝灰渣利用处置能力18万吨/年。探索利用已有的生活垃圾处置设施协同处置一般工业固体废物并建立相应的收运体系，实行区域共建共享，建成61个一般工业固体废物收集中转站，推动3个生活垃圾焚烧设施协同处置一般工业固废。开展危险废物第三方治理，全市建成17个危险废物收集贮存试点单位，收集能力达41万吨/年，并鼓励试点单位积极为产废企业提供前端规范化服务。加大对非法倾倒、处置危废环境违法行为打击力度，全年全市办理涉危险废物案件58宗，作出行政处罚金额1528.12万元，向公安机关移送涉危废刑事案件及线索16宗。加强疫情期间医疗废物环境监管，确保医疗废物“日产日清”。建立医疗废物协同应急会商机制，并多次启动生活垃圾焚烧设施协同处置医疗废物，合计应急协同处置医疗废物2404吨。

（佛山市生态环境局）

【惠州固体废物污染防治】2022年，惠州市加强“无废城市”建设，成立市“无废城市”试点建设领导小组，印发《惠州市“无废城市”建设试点实施方案》，推进固体废物减量化、资源化、无害化处置。推进惠州医疗废物集中处置新建项目建设，完成使用林地申请、地表清理、地质勘察等工作，进行选址论证、办理用地手续、推进社会稳定风险评估等。开展危险废物专项整治三年行动，印发《关于开展涉危险废物企业环境安全专项检查的紧急通知》，开展全市涉危险废物企业环境安全专项检查，检查相关企业307家，发现环境安全隐患248处，责令整改企业115家；制定《惠州市废弃危险化学品等危险废物安全风险集中治理实施方案》，建立全市集中治理企业清单，排查存在环境安全隐患问题的企业110家次，相关问题落实闭环整改，全面防范化解废弃危险化学品等危险废物重大环境和安全风险。

〔惠州市档案馆（惠州市人民政府地方志办公室）〕

【东莞固体废物污染防治】2022年，东莞市印发《东莞市“无废城市”建设实施方案（2021—2025年）》，整体推进工业固体废物、危险废物、生活垃圾、农业废弃物和建筑垃圾五大类固体废物源头减量、资源化利用、无害化处理处置和精细化管理，加快形成“东莞智汇、城市无废”模式。印发《东莞市危险废物收集试点工作方案》，规划新增及改扩建收集贮存设施21个，解决小微企业和社会源危险废物收集处置难的问题。截至2022年，全市有危险废物经营单位31家，工业危险废物收集利用处置能力新增24.43万吨/年，核准经营能力119.25万吨/年。建成沙角C电厂污泥掺烧发电技改项目，提升污泥处置能力。同年5月，印发《东莞市疫情防控期间医疗废物应急处置方案（第二版）》，增加东实集团为医疗废物应急处置单位，医疗废物应急处置能力由100吨/日提升到375吨/日。全年全市产生医疗废物2.47万吨，其中应急处置1.5万吨，医疗废物安全处置率100%。纳入危险废物规范化管理的企业有2.62万家。推进固体废物申报登记，完成上年度一般工业固体废物申报登记企业达6.37万家，危险废物申报登记3.6万家。2022年，东莞市入选国家“十四五”时期“无废城市”建设名单。

（东莞市人民政府地方志办公室）

【中山固体废物污染治理】2022年，中山市推动工业固体废物地方立法，编制《中山市工业固体废物污染环境防治条例（草案）》。推进“无废城市”建设试点工作，印发建设试点实施方案及建设评价细则，电镀行业、电子电路行业“无废工厂”建设评价细则等。完成中山市康丰绿色工业服务中心项目、中山中晟环境科技有限公司等离子体气化熔融项目、三角镇高平污水处理有限公司危废无害化处置项目3个危险废物利用、处置项目建设并投入使用，新增每年9.56万吨危险废物利用处置能力；1万家工业和机动车维修企业以及1000家医疗机构纳入中山市固体废物在线监控管理平台，实现危险废物全过程监管、产废单位危废仓实时监控、自动预警等功能。开展涉镉等重金属行业企业摸底工作，动态更新全口径涉重金属重点行业企业清单，全年削减重点重金属污染物排放量45.31千克。印发危险废物规范化管理工作方案，完成对全市124家企业的危险废物规范化环境管理抽查评估工作。开展全市固体废物专项排查整治，出动6376人次，检查企业2603家次，各类涉固体废物刑事案件立案13件。开展危险废物风险集中治理，排查涉及产生危险废物的危险化学品生产、使用、经营及废弃处置单位89家；排查全市164家核技术利用单位日常辐射安全管理活动和各类辐射安全隐患及薄弱环节。

（中山市人民政府地方志办公室）

【江门固体废物污染治理】2022年，江门市全面推进“无废城市”建设工作，市、县两级都建立健全“领导小组+6工作专班+N成员单位”的横向到边、纵向到底工作体系；印发实施《江门市“无废城市”建设实施方案（2021—2025年）》，制定和印发实施14项规划、方案，推动重点工程建设，建成一批工业危险废物、禽畜粪污综合利用、生活垃圾处置等项目；以江门市重点培育壮大15条产业链为契机，推动技术市场体系建设，持续推进“无废”宣传，提升公众知晓度和满意度。是年，江门市生态环境局持续强化固体废物环境监管能力，全年全市7398个危废产生单位和3845个一般工业固废产生单位完成上年度工业固体废物申报登记工作，运行6.5万多张危险废物电子转移联单。加强涉危险废物环境安全管理，按照“高、中、低”风险等级对全市600多家废弃危险化学品等危险废物的产生企业和危险废物利用处置单位实施分类管理，发现、消除357处危废隐患问题。推进危险废物专项整治三年行动，全市检查废机油、废铅蓄电池、制革污泥、铝灰渣、电镀污泥、废弃危险化学品等危险废物产生企业2320家次，责令整改企业102家，予以行政处罚21宗。提升固废收运处置能力，危险废物处置能力同比提升60%，达到90万吨/年，完成在全市25个中心镇街（含工业园区）低值类一般工业固废收集转运场所建设，建成投产恩平市华新环境工程有限公司协同处置29万吨/年一般工业固体废物项目，解决低值一般工业固废收集、转运、处置难题。加强警示教育和规范经营管理，全市共组织开展政策宣讲活动19场次，参加企业1444家次，企业参与新固废法、国家危险废物名录（2021版）、危险废物规划化管理政策宣讲会，全市危险废物经营（收集）单位实施“四个统一”，即统一着装、统一工作电话号码、统一交易方式、统一平台公开信息，全面提升行业规范化管理水平。严格落实疫情医疗废物安全处置工作，全市累计收集处置医疗废物7272.16吨，无害化处置率100%，全市未发生一起因医疗废物流失造成二次污染或生物安全事件。

（江门市生态环境局）

【肇庆固体废物污染治理】2022年，肇庆市印发《肇庆市2022年固体废物专项整治行动方案》，推进各类固体废物源头减量工作，推进危险废物处置基础设施建设，组织第三方单位对130家产废50吨以上企业和10个危废经营单位进行危险废物规范化环境管理评估工作，促进固体废物源头减量、资源化利用和无害化处置，改善城乡居民生产生活环境。至年底，全市获得危险废物经营许可的企业有16家，自行利用2家。（肇庆市生态环境局）

·土壤污染风险管控和修复·

【概况】2022年，粤港澳大湾区城市群（广东）持续推进农用地土壤重金属源头防治，严格控制涉重金属行业企业污染物排放，475个重点监管单位依法落实土壤污染自行监测、隐患排查等。严格建设用地准入管理，完善建设用地土壤环境巩固联动监管，强化风险管控与修复活动监管，大湾区（广东）重点建设用地安全利用率100%。巩固提升受污染耕地安全利用，2022年粤港澳大湾区城市群（广东）受污染耕地安全利用措施到位率100%，严格管控类耕地措施到位率100%。（广东省生态环境厅）

【广州土壤污染风险管控和修复】2022年，广州市强化土壤污染源头控制，防范工矿企业新增土壤污染。严格控制涉重金属行业企业污染物排放，将49家企业纳入水环境重点排污单位名录、9家企业纳入大气环境重点排污单位名录，并公布2022年广州市43家土壤污染重点监管单位，分批次推进企业开展污染隐患排查、土壤和地下水自行监测等工作。实施耕地分类管理，持续开展受污染耕地安全利用工作。针对污染程度不同的耕地，采用替代种植辅以农艺调控、推进种植结构调整等手段，确保农产品质量安全。全市受污染耕地安全利用措施到位率100%。推进建设用地土壤污染风险管控与修复。以实施风险管控的地块为重点，针对涉及阻隔回填技术等风险管控措施地块，综合采取长期环境监测、制度控制等方式强化后期管理，确保实现地块的安全利用。是年，完成140个建设用地地块土壤污染状况调查报告的评审工作，10个建设用地地块土壤污染风险评估报告评审备案，8个土壤污染风险管控效果评估报告及土壤污染修复效果评估报告评审备案。（广州市生态环境局）

【深圳土壤污染防治】2022年，深圳市印发实施《深圳市土壤污染防治规划(2022—2025年)》。强化土壤污染源头管控，更新发布2022年土壤污染重点监管单位名录，全市137个在产土壤污染重点监管单位规范化开展土壤环境自行监测，并全部建立隐患排查制度，41个重点监管单位按制度完成隐患排查。推进土壤环境管理标准化规范化，发布建设用地风险管控、修复和效果评估工作指引，完成污染地块“水土异位协同治理”试点。优化土壤污染防治市场营商环境，将157个土壤污染防治从业单位业绩情况纳入信用系统管理，发布147个从业单位的土壤污染状况调查报告评审通过情况。提升土壤污染防治监管能力，开展土壤环境执法技术培训，完善突发土壤污染事件专项应急预案。通过“网上公开课”等方式，对1100余人次开展土壤环境管理和技术培训，提升管理人员和从业人员技术水平。全市完成309个地块土壤污染状况调查报告评审，开展289块次（疑似）污染地块开发利用情况现场巡查。全市受污染耕地安全利用率达100%，重点建设用地安全利用得到有效保障。

（深圳市人民政府地方志办公室）

【珠海土壤污染防治】2022年，珠海市土壤环境质量状况总体良好，土壤污染风险得到基本管控，未发生因耕地污染导致农产品质量超标且造成不良社会影响事件，暂未发现污染地块，未发生因疑似污染地块或污染地块再开发利用不当且造成不良社会影响的事件，未发生涉重金属污染环境事故，全市农产品质量和人居环境安全总体稳定。是年，印发《珠海市2022年土壤与地下水污染防治工作方案》《珠海市“十四五”土壤、地下水污染防治和农村生态环境保护规划》，强化土壤环境全流程管理，加强土壤污染源头防控，保质保量落实土壤环境管理要求。

全年公布土壤污染重点监管单位34个，土壤污染防治法定义务任务落实率100%，19家重点单位自行监测任务完成并公开信息，有毒有害地下储罐备案率100%，新增13家重点单位隐患排查工作按期推进，完成3家重点行业企业搬迁改造过程中拆除活动的环境监管工作。开展农用地土壤镉等重金属污染源头防治行动，86家符合条件的排放镉、汞、砷、铅、铬等有毒有害大气、水污染物的企业纳入重点排污单位名录，对92家涉重金属重点行业企业进行执法检查，未发现相关环境违法行为；印发工作方案，开展受污染耕地安全利用工作，在2.57平方千米水稻“双超”（土壤重金属含量跟水稻重金属含量都超标）超标区域面积开展水稻安全利用示范区建设，在其他二类地上采取水分调节、替代种植、休耕、改变用途等措施，在斗门区斗门镇小赤坎村建立面积1333.34平方米的蔬菜安全利用示范区，开展珠海市受污染耕地安全利用技术措施筛选项目，全市受污染耕地安全利用率99%；印发《珠海市超标粮食处置管理暂行办法》，开展市（区）级储备粮质量安全抽检工作，全年市生态环境部门抽取8个库点、28个样品，无重金属超标粮食；市市场监管部门抽检大米831批次，未发现重金属超标。严格建设用地准入管理，在国土空间规划等相关规划编制、土地征收、土地收回收购、土地供应、用途变更、规划许可等环节加强监管。实施联动监管，建立2022年联动监管“一本账”，涉及建设用地197块，纳入土壤污染重点监管单位名录清单40家。年内完成土壤污染状况调查报告评审127个，历年累计完成262个。对评审流程进行流程再造，对已通过专家评审但仍需修改的调查报告试行修改承诺制。加强暂不开发利用污染地块环境风险管控，要求各区做好地块开发利用管控工作，针对撤销注销排污许可、用地调查中高风险地块216块（次）开展土壤污染风险管控和修复活动等信息核实。推进提前调查，选取金湾区作为区域建设用地土壤环境污染状况调查评估先行示范区，推进土壤环境污染状况调查区域评估；做好质量监督检查，全市纳入检查范围地块64个，完成检查及整改51个，参与检查520余人次，市生态环境局抽查布点方案15个，检查组发出整改意见单116份。珠海市暂无建设用地土壤污染风险管控与修复名录地块，参照《“十四五”重点建设用地安全利用指标核算方法》（2021版）要求核查全年重点建设用地，安全利用率100%。（珠海市生态环境局）

【佛山土壤污染防治】2022年，佛山市印发《佛山市土壤与地下水污染防治“十四五”规划》《佛山市地下水污染防治试验区建设方案》《佛山市土壤污染防治先行区建设方案》《佛山市“两区”建设工作制度》。全年全市重点建设用地安全利用得到有效保障。年内，加强土壤污染源头防控。督促52家土壤污染重点监管单位落实隐患排查、自行监测等法定义务。推动高明同德化工有限公司实施土壤污染源头管控绿色化改造项目。对全市1025个村级工业园实行分级分类管控，强化村级工业园升级改造过程土壤污染防控。建立建设用地土壤污染状况调查全过程监管机制。强化事前预警，依托佛山市土壤信息管理系统对建设用地土壤污染状况调查地块启动项目登记，全年完成119个项目登记。强化事中监管，严格开展土壤调查报告评审，完成202个地块土壤污染状况调查报告的备案，开展土壤污染状况调查质量核查，全年完成98次采样现场质量核查、16家实验室质量核查，建立智能土壤样品库，实现对土壤样品精准留存和长期保存。强化事后保障，开展土壤调查报告抽查，重点抽查从事过工业生产且用途变更为“一住两公”（居住用地、公共管理与公共服务用地）的地块，年内完成20个地块报告抽查。推进佛山市土壤污染防治先行区和地下水污染防治试验区建设。佛山市获生态环境部同意开展地下水污染防治试验区建设和土壤污染防治先行区建设（简称“两区”建设），成为全国3个同时开展“两区”建设的城市之一。佛山市以“解决佛山问题、创造全国经验”为目标，坚持问题导向、先行先试、系统推进，围绕解决土壤和地下水生态环境保护问题，通过制度创新、机制创新、模式创新、技术创新，探索可复制、可推广的环境管理和技术模式，支撑深入打好净土保卫战。建立会议会商、沟通协调、信息报送等制度，每月刊发一期“两区”建设工作简报，印发《佛山市地下水污染防治试验区建设方案》《佛山市土壤污染防治先行区建设方案》和“两区”建设“四清单”（问题清单、措施清单、责任清单、成果清单）。

（佛山市生态环境局）

【惠州土壤污染治理】2022 年，惠州市受污染耕地利用得到严格管控，受污染耕地的安全利用率 100%，达到考核要求（90%）；全市重点建设地块安全利用得到有效保障，完成考核任务；3 个地下水国考点位水质达标率 100%，达到省考核目标。坚持源头治土，推进土壤污染防治攻坚。发布《惠州市建设用地土壤污染状况调查及报告评审工作指南》，加强建设用地联动监管，开展 43 个地块土壤污染状况调查报告评审，更新公布 57 家土壤污染重点监管单位，提升农村生态环境质量，完成 76 个行政村的农村环境综合整治。

〔惠州市档案馆（惠州市人民政府地方志办公室）〕

【东莞土壤污染防治】2022 年，东莞市运用污染物监测分析、大数据分析，及时发现环境问题，对污染进行溯源，协助环境执法工作，督促全市 427 家重点排污单位自动监控、7 家垃圾焚烧厂严格按照国家要求完成自动监控建设；推动 1.16 万家污染源在线监控实现平台联网，提高企业监管效能；针对散乱污等污染源，利用卫星遥感、无人机、走航车、微站、水平衡等在线监控技术，实施面源监控，污染溯源。印发实施《东莞市土壤与地下水污染防治“十四五”规划》《东莞市 2022 年土壤与地下水污染防治工作方案》等，明确土壤和地下水污染防治工作目标、重点任务、责任分工等，完善土壤污染防治政策体系顶层设计。7 月 5 日公布《东莞市 2022 年土壤污染重点监管单位名录》，纳入重点单位 29 家，督促企业落实开展隐患排查、自行监测等法定义务。印发《东莞市建设用地土壤环境联动监管方案》建立多部门联动监管机制，加强土壤调查“事前—事中—事后”质量监督管理，完成工作的建设用地土壤污染状况调查备案数量超 130 宗。运用土壤调查全过程监管软件及督查检查措施，截至 2022 年，针对建设用地土壤调查地块开展督查检查工作 81 宗；公布上半年及全年东莞市土壤调查报告评审通过情况；完成 5 个污染地块土壤污染风险管控与修复；完成省级化工园区地下水环境状况调查，编制“十四五”地下水国考点位水质达标保障方案。

（东莞市人民政府地方志办公室）

【中山土壤污染防治】2022 年，中山市加强土壤污染源头控制。印发《中山市土壤与地下水污染防治“十四五”规划》《中山市 2022 年土壤与地下水污染防治工作方案》《中山市建设用地土壤环境管理工作方案》《中山市区域建设用地土壤污染状况调查评估工作指引》。排查整治涉镉等重金属行业企业 113 家，更新并公布第六批土壤污染重点监管单位名录，至年底累计有重点监管单位 23 家；组织开展土壤污染防治专项检查，采取市镇联合检查方式，出动执法人员 67 人次，检查全市土壤污染重点监管单位 23 家。召开 2022 年度土壤和地下水污染防治培训，解读《中山市建设用地土壤污染风险管控和修复项目生态环境执法检查工作指引》《企业拆除活动污染防治技术规定（试行）》《建设用地土壤污染状况初步调查监督检查工作指南（试行）》《地下水环境监测技术规范》等技术文件。完成 41 个地块的土壤污染状况调查报告的评审及备案。完成三角镇高平化工区地下水环境状况基础信息调查及地下水防渗排查整改工作；完成北部组团垃圾综合处理基地地下水超标原因分析报告。加强畜禽粪污资源化利用计划和台账管理，印发中山市养殖池塘尾水在线监测实施方案，在南朗街道试点推进鱼塘养殖尾水在线监测系统建设；推动粪污处理设施建设及资源化利用，指导除水禽以外品种畜禽规模养殖场配套粪污处理设施建设。

（中山市人民政府地方志办公室）

【江门土壤污染防治】2022年，江门市生态环境局制定实施《江门市2022年土壤与地下水污染防治工作方案》，围绕重点建设用地安全利用和受污染耕地安全利用率两大目标任务，推进土壤污染防治工作。江门受污染耕地安全利用率稳定在90%以上，严格管控类耕地措施到位率100%；保障重点建设用地安全利用。是年，江门市落实建设用地土壤污染风险管控和修复名录制度，新增97个地块纳入土壤污染状况调查名录，完成115个地块土壤污染状况调查评估和1个地块土壤污染风险评估。严格建设用地准入管理，重点建设用地安全利用得到有效保障。持续推进农用地分类管理，全市受污染耕地实现安全利用率97.34%。强化土壤污染源头防控，发布2022年土壤污染重点监管单位名录，涉及企业47家，推动企业主体严格落实土壤污染隐患排查、自行监测等法定义务。开展农田灌溉水水质监测，全市4个大型灌区水质达标率100%。协同防治地下水污染，更新全市“双源”清单，完成江门高新技术产业开发区、江门市（鹤山）精细化工产业园2个园区及8个其他类型重点污染源地下水环境状况调查评估。

（江门市生态环境局）

【肇庆土壤污染防治】2022年，肇庆市开展涉镉等重金属行业企业排查整治“回头看”。针对“十三五”期间完成整改清单的6个污染源（鼎湖区新利达电池实业有限公司、肇庆市鼎湖区永安电镀厂、四会市垌溪金属制品有限公司、四会市煜升金属熔铸有限公司、四会市富余金属制品有限公司和怀集县龙星矿业有限公司连麦镇石坑铅锌矿），继续开展上述污染源排查整治“回头看”工作，未发现有整治不到位的情况。持续推进涉镉等重点行业企业排查整治。为加强农用地土壤污染防治，杜绝工业污染对农用地土壤造成污染，按国家和省有关要求，结合农用地土壤污染状况详查等最新数据，分别于9月和11月，开展全市范围内134家涉镉等重点重金属污染源排查整治工作。根据排查结果显示，暂未发现问题。强化土壤污染重点监管单位监管。为贯彻落实《土壤污染防治法》有关规定，结合全市重点行业企业土壤污染状况详查结果，动态更新土壤污染重点监管单位名录，督促重点监管单位依法全面落实土壤污染防治义务。将35家企业（工业园区）纳入肇庆市2022年土壤污染重点监管单位名录，并通过网络方式向社会进行公开。至年底，新增的8家重点监管单位全部完成隐患排查和周边监测，全市35家重点监管单位自行监测工作全部按时完成。

（肇庆市生态环境局）

绿色低碳发展模式建设

·绿色低碳生产方式·

【香港绿色低碳生产】2020年，香港特别行政区政府成立4亿港元的“低碳绿色科研基金”，为有助香港减碳和加强保护环境的科研项目提供资助。至2022年，该基金批出来自本地大学、公营科研机构及私人公司的项目22个，涉及总资助额约1亿港元。2021年，可持续发展委员会与香港教育局合作，为高中学生推出长远减碳网上学习平台；2022年10月作出更新，提供新的学与教材料。至年底，该平台吸引超过7万人次浏览。

（香港历史研究基金会）

【广州推进绿色低碳生产方式】2022年，广州市印发《广州市工业和信息化局广州市生态环境局关于做好2022年广州市绿色清洁生产及碳审核工作的通知》，完善重点行业清洁生产评价指标体系，提出完善清洁生产及碳审核验收推行机制、鼓励强制性清洁生产企业开展碳审核工作等新要求。全年全市有168家企业通过清洁生产审核验收，其中强制性清洁生产企业30家，自愿性清洁生产企业138家。上述企业共实施清洁生产改善方案2653个，带动投资8.37亿元，产生经济效益5.80亿元，可实现节能2.84万吨标煤，节水473.53万立方米，减排废水308.73万吨、化学需氧量9607.80吨、挥发性有机物718.79吨、二氧化硫37.61吨、氮氧化物98.94吨、烟（粉）尘16.78吨、一般固体废物4546.75吨、危险废物14471.16吨，减排二氧化碳当量3.69万吨。

是年，广州市开展国土空间规划领域碳达峰、碳中和规划策略研究，探索通过空间与用地的载体支撑作用，引领城市提质增效、减碳脱碳；继续推动世界银行中国可持续发展城市降温试点工作，形成“1+3”系列报告和主题宣传视频，参与世界银行生物多样性城市网络深度研讨会，分享广州生态城市规划建设经验。组建10支省级农技服务“轻骑兵”小分队和15支市级农技服务小分队，奔赴田间地头塘边开展技术指导，推广绿色低碳生产技术，打通绿色农技落地应用“最后一公里”，推动农业绿色低碳高质量发展。至年底，全市累计认定省（市）清洁生产企业（含实地评估、快速及简易流程）1710家，入围国家（市）绿色工厂、绿色设计产品、绿色工业园区、绿色供应链管理企业、工业产品绿色设计企业、再制造试点单位及国家（省）循环化改造示范（试点）园区等合计259个；绿色制造名单数量居全国主要城市前列。是年，全市通过清洁生产审核验收企业168家，完成省下达的清洁生产审核验收任务，其中通过工信部门清洁生产审核验收企业数量排全省第一名。通过验收的企业实施清洁生产改造方案2644个，总投入8.2亿元，产生经济效益5.7亿元，实现节能1.9万吨标煤、节水482.9万立方米，削减5.7万吨二氧化碳当量。根据《工业和信息化部办公厅关于公布2021年度绿色制造名单的通知》，广州新增国家级绿色工厂7家、绿色设计产品67种、绿色供应链管理企业2家；全年创建国家（市）绿色工厂13家、绿色设计产品67种、绿色供应链管理企业4家，创建数量居全省前列。

（广州市生态环境局；广州市规划和自然资源局；广州市农业农村局；广州市工业和信息化局）

【深圳绿色低碳生产】2022年，深圳市鼓励绿色低碳产业发展。推动绿色低碳产业集群化发展，印发新能源、智能网联汽车、安全节能环保三大产业集群行动计划，积极落实产业集群“六个一”工作部署。印发实施《深圳市促进绿色低碳产业高质量发展的若干措施》，明确重点支持清洁能源、节能环保、新能源汽车、生态环境、基础设施绿色升级和绿色低碳服务等六大领域，并从提升技术创新能力、新模式新业态创新发展、技术产品应用推广、数字赋能绿色转型等方面提出31条具体举措。倡导绿色低碳生产生活。夯实绿色产品认证能力基础，推动5家认证机构获得绿色产品认证资质，成为全国首批11家绿色产品认证机构。开展绿色产品认证宣传推广活动。开展2022年绿色认证与标识宣传周暨深圳市纺织行业绿色产品认证宣传活动。推动企业积极申请绿色产品认证。在全国率先开展快递包装绿色产品认证，发放广东首张绿色纺织产品认证证书，通过开展绿色产品认证与标识宣传活动，鼓励企业积极申请绿色产品认证。全年全市新增各类绿色产品认证证书500张，比上年增长11%。持续推动新建建筑全面绿色化。年内，《深圳经济特区绿色建筑条例》正式发布，在全国首度提出新建民用建筑和新建工业建筑全面绿色化的要求。首次将“碳达峰、碳中和”融入绿色建筑全生命期管控。聚焦“以人民为中心”核心思想，对建筑绿色性能提出更高要求，切实提高百姓对绿色建筑的获得感和体验感。全年全市重点区域新建建筑中高星级绿色建筑占比达80%，率先形成高星级绿色建筑聚集区。年内，深圳市新开工装配式建筑面积1845万平方米，新增绿色建筑面积1816万平方米。强化建筑领域绿色低碳宣传推广。推动举办2022年可持续建筑环境亚太地区会议，积极参展中国国际高新技术成果交易会等，展示深圳市在绿色建筑领域取得的相关成效。打造绿色低碳交通体系。新推广新能源汽车23.9万辆，总量76.6万辆。新增综合能源补给站6座、充电桩1.2万个。建成5座车网互动示范站。推动道路运输清洁化改造，完成物流配送车、环卫车和港口、机场作业机械清洁化替代6695台，推广LNG和氢燃料垃圾转运车202辆，推动盐田港东作业区、平盐铁路电气化改造。持续推进城市轨道网络建设，深江铁路、深汕铁路全面开工。地铁12号、14号、16号线及6号线支线建成通车，岗厦北、黄木岗、大运枢纽开通运营。截至年底，深圳市轨道交通运营里程达559千米，线网密度居全国首位。联合优化地铁与公交线路，调整公交线路178条，实现轨道一次接驳覆盖率超90%。深入推进慢行系统建设，截至年底，全市非机动车道里程超3000千米。年内，南山区开展经济生态生产总值（GEEP）常态核算，发布全国首个区级《促进绿色低碳发展专项扶持措施》。

（深圳市人民政府地方志办公室）

【珠海绿色低碳生产】2022年，珠海市持续推进绿色低碳生产，加强对污染物重点减排工程监管，推动企业更新填报《广东省固定污染源VOCs监管系统》，推动涉工业炉窑企业检查及级别认定工作。推进主要污染物重点减排工程项目，推动淘汰13台157.42蒸吨生物质锅炉；推动珠海粤裕丰钢铁有限公司开展超低排放改造，在烧结工序新增脱硝设施；新建高栏港装备制造区工业污水处理厂，推进北区水质净化厂二期、前山水质净化厂二期、南区水质净化厂三期、莲洲水质净化厂等生活污水处理设施建设，加速推进富山沙龙（工业）水质净化厂、金湾生物医药园工业水质净化厂二期和新青工业污水处理厂等工业污水处理设施建设。完成62家挥发性有机物（VOCs）重点监管企业年度分级申报评定工作，推动42家企业基本完成深度治理。更新调查重点企业排污情况，编制2022年度重污染天气应急减排项目清单。推动290家VOCs企业更新填报《广东省固定污染源VOCs监管系统》，及时掌握VOCs排放量大、活性较强企业的产排污信息，系统填报率95.22%。年内，完成14家企业VOCs生产全过程管控工作；指导23家重点VOCs监管企业规范更换活性炭；开展泄漏检测与修复（LDAR）专项行动，排查14家、现场抽测7家企业；开展VOCs重点监管工业企业专项执法行动，检查企业371家次，发现并责令3家企业整改问题；基本实现120家加油站、14家储油库油气密闭性专项检查全覆盖。开展涉炉窑企业分级管控，推动63家涉工业炉窑企业检查及级别认定工作，完成率100%。完成4台燃气锅炉低氮改造。印发施行《珠海市人民政府关于燃气锅炉执行大气污染物特别排放限值的通告》，推动新建和现有燃气锅炉分年度有序执行大气污染物特别排放限值。

（珠海市生态环境局）

【佛山绿色低碳生产】2022年，佛山市围绕大气、水、土壤污染防治攻坚行动，推进工业企业开展清洁生产审核和实施清洁化改造，从源头减少污染物排放，公布佛山市2022年应实施清洁生产审核企业名单，推动污染防治攻坚重点区域、重点行业实施清洁生产技术改造，开展清洁生产审核。全年有195家企业通过清洁生产审核，完成广东省下达的年度清洁生产任务，截至年底，佛山市有清洁生产证书有效期内企业1271家，数量排名全省前列。编制印发《佛山市创建绿色清洁生产示范产业园区实施方案》《佛山市绿色清洁生产示范产业园区评价指标体系》，创建绿色清洁生产示范产业园区。支持企业开展节能降碳改造，开展节能降碳、绿色发展等培训。全年完成阶梯电价、能耗限额、数据中心等国家工业专项节能监察合计58家。组织7家第三方服务机构免费为佛山市53家企业完成节能诊断服务。落实节能专项资金扶持政策，下达省级绿色循环发展与节能降耗专项资金504万元，安排市经济科技发展专项资金节能项目资金1832万元。发动优质园区、企业以促进全产业链和产品全生命周期绿色发展为目的，以建设绿色工业园区、绿色工厂、绿色设计产品、绿色供应链为主要内容开展绿色制造体系建设，新增1个绿色工业园区、9家绿色工厂、4家绿色供应链管理企业和120个绿色设计产品入选国家绿色制造示范名单，至年底，佛山市有2个绿色工业园区、44家绿色工厂、12家绿色供应链管理示范企业、5个绿色集成项目和205种绿色设计产品，绿色制造体系建设工作成效位居全省前列。重点围绕火电、钢铁、纺织、造纸、石化和化工、食品和发酵等高耗水行业，以被列入国家、省、市三级重点监控用水单位名录中的企业为重点对象，推动企业开展节水型企业对标建设，并组织开展节水型企业评价认定。全年有1个园区入选省级节水标杆园区，5家企业入选省级节水标杆企业，57家企业通过市级节水型企业认定，累计通过市级节水型企业认定企业171家。（佛山市工业和信息化局）

【惠州经济绿色低碳发展】2022年，惠州市严格落实生态环境分区管控，开展“三线一单”更新调整工作，加强“三线一单”成果应用，引导全市重点行业、重大项目规划布局；推动“散乱污”工业企业入园发展及整治规范，完成50家重点企业强制性清洁生产审核验收。主动服务重大项目建设，畅通重大项目、民生工程等环评审批“绿色通道”，跟进19宗通过国家审定的政策性开发性金融基金项目，其中15个项目办理环评手续、4个项目豁免环评，均按时完成；完成埃克森美孚惠州乙烯、恒力石化250万吨PTA、正威新材料等一批重大项目环评审批和大亚湾石化区、中韩产业园仲恺片区、新材料产业园规划环评审查；主动靠前对接，提供技术咨询支持，跟进新材料产业园污水处理厂尾水排放对海洋的影响及产业园地表水引流入海方案论证，推动石化能源新材料万亿级产业集群建设和重大项目落地。深化环评服务改革，推行正面清单管理，对纳入排污许可登记管理的10个大类30个小类行业豁免环评，对环境影响总体可控、受疫情影响较大、就业密集型等部分与民生相关的行业、项目实行告知承诺制审批，研究制定非现场审批、数字化审批、豁免审批等便企利企措施。至年底，全市审批环评项目982宗（含承诺制审批22个），登记表备案项目652个；完成企业排污许可证质量审核1170家，为高质量发展把好环保准入关。

印发《关于推动城乡建设绿色发展的工作措施》并推动全市贯彻落实。从推进城乡建设一体化发展、转变城乡建设发展方式、创新城乡建设工作方法、保障措施四方面聚焦城乡建设绿色低碳发展，具体内容包括坚持制造业当家、绿美惠州建设、百县千镇万村高质量发展、碳达峰碳中和等热点工程，提出可操作、可实施、可落地的行动措施，指导各单位推动落实。其中，发展绿色建筑和绿色建造方式作为推动城乡建设绿色发展重要举措，在2022年再上新台阶。全市全年新建绿色建筑占城镇建筑比例约92.5%，超额完成省、市政府安排的80%的目标任务，新开工装配式建筑面积占新开工项目面积比例约20.94%，完成预定工作目标。

是年，惠州市推进环评服务改革，服务重大项目建设，建立工作专班，抽调11名高级工程师、6名注册环评工程师，开展环评“面对面”服务，全程跟踪重大项目建设；开辟“绿色通道”，对重大项目、民生工程等实行项目环评即报批即受理即评估、评估审查同步；全市审批环评项目1317个（其中承诺制审批65个），登记表备案项目919个；太平岭核电二期项目选址“两评”报告、中海壳牌惠州三期填海项目环评报告获生态环境部审批，完成新材料产业园达标废水排海论证及排海方案编制工作。

〔惠州市档案馆（惠州市人民政府地方志办公室）〕

【东莞建设科技绿色发展】2022年，东莞市新增绿色建筑面积1190.28万平方米。出台绿色建筑激励政策，明确购买政府认定的绿色建筑商品住宅申请住房公积金贷款可依规上浮20%的额度。印发《东莞市建筑节能与绿色建筑发展“十四五”规划》。开展绿色建筑宣传。年内启动“绿色赋能，品质住宅”——“桂冠杯”东莞市第七届绿色建筑设计比赛。在设计阶段推动 140 个项目实施装配式建筑，面积 974.63 万平方米，新开工装配式建筑面积占新开工工程总面积的 31.81%。新增民用节能建筑面积 1582.91 万平方米，设计、施工阶段执行节能强制性标准比例均为 100%；新增既有建筑节能改造面积 64 万平方米。建筑能耗监测平台新增纳入 1 栋建筑，累计 147 栋；认定新型墙体材料生产企业 112 家，年总生产能力 3913 万立方米。强化科技赋能，深化“数字住建”建设，推进工地信息化标准化监管，构建项目、企业、人员的标准化三库，启用“莞 e 认购”“莞 e 住建”小程序，推动与相关部门数据共建共享，住房信息与建设工程管理初步实现全方位、全周期数字化监管。启动建设东莞市城市信息模型（CIM）基础平台。试点推进 CBD（中央商务区）商务区建筑建模落图与商务区示范应用建设。同步将全市承灾体普查 170 万栋房屋数据建模入库，初步形成 CIM 房屋信息基础库，探索建立住房管理与建设工程管理 CIM+ 应用体系。

（东莞市人民政府地方志办公室）

【中山绿色技术发展】2022 年，中山市产业结构优化调整，绿色技术加快发展。优化调整产业结构。加快高污染、高能耗落后产能出清，推动传统产业节能降耗与转型升级，发展新一代信息技术产业、健康医药产业、高端装备制造业等新兴产业，建设新能源汽车、风电装备等省级战略性新兴产业基地，力促产业结构向低耗能轻工制造转型。加快氢能产业发展，完成相关产业课题研究并出台产业发展规划，推进氢燃料电池创新发展和加氢站建设。发展绿色技术。先后打造阳明智慧能源集团股份公司技术中心（国家企业技术中心）、大洋电机新能源汽车电驱动系统国家地方联合工程实验室（国家地方联合工程实验室）、洋紫荆油墨环保油墨工程实验室（市级工程实验室）等一批绿色技术相关的创新平台，支撑中山市绿色技术创新突破发展。

【中山环保共性产业园建设】2022 年，中山市印发《中山市生态环境局推进共性产业园规划建设工作方案》《中山市共性产业园生态环境保护工作指引（试行）》，编制完成《中山市环保共性产业园规划（报批稿）》，提出“合理布局、配套齐全、严格准入、达标排放、智慧管理、无废低碳”建设原则，推行生活污水管网、雨水管网、生产废水管网“三网”分流，办公生活用电、生产用电“两电”分设，办公生活用水、生产用水“两水”分设。全市规划建设第二产业环保共性产业园 25 个，涉及金属表面处理、家具喷涂、发泡等。至年底，全市建成小榄镇北区社区高端环保产业园、中山聚诚达共享喷涂产业园和第一产业尾水养殖农业绿岛项目 3 个，推进 4452.13 万平方米养殖池塘尾水治理，正在规划建设的共性产业园 9 个。

（中山市人民政府地方志办公室）

【江门绿色低碳城市（园区）合作】2022 年，江门市结合江门大型产业集聚区（1395 平方千米）规划布局，在全省率先构建“双碳实验室 + 双碳产业园”政产学研融通发展新模式，重点建设硅能源、新能源电池、台山广海湾等三个双碳产业园，促进产业链与创新链深度融合，打造符合江门实际的绿色低碳产业。

广东（江门）硅能源产业园　位于鹤山市和新会区，规划面积 1693.36 公顷（25404 亩）。是年 8 月，广东省工信厅、省科技厅、省能源厅等三部门发布《广东省硅能源产业发展三年行动计划》，将江门列为广东省硅能源产业发展的主战场。江门市着力建设广东（江门）硅能源产业园，重点发展硅能源材料、器件、模组、终端应用等产业，促进产、学、研、物流、应用“五维一体”体系化布局，打造国家硅能源产业发展基地和产品进出口基地，建设具有全球竞争力的世界一流硅能源综合示范园区。

新能源电池产业园　位于新会智造产业园（位于江门市新会区大泽、司前镇），规划总面积1542.33公顷（23135亩），以新能源电池为主导，新能源装备为支撑，培育千亿元级新能源电池产业集群，打造“根植江门，辐射湾区”的新能源电池产业综合示范区。引入国内第三大动力电池生产商中创新航（中航锂电）50吉瓦时动力电池及储能系统江门基地项目，项目总投资200亿元，达产后预计产值超500亿元。中创新航项目是江门市新能源汽车及零部件产业引进投资额最大的实体项目，建成后将成为高度智能和环保的先进电池和电源系统标杆产业基地。

台山广海湾能源双碳产业园　位于广东（江门）大广海湾经济区，规划面积2000公顷（30000亩），拥有近20平方千米连片可建设用地和深水港码头等优质资源，是全省重要的电力能源供应基地（规划装机容量超2000万千瓦）。该产业园依托台山核电（由中国广东核电集团与法国阿海法集团、法国电力公司签署合作建设、运营的全球单机容量最大的核电机组项目，是中法两国能源领域在华最大合作项目）、国能台电、汇宁时代等大型能源项目，大力推广清洁能源综合利用，构建风、光、水、火、核、氢、储一体化产业体系，同步导入绿色低碳电力装备和生物医药产业，打造能源型低碳产业园标杆，建设智慧型零碳循环园区。每年可减少温室气体排放超过2000万吨。

（江门市工业和信息化局）

【江门低碳清洁生产技术应用】2022年，江门市结合环境质量提高需求，推动VOCs重点监管企业、涉重金属企业等开展清洁生产审核，从源头上减少污染排放，实现主要污染物排放总量持续下降。企业在开展清洁生产的过程中，对全厂各生产工序综合评估，对标国内外同行业先进企业在节能、减排、降耗等方面全面分析，为加快形成绿色生产方式、推动实现高质量发展提供有力支撑。2022年，34家企业实施清洁生产审核的企业完成评估验收工作。

（江门市生态环境局）

【肇庆绿色低碳生产】2022年，肇庆市规上工业单位工业增加值能耗下降6.5%（当量值口径）。加快推动国家级绿色制造试点示范建设，推进“主导＋特色”产业集群行业企业开展绿色制造示范创建。小鹏汽车、山鹰纸业、大正铝业等3家企业获评国家绿色工厂，将军陶瓷2项产品获评国家绿色设计产品。全面推进清洁生产，推动工业企业开展清洁生产审核，指导各地对企业实施清洁化改造，组织开展清洁生产企业认定，完成清洁生产审核企业38家，完成省下达的目标任务。推动一般工业固体废物综合利用。加强再生资源行业规范公告管理，对公布的行业规范公告企业开展监督检查，强化国家再生资源综合利用等行业规范条件企业管理。创建工业固废综合利用示范项目，四会绿富域“环保能源热力发电炉渣综合处理项目”，使发电炉渣处置能力达到13.6万吨/年，获省级专项资金500万元扶持。开展节水型企业、园区创建。推动星湖科技、山鹰纸业等9家企业成功创建市级节水型企业，肇庆高新区成功建成省级节水标杆园区，精英纺织列入省重点行业“水效领跑者”。推动重点行业能效对标。组织水泥、造纸、纺织、陶瓷等行业年综合能源消费量5000吨标准煤以上的企业参与能效对标。萨米特陶瓷、振鹏陶瓷列入省重点行业“能效领跑者”。

（肇庆市工业和信息化局）

·绿色低碳生活方式·

【广州推进绿色低碳生活方式】2022年，广州市结合无废城市建设、国际生物多样性日、“六五”环境日、全国低碳日、全国节能宣传周等节日，深入社区、学校开展宣传活动，开展“建设无废城市，推动绿色低碳循环发展”“共建地球生命共同体”“共建清洁美丽世界，环保法规再谱新篇”“低碳游览湿地，共建美丽家园”“绿色低碳，节能先行”等宣传以及“送法上门”环保法律普法活动；举办“我为羊城环保代言”主题宣讲比赛。组织开展全国低碳日宣传活动，在海珠湖、碳普惠平台开展线上线下形式多样的宣传推广活动，加强低碳生活宣导。开展低碳社区、校园、景区低碳建设试点，并在此基础上总结试点建设指南和推广方案。深化碳标签研究，选择7个特色农产品开展碳标签评价试点，分析农产品生产碳排放情况，助力低碳农产品生产。是年，广州市内11家全国环保设施开放单位向公众开放线下活动462批次，累计接待参观人员21591人次，其中9个单位开展线上活动22次，在线观看人数390289人次。以建设宜居宜业和美乡村为主线，以全域干净整洁为目标，组织开展村庄清洁行动，采取线上、线下等多种形式宣传发动，动员党员干部和村民开展环境卫生大扫除，增强群众爱护环境卫生的意识，形成绿色低碳的生活方式。

（广州市生态环境局；广州市农业农村局）

【深圳绿色生活创建】2022年，深圳市面向全市12个领域深入开展绿色生活创建行动，命名第一批绿色单位777个。推进生态环境宣传教育，在全国地级市中率先出台《“美丽中国，我是行动者”深圳市提升公民生态文明意识行动计划（2021—2025年）》。组织编写并发布全国首部《自然学校绿皮书》。组织编写《深圳市生态文明教育读本》，面向150万中小学生开设生态环境主题网课。首次采用AR技术，以“零碳”理念举办“六五”环境日系列活动。在《联合国气候变化框架公约》第二十七次缔约方大会（COP27）美丽中国案例推介活动中分享深圳经验。深圳市在《生物多样性公约》第十五次缔约方大会（COP15）上获“生物多样性魅力城市”称号，并入选“自然城市行动平台”。首次开展深圳市“最美生态环保志愿者”和“最美生态环保组织”推选活动，华侨城湿地自然学校孟祥伟入选全国百名最美生态环境志愿者，深圳市标新科普研究院气候科普公益宣传进万家活动入选全国十佳公众参与案例。

（深圳市人民政府地方志办公室）

【珠海绿色生活创建】2022年，珠海市“绿色生活进万家”志愿服务活动获广东省十佳公众参与项目奖、珠海市最佳志愿服务项目奖、珠海市优秀益苗计划奖、珠海市深化文明城市建设典型案例。市生态环境局获2022年广东省环境教育基地优秀组织奖。培育社会组织参与环保公益项目，《“碳中和”环保教育公益课程研发与推广》入选2022年广东省优秀环保公益项目培育行动。挖掘2022年“广东省最美生态环保志愿者”等先进典型故事；结合国际生物多样性日、世界环境日等开展主题宣传实践活动。开展“生态多样性主题手抄报大赛”、“生态珠海 你我同行”IP创作大赛、“第一届珠海市生态文明视频征集大赛”等线上线下活动20余场次，联合珠海传媒集团开展习近平生态文明思想百姓宣讲系列活动10期。依托珠海生态文明高校行动联盟十所高校开展联盟项目13个，涵盖生态调研、科普义教、文化创作、志愿服务等方面，其中珠海市生态调研大赛在网络投票环节访问量130多万人次，参与投票人数101万人。生态文明主题班会课项目结合世界环境日、全国低碳日，开发“碳”索生活视频课程和社会科学项目课程，组织30万名中小学生同上生态文明主题线上班会课。以珠海生态环境特色及常见鸟类为素材创作“鸟瞰珠海”桌游项目，寓教于乐深受中小学生欢迎。（珠海市生态环境局）

【佛山绿色建筑发展】2022年，佛山市城镇新开工民用建筑面积1600.03万平方米，其中绿色建筑面积1510.14万平方米，占比94.38%。全市城镇竣工绿色建筑面积1980.76平方米，占城镇竣工建筑面积的92.04%。其中，禅城区城镇竣工绿色建筑面积357.6万平方米，占城镇竣工建筑面积的99.33%；南海区城镇竣工绿色建筑面积486.37万平方米，占城镇竣工建筑面积的82.37%；顺德区城镇竣工绿色建筑面积688万平方米，占城镇竣工建筑面积的99.11%；高明区城镇竣工绿色建筑面积228.86万平方米，占城镇竣工建筑面积的91.06%；三水区城镇竣工绿色建筑面积219.93万平方米，占城镇竣工建筑面积的85.88%。开展佛山市绿色建筑发展专项规划和建筑领域碳排放达峰研究分析与配套政策措施专项课题研究，从空间规划、土地出让环节明确绿色建筑有关政策，系统梳理建筑领域碳排放工作需求，指导佛山市开展碳达峰碳中和相关工作。完善政策及配套文件，印发《佛山市绿色建筑创建行动实施方案（2022—2025）》，明确绿色建筑2022—2025年工作目标及具体落实举措，要求佛山市行政区域内城镇新建民用建筑全面按照绿色建筑标准进行建设，划定新建建筑绿色建筑等级执行要求。编制“佛山市绿色建筑设计审查与施工验收登记表”、“建筑能耗、碳排放、可再生能源分析报告”（佛山范本）等6份对应范本，指导佛山市绿色建筑项目设计、审查与施工验收登记用表，以及建筑碳排放及节能相关报告及用表的规范。开展编制佛山市绿色建筑发展专项规划工作，通过专项规划明确绿色建筑发展目标、重点发展区域等，并结合国土空间规划等确定各类民用建筑的绿色建筑指标和布局要求，做好绿色建筑工作的顶层设计。举办2022年广东省建筑领域节能宣传月佛山分会场启动仪式；开展2022年建筑节能、绿色建筑、绿色建材、装配式建筑与BIM技术知识微信有奖竞答活动，以及“绿色低碳　节能先行”2022年佛山市建筑领域（走进工地）节能宣传活动观摩等多项建筑节能宣传活动。与省建科院联合组织举办“共倡绿色发展、共建未来城市”高峰论坛，邀请院士、专家共商共谋佛山市城乡建设绿色发展，现场参会近200人，线上参会人数4.4万人。

（佛山市住房城乡建设局）

【佛山公园绿地建设】2022年，佛山市推进园林绿化建设任务，提升城市园林绿化品质，以“推窗见绿、漫步进园”为标准，抓实推进公园绿地、桥梁立体绿化、大型公园、儿童公园、口袋公园、社区体育公园和边角位微绿地项目建设，强化城市管理及文化融合，打造更加开放共享、安全舒适、实用和更有魅力的全龄友好型公园。全年全市新增绿化面积228.69公顷，改造绿化面积130.51公顷。其中新增公园绿地219.24公顷，改造公园绿地91.42公顷；新建、改建道路绿化面积20.04公顷，建成桥梁立体绿化11座（总长3.63千米），新增绿道55.19千米。建成面积5公顷以上大型公园9个，口袋公园232个，小微绿地56个，社区体育公园41个。

（佛山市城管执法局）

【惠州推动城乡建设绿色发展】2022年，惠州市推动全市城乡建设绿色发展。12月29日，惠州市委办公室印发《关于推动城乡建设绿色发展的工作措施》。在贯彻落实省推动城乡建设绿色发展精神的基础上，结合惠州发展实际，提出具有本地特色的工作内容和目标。加快推动“丰”字交通主框架及其他高速公路建设；打造世界级绿色石化产业高地，联合深莞打造世界水平数字产业基地；打造大湾区清洁能源中心等。以绿色低碳发展为核心，从多方面、多层次、多角度来推进城乡建设绿色发展。从国土空间角度统筹区域绿色发展；从土地开发建设角度强调建设人与自然和谐共生的美丽城市；从城乡协调发展角度突出农村人居环境改善和绿色农业发展；从建筑产业和建筑降碳角度推动高品质绿色建筑建设；从资源集约化利用和循环发展角度倡导绿色低碳消费和生活方式等。聚焦碳达峰碳中和工作，推动新建建筑降碳和提升既有建筑节能水平；聚焦绿美广东建设，提出优化林分、优美林相，不伐移老树和有乡土特点的现有树木，建立古树名木资源保护发展的长效机制；聚焦县域经济发展，全面推进百县千镇万村高质量发展工程；聚焦“无废城市”建设，推进危险废物整治行动。

〔惠州市档案馆（惠州市人民政府地方志办公室）〕

【东莞推动低碳节能工作】2022年，东莞市推进碳达峰碳中和工作，实现能耗总量和强度“双控”，市发展和改革局出台实施《东莞市能源发展“十四五”规划》《东莞市节约能源“十四五”规划》，推进节能降耗工作，实现全市煤炭消费约1050万吨，完成年度煤炭压减60万吨的目标。截至2022年，全市规模以上工业综合能源消费量1519.75万吨标准煤，单位地方生产总值能耗下降5.2%，2021—2022年累计下降9%，完成省下达“十四五”时期下降14.5%目标进度的62.07%，超额完成进度目标。东莞市主要污染物总量减排任务为化学需氧量、氨氮、氮氧化物和挥发性有机物4项主要污染物指标，年削减量分别为6000吨、800吨、4000吨和2800吨。截至2022年，全市化学需氧量、氨氮、氮氧化物和挥发性有机物四项主要污染物重点工程累计削减量分别为1.01万吨、1146吨、5990吨和4049吨。推动绿色能源快速发展，出台《东莞市加快充电基础设施建设布局工作方案》《东莞市汽车基础设施建设“十四五”规划》《东莞市加快分布式光伏规模化开发利用工作方案》《分布式光伏发电项目建设管理办法》等一系列政策措施，全年推广应用新能源汽车7万辆，累计14万辆，新建充电站198座、公共充电桩超1600个，建成充电桩1.5万个，其中总功率70%以上为直流快充桩。全年新增光伏装机超27.6万千瓦，累计装机77.22万千瓦。

（东莞市人民政府地方志办公室）

【江门创建节约型机关】2022年，江门市发展和改革局发挥公共机构在节能降碳工作和建设美丽侨乡中的先行带动作用，持续深入推进全市节约型机关创建工作，全市124个党政机关完成创建工作，累计275个党政机关完成创建工作，创建完成率72.94%，超过省下达江门市创建目标，其中开平市累计创建完成率84.48%，提前完成“十四五”创建目标任务；新会区、江海区、恩平市、台山市、蓬江区、鹤山市创建完成率均达70%以上。（江门市发展和改革局）

【肇庆绿色生活创建】2022年，肇庆市推进绿色生活创建，加快建设生活垃圾处理基础设施，有生活垃圾焚烧发电厂2座、填埋场4座（2座为应急场），可用设计处理能力4555吨/天（含应急能力1203吨/天），其中焚烧处理能力3000吨/天，焚烧能力占比为89.5%。全市处理生活垃圾117.22万吨，焚烧处理量93.41万吨，无害化处理率100%，焚烧处理率79.69%。中心城区（端州、鼎湖、高要区）基本实现全焚烧、零填埋，全市生活垃圾实现无害化处理，进一步实现垃圾处理“减量化、无害化、资源化”。

（肇庆市城市管理和综合执法局）

【佛山打造全省首个能源领域近零碳排放示范工程项目】2022年，佛山市通过调研遴选及专家论证，选取佛燃能源集团股份有限公司开展天然气管网压力能综合利用及天然气制氢加氢一体化减碳技术应用示范项目建设，该项目也是广东省首个能源领域近零碳排放示范工程项目。该示范项目围绕“天然气管网压力能综合利用”和“天然气制氢加氢一体站”两项低碳技术，从7个方面创新助力能源绿色低碳发展。包括创新使用广东省内第一套双转子膨胀机装置，无须消耗其他能源，通过回收天然气降压过程中被浪费的能量，驱动发电机产生电能；利用现有天然气场站基础设施进行技术改造，多级膨胀提升压力能回收范围和效率，对电、冷就近开展综合利用，提高低品位能源利用效率；构建电能“生产、储存、利用”一体化系统，开发能量管理系统，配置储能电池，实现电能动态平衡；全国率先采用撬装式天然气制氢设备，运用“天然气低碳制氢+电解水绿色制氢”多种制氢模式，氢气纯度达99.999%，开辟制氢加氢产业发展新路子，为实现“3060双碳目标”树立制氢加氢一体站样本；耦合制氢、加氢、加气、充电等多种能源供应功能，符合国际一致认同的“可再生能源+氢”减碳路径，日制氢、加氢能力达1100千克，可满足公交车100车次或物流车150车次的加氢需求，屋顶光伏发电系统装机容量达230千瓦，年发电量24万千瓦时，可通过电解水工艺生产5000千克绿氢；一体站内融合制氢、储氢与加氢环节，省去氢能产业链的运输与装卸环节，降低终端用氢成本和城市道路运输风险；采用自主研发生产的“高压比、大排量”氢气隔膜压缩机，各项性能指标均优于国家和行业标准，以国内领先技术水平驱动项目示范推广，助力现代能源体系构建，推动绿色能源转型。截至年底，该示范项目完成工程建设并通过专家验收，可实现二氧化碳减排4340吨/年，在推动天然气低碳高效利用、清洁能源制氢技术示范应用等领域走在全省乃至全国的前列。

（佛山市生态环境局）

【国内首款氢能共享单车试运营】2022年10月1日，氢能共享两轮车在佛山市南海区丹灶镇仙湖度假区试运营，共投放25辆，设置仙湖实验室、澹如书屋、金融街、环湖南路4个站点，以共享单车的模式运营。氢能共享两轮车车身呈蓝白色，采用金属储氢方式，整车净重36.4千克，最高时速可达25千米，续航80多千米。该型号氢能共享两轮车采用金属氧化物固态储氢技术，充放氢压力低、安全性强、体积储氢密度高，能有效解决城市群众零碳环保、方便快捷的出行要求。市民只需扫码，在手机上完成简单的操作即可开锁骑行，试运营期间每15分钟收费1元。

【佛山烧制出全球首块“零碳瓷砖”】2022年12月23日，氢氨融合零碳燃烧技术重大成果新闻发布会在佛山市南海区仙湖实验室举行。现场宣布全球首块零碳氨燃料烧制的绿色瓷砖成功出炉。该“零碳瓷砖”是规格750毫米×750毫米的抛釉砖，于2022年12月18日在佛山欧神诺陶瓷有限公司的窑炉烧制而成，所用的燃料全部是氨气燃料，烧制过程中不产生碳排放，氮氧化物、二氧化硫及颗粒物等烟气污染物均低于国家标准限值，吸水率0.01%，强度41.6兆帕，均高于瓷质砖国家标准要求。（佛山年鉴社）

·垃圾分类·

【澳门垃圾分类工作】澳门特别行政区环境卫生主要由市政署、环境保护局及卫生局负责执行或监督。近年通过兴建封闭式垃圾收集站及设置压缩式垃圾桶，逐步取代或淘汰街道开放式大型垃圾桶。市政署每年3次推行“大型废旧家具收集计划”，设置临时收集站供居民弃置大型废旧家具；澳门清洁专营有限公司于春节前后推出类似安排，方便居民弃置因“大扫除”及节后产生的大型垃圾及年花。市政署及环境保护局在澳门各地设置资源垃圾公共回收点，提高居民资源回收意识。2022年，澳门有122个封闭式垃圾收集站，122个压缩式垃圾收集点及296个资源垃圾公共回收点。

（澳门基金会）

【广州垃圾分类工作】2022年，广州市修订发布地方标准《生活垃圾分类设施配置及作业规范》，开展物管小区“十个一”专项提升行动，建成第三批星级投放点1023个，创建农村生活垃圾分类样板村100个。开展绿色低碳办公、“限塑”、绿色快递等12个专项行动，重点行业生活垃圾源头减量38.7万吨。开展“全民行动日”“五进”“小手拉大手”等垃圾分类主题宣传活动22.9万次，中央、省市媒体报道1743篇次，垃圾分类工作经验在中央文明办《精神文明建设》上头条刊发。分类规范各类生活垃圾收运车辆涂装，着力提升收运车辆形象、不断优化收运线路，持续提高作业成效，重新划定中心七区餐厨垃圾收运范围，初步建立废弃食用油脂特许经营体系，全面落实分类收运管理责任。

（广州市城市管理和综合执法局）

【深圳垃圾分类工作】2022年，深圳市生活垃圾产生量1163万吨，其中可回收物364万吨，均资源化利用处理，厨余垃圾分类量186万吨，通过厨余垃圾设施进行资源化利用，其他垃圾613万吨，运往5个能源生态园进行焚烧处置。

建筑废弃物产生量13080万吨，通过本地综合利用及消纳5001万吨，运往周边城市平衡处置8079万吨。水质净化厂污泥产生量222万吨，本地电厂掺烧处置186万吨，其余运往周边城市协同处置。工业危险废物产生量66万吨，本地利用处置36万吨，市外利用处置30万吨。医疗废物产生量8万吨，全部得到无害化安全处置。一般工业固体废物产生量345万吨，本地利用175万吨。（深圳市人民政府地方志办公室）

【珠海生活垃圾分类】2022年，珠海市推动完善垃圾分类投放、分类收集、分类运输、分类处理体系。生活垃圾分类工作被列入《2022年珠海市人民政府工作报告》，纳入各区党政领导班子考核体系，列入市级督察检查考核计划。全市居民小区、公共机构、公共场所、经营区域生活垃圾分类有效覆盖率100%，生活垃圾分类投放点升级改造比例达到99%，生活垃圾运输专用车692辆，生活垃圾分类运输、分类处理体系持续完善，保持全市原生生活垃圾“全焚烧、零填埋”，城市生活垃圾无害化处理率100%，生活垃圾资源化利用率86%。据住房和城乡建设部公布的全国城市生活垃圾分类工作评估结果，第二季度珠海市在全国76个大城市中位列第一档第八名，在广东省大城市中位列第一名。对全市环保生物质热电工程一、二期项目、餐厨垃圾处理一期项目开展线上称重计量、环保数据排放、运行参数检测，线下24小时驻点监管并每月报告驻场监管情况。全年，全市生活垃圾产生量113.33万吨，日产生活垃圾量为3104.84吨/日，城乡环卫一体化作业，全部运至珠海生态环保产业园的环保生物质热电工程一期、二期项目焚烧处理。厨余（餐厨）垃圾处理一期项目（330吨/日）于2021年建成并接收餐厨垃圾调试运行，2022年6月27日通过专家评审进入试运营期。全市（不含海岛）开通餐厨垃圾收运线路33条，收运餐饮单位4640个（含驳运2960个），全年收运餐厨垃圾7.06万吨。

（珠海市城市管理和综合执法局）

【佛山垃圾分类工作】2022年，佛山市印发《佛山市生活垃圾处理“十四五”规划》，组织开展佛山市环境卫生专项规划编制工作，完善生活垃圾收运和处理设施建设及城市生活垃圾分类体系建设。出台《佛山市生活垃圾分类管理办法》，并于4月1日起施行。全年全市32个镇（街道）6863个产生源基本实现垃圾分类覆盖，1699个居民区完成“楼层撤桶”，升级改造分类投放点2417个，安装垃圾分类亭3516座，配套分类收运车辆2600辆。年内，打造“成百上千”标杆工程，创建1030个标杆单位（500个居民区、200个公共机构、200个餐饮机构、130所特色学校），重点围绕“四落实”（落实厨余垃圾分类收运、落实居民区“楼层撤桶”、落实桶边督导、落实定时定点）和“三提升”（提升知晓率、提升参与率、提升准确率）目标攻坚。开展废旧衣物回收箱体规范整治，以旧衣物回收为突破口，逐个品类深化资源回收利用，全市前端回收旧衣物的企业或社会组织有60余家，投放回收箱体4474个。以创建特色学校为引领，深入推进垃圾分类进“进校园、进教材、进课堂”，全面推广《佛山市中小学生垃圾分类知识读本》，开展“校园资源回收日”主题实践活动。市垃圾分类办制作12类场所的《佛山市生活垃圾分类应用场景指导手册》和宣传视频，打造垃圾分类科普基地28个，南海固废处理环保产业园获评第一批“全国科普教育基地”。全年全市开展垃圾分类培训3497场次，覆盖39.39万人次。建立垃圾分类工作激励机制，落实总激励资金4800万元，对垃圾分类成效显著的居民区物业服务企业、村（居）委予以资金激励，项目于2022年7月1日上线佛山扶持通平台，全年有6个居民区通过申报。（佛山市城管执法局）

【惠州垃圾分类工作】2022年，惠州市抓好垃圾“大分流”源头减量。5月，惠城中心区餐厨垃圾资源化处理服务项目投入运营，与原有的2个餐厨垃圾处理试点项目实现无缝衔接，确保餐厨垃圾资源化利用和无害化处理。惠城中心区专项收运处理的大件和园林垃圾、餐厨垃圾、可回收物和有害垃圾约占惠城中心区生活垃圾总量的 17%，提高生活垃圾减量化、资源化、无害化处理水平。制定《惠州市建筑垃圾处置核准工作指引》，规范全市建筑垃圾处置核准行为，加强建筑垃圾资源化利用项目运营常态化管理。基本建立生活垃圾“四分类”收运处理体系。市区公共机构、物业小区、集贸市场、餐饮机构等 1490 个场所配齐分类设备，规范分类标识、公示牌、分类指引，垃圾分类覆盖率 100%，基本实现生活垃圾前端分类投放、中端分类运输、末端分类处理。加强垃圾分类宣传，推进垃圾分类科普馆建设，依托环卫网格管理，加强对惠城中心区沿街 16037 间商铺的垃圾分类宣导，通过线上线下齐发力，全方位、全覆盖持续开展垃圾分类宣传，提升居民垃圾分类意识。加强垃圾分类督导。每月对物业小区的垃圾分类进行检查、考核、评估，将考评结果与返还垃圾清扫费挂钩，促进物业小区责任人制度的落实。实施生活垃圾处理设施提标升级方案，完成生活垃圾处理设施建设项目 13 个、投资约 10 亿元，新增生活垃圾焚烧处理能力 2550 吨 / 天，全市处理能力达 9900 吨 / 天，全市生活垃圾焚烧量 316.7 万吨，比上年降低 8%，其中跨县（区）调剂共享处置生活垃圾约 1800 吨 / 日；建成使用城乡生活垃圾中转站 141 座，农村保洁覆盖面 100%。推进城市生活垃圾分类，4 个区分类示范区创建如期通过验收，前端“大分流”实现垃圾减量率达 6%；回收利用率 21.43%，比上年提升近 10 个百分点，其中收处厨余垃圾 14.76 万吨，比上年增长 57.19%；收处可回收物 11.72 万吨，增长 177%，在省内率先实现原生生活垃圾“全焚烧、零填埋”、100% 无害化及城乡生活垃圾一体化处理目标；在住建部通报的 2022 年第二季度评估中，惠州市在同类别的 76 个大城市中排名第 29 名。

〔惠州市档案馆（惠州市人民政府地方志办公室）〕

【东莞垃圾分类工作】2022 年，东莞市注册成立华南地区首家、国内第二家垃圾分类协会。出台《东莞市生活垃圾分类管理规定》，在全省率先开展环卫作业分级分类管理，基本建成城乡生活垃圾分类处理体系。完成全市公共机构、松山湖高新区、滨海湾新区、莞城街道、南城街道、东城街道、万江街道的垃圾分类全覆盖，28 个镇 30% 的村（社区）实现垃圾分类有效覆盖，初步建立生活垃圾分类投放、分类收集、分类运输、分类处理城乡一体化系统。全年生活垃圾无害化处理率 100%。建成 2 座集中式厨余垃圾处理设施，46 座分散式厨余垃圾就地处理设备，总处理能力 1200 吨 / 日。采取镇收集、市收处的模式，建设 750 个有害垃圾专用投放收集箱，34 个有害垃圾临时贮存点，配置 42 辆有害垃圾专用收运车，建有虎门收贮转运中心。采取“培育龙头、规范市场”的处理模式，建成 1561 个可回收物便民交售点，提供定点交售和预约上门回收服务。建成 26 座配有破碎设备的大件垃圾处理中心，合计处理能力 750 吨 / 日，全市设有大件垃圾投放点约 960 个，主要采取“定点清运”或“预约上门回收”，配置收运车 130 余辆，基本满足处理需求。

（东莞市人民政府地方志办公室）

【中山垃圾分类工作】2022 年，中山市垃圾分类工作在全国 86 个中等城市中居第七位，属于第一档“成效显著”等级。印发《中山市餐厨垃圾管理办法》，制定垃圾分类管理团体标准等配套政策。建立试点再生资源回收企业名录库，打造可回收物便民交售点 298 个，推动再生资源回收利用体系与生活垃圾收运体系实现“两网融合”。对全市 1000 个场所开展厨余垃圾收运，厨余垃圾资源化处理量每日 300 吨，实现厨余垃圾从无到有。全市建成垃圾分类示范镇（街道）10 个和各类型场所示范点 681 个，以点带面促进垃圾分类提质增效；指导各镇（街道）规范设置生活垃圾收集设施，推进城区主干道配置 2600 个标准垃圾分类箱。打造“固定

+移动”“线上+线下”垃圾分类宣传矩阵。“中山市生活垃圾分类科普长廊及垃圾分类普法”项目获得2022年广东省第四届法治文化节金奖、全省国家机关“谁执法谁普法”创新创先优秀普法项目。

（中山市人民政府地方志办公室）

【江门垃圾分类工作】2022年，江门市推动蓬江区、江海区全域及新会区城区基本建成垃圾分类示范片区，生活垃圾无害化、减量化和资源化处理水平明显提升。在住建部组织的垃圾分类评估中，江门市连续多个季度位列全国中等城市第一档。2022年，江门市将垃圾分类工作列入市政府年度重点工作任务清单，发布实施《江门市环境卫生专项规划（2021—2035年）》，为全市中长期垃圾分类设施建设和管理提供依据。可回收物、有害垃圾、厨余垃圾、其他垃圾等四分类收运处理体系基本形成。推动城区公立学校、公共机构、居民小区等基本实现垃圾分类覆盖。持续开展垃圾分类宣传教育和志愿者服务活动，强化市民分类意识。至年底，全市有7个在用生活垃圾处理设施，其中生活垃圾填埋场4个、焚烧处理厂1个、餐厨处理厂2个，处理能力4840吨/天。是年，全市同步推进5个生活垃圾焚烧处理项目建设，其中开平市固废综合处理中心一期一阶段扩建项目于12月30日点火试运行，其他4个项目均已开工建设，生活垃圾焚烧处理能力达到1000吨/天。

（江门市城市管理和综合执法局）

【肇庆生活垃圾处理】2022年，肇庆市制定印发《2022年肇庆市城区生活垃圾分类工作方案》，通过十大提升行动，开展示范社区创建，加快补齐各项短板弱项，持续深化端州区、鼎湖区、高要区示范片区建设，不断完善各类垃圾处理体系，全面提升生活垃圾分类工作总体水平。城区73个社区、95所学校、485个居民小区、867个公共机构分类投放设施基本覆盖，实现公共机构、校园和居民小区生活垃圾分类100%全覆盖。在住建部2022年第一、第二、第三季度生活垃圾分类工作专项评估中，在全国86个中等城市中分别排名第九、第九、第八，位于第一档“成效显著”。

（肇庆市城市管理和综合执法局）

·城市绿道和碧道建设·

【概况】2022年，粤港澳大湾区内地九市建成碧道1516千米。碧道结合中小河流治理、海堤达标加固、大江大河防洪工程建设，所在河段堤防全部达到规划确定的防洪标准，河道防洪能力显著提升，水质优良河段长度明显增加，生态流量（水位）得到有效保障，越来越多的水岸地带成为城乡居民休闲、锻炼、通勤的健康之道、生态廊道、休闲驿道、文化漫道，成为新的网红点、打卡地、享受区。中央投资和年度任务全面完成，走出一条高度城市化地区小流域打造幸福河湖的新路径。（广东省水利厅）

【广州碧道建设】2022年，广州市印发《广州市骨干碧道网设计导则》，建设碧道208千米，全市累计建设碧道1029千米。增城区、黄埔区获得省河长办万里碧道建设激励，南岗河入选国家首批幸福河湖建设项目，大沙河碧道荣获国际风景园林联合会亚非中东地区奖和广东风景园林规划设计奖，增江碧道入选广东“最生态碧道”。

（广州市水务局）

【深圳城市绿道和碧道建设】2022年，深圳市新增绿道368千米，公园总数1250个。编制《深圳市绿道网（多层次户外步道体系）专项规划（2021—2035年）》，推动绿道、碧道、郊野径远足径、自行车道等“多道融合”。全年新建改造都市型绿道120千米，打造宝安立新湖绿道、盐田半山绿道等一批精品绿道。编制《深圳市远足径专项规划（2022—2025年）》，梳理构建亲自然游憩网络。出台《深圳市远足径郊野径标识体例（2022）》，发布地方标准《远足径建设规范》，全年新建改造远足径郊野径

248 千米，打造塘朗山—大沙河—深圳湾山海通廊等 11 条精品线路。制发实施《深圳市 2022 碧道建设计划》，出台市管碧道项目财政转移支付政策，推动碧道建设，建立督导和每月通报制度，开展茅洲河、龙岗河、坪山河、观澜河和光明湖生态本底调查，印发《深圳市四河一湖碧道生态调查报告及分段生态恢复策略》，助推“四河一湖”碧道建设，全年建成碧道 273.75 千米，茅洲河碧道试点工程、大沙河碧道、新洲红树碧道、正坑水碧道、环西丽湖碧道等相继建成，提升周边滨水空间品质，成为广大市民休闲游乐好去处；印发实施《深圳市碧道评价认定实施细则（试行）》，开展碧道评价，全年完成 78 条（段）碧道评价，均为合格及以上，茅洲河获评“全国十大美丽河湖提名案例”，茅洲河、大沙河入选“广东省第二届国土空间生态修复十大范例”“2021 年广东省十大美丽河湖”，大沙河碧道入选“广东省最生态碧道”。南山区、宝安区获评广东万里碧道激励县，获广东省万里碧道建设激励。

（深圳市人民政府地方志办公室）

【珠海碧道建设】2022 年，珠海市开展 17 个碧道项目建设，完成 97.15 千米，超额完成省下达 91 千米的任务。建成一批具有珠海特色的碧道项目，如情侣路碧道、东澳岛碧道、桂山岛碧道等成为群众休闲游玩的好去处，黄杨河碧道成功入选全省“最生态碧道”，香山湖碧道、金湖碧道被纳入“广东省露营亲水地图”，打造珠海亲水露营新名片，平沙新城生态公园、大门口湿地公园、中心河湿地公园等一批碧道公园节点对公众开放。（珠海市水务局）

【佛山碧道建设】2022 年，佛山市新建碧道 298 千米，全市碧道增至 598 千米。建成佛山涌禅城段碧道、东平河水轴南庄段滨水项目、溶洲堤段河岸整治工程、东平河北岸石湾酒厂段、潭洲水道碧道乐从段、高明区秀丽河碧道、高明河碧道、三水区芦苞涌碧道、大棉涌碧道等碧道。8 段重点段碧道均完成（按河道中心线长度计算），各区重点段包括罗格围碧道（佛山水道—顺德水道）、东平水道碧道、平洲水道碧道、佛山水道四乡联围碧道、桂畔海碧道、北江—西南涌碧道、秀丽河碧道、西江碧道 8 段，总长 105.9 千米。建成或新开放禅城区青年公园、存院北围外滩景观生态提升工程（一期）、南海区尖东公园、桂城半月岛生态公园、顺德区平洲水道碧道陈村下南涌段项目、顺德水道东段伦教（良仁涌—三洪奇）段、桂畔海河西段碧道北岸（新滘工业区）段等碧道，增加亲水空间，做到还河于民、还岸于民。通过水环境治理大兵团作战，碧道水质优良河段长度明显增加，碧道河段黑臭水体全面消除，V 类和劣 V 类水的河段长度减少 19.42 千米，降幅 28.5%。截至年底，佛山市累计新增生态岸线 109.7 千米，生态岸线所占比例由建设前的 73.93% 增加至建成后的 92.35%；累计新增湿地面积 7.76 平方千米，为飞鸟及鱼类提供良好的生态空间，提高生物多样性。年内，禅城区、顺德区分别获得广东省万里碧道建设激励资金 500 万元。佛山三水思贤滘碧道入选广东省“最生态碧道”。佛山千灯湖公园碧道、平洲水道碧道半月岛湿地公园段入选广东省露营亲水地图。广东佛山乐从水利风景区短片获水利部“60 秒看水美中国”专题活动优秀视频。（佛山市水利局）

【惠州碧道建设】2022 年，惠州市建成碧道 96.75 千米，超额完成省要求的不低于 80 千米的碧道建设任务。其中惠城区 27.2 千米、惠阳区 4.1 千米、惠东县 7.2 千米、博罗县 46.9 千米、龙门县 11.35 千米。2020 年以来，全市累计建成碧道 179.11 千米。惠州碧道建设，协同推进实施水资源保障、水安全提升、水环境改善、水生态保护与修复、景观与游憩系统构建以及共建生态活力滨水经济带等“5+1”碧道建设重点任务。通过实施碧道建设，有效增强河流水系连通性和流动性，提升碧道所在河段的水质和防洪标准，健全景观与游憩系统，激发碧道沿线区域的经济和文化活力，打造更加幸福美丽河湖，为群众休闲游玩提供优美的水生态空间。

〔惠州市档案馆（惠州市人民政府地方志办公室）〕

【东莞绿道和碧道建设】2022年，东莞市新建道路164.19千米、停车位9.5万个，新改建人行道168千米，新建绿道33.46千米，完成119个堵点治理。建成碧道180千米，建成开放滨海景观活力长廊示范段。将碧道建设列为市委重点工作、市政府硬任务、十件重点民生实事等工作内容重点推进；采用市财政“以奖代补”方式给予碧道建设资金支持。成立市碧道建设工作组，统筹推进全市碧道建设。制定《东莞市碧道建设总体规划》，明确“一环一网、多廊串珠”的碧道建设总体布局。麻涌镇华阳湖碧道、万江街道东莞水道碧道、清溪镇清溪河碧道、东城街道黄沙河碧道、企石镇东江碧道、长安镇茅洲河碧道等各具特色，成为市民休闲好去处，带动周边经济发展。麻涌镇获评广东十大绿美森林小镇、广东人最喜爱的全域旅游目的地。

（东莞市人民政府地方志办公室）

【中山碧道建设】2022年，中山市推进碧道建设，建成碧道63千米，累计建成140.6千米。结合产业发展和乡村振兴建成西江横栏碧道，串联沿线周边自然、人文、功能资源，融入水乡风情、横栏地方记忆、花木产业特色，塑造滨水文化展示空间，带动横栏镇花木业发展。打造翠亨国家湿地碧道，以生态性、地域性和参与型为原则，集湿地保护与修复、湿地文化展示、科普宣教、科研监测、湿地休闲观光于一体。推动茅龙水道（示范段）碧道建设，与翠湖公园、翠亨国家湿地公园、滨海亲子公园、城市客厅等景观节点形成亲水岸线，提升翠亨新区城市品质。建设岐江河碧道，打造慢行系统，优化市政道路。

（中山市人民政府地方志办公室）

【江门碧道建设】江门市碧道工程坚持治污先行、安全为重、生态优先，高质量推进万里碧道建设，全流域全要素开展河湖生态修复治理。2022年，蓬江区、江海区获得省碧道激励，江海区乡村绿廊碧道入选省十大“最生态碧道”。2022年，根据《广东省万里碧道总体规划（2020—2035年）》，江门市万里碧道建设任务为2025年前完成339千米碧道建设，截至2022年底，全市建成碧道350.45千米，提前超额完成省下达江门市的碧道建设任务，初步形成“两廊一带串联五邑侨都、双湾荟萃铺展山海画卷”的总体特色结构。其中，2022年完成173.93千米，完成年度投资14900万元。与过去较为单一的水环境治理相比，江门万里碧道建设跳出就水治水的传统模式，以碧道为依托，结合乡村振兴、全域旅游、城市品质提升等工作，推动山水林田湖草沙一体化保护和系统治理，探索水经济新业态。

（江门市水利局）

【肇庆碧道建设】2022年，肇庆市高质量推进碧道建设，打造肇庆特色的“山湖城江峡林草”千里碧道，投入1335.9万元建设碧道40.5千米，完成年度计划任务的103%，累计建设碧道388.24千米。特色碧道催生绿色水经济新业态，成功开发西江砚洲岛旅游项目和广宁县绥江文旅项目，封开贺江碧道画廊、四会绥江碧道画廊成为热门乡村旅游观光点，星湖紫荆西堤文创街区、岩前休闲半岛、肇庆新区长利湖夜市等成为“夜经济”集聚区。

（肇庆市水利局）

·碳普惠制试点·

【粤港澳气候交流】2022年，广东省推动粤港澳生态环保合作。牵头完成2022年粤港环保及应对气候变化合作小组、粤澳环保合作小组各项工作；支持2022年澳门国际环保合作发展论坛及展览、第十七届香港国际环保博览会的召开，协助组织广东省政府及环保产业代表赴港澳参展。履行泛珠环保合作秘书处职责，协助贵州省生态环境厅完成泛珠轮值主席方年度工作。持续深化碳排放权交易工作。完成全省碳市场2021履约年度企业碳排放信息报告与核查、技术评议、复查抽查和履约等工作，履约率100%；完成《广东省2022年度碳排放配额分配实施方案》的编制，开展全省碳交易控排企业扩容及粤港澳大湾区碳市场建设等研究工作。至10月底，全省碳排放配额累计成交量2.12亿吨，累计成交金额54.52亿元，均居全国区域碳市场首位。加快推动粤港碳标签互认工作。支持成立广东碳标签专家委员会，指导编制《广东碳标签暂行管理办法》及配套技术规范文件，于2022年6月正式发布全国首个省级碳标签——广东碳标签并通过省低碳促进会进行商标注册。

（广东省生态环境厅）

【澳门限制氢氟碳化物进出口】为履行《关于消耗臭氧层物质的蒙特利尔议定书〈基加利修正案〉》，澳门特别行政区行政长官发布第45/2022号批示，把18种具有高温室效应潜能值的氢氟碳化物（HFCs）纳入进出口准照制度；另发布第46/2022号批示，对氢氟碳化物（包括单质及混合物）的进口实施配额制度。上述两项措施均自2022年4月1日生效。进口配额的基本额及附加额的分配，由澳门经济及科技发展局负责处理。（澳门基金会）

【广州碳普惠制试点】2022年，广州市编制《广州市碳普惠自愿减排实施办法》，扩展碳普惠应用场景及涉及领域，探索广州自愿减排项目的实施和推广，鼓励支持企业、集体、个人开展自愿碳减排项目，进入碳交易市场实现价值。是年，广州市有17个自愿减排项目通过核证备案，减排量约12.3万吨二氧化碳当量，市场成交金额超过200万元。在国家“双碳”目标背景下，广州市参照生态环境部下发的方案在全市开展试点监测工作，在中心城区及郊区上下风向建设3个点位，开展高精度温室气体监测和二氧化碳（CO_2）温室气体浓度监测和陆地生态系统碳通量监测，掌握区域温室气体时空分布及碳源汇特征，服务支撑城市碳排放量核算校验。

（广州市生态环境局）

【深圳碳普惠制试点】2022年，深圳市出台《应对气候变化“十四五”规划》，编制减污降碳协同增效方案等政策文件，构建碳达峰碳中和“1+N”政策体系。加速推进第一批近零碳排放区试点项目建设，华为数字能源安托山总部园区建成投入使用。滚动启动建设第二批28个近零碳排放区试点项目，推动前海合作区、龙岗区省级碳中和试点示范区建设。制定活动碳中和实施方案及指南，推动全市各类型活动实现碳中和。编制完成2019—2020年市区两级温室气体清单及龙华区网格化清单，深圳市首批7家重点企业建立温室气体监测体系。建立健全碳普惠体系，出台碳普惠管理办法，发布更新低碳用电、共享单车等四个方法学，上线全国首个居民低碳用电碳普惠应用程序，全市碳普惠用户数量超过500万户。创新碳普惠核证减排量交易，完成深圳市内首笔碳普惠核证减排量交易，落地广东省内首例购买碳普惠核证减排量开展生态环境损害赔偿替代修复。印发《深圳市气候投融资改革实施方案》，初步编制气候投融资项目库相关制度，推动福田区成功纳入国家首批气候投融资试点，深圳打造气候投融资服务新模式，被国家发改委作为典型经验和创新举措全国推广。年内，制定深圳碳达峰路径。加强统筹协调，完善顶层设计，构建双碳“1+N”政策体系。编制完善深圳市碳达峰实施方案，推动形成能源、工信、交通、建设、市场、全民、碳汇七大领域行动计划，对重点领域降碳工作进行具体部署。强化配套保障，推动出台金融、气象等碳达峰碳中和工作保障措施。

（深圳市人民政府地方志办公室）

【珠海“碳达峰”“碳中和”行动】2022年，珠海市完成重点行业碳达峰行动方案研究报告，提出电力、钢铁、石化、化工等二氧化碳排放重点行业的碳减排潜力、控制难点、减排路径和控制政策；开展“十四五”碳排放强度下降潜力研究，分析全市碳强度现状、下降潜力和预估目标，提出下降路径和控制政策。年内，推动17家企业开展全国碳市场温室气体信息报告，6家企业完成核查工作；8家企业开展广东碳市场碳排放信息报告和核查工作，履约率保持100%；完成14家拟纳入碳排放管理和交易的行业企业历史碳排放信息报告和盘查。（珠海市生态环境局）

【惠州“碳达峰”“碳中和”工作】2022年，惠州市推进“碳达峰”“碳中和”工作。广东太平岭核电一期按期建设、二期加快核准，大亚湾石化区企业实施节能降碳改造，中科院“两大科学装置”建设加速，培育引进亿纬锂能、德赛电池、首航新能源、比亚迪、欣旺达等一批“双碳”行业全国领军企业。开展碳排放统计核算，完成《惠州市碳达峰实施方案》《惠州市碳达峰研究分析报告》《惠州市碳达峰碳中和工作领导小组工作规则》《惠州市碳达峰碳中和工作领导小组办公室工作规则》等系列文件初稿。落实能耗双控目标任务，引导企业绿色节能降碳，保障高质量发展用能需求，释放经济发展潜力。推动存量项目加快整改，开展节能监察、重点用能单位强制能源审计、整治虚拟货币“挖矿”活动等工作，严格督促企业落实能耗限额要求，指导企业加快应用节能新技术、新设备，争取省节能降耗补贴资金，加快开展节能技改，深挖节能潜力，腾出能耗指标空间用于支持符合产业政策、强链补链延链的优质项目上马。至年底，全市有95个项目取得节能审查批复意见，批复能耗总量208.2万吨标准煤。

〔惠州市档案馆（惠州市人民政府地方志办公室）〕

【中山省级碳中和试点示范区建设及碳普惠工作】2022年，中山市推动翠亨新区、神湾镇探索开展碳中和试点示范区建设，制定示范区内实现碳中和目标总体方案。推广小榄镇“零碳”经验，开展低碳社区试点创建工作，择优遴选5个社区试点进行低碳社区特色文化建设，建立低碳文化科普站。开展全市光伏碳普惠核证减排量（PHCER）项目现状调研和PHCER在线申报平台建设，组织全市首批86个分布式光伏项目申报碳普惠核证减排量及进行碳交易。开展“绿色低碳，节能先行”全国低碳日系列主题宣传活动，发布中山低碳宣传片和“中山低碳”标志，组织开展青少年绘画比赛、绘画作品巡回展及线上“低碳大讲堂”科普活动，将绿色低碳理念送进学校、社区、乡村、企业。

（中山市人民政府地方志办公室）

【肇庆碳普惠制试点】2022年，肇庆市根据《广东省碳普惠交易管理办法》《广东省林业碳汇碳普惠方法学（2022年修订版）》的要求，对广宁县109个村开展碳普惠制试点的申报工作。广宁县109个村提供符合要求的林权证，交由该县林业局进行审核并出具相关证明文件，委托第三方技术机构微碳（广州）低碳科技有限公司提供技术服务，经广州赛宝认证中心核证并出具报告。9月，肇庆市生态环境保护局完成对广宁县上报的相关申请资料的审核，在征求市发改局、市林业局意见后上报省环境厅。

（肇庆市生态环境局）

【佛山市能源和双碳管理服务中心成立】2022年12月8日，佛山市能源和双碳管理服务中心揭牌成立。该中心由佛山市发展和改革局、佛山环境与能源研究院、佛山市人才发展集团有限公司共同举办，以高质量发展要求和企业需求为导向，充分发挥市场机制，致力于提供固定资产投资项目节能审查（整改）评审、节能监察，用能单位能源管理及审计，公共机构节能管理等专业服务，开展节能低碳技术推广，节能低碳宣传培训，行业碳达峰碳中和调查、碳排放核算与管理、能源和双碳管理人才培育与引进等，推动佛山抢抓“双碳”机遇，助力佛山制造“基业长青”。（佛山年鉴社）

·责任编辑　何文倩·

宜居宜业宜游优质生活圈建设

综　述

【概况】2022年，广东省为港澳同胞在粤学习生活、创业就业提供更加便利条件。港澳居民及随迁子女可同等享受学前教育、义务教育、高中阶段教育以及参加中高考。是年，广东省通过新建、改扩建中小学和幼儿园，新增幼儿园公办学位11.55万个、义务教育公办学位44.20万个、普通高中公办学位7.08万个，广东省中小学在读港澳学生超过10万人。推进港澳（港人）子弟学校（班）建设，满足在粤居住生活的港澳居民子女多元学习需求。粤港澳大湾区高等教育合作发展进展顺利，香港科技大学（广州）于9月开学，香港城市大学（东莞）获批筹设，大湾区大学加快筹建。

便利港澳同胞在粤创业就业。全面取消港澳人员在粤就业许可限制，港澳居民可同等享受就业创业扶持政策和服务。全面落实大湾区个人所得税优惠政策，对境外高端人才和紧缺人才按15%税率征收个人所得税。大湾区（内地）事业单位公开招聘港澳居民政策落实落地。推进港澳青年创新创业，全省建成以粤港澳大湾区（广东）创新创业孵化基地为龙头、以珠三角12个重点基地为骨干、以各地特色基地为基础的“1+12+N”港澳青年创新创业孵化基地体系，累计孵化港澳项目3815个、吸纳港澳青年就业近5500人。

落实港澳同胞在大湾区内地市民待遇。居住生活方面，推进建设“澳门新街坊”、肇庆香港城等面向港澳居民的社区，为港澳居民提供舒适的居住空间，助力港澳居民解决住房问题。便利港澳居民在大湾区内地购房政策落地实施。是年，约20万名港澳居民在粤生活。文化旅游方面，推进打造粤港澳大湾区八大主题共43条

2022年9月1日，香港科技大学（广州）开学　　（广州市南沙区地方志办供稿）

文化遗产游径，策划举办系列面向港澳青少年的游径体验活动。医疗卫生方面，持续推进“港澳药械通”。简化在港澳上市的传统外用中成药注册审批政策，有超72万瓶港澳外用中成药进入大湾区内地市场。社会保障方面，持续扩大港澳居民参加社会保险覆盖面，港澳居民在粤参加养老、失业、工伤保险累计30.37万人次。生态环境方面，深入实施粤港澳珠江三角洲地区空气质素管理计划，推进多污染物协同减排。珠三角国家森林城市群获国家批复建设，成为全国首个国家级森林城市群建设示范区，华南国家植物园获国家批复设立，广州成为继北京之后第二个拥有国家植物园的城市。推进大湾区碳标签互认机制研究与应用示范，制定完成10项碳标签相关标准，初步构建碳标签技术体系框架。（广东省发展改革委）

【湾区教育合作发展】2022年，广东省进一步推动粤港澳大湾区教育合作发展，与教育部联合印发《推进粤港澳大湾区高等教育合作发展2022年工作要点》，建立定期调度机制，部省联动工作机制进一步完善。推进交流合作平台建设，支持粤港澳高校联盟及专业联盟、粤港澳大湾区高校在线课程联盟等60多个交流合作平台发展。粤港澳高校联盟举办年会暨校长论坛，联盟汇聚粤港澳高校先后成立48个专业联盟，在学科建设和高校事务等领域积极拓展、务实合作。加强港澳学生国情教育、法治教育、历史教育和国家安全教育，成立广东省高等教育学会港澳台侨学生管理研究分会。打造粤港澳师生交流活动品牌。粤港澳三地缔结姊妹学校（园）1302对，规模居内地省份首位。组织举办“粤港澳姊妹学校中华经典美文诵读比赛”。邀请澳门大、中、小学生在线参加“学宪法、讲宪法”演讲比赛，与广东省内学生同台竞技，促进粤港澳青少年充分了解、掌握宪法知识。举办广东省高校毕业生供需见面活动粤港澳大湾区人才推荐专场，参会企业427家，提供就业岗位23547个。组织举办粤港澳大湾区体育节、音乐节、艺术节，粤港澳大湾区中小学校长论坛和粤港澳大湾区师德论坛。支持暨南大学为香港东华三院开展校长教师全员培训计划。港澳居民申请参加中小学教师资格考试、认定教师资格工作常态化开展，全年报考1119人次，认定中小学教师资格117人。

探索构建粤港澳大湾区资历框架。粤港澳专家共同研制《汽车业（后市场）资历等级标准》《机械制造业资历等级标准》《物流业（冷链）资历等级标准》《工业自动化系统资历等级标准》4项资历等级标准。举办3期“广东终身教育资历框架质量保障机制”培训工作坊。探索互认特定课程学分，华南理工大学等多所高校与港澳高校开展学分互认项目。推进广东学分银行管理系统研发，研制广东学分银行资历名册管理办法。（广东省教育厅）

【湾区人才政策体系建设】2022年，广东省推动完善人才政策体系，制定《粤港澳大湾区高水平人才高地建设实施方案》，优化调整粤港澳大湾区个人所得税优惠政策。完善人才优粤卡制度。推进落实《粤港澳大湾区职称评价和职业资格认可的实施方案》，完善港澳专业人才职称申报评审机制，建立职称评审绿色通道，推动文化旅游、医疗卫生、建筑工程、教育、律师服务、金融、社会工作、专业代理8个专业领域超3000名港澳专业人才在大湾区内地执业。广州、深圳和珠海横琴探索建立国际职业资格认可清单制度，通过地方立法、开展试点等细化落实中央和国务院文件赋予的认可权限。探索职业技能“一试三证”互认，截至年底累计组织“一试三证”考试162批次、3335人获证，推动5个港澳机构备案成为职业技能等级认定社会组织。开展香港法律执业证和澳门执业律师在大湾区内地九市取得内地执业资质和从事律师职业试点工作，共有205名港澳律师领取律师执业证（粤港澳大湾区）。推进直接采认澳门地区技能职业证书，为537名澳门维修电工核发相应的内地技能证书。优化人才服务保障。粤港澳大湾区（广东）人才港开港运营，与170余家（个）实验室、高校科研院所、投融资机构、人才服务平台等达成战略合作，支持125个项目在广东落地。建立完善覆盖全省的高层次人才“一站式”服务窗口体系，帮助国际人才快速适应在粤生活工作环境。编制粤港澳大湾区（内地）急需紧缺人才目录，指导前海、横琴编制分目录。举办首届大湾区博士博士后创新创业大赛。推进技工院校交流合作，全年全省技工院校招收480多名港澳台籍学生，比上年增长7.33%；港澳籍在校生1000多人。广州市工贸学院开拓与香港机电工程署制冷技术人才培养合作、与澳门工会联合总会职业素养培训合作，开展线上线下培训370多人次。

（广东省人力资源和社会保障厅；广东省人民政府港澳事务办公室）

【文旅交流合作】2022年，广东省推动粤港澳大湾区各城市整体协作、优势互补，与香港、澳门开展文旅交流合作。出台《广东省推进粤港澳大湾区世界级旅游目的地建设行动方案》，配套制定87条落实措施，着力构建八大世界级旅游品牌。以线上形式参加文化和旅游部港澳台办召开的《粤港澳大湾区文化和旅游发展规划》实施推进会，总结规划实施情况，对重点事项进行沟通协调，明确下阶段规划实施推进的重点工作。实施粤港澳大湾区文化遗产保护传承工程，推进海上丝绸之路重点史迹申报世界文化遗产工作，设立面向国内外的海上丝绸之路史迹保护管理研究中心，推动香港、澳门、惠州、佛山、茂名等城市加入海上丝绸之路保护和联合申报世界文化遗产城市联盟。搭建以大湾区主要城市为支撑点、覆盖湾区城市群的艺术展演和文化交流平台。依托粤港澳大湾区公共图书馆联盟，在文献信息资源共建共享、阅读推广和专业交流等领域开展广泛合作。举办2022年广东国际旅游产业博览会，促进滨海旅游高质量发展，推进粤港澳大湾区滨海旅游重点建设项目，推动全域旅游示范区创建和乡村旅游、滨海旅游、邮轮旅游高质量发展，提供丰富的特色旅游产品。粤港澳互相支持举办香港国际旅游展、澳门国际旅游（产业）博览会、广东（国际）旅游产业博览会等文化和旅游展会，并搭建粤港澳联合展台，宣传推介大湾区文化旅游资源和“一程多站”线路产品，提升大湾区目的地的知名度。持续推进横琴合作区港澳导游跨境执业，复制横琴成功经验带动前海合作区实施港澳导游跨境执业，逐步推动港澳导游跨境执业在大湾区落地。

（广东省文化和旅游厅）

【“菜篮子”工程建设】2022年，广东省严格落实“菜篮子”市长负责制，广东省各市严格落实乡村振兴实绩考核和“菜篮子”市长负责制考核。健全“菜篮子”农产品稳产保供机制，密切关注“菜篮子”价格变动情况，分析研判价格走势。为“菜篮子”产品出口量身定制通关放行模式，实施“在线预约通关”“查检绿色通道”等一揽子措施，应对新冠疫情影响下口岸货运量激增、部分码头暂停服务等异常情况。至年底，全国有139个地级以上城市加入粤港澳大湾区“菜篮子”工程合作共建行列。全年粤港澳大湾区“菜篮子”工作办公室认定1927个粤港澳大湾区“菜篮子”生产基地、116家产品加工企业。推动建设韶关、永州、毕节等20个粤港澳大湾区“菜篮子”配送中心（分中心），建立粤港澳大湾区“菜篮子”产品质量安全监控指标体系，总限量指标值2.12万项次。编制发布蔬菜、水果、食用油及油料、乳及乳制品、水产品、畜产品、禽产品、蜂产品、标识使用规范9项团体标准，溯源登记农产品超5100个，初步实现粤港澳三地质量安全标准的互联互通。

（广州市农业农村局戴治国）

【助力港澳青年就业创业】2022年，广东省印发《支持港澳青年在粤港澳大湾区就业创业的实施细则》，引入港澳服务机构，给予就业见习补贴、一次性创业资助等17项特殊补贴政策，对接落实各项补贴超4000万元。支持香港特别行政区政府实施“大湾区青年就业计划”，对到粤就业的香港青年给予每人每月1000元生活补助，累计为571人发放生活补助856万余元。出台实施事业单位公开招聘港澳居民管理办法，累计超过3000人次港澳居民报考，聘用48人。

优化创新创业载体建设，建成以粤港澳大湾区（广东）创新创业孵化基地为龙头的“1+12+N”港澳青年创新创业基地体系，至年底共建设港澳青创基地84个、累计孵化港澳项目3815个。举办广东“众创杯”创业创新大赛，开设港澳赛区，激励港澳青年投身湾区建设。优化港澳青年就业创业服务体系，发布《港澳青年创新创业基地导览》电子手册，创新实施“大湾区职场导师计划”，建设“一键入孵”信息服务平台。联合中国银行广东省分行累计为413家港澳青年创新创业企业提供授信支持26.26亿元。联合港澳特别行政区政府举办粤港澳大湾区大学生就业实习双选会，首次以线上方式设置港澳分会场，持续推进招聘活动和宣讲活动，编制《港澳青年珠海发展服务指南》。双选会线上平台吸引企业近4万家，提供约20万个工作岗位，共有超23万名求职者参与，投递简历57512份，其中港澳台籍求职者简历3054份。

（广东省人力资源和社会保障厅）

【湾区医疗保障合作发展】2022年，广东省进一步推进粤港澳医疗保险合作，完善港澳居民内地参保缴费服务流程、构建数据共享机制，畅通持港澳居民居住证的港澳居民参加基本医疗保险渠道，港澳职工享受与内地职工同等的医疗保险待遇。是年，广东省推动区域协同，加强南沙、横琴、前海与港澳地区合作。广东省医疗保障局主动对接香港科技大学（广州）解决职工、学生医疗保障问题，与澳门特别行政区政府卫生局构建数据共享机制，定期提供广东省各市参保缴费政策，并按季度提供澳门居民在粤参保人数。深圳市做好在前海就业和生活的港澳青年医疗保障。珠海市做好政策调整，梳理横琴粤澳深度合作区放权赋能“负面清单”，澳门特别行政区政府选派至横琴粤澳深度合作区执委会工作的澳门公务人员可参加珠海市职工医保。

（广东省医疗保障局）

【湾区社会保障合作发展】2022年，广东省加强与港澳社保关系衔接。贯彻落实进一步完善广东省港澳居民养老保险措施的意见、澳门居民豁免内地参保办法等政策，至年底，广东省参加企业职工养老、城乡居民养老、失业、工伤保险的港澳居民人数分别有123822人、38860人、70028人、70965人。研究制定澳门居民一次性趸缴养老保险费政策。优化港澳居民参保管理服务。推进“湾区社保服务通”，以珠三角为重点布局建设189个湾区社保通服务专窗，在港澳地区开设80余个“跨境办”网点。全国首个“粤澳社保一窗通”在横琴投入使用，提供粤澳两地社保服务。密切粤港澳跨境社保协作。与澳门社会保障基金签署合作备忘录，与香港工会联合会在南沙举行跨境合作启动仪式。加快社保卡居民服务“一卡通”和加载金融功能跨境通用，至年底，港澳地区有持卡人员24.8万人，社保卡在港澳地区累计发生存取款交易4.75万笔、涉及金额9760万元；完成17家合作银行社保卡跨境金融综合应用功能升级改造，支持社保卡在澳门地区办理消费、取现、转账、账户查询等服务。加强劳动争议跨境调解仲裁合作。扩大聘任港澳籍仲裁员试点范围，广州、深圳、珠海、中山等地共聘任港澳籍调解员22名、仲裁员29名。建成粤港澳大湾区劳动争议联合调解中心，在珠海（横琴）、广州（琶洲）和深圳（前海）设置速调快裁服务站，打造与港澳和国际接轨的劳动争议速调快裁服务模式。

（广东省人力资源和社会保障厅）

【湾区社会治理合作】2022年，广东省强化粤港澳大湾区法治保障建设。推进粤港澳大湾区民商事司法协助工作，先后召开粤港澳大湾区调解工作委员会第二次会议、粤港澳大湾区法律部门第四次联席会议，联合出台《粤港澳大湾区跨境争议调解示范规则》；支持深圳建设中国特色社会主义法治先行示范城市，强化横琴、前海、南沙三大合作平台建设法治保障，参与制定《横琴粤澳深度合作区发展促进条例》《关于将一批省级行政职权调整由横琴粤澳深度合作区执行委员会及其工作机构实施的决定》，推动横琴建立完善多元化商事纠纷解决机制，加快制定前海合作区投资者保护条例，推动前海建设国际法律服务中心和国际商事争议解决中心，加快推动南沙条例立法进程，高标准建设广州湾区中央法务区一中心三片区，创新涉外商事案件“内地＋港澳台调解员‘双调解’”工作模式。打造跨境纠纷解决平台。健全诉调对接机制，横琴粤澳深度合作区法院与11个调解机构共建多元解纷中心。打造“环大湾区司法服务圈”，推广使用“在线授权见证平台”，将域外当事人授权委托见证由30天缩短到5分钟，便捷办理跨境诉讼委托手续，近3000件案件完成在线见证。推进司法协助与合作互鉴。出台司法协助工作指引，3家自贸片区法院与澳门终审法院实现司法协助直接对接，涉澳司法协助案件办理效率提升30%，深圳市中级人民法院率先运用内地网拍平台处置香港破产财产。推动粤港澳三地司法高层交流互访常态化，推动成立大湾区司法研究院、粤港澳司法研究创新基地等，联合港澳司法机构举办大湾区司法案例研讨会暨模拟庭审活动，助力提升中国司法国际影响力和竞争力。

加强粤港澳大湾区调解工作，联合香港特别行政区政府律政司、澳门特别行政区政府行政法务司先后发布《粤港澳大湾区调解员资格资历评审标准》《粤港澳大湾区调解员专业操守最佳准则》《粤港澳大湾区跨境争议调解示范规则》，形成粤港澳大湾区调解平台制度体系。开展跨境商事纠纷调解工作调研，推动港澳调解组织纳入特邀调解组织名册，促进粤港澳三地调解行业的协同规范发展。珠海成立国内首家跨区域大调解协会——珠海市调解协会，探索对港澳籍调解员备案管理。成立横琴粤澳深度合作区粤港澳工程争议国际调解中心，推进横琴、前海、南沙国际商事调解发展。完成深圳市蓝海法律查明和商事调解中心、广州国际商贸商事调解中心作为司法部2021年全国涉外法律服务示范机构的审查工作。是年，粤港澳大湾区劳动争议联合调解中心入驻粤港澳大湾区（广东）人才港，珠海（横琴）、广州（琶洲）、深圳（前海）速调快裁服务站全部揭牌运营，“一中心三站点”服务格局搭建完成。逐步扩大聘任港澳籍仲裁员试点范围，全省在聘港澳籍调解员22人、仲裁员29人。

加强市场竞争环境治理，推进竞争政策在粤港澳大湾区先行落地，成立粤港澳大湾区竞争政策委员会。推进“湾区标准”建设，编制《促进粤港澳大湾区标准化发展指南（试行）》，成立广东省粤港澳大湾区标准促进会。推进泛珠三角区域消费维权合作协议签订，完成粤港、粤澳消费维权合作协议续签，依托“粤港澳大湾区消费投诉转办平台”处理涉港澳消费投诉53件。海关强化与香港、澳门特别行政区政府相关部门合作机制，参与制定、修订21项“湾区标准”。协调“澳车北上”政策落地，“港车北上”粤港合作协议签署，大湾区“一港通”“组合港”通关模式扩大到30个港口，推动内河中转接驳实现“无感通关”。

做好香港回归祖国25周年庆祝活动安保。联合港澳警方开展“雷霆2022”专项打击行动、打击粤港偷渡走私“清湾”行动、打击治理粤港澳海上跨境走私联合行动。完善与港澳警方的案件协查和情报线索快速通报机制，办理涉港澳协查函件1739件，涉通报机制786人次。开展逃犯缉捕移交工作，粤港澳三地警方共移交逃犯19人。加强涉港澳证据转换工作，推动赵某龙涉嫌抢劫杀人案、“9·25专案”等重大案件侦办和起诉。强化珠海横琴与澳门警务协作，护航横琴粤澳深度合作区高质量发展建设。

（摘自《广东年鉴（2023）》）

教育和人才高地打造

·教育合作发展·

【基础教育优质共享】2022年，广东省便利港澳居民到粤就学，强化基础教育资源优质共享。按照“欢迎就读、一视同仁、就近入学”的原则，保障港澳居民及其随迁子女按规定享受居住地基础教育公共服务，全年广东省中小学在读港澳学生超过10万人。增加优质学位供给，公办幼儿园和普惠性民办幼儿园在园幼儿占比85%以上，义务教育阶段随迁子女入读公办学位比例提升至95%。推进港澳子弟学校建设，新设广州南沙民心港人子弟学校、东莞暨大港澳子弟学校，广州、深圳、佛山、中山等地29所中小学设港澳子弟班，全省港澳（港人）子弟学校（班）招收港澳学生超8000人。落实港澳居民随迁子女按当地随迁子女政策参加中、高考，港澳居民及随迁子女可同等享受学前教育、义务教育、高中阶段教育。是年，珠三角九市中考共招收港澳居民及其随迁子女6893人，比上年增加1549人，增长28.99%；普通高考录取港澳学生240人；通过全国联招、香港文凭试招生、澳门保送生、澳门“四校联考”途径录取港澳学生2297人，比上年增加235人，增长11.4%。单独招生录取港澳学生3909人，比上年增加749人，增长23.7%。

【职业教育合作共建】2022年，广东省指导高职院校完善办学条件，积极建设本科层次职业学校，加强技术技能人才培养培训。粤港澳大湾区教师教育学院明确建设方案、取得重要进展，珠海格力职业学院获广东省政府批准设立，深圳职业技术学院与香港职业训练局合作共建特色职业教育园区和教育培训基地，在屋宇装备工程等4个专业对香港学生开展联合培养，其中两个专业已开展首次招生。支持澳门旅游学院在横琴设立旅游职业教育培训基地。支持粤港澳大湾区职业教育产教联盟等平台发展，组织优质职业院校与香港职业教育机构对接合作，开展人才联合培养、共建实习实训基地、科研合作等活动，为大湾区培养复合型、创新型高素质技术技能人才。

【高等教育合作发展】2022年，广东省制定推进港澳高校到粤办学工作方案，统筹合作办学事项。6月，香港科技大学（广州）获教育部批准设立，是《粤港澳大湾区发展规划纲要》实施以来获批设立的第一所内地与港澳合作办学高校。香港城市大学（东莞）获批筹设。深圳大学深圳南特金融科技学院、广州工商学院东北州立联合科技学院获批，广东本科层次以上不具法人资格的合作办学机构11个。推进新设高校（校区）

华南理工大学广州国际校区（2022年）（华南理工大学供稿）

等重点项目建设。深圳理工大学建设加快推进，大湾区大学松山湖校区动工建设，滨海湾校区前期工作加快推进，华南理工大学广州国际校区二期工程进展顺利。新增3所高校进入“双一流”建设行列，完成新一轮部省共建“双一流”工作协议起草。北京师范大学－香港浸会大学联合国际学院等4所合作办学高校，哈尔滨工业大学（深圳）等4家部属高校在粤办学机构均入选广东省高水平大学建设计划。推进完善广东以色列理工学院经费保障、招生计划安排等事项。支持北京师范大学－香港浸会大学联合国际学院更名及变更登记机关。按教育部部署组织合作办学机构、项目开展自主招生，招收出国受阻学生逾920人。

持续扩大招收港澳学生规模，具备港澳学生招生资质的广东高校69所，比上年增加4所。全年广东高校有在读港澳学生1.4万人，规模居全国首位。46所广东高校可接收专科学历香港学生到粤升读本科。实施好粤港澳联合培养研究生专项招生计划，在教育部下达专项博士计划132人、硕士计划1000人的基础上加大支持力度，全年共安排22所广东高校承担粤港澳联合培养专项博士计划142名、硕士计划1220名，推动粤港澳人才培养和科研资源的有效共享、深度融合。

开展学术交流、联合攻关等项目式科技合作，推动粤港澳高校科技创新资源共建共享共赢。广东省与教育部首批共建粤港澳高校联合实验室5家，其中4家立项为教育部重点实验室并通过验收。推进高校牵头的14家粤港澳联合实验室建设，新遴选建设20家粤港澳高校联合实验室。广东省内高校联合港澳高校建设科研平台，暨南大学联合香港中文大学建设国家“国际科技合作”基地－再生医学联合重点实验室，暨南大学、广州中医药大学、汕头大学分别联合港澳高校建设教育部国际合作联合实验室，暨南大学、深圳大学分别联合香港高校建设省部共建协同创新中心，中山大学与香港高校建立合作发展委员会，在人工智能、海洋科学等多个领域进行科技合作。对接港澳高校，每年组织300名青年科研人员开展访学交流。加强广东高校科技成果转化中心建设，在佛山常态化举办科技成果转化对接活动。

支持高校与重大科技基础设施、广东省实验室、大型龙头企业等共建研究生联合培养基地。设立广州集成电路研究生联合培养基地，由广州粤芯等6家集成电路头部企业联合广东工业大学等开展研究生联合培养。助力实施乡村振兴战略，在广东省农科院设立研究生联合培养基地。继续依托佛山、东莞、中山和广东省科学院、广东省实验室等开展研究生联合培养。全年为各类研究生联合培养基地安排专项计划超1200名。落实教育部卓越工程师创新研究院建设工作部署，佛山、东莞两地获批成为全国首批4家试点之一。组织普通本科高校申报89个备案专业、13个审批专业、1个第二学士学位专业，近半数为粤港澳大湾区经济社会发展急需的理工农医类专业。（广东省教育厅）

【香港学生到内地升学】根据教育部公布的2022—2023学年文凭试收生计划，129所内地高等院校对香港学生豁免联招考试，并依据香港中学文凭考试（简称文凭试）成绩择优录取参加2022年文凭试的香港学生。教育部委托中华人民共和国普通高等学校联合招收华侨港澳台学生办公室负责网上报名及审核，并委托中国教育留学交流（香港）中心（交流中心）承办报名资格审核及招生宣传等事宜。

【香港推动高等和职业教育合作发展】2022年，香港高等院校推动实施在大湾区内地城市的办学计划，促进与内地在研究及教学等方面的合作。截至11月，香港与内地高校开展学术研究合作项目2320个。6所香港高校在深圳开设产学研基地或研究院。香港科技大学（广州）9月开学。香港城市大学东莞校区加快建设。香港大学筹建深圳校区。创新办学模式，香港高校与内地及澳门的院校成立粤港澳高校联盟、京港大学联盟、沪港大学联盟和苏港澳高校合作联盟，汇聚超过80所精英院校，凝聚优质教研资源，深化成员院校在科技创新、人才交流等领域的合作共赢。

推动香港与内地院校的学历资历互认，深化职业教育交流合作。香港特别行政区职业训练局（职训局）与深圳职业技术学院（深职院）推动合作办学、职业实训实习及交流，在研究及开发等方面加强合作，有8个双方合办课程通过香港学术及职业资历评审局（简称香港评审局）评审，获得香港资历架构认可。以不同模式拓展与内地院校的联系合作，包括与深职院、中山职业技术学院和广州华商职业学院成立粤港澳大湾区学生交流联盟，推动大湾区职业技能发展。推动粤港资历框架合作。是年，香港评审局为广东省提供为期两年的咨询服务，支持广东终身教育资历框架发展，包括协助建立质素保证机制、评审标准和评审程序，试行评审活动以及制订建立资历名册的指引等。

（香港历史研究基金会）

【澳门高等教育交流和合作】2022年，澳门特别行政区政府教育及青年发展局（简称澳门教青局）继续推动高教领域各项合作，落实与教育部、国家民族事务委员会等签订的各项协议，持续为澳门高等教育领域拓展与外地的合作空间。是年，经教育部批准，南开大学、复旦大学、浙江大学、厦门大学、华侨大学、武汉大学、华中科技大学、华中师范大学、湖北大学、中南大学、中山大学、暨南大学、华南师范大学及西安交通大学14所内地高校可以采认四校联考成绩方式录取澳门学生。此外，葡萄牙大学校长委员会、葡萄牙理工高等院校协调委员会辖下的葡萄牙公立大学和理工学院可通过采认四校联考成绩招收澳门学生。为配合国家“一带一路”倡议，以及向亚洲地区其他国家推广澳门高等教育，澳门教青局组织澳门高等院校代表，参加由BMI全球教育主办的“TalkGlobalStudy”全球在线教育展（亚洲场次）；协调组织澳门高等院校，以远程方式参与“2022中国国际教育展—广州站”活动。

【澳门高等院校到内地招生】2022年，澳门大学、澳门理工大学、旅游学院、澳门科技大学、澳门城市大学及澳门镜湖护理学院继续获教育部批准，到内地31个省、自治区、直辖市招生。圣若瑟大学获准自2021—2022学年起在内地试点招收研究生。2022—2023学年，报读上述澳门院校的内地学生新注册人数11847人，其中修读博士学位课程1613人，硕士学位课程5187人，学士学位课程4711人，先修课程336人。此外，澳门院校获准自2021—2022学年起，招收持国际课程成绩报考本科课程的内地学生，新注册人数849人。

【内地普通高校在澳门招生】2022—2023学年，报考普通高等学校联合招收港澳台地区学生考试（澳门区）及保送生考试的本科生课程人数有1282人，录取人数1138人；2022年通过“持四校联考成绩报考内地高校”途径而获录取人数106人。报考内地高校研究生课程考试（澳门区）的有356人，录取人数198人。

（摘自《2023澳门年鉴》）

【广州教育合作发展】2022年，广州市推进粤港澳大湾区教育合作。新增1个独立法人资格的内地与香港地区合作办学机构，新增港澳子弟学校1所（共2所），新增港澳子弟班18个（共64个），新增缔结穗港澳姊妹学校35对（共338对）。是年1月，粤港澳办学团体发展协作会成立大会暨《粤港澳三地政策背景下办学团体的异同》论坛在广州举行，标志着粤港澳首个以三地办学团体为主体的协作会正式成立。该协作会由广州市教育局牵头推动，广州民办教育协会、香港东华三院和澳门中华教育会共同发起，联合粤港澳三地办学团体，是自愿、自主参与多元交流的综合性平台，也是粤港澳教育合作发展的重要基础平台。2月，广州市“创办港澳子弟学校”案例入选国务院服务贸易发展部际联席会议办公室（商务部）全面深化服务贸易创新发展试点第二批“最佳实践案例”，作为全国17个“最佳实践案例”之一，供全国各地在服务贸易创新发展工作中参考借鉴。3月24日，广州市教育局与澳门特别行政区政府教育及青年发展局（简称澳门教青局）以“云签约”的形式签订《战略合作框架协议》。该次签约是广州市教育局与澳门教青局贯彻落实《粤港澳大湾区发展规划纲要》，进一步推动穗澳两地教育合作与交流向纵深发展，打造大湾区国际教育高地的重要举措。根据协议，双方将不断深化穗澳两地在高等教育、职业教育和基础教育等领域的交流合作以及两地少年及青年的交流，以优势互补、互利共赢、协同发展为原则，坚持需求导向，发挥各自的优势和特色，推动两地教育实现常态化交流、项目式合作、协同化发展。

（广州市教育局杨冰涵、徐俊湫）

【深圳教育合作发展】2022年，深圳市推动粤港澳大湾区教育合作发展。至年底，全市累计建设2所港人子弟学校，11所学校开设港籍学生班，与香港缔结姊妹学校319对。深港两地高校在课程互修、学分互认、联合培养等方面开展点对点合作，香港中文大学（深圳）办学水平持续提升，香港大学达成到深圳办学合作意向，深圳加快与香港职业训练局合作共建大湾区特色职业教育园区。

是年，深圳教育局组织召开深港教育局长联席会议，健全深港教育定期沟通机制。出台深化深港教育合作事项清单。举办第十一届深港校长论坛。成立深圳市粤港澳大湾区学校体育艺术联盟，参加香港STEM教育博览会2022开幕礼，深港澳教育合作交流深化。举办“手牵手 向前走 同筑梦 颂中华——深港澳青少年庆祝香港回归25周年暨携手同学行动成果展示活动”，深港澳三地近300所学校4万名学生参与。举办第五届粤港澳姊妹学校中华经典美文诵读深圳赛区比赛，来自三地的68所姊妹学校参加。11月25日，以“‘十四五’规划下教育发展的路向”为主题的第十一届深港校长论坛在深港两地以线上线下结合方式同步举行。

（深圳市人民政府地方志办公室）

【珠海推动与港澳缔结姊妹学校】2022年，珠海市教育局继续将“姊妹学校”缔结纳入珠港澳教育交流工作计划，作为首要工作部署推进。截至年底，全市缔结姊妹学校（园）79对，其中珠港24对、珠澳55对，涵盖学前到高中各学段。年内新申报缔结姊妹学校16对，其中与香港缔结15对、与澳门缔结1对。运用“姊妹学校”平台进行教育教学和学生文化艺术交流。

（珠海市教育局辛欣）

【佛山教育合作发展】2022年，佛山市促进粤港澳大湾区教育交流合作发展。年内，持港澳居民居住证的港澳居民适龄随迁子女可按照“欢迎就读，一视同仁，就近入学”原则，在居住地申请入读佛山市幼儿园、义务教育阶段学校、高中阶段学校，享受与内地居民同等权利。2022—2023学年，佛山市在读港澳籍学生17355人，其中学前教育785人、小学7110人、初中7105人、高中2355人。加强港澳子弟学校（班）建设，佛山市在顺德区华侨中学、北滘中学、成美初级中学等学校设置港澳子弟班。筹建佛山暨大港澳子弟学校（暂定名）。佛山市霍利斯外籍人员子女学校、佛山伊顿外籍人员子女学校可招收港澳籍学生。推进中小学缔结姊妹学校工作，全年新增姊妹学校11对，截至年底，佛山市有港澳姊妹学校133对，规模和数量居广东省第三位。深化大湾区中小学校长交流合作，全年全市20所中小学校长成为粤港澳大湾区中小学校长联合会成员。促进大湾区高校科技成果转化，加强省、市对接联动，继续推进广东高校科技成果转化中心创新发展。年内，广东高校科技成果转化中心、广州力华投资有限公司、大湾区科技创新服务中心3个机构合作成立科技成果转化投资基金，基金专门用于投资具有发展潜力的科技成果项目，助力科技成果转化与产业高质量发展。依托广东高校科技成果转化中心成立广东粤转科技投资有限公司，成功入股2家企业，储备入股8家企业，服务大湾区高校科研成果转化落地与师生创业培育。促进研究生教育合作发展，支持广东省研究生联合培养基地（佛山）、联创研究生院国家开放基地以及广工大研究院国家示范基地开展研究生联合培养，打造集高层次工程技术人才培养、企业技术攻关、成果转化、社会服务等多元于一体的产学研协同创新实践平台。截至年底，累计与119所国内高水平大学签订合作协议，遴选559个联合培养企业示范点，征集4945个联合培养项目，入库644名企业导师，联合培养5773名研究生，为547家企业提供高端人才服务与产学研对接服务。（佛山市教育局）

【惠州教育合作发展】2022年，惠州市保障港澳籍学生在惠就读。在秋季招生工作中，招录港澳籍学生656名，至年底，全市基础教育有港澳籍学生2306人。为解决港澳在粤青年学生寒暑假实习需求，惠州市重点开展“展翅计划”港澳台大学生实习专项行动。寒暑假期间，17名来自中山大学、华侨大学、暨南大学等境内高校的港澳台大学生到惠参加实习活动。惠州市粤港澳大湾区青年家园——MR.kk青年公寓为到惠实习就业的青年提供优质安全、全程免费的住宿，确保港澳台大学生在惠实习安全。惠州市35所学校与港澳学校缔结姊妹学校，长期与港澳合作举办学习交流活动，突出双向交流、合作办学的优势，深化惠州与港澳台学生的交流交往交融。

是年，惠州市在惠州学院设立惠州港澳青年学习教育基地，联动港澳台侨社团与统战特色资源，深化惠州高等学校与港澳高等学府的合作，促进惠州与港澳青年学习交流。在惠州体育运动学校设立惠州港澳台侨青年文体教育联谊基地，加强惠州与港澳台侨青少年文化、艺术、体育教育联谊，联动港澳台侨社团以及其他特色基地资源和平台，举办文体赛事，促进友谊和团结。

〔惠州市档案馆（惠州市人民政府地方志办公室）〕

【东莞教育合作发展】2022年，东莞市支持在莞高校高水平发展，支持大湾区大学、香港城市大学（东莞）筹建，推动大湾区大学基本完成申报材料编制，香港城市大学（东莞）获教育部批准筹备设立。完善校园建设工作，大湾区大学（松山湖校区）教学区、香港城市大学（东莞）一期封顶。实施教师继续教育全员培训，组织110个市级培训项目，培训33.65万人次，其中远程培训项目14个，培训31.74万人。全市8所普通高校设立研发机构208个，开展科研项目1327个，科研活动经费5.23亿元，与18个国家和地区的48个高等教育机构开展教育合作与交流；新增国家级一流专业建设点4个，省级一流专业建设点11个。认定74个高水平校企合作基地立项建设单位，指导7个高水平中职学校建设（培育）单位推进各项工作。支持职业院校与华为、广汽等企业共建28个产业学院，推动中职学校与广东省内高职院校、高新技术企业在三二贯通专业协同培养人才。

（东莞市人民政府地方志办公室）

【中山教育合作发展】2022年，中山市加强粤港澳大湾区中小学教育交流合作。12月3日，2022粤港澳大湾区中小学校长论坛以线上线下相结合方式举行。论坛由广东省教育厅、香港特别行政区政府教育局、澳门特别行政区政府教育及青年发展局指导，粤港澳大湾区中小学校长联合会、广东省教育研究院、香港教育工作者联会、澳门中华教育会主办，中山市教育体育局协办，中山市教育教学研究室、中山市华侨中学承办。粤港澳三地专家、学者、校长及行业精英等围绕主题“数字化时代：大湾区中小学智慧教育与协同发展”展开理论探讨及实践分享，促进粤港澳大湾区智慧教育创新发展，探索大湾区教育协同发展新范式，推动大湾区基础教育高质量发展。活动吸引44.5万人次线上观看直播。加强高等教育交流，举办“雁南归”澳门博士中山线上行活动，组织相关职能部门向近100名澳门大学、澳门科技大学、澳门城市大学等澳门高等院校的研究生解读人才创业政策，鼓励澳门青年才俊把中山作为在内地发展首选地。组织港澳实习大学生录制《爱国青年培养记》大型访谈节目。继续开展省市共建广东省研究生联合培养基地（中山），完成招生80人。

（摘自《中山年鉴（2023）》）

【江门基础教育合作发展】2022年，江门市与港澳共结对姊妹学校40对。广东省粤港澳中小学结对交流项目经费1566万元，下拨江门市76.5万元。是年，江门市继续拓宽粤港澳姊妹学校的交流与合作渠道，坚持“走出去”“请进来”相结合开展交流活动。江门市粤港澳姊妹学校开展线下教育交流活动114次，线上教育交流活动34次。组织粤港澳姊妹学校学生以参观、上课、集训、画展及绘画比赛等活动方式互访交流。3月，组织紫茶小学“紫雅民乐团”参加粤港澳大湾区青少年新年线上音乐会。4月，举办“一起向未来”——2022年中国江门·美国河滨友好城市绘画大赛，共收到732件绘画作品；新会圭峰小学、开平市开侨中学、开平市金山中学与结对的港澳姊妹学校合作录制《少年中国说》《同心筑梦》《大写的中国》等作品，参加由广东省教育厅主办的粤港澳美文诵读比赛。5月，紫茶小学教育集团举办主题为“江港携手科创展翅，东西协作筑梦未来”的科技嘉年华活动。11月10日、19日，第二届粤港澳大湾区中小学生音乐节在线上展播，活动包括开幕式音乐会、美育教学校长论坛、美育教学研讨会、优秀节目展播等。同月，江门、澳门两地联合举办“江门澳门中小学师生书法联展”，先后在澳门、江门展出两地中小学师生书法作品120件。新会区连续三年举办“新港澳青少年夏令营”活动；澳门教业中学田径队到新会一中和葵城中学进行寒假集训。协助开展“少年中国说”粤港澳暨海外华裔青少年活动、中华诗词大会、创客嘉年华、武术群英会等活动。开展江门、香港两地中学生辩论交流活动。紫茶小学、培英小学与香港培基小学合作举办成语故事演绎远程视像比赛、开展“同课异构”活动。

（江门市教育局）

【肇庆教育合作发展】2022年，肇庆市不断深化教育交流合作。基础教育学段各类学校通过线上线下交流教学理念，携手推进教育现代化。组织端州区小学生参加2022第十六届“沪粤琼港”作文小能手比赛。广东肇庆中学联合香港澳门蔡高中学开展2022年粤港澳姊妹学校中华经典美文诵读比赛。肇庆学院与中德设计学院继续开展人才培养、师生学习交流等方面的合作，与台湾高雄师范大学签署交流合作书，与英国博尔顿大学洽谈合作事项，与波中教育基金会就波中国际教育项目进行洽谈。与澳门大学人才培养、师生学习交流等方面的合作取得成效，14名学生申请赴澳门交流学习，4名毕业生通过保荐被录取为澳门科技大学硕士研究生，6名在校生在澳门科技大学交流学习期满返校。

（肇庆市教育局）

【2022粤港澳大湾区中小学校长论坛】2022年12月3日，2022粤港澳大湾区中小学校长论坛通过线上线下方式举行。活动由广东省教育厅、香港特别行政区政府教育局、澳门特别行政区政府教育及青年发展局指导，粤港澳大湾区中小学校长联合会、广东省教育研究院、香港教育工作者联会、澳门中华教育会主办，中山市教育和体育局协办，中山市教育教学研究室、中山市华侨中学承办。论坛以“数字化时代：大湾区中小学智慧教育与协同发展”为主题，粤港澳三地专家、学者、校长及行业精英等围绕主题展开理论探讨及实践分享，促进粤港澳大湾区教育合作交流，推动大湾区智慧教育创

新发展，共同探讨大湾区教育协同发展新范式。活动直播吸引 44.5 万人次观看。

（中山市人民政府地方志办公室）

【穗港澳台青少年科技体育模型夏令营】2022 年 9 月 30 日，穗港澳台青少年科技体育模型夏令营暨海陆空模型铁人三项邀请赛启动仪式在广州主会场——广州市第六中学及穗港澳台 35 个分营同时举行。活动由广州市教育局主办、澳门特别行政区教育及青年发展局支持，广州市第六中学、广州市青少年科技教育协会、香港遥控模型车总会、澳门青少年航海模型协会联合承办，800 多名师生通过网络视频同步连线方式参加。邀请赛围绕大湾区相关主题设置 8 个项目，最终收到 371 件作品。经组织作品征集、入围作品初评及终评，产生小学组一等奖 16 名、二等奖 24 名、三等奖 40 名，中学组一等奖 16 名、二等奖 24 名、三等奖 40 名，优秀组织单位 14 个，小学组优秀营员 63 名，中学组优秀营员 63 名。

（广州市教育局邱国俊）

【第四届"同根同源同心"穗港澳台青少年学习营】2022 年 7 月 7 日，广州市教育局在穗举办的第四届"同根同源同心"穗港澳台青少年学习营正式开营。在穗就读的近 100 名香港、澳门、台湾籍学生在为期 3 天的学习营里，从明珠湾到南沙港，深度观察、体验南沙的发展成就；从无人驾驶到国家超级计算中心，深入体验粤港澳大湾区的勃勃生机和创新活力，开启一段筑梦之旅。（广州市教育局杨冰涵）

【珠澳合作会议】2022 年 12 月 14 日，2022 年珠澳合作会议以视频连线方式在珠海、澳门两地召开。会议围绕"全力支持服务横琴粤澳深度合作区建设、促进珠澳合作高质量发展"主题，共同谋划推进珠澳各领域合作向高水平迈进。珠澳双方相关职能部门分别就深化珠澳科技创新、提升旅游合作水平、深化珠澳经贸合作等重点领域作专题发言，对持续推进金融创新、教育交流、卫生健康合作、共同支持横琴粤澳深度合作区建设等珠澳合作重点工作提出建议，签署《珠海市外事局澳门政策研究和区域发展局国际交流合作备忘录》《珠澳教育合作与交流协议》。

（珠海市委台港澳办王东明）

·国际化人才高地建设·

【概况】2022 年，广东省出台加快新时代人才强省建设的意见，明确以粤港澳大湾区高水平人才高地建设为总抓手总牵引，加快推动新时代人才强省建设。广东省第十三次党代会把推进粤港澳大湾区高水平人才高地建设作为全省重大战略机遇之一，专章提出要求。广东省委组织部组织开展学习研讨和专题调研，学习领会党中央关于加快建设世界重要人才中心和创新高地的战略意图。

加强人才高地建设的统筹领导。研究草拟粤港澳大湾区高水平人才高地建设方案、重点任务分工方案，分解细化指标任务，指导制定实施方案或任务清单，建立推进高地建设领导小组和办公室，筹建工作专班和专家咨询委员会，建立高地建设大事记和工作简报制度，加大推进高地建设的工作统筹力度。

立足粤港澳大湾区的战略定位，探索粤港澳人才规则衔接和机制对接。编制修订粤港澳大湾区（内地）急需紧缺人才目录，涵盖 26 个重点产业 57720 个急需紧缺人才岗位。推进合作办学，香港科技大学（广州）获批设立，香港城市大学（东莞）获批筹设。布局 20 家粤港澳联合实验室、24 家粤港澳科技企业孵化器建设。推动实施粤港科技创新联合资助计划、粤澳联合创新资助计划，广东省、市科研项目财政资金跨境拨付超 3 亿元。允许港澳人才享受居民基本养老保险延缴补缴、内地住房购房、子女入学等便利政策。推动大湾区（内地）事业单位公开招聘港澳居民，累计超过 1000 人次的港澳居民报考。

推动重点区域先行先试创新人才政策。任务化、清单化支持横琴、前海、南沙实施更加开放的全球人才吸引和管理制度，在港澳及海外人才来往便利、个税补贴、执业资格认可、科技成果转化等方面先行先试，落地实施内地居民往来港澳人才签注等创新政策，促进粤港澳三地人才发展深度融合。横琴合作区研究制定享受个人所得税优惠政策的高端和紧缺人才清单管理暂行办法及人才目录，加快吸引集聚高端制造、中医药、文旅会展商贸、现代金融等领域高端和紧缺人才。河套合作区出台首个深港联合政策包，允许科创人才享受深港两地政策。中新广州知识城、广州科学城构建“上管老、下管小”人才服务体系，免除人才后顾之忧。

打造近悦远来的人才发展生态环境。落实党委联系服务专家制度，完善领导干部直接联系服务人才工作机制，加强人才的政治引领和吸纳。优化人才公共服务供给，提升大湾区文化软实力和创新环境，加快构建“基础研究、技术攻关、成果转化、科技金融、人才支撑”全过程创新生态链。打造“一区、一港、一网、一站、一卡”综合服务体系，加快建设粤港澳大湾区（广东）人才港，优化拓展人才“优粤卡”服务功能。推动广州、中山建立外国人工作许可资质互认机制。搭建广州“海交会”、深圳“高交会”和“国际人才交流大会”等国家级高端人才交流合作平台。（广东省委组织部）

【高层次人才服务保障】2022年，广东省建成启用粤港澳大湾区（广东）人才港，人才港面向海内外、服务大湾区，立足国际一流、国内领先，集合国家级专家服务基地、全国博士后创新示范中心、粤港澳大湾区劳动争议联合调解中心等国家级平台，一站实现人才服务、交流、展示、创新四大功能，吸引一流人才集聚，为高质量推进粤港澳大湾区建设提供强大人才支撑。高水平构建高层次人才服务新体系。升级完善人才“优粤卡”实施办法。创设粤港澳大湾区人才服务创新发展年会，携手港澳共建人才服务新机制。

建设国际化人才“一站式”服务窗口，为到粤就业创业的国际人才提供安居乐业等服务。是年，广东省公安厅畅通并优化申办出入境业务咨询渠道，配备业务熟练且具有较高外语会话水平的服务专员和业务配套设施，主动开展政策宣传等，打造出入境证件、就业许可、临时住宿登记申办及创业服务等“一条龙”服务。建立健全与企业、在穗高校、主管部门等沟通机制，为企业及在南沙居住、创业、就业、科研、投资的国内外人士提供全方位咨询服务。探索简化办事流程，设立专门服务工作室，做到“平台前移、警力前置”，推动联审联签简约化。通过“市区两级共同查验、省级快速审核”方式，高效完成申请材料的确认、面谈和受理等环节，有效压缩办证时限、优化服务流程。依托“一站式”服务平台，丰富业务资源，健全完善政府部门沟通联动机制，推动在签证办理、税务、司法公证等方面提供“一站式”服务，全年整合28个部门的441个服务事项，搭建起“内容全面、服务个性”的综合服务体系。

柔性引才服务乡村振兴。在粤东粤西粤北地区12个市和肇庆市布局人才驿站，其中79个涉农县、600个重点帮扶镇全部建成乡村振兴人才驿站。全省建成留学人员创业园48家，其中省部共建5家，孵化一流海归创业项目。高标准推动档案服务。在人才港高标准建设人才公共服务大厅和流动人员人事档案馆，实现档案、集体户口服务全面入驻、一窗通办，全面推行“不见面”服务，20项人才公共服务均支持网上办理。集中发布40个人才公共服务高频热点问题及解答，完成线上线下服务适老、适残化改造以及高校毕业生就业六件事“一次办”，实现5项档案服务“跨省通办”。提升人才服务水平，建成人力资源服务产业园16个，制定推进新时代人力资源服务业高质量发展若干措施，编制粤港澳大湾区（内地）急需紧缺人才目录，推行“社保尊才”行动。

（广东省人力资源和社会保障厅；广东省公安厅）

【高层次人才引进】2022年，广东省引进培育创新人才，实施广东省重大人才工程，组织实施新一轮省重大人才工程省科技厅平台项目，试点实施用人单位自主举荐、知名专家举荐、“一事一议”、“揭榜挂帅”等新型模式。加大人才引进培养力度，依托重大创新平台载体，构建从顶尖人才到基础人才的全方位政策支持。高品质打造急需紧缺人才招聘新品牌，举办线上线下逾 1500 场急需紧缺人才招聘会，超过 2.5 万个企事业单位提供 80 万个优质岗位，服务近 120 万人次求职。举办高精尖缺人才交流对接活动，广东直播带岗“进清北、进复交”，发动华为、小鹏等 2200 家名企提供岗位 2.8 万个，吸引 34 万人次观看，收到 8200 份名校学生简历，打造“粤好服务、粤聚人才”新品牌。实施“青航工程”，全方位支持海外留学青年到粤发展。启动实施“引航计划”海外留学青年人才服务行动，采取“摸清需求、精准对接”的方式，首期吸引 25 个国家（地区）126 所高校 360 名留学生报名到粤发展，其中硕士生、博士生占比 88.9%。举办海外留学生专场招聘会及名企联合带岗直播，总曝光量 13.2 万人次。在线召开国（境）外高校学联联席会议 4 次。举办 2022 年留学生“开学第一课”，邀请专家学者及留学青年代表开展文化交流传播专题授课。举办粤港澳大湾区海归青年人才引进政策宣讲会，面向海外留学青年、意向到粤青年、在粤海归青年等群体多平台直播。

是年，广东省高层次人才引进提升行动取得成效，省属企业建立 54 个博士（后）工作站、博士后创新实践基地，新增 2 人入选“广东特支”计划，3 名技能人才入选“南粤技术能手”。产教融合校企合作育人，涌现产教融合实训基地 69 个，技能大师工作室、劳模和工匠人才创新工作室、高技能人才培训基地 130 多个。开展国企就业引领行动，全年全省国有企业新招聘就业 19 万余人，其中招收高校毕业生 4.2 万人。

（广东省国资委；共青团广东省委；广东省年鉴社）

【外国人才服务管理】2022 年，广东省完善外国人才管理机制，优化人才发展环境，实施外国人来华工作许可、外国高端人才确认函、外国人才签证、外籍高层次人才认定等政策制度。推动各地市设立“国际人才一站式服务专区”“外国人来华工作服务专区”等，实现来华工作许可和居留许可“一套材料、一套表单、一次申请、一窗受理、一次办结”，全面优化外国人才来华工作管理。至年底，全省持有效“外国人工作许可证”的外国人有 4.3 万人。

（摘自《广东年鉴（2023）》）

【外国专家项目】2022 年，广东省科技厅归口管理国家外专项目（个人类）推荐申报 169 项，获批 121 项，批复经费 3488 万元，立项数比上年增长 93.2%、批复金额增长 102.2%。获批数量、批复金额居全国第二位。广东省国际人才交流专项“银龄专家”项目进一步聚焦科技创新，突出高端引领，重点瞄准科技前沿和关键领域内包括外籍院士等已退休的高端科学家，着力引进广东科技创新发展所需的高端人才，立项 43 项，资助经费总计 860 万元。（摘自《广东年鉴（2023）》）

【香港人才高地建设】2022 年 12 月 22 日，香港特别行政区创新科技及工业局公布《香港创新科技发展蓝图》，指出以产业发展为抓手建设国际人才高地，提出一系列措施延揽海内外优秀创新科技人才到港，并加大挽留创新科技人才力度。12 月 28 日，《行政长官 2022 年施政报告》配合《香港创新科技发展蓝图》推出“科技人才入境计划”优化措施，推动合资格公司加快吸纳世界各地的创新科技人才到港进行研发工作，实现香港成为国际创新科技中心的愿景。优化后的计划撤销聘用香港本地雇员的要求，延长配额有效期至两年，向研究人才库计划下聘用的研发人才增加约 10% 的资助，并额外为持有博士学位科研人才提供生活津贴。另外，香港特别行政区政府增加对创新科技人才的住宿支援，包括在河套区港深创科园提供住宿空间，以及研究在其附近新建“创新斗室”。扩展创新科技实习计划，为香港本地指定大学在大湾区设立的分校和海外修读 STEM 相关课程的大学生提供在香港本地进行创新科技实习的机会，鼓励优秀毕业生留港工作。优化措施进一步增加“科技人才入境计划”的吸引力和弹性，推动在香港进行 14 个科技范畴（即先进通信技术、人工智能、生物科技、网络安全、数据分析、数码娱乐、金融科技、绿色科技、集成电路设计、物联网、材料科学、微电子、量子技术及机器人技术）研发活动的合资格公司发展。

（香港历史研究基金会）

【澳门人才培养与引进】2022 年，澳门特别行政区政府坚持人才培养与引进并重。一方面加快培养本地人才，积极推动澳门在外人才回流。鼓励设置配合产业发展的高教课程。引入适应市场发展的专业资格考试，将职业技能课程及证照考试列入“持续进修发展计划”集中资助范围。另一方面以开放和务实的态度，广纳贤才，着力引进澳门经济适度多元发展所需要的人才。落实《人才引进法律制度》，推出“人才引进计划电子申请平台”，完善《人才需求清单》和《紧缺人才目录》，规范有序引进人才。

（摘自《2023 澳门年鉴》）

【广州人才高地建设】2022 年，广州市修订印发《广州市引进人才入户管理办法实施细则》，放宽各类人才社保年限要求，学历类、职称类人才社保要求从 6 个月降为 1 个月。优化引进人才入户流程，取消用人单位审核环节，规定审核时长压减 5 个工作日。做好年度全市重点产业、重点单位、交通行业、临空产业使用总量控制类入户指标引进紧缺急需人才工作。贯彻落实广东省劳动力要素市场化配置改革行动方案，印发实施广州市劳动力要素市场化配置改革行动方案。

是年，广州南沙开发区（自贸区南沙片区）高标准推进南沙国际化人才特区建设，在全国首创“1+3”（“1”套理论体系，“3”级评价指标体系）营智环境评价体系，设立移民事务服务中心，获批人才出入境和停居留便利化 6 项措施，探索建立南沙与港澳人才协同发展常态化合作机制，累计吸引高层次和骨干人才近 2 万人。推进国家海外人才离岸创新创业基地建设，印发《国家海外人才离岸创新创业基地（广州南沙）实施方案》。创立“四链融合”的博士后联合培养体系，新增广东艾佩克科技有限公司、广州通则康威智能科技有限公司 2 个博士工作站，全区各类博士、博士后、院士科研平台累计 24 个。累计建成 11 个港澳青年创新创业基地，形成以“创享湾”粤港澳青年文创社区为核心的港澳青年创新创业基地矩阵。推进中科院明珠科学园一期沈阳自动化研究所、力学所南沙中心等重点项目建设，冷泉生态系统研究装置纳入国家重大科技基础设施“十四五”中长期规划。粤港澳大湾区精准医学研究院（广州）挂牌运作。香港科技大学（广州）正式开学。

是年，黄埔区推进人才高地建设。中新广州知识城国际人才自由港服务大厅运营，全年举办政策宣讲、项目交流等主题活动 21 场。举办首届“五校联动，职链未来”直播带岗活动，推荐优质职位近 1000 个，提供资源链接等“管家式”服务 100 余次。人才高端配套逐步完善，加快世界 500 强企业家俱乐部落地运营，加快建设凤凰谷海归中心，完成国家海外人才离岸创新创业基地总部空间升级改造，新增 4 个博士博士后科研工作分站，分站设站总量占全市的 1/3。区域集聚战略科学家 28 名、高层次人才 100 余名，新增 1460 名研究生入学，累计培养研究生 4200 余名，在校学生 3.5 万人。

（广州市人力资源社会保障局；南沙区国家档案馆；黄埔区国家档案馆）

【深圳人才高地建设】2022 年，深圳市推动人才高地建设。创作推出《深圳队长》《下一站深圳》等具有深圳人才特色文艺作品，打造原创 IP（即 Intellectual Property，知识产权）。持续推出深圳高层次人才访谈栏目《y 深圳》。完成 2022 IDEA 大会及全市低空经济学习研讨活动、西丽湖论坛、港澳经济研究会会员大会等国际高端会务接待，打造集会议研讨、学术交流等功能为一体的全球智汇会务高端平台。在深圳第六个“人才日”举办题为“向上·向善·向未来”的第三届深圳全球创新人才论坛。11 月 1 日，召开深圳市委人才工作会议，研究部署新阶段新征程的人才工作，提出参与全球人才资源配置“深圳方案”，担当粤港澳大湾区高水平人才高地建设深圳责任。11 月 28 日，中国科学院深圳先进技术研究院（简称深圳先进技术研究院）与香港理工大学联合招收培养博士后协议签约仪式在深圳先进技术研究院举行，首位深港联合招收培养博士后签订进站协约，开启港澳和内地联合培养博士后的新模式，突破以往由内地选派博士后赴港澳全程进行培养的模式，实行博士后在内地与香港双城培养，实现博士后经历两地认可。年内，引进生命科学领域科学家颜宁院士以全职身份参与创建全新机制的深圳医学科学院。深圳市人才总量 677 万人，高层次人才 2.3 万人，其中全职院士 91 人，留学归国人员超过 19 万人。

（深圳市人民政府地方志办公室）

2022 年 11 月 22—23 日，IDEA 大会在深圳市人才研修院举办

（深圳市人民政府地方志办公室供稿）

【珠海人才高地建设】 2022 年，珠海市实施更加开放的人才政策，加快珠海创新创业人才集聚。围绕国家、省、市重大人才战略目标，以培育发展未来产业为导向，进一步优化珠海人才发展环境，实施创新创业团队倍增行动，鼓励重点领域用人主体引进培养一批有国际水平的战略科技人才、科技领军人才、青年科技人才以及高端外国专家等领衔的高水平创新创业团队。重点关注团队科研实力和创新能力，突出团队绩效和产出，根据团队经济社会发展贡献、核心技术先进程度、发展潜力等择优给予重点支持，共引进培育珠海市创新创业团队 28 个，其中市外引进创新团队 8 个、本土创业团队 11 个、市外引进创业团队 9 个。成功立项珠海中航通飞华南飞机工业有限公司建设“飞行器设计院士工作站”，并予以 00 万元建站支持。截至年底全市有省级院士工作站 7 个、市级院士站 14 个，合作院士 18 名。（珠海市科创局赵兴森）

【佛山人才高地建设】2022 年，佛山市聚焦“聚、引、育、留”，全面推动专技人才、技能人才队伍发展。截至年底，佛山市人才资源总量 230 万余人，其中院士 68 人、国家重大人才计划专家 76 人、领军人才近 390 人、专技人才约 50 万人、博士人才约 7000 人、技能人才 123 万人；有博士后创新平台 136 个（含佛山企业博士后工作站分站 65 个）。年内，佛山市强化以策聚才，重点引进领军人才、博士博士后等高层次人才引领产业发展，提供安家、科研、生活、子女入学等方面支持。对战略科学家等顶尖人才实行“一事一议”，对领军人才每人最高给予 400 万元安家补贴。推广柔性用

才办法，以项目合作、技术指导等方式柔性招引高层次人才主持重大项目、担纲重大平台，最高给予150万元补贴。落实粤港澳大湾区个税优惠政策，鼓励境外高端人才和紧缺人才到佛山发展。拓宽渠道“引”人才，与全国206家院校建立服务合作关系。在国内21所高校设置重点引才工作站，携手200多家佛山企业举办广州站、澳门站、武汉站、北京站等“优越佛山 佛山有约”招才引智高校行活动。打造“十大创新引领型特色制造业园区”、佛中人才创新灯塔产业园、港澳青年创业孵化基地等创新发展平台，支持优质企业创建博士后创新平台，加快集聚创新人才。推动佛山市技师学院申报创建广东省高水平技师学院，佛山市现代商贸技工学校晋升广东省重点技工学校。采用“政府搭台+企业主导+院校服务”模式，推广企业新型学徒制。截至年底，全市开展企业新型学徒制培训企业约200家，培养企业新型学徒近2万人次。探索向企业下放职称评审权，培养契合企业发展的实用型卓越人才。佛山市有3个职称自主评审单位，数量居广东省前列。强化服务留才，建成优粤佛山卡“一站式”人才综合服务平台，提供“政务+创业+医疗+住房+商旅+联谊”六位一体人才专属服务，人才服务满意度96.2%。建成国际人才“一站式”服务专区，提供51项高频国际人才业务的“一站式”咨询和办理服务。建成“一市五区”高层次人才服务专区，配备257名服务专员，提供“一对一”服务。完善领导干部直接联系服务高层次人才制度，解决人才后顾之忧。

（佛山市人力资源和社会保障局）

【惠州人才高地建设】2022年，惠州市用足用好教师编制资源，面向社会开展“惠”聚优才教师专场招聘，引进教育优秀人才。配齐市教科院各学段各学科专职教研员。选优配强学校领导班子。创新开展市直教育系统干部实践锻炼，打通市直和县（区）学校干部实践锻炼人才培养通道，推动教育系统干部综合素养和专业水平提高，储备优秀管理人才。出台《关于加快新时代人才强市建设的意见》，编制完成粤港澳大湾区高水平人才高地建设惠州工作方案等，全面升级“惠聚优才”工程，打造惠州人才工作品牌，举办惠州市首届人才周活动。全市人才总量超120万名，双聘及合作院士24名，高层次人才2.8万名，科技领军人才超150名，创新团队71个，外国高端人才（A类）396名。

〔惠州市档案馆（惠州市人民政府地方志办公室）〕

【东莞人才高地建设】2022年，东莞市构建人才大宣传格局，叫响“是人才 进莞来”引才口号，统筹全市资源开展人才宣传。举办高层次人才活动周，到湖南长沙开展城市人才品牌推介会，开展“十校百人”大学生实习计划，城市人才吸引力提升至全国第16位。加大重点人才引进力度，坚持以平台引才，以事业引才，获批国家级试点项目2个，引进战略科学家团队1个，全市人才总量282.9万人，其中高层次人才20.5万人。推出全国首支以“人才”为主题的知识产权证券化产品，举办10多场“是人才，进莞来——高品质文艺演出人才专场活动”，全市651名领导干部联系走访1015名高层次人才。实施“百舸计划”、人才工作者成长计划，升级人才资源统计系统，进一步提升人才工作服务质量。

是年，东莞市完善青年创新创业基础设施建设，优化人才落地设施，松山湖港澳青年创新创业基地获评首批省级“粤港澳大湾区港澳青年创新创业基地”，累计引进119个具有港澳籍或港澳高校教育背景的人才项目落地发展。开展专项招聘会，吸引人才，举办6场港澳青年专场网络招聘会，提供264家企业近2800个就业岗位信息，动员市内优质企业开发适合港澳青年就业实习岗位超1.38万个。举办“青才聚大湾·创梦大湾区”暨第四届台港澳青年双创路演交流活动，吸引近80名嘉宾和投资人参加，5个项目团队和投资机构达成合作意向，活动被纳入2022东莞高层次人才活动周暨人才嘉年华系列活动。实施“湾区社保服务通”、境外高端紧缺人才所得税财政补贴办法，发放境外高端人才个税补贴超1亿元。设立境外人员工作许可和居留许可专窗，实行“一窗通办、并联办理”便捷服务。简化港澳人才职称申报评审材料要求和程序，申报评审东莞所有专业职称证书可在广东省范围内通用。

（东莞市人民政府地方志办公室）

【中山完善人才政策体系】2022年，中山市建立新的“1+3+7”人才政策体系，印发1个主政策《中山市新时代人才高质量发展二十三条》，制定人才子女入学、医疗服务、安居保障3个子政策，形成涵盖企业经营管理、科技创新、卫生健康、教育体育、宣传思想文化、农业农村等7个领域特聘人才评定方案，评选出第一批特聘人才236名。“人才云”建成上线，整合16个部门共61项人才数据，汇集形成66万名人才的数据库和人才地图。建成全市首个市级人才房项目“香寓城南时光”小区，120套“333”博（硕）士周转房全部投入使用。印发《关于加强人才房建设管理的工作措施》，统筹推进全市5000套人才房建设，完成864套市级人才房选址调研和方案制定，完成镇（街道）人才房筹建1260套。制定《关于全面优化人才医疗服务的六条措施》，人才医疗服务对象增长6倍。在全市三甲医院门诊设立服务专窗、公立医院门诊设立绿色通道，提供人才医疗服务716人次。推出首张人才金融卡“中山英才卡”，为人才提供专属金融服务。举办爱才重才月活动，开展人才服务与惠企服务活动39项、珠江口东西两岸互动融合发展交流活动4项、人才政策深度解读讲座26场。首次将技能人才纳入“企业突出贡献人才（团队）”评选对象，评选出生物医药、先进制造等领域9名人才和5个团队，给予每位人才20万元、每个团队200万元激励。

【中山人才引进工作】2022年，中山市新引进博士后人员28人，发放各项扶持资金和补贴979万元；新增博士博士后工作平台7个。全市累计有博士博士后工作平台单位89个，进站博士博士后研究人员730人。持续规范博士后平台建设管理工作，向广东省人力资源和社会保障厅报备撤销博士后创新实践基地3家。9月，印发《中国中山留学人员创业园高质量发展十条措施》，从体制优化、服务升级、孵化加速3个方面，为火炬开发区的中山留学人员创业园发展提供更全面的政策支持。建成并启用中山国际人才港。新增南区侨城文化项目为中山市港澳青年创新创业基地，中山翠亨新区“澳中青年创新创业园”开园启用，认定南区侨城文化为首个市级港澳青年创新创业基地。完成建设人才港第一、第二层战略人才中心，面积3200平方米，配备高水平人才服务团队10人，设置24小时服务专区，可办理651项政务业务和40余项人才服务。建成中山市人才研习馆（中山人才国情研修基地），成为服务凝聚人才的重要阵地。年内，中山留学人员创业园启用新园区，并全面开放人才驿站，推动国际人才一站式服务窗口入驻留学人员创业园。新引进入园项目13个，引进硕士以上创新创业人才25人，发放创业启动经费166万元。

（中山市人民政府地方志办公室）

【江门人才高地建设】2022年，江门市新增高层次人才1485人，总数增至9970人。新增技能人才30418人，其中高技能人才12652人，技能人才总量53.18万人。新增专业技术人才13375人，总数增至23.59万人。新增产业工程师人才2688人；工程职称申报人数3375人，比上年增长1.1倍。

是年，江门市研究落实粤港澳大湾区高水平人才高地建设工作，全方位培养、引进、用好各类人才，推进新时代人才强市建设。部署实施“人才倍增”工程，将人才工作纳入市委重点推进的“六大工程”高位推进。编制《江门市“十四五”期间人才发展规划》，印发《江门市“十四五”人才队伍建设工作清单》，出台《深入推进“人才倍增”工程的十条措施》《江门市重点人才队伍高质量自主培养三年行动计划（2023—2025年）》《关于激励全社会引才聚智助力高质量发展的“八大行动”》等文件，实施重点领域人才队伍“强基”计划、产业人才“锻造”计划、科技人才“提质”计划、华侨华人人才“会聚”计划，高质量推进教育、科技、产业发展、乡村振兴等13支人才队伍建设。

引育高精尖人才。全市新建博士博士后科研平台23个，新引进博士198人，在站博士后总数增至93人。推荐1个项目入围全国博士后揭榜领题常态化活动项目，2名博士后入选广东省青年优秀科研人才国际培养计划博士后项目。举办江门市博士博士后人才需求线上对接交流会，发布企事业单位近40个博士博士后紧缺岗位需求，近100名博士博士后人才参与。支持五邑大学建设高水平理工科大学，探索与国内外知名科研院所、高等院校合作办学，引进4个院士团队；投资27亿元建设国家重大科学装置——江门中微子实验室，集聚18个国家和地区78个单位700余名科学家、工程师参与研究。支持举办中微子实验第21次国际合作组会，吸引国内国际240余名科学家参会，建设中微子科普馆和科普小镇，推动新时代科研科普深度融合。与香港科技大学（广州）合作共建江门双碳实验室，构建“双碳实验室+双碳产业园”政产学研融通发展新模式，获广东省科技厅批复支持创建“碳达峰碳中和”广东省实验室，获中央引导资金1000万元专项资金支持，获准设立广东省博士工作站，与暨南大学、华南农业大学、华南理工大学合作建立广东省博士后创新实践基地，有70多名科研人员进驻实验室，引进20余名全职博士后、在读博士和硕士到实验室开展联合培养。深化与清华大学、中科院等院所合作，加快中德（江门）人工智能研究院、广东省科学院江门产业技术研究院建设，助力构建广东省“两廊三极多节点”创新格局。打造“江门市产业工程师集聚计划”人才培养新品牌，初步构建产业工程师“引、育、评、留”培养体系；创新柔性引才模式，举办产业工程师暨博士博士后揭榜创新赛，促成7家企业和揭榜团队签订意向合作协议。建立便捷引进海外“高精尖缺”人才的体制机制，开展外籍“高精尖缺”人才认定。实施侨都青年人才全球会聚行动，构建“1+4”行动体系，创新海外人才引进工作机制，制定出台激励海外拔尖人才到江门创新创业的政策措施，营造“引侨才、回侨乡、建侨都”局面。开展首届“侨都工匠”评选，评选出“侨都十大工匠”9名、“侨都百优工匠”95名。成立广东省首个乡村工匠联盟，评选江门市乡村工匠首席工程师10人，新增取得乡村工匠职称352人。

（江门市人力资源和社会保障局）

2022年，江门推动建设国家重大科学装置——江门中微子实验室。图为江门中微子实验中心探测器　（江门市发展和改革局供稿）

【江门完善人才服务体系】2022年，江门市构建“一卡、一网、一站”立体化人才服务体系，提供医疗健康、子女教育、配偶就业、安居保障、创新创业、政务服务等11个板块“线上+线下”服务。建成江门市人才安居乐业生态园系统，实现补贴“申领—审批—发放”全流程网上办理，共上线业务59项，受理业务3.5万笔，发放补贴1.7亿元。按照11个人才服务分类推进全市服务点建设，第一批28个人才服务点正式提供39项人才服务。

是年，江门市与深圳人才集团携手共建江门人才发展集团，围绕人力资源产业、人才综合引进、人才交流研修等领域开展全方位多层次合作。做大广东江门人力资源服务产业园，累计服务4.26万家次企业，引进和服务各类人才120万人次。全面实施镇（街）“人才强基工程”，建成“1+7+N”江门市（国际）人才“一站式”服务专区（窗口）。至年底，全市有市级人才驿站1家、各县（市、区）人才驿站7家、人才服务驿站184家，建成人才驿站192家。优化人才安居保障，通过配建、购买等形式全市筹集人才住房1600多套。提升高层次人才、本科及以上学历人才住房公积金贷款限额。完善领导干部联系服务高层次人才机制，出台《关于进一步加强领导干部联系服务高层次人才工作的通知》，推动各级各部门结对联系高层次人才总数突破1000人。

（江门市人力资源和社会保障局；江门市人才工作局）

【肇庆人才高地建设】2022年，肇庆市新增专业技术人员5588人（含考试、评审取得），其中高级技术人才1103人。引进研究生1067名，其中博士156名、硕士911名。组织开展人力资源和社会保障领域肇庆市高层次人才待遇申领，向市委人才工作领导小组推荐认定人才19人，其中申报认定B类高层次人才7人，C类高层次人才12人。开展第五批肇庆市技能大师及工艺美术大师工作室评选推荐，共向市委人才办推荐工作室5家，其中肇庆市技能大师工作室2家，工艺美术大师工作室3家。持续建设人才驿站，截至年底，建成市级人才驿站1个、市级分站1个、县级人才驿站14个、镇级人才驿站88个。全市人才驿站共举办人才交流对接活动1410场次，参加活动86491人次。累计为符合条件的各类人才签发“人才绿卡”电子证照1024张，比上年增加232张。

（肇庆市人力资源和社会保障局）

【粤港澳大湾区（广东）人才港开港】2022年3月31日，粤港澳大湾区（广东）人才港在广州开港，人才港与华为公司、南方航空、建设银行、深圳先进研究院、季华实验室等20个单位达成战略合作，12个优质项目进行路演，促成4个创新科技成果转化落地。

粤港澳大湾区（广东）人才港坐落在广州市越秀区壬丰商务大厦，建筑面积1.6万平方米，内设人才公共服务中心、高层次人才创新交流中心、高技能人才创新交流中心等6个核心功能区，集合国家级专家服务基地、全国博士后创新示范中心、粤港澳大湾区劳动争议联合调解中心等国家级平台。截至年底，人才港共举办人才活动30余场，累计参与人数超3200人；与107个单位达成战略合作，共推动125个人才项目对接，促成投融资10余项，涉及金额超5000万元。

（广东省人力资源和社会保障厅）

【广州移民事务服务中心南沙分中心揭牌】2022年9月8日，广州移民事务服务中心南沙分中心（简称南沙分中心）揭牌启用仪式在广州南沙国际人才港举行。这是广东省贯彻落实《广州南沙深化面向世界的粤港澳全面合作总体方案》推出的第一批落地实施的出入境便利措施。南沙分中心以推进各项出入境便利性政策落地实施为出发点，综合受理国内外人士在南沙区工作、生活所涉及的部分政务服务事项，并提供政策咨询、居留旅行、法律援助、语言文化等社会融入服务。（广东省公安厅）

【佛山国际人才一站式服务专区揭牌】2022年2月18日，佛山市国际人才一站式服务专区在佛山市行政服务中心揭牌。该服务专区位于佛山市行政服务中心4楼，占地面积700平方米，设置咨询台、业务办理窗口，同时配有面谈室、咨询室等功能空间。该服务专区有41个事项实现一窗通办，部分业务办理时间缩短50%。同时配备一支会外语、懂业务的专业服务团队，为国际人才提供专业、便捷、高效的政务服务。

【佛山—澳门重点引才工作站揭牌】2022年11月28日，“优越佛山 佛山有约”2022年佛山·澳门人才周活动启动，佛山—澳门重点引才工作站在澳门大学、澳门科技大学、澳门理工大学、澳门城市大学、澳门旅游学院揭牌成立。该站的设立，建立起“政府—学校—企业—学生”的定向联系机制，吸引更多澳门青年人才到佛山就业创业，实现人才与城市的良性互动、共享共赢。该次活动由佛山市委组织部指导，佛山市人力资源和社会保障局主办，佛山市人力资源公共服务中心承办，以线下宣传与线上招聘等多种形式进行。

【全国首条人才碧道开工建设】2022年8月31日，由佛山市南海区委组织部、佛山三龙湾南海片区建设局主办的佛山南海鲲鹏人才服务联盟成立暨人才碧道开工仪式在佛山三龙湾南海片区举行，全国首条人才碧道开工建设。该项目设计范围东至陈村水道、西至东平水道、南北包含槽尾撬水道两岸河堤以及文翰湖公园范围，整合形成约133公顷用地，岸线长度约8千米。人才碧道分启动示范区、功能建筑、槽尾撬水道两岸生态绿地3个部分实施，以河水为底，河道为轴，以海纳桥和揽星桥为中心，在桥的两岸设置百川广场、菁英馆、科技课堂、通济和谐4个节点，串联成1300米的核心环，通过核心环讲述南海吸引人才的故事。同时，碧道以核心环四大节点为基础，向东西两侧发散，在南北两岸形成“聚才、育才、用才、成才”4条主题游线。

（佛山年鉴社）

【中国（广东）中山海外博士博士后创新赛】2022年6—7月，由广东省人力资源和社会保障厅作为指导单位，中共中山市委人才工作领导小组主办，中山市人力资源社会保障局、中山火炬开发区管委会、广东省博士博士后人才发展促进会联合承办的中国（广东）中山海外博士博士后创新赛在中山市中国中山留学人员创业园举行。该赛事成为全国地级市中第一个面向海外博士博士后举办的创新赛，成为吸引高层次海外人才开放合作的重要窗口和渠道。大赛以“广聚天下才 博创新时代”为主题，围绕中山市战略性新兴产业发展，聚焦新一代信息技术、生物医药与大健康2个专业领域，吸引21个国家和地区的参赛项目226个、参赛选手563人参与。活动推动签订落地意向书赛事项目10个，其中直接入驻中山留创园孵化项目3个。

（中山市人民政府地方志办公室）

人文湾区共建

·文化交流合作·

【概况】2022年，广东省推动粤港澳大湾区文化交流合作。1月1日，《广东省省级非物质文化遗产代表性传承人认定与管理办法》实施，鼓励符合条件的港澳人士参与广东省省级非遗代表性传承人认定。6月11—12日，广东省文化和旅游厅与中山市人民政府联合主办2022年“文化和自然遗产日”非遗宣传展示广东主会场（中山）暨石岐龙舟文化周活动，其中包括启动仪式、省级第八批非遗图片展、非遗墟市和非遗购物节等，通过粤港澳非遗生活节、粤港澳龙舟邀请赛等共同加强粤港澳三地非遗保护传承工作。广东省“非遗进校园”系列活动在活动主会场启动仪式上发布。是年，广东省文化和旅游厅参加在香港举办的“大湾区文物建筑高峰论坛”，签署关于深化粤港澳大湾区文化遗产交流与合作意向书。11 月，广东省文化和旅游厅与香港特别行政区政府发展局、澳门特别行政区政府文化局共同签署《关于深化粤港澳大湾区考古及文物建筑交流与合作意向书》，深化在高峰论坛、资源共享、展览交流、研究出版、人才培养、青少年活动、讯息交流、文创产品研发等方面的合作。同月，联合举办大湾区文物建筑高峰论坛。是年，推出走读大湾区文化遗产游径之“声临其境有声书”音频作品。该有声书以广东省发布的八大主题游径为线索，以精悍短小的故事，展现岭南文化底蕴，唤醒家国情怀，共同守护、传承、弘扬中华优秀传统文化。

【海上丝绸之路文化遗产保护和利用】2022 年，广东省实施粤港澳大湾区文化遗产保护传承工程，推进海上丝绸之路重点史迹申报世界文化遗产工作，编制《“海上丝绸之路·中国史迹”保护状况报告》《海丝保护和联合申遗三年行动计划》，推动香港、澳门、惠州、佛山、茂名等城市加入海上丝绸之路保护和联合申报世界文化遗产城市联盟，联盟城市总数增至 34 个，其中广东省 9 个，占比超 1/4。举办海上丝绸之路国际学术研讨会，多层次开展海上丝绸之路文化旅游国内国际合作与交流；完成海上丝绸之路史迹点光孝寺、南海神庙等相关文物保护项目。

【文艺精品创作】2022 年 4 月 15 日至 6 月 19 日，由广东省文化和旅游厅、澳门特别行政区政府文化局主办，广东美术馆与澳门艺术博物馆共同筹办的“臆象——粤港澳当代水墨艺术谱系”展览在澳门艺术博物馆展出。8 月 31 日至 9 月 30 日，第二届粤港澳大湾区文化艺术节举办。该届艺术节期间，大湾区各城市共计开展超过 150 场文化交流演出活动，包括粤港澳大湾区舞台艺术精品巡演、粤港澳电影交流考察活动、粤港澳大湾区杂技艺术周、中国美术名家精品展、粤港澳大湾区文学周、2022 粤港澳大湾区小学生诗歌季、2022 粤港澳大湾区工艺美术博览会、2022 粤港澳大湾区曲艺艺术周、粤港澳大湾区新创小型作品专场晚会、第三届粤港澳大湾区国际音乐季、“互联网 +”行动等专项活动。大湾区 11 个城市分别推出特色鲜明的文化艺术节目，包括粤剧《东江紫荆红》，歌剧《先行者》《侨批》等凸显湾区人文精神内涵的新创剧目，其中珠海打造的话剧《龙腾伶仃洋》获中宣部第十六届精神文明建设“五个一工程”奖。12 月 30 日，2022 港澳视觉艺术双年展在深圳市当代艺术与城市规划馆举办。

【现代文化产业体系建设】2022 年 3 月，广东省修订印发《广东省省级文化产业示范园区管理办法》，鼓励并支持广东省文化产业示范园区开展与香港、澳门、台湾地区文化园区和企业的交流合作，完善粤港澳大湾区文化创意产业体系。推动粤港澳大湾区文化产业园区等重大项目建设，广州巨大创意产业园、深圳 F518 创意园等 5 家园区获评省级文化产业示范园区创建资格单位。广东省与香港、澳门设计协会共同发起成立粤港澳大湾区（广东）文创联盟，强化行业协同协作力度。举办第四届粤港澳大湾区（广东）文化创意大赛，评出获奖作品 140 件（套），推动文化创意产品开发，促进创意设计和资本、产业有效对接。

支持广州、深圳、佛山、东莞等粤港澳大湾区核心城市文化产业园区提升质量和打造品牌。培育标杆性夜间文化和旅游消费集聚区、文旅融合示范区和文商旅综合体，涌现出“Young 城 Yeah 市”“夜佛山越夜越精彩”“夜色惠精彩”“夜侨都”等夜间文旅 IP。是年 11—12 月，举办 2022 粤港澳大湾区公共文化和旅游产品（东莞）采购会，邀请 131 家企业（机构）和非遗项目现场展示，推出涵盖 400 多家企业（机构）参与的线上专区，开展线上线下活动 82 场，推动大湾区人文交流和文旅供需对接。

（广东省文化和旅游厅）

【香港推进湾区艺术交流合作】2022 年 6 月 27 日至 7 月 31 日，大湾区艺术展览系列“创艺互联”首场展览“客家　新客”在惠州举行。香港艺术家陈思光和设计团队黄点设计工作室通过艺术创作重新演绎客家文化和饮食风尚。10月28日至12月18日，大湾区艺术展览系列“创艺互联”第二轮第二场展览在珠海举行。香港艺术家陈闪与设计组合LLAB Design以“无尽的句号”为题，分别从城市景观和自然植物角度，以艺术装置方式表达人与环境之间的矛盾，并引发思考。12月30日起，第三个展览“游古戏今”在中山举行。香港艺术家卓家慧及设计师刘俊杰合作，带领观众漫谈古今，以多变方式细看富有历史意涵的中国工笔画。大湾区艺术展览系列“创艺互联”由香港特别行政区康文署主办，艺术推广办事处及香港设计师协会共同筹划，深圳市前沿艺穗艺术中心协同策划，分别在惠州、珠海、中山、江门及肇庆5个大湾区城市举行，展示香港艺术家及设计师或组合的系列作品。12月14日，香港特别行政区文化体育及旅游局与文化和旅游部、澳门特别行政区社会文化司联合主办2022港澳视觉艺术双年展。该届双年展以“艺术与科技”为主题，30多名来自香港、澳门和内地的艺术家共同参与。香港单元展览由香港艺术馆策划，连同艺术科技伙伴吴子昆制作，展出艺术装置和互动新媒体等作品。

（香港历史研究基金会）

【澳门加强湾区文化交流合作】2022年，澳门特别行政区推进湾区文化交流合作。举办“艺文荟澳：澳门国际艺术双年展2022”。支持澳门本地艺术机构和工作者申报国家艺术基金，提升澳门创作知名度。参与筹备第十五届全国运动会。举办澳珠琴三地公务人员交流研讨班，探索建立委派公务员前往大湾区及内地其他地方实习的制度。

（编辑部）

【广州推进湾区文化交流合作】2022年，广州深化穗港澳文化交流合作，举办2022年中国（广州）国际纪录片节，面向全球125个国家和地区，征集3670部纪录片参评参展。其中，香港、澳门、广州、深圳、珠海、佛山、中山7个大湾区城市111部作品报名参评，涌现出《无穷之路》《陪你在全世界长大》等优秀作品。线上展映展播活动重点推荐《百年粤韵》，讲述粤剧百年历程，展现粤港澳大湾区文化风貌。依托南沙区深化面向世界的粤港澳全面合作平台，推进湾区文化艺术作品创作，10月5日在中央广播电视总台大湾区之声上线首播《我在南沙等你》。该剧由广州文学艺术创作研究院创作，是中央广播电视总台策划的广播剧《湾区，我的家》三部曲的第二部，讲述澳门青年在南沙工作、学习、成长的故事。组织当代杂技剧《化·蝶》和舞剧《醒·狮》《龙·舟》等作品赴澳门、深圳等城市巡演，组织广东省木偶艺术剧院赴

2022年，大型舞剧《龙·舟》受邀参加中国文联、中国舞协全国优秀现实题材舞剧展演，入选2022年国家艺术基金传播交流推广资助项目

（广州市文化广电旅游局供稿）

澳门参加“学生艺术教育普及计划——亲近艺苑·木偶传情”活动。推进粤港澳三地艺术家联手打造戏曲音乐剧《妈祖》、话剧《锦绣传奇》。穗港合作录制援港抗疫音乐视频《同心抗疫永不倒》。广深携手推进小说《乌江引》创作出版，获广东省第十二届精神文明建设“五个一工程”奖。是年，广州市组织策划2022广州读书月分享会，举办“阅读大湾区”——广州“世界读书日”特别策划活动。举办粤港澳大湾区发展（广州）论坛暨“新时代大讲堂”“粤港澳大湾区网络视听与国际传播前沿对话”活动，召开大湾区国际传播座谈会等文化交流活动。

（广州市文化广电旅游局）

【深圳加强湾区文化交流合作】2022年，深圳广播电影电视集团推出《同气连枝 助港抗疫》《香港抗疫观察》等重点报道，与香港电视广播有限公司（TVB）联动制作抗疫特别节目《同心同行齐抗疫》，做好中央援港应急医院项目并加大宣传，支持香港、援港抗疫。做好庆祝香港回归25周年报道，推出《我的四分之一世纪》《不孤岛》《方舟》《香港，我们的故事》等节目，用灯光秀、MV等手段营造喜庆氛围。7月13日，坪山区首届“同心杯”暨庆祝香港回归祖国25周年深港青年足球友谊邀请赛在坪山区聚龙山足球公园举行。

（深圳市人民政府地方志办公室）

【珠海开展湾区文化交流合作】2022年，珠海市加强湾区文化交流与合作，开展各项文化交流活动，其中与港澳交流活动9项，包含美术展览、粤剧演出、器乐演奏、舞蹈展演等。活动呈现双向交流、多元发展、线上线下灵活互动态势。启动珠澳“文化走亲”交流活动，6月9日，珠海演艺集团携现代粤剧《南粤破晓》参加由澳门中华文化联谊会主办的“2022濠江之春”暨珠海澳门文艺走亲活动。第二届珠海艺术节设置“澳门艺术展览展演”板块，组织珠澳画家美术作品邀请展，邀请澳门中乐团、澳门霜冰雪创作实验剧团等到珠海展演。珠海、澳门两地文化文艺团体共同参与广东省《水·融》湾区人文摄影活动等。7月30日至8月29日，珠海市美术馆（古元美术馆）在珠海红谷组艺术馆举办“大美湾区漆彩珠江——古元美术馆首届漆画邀请展”，展出粤港澳漆画艺术家作品80件。9月9日，举办“一江月·珠澳情”线上中秋晚会，邀请澳门演职人员参与录制，围绕横琴粤澳深度合作区成立一周年主题，以古诗词为引，以珠澳元素为核，营造珠海支持服务横琴粤澳深度合作区建设氛围。11月5日，珠海市文联在横琴举办“珠澳和鸣共谱华章——珠澳画家美术作品邀请展”，展出珠海、澳门美协作品60件。12月11日，由澳门文化局、珠海市委宣传部和珠海市文化广电旅游体育局主办的2022珠澳合唱音乐会进行线上展演，邀请澳门3支中学合唱团145名演职人员参加录制。

（珠海市文化广电旅游体育局赵博爽；珠海市委宣传部郑江勇）

【佛山推进湾区文化交流合作】2022年，佛山市组织文旅企业参加广东文旅推介大会、深圳文博会、广东国际旅游产业博览会、香港国际旅游展、澳门国际旅游（产业）博览会、广州国际旅游展等大型展会。促进粤剧交流合作，邀请香港导演高志森、香港编剧杜国威联合创排并上演大型粤剧《南海十三郎》，组织佛山本地作者创作反映粤港澳大湾区建设主题的粤曲，参加由香港戏曲促进会发起的粤曲组歌《大湾区组曲》创作项目，联合香港艺术界文艺机构完成大型粤剧《六月雪》《盘龙令》《隋宫十载菱花梦》的摄制工作。推动文化艺术交流，组队参加“广佛肇清云韶”原创音乐作品展演，邀请粤港澳大湾区表演团队到佛山演艺中心举办各类表演活动，联合粤港澳大湾区其他城市举办各类艺术文化展，举办“奋进新征程建功新时代”——佛山市庆祝党的二十大美术作品展、“中国故事”名家作品展、粤港澳大湾区美术家联盟油画艺术委员会油画名家邀请展等展览。

打造“和颜粤色”对外文化推广交流品牌。与广州市委宣传部、广州市文化广电旅游局联合创编大型舞剧《龙·舟》。推动文化遗产交流，组织参加“文化和自然遗产日”广东主会场活动和香港首个同乡文化名胜展，启动“听见·非遗”佛山非遗音乐作品征集活动，征集具有佛山非遗元素特色和当代音乐特色的音乐作品。共建世界美食之都，制作“佛游味劲”美食手绘图，联合香港、澳门、广州等城市举办“岭南味·佛山品——2022粤菜师傅厨神争霸赛”，举办“世界美食之都”2022大湾区美食文化周活动。加强体育赛事交流，举办中国网球巡回赛佛山站、佛山市镇（街道）男子篮球超级联赛等体育品牌赛事，以及中国网球巡回赛CTA500佛山之夜音乐啤酒嘉年华等活动，其中2022中国网球巡回赛佛山站吸引来自大湾区乃至全国的网球运动员242人次报名参赛，央视体育频道等30家媒体推出超120篇新闻报道，近150万人次观看直播。（佛山市文化广电旅游体育局）

【惠州推进文化交流基地建设】2022年4月13日，惠州港澳台侨文化交流实践基地建成运营。基地位于惠城区的惠州读者文化园，成为惠港澳交往交流交融的重要平台。6月22日，惠州港澳台侨“根·魂·梦”主题文化交流基地建成运营。基地位于惠阳区秋长街道，依托惠阳客家文化、红色文化等文化底蕴，发挥惠港澳地缘人缘优势，以专家授课、景点参观、现场体验、才艺学习和沉浸式感受等形式，融合客家传统文化项目、红色爱国教育景点和现代城市魅力体验等元素，开展“寻根”“铸魂”“追梦”主题文化交流活动，链接15条精品参观交流和游学路线，推动惠港澳青少年深度交往交流交融。

〔惠州市档案馆（惠州市人民政府地方志办公室）〕

【东莞推进湾区文化交流合作】2022年，东莞市举办2022年粤港澳大湾区公共文化和旅游产品（东莞）采购会；开展粤港澳大湾区文化艺术节、粤澳“共读半小时”、“粤韵金声·情系湾区”粤剧曲艺达人选拔竞演等活动；举办粤港澳大湾区小篮球联赛和羽毛球赛、机器人邀请赛、文艺联欢会等活动。东莞中华诗词学会与深圳长青诗社联合主办首届粤港澳大湾区中华诗词文化论坛研讨交流活动，成立粤港澳大湾区诗词文化联谊促进会，推荐鹿鸣诗社获授“大湾区最具活力诗词组织”称号。东莞市朗诵艺术家协会承办第二届广东省朗诵大赛颁奖盛典暨“放怀岭南”2022大湾区之声名家经典朗诵会。举办2022湾区文采会闭幕式盛典暨潮流东莞·火柴盒“世界那么大　不也遇见你”跨年音乐会，吸引超1514万人次观看直播。成立广东省流行音乐传播中心、粤港澳大湾区文采会原创音乐传播中心、粤港澳大湾区新文旅产业企业联盟，培育文化强市建设和公共文化服务高质量发展新动能。（东莞市人民政府地方志办公室）

【中山推进湾区文化交流合作】2022年，中山市推动湾区文化交流合作。举办“岭南潮声”粤港澳大湾区摄影精品展、“品读湾区”9+2城市悦读之旅摄影作品展、第十届广东省水彩粉画展等湾区文化活动，依托中珠澳、广中江、珠中江阳等区域旅游联盟开展文化旅游交流和推介活动。（中山市人民政府地方志办公室）

【江门推进湾区文旅交流合作】2022年，江门市以文旅融合为主线，优化文旅产品供给，完善现代文旅产业体系。全年全市文化旅游体育重点项目21个，完成投资50.45亿元，完成年度投资率123.6%。赤坎华侨古镇项目试运营，以百年历史骑楼街区为核心，打造集观光旅游、休闲度假、商务会展、文化创意与古镇体验功能为一体的文化古镇，成为粤港澳大湾区度假旗舰项目。华侨城古劳水乡项目一期产品升级，精品民宿、露营地等配套不断完善，升级打造粤港澳大湾区岭南水乡风情小镇。中国侨都华侨华人博物馆完成升级改造，并开放参观，成为湾区江门新地标和吸引湾区游客新引擎。“少年中国说”“青年同心圆计划”等活动品牌提质优化。江门市博物馆持续与澳门文物保存修复学会合作开展纸质文物修复基础和进阶培训班，由澳门文物保护修复学会会长陈志亮授课并开展馆藏鞣酸铁墨水档案统计及状态评估研究。是年，江门市积极参与广东省实施的粤港澳大湾区文化遗产保护传承工程，作为海丝申遗城市联盟成员单位，分别于11月16—17日、12月23日出席“海上丝绸之路国际文化论坛”及2022年海上丝绸之路保护和联合申报世界文化遗产城市联盟联席线上会议。

（江门市文广旅体局）

【肇庆推进湾区文旅交流合作】2022年，肇庆市举办肇庆露营节、许鸿飞雕像展，联合广东广播电视台推出“大湾区露营地图”“端午肇庆游”等专题节目。组织“品鉴岭南——知名作家肇庆行”活动，邀请全国知名作家对肇庆的自然和人文景点进行采风，作品在《光明日报》《南方日报》等媒体发表。联合澳门、贺州、鸡西、珠海、云浮等地举办“南来北往，精彩纷呈”“活力广东，魅力肇云”等主题旅游推介会，促进“一程多站”等旅游产品和线路宣传。在2022广东文旅推介大会暨文旅消费季活动中获广东省文化和旅游厅表扬。是年，肇庆市组团参加第十八届中国（深圳）国际文化产业博览交易会、广东文化和旅游产业投融资对接会。推动重大文旅项目建设，推进环星湖旅游业态提升，石牌里民俗文化街区（一期）、紫荆西堤文创街、岩前蓝带啤酒体验馆（绮岩小馆）等文旅消费项目建成开放，牌坊广场—岩前村—火车站综合体水上游船线路开通。加快裹蒸产业复兴，组织开展“游千年肇庆 品百味裹蒸”裹蒸文化之旅活动。打造“肇府人家”民宿品牌，全年新引进民宿项目20多个。推进文化产业赋能乡村振兴工作，封开县贺江碧道画廊入选2022年广东省文化产业赋能乡村振兴典型案例。

（肇庆市文广旅体局）

【粤港澳大湾区（广东）武术交流中心成立】2022年1月1日，粤港澳大湾区（广东）武术交流中心在佛山市南海区西樵镇揭牌成立。该中心打造集武术培训、展演、武术体验、武术寻根等于一体的综合性武术文化体验区，宣传推广黄飞鸿武术学校、武术村等文化资源，推广武术文化游径。利用飞鸿馆功夫博物馆组织开展各类武术展演、武术研究交流等活动，举办大湾区高端电竞比赛，带动文体旅游产业创新融合发展。以粤港澳大湾区武术文化交流中心为切入点，佛山南海将全区武术发展规划和参与大湾区建设相结合，创新南海武术品牌，推动体育事业、体育产业高质量发展。

（佛山年鉴社）

【粤港澳大湾区文化创意设计大赛】于2022年2—12月在珠海举行。大赛以“创意改变生活文化提升品位”为主题，内地及港澳地区合法从事文化和旅游服务领域或者相关行业的公共文化机构、专业艺术院团、高等院校、内地及港澳地区公民等参赛。大赛征集到参赛作品2550件，其中文旅创意设计作品1045件，文化遗产创意设计作品897件，航空航天主题创意设计作品288件，城市（珠海）创意设计作品320件。经专家评审，获奖作品140件。大赛聚焦人才培养和成果转化，在征集方向、参赛规模、作品质量等方面取得新突破，被纳入《粤港澳大湾区文化和旅游发展规划》重点项目，入选文化和旅游部“2022年度内地与港澳文化和旅游交流重点项目”。

（珠海市文化广电旅游体育局陈海燕）

【“岭南潮声”粤港澳大湾区摄影精品展】于2022年12月8日在中山美术馆举行。活动由广东省文化和旅游厅、中山市人民政府主办，广东美术馆、中共中山市委宣传部、中山市文化广电旅游局承办，香港文联、澳门中华文化联谊会、粤港澳大湾区相关城市文化广电旅游体育局、广东省摄影家协会协办。活动通过光影艺术呈现粤港澳大湾区新时代的精彩瞬间、美好图景、人文风貌等，描绘大湾区人民对美好生活的向往和追求，多角度、生动形象地展示大湾区城市各展所长融入国家发展大局的成果，书写大湾区人民的奋斗之志、创造之力。通过“线上＋线下”多个平台联动展出约200件粤港澳大湾区具有中国气派和大湾区人文特色的优秀摄影作品。

【“品读湾区”9+2城市悦读之旅】于2022年11月5日至12月10日，在中共中山市委宣传部指导下，由中山市文化广电旅游局联合粤港澳大湾区公共图书馆联盟举办。活动包括“业态重塑·图书馆虚实融合高质量发展前沿对话”“湾区城市阅读马拉松（含云端阅读马拉松和线下阅读马拉松）”“走读大湾区·体验新生活”3场主题活动，共吸引300万人次参与。

（中山市人民政府地方志办公室）

【佛山加入“海丝申遗城市联盟”】2022年12月23日，2022年海上丝绸之路保护和联合申报世界文化遗产城市联盟联席会议在广西壮族自治区北海市举办，北京、广州、佛山和其他联盟城市设立分会场，以线上线下相结合形式召开。经联席会议审议，佛山获全票通过加入“海丝申遗城市联盟”，并签署《海上丝绸之路保护和联合申报世界文化遗产城市联盟章程》。“海丝申遗城市联盟”于2018年成立，旨在通过“海丝”申报世界文化遗产工作，推动形成关于“海丝”跨国文化线路的国内国际共识，发挥“海丝”遗产在促进支持“一带一路”世界愿景中的积极作用。截至年底，有34座城市加入海丝保护和联合申遗城市联盟。

（佛山年鉴社）

·粤港澳青少年交流·

【概况】2022年，广东省推动粤港澳青少年交流。在文化和自然遗产日期间，省文化和旅游厅举办“品读文化遗产　体验文化魅力”——2022年粤港澳青年广东省粤港澳大湾区文化遗产游径体验活动。以粤港澳青年体验为主题线索，组织近30名粤港澳三地青年代表赴中山和江门，走读岐澳古道文化遗产游径（中山段）、孙中山故居纪念馆、开平自力村碉楼群、开平立园等，围绕“粤港澳大湾区文化遗产游径的文旅融合、粤港澳生活圈和文化遗产创新转化”主题，召开2022年粤港澳青年文化遗产游径体验活动创新创造工作坊分享对接会。推动“国情深睇验”港澳青少年深圳国情研学精品路线发布，为加深港澳青少年的交流以及促进港澳青少年了解国情提供新路径。开展2022年“广东省研学旅行实践基地（营地）”评定工作，广州、深圳、珠海等地22家研学旅行目的地获评“广东省研学旅行实践基地（营地）”。

组织参选文化和旅游部“港澳青少年内地

2022年5月26日，2022年前海港澳青年职业能力提升训练营开营

（深圳市人民政府地方志办公室供稿）

游学产品”，汕头市“潮汕：时代启航研学”线路产品获评2022年度十大“港澳青少年内地游学推荐产品”。8月9—12日，举办广东省粤港澳青少年交流合作及涉港澳疫情防控培训班。暨南大学与广州、佛山、惠州、东莞、江门等大湾区城市签约共建“粤港澳台青年国情教育基地”，组织120余名港澳台师生前往佛山、江门开展广东省内国情教育研习活动。举办“展翅计划”港澳大学生实习专项行动、2022年广东高校优秀港澳学生领袖营等品牌活动。深入实施“青年同心圆计划”，考察评选省级港澳青少年交流基地，设计主题交流精品线路，联动开展知行湾区、红色寻根、论坛峰会等活动181场次，线上线下覆盖66.2万人次。推出粤港澳青春湾区行活动直播。成立粤港澳大湾区志愿服务联盟，举办第四届粤港澳大湾区（广州）青年合作发展论坛暨全国志愿服务高级研修班，开展“益苗计划”广东志愿服务组织成长扶持行动粤港澳大湾区专项赛。推动建设“青春湾区”粤港澳青年发展型大湾区，深入实施“青融工程”助力港澳台青年融入大湾区发展行动。

（广东省文化和旅游厅；广东省人民政府港澳事务办公室；共青团广东省委）

【青少年思想政治引领】2022年，广东省强化思想引领，拓宽联络服务，推进粤港澳大湾区青年工作。联动开展专题培训、座谈交流、学习研讨等活动，依托“广东共青团”“广东青联”等新媒体发布约50期热议推文，制作广东省青联学习贯彻党的二十大精神主题MV，组织青联委员、港澳青年学习习近平总书记系列重要讲话精神。对接香港青年社团及同乡会等组织，动员社会各界力量，募集价值超3500万元的4万余箱防疫物资驰援香港，并为在粤香港学生提供相应的帮助、服务和支持。组建香港地区青联委员义工队，发起“疫境送温暖行动”“童心抗疫 You And Me”等活动，关爱香港青少年及弱势群体。港澳等地青年参与广东抗疫，在“i志愿”系统注册超2.5万人，服务超16.8万小时。发动近500名香港青年参与《香港青年就业及大湾区发展指数调研》，开展港澳青年发展诉求等专题调研。推进粤港澳大湾区青年发展智库建设，组织专家学者参与粤港澳大湾区青年工作研讨会，在《广东青年研究》开设“粤港澳与青年”专栏，刊载粤港澳青年工作研究成果。

（共青团广东省委）

【香港推动粤港澳青年交流】2022年是香港回归祖国25周年。为加强深港澳青年交流与合作，助力港澳青年在大湾区成就梦想，香港与深圳举办“2022深港澳青年文化交流周”活动。活动由中央人民政府驻香港联络办公室深圳联络部、共青团深圳市委员会、中共深圳市福田区委宣传部、香港大公文汇传媒集团联合主办，香港中文大学（深圳）、深圳大学协办，在深圳福田保税区深港国际科技园启动。该次活动以“携手湾区，共创未来”为主题，紧贴大湾区发展趋势，50名深港澳三地青年走进福田、了解深圳，为融入粤港澳大湾区及湾区建设贡献力量。4月，2022年粤港澳大湾区青少年公益年会启动，以线上线下结合形式举办，来自粤港澳等地150多名青少年代表分享参与公益活动、志愿服务的心得体会。7月，“迈向碳中和 湾区少年行”系列主题活动之探访东江源青少年绿色低碳寻访手绘活动开营仪式在深圳、香港等地连线举行。深港澳三地青少年为国家“双碳”目标付诸行动，传递绿色低碳发展理念。

（香港历史研究基金会；编辑部）

【澳门推动粤港澳青少年交流】2022年，澳门特别行政区举办各种活动，加强对澳门地区青少年的爱国教育，推动粤港澳大湾区青少年交流交往。举办纪念五四运动103周年系列活动，超5500人次参与。加强宪法、基本法的教育，举办纪念《澳门特别行政区基本法》颁布29周年之“我与《宪法》和《基本法》演讲比赛”，共21所学校105名学生参加演讲比赛的团队赛，整项活动超4700人次参与；12月4日举行“国家宪法日专题活动”，部分非高等教育学校共开展400项相关活动，超过12万人次参与。举办“内地与澳门高等教育展”，通过在线展形式，提供内地和澳门全方位升学信息，121所高校参展，近75400人次参与实体展览、讲座及浏览专题网页。丰富“粤港澳大湾区青年信息平台”，通过Facebook专页“细说湾区”、“BayChitChat”Instagram及WeChat公众号，向青年分享湾区生活、文康活动、就业、创业、重要政策等信息。（摘自《2023澳门年鉴》）

【广州推动粤港澳青少年交流】2022年，共青团广州市委制定优化《共青团广州市委员会关于贯彻落实〈广州南沙深化面向世界的粤港澳全面合作总体方案〉的工作方案》，构建以粤港澳青少年交流活动总部基地为抓手，省、市、区三级联动的“1+3+N”工作体系，促进粤港澳大湾区青年在人文交流、科技创新、创业就业等领域深度融合。建设粤港澳大湾区青少年发展中心，联合共建6个湾区青年驿站，依托南沙“创汇谷”建设港澳青联委员广州（南沙）联络站，推出南沙粤港澳大湾区青少年发展公益基金。深化粤港澳青少年人文交流，线上线下多形式举办粤港澳大湾区青年周、港澳青年实习生故事会、湾区青年故事展播、穗港澳青年交流基地行系列活动，推出“粤港澳大湾区青年民俗节”，超6万人次参与。《广州市青年创新创业促进条例（草案）》专款规定支持港澳青年在南沙创新创业的相关举措。建设市团校南沙分校，打造面向港澳青少年的国情教育课程体系。组织实施“百企千人”港澳大学生实习项目、“展翅计划”港澳台大学生实习专项行动，开发岗位2484个，打造港澳青年在穗“实习+”模式。扎实开展“青创杯”港澳专项赛、穗港澳台（广州）青年就业创业成果交流会、志愿服务广州交流会暨南沙区首届粤港澳青年志愿服务项目大赛等品牌活动，引领青年投身南沙建设。

（共青团广州市委霍菀怡）

【深圳推动粤港澳青少年交流】2022年，深圳市促进粤港澳青少年交往交流交融。支持乡亲社团乡情传承“青苗计划”启动，打造从少年到青年全链条的乡情传承及成长服务体系，为青少年成长成才提供机遇，搭建舞台。推进港澳青少年爱国主义教育、实习就业、联谊交流工作，组织超5000名深圳中小学生与香港同龄学生“一对一”结对，开展活动210项，135所学校超3万名学生参与。支持香港深圳青年总会在香港实施“禁毒领袖学院”计划，累计超6000人次参与。打造研学常态化机制，编制发布五大主题、12条港澳青少年深圳国情研学精品路线，包含同根同源、科技创新、生态景观、社会文化以及时尚“圳品”160个研学体验点。发布“国情深睇验”港澳青少年国情研学精品路线。成立深圳香港培侨书院龙华信义学校少年警讯学校支会。指导港澳团体发起国情研学“从深（心）出发”行动，打卡超7000人次。举办2022年“迈向碳中和 湾区少年行”系列主题活动；引导深港青年同步启动共同守护红树林行动，累计开展活动48场，近23800人次参与。（深圳市人民政府地方志办公室）

【珠港澳青年交流合作】2022年，共青团珠海市委推动粤港澳大湾区青年交流合作。开展“展翅计划”港澳台大学生实习行动2期、“湾区港青揾好工”实习计划1期，服务84名港澳台大学生在珠海实习。举办珠澳海归青年主题对话，珠海市海外留学青年联谊会与澳门侨界海归协会缔结友好协会。横琴·澳门青年创业谷“大湾区青年家园”获广东省A等次认定。8月22—23日，中共珠海市委台港澳办组织在珠海的高校香港籍教师21人赴桂山岛、东澳岛开展国情教育活动，学习先烈事迹，参观桂山号英雄登陆点、万山海战遗址、铳城遗址等重要海战遗迹和港珠澳大桥（深中通道）管隧工程基地。11月12日，组织在珠港澳同胞80人参观第十四届中国航展，促进珠港澳经济文化交流。

（共青团珠海市委周宇晖；中共珠海市委台港澳办王东明）

【佛山加强粤港澳青少年交流】2022年，佛山市推动粤港澳青少年交流。开展“澳门+佛山”合作项目，将“佛山与澳门合作专班任务”分别写入澳门特别行政区政府2023年财政施政报告和2023年佛山市政府工作报告，佛山市委台港澳办与澳门政策研究和区域发展局建立合作专班机制，梳理形成《2022年澳门与佛山重点合作项目清单》，协调推动青少年交流等领域合作项目。举办“扬帆佛山·筑梦同行”港澳台青年品牌交流系列活动，佛山市委台港澳办联合暨南大学举办港澳台青年研学行活动3期，佛山市委台港澳办联合佛山市教育局举办“扬帆佛山·筑梦同行”——2022年港澳台青少年“功夫”文化夏令营。举办喜迎党的二十大、港澳台青年学习习近平在庆祝香港回归祖国25周年大会上的重要讲话主题沙龙活动，来自佛山市各行业近30名港澳台创业青年参加活动。与暨南大学合作共建粤港澳台青年国情教育基地，策划开展红色教育、创新创业、乡村振兴、智能制造、文化体验等主题活动。

（佛山市委台港澳办）

【惠州推动港澳青少年交流】2022年，惠州市深化惠港澳青年交流。对67个惠州市港澳青少年交流学习（实践）基地进行提质升级，整合其中的国情教育特色资源，设立惠州港澳台侨青年国情教育基地，开展国情教育活动，传播真实、立体、全面、可信、有温度的中国国情现状和文化历史。分别于8月5日、8日、11日，组织惠州籍学子及香港籍内地大学生开展“百年追梦·青春激荡”粤港澳青少年红色寻根之旅活动、“知行湾区”粤港澳青年交流系列活动。组织粤港澳青年到惠州市参观邓演达故居纪念馆、东江纵队纪念馆、叶挺将军纪念馆、东湖旅店旧址、中韩产业园、TCL电视博物馆、大亚湾石化区、葛洪博物馆、罗浮山乡村振兴示范带等。共青团惠州市委员会、惠州市青年联合会联合惠港青年交流促进会开展“惠港文化”系列宣传片拍摄工作，宣传惠州市的经济、文化、旅游等亮点，至年底，发布《绘出丽世一》《中国人精神惠港心连心》宣传视频，合计超过10万名粤港澳青年观看。

〔惠州市档案馆（惠州市人民政府地方志办公室）〕

【东莞推动粤港澳青少年交流】2022年，东莞市举办2022大湾区莞澳发展青年论坛、湾区青创莞港交流会、莞台港澳青年故事会等活动，增强港澳同胞特别是青年同胞对国家民族认同和到莞发展意愿。4月29日，香港特别行政区政府驻粤办、香港工联会内地中心参访东莞暨大港澳子弟学校并座谈。香港特别行政区政府驻粤办鼓励港澳青年学生到莞学习和生活，号召香港教师到莞就业。5月13日，东莞市内地港人联谊会拜访东莞市委台港澳办，双方就促进莞港青年加快融入粤港澳大湾区建设等议题进行讨论。6月14日，澳门立法会代表到莞参观广东国立科技股份有限公司并座谈。10月26日，澳门经济及科技发展局联同澳门中联办、澳门科学技术发展基金、横琴粤澳深度合作区经济发展局、澳门大学、澳门科技大学等专家及澳门企业代表到松山湖材料实验室、东莞理工学院、散裂中子源调研座谈。调研促成各方加强合作和互动关系，拓展科研合作深度，共同探讨成果转移转化途径。开展粤港澳大湾区文化艺术节、粤澳“共读半小时”、“粤韵金声·情系湾区”粤剧曲艺达人选拔竞演、粤港澳大湾区小篮球联赛、羽毛球赛、机器人邀请赛、文艺联欢会等活动。（东莞市人民政府地方志办公室）

【中山加强粤港澳青少年交流】2022年，中山市开展青年大讲堂、青联思享汇等线上线下学习活动8场，累计覆盖人数约1.5万人。联动粤港澳大湾区企业家资源，与珠海、江门等地青年企业家开展互访交流。实施“知行湾区”粤港澳台青年交流计划、“青年同心圆计划”等品牌项目，促进粤港澳三地交流交往交融。开展“湾区青年说——共创湾区新生活”分享会、“大湾区·大未来”企业交流茶话会暨“科创湾区行”粤港澳青年创业沙龙活动，帮助粤港澳青年融入大湾区发展。实施2022年“展翅计划”港澳台大学生实习行动暑假实习活动，为45名有意向到中山参与暑期实习的港澳台籍大学生精准对标开发实习岗位90个，21人完成配岗。

（中山市人民政府地方志办公室）

【江门促进粤港澳青少年交流】2022年，江门市举办“青年同心圆计划”江港澳青少年交流交往活动、“展翅计划”港澳台大学生实习专项行动、“亲情中华为你讲故事”夏令营等系列文化交流活动。江门与香港专业文旅运营团队合作打造台山“草坪里”项目，11月，举办第二届文创节“海的呼唤——2022粤澳青年文创节”活动，促进文旅交流与融合发展。

（江门市文广旅体局）

【肇庆推动粤港澳青少年交流】2022年，肇庆市参与录制中宣部组织的“大湾区、大未来”集中宣传采访活动，组织市内重点高校港澳籍学生进行线上访谈。深化肇港澳青年交往交融，实施“同心圆计划”，开展“百年追梦·青春激荡”“青春湾区行”等活动。搭建线上+线下交流平台，通过召开线上座谈会及邀请港澳青年企业家到肇庆参观、调研等方式，推动肇港澳青少年广泛交往、全面交流、深度交融。服务港澳青年实习就业创业，实施“展翅计划”港澳大学生实习专项行动，肇庆市青联委员在各自领域为港澳青年开发400多个实习岗位。举办“创青春”粤港澳大湾区青年创新创业大赛，以赛事为纽带有机连接创新创业基地、项目、人才、资本，吸引更多港澳青年携项目到肇庆参赛和交流发展，扶持3000多名青年创业。深化粤港澳大湾区“青年家园”建设，为到肇庆求学、就业、创业及生活的港澳青年提供服务，累计服务港澳青年1000多人次。

（共青团肇庆市委）

【广东省港澳台青少年交流基地申报评选】2022年，共青团广东省委、广东省青年联合会启动广东省港澳台青少年交流基地申报评选工作，收到来自18个地市及高校、央企、国企推报的28个基地申报材料，评选出首批广东省港澳台青少年交流基地20个，致力于打造港澳青少年交流基地示范样板、港澳青少年社团到粤参访的重要阵地、港澳青少年到粤交流的“网红打卡点”。参评的粤港澳青少年交流基地囊括历史文化、经济发展、科技创新、生态环保、乡村振兴等多种空间主题及社会教育功能。

是年8月17日，为期3天的“知行湾区”粤港澳青少年红色寻根之旅暨广东省粤港澳青少年交流基地的首场考察交流活动收官。该活动由广东省青年联合会组织开展，15名粤港澳青年齐赴韶关、肇庆、云浮、江门、佛山，探寻自然、人文等多重元素相融的粤港澳青少年交流基地。考察团通过体验粤港澳青少年交流基地的特色服务，亲身体验“双区”和“两个合作区”的发展成就，坚定投身湾区建设的信心决心。

（共青团广东省委）

【“知行湾区”粤港澳台青少年交流活动】2022年7月17日，广东省青联联动深圳市青联在深圳前海举办“知行湾区”粤港澳台青少年交流活动。活动中，粤港澳台青年在前海国际会议中心参观“潮起珠江——广东改革开放40周年展览”；在前海展示厅观看大型沙盘展示，了解前海规划发展情况；参观前海深港青年梦工场，走访入驻孵化的港澳台青年企业及项目，了解国家支持港澳台青年创新创业服务举措。该次活动作为全国青联“跟着小伙伴看祖国”主题系列活动之一，在全国青联、广东共青团、中国青年报等境内外新媒体平台播出。

【在粤香港青年学生“迎国庆 庆回归”主题活动】2022年9月23日，香港特别行政区政府驻粤办、中央政府驻港联络办广东联络部、广

2022年8月，广东省组织开展“知行湾区”粤港澳青少年红色寻根之旅暨广东省粤港澳青少年交流基地考察交流活动　（共青团广东省委供稿）

东省青年联合会联合举办在粤香港青年学生“迎国庆 庆回归”主题活动，来自在粤高校香港学生和在公职机构任职香港青年等约30人参加活动。活动旨在为在粤香港学生与在粤工作香港青年搭建交流互动平台，使在粤香港学生通过了解香港青年在粤发展情况，为规划未来职业方向做好准备。活动邀请7名就职于广东省公职机构香港青年，结合自身成长发展经历分享经验及建议；邀请手工艺导师指导香港青年亲手制作“中国结”，一起迎国庆、庆回归。

【“新青年·新征程”粤港澳青年学子分享交流会】2022年4月23日，由广东省青年联合会、广东省学生联合会联合举办的“新青年·新征程”粤港澳青年学子分享交流会在广州举办。活动中，广东外语外贸大学粤港澳大湾区研究院申明浩教授进行《粤港澳大湾区发展趋势和青年机遇》主旨分享，4位来自粤港澳的青年学子代表分别从科技创新历练、在粤创业经验和社会实践经历等角度进行分享，共同发出《粤港澳大湾区青年学子倡议书》，呼吁粤港澳广大青年学子砥砺家国情怀，勇担青年使命，投身到新时代粤港澳大湾区建设中。该次活动在各大网络平台进行视频直播，活动当日吸引来自粤港澳三地青年学子58.2万人次收听收看。

【创享大湾区2022“Z世代”青年文化创客营】2022年8月8—12日，由中国国际青年交流中心、中国青年精英项目主办，广东省青联协助

2022年8月，由中国国际青年交流中心、中国青年精英项目主办，广东省青联协助举办的创享大湾区2022“Z世代”青年文化创客营走进广州、佛山　（共青团广东省委供稿）

举办的创享大湾区 2022“Z 世代”青年文化创客营走进广州、佛山，来自北京大学、清华大学、浙江大学、暨南大学等 20 余所高校的 30 余名内地、港澳学生和来自 17 个国家的 20 名国际留学生开启为期一周的湾区文化之旅。8 月 8 日，创客营开营仪式在广州中国大酒店举行。中国国际青年交流中心、共青团广东省委、广东省青联以及中外青年代表 60 人参加。活动期间，广州酒家点心师傅现场教学、讲授广府饮茶文化，中外青年一起制作品尝经典粤式点心；在广州 K11 体验艺术创作工作坊，感受先锋艺术的魅力；走进华南国家植物园、海珠湿地感受绿色大湾区和生态环境之美；参访广州城市规划展览中心、工美港国际数字创新中心、广东工业设计城、碧桂园总部和博智林机器人公司等，了解大湾区城市规划和科技创新发展。通过专题讲座、交流研讨、创新工作坊等形式，加深对大湾区和岭南文化的理解，并在专业导师的带领下，围绕粤港澳大湾区的人文、科技、生态三个主题进行分小组沉浸式交流，最终以创意视频和青年报告的形式，呈现“Z 世代”对新时代背景下大湾区及世界未来发展的思考。

（共青团广东省委）

【“中国情·华夏行”国情研学营活动】2022 年，广州举办“北望神州·启航追梦”2022 年粤港澳大湾区港澳青年实习计划暨“中国情·华夏行”国情研学营活动。该项目是文化和旅游部内地与港澳文化和旅游交流重点项目，来自广州中医药大学的 116 名港澳青年学生到广州中医药大学第一附属医院、广州中医药大学第二附属医院（广东省中医院）等单位开展实习研学，搭建港澳大学生进行岗位实习和社会实践的平台，让港澳大学生了解中医药文化、体验内地职场。组织广州广之旅国际旅行社股份有限公司、广东玩客国际旅行社有限公司、喜邮游旅行社（广州）有限公司（南沙）等旅行社，以南沙湿地公园、百万葵园、南沙天后宫、牛角村兰花基地、香云纱文化创意园（非遗）、种业小镇为主要景点，策划推出 5 条青少年研学旅游线路。

【穗港澳青少年文化交流季】于 2022 年 7—12 月在广州、惠州、肇庆、中山、东莞、江门等粤港澳大湾区城市举办。开展“粤港澳中小学生故事大会”“粤港澳青少年创意书画大赛”“青少年湾区历史学堂系列讲座”“人文湾区亲子行、青年行”“粤港澳人文湾区风貌巡展”“穗港澳青少年文化交流季闭幕式暨广府文化之夜”等活动，共计 33 场，吸引逾 5000 名粤港澳大湾区青少年参与。

（广州市文化广电旅游局胡益）

【2022 横琴粤澳深度合作区人工智能大赛】2022 年 12 月 3—4 日，横琴粤澳深度合作区行政事务局、珠海市教育局、珠海市科学技术协会联合澳门教育及青年发展局举办 2022 横琴粤澳深度合作区人工智能大赛暨第四届珠港澳青少年机器人大赛。赛事吸引来自 14 个国家和地区共 139 个学校的 5213 名选手参加。大赛以“科技·创新·合作·成长”为主题，设置 14 个比赛项目，每个项目分为小学、中学、高中和中职四个组别，每个项目按一等奖 15%、二等奖 25%、三等奖 35% 设置，其中竞技类项目排名前三获得冠、亚、季军名次。（编辑部）

【广州青少年醒狮表演赛】2022 年 10 月 15 日，广州市举办第六届青少年醒狮表演赛，广州市 100 支青少年醒狮队伍和大湾区其他城市醒狮队及青少年共同参与。该届表演赛增设“非遗醒狮少年”个人才艺大赛，收到 456 名 6 ~ 16 岁“醒狮少年”报名，经过两轮复核，有 42 名选手进入决赛。12 月 3 日，总决赛在线上举行，荔湾区赵家狮鼓乐龙狮团、花都区理工职业技术学校醒狮队、白云区省机械龙狮团获单狮组金奖，越秀区南国醒狮青少年醒狮队、黄埔区龙狮协会、南沙区双翼小学获群狮组金奖。番禺区沙湾实验小学、从化区鳌头中学等队伍分别获银奖和铜奖。香港洪风派国术总会少狮队、澳门美高梅金狮体育会等获特邀表演金奖。

（广州市文化广电旅游局胡益）

【佛山港澳台青年交流沙龙】2022年7月22日，佛山市委台港澳办在佛山市南海青创工合空间举行港澳台青年交流沙龙，约30名港澳台青年代表参加活动。港澳台青年分享在佛山生活、工作及创业故事。佛山支持港澳台青年在佛山的发展，为广大港澳台青年学习、工作、居住、生活、创业、就业等提供便利。活动鼓励港澳台青年把握时代机遇，积极参与佛山建设，做粤港澳大湾区的建设者。（佛山年鉴社）

【“筑梦三乡·人才先行”实习活动】2022年，中山市三乡镇举行“筑梦三乡·人才先行”实习活动。1—2月，“筑梦三乡·人才先行”——2022年寒假澳门籍大学生赴三乡党政机关实习活动启动，来自内地“双一流”高校的5名澳门籍大学生首次赴内地基层党政机关实习。三乡镇党委政府根据澳门籍大学生专业特点分配岗位，制定专门培养方案和管理办法，指定专人开展指导，让大学生深入乡村基层和抗疫第一线。7月，“智汇中山逐梦湾区”港澳大学生暑期实习计划暨“筑梦三乡人才先行”第二期2022年暑期港澳台学生实习报到会在三乡镇政府举行，19名来自北京大学、中国人民大学、中山大学、南开大学、暨南大学、澳门大学等高校的港澳等地大学生到三乡党政机关实习，体验内地工作环境，感受不同企业文化，了解三乡人才政策。

（中山市人民政府地方志办公室）

·中外文化交流互鉴·

【概况】2022年，广东省鼓励广州、珠海、东莞与其对口友好城市开展交流活动。东莞市举办东莞友城青少年线上摄影联展，展出巴西坎皮纳斯市、加林市、新汉堡市等友城作品。支持广州交响乐团、广东星海音乐厅线上举办“2022广东国际青年音乐周”。9月，珠海市人民政府和奥地利萨尔茨堡莫扎特音乐与表演艺术大学共同主办“第四届珠海莫扎特国际青少年音乐周”，邀请来自美国、德国、奥地利等17个国家的艺术家线上参加活动。10月，在日本东京中国文化中心主办“匠心南粤　美美与共——中国广东非物质文化遗产交流展”。展览选取广东剪纸《粤港澳大湾区》、肇庆端砚《湾区龙出海》、广州榄雕《和谐》、佛山石湾陶塑《和善吉祥》等作品，展示大湾区匠人家国情怀，讲好中国故事、广东故事、湾区故事。7月21日，世界青年发展论坛在北京开幕，广东省青年联合会在穗举办世界青年发展论坛广东分会场活动。在粤外国留学青年代表和粤港澳台青年代表在广州市天河区港澳青年之家总部，线上参加世界青年发展论坛开幕式和全体会议。

（广东省文化和旅游厅；共青团广东省委）

【香港推动对外艺术交流】2022年，香港特别行政区推动对外艺术交流。香港特别行政区政府制定文化艺术设施10年发展蓝图，持续改善及扩建现有文化设施，并在新发展区域兴建表演场地、博物馆和公共图书馆，支持香港发展成为中外文化艺术交流中心。香港特别行政区文体旅局设立“文化艺术盛事基金”（盛事基金），吸引并支持国际和大型文化艺术盛事落户香港，促进香港文化产业发展，打造“文化艺术之都”。香港特别行政区政府在艺术及体育发展基金中每年拨款6000万元资助4项活动。资助入围国家艺术基金的香港本地艺术项目到境外演出、展览等。兴建中国历史文化推广活动中心，配合香港历史博物馆的馆藏，举办教育及推广活动。每年在香港举办“中国戏曲节”“香港周”等活动，推动香港本地艺团和艺术家的对外交流。

是年，香港提升香港创意产业形象。举办第四届“香港出版双年奖”、“Juxtaposed 2022 FASHION META”虚拟时装展、“设计营商周”；在纽约等地举行建筑展览，其中部分展品在“中国国际进口博览会”上展出。巴塞尔艺术展香港展会吸引逾150家来自全球的艺廊参加，约100家当代艺廊在Art Central展出新进艺术家的前卫作品。12月，“亚洲文化合作论坛2022”在香港举行，有21个国家和14个海外代表团参与，是自2003年论坛举办以来规模最大的一次。是年，香港特别行政区非物质文化遗产办事处推出第四轮非物质文化遗产资助计划，鼓励社区参与保护和推广非物质文化遗产的工作。推出“循声觅道——香港非物　质文化遗产”系列展览，展现香港本地民间工艺智慧和丰富的民俗文化，全年吸引国内国际超过38000人次入场参观。

（香港历史研究基金会）

【澳门推动对外文化交流】2022年，澳门特别行政区举办系列活动，推动对外文化交流。9—10月，举办第三十四届澳门国际音乐节，以“明日之曲”为题，开展11项共13场次的节目及延伸活动，总参与观众近5500人次，网上有奖游戏参与人数近1万人次，网络平台宣传触及人数875万人次。10月，举办第二十五届葡韵嘉年华，来自10个葡语国家或地区的澳门居住葡语社群设置文化特色摊位，活动参与人数约9000人次。10—11月，举办第四届“相约澳门——中葡文化艺术节”，以“中葡游乐园”为主题，串联葡韵嘉年华，举办中国与葡语国家电影展、中葡绘本书展、“一带一路”文化系列讲座及延伸活动，并组织品酒体验活动及品酒技巧工作坊，展现中国与葡语系国家的多元文化，落实深化澳门作为中国与葡语国家文化交流中心的建设工作，48场活动总参与人数逾1.2万人次。活动还通过湾区媒体在线直播、社交媒体微信公众号、小红书等推送中葡文化艺术节的精彩内容，总浏览超过340万人次。是年，澳门特别行政区还举办2022澳门国际帆船赛、2022澳门国际龙舟赛、WTT澳门冠军赛2022、第四十一届澳门国际马拉松等。全年澳门世界遗产网网站浏览量594108人次。

（摘自《2023澳门年鉴》）

【广州推动对外文化交流】2022年，广州市举办中国（广州）国际纪录片节、读懂广州——“影像广府”纪录片展映、广州国际艺术博览会等各类对外文化艺术交流活动。参加联合国开发计划署与世界旅游城市线上举办的《疫情背景下世界旅游城市可持续发展——中国行动研究》项目介绍会、第十届TPO总会、世界旅游城市联合会亚太区域（线上）旅游年会等国家文化旅游推介活动。7月15日，配合办好“我在大湾区　背后是中国”文化项目启动发布会。7月26日，举办“我在湾区看世界”广州中外友好交流故事会，邀请来自经贸、文化、科研等不同领域的驻穗外籍人士分享与广州的故事。9月23日，制作播出《广州：海阔天空之城》3个语言版本城市宣传片，受到国内外媒体广泛关注。11月18日，举办“读懂广州”日本东京推介活动，以“湾区向未来·广州向世界”为主题，面向中外友好人士，宣介党的二十大精神，展示《习近平谈治国理政》等书籍。12月13日，举办中国—阿拉伯国家友好交流采访活动。

（广州市委宣传部；广州市文化广电旅游局）

【深圳推动对外文化交流】2022年，深圳市推动对外文化交流。发布《深圳市国际化街区建设评价指南》，出台实施《深圳外事支持前海全面深化改革开放行动计划》，上线试运行“深圳·智慧外事管理服务系统”。指导深圳市国际交流合作基金会打造“深系澜湄”品牌。与华大基因、余彭年慈善基金会、猛犸公益基金会联合设立耳聋基因检测及“助听援助·老挝站精准医学技术”合作项目。该项目被纳入国家国际发展合作署“落实全球发展倡议”首批示范项目。年内，深圳外办主任获巴西政府里约·布兰科奖，为深圳市首次获该奖项。加速筹建世界创新城市合作组织，持续推进会员邀请工作，截至年底，巴塞罗那、维也纳、伯明翰等77个会员同意参与共建，涵盖22个国家和地区。举办创新政策交流会、深圳硬件供应链与全球协同创新创业论坛等系列创新活动，广泛链接创新资源。推进创合组织国际性社团登记注册和秘书处实体化运行。组织召开专题工作会，探讨国际组织落户路径，建立跨部门沟通工作机制，推动更多国际组织和机构落户深圳。制定《关于进一步加强深圳民间外交和国际友城工作的实施方案》，加强友城工作顶层设计。与里约热内卢市结为友好交流城市。举办深圳遇见多伦多系列庆祝活动。举办“国际化进校园”深圳城市探索活动、“正深圳 正青春”短视频大赛等国际化品牌活动。办好民间友好活动，组织全市青少年学生参加由广东省友协主办的2022年GDYouthLink“粤友杯”广东国际青少年书画比赛、“2022年羊城晚报手抄报创作大赛国际赛区”活动，进一步做好国际青少年交流工作。邀请深圳外籍人士参加由中国人民对外友好协会主办的“我眼中的中国——智慧生活”短视频大赛，展现深圳风采、中国形象。开设《“鹏友，你好”——友城巡礼》专栏，向市民多角度介绍深圳友城市情信息，提高社会各界参与深圳国际友城合作积极性。

（深圳市人民政府地方志办公室）

【珠海推动对外文化交流】2022年，珠海市积极开展对外交流活动。5月，中荷建交50周年线上爵士音乐会在珠海大剧院举办。活动以珠海市与荷兰友城乌特勒支市友好交往为抓手，整合外事、宣传、文化、教育和商务等多领域平台和资源，彰显双方城市形象与文化艺术魅力，依托人民日报微博、央视网、中国文化网、“南方+”等影视平台全程直播，覆盖受众1200万人次。举办珠遵—拉美经贸交流对接活动，搭建对话沟通新平台，来自珠海市和遵义市的11家企业与拉美国家的21家企业进行线上“一对一”配对洽谈30余场。策划“外眼看航展”系列活动，通过线上线下相结合的方式，组织外国驻穗领团出席第十四届中国航展开幕式、在珠外国友人“爱珠海·观航展”、国际友好城市代表“云观展”等活动，邀请来自德国、美国、加拿大等近20个国家的驻穗总领事及领事官员现场观展，做好航展的宣传官、体验官，向世界讲好“航展故事”“珠海故事”；邀请美国、英国、德国等11个国家的在珠外国友人深度体验航展，增强珠海市作为“第二故乡”的融入感和归属感；邀请38个国际友好（交流）城市代表通过“云上航展”平台线上观看航展，展示中国道路、中国精神和中国力量以及珠海市的城市魅力和发展成就。珠海市以中库建交25周年为契机，与库克群岛文化发展部联合举办“跨越心海友谊天籁”，庆祝中国—库克群岛建交25周年云端音乐会。通过“云会议”、电子邮件、电话等方式与对口地区保持沟通联系，就疫情防控常态化背景下推进两地各领域友好交流合作进行沟通，凝聚合作共识；深化民生合作，厚植民意根基，在民生领域开展友好交流与合作，推动各合作项目落细落实。（珠海市委外办凌华慧）

【佛山推动中外文化交流合作】2022年，佛山市举办2022“听见·非遗”佛山非遗音乐会，向全球征集具有佛山非遗元素和当代音乐特色的原创音乐作品，活动收到来自全球六大洲28个国家和地区的62件作品。举办“赋格与流变——以陶瓷为媒介”陶瓷展，展出3位美国作者的陶瓷作品10件。举办“荷颜粤色”系列文化交流活动，收集45幅以佛山人文、岭南特色、水乡文化为题，体现佛山现代与传承，展现佛山魅力和特色的摄影美术作品，寄送到荷兰参加海牙2022年“荷颜粤色”文化交流展；举办佛山场2022年“荷颜粤色”文化交流展，收集由中国摄影者在荷兰拍摄的以人文、建筑为主题，体现荷兰文化和城市魅力的摄影作品12件，以及由在中国生活过的荷兰艺术家创作的摄影、美术及陶艺作品40件，共52件展品。在顺德区博物馆书画展厅举办法籍华人李秀个人展“造化自然——李秀野生动物摄影展”，展示反映野生动物生活习性的84幅摄影作品。在广东顺

2022 年 8 月 6—28 日，2022 年“荷颜粤色”文化交流展在荷兰海牙举行（佛山市文化广电旅游体育局供稿）

德华侨城实业发展有限公司盒子美术馆举办美籍华人吴杉个人展，展出吴杉的 17 件大漆作品及 1 件手稿集。

（佛山市文化广电旅游体育局）

【惠州推动对外文化交流】2022 年，惠州市参与“一带一路”建设。落实龙粤俄“两国三地”交流合作机制，举办黑龙江大庆市—广东省惠州市—俄罗斯秋明市“两国三地”云会议，拓展农业、教育、文化等领域对俄交流合作；组织惠州 3 家企业参加“秋明品牌”线上展，助力企业开拓俄罗斯市场。做好在惠州市举办金砖国家仲裁合作论坛的申报工作，提升惠州在共建“一带一路”国家和地区的知名度和美誉度。是年，惠州市接待韩国、希腊、匈牙利、日本等国家驻广州总领事馆官员 5 批 19 人次，探讨经贸、文化、旅游、农业等领域的交流合作。邀请匈牙利驻广州总领事参观亿纬锂能股份有限公司，为该公司在匈牙利开拓业务、拓展国际市场牵线搭桥。至年底，亿纬锂能派出工作组赴匈牙利开展前期准备工作。参加由韩国驻广州总领事馆主办的韩—粤各地级市友好交流活动，与 14 个地市外办代表、韩领馆官员及韩商会代表交流探讨，共谋发展。7 月，以中韩建交 30 周年为契机，与惠州市国际友城韩国城南市携手举办“韩国—惠州友好城市图片展”。以中日邦交正常化 50 周年为契机，参加第 23 届中日韩友好城市交流大会。

增进民间交流交往。是年，惠州市组织全市青少年参加“2022 年 GDYouthLink‘粤友杯’广东国际青少年书画比赛”“2022 日中青少年书画交流大赛”，全市征集作品 180 幅，甄选 32 幅参赛，其中获一等奖作品 2 幅、获三等奖作品 4 幅，5 幅作品送往日本参展。牵头组织惠州市华罗庚中学、市第八中学学生参加“2022 年广东国际青少年交流系列活动之羊城晚报手抄报创作大赛国际赛区比赛”，征集作品 20 幅参赛，其中获奖作品 10 幅。推荐韩国企业代表接受广东省友协主办的广东国际民间友好交流栏目——“粤友荟”采访。受邀参加由全国友协主办的“2022 年世界儿童日纪念活动”。

加强和改进对外宣传。打造《外国人在惠州》系列节目，通过记录在惠外国人的工作生活经历，以个性化、多元化、国际化视角展现惠州作为粤港澳大湾区高质量发展重要节点城市开放包容的良好形象，全年播出 9 期。以“2022 惠州东坡荔枝文化节”为契机，组织来自不同国家和地区的在惠外籍教师前往惠城区芦洲镇采摘荔枝、体验田园生活，并邀请日本驻广州总领事馆官员前往惠阳区镇隆镇参观“红美荔”荔枝生产基地。做好第八届中医药科学大会的礼宾、翻译等会务工作，宣介中医药文化。

〔惠州市档案馆（惠州市人民政府地方志办公室）〕

【东莞加强与国际友城、友好协会联络】2022年，东莞市与巴西新汉堡市、苏里南马罗维纳大区、乌克兰克里沃罗格市建立友好合作交流关系。至年底，东莞市与7座外国城市建立友好城市关系，与18座外国城市建立友好合作交流城市关系。召开国际友城（友好合作交流城市）经贸科创企业交流会，邀请来自白俄罗斯、巴西、以色列、葡萄牙等国家的8座友城和东莞市、牡丹江市多家企业代表作线上项目推介。线上线下同步开展“东莞与韩国牙山结好十周年纪念图片展”。参加推动广东省与黑龙江省共同提出的龙粤俄“两国三地”创新合作模式，广东省东莞市、黑龙江省牡丹江市、俄罗斯符拉迪沃斯托克三地共同举行视频会谈，组织东莞市家具行业代表参加中国黑龙江—俄罗斯远东林业合作线上推介会，组织代表通过线上方式参加俄罗斯符拉迪沃斯托克线上国际友谊节活动。

（东莞市人民政府地方志办公室）

【中山推动对外文化交流】2022年，中山市举办与美国檀香山市缔结国际友好城市关系25周年两市市长视频连线活动，与太平洋岛国密克罗尼西亚联邦保持密切交往。连续3年保持与拉美国家交流合作，联合9家拉美驻广州总领事馆举办“走进拉美——2022中山拉美交流节”活动，并作为地市代表在“2022年广东拉美友城交流会”作经验发言。联合德国驻广州总领事馆举办“走进欧罗巴——2022中山德国文化节”，接待英国、新加坡等10家外国使领馆领事，促成日本驻广州总领事率日本企业家到访中山，推进新华集团中日产业园建设。推动与智利奇廉市签署友好合作备忘录，与国际友好城市加拿大本拿比市开展政府交往、议会交往。策划推出《美丽中山投资热土》城市形象宣传片，实现国内外阅读总量超5000万人次。发布《中山知多D》系列英语短视频并获新华社APP转发，举办第十七届《中山人看世界》摄影大展，推出《我在中山这一年》英语宣传片。是年，打造中山海外社交媒体矩阵（“这就是中山”Facebook、Twitter、YouTube和市属媒体8个海外机构账号），账号总粉丝突破40万人，发帖10万条。联合举办“第三只眼看中国·粤港澳大湾区”国际全媒体大赛，推动中山市海外传播中心建设，优化中山英文网、中山画刊等对外宣传平台。策划推出“老外村游记”“外眼看东西部协作”系列海外宣传产品，其中《My Zhongshan 老外@中山》获评中国城市（区）特色示范案例。

（中山市人民政府地方志办公室）

【江门推动对外文化交流】2022年，江门市推动对外文化交流合作。举办“少年中国说”中国侨都国际武术交流大会，9支海内外青少年武术代表队超130名武术爱好者参会，美国、巴西、墨西哥、荷兰等30多个国家的武术爱好者、海外武术代表队视频连线参与。承办2022年线上中华文化大乐园南美园第二期之“少年中国说”中国侨都文化体验交流活动，举办“亲情中华 为你讲故事”夏令营等系列海内外青年交流活动。

（江门市文广旅体局）

【肇庆推动友好城市发展】2022年，肇庆市全面开展对外交流合作。促成肇庆市广宁县与马来西亚美里市签订友好关系备忘录。与韩国南杨州市、日本丰田市政府外事部门就开展友城工作进行探讨。与缅中文化旅游促进会就推动建立市、县两级国际友城关系达成共识，重点围绕四会市玉器小镇、翡翠加工产业加强交流合作。依托黑龙江省—广东省—俄罗斯阿穆尔州三方省州交流机制，开展龙粤俄“两国三地”视频会晤，推动特色农业、文化教育、美食旅游等产业共同发展。组织发动肇庆市及友城青少年参加2022年“粤友杯”广东国际青少年书画比赛暨2022日中青少年书画交流大会、“2022羊城晚报手抄报国际大赛”等活动，共有58幅作品获奖。制作《开放肇庆》宣传册，组织拍摄《外国人在肇庆》宣传片和短视频，举办友协海内外理事热议党的二十大等活动。

（肇庆市外事局）

【金砖国家青年峰会深圳分会场活动】2022 年 9 月 14 日，金砖国家青年峰会暨北京友好城市国际青年交流营开幕式举行。活动在北京设主会场，上海、杭州、长沙、深圳、成都设分会场，来自 51 个国家和 29 个国际组织约 300 名中外青年代表通过线上线下方式参加。其中，包括深圳各大高校留学生在内的 40 余名中外青年代表到场参加。深圳分会场围绕“城市规划与青年发展”议题，用“青年”“创新”“志愿”等关键词，向各国青年介绍深圳在改革开放过程中形成的厚植于青年成长发展的城市特点，并重点阐述深圳如何不断尝试、破题答卷，实现“深圳对青年更友好，青年在城市更有为”的城市愿景，以及在推进实施青年发展型城市、深港青年创业创新之城、志愿者之城“三城战略”和国际化发展方向上的经验做法。

（共青团广东省委）

【第三届“中外人文交流小使者”西洋乐全国总展示活动】2022 年 9 月 10 日，第三届“中外人文交流小使者”西洋乐全国总展示暨第六届“我是广州对外交流小使者”活动在中央广播电视总台央视频客户端播出，全国共有 49 支队伍参加展演，向世界展示中国青少年良好的艺术水平和国际素养。“我是广州对外交流小使者”是广州市教育局创立的中外青少年人文交流品牌活动，2017 年至今已举办 5 届，2022 年为第六届活动。历届活动以手绘明信片、英文辩论、英文演讲等多元化形式，引导学生加强对“家—国—世界”思考，取得良好的社会影响力，为讲好中国故事、广州故事贡献广州教育力量。2021 年起，广州市教育局承办的“中外人文交流小使者”集体展示活动与“我是广州对外交流小使者”活动相结合举办。

【广州中小学入围中美“千校携手”项目学校】2022 年 9 月，中国教育国际交流协会公布第七批中美“千校携手”项目学校名单，广州市第六中学、广州市真光中学、广州市黄广中学、广州外国语学校附属学校、广州市从化区流溪中学、广州理工实验学校 6 所学校被遴选为中美“千校携手”项目学校，入围学校数量居广东省第一位。至此，广州市共有 24 所学校入围中美“千校携手”项目。

中美“千校携手”项目以“千校携手，热爱自然，绿色生活”为主题，鼓励双方学校通过网络交流平台及实体交流活动，分享双方在绿色校园、环境保护等领域的课程与项目，开展师生交流，鼓励两国中小学参与环境保护活动，倡导环保理念，并付诸行动。

（广州市教育局杨冰涵）

【2022 中山—拉美交流节】2022 年 6 月 16 日，

2022 年 6 月 16 日，由中山市和墨西哥、阿根廷、厄瓜多尔等 9 个拉美国家驻广州总领事馆共同主办的“走进拉美——2022 中山—拉美交流节”活动在中山市启动。图为启动仪式结束后，“礼遇中山”直播间销售活动现场

（夏升权　摄）

由中山市外事局、市文化广电旅游局和墨西哥、阿根廷、厄瓜多尔、乌拉圭、委内瑞拉等9个拉美驻广州总领事馆共同主办的“走进拉美——2022中山—拉美交流节”活动在中山启动。参与主办的拉美驻广州总领事馆官员分别通过线上和线下形式在中山和广州两地出席开幕式直播。活动旨在继续共同搭建宣传推广拉美特色产品的线上平台，向中山市民展示和介绍拉美文化旅游资源，加强两地在文化、旅游等领域的交流合作。6月16日至7月16日，针对咖啡豆、辣椒酱、龙舌兰酒、红酒等80种拉美产品，在“礼遇中山”线上平台举行直播带货活动5场，同时在“礼遇中山”线下旗舰店进行精品展销。

【2022中山德国文化节】2022年11月1日，在中国和德国建交50周年的时间节点，中山市联合德国驻广州总领事馆举办“走进欧罗巴——2022中山德国文化节”活动。活动期间，开展德国绘画、建筑、音乐和儿童读物主题文化公益讲座，“创意巴赫：2022中山德国交流音乐会（线上）”及“中国故事德国故事摄影展”等文化活动5场，吸引6万人次参与，推动中山与德国各领域交流。

（中山市人民政府地方志办公室）

休闲湾区构筑

·多元旅游发展·

【概况】2022年，广东省推动旅游多元发展。印发《广东省“十四五”旅游业发展规划实施方案》，提出推进科技赋能旅游业创新发展、推动“一核一带一区”旅游业提质升级、打造人文和自然资源保护利用高地、加快建设高品质旅游产品供给体系、推动旅游消费扩容提质、推进旅游治理体系现代化、提高广东旅游开放合作水平等内容，全面推动广东省旅游业高质量发展；印发《广东省推进粤港澳大湾区世界级旅游目的地建设行动方案》，从构建八大世界级旅游品牌、完善粤港澳大湾区旅游发展支撑体系等3个方面出台17条政策措施，推进文化和旅游深度融合发展。

是年，广东省新增省级全域旅游示范区22个、第四批全国乡村旅游重点村6个、第二批全国乡村旅游重点镇3个、省级文化和旅游特色村57个、乡村旅游优质项目11个，广东省内17条乡村旅游线路入选全国乡村旅游精品线路，推出第三批50条广东省乡村旅游精品线路。联合开展2022年休闲农业与乡村旅游示范单位认定工作，认定5个重点县、20个示范镇、80个示范点。新增国家工业旅游示范基地1个，51个工业旅游资源作为2022年入库培育对象，全省工业旅游资源入库培育对象增至178个。

【粤港澳大湾区旅游推介】2022年，广东省开展粤港澳大湾区旅游推介工作。搭建大湾区旅游资源推介平台，与港澳互相组织文旅企业参加三地文旅会展活动。广东省文化和旅游厅全年组织参加香港国际旅游展、澳门国际旅游（产业）博览会，并搭建粤港澳联合展台，宣传推介大湾区文化旅游资源和“一程多站”线路产品，提升大湾区目的地的知名度。同时，持续邀请香港旅游发展局、澳门旅游局及业界参加广东省举办的中国（深圳）国际文化产业博览交易会、中国（广州）文化产业交易会、粤港澳大湾区公共文化和旅游产品（东莞）采购会、中国国际影视动漫版权保护和贸易博览会等文化会展活动，搭建大湾区文化产业共商、共建、共享平台。邀请澳门文创业界参加粤港澳大湾区（广东）文化创意设计大赛，搭建粤澳文化创意设计交流平台，推动文化创意产品开发。按照《广东省省级文化产业示范园区管理办法》，在文化产业示范园区创建认定方面对粤澳合作园区予以支持。

【广东文旅护照项目】广东文旅护照项目是广东省文化和旅游厅顺应消费升级趋势、激发文旅消费活力、推进文化和旅游深度融合的重要探索。该项目突破单一景区的限制，整合选取广东省内众多网红打卡点，以当代年轻人喜闻乐见的打卡拍照、社交互动等形式，丰富游客体验，为文化单位和景点景区提供新型聚客模式。每本文旅护照内嵌的RFID芯片，是基于物联网技术具有多项专利的智慧文创产品，不仅可以配套无人值守自助盖章机、沉浸式互动游戏，融合AR/VR手游电竞，还可根据项目需要打通手机、PC等智能终端，为统计数据、大数据分析、智慧旅游做连接，并且不受行业限制，可串联“吃住行游购娱”。自2019年项目启动以来，已陆续推出第一期“见多识广”、第二期“遇见湾区”、第三期“红色文旅护照”、第四期“潮风汕韵”，2022年推出第五期“丝路海潮”广东文旅护照。项目惠及广东省18个地市近百个文旅单位，6个城市入选国家文化和旅游消费试点城市，11个单位入选国家级夜间文化和旅游消费集聚区，有效串联粤港澳大湾区城市群精品景点。

（广东省文化和旅游厅）

【香港建设国际城市旅游枢纽】2022年，香港特别行政区政府加强对旅游业的支持和援助，向旅游业提供累计约36亿元的直接财政支援，实施“旅行社鼓励计划”“绿色生活本地游鼓励计划”，豁免旅行代理商及酒店的牌照费，并为启德邮轮码头的营运商提供每月固定租金及管理费宽免。香港特别行政区旅游业监管局豁免旅行代理商、导游和领队的牌照费；旅游发展局豁免业界参与旅游展销活动和业务洽谈会的费用、申请“卫生抗疫措施认证计划”的费用，以及“优质旅游服务”计划商户的续证费用，资助导游完成持续专业进修计划，资助旅游业从业员参与牌照相关培训。

（香港历史研究基金会）

【澳门旅游多元发展】2022年，澳门推动旅游多元发展。在促进综合旅游休闲业复苏的同时，通过“旅游+”发展模式，加快建设集美食、度假、观光、购物、娱乐、文化、医疗、体育等元素为一体的综合旅游休闲目的地，丰富澳门世界旅游休闲中心内涵。特别是要充分发挥澳门世界文化遗产的作用，提升旅客对澳门世遗名城的体验感，合理利用郑家大屋、岗顶剧院、海事工房等历史建筑空间，引入体现澳门特色的常驻品牌演出项目。举办各式各样的旅游活动，推广澳门多元旅游形象。充分发挥“体育+”的作用，借助举办第七十届澳门格兰披治大赛车及筹备第十五届全国运动会的契机，将更多旅游和文化元素融入各项活动，打造具有吸引力的体育盛事品牌。加强拓展高端旅游客源市场，开拓会展商务和奖励旅游。与大型在线旅游平台合作推出“一程多站”主题旅游产品，打造粤港澳大湾区旅游品牌。

（摘自《2023澳门年鉴》）

【广州推动旅游多元发展】2022年，广州推动旅游多元发展。推动打造广州旅游超级目的地。广州市文化广电旅游局联合携程集团，启动2022广州超级旅游目的地文旅推广项目，以1个营销主阵地、2个发布仪式、3个营销主题活动为主线，全方位打造广州旅游超级目的地品牌。发布“花开广州 不亦悦乎”超级目的地专题页、“花城悦食榜”广州美食榜单以及“花开广州”官方文旅星球号旗舰店三大主题产品，擦亮“美食广州”“休闲广州”“旅居广州”等城市旅游品牌。

打造广州旅游形象IP，开展旅游推介。依托公众号“蛮好游”“食咩啊”两个特色栏目推荐广州旅游景点、特色、打卡方式与美食，发布广州旅游形象活动、节庆、重要旅游资讯。开展“360度享广州”新型营销推广，举办“北京路直播间专场”“探寻城市根脉穿越多面广州”“缤纷假日，乐游羊城”等广州旅游形象IP推介打卡活动。赴韶关、南京、长沙等10余个城市举办广州城市旅游品牌推介会，协助内地20余个城市到广州开展旅游推介。编印《文旅精品活动月刊》2万份，介绍“当月主题推介+当月节庆活动”，免费发放给市民游客。是年，广州市运用“广州文化旅游”抖音账号发布 364 条主题视频，累计视频观看量超 2286.9 万人次，累计获赞量超 51.1 万人次。在四大国际社交媒体平台（Facebook、Twitter、Instagram、YouTube）累计发布推文 1255 篇（其中视频 49 条），总曝光量 992 万人次，累计总粉丝数量 99.9 万人，全年净增粉丝数量 11.3 万人，受到来自 45 个国家、38 种语言人群的关注（截至 11 月 24 日）。开展双微国际社媒 2022 年春季营销活动“三行情书表白花城广州”，活动案例获第九届 TMA 移动营销大奖——区域特色品牌营销类铜奖。

丰富精品旅游线路。推广珠江日游线路，开发推广“广州红”主题船、“珠江游 + 广式早茶”、“珠江游 + 粤剧”、“珠江游 + 动漫”、“珠江游 + 景区”、财富码头主题航班、大子码头至莲花山定期航班等产品。全年接待珠江游游客 122.03 万人次。投入 3 艘珠江游纯电动船，珠江游纯电动船运力规模为 6 艘、1736 个客位，广州纯电动客船运力规模居全国前列，低噪音、零排放、环保舒适高端的水上休闲旅游成为珠江游服务新模式。推动“旅游 + 工业”全面融合，实现企业转型与旅游产业“双提升”。“广州热电力与珠江钢琴工业之旅”“广州福山园区与黄埔乳业之旅”入选广东省第二批工业旅游精品线路。广州市内旅行社推出工业旅游线路，通过定制化线路、沉浸式旅游体验吸引游客。广州市围绕红色文化、历史底蕴、千年商贸、岭南艺术、特色民俗等十大主题，推出“读懂广州”百条文化旅游精品线路，赋能广州建设世界级旅游目的地。6 月 2 日，广州市文化广电旅游局、市文化发展集团主办的粤韵广州塔——“读懂广州”文化体验之旅系列活动启动，发布“读懂民俗广州”和“读懂艺术广州”20 条文化旅游精品线路。广州市百条文化旅游精品线路涵盖“读懂红色广州”“读懂千年广州”“读懂商贸广州”“读懂食在广州”“读懂甜蜜广州”“读懂活力广州”等多个主题。8 月，广州研学季启动，参与者通过研读“读懂广州”系列文化旅游精品线路，挖掘自然科普、岭南文化、科技制造等资源。

（广州市文化广电旅游局）

【深圳推动旅游发展】2022 年，深圳市出台《深圳市文体旅游发展“十四五”规划》，编制《建设世界级旅游目的地行动计划（2023—2025）》等系列文件。加快创建国家文化和旅游消费示范城市，蛇口滨海文化创意街区入选“国家级夜间文化和旅游消费集聚区”，南头古城、华侨城甘坑古镇获评首批“省级夜间文化和旅游消费集聚区”。助力行业纾困解难，出台实施《关于促进文体旅游消费支持行业恢复发展的五条措施》，发放电影院纾困补助 2997 万元、实体书店扶持经费 3035 万元，发放文化事业建设费奖补资金 3.19 亿元，深圳市宣传文化基金联动金融机构等发放惠民文化消费红包约 1500 万元，发放文体旅游类消费券超 6000 万元，争取到文体旅游防疫消杀补贴 2408 万元和各类补助资金 1.7 亿元，实现惠企惠民，深圳成为全国首批文化和旅游产业发展获国务院督查激励城市。年内，“一带一路”文旅发展论坛暨粤港澳大湾区文旅融合发展论坛在福田举办。

（深圳市人民政府地方志办公室）

【珠海旅游宣传推介】2022 年，珠海市围绕“青春之城 · 活力之都”城市品牌定位，线上线下共同发力，加强旅游整体宣传推广和营销。通过抖音、哔哩哔哩、微信朋友圈等社交媒体平台和携程、同程、去哪儿等主流 OTA（Online Tragency，在线旅行社）平台推广珠海吃住行游娱购系列旅游产品，全年各平台总曝光量超过 2 亿人次；在珠海、澳门两地电台开展 32 期珠海旅游宣传节目，在珠海和澳门、深圳、遵义等地公交车身和户外大屏投放旅游产品广告。8 月 9—10 日，组织各区及企业赴广州参加 2022 广东国际旅游产业博览会，并正式启动“一起游珠海”主题宣传系列活动，珠海获“优秀组织单位”和“优秀云展示单位”奖；8 月 19—23 日，组织文旅企业和行业协会代表参加南国书香节珠海分会场活动。8月23日，珠海市文化广电旅游体育局应对口合作单位黑河市文化广电和旅游局邀请，通过现场连线方式参加2022中俄文旅产品推介会。9月23—25日，组织各区及市文旅企业代表逾百人参加2022第十届澳门国际旅游（产业）博览会，珠海市展馆被评为“十大我最喜欢展位”之一。11月8—11日，珠中江阳旅游联盟组织赴江西南昌和福建泉州举办“大美广东现代湾区——最美珠江西岸游”文旅推介会。

（珠海市文化广电旅游体育局许方正）

【佛山文旅一体化发展】2022年，佛山市开展国家文旅消费试点工作，打造文旅消费新增长点。评选出岭南天地等首批市级夜间文旅消费集聚区、首批十大夜游地，涌现出三龙湾夜间游船等夜间文旅经济项目，佛山市华侨城欢乐海岸PLUS和千灯湖片区夜间文旅消费集聚区入选国家级夜间文旅消费集聚区。举办2022年佛山美食啤酒节、中国网球巡回赛（佛山站）暨佛山网球公开赛等活动。谋划推动文旅枢纽项目建设，打造文旅融合龙头标兵。把42个文化项目纳入2022年佛山市文化重大工程项目建设指挥部调度项目范围，总投资1079.61亿元，年度计划投资73.76亿元。截至年底，34个正式项目完成投资67.81亿元，完成率101.21%。推动美陶湾文化创意产业集聚区、西樵岭南文旅产业集聚区、顺德世界美食产业集聚区建设，举办陶瓷设计艺术周、《英雄联盟》电竞总决赛等大型活动，发布文化企业30强，开展2022年展翅行动，推动全市文化产业发展。

推进公共文化设施建设，打造文旅融合网红打卡地。制定《关于推动佛山市公共文化服务高质量发展的实施意见》《佛山市公共文化服务实施标准（2021—2025年）》《新时代佛山综合性文化服务中心建设等级评定办法》等文件，全市现代公共文化服务体系加快完善。基本建成城乡一体、优质普惠的公共文化服务体系，公共文化设施室内总面积150余万平方米，万人均室内公共文化设施面积近1600平方米。完成全市70个老旧小区、291个行政村有线电视线整治，完成15个社区、144个问题点和482个节点的创文“三线”整治任务。全市联合图书馆体系成员馆发展至447家，总文献馆藏1568.5万册，人均公共藏书1.63册。“佛山文化云”平台单位增至173个，注册用户近24万人。

强化文旅科技支撑，打造文旅融合智能化发展路径。开发基于5G技术的增强现实（AR）数字博物馆系统，应用于全市12家博物馆建成虚拟展厅，让市民在手机端即可“身临其馆”参观。借助科技力量发展智慧旅游，搭建“佛山文旅通小程序”和马蜂窝平台佛山旅游宣传馆等佛山旅游营销展示平台，在百度上运营佛山城市旅游名片，上线百余家特色文旅企业，实现一部手机游佛山。推进智慧旅游景区建设，国家AAAA级以上旅游景区全部完成“全省预约监测系统”对接，部分景区可通过公众号、小程序等多渠道进行线上门票预约，如长鹿旅游休博园景区投入建设长鹿智慧景区管理平台，盈香生态园开发并上线抖音旅游板块小程序，结合视频挂载、直播间云旅游挂载、广告投放等宣传和种草手段直接完成曝光和购买转化，形成营销闭环。

（佛山市文化广电旅游体育局）

【惠州推动旅游多元发展】惠州市多措并举推动旅游发展，举办“山海惠州·醉岭南”“双千万游客畅享惠州”文旅促销系列活动暨“夜色惠精彩—夏季嘉年华”活动和“山海惠州·红色季”系列活动暨“为走红惠州加油”大湾区千车万人红色自驾之旅活动等系列线上线下相结合的文化旅游宣传促销活动。赴佛山举办“山海惠州·醉苏轼”惠州文旅路演直播活动暨佛山“千家万户畅游山海惠州”启动仪式。

创新活化利用惠州特色文化。实施“岭东雄郡·惠州有礼”惠州手信产业提升及品牌打造工程。举办“惠州手信产品征集PK赛”，评选出50强产品及手信品牌标识暨文创设计大赛，深度开发地方特产和特色旅游纪念品，将手信作为系统工程来打造，形成独特的惠州手信品牌标识识别系统。历史文化活化利用精品项目推陈出新，惠州水东骑楼商埠游径（东湖旅店—镇记号—水东街骑楼群）入选第二批广东省粤港澳大湾区文化遗产游径。至2022年底，全市有两批共3条粤港澳大湾区文化遗产游径。

助力文旅体消费市场回暖。2022年，惠州市利用优惠政策、财政资金，整合各类资源，丰富消费内容，出台实施消费惠民措施，创新消费活动形式，优化消费环境，抓好线上线下各项措施落地见效，促进消费市场复苏和产业高质量发展。开展“乐享山海·自在惠州”——文旅体促消费惠民活动，通过“宿·山海惠州”“游·岭东名郡”“购·惠州手信”“娱·多彩惠州”“体·活力惠州”“享·夜色惠州”六大消费补贴活动，对市民购票（文艺演出、旅游景点）、购买旅游和文创产品、旅游住宿、文旅商圈等文化消费类型进行补贴。广泛发动文旅企业参与惠州市“惠民乐购”消费券促销活动。针对文旅体行业消费市场特点，在“惠民乐购”消费券促销活动第二期设置2022年惠州市文旅体专项消费券，资金预算500万元，专项用于惠州市景区、旅行社、酒店民宿、惠州手信旗舰店、文旅商圈、文娱影院、体育场馆等文旅体行业的消费补贴。

建设国家级夜间文化和旅游消费集聚区，丰富文旅业态。按照国家级夜间文化和旅游消费集聚区创建要求，在加强和提升业态集聚度、品牌知名度、公共服务满意度、政策支持度、市场秩序上再发力，市县、街道联动推动水东街保护修缮，活化苏东坡祠、合江楼、东湖旅店、野岛文化生活社区、752艺术仓等文化遗迹、历史建筑、旧厂房，推动千年商街活力复兴；联动实施文化旅游夜经济品牌计划，举办“夜色惠精彩”系列活动，夜展、夜购、夜演、夜娱、夜品、夜宿、夜食等文旅新“夜”态发展，焕发千年商埠新魅力，推动水东街成功入选第二批国家级夜间文化和旅游消费集聚区。

〔惠州市档案馆（惠州市人民政府地方志办公室）〕

【东莞文旅融合发展】2022年，东莞市推进国家文化和旅游消费试点城市建设，策划举办12场生态露营节，以“家门口”微旅游引领文旅消费新热潮，壮大露营产业。举办2022“中国旅游日”东莞文旅主题系列活动，开展“乐购东莞”文旅体专项促消费活动，关联消费总额3900万元，推动文旅消费复苏。创新举办2022年粤港澳大湾区文采会，向全国推介东莞文旅头部企业，达成意向签约总额约3300万元。推出东莞工业旅游数字BOX暨“东莞礼物”品牌宣传周，84件东莞礼物折射出东莞“文化+科创+制造”内涵。推动文旅融合，发展潮玩动漫产业，加快打造石排“潮玩名镇”。推进麻涌全域旅游，举办粤港澳大湾区集邮展览，全市新增国家AAA级旅游景区2个、广东省文化和旅游特色村4个，寮步镇成功创建省级夜间文化和旅游消费集聚区。（东莞市人民政府地方志办公室）

【中山推动旅游产业转型升级】2022年，中山市推动旅游产业转型升级。完善产业政策体系，修订《中山市文化和旅游产业发展扶持专项资金管理办法》及实施细则，强化专项资金导向作用。推荐重点文旅项目参加2022年广东文化和旅游产业投融资对接会的招商引资推介和路演，加强产融合作对接，解决企业资金需求。落实企业纾困政策，发放旅游产业扶持专项资金280万元；8家旅行社向广东省文化和旅游厅争取广东省重点旅行社企业纾困扶持资金220万元。（中山市人民政府地方志办公室）

【江门文旅消费试点城市建设】2022年，江门市出台《江门市国家文化和旅游消费试点城市建设工作方案》，从完善文旅消费政策、优化文旅产品供给、培育融合发展业态、打造特色消费品牌、完善基础配套设施和加大对外宣传推广六方面明确工作任务和清单，开展国家文化和旅游消费试点城市建设。开展“乐游五邑”系列文旅惠民促消费活动，分三期发放消费券400万元。启动文旅特色消费示范点评选活动，以评选工作为抓手扩大文旅消费规模。发展夜间文旅经济，五邑华侨广场商圈获首批省级夜间文旅消费集聚区称号。发挥侨乡优势，推进华侨华人文化交流合作国家平台建设，擦亮“中国侨都 湾区江门”文旅品牌。主动融入粤港澳大湾区建设，加强湾区城市间的友好交流与合作，推动休闲湾区建设。8月24日，澳门·江门旅游业务合作会议在江门市举办，两地旅游业界人士就客源互送、营销渠道合作及加强旅游业界合作等方面进行探讨和交流。澳门酒店旅业商会与江门市旅游行业协会签订《旅游业务合作框架协议》。12月12日，开平和澳门共同发起“优游”合作倡议，促进文旅产业融通共赢。携手广州、中山两地旅游主管部门开展以“活力广东现代湾区——爱游多彩广中江”（长沙、苏州站）（西安、兰州站）为主题的两场线上旅游推介活动；携手珠海、中山、阳江三地旅游主管部门赴泉州、南昌开展珠中江阳旅游联盟推介活动；携手佛山旅游主管部门开展佛江（青岛、南京）线上旅游联盟推介活动。

（江门市文广旅体局）

【肇庆推动多元旅游发展】2022年，肇庆市推进旅游振兴。封开县黄岩洞、怀集县寻源谷、怀集县红霞湾牛仙谷、怀集县塔山森林公园、怀集县宿安红色景区和德庆县巢顶茶叶公园6个景区成功创建国家AAA级旅游景区。四会市金滙禅韵假日酒店、封开县喜悦酒店、怀集县索享酒店成功创建三星级旅游饭店。温德姆至尊酒店、嘉虹酒店、丽芮酒店、侨邦国际酒店等建成开业。端州区石牌里民俗文化街区（一期）、紫荆西堤文创街、岩前蓝带啤酒体验馆（绮岩小馆）等文旅消费项目建成开放，牌坊广场—岩前村—火车站综合体水上游船线路开通。打造“肇庆五十景”，推出8条红色旅游精品线路，8条“粤菜师傅”美食主题旅游精品线路。推动民宿集聚发展，打造“肇府人家”民宿品牌，推动民宿规范化、规模化、特色化、品牌化发展，举办第二届广东民宿大会暨肇庆首届民宿产业峰会。依托星湖旅游景区（七星岩、鼎湖山）、贺江碧道画廊等核心景区，逐步形成环星湖、环鼎湖山、贺江碧道画廊等民宿发展集聚地。封开风水间民宿入选首批广东省驿道乡村酒店名单。全年，肇庆市接待国内游客1005.8万人次，比上年下降20%；国内旅游收入79.19亿元，下降27.7%。其中，国内过夜游客450.8万人次，比上年下降22.6%；接待“一日游”国内游客555万人次，下降10.2%。旅行社组织接待国内游人数2.7万人次，比上年下降39.89%，其中省内游2.01万人次，下降56.92%。

（肇庆市文广旅体局）

【第六届中国（佛山）陶瓷创意周】2022年11月17日，2022第六届中国（佛山）陶瓷创意周在佛山市禅城区南风古灶景区龙窑广场开幕。开幕式上，美陶湾多个载体建设项目、产业合作项目、高校合作项目签约，柒号陶仓研习基地、美陶湾数字新媒体直播基地、全球插画产业（佛山）中心揭牌，同时举行美陶湾视觉识别系统（VI）陶塑作品签名仪式、“石湾杯”青年陶瓷大赛颁奖仪式、点火仪式和灯光秀。该届陶瓷创意周以“本来与未来——让历史文脉在城市更新中活起来”为主题，由中国文化产业协会、中国工艺美术学会、佛山市人民政府主办，包括会展、赛事、论坛等活动。

（佛山年鉴社）

【2022年“中国旅游日”肇庆分会场活动】2022年5月19日，“2022年中国旅游日”肇庆分会场活动在肇庆市博物馆启动。活动内容包括十大名菜、十大名汤、十大特色小食、十大餐饮名店颁奖仪式，A级旅行社颁奖仪式，博物馆文创集市，文物修复现场展示活动，博

2022 年 11 月 11 日，肇庆紫荆西堤文创街区亮灯仪式举行

（麦健聪　摄）

物馆 VR 游，“金牌导游（讲解员）云游肇庆”直播推广等，吸引 8.7 万人次观看。

（肇庆市文广旅体局）

· 国家全域旅游示范区建设 ·

【概况】2022 年 9 月，第五批广东省全域旅游示范区名单公布，广州市荔湾区、汕头市澄海区、佛山市顺德区等 22 个县（市、区、镇）入选。截至年底，广东省共创成 5 个国家全域旅游示范区，其中大湾区城市 3 个，分别为广州市番禺区、江门市台山市和深圳市盐田区。是年，广东省、市加强全域旅游创建工作培训，3 月在湛江会展中心召开湛江市推进文化和旅游强市建设大会，湛江市全力以赴创建省级全域旅游示范区，推动文化和旅游深度融合发展，争取纳入国家全域旅游示范区创建名录。

（广东省文化和旅游厅）

【广州全域旅游示范区建设】2022 年 9 月 14 日，广东省第五批全域旅游示范区名单公布，22 个县（市、区）入选。广州市荔湾区、花都区名列其中。是年，广州市新增国家 AAA 级旅游景区 9 个，A 级旅游景区总数 88 个。其中，国家 AAAAA 级旅游景区 2 个、AAAA 级 28 个、AAA 级 58 个。推荐 16 个景区作为 AAAA 级旅游景区参评单位，完成 24 个国家 A 级旅游景区复核工作。广州塔、长隆旅游度假区入选国家级夜间文化和旅游消费集聚区，广州塔旅游区获评国家级旅游科技示范园区，荔湾区、花都区创建省级全域旅游示范区。是年，广州有国家级全域旅游示范区 1 个（番禺区）、全国乡村旅游重点村 5 个（莲麻村、南平村、西和村、大岭村、大埔围村）、国家级夜间文化和旅游消费集聚区 4 个（北京路、正佳广场、广州塔、长隆）、国家级旅游科技示范 2 个（长隆、广州塔）、国家级旅游休闲街区 1 个（永庆坊）。

（广州市文化广电旅游局）

【深圳全域旅游示范区建设】2022 年，深圳市推动国家全域旅游示范区试验区、广东省唯一的国家级旅游业改革创新先行区建设。全球最大乐高乐园、国家水上国民休闲运动中心加快建设。高水平建设“绿水青山就是金山银山”实践创新基地，空气、河流、海水质量达优良以上。河流功能区水质 100% 达标，其中 98% 达Ⅲ类及以上。近岸海域功能区水质优良率 100%，年均值Ⅰ类。声环境和土壤环境保持优良。全面推行林长制。完成典型生境生物多样性调查，发现深圳首次记录植物 2 种、小型哺乳动物 3 种。实施“美丽海湾”建设，深圳市首个国家级海洋牧场示范区开工，建成东涌红树林湿地园。坝光古树群入选“广东十大最美古树群”。完成“三区三线”划定，优化国土空间开发保护格局。制定实施EOD（生态环境导向的开发）模式项目工作方案。发布全国首个区县级《降碳减污协同指数》，推进海洋碳汇核算指南深圳地方标准化。建成五星级生态社区2个，禾塘山水自然教育中心获评深圳市自然学校。年内，启动谋划沙头角深港国际旅游消费合作区、粤港澳国际游艇旅游自由港等平台。

（深圳市人民政府地方志办公室）

【珠海全域旅游示范区创建】2022年，珠海市文化广电旅游体育局指导珠海各区对照文化和旅游部印发的《国家全域旅游示范区验收、认定和管理实施办法（试行）》《国家全域旅游示范区验收标准（试行）》，梳理创建国家全域旅游示范区中存在的短板和问题，利用珠海市文化繁荣发展专项资金（旅游产业方向）支持各区补充完善重点短板项目，为珠海市创建国家全域旅游示范区奠定基础。开展文明旅游示范单位创建工作，印发《市文化广电旅游体育局关于开展2022年市级文明旅游示范单位评定工作的通知》，将珠海东澳岛旅游度假区和广东省拱北口岸中国旅行社评定为市级文明旅游示范单位。选取珠海度假村酒店作为2022年省级文明旅游示范单位推荐点，全面指导开展创建工作。7月27日，根据《省文化和旅游厅关于批准首批省级文明旅游示范单位的通报》，珠海度假村酒店获评首批省级文明旅游示范单位。

（珠海市文化广电旅游体育局苏涵、周靖）

【佛山全域旅游示范区建设】2022年，佛山市围绕“全域旅游示范区”建设验收标准，完善旅游业体系，推进旅游多业态融合发展，优化旅游产品结构，构建与大众旅游相匹配的全域旅游公共服务，推动旅游智慧化发展，提升旅游服务管理质量和水平。编制《佛山市全域旅游发展规划（2021—2030）》，修订《佛山市文化广电旅游体育局全域旅游发展扶持办法》。年内，佛山市南海区、顺德区、三水区被认定为第五批广东省级全域旅游示范区，全市5个区全部成功创建广东省全域旅游示范区。是年，佛山市有国家AAA级以上旅游景区35个（其中国家AAAAA级2个、国家AAAA级15个、国家AAA级18个），星级饭店32家（五星9家、四星12家、三星11家），旅行社161家（AAAA级旅行社5家、AAA级旅行社9家），其中出境社36家。

年内，成立佛山市民宿协会，备案民宿149家。禅城区紫南村获评全国乡村旅游重点村，南海区九江镇海寿岛等3个村入选第三批广东省文化和旅游特色村。截至年底，佛山市累计成功创建国家级夜间文旅消费集聚区3个。有全国乡村旅游重点村3个、全国休闲农业与乡村旅游示范点3个、广东省文化和旅游特色村13个、“广东十大美丽乡村”2个、省级休闲农业与乡村旅游示范镇9个、省级休闲农业与乡村旅游示范点21个、佛山市文化和旅游特色村13个；国家级港澳青少年内地游学基地1个、广东省研学旅行示范基地3个、佛山市研学旅行示范基地10个、首批佛山市少先队校外实践教育营地（基地）8个。17家工业旅游项目被纳入广东省资源库培育对象，7个被列为佛山市工业旅游示范点。有“乡村四时好风光”全国乡村旅游精品线路1条、广东省乡村旅游精品线路9条、广东省工业旅游精品线路4条、红色旅游精品线路6条。

加快培育智慧旅游，完善旅游公共服务。在百度平台搭建佛山专有的城市旅游名片，集“品牌形象展示”“文旅资讯浏览”“购门票、订酒店、买特产、约场馆”等功能于一体；在携程平台搭建“岭南味佛山品”主题全域旅游线上体验馆；推出云游佛山，市民游客足不出户就能感受佛山之美；携手马蜂窝平台对佛山优质旅游资源进行系统梳理与整合，佛山TPI（Travel Property Index，在线旅游资产指数）国内城市综合榜由第42位上升至第21位。全市35个国家AAA级以上旅游景区实现网络信号等全覆盖，部分景区开始推广电子票、云排队等网络消费新方式，国家AAAA级以上旅游景区接入“粤游玩”微信小程序，实现线上分时预约。依托交通客运站场，建设旅游服务功能齐全的集散中心和咨询中心，建成旅游集散中心5个；提高全市公交线网旅游景点覆盖度，改善旅客出行环境；推进厕所革命，建设旅游厕所18座，旅游厕所增至445座。

惠州市罗浮山景区（2022年）（惠州市文化广电旅游体育局供稿）

强化品牌营销推广，提升城市形象。策划举办最岭南之佛山过大年新春营销活动，在节假日举办文旅惠民活动，推出旅游惠民措施。举办佛山美食啤酒节、佛山“十佳旅游露营地”评选和推广活动、佛山首届预制菜+露营直播节；邀请音乐创作家和新媒体名人到佛山开展“唱游佛山”活动，在哔哩哔哩、爱奇艺、优酷网等各大社交媒体平台滚动播放，影响超1000万人次。在新疆伽师县、黔东南州、南京市、宁波市、青岛市等地开展文旅资源宣传推介，组织文旅企业参加澳门国际旅游展、广州国际旅游展、海南国际美食博览会等。发布城市宣传音乐短片《此生遇见》。

（佛山市文化广电旅游体育局）

【惠州全域旅游示范区建设】2022年，《惠州市全域旅游发展总体规划（2020—2035）》编印，惠州市突破县（区）行政界限，以特色资源为纽带，做好“山湖海”文章，构建“环罗浮山—南昆山生态旅游区”“环西湖城市中央休闲区”“惠州湾滨海旅游带”三大旅游产业集聚区。全市有国家A级旅游景区40个（国家AAAAA级旅游景区2个，国家AAAA级旅游景区10个），省级旅游度假区2个，全国旅游重点村3个，全国休闲农业与乡村旅游示范县1个、示范点2个，中国乡村旅游模范村5个，广东省休闲农业与乡村旅游示范镇14个、示范点27个，省文化和旅游特色村14个，形成滨海休闲旅游、温泉康体养生、森林生态度假、运动休闲体验、文化旅游、乡村旅游、城市旅游等系列旅游产品。是年，惠州市惠阳区入选第五批广东省全域旅游示范区名单，惠州市所有县级创建单位均通过广东省全域旅游示范区创建验收。

〔惠州市档案馆（惠州市人民政府地方志办公室）〕

【东莞推动全域旅游发展】2022年，东莞市通过建立健全文化、旅游、体育三大产业，以项目作为支撑，培育产业新动能；整合资源，促进产业深度融合，加快全域旅游发展。打造旅游示范区，利用鳒鱼洲、东江水泥厂等工业遗存以及高埗大桥旧址、太平手袋厂陈列馆等改革开放文化资源，打造工业文化旅游地标，延续城市工业文明脉络。发展城市夜经济，丰富夜间文旅活动供给，举办博物馆夜游活动，创建1个国家级、2个省级夜间文化和旅游消费集聚区。举办“湾区生态名镇活力品质樟城——樟木头镇2022年荔枝旅游文化嘉年华”系列活动，以“全域旅游示范区”旅游文化为主题，以“生态名镇”“客家古镇”“文旅强镇”“观音绿荔枝原产地”等特色品牌为目标，整合文旅资源，策划推出九洞森林公园微马比赛、荔枝旅游文化节启动仪式、观音绿荔枝形象大使评选和才艺展示等18项活动，提升樟木头知名度和美誉度。年内，茶山镇获评2021年度省级休闲农业与乡村旅游示范区。（东莞市人民政府地方志办公室）

【中山全域旅游示范区建设】2022年，中山市推进全域旅游示范区建设。推出香山回溯红色足迹之旅、寓学于游研学香山之旅、灯饰奥妙工业探秘之旅、乡村是座博物馆乡村休闲之旅、古道新姿“岐”味美食之旅、生态田园科普探索之旅等文旅特色线路。新增孙文西路步行街、厨邦酱油文化博览馆、中山市博物馆、粤丰环保科普研学基地4个国家AAA级旅游景区。在南区街道设立全域旅游集散中心1处。5月1日，依托中山影视城打造的“有戏世界”沉浸式互动影城对外开放。9月14日，南区街道、三乡镇被广东省文化和旅游厅评为第五批广东省全域旅游示范区。

（中山市人民政府地方志办公室）

【江门全域旅游示范区创建】2022年，江门市推进全域旅游示范区创建，引领全市旅游产业转型升级。4月，在江门台山瑷露德玛芦荟庄园举行2022年江门市全域旅游工作现场会暨“品游江门微度假”启动仪式，对新发展阶段江门市全域旅游工作进行再部署、再推动。8月，在华侨城古劳水乡旅游区举办鹤山市2022年全域旅游工作会议暨“发现文明鹤山”欢乐行启动仪式，规划部署省级全域旅游示范区创建工作。继台山市2019年入选首批国家全域旅游示范区名单、开平市2020年入选第二批广东省全域旅游示范区名单后，新会区、恩平市2022年入选第五批广东省全域旅游示范区名单。

（江门市文广旅体局）

【肇庆全域旅游示范区建设】2022年，肇庆市推进全域旅游示范区建设。广宁县、怀集县分别明确创建项目、落实创建费用并成立创建办公室，抽调专业骨干和委托专业创建团队对标对表开展创建工作。旅游集散中心、大数据中心、道路标牌标识系统、旅游驿站、旅游厕所等旅游公共设施配置基本符合全域旅游示范区验收标准。广宁绥江竹海景区、怀集华辰玫瑰景区加大国家A级旅游景区创建的资金保障。截至2022年底，肇庆市有端州区、鼎湖区、高要区、四会市、德庆县、封开县6个县（市、区）创建为广东省全域旅游示范区，超过县区总数的70%，达到广东省全域旅游示范区验收认定标准。

【第二届广东民宿大会】2022年8月19—21日，第二届广东民宿大会暨肇庆市首届民宿产业峰会在肇庆举办。大会邀请广东省内外知名民宿投资商、供应链机构及相关专家，20多个省、市民宿协会的代表以及新闻媒体记者等150多人参加。会上，签订民宿项目12个，总投资额4.97亿元，举行广东省民宿学院（肇庆基地）、肇庆民宿招商服务中心、市民宿协会揭牌和“广信杯”大湾区“最美民宿”大赛发布仪式，成立肇庆民宿发展智库，推出“民宿贷”，肇庆市农商银行现场向肇庆市民宿协会及会员单位授信10亿元。大会发布《肇庆旅游民宿发展报告2022》，邀请行业大咖为肇庆市民宿高质量发展把脉献策。（肇庆市文广旅体局）

·滨海旅游业发展·

【概况】2022年，广东省发挥广东滨海（海岛）旅游联盟平台作用，推动沿海城市协同开发滨海旅游资源，发展跨海岛旅游，打造世界级滨海（海岛）旅游目的地。截至年底，全省创建35个滨海主题的A级旅游景区，其中珠三角地区有13个；创建8个滨海主题的省级以上旅游度假景区，其中珠三角地区有4个；创建滨海主题的特色村、重点村23个，其中珠三角地区有5个。构建滨海（海岛）旅游开发产业项目库，打造投融资信息共享、合作交流和资源互通的平台；开展滨海（海岛）旅游宣传促销活动，通过网络平台组织广东滨海（海岛）视频征集大赛，全面展示各滨海城市的城市风貌和旅游资源。

（广东省文化和旅游厅）

【香港滨海旅游业发展】2022年，香港有6个海岸公园和1个海岸保护区，占地约4000公顷，范围包括沿岸风景优美的地区、海上景点和重要的生物栖息地。海岸保护区专门作自然保育、教育和科学研究用途。政府以许可证制度规管海岸公园范围内的捕鱼活动，而海岸保护区则完全禁止捕鱼。此外，政府也为学生和市民举办多项宣传及教育活动。

（香港历史研究基金会）

【广州滨海旅游业发展】2022年，广州推动珠江游与海岛游相互衔接发展，开通至珠海桂山岛、外伶仃岛水上高速客运旅游航线，接待18015人次。第十五届中国邮轮产业发展大会召开，广州南沙国际邮轮母港运营管理有限公司与星旅远洋邮轮“港航联动”战略合作项目、广州南沙国际邮轮母港商业综合体项目签约，广州航海学院南沙国际邮轮母港实习基地揭牌。广船国际建造的海南首座半潜式深远海智能养殖旅游平台“普盛海洋牧场1号”在中国船舶广船国际签字交付。12月，中国船舶集团旗下广船国际为福建省闽投深海养殖装备租赁有限责任公司建造的120米长养殖旅游平台举行开工仪式。该平台是国内在建的最大、最豪华的养殖旅游平台之一，平台配备光伏发电系统、专业的养殖装备及数字渔业系统。

（摘自《广州年鉴（2023）》）

【深圳滨海旅游业发展】2022年，深圳发挥区位优势、深挖海空特色旅游资源，创新开通深圳机场码头至前海湾观光旅游航线，打造宝安区和机场码头首条海上观光航线，串联起深圳西海岸地标，打开“海上窗口”，从海上视角让市民游客见证大湾区和深圳城市发展。丰富空海联运新内涵和深圳机场航空城特色配套休闲服务，给市民、旅客提供休闲新选择、新体验，完善以深圳为中心的大湾区海上休闲旅游产品体系。航线市场得到发展，首月船班客票上线后即销售一空。年内，推进沙头角口岸重建，支持沙头角深港国际旅游消费合作区建设。

（深圳市人民政府地方志办公室）

【江门滨海旅游发展】江门市具备海域面积大、海岸线长、海岛数量多等滨海旅游发展优势。2022年，江门市紧抓粤港澳三地推进构筑“休闲湾区”机遇，以打造粤港澳大湾区滨海旅游新标杆为定位，推动滨海旅游高质量发展。完成《台山市川山群岛旅游发展概念规划》编制，作为川岛滨海旅游发展的纲领性指引，以中国海丝文化海岛旅游胜地、粤港澳大湾区海岛旅游示范为总体定位，构建“一门户、两古港、三海湾、四组团”的总体布局，形成全域一体的滨海旅游发展格局。抓住暑期滨海旅游消费旺季，开展“夏日缤纷江门游”专项营销活动，奖补旅行社围绕江门“侨、楼、泉、海”等旅游元素，结合夏季特点，设计“两天一夜游”精品旅游线路，释放滨海旅游消费潜力。推动台山川岛浪漫海岸等重点滨海文旅项目建设，6月在下川岛举行浪漫海岸项目动工仪式。

（江门市文广旅体局）

【《珠海市海岛旅游发展工作方案（2023—2025）》印发】2022年12月9日，珠海市印发《珠海市海岛旅游发展工作方案（2023—2025）》，明确将万山群岛打造成为粤港澳大湾区年轻人梦想之地和休闲旅游度假胜地的工作目标，按照坚持聚焦重点、长短结合、注重效益和区域合作的基本原则，提出加强文化旅游宣传推广、理顺开发建设思路、深度拓宽海岛资源、优化海岛“旅游+”产品、加快海岛基础设施及服务提升5个方面的整体工作内容，以及从大力引流聚流、推动重点突破、集约利用资源、优化产品供给、提升基础设施着手的5项重点工作，通过建立工作机制、加强组织实施、研究支持政策等保障措施，为珠海海岛旅游高质量发展提供支撑。

（珠海市文化广电旅游体育局苏涵）

·国际邮轮港建设·

【概况】2022年，广东省推动落实《关于邮轮游艇装备及产业发展的实施意见》，开展邮轮游艇旅游合作，研究探索更加完善的政策体系、管理机制和操作规范，将邮轮游艇打造成为旅游新业态，配套开发邮轮游艇及岸上旅游联动新产品，加大对邮轮游艇线路的宣传推广力度。8月18—20日，由广州市政府和中国交通运输协会共同主办的第十五届中国邮轮产业发展大会在广州南沙区举行。来自全球9个国家和地区、国内多个省市政府部门负责人、邮轮上下游产业链的企业家、专家学者等500余人通过线上线下的方式参加会议。

（摘自《广东年鉴（2023）》）

【香港国际邮轮港建设】2022年，随着疫情稳定，香港邮轮公司获准在遵守一系列专为邮轮旅游制定的严谨卫生防疫措施下，营办供香港居民参与的“公海游”。（香港历史研究基金会）

【广州南沙国际邮轮母港建设】广州南沙国际邮轮母港位于广东自贸试验区南沙湾区块，处在粤港澳大湾区的地理几何中心，规划岸线1600米，可建设2个10万总吨和2个22.5万总吨邮轮泊位、2座航站楼，年通过能力不低于150万人次。至2022年底，建成一期工程岸线总长770米，建成22.5万总吨、10万总吨邮轮泊位各1个，以及建筑面积约6万平方米的航站楼，可停靠世界上最大的邮轮，年设计通过能力75万人次。该母港与地铁四号线南沙客运港站无缝对接，是国内首家与地铁接驳的邮轮母港；周边汇集京港澳高速、珠三角南环高速、莞佛高速等多条高速公路，半小时可达广州南站，一小时可达广州市区及珠三角其他主要城市。南沙邮轮国际母港口岸查验通道数量居国内邮轮母港前列（边检出入境查验通道共62条，海关出入境查验通道共25条），配合多种国内和国际上先进的智能化、科技化的查验设备，大大提高旅客的通关效率。

2019年11月，南沙国际邮轮母港开港首航。自运营以来，在南沙邮轮码头开通出发往中国香港地区、日本、越南、菲律宾等地航线9条，邮轮目的地12个〔包括中国香港1个、日本4个（那霸、冲绳、宫古岛、八重山群岛）、越南4个（胡志明市、芽庄、岘港、下龙湾）、菲律宾3个（马尼拉、长滩岛、苏比克湾）〕，邮轮航线目的地数量在全国排名前列，是国内东南亚航线最多的邮轮港口。全年可执航，不受季节影响。

（广州市文化广电旅游局）

【深圳蛇口邮轮母港建设】2022年，深圳蛇口邮轮母港创新发展取得成效。年内，该港建成旅客国际中转区（一期），成为国内首个具有国际中转功能的海港客运口岸，启用后为乘坐国际邮轮、港澳高速客船的旅客提供便捷的中转通道，简化出入境手续，节约中转时间，提升中转体验，改革创新经验获国家发展改革委在全国推广，被列为国家发展改革委推广借鉴深圳综合改革试点首批授权事项典型经验和创新举措。是年，该港深化与国泰航空的战略合作，共建“港口即机场”创新模式，联合提供粤港澳大湾区海天服务。服务品质提升，服务标准化建设取得成果，入选2022年度国家级服务业标准化试点项目，是全国唯一入选的邮轮港口。（深圳市人民政府地方志办公室）

·乡村旅游发展·

【概况】2022年，广东省推动乡村旅游提质升级。打造“粤美乡村”旅游品牌，推动全域旅游示范县（市、区）、文旅特色镇村一体化发

2022年7月29日，蛇口邮轮母港国际旅客中转区一期项目正式完成验收，该项目被列为国家发展改革委推广借鉴深圳综合改革试点首批授权事项典型经验和创新举措　（深圳市人民政府地方志办公室供稿）

展，整合打造一批乡村旅游集聚区。全年新增9个全国乡村旅游重点村镇，2个国家级旅游休闲街区、17条“乡村四时好风光”全国乡村旅游精品线路。推出92家乡村民宿示范点、34家驿道乡村酒店。依托乡村旅游美食点和精品线路建设，与岭南民俗文化体验、农业观光休闲等相结合，推广地道粤菜美食。

（广东省文化和旅游厅）

【广州乡村旅游发展】2022年，广州市发展休闲农业，培育打造休闲农业与乡村旅游示范典型。开展首批市级休闲农业与乡村旅游示范单位创建工作，认定黄埔区新龙镇、花都区梯面镇为2022年市级休闲农业与乡村旅游示范镇，海珠区一方乐田都市农园等5个点为市级休闲农业与乡村旅游示范点。向广东省农业农村厅、广东省文化和旅游厅推荐省级休闲农业与乡村旅游示范镇2个、示范点4个，累计创建省级休闲农业与乡村旅游示范镇9个、示范点25个。开展“广东乡村休闲体验季”活动（广州）消费券发放活动，累计发放消费券超10万张，金额590万元。策划举办“读懂广州，乡约好春光”“红色足迹乡约端午”“读懂乡愁广州星空露营”等系列文旅特色主题活动。成立广州市旅游民宿等级评定委员会和民宿评定专家库，组织开展民宿服务专题培训，新评定稻喜湾温泉民宿、七溪地民宿等15家广州市旅游星级民宿。

是年，广州市新增省级休闲农业与乡村旅游示范点6个，新增乡村游精品线路10条，百家“星级酒店—精品民宿”结对签约，乡村游对旅游经济贡献率70%。其中，增城区大埔围村入选第四批全国乡村旅游重点村，七溪地芳香产业基地、北纬23°8′森林营地、荔枝文化博览园、稻梦空间农业公园入选省级休闲农业与乡村旅游示范点，沙湾北村、锦三村、罗洞村、竹洞村、畲族村获评广东省文化和旅游特色村。花都“粤乡寻韵之旅”入选全国乡村旅游精品线路，从化“乡村生态文化研学游”、番禺“美丽乡村之旅”、增城“生态乡村精品游”入选广东省乡村旅游精品线路。

（广州市文化广电旅游局）

【深圳乡村旅游发展】2022年，深圳市以深汕特别合作区为乡村振兴主战场，全年攻坚56项问题，完成整治问题点15368个，34个行政村人居环境显著改善。农村试点改革取得新进展，合作区一个集体获评全国农村集体产权制度改革工作先进单位。启动4个美丽圩镇、5条示范带建设，打造特色街区4个，大安村入选2022年度中国美丽休闲乡村。年内，宝安区“红色印记之旅”被纳入广东省乡村旅游精品线路。

（深圳市人民政府地方志办公室）

【珠海乡村旅游发展】2022年，珠海市文化广电旅游体育局结合各涉农区（功能区）旅游资源特色和市场需求，推动乡村旅游发展。大画西游梦工厂、大门口湿地公园成功创建国家AAA级旅游景区；石龙村、虾山村、万山村入选第三批广东省文化和旅游特色村；桂山镇获评2022年度省级休闲农业与乡村旅游示范镇，斗门区珠海观沥乡村旅游生态园、金湾区木头冲村、高新区会同社区获评2022年度省级休闲农业与乡村旅游示范点；“闲云野鹤无拘束，惬意悠然在莲洲”乡村旅游线路获评文化和旅游部“乡村四时好风光”全国乡村旅游精品线路。

（珠海市文化广电旅游体育局苏涵）

【佛山乡村旅游发展】2022年，佛山市组织做好第四批全国乡村旅游重点村镇推荐工作，禅城区紫南村获评全国乡村旅游重点村镇，南海区九江镇海寿岛等3个村入选第三批广东省文化和旅游特色村。组织申报“乡村四时好风光”全国乡村旅游精品线路，“水乡花园”乡村旅游精品线路代表广东省参加“春生夏长万物并秀”主题线路评选并入选。开展“大美广东系列宣传——古村落篇”推荐工作，择优选取禅城区南庄镇紫南村、南海区西樵镇松塘村、高明区明城镇明阳村3个古村落为佛山市“大美广东系列宣传——古村落篇”宣传对象。截至年底，佛山市累计创建全国乡村旅游重点村3个、全国休闲农业与乡村旅游示范点3个、广东省文化和旅游特色村13个、“广东十大美丽乡村”2个、省级休闲农业与乡村旅游示范镇9个、省级休闲农业与乡村旅游示范点21个、佛山市文化和旅游特色村13个；“乡村四时好风光”全国乡村旅游精品线路1条，广东省乡村旅游精品线路9条，广东省工业旅游精品线路4条，红色旅游精品线路6条。

（佛山市文化广电旅游体育局）

【惠州乡村旅游发展】2022年，惠州市公布《乡村旅游集聚区建设与管理指南》《乡村旅游示范村建设与管理指南》，为乡村旅游发展提供指引和参考，惠州市乡村旅游正式进入规范化、标准化发展阶段。

是年，惠州市惠阳区秋长街道获“广东省森林小镇”称号，入选第二批全国乡村旅游重点镇。周田村入选首批广东省乡村旅游优质项目，周田村、茶园村等3个村庄获评“国家森林乡村”。惠阳“将军故里”之旅、惠东“南粤古道·重返红色”征程、博罗“罗浮山下四时春”之旅3条线路入选广东省乡村旅游精品线路。龙门县“相聚兰园、泉因有你”线路入选全国乡村旅游精品线路。惠城区横沥镇墨园村，汝湖镇黄埔村、虾村等13个村（社区）获评2022年惠州市首批乡村研学旅行特色村。

〔惠州市档案馆（惠州市人民政府地方志办公室）〕

【东莞乡村旅游发展】2022年，东莞市拥有市级休闲观光农业示范点25个，省级休闲农业与乡村旅游示范镇8个、示范点13个，国家级示范点2个，中国美丽休闲乡村2个。全市2公顷以上休闲农业场所120多个，经营面积1333.33公顷，全年接待游客600万人次，实现经营收入超2亿元。茶山镇南社村入选2022年中国美丽休闲乡村，茶山镇乡村休闲农业游是广东省唯一获评2022中国美丽乡村休闲旅游行的精品线路。印发《2022年荔枝采摘点》宣传画册，发布2022年东莞荔枝主题旅游路线4条、荔枝休闲采摘点51个。打造东城周屋“美丽家园”等4幅创意稻田画，宣传推介以稻田画为主题的旅游线路2条。制作《田园郊享乐》小册子，推介农业休闲观光点39个。开展“广东（东莞）乡村休闲体验季消费券”发放活动，分3期发放惠民补贴消费券130万元，参与商户49家，覆盖东莞市住宿、餐饮、农产品采购、园区门票等乡村休闲农旅场景，核销金额105万元，带动消费668万元。

（东莞市人民政府地方志办公室）

【中山乡村旅游发展】2022年，中山市以乡村旅游助力乡村振兴。三乡镇雍陌村获评第四批全国乡村旅游重点村，神湾镇、南朗街道入选广东省休闲农业与乡村旅游示范镇，左步村获评第一批广东省乡村研学旅行特色村、广东省乡村旅游优质项目，五桂山街道桂南村和南朗街道榄边村等3个乡村获评第三批广东省文化和旅游特色村。横栏镇“水乡花田农业观光游”获评中国美丽乡村休闲旅游行（春季）精品景点线路，孙中山故里乡村旅游精品线路获评“稻花香里说丰年”全国乡村旅游精品线路。泉眼温泉旅游度假酒店、自在居民宿入选首批省级驿道乡村酒店。12月，举办中山市美丽乡村民宿产业发展暨招商推介活动和特色民宿评选活动。

（中山市人民政府地方志办公室）

【江门乡村旅游发展】2022年，江门市推动文旅融合赋能乡村振兴。推动赤坎华侨古镇项目建设，带动周边乡村产业振兴，打造在广东乃至全国有重大影响力的华侨文化文旅新地标、中国侨都华侨文化新载体，发挥对周边乡村消费、就业等综合拉动作用。支持周边乡村引入文旅项目，培育乡村文旅业态，壮大乡村旅游产业。8月，赤坎华侨古镇项目入选“2022年广东省文化产业赋能乡村振兴典型案例”。继续推动开展“醉美江门100村”建设，投入专项资金支持，指导各县（市、区）开展乡村旅游示范镇、村建设，创建乡村旅游品牌，乡村民宿规模不断壮大。“开平碉楼侨乡文化之旅”线路入选“乡村四时好风光——乡村是座博物馆”全国乡村旅游精品线路，马降龙村等4个村、新会南宋古韵乡村美食休闲游等3条线路入选第三批广东省文化和旅游特色村、乡村旅游精品线路，恩平歇马举人村、新会崖门京梅村入选第一批广东省乡村研学旅行特色村，塘口镇强亚村入选首批广东省乡村旅游优质项目，蓬江区杜阮镇上巷村等14个村创建成为2022年江门市乡村旅游示范村。举办江门市民宿创业分享会，成立江门市旅游行业协会民宿分会，台山喜荟酒店、此间·国际研学空间民宿等6家酒店、民宿入选首批广东省驿道乡村酒店。截至2022年底，全市登记在册的精品民宿77家。（江门市文化广电旅游体育局）

【肇庆乡村旅游发展】2022年，肇庆市以美丽乡村风貌示范带建设为切入点，串联打造乡村旅游线路。封开县建成“贺江碧道画廊”美丽乡村风貌示范带，四会市“古邑绥江碧道画廊”和德庆县“官马美丽乡村精品线路”美丽乡村风貌示范带完成建设。四会市依托绥江沿线古村、古寺、古窑、古码头、古会纸作坊等历史文化资源，打造“古邑丰收喜悦之旅”，入选文化和旅游部公布的“乡村四时好风光——稻花香里说丰年”全国乡村旅游精品线路。封开县贺江碧道画廊入选2022年广东省文化产业赋能乡村振兴典型案例；封开县江口镇台洞村乡村旅游优质项目入选广东省乡村旅游优质项目名录。（肇庆市文广旅体局）

【中山市雍陌村获评全国乡村旅游重点村】2022年11月15日，中山市三乡镇雍陌村被文化和旅游部评为第四批全国乡村旅游重点村。雍陌村始建于北宋年间，是中国近代著名启蒙思想家、实业家、《盛世危言》作者郑观应的故里。三乡镇以“保护振兴古村落，打造中山雍陌·南粤之窗”为定位，以郑观应故居、罗三妹山“不走回头路”主题公园、岐澳古道、郑氏祠堂群等历史文化旅游景点为重点，将雍陌村打造成为粤港澳湾区版精品示范村。是年，雍陌村完成历史微光广场、积厚园、纪念园、名人堂与纪念馆广场、雍陌村务仁巷8号民居修缮、雍陌村务仁巷135号民居修缮、福注堂公所修缮等项目建设，以文化振兴推动乡村振兴，加大当地村民闲置房产的活化利用力度，以古旧建筑开发民宿产业和轻餐饮产业，逐渐形成农业、旅游业、文化融合发展的新业态。

（中山市人民政府地方志办公室）

·粤港澳旅游开发合作·

【概况】2022年，广东省出台推进粤港澳大湾区世界级旅游目的地建设行动方案，着力构建八大世界级旅游品牌。省文化和旅游厅联合省委宣传部制定重点任务分工方案、政策举措分工方案，制定87条具体措施，将推进粤港澳大湾区世界级旅游目的地建设工作具体化、项目化、平台化。继续做好粤港澳文化资讯网工作，全年资讯网发布文章413篇，总访问量441.2万人次，其中海外访问量占比16.2%。展示、推广粤港澳旅游资源。组织广东省内旅游业界参加澳门国际旅游（产业）博览会、香港国际旅游展等国际性展会，宣传推介广东省现代城市、魅力滨海、美丽乡村、粤菜美食等文化旅游资源和线路产品。同时，组织参展企业参与展商云上与线下配对活动，提升参展成效。

支持、开发粤港澳大湾区特色旅游产品。打造粤港澳大湾区春节嘉年华旅游品牌，支持澳门旅游局联络邀请大湾区其他城市参加2022农历新年花车会演活动。开发粤港澳大湾区美食文化之旅，在香港国际旅游展和澳门国际旅游（产业）博览会上通过图片展示、视频播放和派发宣传册等形式进行粤菜美食宣传。推动粤港澳大湾区旅游资源要素互通。逐步推动港澳导游跨境执业在大湾区落地。持续推进横琴合作区港澳导游跨境执业工作，推进粤港澳旅游职业资格互认，推进香港、澳门籍旅游从业人员经考核换证后在珠三角城市执业。是年1月25日，《深圳市境外职业资格便利执业认可清单》实施，允许符合规定条件的港澳从业人员，经培训及执业备案后，在前海合作区范围内为游客提供向导、讲解等旅游服务。

（广东省文化和旅游厅）

【粤港澳大湾区北部生态文化旅游合作区建设】2022年，广州市文化广电旅游局启动粤港澳大湾区北部生态文化旅游合作区专题宣传推广项目，推选打造合作区统一宣传标识。12月29日，广州、清远两地文化广电旅游行政主管部门和花都区政府携手在融创文旅城举办“畅游湾区北 乐享自驾美”活动，现场发布粤港澳大湾区北部生态文化旅游合作区宣传标志及十大特色主题旅游线路。结合“自驾游+房车+露营”元素，以“探索最IN度假休闲生活方式”为宗旨，举办为期3天的车尾箱集市活动，以流量带动露营地周边的旅游商家热度和目的地旅游经济。

（广州市文化广电旅游局）

【深圳与港澳旅游合作】2022年，深圳谋划对接香港北部都会区发展策略，启动谋划沙头角深港国际旅游消费合作区、粤港澳国际游艇旅游自由港等平台。致公党深圳市委与深圳市文化广电旅游体育局合作举办“2022年深港澳青年音乐会”。深圳市被国务院认定为“文化产业和旅游产业发展势头良好、文化和旅游企业服务体系建设完善、消费质量水平高的地方”，成为全国首批文化和旅游产业发展获国务院督查激励的城市。

（深圳市人民政府地方志办公室）

【珠海推动与澳门旅游协作发展】2022年，珠海市围绕“青春之城 活力之都”城市品牌定位，线上线下共同发力，加强旅游整体宣传推广营销。在珠海、澳门两地电台开展珠海旅游宣传节目32期，区域覆盖听众超过300万人；在澳门公交车身和户外大屏投放旅游产品广告。9月20日，珠海市文化广电旅游体育局以视频会议的形式，牵头组织澳门旅游局、横琴粤澳深度合作区经济发展局、珠海市鹤洲新区筹备组召开珠澳合作旅游小组2022年第一次会议。9月23—25日，珠海市文化广电旅游体育局组织各区及文旅企业代表逾100人参加2022第十届澳门国际旅游（产业）博览会，加强与澳门深化“旅游+”跨界融合，助力旅游及相关业界促进交流合作、共拓商机。珠海市展馆被评为该届澳门旅博会“十大我最喜欢展位”之一。12月14日，珠海市文化广电旅游体育局作为珠澳合作会议旅游合作工作小组珠海方代表，在 2022 年珠澳合作会议上就珠澳双方联手抢抓旅游业提振机遇、联合深入发掘四个资源、打造世界级网红打卡地作发言。

（珠海市文化广电旅游体育局苏涵）

【佛山加强湾区文旅合作】2022 年，佛山市深化粤港澳与长三角文旅合作，擦亮“多彩广佛肇”区域文化旅游品牌。广佛肇区域旅游联盟在南京、宁波举办 2022 广佛肇旅游联盟文化旅游推介会，推介会含“跨粤山水岭南奇遇”“匠心流韵致敬经典”“风物手信烟火人间”3 个篇章，会上发布广佛肇三市旅游攻略地图。加强佛江区域旅游联盟合作，深化佛江旅游联盟和南京、青岛的对接联动，促进交流与合作，实现优势互补、信息共享、资源共建、市场共创、产业共兴的良好互动。年内，“大美广东现代湾区——佛江旅游联盟推介会”通过云推介的形式邀请南京市和青岛市的旅行社、媒体等代表共同参与。在推介会上，通过视频、图片、互动答题等形式，推介佛山和江门的旅游资源，推出佛江两市四大主题联游线路。加强与澳门文化和旅游领域合作，组织佛山文旅企业参加澳门国际旅游展，在展会中宣传推介佛山非遗文化、功夫文化、美食文化、文创手信等资源，组织企业参加云对接线上洽谈活动，拓宽交流合作渠道，促成南风古灶旅游发展有限公司与澳门旅行社签订战略合作协议，借助境外旅行社宣传推广佛山旅游产品。

（佛山市文化广电旅游体育局）

【江门旅游合作发展】2022 年，江门市组织文旅企业参加 2022 广东国际旅游产业博览会、第十届澳门国际旅游（产业）博览会、第十八届中国（深圳）国际文化产业博览会交易会，全方位展示江门文旅融合与全域旅游发展的成果及粤港澳大湾区国际特色旅游目的地形象。8 月 24 日，澳门·江门旅游业务合作会议在江门召开，两地旅游业界人士就客源互送、营销渠道合作及加强旅游业界合作等方面进行探讨和交流。澳门酒店旅业商会与江门市旅游行业协会签订《旅游业务合作框架协议》。12 月 12 日，江门开平和澳门共同发起“优游”合作倡议，促进文旅产业融通共赢。推动粤港澳旅游线路开发，开展“品游江门微度假”“夏日缤纷江门游”“金秋送爽江门游”“中医非遗研学游”“粤菜师傅少年行”等活动，拉动游客到江门旅游消费。

（江门市文广旅体局）

就业创业空间拓展

·公共就业服务体系建设·

【概况】2022 年，广东省全面取消港澳人员在粤就业许可，港澳居民可同等享受就业创业扶持政策和服务。全面落实大湾区个人所得税优惠政策，对境外高端人才和紧缺人才按 15% 税率征收个人所得税。大湾区（内地）事业单位公开招聘港澳居民政策落实落地，累计超过 1500 人次的港澳居民报考，首批考取的港澳居民到岗。深入推进港澳青年创新创业，全省建成以粤港澳大湾区（广东）创新创业孵化基地为龙头、以珠三角 12 个重点基地为骨干、以各地特色基地为基础的“1+12+N”港澳青年创新创业孵化基地体系，累计孵化港澳项目近 4000 个、吸纳港澳青年就业近 5500 人。

（广东省发展改革委）

【粤港澳职业资格互认】2022 年，广东省推进粤港澳大湾区职业资格认可。广州出台《广州市境外职业资格便利执业认可清单》，深圳出台《深圳市境外职业资格便利执业认可清单》，横琴出台《横琴粤澳深度合作区境外职业资格便利执业认可清单（第一批）》，持有清单内境外资格人员可按相应实施办法便利执业。

6 月 11 日，广东省司法厅完成 2022 年度粤港澳大湾区律师执业考试组织实施工作。至年底，为首批通过考试并经过培训考核合格的 215

名港澳律师办理律师执业证（粤港澳大湾区），获准在大湾区内地九市执业。全年，通过考试方式有68名港澳居民取得专利代理师资格，6名港澳居民获注册会计师证，269名港澳居民获教师资格；在医疗卫生领域，432名港澳医师获内地医师资格证；在旅游领域，589名港澳导游领队取得横琴专用导游证；在建筑领域，56家香港工程建设咨询企业和271名专业人才在大湾区内地城市备案开业执业。

深化粤港澳技能人才合作交流，至年底，粤港澳三地联合组织162批次4356人次参加"一试多证"（考生通过一次考试，合格后可同时获得国家职业资格证书、香港专业能力评估证书或澳门职业能力证明书以及国际行业权威证书）考试，3335人获相关技能证书。（编辑部）

【"粤菜师傅""广东技工""南粤家政"工程】
2022年，广东省推动"粤菜师傅""广东技工""南粤家政"三项工程从惠及面越来越广到实效性越来越好。推动"粤菜师傅"与粤菜产业协同发展。推动出台广东省粤菜发展促进条例，打造粤菜名店名品名厨，出台"预制菜十条"，推出乡村旅游粤菜美食点587个，累计建设省级培训基地和大师工作室各100个、"粤菜师傅"培养示范基地6个，认定"粤菜师傅名村"10个。加快"广东技工"与广东制造共同成长。推进技工教育"强基培优"计划，全省技工院校新招生22.1万人，实现七连增。广东在2022年世界技能大赛特别赛上获七金一银一铜二优胜奖，金牌数及奖牌数均占全国1/3，居全国首位。实现"南粤家政"与家政服务业相互促进。开展母婴、居家、养老、医护4大服务项目培训，累计培训32.52万人次；举办第二届"南粤家政"技能大赛，评选"南粤家政"星级企业136家、服务人员400名；累计建成省级综合服务示范基地、培训基地、家政产业园等平台载体50多个，基层服务站1000余个，升级"南粤家政"服务地图，构建"15分钟家政服务圈"。

（摘自《广东年鉴（2023）》）

【香港落实便利港澳居民内地就业创业政策】
2022年，香港特别行政区政府继续推动"大湾区青年就业计划"，支持香港青年到粤港澳大湾区内地城市就业。全年劳工处接收有关津贴的初步申请1090份。民政事务局继续推动实施"粤港澳大湾区青年创业资助计划"（简称"创业计划"）和"粤港澳大湾区创新创业基地体验资助计划"（简称"体验计划"），为有意创业的香港青年提供创业支援和孵化服务。其中，"创业计划"共资助16个非政府机构推行的青年创业项目，为约230家青年初创企业（涉及超过800名香港创业青年）提供资本资助，以及向约4000名青年提供创业支援及孵化服务。获资助的非政府机构陆续推出其青年创业项目，

2022年6月16日，横琴粤澳深度合作区执委会举办企业所得税、个人所得税优惠政策新闻发布会，介绍税收优惠政策（曾遥 摄）

逐步协助青年创业团队落户大湾区内地城市的双创基地。“体验计划”资助15个非政府机构举办的大湾区内地城市创业基地短期体验项目，以加深香港青年对大湾区内地城市青年双创基地、内地相关双创政策和配套措施的认识，协助香港青年在双创基地创业，约700名青年人受惠。通过“青年内地实习资助计划”资助非政府机构举办香港青年在内地的实习活动，让香港青年亲身体验内地职场实况，加深对内地就业市场、工作文化和发展机遇的了解。在“青年内地实习资助计划”下推出的“粤港澳大湾区香港青年实习计划”提供约1000个多元化的实习机会。

是年，劳工处设立专题网站，为参加“大湾区青年就业计划”的香港毕业生提供大湾区内地城市工作和生活的实用信息。举办讲座，为参加者前往大湾区内地城市工作和生活作好准备。在计划参加者入职后，主动跟进并与广东省政府的相关单位保持联络，为参加者提供适当的支援和协助。部分企业为计划参加者提供工作以外的支援，包括安排宿舍和富有经验的员工作指导等，以协助他们融入当地生活。广东省政府为计划参加者提供每月最多1000元人民币的生活补助。（香港历史研究基金会）

【广州便利港澳居民就业生活措施】2022年，广州市推进实施“五乐计划”（指《发挥广州国家中心城市优势作用支持港澳青年来穗发展行动计划》，实施对象为港澳台青年，包括“乐游广州”“乐学广州”“乐业广州”“乐创广州”“乐居广州”5项内容15条措施），全国首创薪金补贴、职业资格和技术职称补贴、促就业奖励、一卡走南沙4项举措。香港科技大学（广州）、广州南沙民心港人子弟学校于9月投入使用。开设64个港澳子弟班，缔结穗港澳姊妹学校338对。打造南沙“创享湾”等优质创新创业基地和孵化服务平台，累计建成港澳青年创新创业基地50个，吸引港澳600余个团队、3000多名港澳青年到穗创新创业。简化港澳医师转内地医师资格认证手续，保障在穗港澳居民享受社会保险市民待遇，港澳居民在穗参加养老、失业、工伤保险累计3.75万人次。

是年7月29日，广州市税务局发布“湾区之心·税动力十六条”南沙专属服务举措，涵盖扶持重点产业、支持创业就业、助力打造开放门户和促进规则机制衔接4个方面16条措施。8月1日，广州市印发《广州市税务局落实推进广州南沙深化面向世界的粤港澳全面合作的实施方案》，成立工作领导小组，建立落实工作机制，制定涵盖68项短、中、长期事项的任务清单。年内，研究制定南沙优惠政策的系列执行文件，印发《广州南沙个人所得税优惠政策实施办法》，出台《广州南沙个人所得税优惠政策工作方案》《广州市南沙区港澳居民个人所得税优惠政策申报指南》，对南沙个人所得税优惠政策的工作机制、享受主体、减免条件、申报方式和程序等进行明确。11月17日，经税务总局授权同意，广东省税务局、广州市税务局、南沙区税务局首次与香港特别行政区税务局直接开展工作交流会议，粤港双方以视频连线形式围绕南沙个人所得税优惠政策中的“香港税负”计算规则进行研讨，推动两地税收规则衔接。11月18日，广州市税务局以视频形式参加香港税务学会50周年系列活动之一的2022年度香港特许税务师研讨会，提出构筑以“跨区域、跨部门、多主体、数智驱动、接轨国际、共襄发展”为特征的粤港澳大湾区现代化税收共治共享体系的探索思路和实践方案。针对南沙个人所得税减免税额计算复杂的问题，推出覆盖所有港澳居民的双渠道线上测算服务：在广东省电子税务局开发港澳税负测算功能；联合南沙区政府建设“广州南沙港澳居民个人所得税优惠港澳税负测算系统”并于12月上线，为纳税人提供便捷享惠办税渠道。

（广州市发展改革委；广州市税务局）

【深圳便利港澳居民就业生活措施】2022年，深圳市进一步推进港澳居民在深发展便利政策。落实港澳居民在深发展“18条”举措，民生警务平台“港澳居民服务”专区首批上线户政、出入境等29项便民服务事项。发布《深圳市国际职业资格视同职称认可目录》，畅通国际专业人才在深发展路径，18类港澳专业人士在前海备案即可执业。积极面向港澳居民招录公务员和事业单位职员。落实港澳居民在深参保政策，实现对在深圳市“就业”“居住”“就读”的港澳居民社保政策全覆盖，并于2021年11月在全国率先启动深港跨境社保服务通。

（深圳市人力资源和社会保障局马远培）

【珠海支持港澳专业人士跨境执业】2022年，珠海市率先在全国通过地方立法支持港澳旅游从业人员、港澳建筑及工程咨询专业人士等跨境执业，采取备案制、培训认定制、考核制等方式，实现建筑工程、导游、律师等专业港澳人才在横琴便利执业，医疗、社工等专业港澳人才在珠海和横琴便利执业。推动589名港澳导游领队取得资格并在横琴提供旅游服务；75家港澳企业和403名港澳专业人士获得建设主管部门颁发的备案认可书，在横琴提供服务；66名港澳医师在横琴跨境短期行医；9名澳门社工通过认证在横琴跨境执业。

（珠海市人力资源和社会保障局程斐）

【佛山公共就业服务体系建设】2022年，佛山市建立健全市、区、镇（街道）、村（社区）四级公共就业服务体系，实现公共就业服务全域覆盖。截至年底，全市有县（区）级以上公共就业服务机构6个、镇（街道）公共就业服务平台32个、村（社区）基层公共就业服务平台785个。年内，出台佛山特色“益企十项举措”，打造“益企来”服务品牌。构建公共服务“公益+市场”“线上+线下”融合互补的招聘模式。举办“1+N”直播带岗常态化招聘系列活动。全年举办直播带岗93场，参加企业1295家，提供岗位3.9万个，吸引求职者285.32万人次，达成就业意向2.43万人。举办题为“优越佛山 佛山有约”2022佛山名企招才云聘会，上线企业240家，提供岗位5.2万个，吸引2776人次投送简历。“云聘会”宣传范围累计覆盖超200所院校，围绕重点引才院校开展高校和职业技工院校专场活动36场次。举办“魅力佛山行”2022年招才引智高校行等特色活动，在华北、华中、华东、华南地区以及澳门特别行政区选取北京大学、武汉大学、澳门大学、澳门理工大学等21所契合佛山产业发展的高校，设置重点引才工作站，通过“政府—学校—企业—学生”的定向联系机制，全方位、多维度开展政校企交流对接。

（佛山市人力资源和社会保障局）

【惠州便利港澳居民就业创业措施】2022年，惠州市出台《便利港澳居民在惠州发展若干措施》，保障港澳居民在惠州学习、就业、创业、生活等方面享有市民待遇。全市设立“港澳服务专窗”8个，制定高频涉港澳服务事项清单177项，便利港澳居民办理企业登记、户政车管等事项。实施“惠州青年安居计划”。配合香港实施“大湾区青年创业资助计划”和“大湾区青年就业计划”，以“惠州青年人才驿站”为抓手，以“人才驿站+社群服务+优惠房源”为基本模式，面向毕业两年内的大专以上高校毕业生（含港澳毕业生、海外留学生）提供最长7天免费住宿、就业（创业）指导、学习交流、优惠租房等一站式青年服务。至年底，建成惠州青年人才驿站10个。驿站每天推出480间用房，并配套24小时管家和共享增值服务。

〔惠州市档案馆（惠州市人民政府地方志办公室）〕

【东莞就业创业体系建设】2022年，东莞市先后实施“湾区社保服务通”、境外高端紧缺人才所得税财政补贴办法，增进港澳居民在莞发展归属感和获得感，第一批发放境外高端人才个税补贴超1亿元。设立境外人员工作许可和居留许可专窗，实行“一窗通办、并联办理”便捷服务。简化港澳人才职称申报评审材料要求和程序，申报评审东莞所有专业职称证书可在广东省范围内通用。开展就业创业帮扶服务。实施“展翅计划”（广东大学生就业创业能力提升行动），开发超过7800个优质实习见习岗位。举办2022年海内外高层次人才东莞行，收集到来自香港科技园、香港理工大学、澳门科技大学等优质港澳青年创新创业项目20个，促成高层次科技领军人才与东莞企业达成合作意向51个，开展合作项目8个。东莞被评为2022中国年度最佳促进就业城市、最佳引才城市，人才吸引力从全国第23名提升至第16名。

（东莞市人民政府地方志办公室）

【中山创新招工引才模式】2022年，中山市优化“1+1+N”港澳青年创新创业基地建设空间布局，以市易创空间孵化示范基地为核心，重点建设翠亨新区粤港澳青年创新创业基地，带动全市建成一批各具特色的社会化港澳青年创新创业孵化载体，认定南区侨城文化基地为首个市级港澳青年创新创业基地。至年底，中山粤港澳青年创新创业合作平台累计孵化项目531个，其中港澳项目84个，在孵港澳团队32个。年内，开展粤港澳青年“红色之旅”学习交流行和“大湾区·大未来”易创下午茶沙龙会品牌活动，改造共享直播间3个，建成创业项目展示区1个。9月7日，“澳中青年创新创业园”在翠亨新区开园启用，发挥创业园与中山粤港澳青年创新创业合作平台2个省级平台的联合效应，提升中山市港澳创业平台支撑能力。

（中山市人民政府地方志办公室）

【江门便利港澳居民内地就业生活措施】2022年，江门市聚焦重大平台载体、重点产业及大型产业园区，靶向制定人才支持政策，优化企业高管、骨干人才激励机制，推进国企职业经理人制度改革，实现任期制和契约化管理，鼓励企业经营管理人才创新创业。完善港澳人才职业技能评价体系，推动10名港澳台（境外）人员通过职称评审。携手深圳人才集团共建江门人才发展集团，广东江门人力资源服务产业园累计服务企业超4.26万家次。

（江门市人民政府地方志办公室）

【肇庆便利港澳居民内地就业生活措施】2022年，肇庆市大力实施“湾区通”工程，贯彻落实大湾区（内地）事业单位公开招聘港澳居民管理办法，4名港澳居民参加肇庆市事业单位公开招聘考试。贯彻落实《肇庆市贯彻扶持港澳青年创新创业若干措施实施方案》《肇庆市港澳青年创新创业基地认定和管理暂行办法》，将港澳人员纳入就业创业扶持对象范围，与当地劳动者同等享受一次性创业资助、租金补贴、创业带动就业补贴、创业孵化补贴、创业培训补贴等系列政策资助。加快建设港澳青年创新创业基地，肇庆市“1+9+N”港澳青年创新创业体系基本成形，肇庆市、肇庆新区、端州、鼎湖、广宁、怀集、德庆、肇庆高新区港澳青年创新创业基地开园运营，引进创业项目268个（其中港澳项目42个），肇庆新区港澳青年创新创业基地纳入广东省“1+12+N”空间布局，并被认定为首批“粤港澳大湾区港澳青年创新创业基地”之一。

（肇庆市发展和改革局）

【佛山首位粤港澳大湾区执业律师“持证上岗”】2022年10月20日，佛山市司法局、佛山市律师协会举行首位粤港澳大湾区执业律师颁证仪式，在香港执业25年的律师梁淑庄获得粤港澳大湾区律师执业证，成为首位获准在佛山市执业的粤港澳大湾区律师。是年，佛山市多举措支持粤港澳大湾区律师来佛山执业，保障大湾区律师依法行使执业权利，为港澳律师工作、生活便利创造条件。搭建供需对接平台，为大湾区律师发挥专业优势提供舞台。自2020年起，每年举办“全省商务法律服务月——佛山专场”。佛山市司法局、佛山市律师协会成立佛山市推进粤港澳大湾区建设法律服务团、涉外商事法律服务志愿团、涉外涉港澳台商事纠纷调解员等队伍，帮助企业应对、化解商事法律纠纷。

（佛山年鉴社）

【2022年全国预制菜创新创业大赛】2022年12月16日，2022年全国预制菜创新创业大赛（总决赛）在中国国际（顺德）预制菜交易中心举行。大赛由广东省农业农村厅、佛山市人民政府等单位共同举办，以“创新引领，创业筑梦——共创预制菜产业新篇章”为主题，旨在促进创业项目与创投资本、创业政策、创业服务等有效对接，掀起预制菜双创热潮。全国各省市近300家企业与团队报名，涉及预制菜产品研发、预制菜包装设计、预制菜营销创意、预制菜保鲜技术等多个领域。经初赛和复赛，26个项目晋级总决赛。广州酒家集团和博之选团队获金奖；广东碧乡科技发展有限公司、广州炊事班菜篮子供应链有限公司、创搞搞团队、橙鱼接龙团队获银奖；海家福（茂名）食品有限公司、广州睿欣信息科技有限公司、梅州市金绿现代农业发展有限公司、仲恺博士团队、药膳工匠团队、饭知交团队获铜奖。

（佛山年鉴社）

·港澳青年创业就业服务·

【概况】2022年，广东省助力港澳台青年到粤就业创业。全面落实中央惠港澳青年八条措施，依托广东省12355青少年综合服务平台开通“12355港澳台青年服务热线”。优化大湾区青年家园服务。修订《大湾区青年资讯通》，全年接听量2403件，比上年增长2.34%。全面实施“展翅计划”港澳台生实习专项，采用“先摸清需求、后开发配岗”模式，开展4期寒暑假实习，募集2000余个机构近万个优质岗位，吸引12个国家174所高校6084名港澳台生报名，促成2000余人上岗实习。联合开展香港青年云实习计划，在通关不便情况下为香港青年提供线上实习机会。依托“易展翅”平台搭建港澳青年实习就业专区，募集613家企业超1.5万个岗位。举办大湾区（内地）港澳籍公职人员宣讲会系列活动，向港澳学生宣讲发展奋斗故事和服务支持政策。实施“青创100”广东大学生创新创业引领计划，首次开设“挑战杯”竞赛港澳学生赛道，开展第九届“创青春”湾区大赛港澳选拔赛，举办粤港澳青年创新创业训练营，线上线下培训覆盖超10万人次。举办2022珠澳新智荟珠澳大学生青年人才与产业对接交流会，联动粤港澳三地60余所高校超130家企业参与。

是年11月15日，粤港青年就业创业实习合作专班召开第一次工作视频会议，就重点工作任务清单、举办港澳青年就业创新创业活动、粤港澳大湾区大学生就业实习双选会、建立青年创新创业基地联合宣介机制、优化实施香港青年大湾区交流实习项目等事项进行讨论。编印支持港澳青年创新创业的政策宣传手册，联合港澳举办2022年粤港澳大湾区大学生就业实习双选会，举办港澳青年大湾区就业创新创业推进会，帮助解决港澳青年在大湾区内地创业就业

2022年10月30日，2022“珠澳新智荟”珠澳大学生青年人才与产业对接交流会在珠海举办
（赵梓 摄）

的实际困难。配合实施“大湾区青年就业计划”，逾 1000 名香港青年入职。

（广东省人民政府港澳事务办公室；共青团广东省委）

【大湾区青年家园建设】大湾区青年家园是由广东省青年联合会、（香港）新家园协会、澳门中华新青年协会联合为粤港澳青年打造的实体服务机构，重点依托大湾区内地九市青联组织，整合粤港澳青年社团工作力量，为到粤求学、就业、创业及生活的港澳青年及内地新赴港澳青年提供信息咨询、社会融入、实习就业、创新创业、公益志愿、法律援助等服务。2022 年，建立青年家园 37 家，其中内地 23 家、港澳地区 14 家。共青团广东省委、广东省青年联合会优化大湾区青年家园服务，全年解决咨询办理事项 3586 件，对内地 23 家青年家园开展集中展示评议，全年拨付工作支持经费 64 万元。

【港澳青年创业就业基地建设】2022 年 12 月 16 日，粤港澳三地以视频方式首次共同举办港澳青年粤港澳大湾区就业创新创业推进会，发布《广东省支持港澳青年就业创业政策》《粤港、粤澳青年创新创业基地简介》《粤港澳大湾区港澳青年创业团队（代表）》3 份宣传手册和第二批粤港、粤澳青年创新创业基地名单。是年，广东省建成以粤港澳大湾区（广东）创新创业孵化基地为龙头的“1+12+N”港澳青年创新创业基地体系。截至年底，共建设港澳青创基地 84 个、累计孵化港澳项目 3815 个。其中粤港共建青年创新创业基地 18 个，粤澳共建青年创新创业基地 5 个。粤港澳大湾区（广东）创新创业孵化基地全年举办创投会客厅、创业训练营、CEO 资源对接会、科技企业大讲堂、投贷联动直通车等品牌活动 52 场；引入 5 家港澳社团服务机构，招募 144 名创业导师（其中包括 25 名港澳籍创业导师）、67 名评审专家和 51 个投融资机构，为港澳青年创业者提供全链条港澳特色孵化服务；累计招募 9 批共 211 个项目，其中港澳项目 190 个，占比超过 90%，累计引入港澳青年 297 人（其中香港青年 256 人，澳门青年 41 人），博士 148 人，硕士 302 人，创业带动就业 2805 人。

（广东省人力资源和社会保障厅；广东省人民政府港澳事务办公室）

【澳门推动湾区青年创业就业】2022 年，澳门特别行政区继续实施“青年创业援助计划”。该计划于 2013 年 8 月推出，提供免息贷款金额最高为 30 万元，最长分 8 年摊还。2017 年 8 月修订计划，扩大受惠范围，受惠对象不再局限于首次创业的青年，对具备营商经验的创业青年开设的企业同样提供协助；加强对创业青年的培训工作，要求创业青年修读与创业相关的培训课程。自实施起至 2022 年底，该计划共收到 2628 宗申请，已批准 1972 宗，涉及金额 4.22 亿元，主要行业包括零售业、酒楼或餐厅及酒店、公司之服务、汽车及电单车修理、发型屋及美容院等个人服务、教育、医疗卫生及社会福利等。

推动职业资格互认。是年，澳门生产力暨科技转移中心属下的“专业考试资源中心”成为首批可在澳门提供“内地职业技能等级认定”的社会培训评价组织。该中心专责统筹由中心举办的各科公开或专业考试，以及向公众提供澳门考试的参考资料，是“国家职业资格考试—澳门统筹单位”办事处。该中心经澳门特别行政区劳工事务局委托，担任申领内地对应职业技能等级证书（直接采认澳门技能类职业能力证书）的代办机构。2022 年首阶段开办的职业项目为美容师及美发师。全年中心各科考生总人数 5803 名。是年，该中心继续带领时装设计及制作文凭课程获奖学员参与时装孵化计划（MaConsef）、“大湾区时尚跃进”项目。同时，持续与澳门公营机构及综合娱乐旅游休闲企业合办服装设计赛事。组织澳门服饰品牌参加“FASHIONSOURCE 深圳原创设计时装周”“CENTRESTAGE（香港国际时尚汇展）”；继续支持及鼓励澳门青年时装设计师参加内地国际时装设计比赛，获“汉帛奖”入围奖项、“蜀红冠天下”国际汉服设计大赛银奖及十佳优秀作品奖项。继续与澳门特别行政区文化局合作，营运设于望德堂区的“澳门时尚廊”，“澳门时尚廊”策划大湾区与中葡专题的时装展览，品牌集合店为38个具有潜力的时尚品牌提供展销。

是年，澳门特别行政区劳工事务局继续举办“职出前程实习计划”，录取实习青年342人，截至年底完成实习后获聘用101人次；与青年团体合办“青年就业博览会2022”，协助157人次就业。与内地企业合作，推出“澳门青年到珠海格力电器见习计划”“澳门青年电子竞技专项实习计划”“澳门青年到杭州阿里巴巴培训及见习计划”“澳门青年现代金融产业专项实习计划”4个见习及实习计划，共72人参加，通过在岗实务形式为青年提供锻炼机会。

（摘自《2023澳门年鉴》）

【广州支持港澳青年创新创业】 2022年，广州市鼓励港澳青年到穗就业创业，率先落实广东省“大湾区青年就业计划生活补助”政策；率先联合评聘36名港澳籍“大湾区职场导师”；率先在南沙引进港澳机构提供公共就业服务；创新开展港澳青年在穗就业创业公共服务“走流程”活动，港澳在穗参加养老、失业、工伤保险累计3.67万人次；在广东省率先推动青年创新创业立法。组织“零距离”就业招聘会350场，提供岗位12.20万个，全市“零就业家庭”实现动态清零管理。建成50个港澳青年创新创业基地，广州实验室、鹏城实验室在广州、深圳互设基地。

（广州市人力资源和社会保障局）

【深圳推动港澳青年创业就业】 2022年，深圳市推动14个深港澳青年创新创业基地成功孵化创业项目401个。组织15个单位40个港澳项目参与2022全国双创周展览，占全市参展展位的1/4。组织港澳委员实地调研前海、河套、南山智园等港澳青年创新创业基地；结合“进一步深化深港合作，促进深港市场要素高效便捷流动”重点课题调研，组织4场深聊会。指导和支持香港互联网专业协会组织30家香港高新科技企业亮相高交会。联合香港贸发局、香港中小型企业委员会、深圳查策网开设的“问策助发展”微信服务专区，累计为1645家港澳企业提供免费咨询服务。年内，配合香港特别行政区政府实施“大湾区青年就业计划”，689人通过该计划在深圳工作。

支持粤港澳大湾区企业家联盟、深圳市前海香港商会举办第三届粤港澳大湾区杰出青年企业家评选活动，推动港澳青年在大湾区就业创业、合作发展。把围绕“高质量建设港澳青年创新创业基地”开展民主监督纳入深圳市政协重点工作项目。服务深港澳青年交流需求，推出港澳青年电话服务专线“3299-6688”，快速受理、协调、解答港澳青年在深诉求；全国

2022年6月27日，2022前海粤港澳台青年创新创业大赛启动仪式举行
（深圳市人民政府地方志办公室供稿）

首个港澳青年驿站正式上线，以市场价6折向在深就业创业的港澳籍青年出租20套人才安居房，提供“住宿+就业帮助+城市融入”一站式落脚服务。开展“展翅计划”——港澳台大学生寒暑期实习专项行动，累计开发近2000个实习岗位，并组织5场企业走访及2场线下交流活动。

（深圳市人民政府地方志办公室）

【珠海推动港澳青年创新创业就业】2022年，珠海市贯彻落实就业创业补贴申请办理指导清单、支持澳门青年在横琴创新创业暂行办法等政策措施，推动各项优惠政策覆盖港澳青年并适度倾斜。全年全市发放港澳人员就业创业补贴3109.36万元。先后认定港澳籍珠海市高层次人才10名、珠海市产业青年优秀人才5名。有600余名本科以上人才全职到珠海创新创业。实施港澳人才发展支持计划。全年有109名港澳人才获得各类人才待遇539.98万元。推动港澳青年创新创业基地高质量发展。广东珠海公共创业孵化（实训）基地设立澳门创业项目专区，累计孵化澳门创业企业（项目）33个。高新区主园区有港澳企业408家，其中港澳科技成果转化基地累计引进培育港澳项目54个，新引进港澳人才创办项目11个；香洲区大学生创业孵化基地在孵港澳创业项目8个；大华港澳青年创新创业服务中心入驻港澳企业32家。

（珠海市人力资源和社会保障局程斐）

【佛山港澳青年创业就业服务】2022年，佛山市主动融入和服务粤港澳大湾区建设，为港澳青年创业就业提供便捷服务。加强政策保障，出台促进就业九条，包含港澳青年基层就业、创业带动就业、创业培训、一次性创业资助、就业计划生活补助等扶持政策。对入驻佛山港澳青年创业孵化基地主园区的所有项目实行最长3年场地租金全免、水电物管费全免、办公设备免费使用的优惠，实现拎包入住 。南海区和顺德区出台促进港澳青年创业扶持办法，涵盖租金补贴、项目落户、生活扶持等方面，全方位扶持进驻基地的港澳青年。编制发布《佛山港澳青年就业创业指南》，梳理涉及港澳青年就业创业、人才引进、科技创新、税收补贴等13项政策奖补，为港澳青年在佛山市就业创业提供全流程指引。搭建沟通渠道，推动港澳青年交流融合。建立港澳青年交流机制，与香港青年协会、香港工商联、澳门法律交流协进会等签订合作协议、建立合作机制，鼓励引导更多优秀的港澳青年到佛山创业。探索双向孵化机制，全面深化与香港科学园、香港应用科技研究院、澳门城市大学、澳门青年创业孵化中心等机构交流合作，促进港澳创新创业科研成果在佛山转化。与香港城市大学深圳研究院达成产学研转化合作，与澳门城市大学建立双向孵化机制，共享科研成果，互通创业资源，联合孵化优质项目。

是年，禅城区、顺德区、三水区在香港、澳门设置“湾区通办”人工智能柜台，通过“互联网+政务”的手段，港澳居民可在家门口自助服务终端申办佛山养老保险认证、不动产、商事业务等。截至年底，佛山市参加城镇职工养老保险的港澳籍人员5577人，参加失业保险的港澳籍人员4607人，参加城乡居民养老保险的港澳籍人员147人。推动佛山港澳青年创业孵化基地、工合空间成为粤港、粤澳两地政府共建的青年创新创业基地，推荐两基地8个优秀港澳青年创业团队参与制作重点港澳青年创业团队及代表人物宣传手册、宣传视频。全年全市港澳台青年创新创业基地共16个，入驻港澳台创业项目180多个，吸引创新创业就业港澳青年400多人。

是年，佛山市建设港澳青年创业孵化基地主园区及南海、顺德2个分园区，打造一基地两园区格局。主园区选址禅城智慧新城，南海分园依托南海·青创家，顺德分园依托顺德新能源汽车小镇，均开园并投入使用。截至年底，一基地两园区累计引进台港澳项目162个，累计带动就业人数590人，其中港澳项目90个，在孵项目年产值9196.5万元，一基地两园区格局基本形成。推动港澳台青年交流中心建设，成立市港澳青年就业创业服务中心，推进佛港澳台青年融创基地、禅港澳青年交流（石湾）基地，森港澳创新创业基地等港澳青年交流中心建设。截至年底，全市为港澳青年服务的创业导师35人，开展各类讲座、交流活动近320场。

开展特色化港澳青年创新创业活动，举办粤港澳大湾区青年创新中心合作交流论坛、澳门青年佛山创业营商环境研讨会、澳门青年金融创新论坛、亚洲营销及电子商贸界高峰论坛、港澳台青年研学行、港澳台青少年“功夫”夏令营等精品活动，组织130名港澳台青年考察佛山创新创业环境、认识粤港澳大湾区发展状况。

（佛山市委台港澳办；佛山市人力资源和社会保障局）

【惠州港澳青年创新创业基地建设】2022年，惠州市打造“一中心、多基地”惠港澳台侨特色服务合作平台，“一中心”即惠州港澳台侨综合服务中心，“多基地”即挖掘全市各县（区）特色资源，建设一批创新创业、就业培训、交流合作、学习教育等各类型基地。其中，惠州港澳台侨综合服务中心位于仲恺高新区汇港城，于11月16日启用，集协同孵化、公共服务、展览展示、资源对接、辅导培训、联络联谊等功能于一体。新型港澳台侨青年创业城位于仲恺汇港城，集惠州港澳台侨青年就业培训基地、惠州港澳台侨青年创业直播基地、创业基地配套服务设施以及港澳台侨青年创新创业大街四板块于一体。项目一期规模近4万平方米。青年创业城针对港澳青年开展职业技能培训，建立技能认定机制，加强创业就业培训和政策宣讲，定期开展高峰论坛和研讨交流活动，帮助港澳青年快速融入惠州。惠州港澳台侨青年就业培训基地、惠州港澳台侨青年创业直播基地于11月16日建成运营。其中，惠州港澳台侨青年创业直播基地主要建设以港澳台侨特色为IP的直播基地，为惠港澳青年提供带货、孵化网红品牌，与品牌共建达人体系，通过基地直播赋能大湾区传统企业产业升级。基地占地8000平方米，分三期建设。首期2000平方米投入使用，有直播间20个，产品品类主要有钱币、邮票、港货、农产品等，有签约主播30多名。惠州港澳台侨数字创业直播基地坐落在仲恺高新区东江高新科技产业园，年底竣工。基地为港澳青年创业者提供直播间配套设施、产品展示及推广、直播专业知识培训等服务。

惠州仲恺港澳青年创业基地（科技孵化1.0）位于仲恺高新区汇港城，至年底，引进企业（团队）58个，在孵项目43个，投产落地5个，举办各类创新创业交流活动超80场，港澳台侨青年参与人数超3000人次。基地初步形成集创业孵化、活动交流、资源对接、培训咨询于一体的粤港澳青年创新创业融合发展平台。惠州港澳青年科创园（项目落地2.0）位于仲恺区潼湖生态智慧区红岗片区，首期项目于11月16日动工建设。该项目列入广东省2022年重点建设项目计划，规划用地面积10万平方米（首期3.3万平方米），重点聚焦电子信息服务、大健康、新材料、互联网科技、国际商贸等科研产业，主要承接深港澳中小型科创企业的转型发展，打造粤港澳工业设计中心、粤港澳高校实训交流中心和粤港澳工业智造创新中心。惠州港澳台侨创新产业园（产业发展3.0）位于大亚湾西区新兴产业园，于9月20日建成运营。该项目由香港工商总会牵头，敏华控股集团、建滔集团、光弘科技、环旭集团等企业共同发起，建成惠州市港澳台侨科技企业生产基地和港澳台侨企业总部运营中心。项目引进科研力量建设产业研发中心、网络销售直播中心、港澳台侨青年及海外留学人才创新创业中心，重点发展新一代电子信息、半导体与集成电路、新材料新能源，智能制造等大型新科技产业。产业园结合大亚湾开发区港资企业敏华集团的增资扩产（安排挂牌用地约10公顷），进行规划建设。

粤港澳大湾区（广东·惠州）绿色农产品生产供应基地位于博罗县泰美镇，于9月26日建成运营，基地联动柏塘、永汉2个联系点，以建成大湾区规模最大、品类最全、功能最优、联农最广的现代农业与食品产业集群为目标，联通乡村振兴发展的民心工程与促进惠港澳青年交流交往交融的人心工程，联动一、二、三产业融合发展，打造更具特色、更具时代特征、更具吸引力的平台，促进港澳青年到惠创业就业和学习交流，团结引领港澳青年助力乡村振兴。

〔惠州市档案馆（惠州市人民政府地方志办公室）〕

【东莞港澳青年创业就业服务】 2022年，东莞市助力港澳青年在莞创新创业，松山湖港澳青年创新创业基地获评首批省级“粤港澳大湾区港澳青年创新创业基地”，累计引进119个具有港澳籍或港澳高校教育背景的人才项目落地发展。加大港澳青年创业资助力度，全年累计举办港澳青年专场网络招聘会6场，提供264家企业近2800个就业岗位信息，动员东莞市内优质企业开发适合港澳青年就业实习的岗位1.38万个。推动滨海湾港澳青年创新创业基地建设运营，推动“就业通”“社保通”“人才通”社保服务在滨海湾新区落地推广。

（东莞人民政府地方志办公室）

【中山港澳青年创新创业基地建设】 2022年12月，中山市优化“1+1+N”港澳青年创新创业基地建设空间布局，以市易创空间孵化示范基地为核心，重点建设翠亨新区粤港澳青年创新创业基地，带动建成一批各具特色的社会化港澳青年创新创业孵化载体，认定南区侨城文化为首个市级港澳青年创新创业基地。至年底，中山粤港澳青年创新创业合作平台累计孵化项目531个，其中港澳项目84个，在孵港澳团队32个。年内，开展粤港澳青年“红色之旅”学习交流行和“大湾区·大未来”易创下午茶沙龙会品牌活动，改造共享直播间3个，建成创业项目展示区1个。9月7日，“澳中青年创新创业园”在翠亨新区开园启用，发挥创业园与中山粤港澳青年创新创业合作平台2个省级平台的联合效应，提升中山市港澳创业平台支撑能力。

（中山市人民政府地方志办公室）

【江门推动港澳青年创业就业】 2022年，江门市出台《关于实施港澳青年到江门就业创业“一十百千万”计划的工作方案》。认定首批5位大湾区职场导师，向港澳青年发放就业创业补贴67.77万元，发放创业担保贷款1500万元，向6名港澳青年发放大湾区青年就业计划生活补助6万元。首次受邀参加香港国际人才高峰论坛并作主题发言。在广东省内率先制定事业单位公开招聘港澳居民考察工作指引，推出5个事业单位专业技术岗位专门招聘港澳居民。6名港澳人员获得职称。推进江澳“一试两证”技能人才培训评价模式，组织2批港澳人员到江门参加职业技能评价，核发职业技能证书77人。

是年，江门市推动港澳青年创业就业基地建设。构建以珠西先进产业优秀人才创业创新园（简称“双创园”）为核心，以珠西创谷科技园、江门市江海区青年人才创新创业基地、江门市大学生创业孵化基地和新会中集产城等特色性、区域性创业孵化基地为分基地的港澳青年创新创业基地，累计引进港澳项目119个，带动港澳青年就业186人，辐射带动7500多名港澳青年在江门就业创业。

（江门市人力资源和社会保障局）

【肇庆推动港澳青年就业创业】 2022年，肇庆市联合开展“展翅计划”促就业行动，开发实习见习岗位3900多个；结合春招秋招，推进大中专院校毕业生留肇就业创业，开展线上双选会、直播带岗、线下招聘会等岗位供需对接活动8场；联合开展“云招聘”等活动，为高校毕业生等群体提供就业岗位5500个。成立肇港澳青年创新创业大联盟，广泛宣传肇庆产业优势、人才政策和营商环境。新增市级创业孵化基地3个，累计引进创业项目205个。举办“创青春”“众创杯”等创新创业大赛，培育240多个涵盖一、二、三产业的青年创业项目，带动8000多名青年就业创业。积极组织参与粤港澳大湾区青年创新创业大赛，2个项目进入省级决赛，远程操作机械人获数字经济赛道二等奖，“西稻禾香”

百变营养米获评省级“青农优品”。实施“领头雁”培育工程，印发《关于做好2022年肇庆市“领头雁”农村青年人才培育工程的通知》，线上线下分别组织开展市县两级“领头雁”农村青年培训班12场次，聘请省、市级专家讲师授课，全方面提升青年各项农业技能，培训农村创业青年3000多名。（共青团肇庆市委）

【“展翅计划”港澳台侨大学生实习专项行动】

2022年，“展翅计划”港澳台侨大学生实习专项行动采用“先摸清需求、后开发配岗”工作模式，依托广东省高等院校、广东高校香港学生联合会、广东省海外留学青年联谊会、澳门中华学生联合总会等机构，摸底港澳台侨学生意愿并组织学生报名，按需定向开发岗位。聚焦金融保险、IT互联网、新闻传媒等意向热门领域，全面动员21个地市团委、工商联和青联组织，联动广东省金融团工委、广东省属企业团工委、在粤央企团工委、广东省非公企业团工委、广东省注册会计师协会，募集南方电网、华润集团、安永中国、恒健控股、小鹏汽车等企业优质岗位。同时，推动部分有条件的党政机关及事业单位开放供岗。是年，“展翅计划”港澳台侨大学生实习专项行动暑期实习活动报名2138人（香港1448人、澳门401人、台湾250人、海外华侨39人），按需开发1071个实习机构3286个优质岗位，促成693人上岗实习。

强化实习服务保障，协调落实保险、住宿、补贴等事宜，构建面向港澳台生的服务保障体系。推动学生100%签署“上岗实习承诺书”，落实安全事件“零报告”日报制度，建立起“省—市—高校—用人单位—学生”应急响应闭环机制。联动地市、高校和实习单位策划知行湾区、红色寻根、分享座谈、对话高管、岗前培训等实践交流活动，增强港澳台生的国家认同、民族认同和文化认同。（共青团广东省委）

【香港举办“大湾区青年就业计划”嘉许礼】

2022年11月9日，香港特别行政区劳工处举办“大湾区青年就业计划”嘉许礼暨分享会，30多家企业获颁“积极参与企业”嘉许奖。在嘉许礼上，参与计划青年以预录访问片段讲述在大湾区内地城市工作的体会和收获；聘用企业代表分享培训香港青年在大湾区工作的经验。

（香港历史研究基金会）

【《港澳青年在珠海发展服务指南》发布】

2022年12月4日，第十二届澳珠合作发展论坛暨《港澳青年在珠海发展服务指南》发布会在澳门举办。该指南针对港澳青年到内地发展普遍关心关注的问题，结合珠海实际，从就业、创业、人才、生活、安居、学习和休闲7个方面提供具体政策指引，是珠海市多部门联动、共同推进的政策系统集成式创新。指南以珠海“产

2022年12月4日，第十二届澳珠合作发展论坛暨《港澳青年在珠海发展服务指南》发布会在澳门举行（珠海市委台港澳办供稿）

业第一”为总抓手，推介最新创业就业扶持政策，推动港澳科技成果到珠海转化便利化，提升人才服务保障水平，推动港澳青年享有“市民待遇”。通过公布官方公众号、二维码和联系方式等，方便港澳青年快速获取有关政策。

【2022年粤港澳大湾区大学生就业实习双选会】 2022年11月19日，2022年粤港澳大湾区大学生就业实习双选会以“线上+线下”方式在珠港澳三地同步举行开幕式。该届双选会增加香港特别行政区政府民政及青年事务局作为主办单位，开幕式主会场设在北京师范大学－香港浸会大学联合国际学院（UIC），并以在线方式设置港澳分会场。双选会开展系列主题活动，开展“珠港澳人才融合发展”“港澳青年大湾区发展”等课题研究，发布《港澳青年在珠海发展服务指南》，支持港澳青年融入国家发展大局；开展“港澳青年创新创业基地采访行”，走访大湾区各城市港澳青年创新创业基地，挖掘报道港澳青年扎根大湾区就业创业故事；开展“我的湾区生活”短视频征集大赛，展现湾区青年青春风采。开展“线上+线下”招聘活动，组织线上专场招聘会12场，4万家企业提供就业岗位近20万个，吸引超23万名求职者投递简历5.7万份；组织直播带岗5场，累计观看人数29.6万人。举办企业入校园宣讲会、师生参观企业等活动，线下开展企业入校宣讲8场、师生参观企业活动3场。央视频、中新社、南方网、《珠海特区报》、珠海电视台、澳门有线Facebook、澳广视、今日广东Facebook等境内外媒体平台专题报道100余次。

（珠海市委台港澳办王东明）

【第一届粤港澳大湾区博士博士后创新创业大赛】 2022年9月19日，第一届粤港澳大湾区博士博士后创新创业大赛启动仪式在珠海规划展览馆举行。该届大赛举办时间为2022年9—12月，大赛以“博揽天下英才，共创人才湾区”为主题，设创新赛和创业赛2个组别、4个赛区，涵盖新一代信息技术、半导体与集成电路、生物医药与大健康、高端装备制造、新材料、新能源（含新能源汽车）、节能环保以及其他产业8个专业领域。旨在推动广东省博士后工作创新发展，激发博士后创新创业潜能，进一步推动粤港澳三地人才一体化创新发展，为世界级人才湾区建设聚势赋能。（珠海年鉴编辑中心）

【“大沥杯”第九届“创青春”粤港澳大湾区青年创新创业大赛】 2022年5月26日，“大沥杯”第九届“创青春”粤港澳大湾区青年创新创业大赛在佛山南海启动。活动由共青团广东省委联合广东省教育厅、科技厅、人力资源社会保障厅、农业农村厅、市场监管局、金融监管局、广东广播电视台和广东省青联、省学联，佛山市政府等单位主办，佛山市南海区政府承办。活动在“醒目视频”APP全程线上直播，吸引43万人次参与和观看。大赛开设科技创新、乡村振兴、数字经济3条赛道，共设百万奖金。其中，科技创新赛道重点关注智能制造、量子信息、生命健康、脑科学、深地深海等领域相关产业；乡村振兴赛道重点关注先进种植养殖技术、农产品加工及销售、农业社会化服务、乡村旅游等领域相关产业；数字经济赛道重点关注运用互联网、大数据、云计算、人工智能、区块链技术等推动数字经济和实体经济融合发展，运用数字经济手段改造发展传统行业的项目。大赛各组别竞赛均按参赛项目所处的创新创业阶段及企业的创办年限（以工商登记为准），设团队组、企业组两组竞赛。年龄不超过35周岁（含）的青年、项目或企业注册时间5年内（含）可报名参赛。其中团队组面向高校、科研机构研发团队创新项目或企事业单位培育孵化的创新项目。按照赛制，入围复赛的项目可免费参加2022年“创青春”粤港澳大湾区青年创新创业训练营活动。获奖项目可获丰厚奖金，还可被推荐到“中国青创板”上板展示，享受投融资对接服务。（共青团广东省委）

健康湾区建设

·医疗卫生合作·

【概况】2022年，广东省与香港医院管理局续签《粤港医疗交流合作备忘录》，联合推进粤港医疗人才交流项目，选派内科医师、放射技师、中医师、护士等到香港学习。落实《香港和澳门服务提供者在内地设立独资医院管理暂行办法》，鼓励港澳投资者、服务提供者在粤举办医疗机构，引进境外专业医学人才、先进医疗技术、成熟管理经验和优秀经营模式。与澳门特别行政区政府卫生局联合推进粤澳高级医疗人才交流计划。协调《澳门特别行政区医疗人员在横琴粤澳深度合作区备案管理规定》立法通过，支持横琴加快推进“支持在合作区采取便利措施，鼓励具有澳门等境外资格的医疗领域专业人才依法取得境内执业资格”的政策落地实施。至年底，港澳资本在粤举办医疗机构34个，其中医院11家、门诊部13家、诊所8家、血透中心1家、医学检验实验室1家。支持港澳居民在粤行医，优化港澳医师资格认定、短期行医许可流程。有241名港澳医师在粤短期行医，其中香港医师202人，澳门医师39人。累计有香港居民450人获内地医师资格，其中33人通过认定方式获得、417人通过考试方式获得。推进“港澳药械通”落地见效，6月，开展第二批指定医疗机构申报工作。

是年，持续推动区域医疗联合体和区域性医疗中心发展，中国医学科学院肿瘤医院深圳医院、中国医学科学院阜外医院深圳医院获批国家区域医疗中心建设项目；推进大湾区32家高水平医院，广东国际呼吸、肿瘤、肾脏病、心血管和精准医学中心建设。推进健康城市建设和健康影响评价评估制度建设试点，在2022年清华大学城市健康指数评价中，深圳市、珠海市、广州市分别居全国第5、第6、第7位。推动健康村镇健康细胞建设，形成健康社区、健康村镇、健康单位、健康学校和健康家庭建设广泛开展格局，全省累计建成国家级健康县（区）11个，省级健康县（区）84个；建成健康社区2997个、健康村4106个、健康促进医院1599家（含二级以下医院）、健康促进学校4989家、健康促进机关2952家、健康促进企业1447家、健康家庭427.3万户。（广东省卫生健康委）

【港澳台居民参保流程优化】2022年，广东省印发《香港澳门台湾居民参加基本医疗保险参保缴费办事指南》，明确办理对象、办理方式、窗口办理材料、咨询方式、监督投诉渠道等，规范办理流程、办理时限，建立流程图，畅通持港澳台居民居住证的港澳台居民参加基本医疗保险渠道，优化港澳台同胞参保管理服务，实现无差别办理。依托粤医保、国家医疗保障服务平台、广东政务服务网等线上渠道，运用政务服务数据共享协同，打通部门间数据壁垒，推动线上线下融合、本地异地同步，实现港澳台参保人通过粤医保等线上渠道办理居民参保登记、异地就医备案、关系转移接续、生育待遇核准支付以及查询参保信息等，保障到大湾区内地城市发展的港澳台居民医保待遇，实现一体化管理。探索跨境经办新模式，广州市推出“医保+银行”网点“帮办代办”、“医保+邮政”网点自助服务；珠海市构建医保经办、银行与澳门社团共同参与的跨境医保经办新模式，常住横琴澳门居民医保中银“一站通”业务入选广东自贸试验区第五批制度创新案例，并入选横琴自贸试验片区第五批可在全市复制推广的改革创新措施。优化异地就医结算服务，健全线上线下多渠道备案服务。是年，实现普通门诊、住院医疗费用省内、跨省异地就医直接结算，实现全省统一的52个门诊特定病种和生育医疗费用广东省内跨市就医直接结算，实现国家部署的5个门诊特定病种跨省异地就医直接结算；推动广东省内定点医药机构个人账户结算系统改造，实现个人账户在广东省内已开通联网直接结算的定点医药机构使用，减轻港澳台居民

在横琴就医负担。（广东省医疗保障局）

【“港澳药械通”政策实施】2022年，广东省优化粤港澳大湾区“港澳药械通”政策审批工作流程，在评审专家库中纳入临床专科医师和医院管理、不良反应、药事管理、法律法规等方面专家，扩充评审专家库成员至1423人，提高评审效率、缩短评审时限。推进首批5个指定医疗机构科学合理引进港澳药械，经审批全年进口港澳药械20种。至年底，广东省累计批准19个指定医疗机构急需进口药品23个（共46个批次）、医疗器械13个（共15个批次），惠及1789人次。启动第二批指定医疗机构申报，收集粤港澳大湾区内地九市45个医疗机构的申报材料，研究制定审核入选条件，支持更多具有港澳合作关系的高水平医院进入指定医疗机构。

（广东省卫生健康委，广东省发展改革委）

【大湾区中医药合作发展】2022年，广东省支持粤澳合作中医药科技产业园建设。截至年底，产业园累计注册企业233家（其中澳门企业61家）。依托粤港澳三地中医药院校建立中医药人才协同培养机制，支持省内各级各类中医药培训基地与港澳合作培养人才。全年培养境外学历学生2145人，接收境外师生2413人到广东学习和交流。探索港澳中医师在内地公立医疗机构执业试点，广东省内公立医疗机构试点招聘港澳中医师10人。成立中医药、中医、中西医结合护理等多个粤港澳专业联盟，交流中医药防治疾病经验。广东江门中医药职业学院与澳门镜湖护理学院合作共建百草园项目，以中医药文化为纽带推进港澳融合，提质“侨都赋能”，共同打造中医药文化科普基地。广州中医药大学第一附属医院与香港浸会大学中医药学院、澳门科技大学中医药学院共建粤港澳高校中医临床基础联盟，致力打造岭南中医经典教学团队，提升湾区中医经典教学水平；与香港中文大学中医学院、澳门科技大学中医药学院共建粤港澳大湾区高校中医妇科学联盟，发展岭南罗氏妇科的特色和优势，促进区域内中医妇科高等教育教学改革与发展。广东省卫生健康委、广东省中医药局与湖南、江西两省中医药管理局，香港和澳门特别行政区相关机构代表签署《湘赣粤港澳中医药全产业链协同发展合作框架协议》，以增强湘赣粤港澳中医药发展协同性、联动性、互补性。完善港澳传统外用中成药内地上市注册审评审批手续，推动8种港澳在售传统外用中成药获批在内地上市；推动9款粤产中药产品在海外注册及上市。举办第四届粤港澳大湾区中医药传承创新发展大会，促成中医药合作项目9个；举办第八届中医科学大会，推动一批中医药大健康产业签约，总投资额81.5亿元；举办粤港澳大湾区中医药服务贸易高峰论坛、粤港澳高校中医临床基础联盟首届教学研讨会暨广州中医药大学伤寒论粤港澳多学科融合虚拟教研室成立大会、粤港澳中医妇科高峰会议暨罗颂平全国名中医室学习班等。

（广东省中医药局）

【香港中医药合作发展】2022年，香港推动落实《粤港澳大湾区中医药高地建设方案（2020—2025年）》，推动中医药全方位参与新冠疫情预防、治疗及复康的全过程。国家派出援港抗疫中医专家组协助抗疫，援助抗疫中成药。11月16日，“大湾区中医访问学者计划”的2名内地中医专家抵达香港，并取得香港中医药管理委员会的有限制注册，在指定公立医院为香港中医师提供为期一年的中医临床诊疗培训及科研工作。在粤港澳大湾区中医药高地建设框架下，香港在人才培训及交流、中医服务发展、中药标准制定及产业发展等方面深化与内地合作，利用作为国家国际窗口角色，推动粤港澳大湾区中医药传承创新及合作，在推动中医药国际化和标准建设等方面发挥作用。

（香港历史研究基金会）

【澳门加强湾区医疗卫生合作】2022年，澳门特别行政区以建设国家区域医疗中心为契机，致力发展面向粤港澳大湾区及周边地区的区域性的肿瘤治疗、医学美容及其他专科治疗服务。引进和培育重点大健康企业，集聚专业人才。继续推动中医药产业发展，推进中药检测中心建设。实施《中药药事活动及中成药注册法》，协助企业在澳门开展中成药注册，并争取经澳门注册的中成药产品在深合区生产和有序进入内地及国际市场。制定出台“澳门监造”“澳门监制”“澳门设计”标志的申请流程和管理制度。进一步发挥粤澳合作中医药科技产业园的平台作用，持续运用“以医带药”模式，推动中医药国际化。整合粤澳中医药优势，加大力度推进两地中医药产业合作。优化粤澳合作中医药科技产业园发展模式，加快落地一批医疗健康项目，重点发展中药经典名方制药、中医药检测认证、转化中试、生产制造等业态。

（摘自《2023 澳门年鉴》）

【广州加强港澳医疗卫生合作】2022 年，广州市加强与港澳医疗卫生合作，建立联防联控机制和疫情信息通报机制，落实在穗港澳同胞疫苗接种，组织专家指导香港赛马会、从化马场疫情防控工作。便利港澳医师在穗行医、医疗机构在穗办医，深化“一窗”受理模式，提供“一站式”办理认证服务。优化药品进口备案流程，解决备案积压，全年发放进口药品通关单 2662 份，涉及货值金额 34.8 亿美元。开展“金牌家庭医生”和“金牌护士”培训，累计培训医生 732 人次、护士 61 人次。加强粤港澳医疗机构科研合作，广医五院与香港理工大学合作建设国际康复学院，广州市妇儿中心与澳门镜湖医院开展儿科合作。广药集团与澳门大学国家重点实验室——中药质量研究国家重点实验室共建澳门中药研发中心，成立中药产业转化联合实验室，推动各类中医药开发、研究等工作开展。南沙穗港协作医疗联合体项目启动，首家港资“金牌医师”门诊部落户，为香港居民提供港式全科社区医疗及“长者券”使用服务。举办链主企业座谈会、医疗健康博览会、生物工程行业交流和电商直播等活动，推动医疗与健康产业高质量发展，打造南部健康旅游示范区，吸引港澳居民到穗旅游就医。推动“药械通”落地，组织医疗机构申请第二批指定医疗机构，印发《关于进一步加强粤港澳大湾区内地指定医疗机构临床急需进口港澳药品使用管理的通知》加强广州市 2 个指定医疗机构临床急需进口港澳药品使用管理。（广州市卫生健康委）

【深圳加强港澳医疗卫生合作】2022 年，深圳市深入开展与港澳医疗合作。深化深港疫情联防联控机制，在通关措施协调、跨境司机管理、突发事件处置等方面加强与香港协作，成立深圳市援港抗疫工作专班，建设河套地区应急医院和方舱医院。香港大学深圳医院入选国家公立医院高质量发展试点医院，“港澳药械通”累计获批使用 19 种临床急需进口药品和 11 种进口医疗器械。

（深圳市人民政府地方志办公室）

【珠海加强港澳医疗卫生合作】2022 年，珠海市人民医院与澳门科技大学医学院共建第一附属医院，珠海市中西医结合医院与澳门科技大学合作共建澳门科技大学非直属附属医院，中山大学附属第五医院、珠海市妇幼保健院、珠海市第三人民医院等医疗机构与澳门医疗机构均签订合作协议，在不同领域实现合作交流。支持澳门资本在珠海设置医疗机构，简化审批流程，缩短审批时间，截至年底，港、澳资在珠海市设置医疗机构分别有 1 个和 5 个，加强医务人员执业资格互认，港、澳籍医师在珠海市短期行医注册分别有 1 人和 82 人。通过澳门专科医师聘用，珠海医院以保留职务的“双聘”方式，实现内地医生到澳门执业，澳门医院聘用珠海市医生 39 人，珠海市外聘澳门专家 12 人，澳门医生 60 余人通过备案制的形式实现横琴执业。推进高层次卫生人才引进，珠海市人民医院柔性引进澳门眼科专家、国际著名眼科专家

张康教授到珠海工作。（珠海市卫生健康局邓斐）

【珠海推动跨境医保融合】2022年，珠海市持续推进粤港澳大湾区医疗保障合作探索实践，加强珠澳医疗保障制度衔接，促进大湾区民生融合发展。1月，明确由澳门特别行政区政府选派至横琴粤澳深度合作区执委会工作的澳门公务人员可参加珠海市职工医保；优化医保跨境经办服务，实现港澳居民办理珠海医保业务“跨境办、一站办、掌上办”。截至年底，港澳台居民在珠海市参加医保7.16万人，其中澳门居民参保6.15万人、香港居民参保0.88万人；按所参险种统计，参加珠海市职工医保1.87万人，参加珠海市居民医保5.29万人；内地赴澳门务工人员参加珠海市职工医保0.15万人。

（珠海市医疗保障局汤春鲜）

【佛山加强港澳医疗卫生合作】2022年，佛山市加强港澳医疗卫生合作。截至年底，累计引入广东省人民医院、南方医科大学等近10家高水平医院和高等医学院校合作办医，全市有26家胸痛中心通过国家级认证，建成7家高级卒中中心（含建设单位）、9家危重孕产妇救治中心、6家危重新生儿救治中心。提供优质的医疗健康服务，吸引台港澳高端人才到佛山就业生活。推出同质化健康服务“一码通”，在全市各联网医院均可办理电子健康码，市民凭码可享受同质化的卫生健康服务，通过“佛山卫生健康”微信服务号可享受挂号、就诊、缴费、取药、检验检查结果查询等“一站式”医疗及公共卫生服务。鼓励和支持港澳居民在佛山市医疗机构依法执业。港澳居民取得内地医学专业学历后，在内地的医疗机构内，在执业医师指导下接受参加医师资格考试所需的专业训练满一年，可申请参加中国医师资格考试，类别为临床、中医、口腔，通过后可取得医师资格注册执业。截至年底，全市有2名香港医师在佛山市医疗机构短期行医。

参与湾区医疗卫生合作，构建资源共享新机制。以强化学科建设、加快人才培养为目标，与港澳高校、高水平医院开展科研、教学、人才等多方位交流合作，建设粤港澳大湾区及珠江西岸医疗中心。佛山市卫生健康局与澳门科技大学签订战略合作备忘录，加强两地中医药、公共卫生等领域合作。佛山市第一人民医院与香港大学达成合作意向，依托三龙湾院区，合作共建香港大学佛山医院。佛山市第一人民医院与香港中文大学启动创新联盟运作，在肠道微生物、风湿科、肾内科、消化科等开展多项合作。佛山市妇幼保健院与澳门科技大学创建联合实验室，成立中药质量研究国家重点实验室课题组。广州中医药大学顺德医院与澳门科技大学、香港浸会大学、广州中医药大学共建粤港澳医学转化平台，有7项专利成果产出及科技成果转化。开展公共卫生合作以及传染病联防联控，对港澳同胞实行免费接种、定点接种新冠疫苗。

（佛山市卫生健康局）

【惠州加强港澳医疗卫生合作】2022年，惠州市完成《博罗县粤港澳大湾区发展中医药特色合作平台建设方案》。在市中医医院设置国际部，重点开展粤港澳大湾区中医药合作政策研究与交流活动，致力加入粤港澳大湾区中医医院联盟。引进国家级名老中医、培育申报广东省名中医，阶梯培养市、县级名中医。引进国医大师贺普仁学术传承工作室、国医大师熊继柏工作室，引进热敏悬灸疗法、蜂疗技法、道医手针等传统疗法和技术。以名医、名科、名药带动医院特色发展，利用与澳门、广州等中医药大学和本土中医药企业共建的“粤港澳惠州转化医学研究中心”平台，深化中医药科技创新合作，加快推动中药制剂的开发应用，建成辐射粤东片区的中药制剂示范中心。

是年，加快推进广州中医药大学惠州医院、广东罗浮山国药股份有限公司、澳门科技大学中医药学院、广州中医药大学中药学院四方合作项目——粤港澳惠州转化医学研究中心建设。获广东省药监局11个制剂品种批文，其中2个产品委托生产并用于临床。与广东罗浮山国药股份有限公司签订1个外用制剂的委托中试合同；两个口服制剂的委托中试合同在审批。加强与广深港的高水平医院联动项目建设，按照“位置优越、交通便利、方便就医、适度超前规划布局”的要求，面向粤港澳大湾区，覆盖粤东片区，建设疑难急危重症诊治能力突出、肿瘤防治能力突出、人才培养能力突出、科研转化能力突出的区域医疗中心，打造区域疑难急危重症救治中心、临床科研中心和医学人才培养基地。6月14日，项目重新取得立项批复文件，明确项目首期总投资估算83262.15万元，占地8.5万平方米，总建筑面积131315平方米。

〔惠州市档案馆（惠州市人民政府地方志办公室）〕

【东莞医疗卫生合作发展】2022年，东莞市推进区域中心医院建设和校地共建，市东部中心医院与暨南大学共建暨南大学附属第六医院，市东南部中心医院与广东医科大学共建广东医院大学附属东莞第一医院。建设中心实验室、中医药制剂中心，开展东莞市粤港澳大湾区中医药工程技术研究院建设，开展国家“5G+中医诊疗”应用试点项目。东莞市中医院与广州中医药大学共建广州中医药大学第九临床医学院。加强粤港澳中医药合作，东莞市粤港澳大湾区中医药工程技术研究院获东莞市大湾区办支持并完成备案，举办东莞市中医药学会100周年庆典。新增4个社区卫生服务中心香港金牌家庭医生工作室，28个社区卫生服务中心完成香港家庭医生服务工作室建设。遴选67名医生、55名护士参加香港金牌家庭医生（护士）培训。5个全科实训中心开展业务技能培训1094人次。

（东莞市人民政府地方志办公室）

【中山加强与港澳医疗卫生合作】2022年，中山市加强与港澳医疗卫生合作。9月22日，举办2022年体外生命支持区域一体化建设研讨会暨粤港澳大湾区（中山）体外膜肺氧合（ECMO）救治中心启动仪式，与香港、澳门、广州、深圳等28家医院建立联盟，协助粤港澳大湾区20家医院开展急危重症患者救治，先后前往广州、深圳、东莞、珠海等地市救治患者50人次，转诊患者近30人。推动中山、香港两地医疗交流合作，吸引香港医生到中山提供医疗服务，中山陈星海医院为10名香港医生完成执业注册。8月25—26日，举办第四届粤港澳大湾区中医药传承创新发展大会，推进粤港澳大湾区中医药高地建设。会上，中山陈星海医院与香港浸会大学中医药学院签订合作协议。

是年，中山市推动落实“港澳药械通”政策，推进大湾区药品医疗器械监管创新发展。指导中山陈星海医院制定临床急需药品和医疗器械品种目录清单，组织各学科专家组提出“港澳药械”清单。至年底，中山陈星海医院获广东省药品监督管理局7个药、1个器械的准入批文。依托火炬开发区健康基地平台，推动中山市火炬开发区医院向广东省卫生健康委员会申请第二批“港澳药械通”资质。

（中山市人民政府地方志办公室）

【江门加强与港澳医疗卫生合作】2022年，江门市推进粤港澳大湾区药品医疗器械创新发展，推动临床急需、在港澳上市的药品，以及临床急需、港澳公立医院采购使用、具有临床应用先进性的医疗器械，在符合条件的医疗机构使用。鼓励符合“港澳药械通”政策申报条件的医疗机构申报“港澳药械通”资质，指导建立健全粤港澳大湾区内地临床急需进口港澳药品医疗器械监管机制。鼓励符合条件的药品、医疗器械生产企业与港澳药品上市许可持有人、医疗器械注册人开展生产合作，广东恒健制药优先公司接受香港位元堂药厂有限公司委托生产“舒筋活络油”产品，成为获批在大湾区注册上市使用且委托内地生产的第一个港澳医药产品。全年广东恒健制药有限公司共完成香港制药厂商委托生产45批次，合计142万瓶（盒、袋）。

推动粤港澳大湾区在中医药领域合作，推

进中医药标准化、国际化。江门市新会陈皮研究院与港澳高水平重点实验室合作，实现实验资源和科研思维整合，强化制剂工艺改良和研发；与澳门科技大学中药质量研究国家重点实验室合作的“陈皮道地性机理和国际标准研究”项目，多角度、多层次对陈皮进行系统研究，取得目标成果。广东江门中医药职业学院与港澳高水平重点实验室合作，开展江门特色中药品种质量标准研究。江门市五邑中医院、新会区中医院与澳门科技大学在实习培训、临床研究、人才培养、药物开发、科研基础建设等方面全面合作。广东江门中医药职业学院与澳门镜湖护理学院合作，签署《合作备忘录》，广东江门中医药职业学院派中药种植专家赴澳门镜湖护理学院指导百草园建设，在线开放课程，供澳门镜湖护理学院师生在线学习中医药知识。

（江门市人民政府地方志办公室）

【内地首家港澳居民健康服务中心揭牌】2022年8月30日，港澳居民（广州）健康服务中心在广州开发区医院举行揭牌仪式，是内地首家港澳居民健康服务中心。该中心由广州开发区和香港联合医务集团合作共建，引入标准化港式医疗服务，打通跨境医保支付体系，探索建立港澳药品配送绿色通道，是粤港两地医疗机构在内地大型综合医院平台上探索协作医疗模式的首创。中心以“全科＋专科”协作为基础，通过香港医生和金牌家庭医生线下服务，联合医务国际互联网医院线上服务，实现粤港医生协作诊疗。联合医务引入国际保险等支付体系，实现跨境双向转诊，不断扩大粤港医疗协作。

（黄埔区国家档案馆）

【第四届粤港澳大湾区中医药传承创新发展大会】于2022年8月25—26日在中山市举办。大会由广东省中医药局、香港特别行政区政府医务卫生局、澳门特别行政区政府卫生局、中山市政府主办，人之初杂志社、广东卫生在线和中山市卫生健康局承办。大会以“守正创新打造粤港澳大湾区中医药高地”为主题，来自粤港澳大湾区的27位领导、专家分别就中医药发展规划、文化传承、科技创新、政策研究、产业布局、标准化建设等主题进行主旨演讲14次，并举行以“粤港澳大湾区中医药产学研突破与创新”为主题的圆桌会议。会上，香港、中山共建科研创新与转化平台、影像学诊断（骨与关节疾病）线上课程、粤港澳高校中医临床基础联盟、校企产学研合作等9个项目现场签约。线上线下中医医疗、教育和产业界代表约300人参加会议。

【2022年体外生命支持区域一体化建设研讨会】2022年9月22日，由广东省临床医学学会、中山市人民医院联合主办的2022年体外生命支持区域一体化建设研讨会暨粤港澳大湾区（中山）ECMO救治中心启动仪式在中山市举行，标志着首个粤港澳大湾区ECMO联盟在中山落地，来自香港、澳门、广州、深圳等的28家医院成为首批联盟成员单位。活动旨在发挥粤港澳大湾区ECMO区域联盟的作用，为粤港澳大湾区各地市搭建学术交流及医疗合作的平台，推动区域性ECMO救助体系建设发展。会议采取线上线下形式进行，来自北京及粤港澳大湾区医院相关负责人参会。

（中山市人民政府地方志办公室）

·食品与食用农产品安全合作·

【概况】2022年，广东省组织开展打击制售假劣农资犯罪，食用农产品涉违禁物质、农兽药残留超标犯罪，制售病死畜禽肉制品犯罪，普通食品、保健食品非法添加西布曲明、那非类等传统物质以及新型有害物质等各类重点突出违法犯罪活动。破获广州“12·01”生产销售伪劣产品案、惠州许某桂等人生产销售有毒有害食品案、江门“6·23”特大制售假酒案等案件。

是年，广东省人民政府与中华全国供销合作总社推动共建惠州粤港澳大湾区绿色农产品生产供应基地。大湾区绿色农产品生产供应基地全部落实100公顷建设用地，完成投资18.51亿元，实现产值约14亿元。首期8万平方米农产品加工集配中心、15万吨粮库、4万吨冷库、16层海关检测认证综合楼建成投入使用，引入净菜加工、生鲜出口、中央厨房、预制菜等首批40家行业头部企业和博罗海关进驻，出口农产品3.5万吨，中央厨房日可供餐16万份，承担惠州市608吨冻肉和53500吨粮食储备任务。联合市、县、镇供销社组建惠州蔬菜种植基地联盟，整合对接周边73个共2200公顷优质种植基地并进行“供销农场”入库认证。

（编辑部）

【农产品质量管理】2022年，广东省持续开展食用农产品“治违禁　控药残　促提升”三年行动（2021—2024年），聚焦禁限用药物违法使用和常规农兽药残留超标问题，开展省级农产品质量安全监督抽查和风险监测。省级农产品质量安全例行监测合格率97.5%以上。持续构建“来源可查、去向可追、责任可究”的追溯体系。全年引导全省5.89万个农产品生产经营主体实施农产品质量安全承诺达标合格制度，开具承诺达标合格证1016.17万张，带证销售农产品249.2万吨。至年底，广东省经农业部门认证登记的“绿色有机地标”农产品总数927个，其中绿色食品783个，有机农产品81个，地理标志农产品63个；建成全国绿色食品原料标准化生产基地7个，面积3.73万公顷；发展绿色食品生产资料（饲料、农药、肥料等）13家企业76个产品，数量居全国前列。云浮市、江门市2个市，番禺区、高明区等12个县（市、区）被农业农村部认定为“国家农产品质量安全县（市）”。

（摘自《广东年鉴（2023）》）

【广州推进湾区食品食用农产品安全合作】2022年，广州市加强粤港澳大湾区食品食用农产品安全合作。自2019年5月9日启动粤港澳大湾区“菜篮子”工程建设以来，广州市农业农村局协同广州海关、香港特别行政区食物及卫生局、澳门特别行政区市政署推动解决和破除内地与港澳地区“菜篮子”产品管理规则机制障碍，聚焦构建新发展格局、推进农业供给侧结构性改革、推动粤港澳大湾区农业高质量发展目标，工程建设取得成效，初步打造粤港澳大湾区“菜篮子”品牌。先后出台包括蔬菜、水果、畜产品、禽产品、蜂产品、乳及乳制品、食用油及油料、水产品和标识使用规范等9项内容的团体标准《粤港澳大湾区“菜篮子”平台产品质量安全指标体系》，总限量指标值21210项次。初步实现“一套标准”供湾区，粤港澳三地食用农产品质量安全标准实现互联互通。

（广州市农业农村局戴治国）

【深圳加强食品食用农产品安全合作】2022年，深圳市推动建设深圳国际食品交流中心。打造本土优势品牌服务平台，推动建设食品全产业链创新体系，将食品产业服务平台打造成为全球

2022年，深圳市食品行业协会推动优质粮油和五常大米走进大湾区

（深圳市人民政府地方志办公室供稿）

食品科技创新中心、食品产业服务中心、食品产业汇聚中心，推动深圳食品科技创新和产业发展。举办“哈尔滨好粮油”“五常大米”走进大湾区等活动，将寒地黑土好产品带进深圳。发展“优质粮食工程”，实施“好粮油”品牌战略建设，保障粤港澳大湾区食品营养健康，推动实现国家粮食安全和食品安全领域跨越发展。年内，与腾讯智慧零售、字节跳动旗下抖音平台、北大深圳研究院等机构交流探索搭建直播电商食品产业优势资源，相互赋能，建立深圳食品直播展示交流基地和平台，通过互联网助力食品行业 B/C 端全产业链互通交流、合作共赢。促进行业产业深度交流合作，与贵州省、赣州市等地开展座谈调研和产业招商推介活动，推动优势资源互补。

（深圳市人民政府地方志办公室）

【珠海加强食品食用农产品安全合作】 2022 年，珠海市严格落实“菜篮子”市长负责制，围绕“菜篮子”产品生产能力、市场流通能力、质量安全监管能力和调控保障能力等工作主题，不断扩充建设内涵，促进城乡融合发展，基本上形成“立足本市、带动对口帮扶地区、服务大湾区、对接 RCEP（《区域全面经济伙伴关系协定》）等国际市场”的工作思路，倡导“订单农业”，保障“菜篮子”产品的安全、有效、优质供应。截至年底，珠海市各类“菜篮子”生产基地数量 42 个（包括省级“菜篮子”生产基地、粤港澳大湾区“菜篮子”生产基地和珠海市“菜篮子”生产稳供基地），认定扶持珠海市及对口帮扶地区“菜篮子”建设项目 54 个。提升“菜篮子”产品市场流通能力，通过落实“绿色通道”政策、设置社区农贸市场、完善农产品批发市场建设、加强“菜篮子”零售网点建设、持续开展农产品“12221”市场体系建设等形式，保障“菜篮子”稳供稳价。（珠海市农业农村局麦晓琳）

【佛山建设大湾区“菜篮子”基地】 2022 年，佛山市贯彻落实“菜篮子”市长负责制，统筹推进粤港澳大湾区“菜篮子”基地建设，强化绿色优质安全农产品生产供给能力。截至年底，认定市级“菜篮子”基地 73 个、省级“菜篮子”基地 15 个。经广州市农业农村局认定基地在佛山市的粤港澳大湾区“菜篮子”基地 17 个。制定《佛山市“菜篮子”工程建设规划（2021—2025 年）》，提升全市“菜篮子”工程建设，推动市级“菜篮子”基地全面广泛参与粤港澳大湾区“菜篮子”基地建设，为企业向广州市农业农村局申报基地提供政策指引和专业指导，持续加大全市投入“菜篮子”工程建设扶持资金。以农业产业园和粤港澳大湾区现代都市农业综合示范基地建设为抓手，带动“菜篮子”工程建设提质增量。加快建设粤港澳大湾区现代都市农业综合示范基地建设，全力打造融生产、生态、生活为一体的重要农产品供应基地。着力推进全市“菜篮子”生产基地“六有”（有标识、有二维码追溯、有品牌、有产销对接、有无公害认定、有农产品质量安全检测）建设，实现“六有”经营。截至年底，全市累计培育省级“粤字号”农业品牌目录入库产品 101 个，农产品地理标志产品 5 个，打造顺德鳗鱼、合水粉葛、乐平雪梨瓜、三水黑皮冬瓜等“菜篮子”品牌农产品。强化产销对接，推动发展“互联网 + 农业”，出台促进农村电子商务发展的实施方案，培育和发展农村电子商务市场主体，建设电商生鲜超市等生鲜零售新业态，推动农超对接、农校对接、网红直播带货、电商平台等形式的产销衔接，促进农产品直销体系发展壮大，举办广东（佛山）安全食用农产品博览会、名特优新农产品推介会、特色农产品文化节、农民丰收节、“佛味鲜生”优质农产品品鉴推介活动等各类农产品展示展销活动，促成生产与消费的高效对接，形成新兴的流通业态。（佛山市农业农村局）

【惠州加强食品食用农产品安全合作】 2022 年，惠州市加快建设粤港澳大湾区（广东·惠州）绿色农产品生产供应基地，发展农产品精深加工和农业新型服务体系，打造大湾区“中央厨房”。建设现代农业产业园，助推农产品加工业发展。至年底，惠州市创建省级现代农业产业园11个、市级现代农业产业园7个，围绕全市丝苗米、蔬菜、胡须鸡、水产、南药、预制菜等优势特色产业资源，打造生产、加工、销售、服务全产业链发展的集群。加大培育“粤字号”农业知名品牌，新增10个以上“粤字号”农业知名品牌。发动、组织辖区内农业产品经营主体开展“粤字号”农业品牌申报与复审工作，遴选出39个“粤字号”农业品牌上报广东农业知名品牌管理系统备案入库。落实“菜篮子”市长负责制，全市有省级“菜篮子”基地33个，粤港澳大湾区“菜篮子”基地34个（其中信誉农场5家），粤港澳大湾区“菜篮子”加工企业4家。全年全市粮食总产量61.95万吨，蔬菜总产量354.13万吨，水果总产量102.44万吨，肉类总产量19.52万吨，水产品总产量21万吨。主要农产品抽检合格率均在98%以上，全市没有发生重大农产品质量安全事故。

〔惠州市档案馆（惠州市人民政府地方志办公室）〕

【东莞推进农产品安全合作】2022年，东莞市镇两级农业农村部门开展农产品质量安全定性和定量检测各类样本88.24万份，检测总体合格率99.99%。其中，种植业产品农药残留、畜禽药物残留和水产品药物残留检测合格率分别为99.79%、100%、99.69%。全年无害化处理屠宰环节病死生猪（牛、羊）1.21万头，不合格肉品370.8吨，活禽集中交易市场病死家禽20.1万羽，生产环节不合格水产品2770千克，销毁生产环节农药残留超标蔬菜1200千克，发出不合格农产品处理通知书50份。开展农产品和农资产品执法行动，全市累计出动监管执法（工作）人员约3万人次，检查生产经营主体3.3万家次，查办农产品质量安全相关行政执法案件34件、移送司法案件或线索10条，罚没金额5.37万元。全市农产品质量安全形势总体保持较高水平，未发生农产品质量安全事故。

（东莞市人民政府地方志办公室）

【中山提升食品安全保障】2022年，中山市获批创建第五批国家食品安全示范城市，连续3年在全省质量工作考核、连续7次在全省食品安全工作评议考核、连续2年在全省药品安全责任考核中获评A级。全年完成食品安全监督抽检1.89万批次，不合格食品核查处置率100%。推动湿粉类食品生产企业升级改造，推进肉制品、食用植物油、食醋、粽子、月饼等食品质量安全提升。全市6个批发市场全部开通使用食用农产品市场销售质量安全监管系统。开展春秋季、高考期间学校及周边食品安全专项检查，扭转“三高”（高糖、高油、高盐）、“三无”［无生产日期、无质量合格证（或生产许可证）以及无生产厂名称］、“五毛”（校园及周边、城乡接合部、农村食品市场的食品小超市、食杂店、食品流动摊贩销售五毛钱左右的油炸面制品、膨化食品、豆制品、糖果、果味饮料等小零食）食品一度泛滥的局面。组建食品安全属地责任和企业主体责任“两个责任”工作专班，推进签订包保承诺书和全覆盖检查，两轮数据集中上报通过率实现“双100%”。在全国率先出台《中山市集体用餐、供餐单位负责人陪餐办法（试行）》，要求学校、托幼机构、养老机构、社会福利机构、医疗机构、工厂企业、建筑工地等集体食堂开展负责人陪餐工作。指导学校加强集体用餐配送管理，推动15家学校自建食堂。开展校园食品安全守护行动，提升全市782家学校食堂、24家校外供餐单位质量。推广“食安赢”项目，获评全国“市场监管领域社会共治优秀案例”。推广使用特殊食品电子追溯系统，全市特殊食品（含保健食品）生产经营者加入率95.45%。

（中山市人民政府地方志办公室）

【江门推进农产品安全合作】2022年，江门市开展江门、深圳农产品质量安全标准比对，完成15类30个食用农产品团体标准的制定，3家企业15个产品获得圳品评价证书。

（江门市市场监督管理局）

【肇庆加强食品药品安全监管】2022年，肇庆市加强食药品安全监管。深化食品安全社会综合治理，依法加强食品生产、经营环节的监管，强化专项整治，依法查处违法违规行为。开展食品安全普法和食品安全防范知识的宣传，设立食品安全科普园，开展食品安全宣传周活动，不断提高广大人民群众食品安全知识的知晓率，顺利完成创建广东省食品安全示范城市现场评价验收。以落实食品安全市场主体和属地管理“两个责任”为契机，成立由市长为组长的肇庆市食品安全属地管理责任和企业食品安全主体责任的工作小组。按照“2022年全覆盖、2023年见成效、2024年常态化运行”的工作目标，建立健全分层分级精准防控，末端发力、终端见效的食品安全责任落实机制。坚持“外防输入、内防反弹”疫情防控工作，持续加强进口冷链，进一步加强“三强化三覆盖”疫情防控工作，持续加强进口冷链食品集中监管仓管理。全面推广应用冷冻食品质量安全追溯系统，实现相关冷库的上报库存和新出入库产品信息“两个100%”。印发《关于全面加强药品监管能力建设的工作方案》，是广东省首个出台全面加强药品监管能力建设贯彻落实措施的地级市。制定实施《关于进一步完善药品监管执法机制的意见》，提升药品监管效能；发文推动建立健全医疗医保医药会商联动机制，推动三医联动融合发展。开展零售药店哨点监测工作，筑牢新冠疫情防控防线；在12月后的新冠病毒感染高峰期间，通过对疫情防控相关紧缺药械实行拆零销售和发动本地药品医疗器械生产经营企业免费派送抗疫药械，保障社会面用药用械需求。是年，肇庆市市场监管局开展药品研究生产领域安全专项整治、中药生产专项检查、药品安全专项整治流通领域风险排查、医疗美容药品专项检查、第二类精神药品专项检查、含麻醉药品复方制剂和含精神药品复方制剂购销管理专项检查等检查和整治行动，检查药品生产企业19家次，药品批发企业55家次，连锁总部4家次，药品零售企业1449家次，药品使用单位1982个次，排查风险点635个，立案204件，向卫健、医保部门通报情况269家次。检查疾病预防控制机构7个次，覆盖率100%；检查新冠疫苗接种单位200个次，覆盖率151.5%。以创建基层药品安全社会共治窗口为切入点，指导建立基层药品安全社会治理联席会议制度、市场主体合规经营服务中心和医药行业自治阵地，全力构建药品安全社会共治新格局。全市辖区内未发生区域性系统性药品安全事件。

（肇庆市市场监督管理局）

社会保障和社会治理合作

·社会保障合作·

【概况】2022年，广东省完善港澳居民养老保险措施的意见、澳门居民豁免内地参保办法等政策，至年底，全省参加企业职工养老、城乡居民养老、失业、工伤保险的港澳居民人数分别为123822人、38860人、70028人、70965人。研究制定允许澳门居民一次性趸缴养老保险费政策。推进“湾区社保服务通”，有关经验做法被列入广东省推进大湾区规则衔接机制对接第一批典型案例。与澳门社会保障基金签署合作备忘录，与香港工会联合会在南沙举行跨境合作启动仪式。加快社保卡居民服务“一卡通”和加载金融功能跨境通用，港澳地区持卡人员24.8万人，社保卡在港澳地区累计发生存取款交易4.75万笔，涉及金额9760万元；完成17家合作银行社保卡跨境金融综合应用功能升级改造，支持社保卡在澳门地区办理消费、取现、转账、账户查询等服务。

（广东省人力资源和社会保障厅）

【湾区社保通】至2022年，在“湾区社保通”

方面，广东省推动在粤参保的港澳居民享受与广东居民同等待遇，在珠三角地区设立189个“湾区专窗”，在港澳地区开设84个跨境服务网点，广东社保服务覆盖澳门全部行政区和香港7个行政分区。全国首个“粤澳社保一窗通”在横琴投入使用，提供粤澳两地社保服务。建设网上服务平台，提供办理53项广东社保高频事项。至年底，港澳居民在粤参加养老、工伤、失业保险30.62万人次，其中享受待遇3.55万人。

（广东省发展改革委）

【香港推进湾区社会保障合作】2022年，香港特别行政区推动落实《粤港澳大湾区发展规划纲要》有关推进社会保障合作方面的内容，提高香港长者社会保障措施的可携性，为港澳居民在广东养老创造便利条件。香港特别行政区政府以不同措施协助选择在大湾区内地城市养老的香港长者，包括推行多项可携的福利措施和提供资助院舍照顾服务。推行无须供款的多层社会保障制度，包括公共福利金计划（例如高龄津贴和长者生活津贴等）和综合社会保障援助（综援）计划，为有不同需要的长者提供适当援助。其中，高龄津贴、长者生活津贴和综援均可携至广东，涵盖大湾区所有内地城市。（香港历史研究基金会）

【广州推进湾区社会保障合作】2022年，广州市推进“湾区社保通”工作，承接澳门“澳门公共服务一户通”服务事项，“湾区社保通”双向融合机制进一步深化。制定《关于落实支持南沙深化面向世界的粤港澳全面合作社保经办的工作方案》，支持南沙先行探索设立港澳社会保险服务窗口。与香港工联会召开3次合作对接会，分别与工商银行、中国银行在穗港澳三地机构加强协作，深化、细化具体合作事项，探索在港澳地区设立境外社会保险服务点；落实保障在穗工作生活的港澳居民在参保缴费、领取待遇、延缴趸缴等方面享受养老保险同等“市民待遇”，推进就业参保全覆盖。截至年底，港澳居民在穗参加基本养老保险的人员（含按月领取养老保险待遇人员）有18264名，参加失业保险的有9656名，参加工伤保险的有9513名。

（广州市人力资源和社会保障局）

【深圳推进湾区社会保障合作】2022年，深圳市落实港澳居民在深参保政策，实现对在深圳“就业”“居住”“就读”的港澳居民社保政策全覆盖。在全国率先启动深港跨境社保服务，累计办理香港居民居住证超10万张。推进深港跨境社保服务通，与中银香港、深圳中行合作，推动社保现场服务跨境走进香港。深圳市社会保险基金管理局与澳门工行合作，实现深圳澳门“跨境办”；与深圳市税务局、深圳中行合作，突破社保跨境支付屏障，实现社保费“湾区通”跨境支付。截至年底，在深圳参加职工养老保险的港澳居民42409人，比上年同期增长11.13%。其中，以职工身份参保的港澳居民32064人，以个人身份参保的港澳居民8325人，退休港澳居民2020人。参加城乡居民养老保险的港澳居民197人。

（深圳市人力资源和社会保障局马远培）

【珠海推进跨境社保融合】2022年，珠海市推进社会保险扩面征缴，指导督促用人单位按规定为招用的港澳居民依法参加社会保险、享受相应待遇。贯彻落实港澳居民参加养老保险政策，在珠海市灵活就业且办理珠海市居住证的港澳居民，可参加珠海市企业职工基本养老保险和城乡居民基本养老保险。港澳居民在珠海市参加企业职工基本养老保险和城乡居民基本养老保险的，参保办理方式与珠海市居民相同，与珠海市户籍居民享受同等待遇。截至年底，港澳台居民在珠海市参加企业职工基本养老保险1.61万人、领取待遇1716人，参加城乡居民基本养老保险3.76万人、领取待遇6128人。建设“珠澳社保服务通”，实现澳门居民社保业务“跨境办、一站办、掌上办”，澳门居民办理社保卡“立等可取”，截至年底，累计为澳门居民提供社保办理和咨询服务15.8万人次，澳门居民在珠海参加城乡居民基本养老保险3.63万人、参加职工基本养老保险1.3万人，享受养老保险待遇并按月领取基本养老金7240人，申领珠海社保卡6.76万张。

（珠海市人力资源和社会保障局程斐）

【佛山推进湾区社会保障合作】2022年，佛山市加快建设“湾区社保服务通”。编制佛澳“社保服务通”掌上办操作指南，通过“粤智助”实现社保事项湾区通办线下服务。依托“佛山—港澳政务服务通办自助终端”，开展跨境自助办服务应用，利用视频交互、人脸识别、材料扫描上传、电子签名等技术，为港澳居民提供养老待遇资格认证等社保经办服务。全年通过专区自助终端办理养老保险待遇资格认证等业务的港澳居民181人次。完善佛山“i社保”应用程序、“佛山社保”微信小程序等线上服务平台功能，开设“湾区社保通”专区，实现港澳居民使用港澳通行证或居住证进行注册登录和身份认证等，开通包括参保证明、资格认证、信息查询、居民参保、失业申领等高频业务功能，对平台进行适应化改造，新增“长辈版”和“繁体版”界面。（佛山市社会保险基金管理局）

【惠州推进湾区社会保障合作】2022年，惠州市优化人力资源和社会保障公共服务，推进人力资源和社会保障业务数字政府和无证明城市建设，推行不见面劳动能力鉴定，将港澳居民涉及人力资源和社会保障服务高频事项全部上线政务服务网“湾区社保服务通”专区。推进社保卡居民服务“一卡通”应用试点工作。

〔惠州市档案馆（惠州市人民政府地方志办公室）〕

【东莞推进湾区社会保障合作】2022年，东莞市开展“湾区社保服务通”工作，与东莞银行香港分行、工商银行澳门分行签订合作协议，试点通过银行网点跨境办理东莞社保业务，开设微信公众号“湾区社保服务通”专栏，开通港澳居民“邮寄办”服务，开设“湾区社保服务通”专区（专窗）。至年底，全市港澳居民参加社会养老保险7558人、工伤保险6992人、失业保险6677人、城乡居民基本养老保险23人。在东莞按月领取养老金港澳退休居民1399人，发放港澳参保失业待遇43人，实现服务待遇均等化。（东莞市人民政府地方志办公室）

【中山推进社保业务“跨城通办”】2022年，中山市成为社会救助改革试点工作城市之一，通过完善与深圳、珠海的社会救助信息互联互通、社会救助政策区域统筹衔接机制，规范救助对象的审核办理、认定标准、帮扶服务等方面内容，推进三市社会救助工作协同发展，实现困难群众在居住地办理社会救助业务，完善三市社会救助体系，提升社会救助兜底保障服务能力。年内，通过信息共享，主动发现并协助1名在中山居住的深圳户籍困难对象办理深圳市低保待遇审核手续，实现低保等社会救助资格居住地认定、户籍地发放；为9名在深圳就读的中山市困难家庭大学生对接深圳市慈善会“雏鹰计划”助学金项目，实现深圳、中山两地跨市政策联动帮扶。是年，中山市加强与银行、园区、港澳服务机构协商合作，将社保服务延伸到银行、村（社区）党群中心、园区和港澳社会服务团体4个分支，推动更多服务从“窗口办”变成“家门口办”。至年底，有9家银行184个网点设立“社保服务点”，覆盖全市镇（街道），开展社保服务超4万人次。与12家园区签约，为1.3万家企业和创业孵化团队提供社保服务。与2个澳门机构签订协议，提供社保业务“跨境办”。推进智慧人社项目建设，开展社保卡居民服务“一卡通”试点，实现社会救助金领取、图书借阅等153项业务进卡，累计发放金超90亿元。

（中山市人民政府地方志办公室）

【江门推进湾区社会保障合作】2022年，在江门市依法参加社会保险的港澳籍居民累计1.3万名，其中参加企业职工养老保险约6200人，领取企业职工养老保险待遇约4000人；参加城乡居民基本养老保险127人，领取城乡居民基本养老保险待遇80人。江门市在广东省率先推出社保卡“一窗通办”便民新举措，提供“上门即办即取”“同号即时换卡”新服务，设立289个“即时发卡”服务点，770个“一窗通办”便民服务专窗，社保卡发卡量458万张。至年底，社保卡兼容20多种卡码，集成政务服务、公共交通、医疗服务、文旅体验、人才服务等多元应用场景。江门市人力资源和社会保障局《党建引领聚力数字赋能，惠民便民“一卡通”直通民心》获广东省市直机关“先锋杯”工作创新大赛二等奖。升级港澳人社服务点自助设备，实现企业职工养老保险查询、技能证书查询、社保卡信息查询等业务全国通办，推出“港澳青年就业创业一点通”线上服务专区，全年线上线下服务港澳居民1.1万人次。全年办理劳动监察案件93件，其中办理欠薪案件79件，为3448名劳动者追回工资等3021.04万元。创建9个基层金牌劳动人事争议调解组织，其中1个获人力资源社会保障部等部门联合通报表扬，3个获广东省人力资源社会保障厅等部门通报表扬。

（江门市人力资源和社会保障局）

【肇庆推进湾区社会保障合作】2022年，肇庆市推进在肇庆工作和生活的港澳居民在养老、失业等民生方面享有与内地居民同等待遇，完善港澳居民参加养老、失业保险政策，明确港澳居民参保、接续等事项，妥善处理港澳居民在参加养老保险过程中出现的问题。在肇庆就业的港澳人员可依法参加社会保险，并享受与其他参保人同等的社会保险待遇。从事个体工商经营的港澳居民可以在注册地参加职工基本养老保险，灵活就业的港澳居民可以在居住地参加职工基本养老保险。未就业的港澳居民可以在居住地参加城乡居民基本养老保险。至12月底，港澳居民参加肇庆市企业职工基本养老保险1119人（含享受待遇人数，下同），参加机关事业单位养老保险93人，参加城乡居民养老保险35人，参加失业保险548人、工伤保险568人。以全程网办为载体拓宽社保业务“湾区通办”范围，为大湾区职工和居民提供网上可跨境办理服务。利用全省社会保险待遇领取资格认证跨地区协作系统的“粤澳在生证明协查登记”功能落实为澳门退休人员提供社保服务。设立“湾区专窗”，为在肇参加澳门社会保障的居民提供“澳门公共服务一户通”在生证明、养老金的申请导办和相关咨询服务。194台站立式社保自助服务终端政务服务在全市行政区域全覆盖，为参保人员提供就近服务。

是年，澳门特别行政区工会联合总会同意在澳门开设5个网点与肇庆市人力资源和社会保障局开展社保服务跨境协办和导办，确定首批合作事项为城乡居民养老保险参保登记、城乡居民领取养老保险待遇资格认证、个人权益记录（参保证明）查询打印、企业职工领取养老保险待遇资格认证、工伤职工和供养亲属领取工伤保险长期待遇资格认证、失业保险金申领6项。11月，肇庆市人力资源和社会保障局与澳门工会联合总会签订协议，印发办事指引资料1.5万份寄送澳门，开展跨境社保协作培训前期工作。

（肇庆市人力资源和社会保障局）

·社会治理合作·

【概况】2023年，广东省扩大聘任港澳籍仲裁员试点范围，广州、深圳、珠海、中山等地共聘任港澳籍调解员22名、仲裁员29名。建成粤港澳大湾区劳动争议联合调解中心，在珠海（横琴）、广州（琶洲）和深圳（前海）设置速调快裁服务站，打造与港澳、国际接轨的劳动争议速调快裁服务模式。是年，粤港澳三地禁毒部门立足建设平安湾区，不断加强跨境禁毒执法合作，以“清源断流”“净边”等专项行动为契机，侦破公安部目标“2022-363”特大海上走私毒品案等案件。

（广东省人力资源和社会保障厅；广东省公安厅）

【粤港澳大湾区志愿服务融合发展】2022年，在中国青年志愿者协会、共青团广东省委员会、广东省青年联合会的指导下，广东省志愿者联合会、广东省青年志愿者协会联合香港青年协会、义务工作发展局、澳门志愿者总会、澳门社区义工联合总会等10个香港、澳门特别行政区志愿服务组织及相关公益团体，以及珠三角九市志愿者联合会（青年志愿者协会、义工联），共同发起成立“粤港澳大湾区志愿服务联盟”，立足大湾区加强项目交流合作、凝聚培养志愿者骨干队伍、拓宽志愿服务嘉许激励、培育发展志愿服务组织、深化理论研究和文化传播、推动国际交流与合作，通过健全联盟机制、举办发展论坛、组建研究智库等方式创新粤港澳志愿服务合作机制，支持港澳融入国家发展大局，助力粤港澳大湾区建成国际一流湾区和世界级城市群。是年，广东省把推动成立粤港澳大湾区志愿服务联盟列入2022年省政府工作报告重点任务。广东省文明委出台《关于加快建设“志愿广东”推进志愿服务事业高质量发展的意见》，把“推动粤港澳大湾区志愿服务融合发展”作为重点工作任务。粤港澳大湾区志愿服务联盟在广东省大湾区办备案。广东“i志愿”系统和“注册志愿者证”在澳门落地应用，初步实现粤澳志愿者身份互认、资讯互通、记录互认、激励共享。

（共青团广东省委）

【横琴粤澳深度合作区创新社会治理模式】2022年，横琴粤澳深度合作区（简称合作区）构建以琴澳社会组织为主体的社区联动服务模式，探索粤澳社会工作者职业资格互认及双向跨境执业。引入爱国爱澳社团参与服务，至年底，澳门街坊总会在横琴累计服务30万人次，其中澳门居民4万人次。构建澳门居民、澳门社会组织共同参与社区治理机制，支持澳门居民参选居委会非户籍委员。组织80多批澳门社团，4000多名澳门居民到合作区参访交流，加深澳门居民对合作区的了解。

是年，构建合作区国家安全体系。开展国家安全系列宣传教育，推动合作区国家安全教育全覆盖。成立维稳安保领导小组，构建跨部门、跨领域、大战线工作专班。建立信访衔接配合机制，化解各类信访矛盾纠纷。组建商办楼盘治理专班，处置商办楼盘历史遗留问题，全年涉问题楼盘信访件减少至172件，比上年下降61.52%。完善联动工作机制，开展宗教治理、禁毒、反诈、“双反”（反走私、反偷渡）等专项行动。构筑应急工作机制和指挥体系、应急处置防线。完成首次全国自然灾害综合风险普查，成功应对多轮强降雨和台风影响。深化琴澳司法交流协作。创新跨境纠纷多元化解机制，完善港澳陪审员参审和特邀调解员制度，调解涉澳纠纷375件。成立“涉澳案件检察官办公室”，专责办理合作区澳门企业和澳门居民刑事案件。

（广东省政府横琴办）

2022年11月25日，广东省政府横琴办社会事务局、澳门街坊会联合总会联合主办澳门街坊总会横琴中心3周年庆暨“粤澳融合的社会服务及社区治理模式”研讨会

（横琴粤澳深度合作区供稿）

【香港推动联合打击毒品罪行】2022年，香港

警方采用多机构合作模式，打击滥药及贩毒活动。与内地及海外执法机关保持策略伙伴关系，加强禁毒机关合作，联手打击贩毒活动。全年有3775人因毒品罪行被捕，大部分涉及大麻，占27.7%，其次为甲基安非他明（又称冰毒），占19.2%。香港海关采取严厉执法行动，防止和打击非法制造、分销和贩运危险药物的活动，并追查、充公和追讨非法毒品交易所得，以及防止化学品用于非法制造危险药物；致力打击跨境贩毒活动，调配人手和搜查犬到边境管制站，并与内地及海外执法机关合作，交换情报，采取联合行动；与物流业界设有沟通和情报交流机制，以加强对进出口货物的执法工作。全年香港海关侦破487件贩毒案件，捣破24个毒品储存及分销中心和7个制造及稀释中心，在行动中检获共6908千克多类危险药物，拘捕177人。香港海关亦通过跨境合作执法，在海外检获201千克危险药物。是年，香港特别行政区政府代表以中国代表团成员身份，以视频方式出席联合国麻醉品委员会及相关组织举行的会议。

（香港历史研究基金会）

【广州推动社会治理合作】2022年，广州市加强粤港澳大湾区建设的法治保障与合作。制定《广州市推进南沙深化面向世界的粤港澳全面合作法律事务专项小组工作方案》，出台《法治赋能广州南沙深化面向世界的粤港澳全面合作创新举措》《支持广州南沙深化面向世界的粤港澳全面合作法治保障行动方案》。支持广州仲裁委打造南沙国际仲裁先行地和全球互联网仲裁首选地。南沙区办理广东省首件港澳居民享受法律援助均等化服务案件。

是年，广州市两级检察院落实服务大湾区法治建设合作框架协议，探索实践大湾区民商事多元化纠纷解决机制等5项改革入选广东省检察院“大湾区检察实践项目”。南沙区人民检察院通过制发类案检察建议，助力优化自贸区集群注册企业监管服务。广州市检察院全面深化涉案企业合规改革试点工作，建立健全第三方监督评估机制管委会，制定企业合规办案指引等8份规范性文件，联合广州市商务局等部门发布全国首部跨境电商行业合规指引。广州市法院出台《关于贯彻落实〈广州南沙深化面向世界的粤港澳全面合作总体方案〉的意见》，推进司法领域与港澳交流合作、规则衔接、机制对接。在涉港澳案件中探索借鉴属实申述、证据开示等6项港澳地区司法规则，运用庭前事实清理程序成功调解澳门律师内地执业首案，经验被写入《中国司法制度发展报告》。涉港澳商事多元解纷服务站在大湾区青年创新创业基地挂牌运行。立足湾区、面向世界，健全国际商事争端解决机制，审结涉外涉港澳台案件3314件。

推动制定《南沙深化粤港澳合作条例》，梳理需国家、省层面支持协调解决事项124项。加强出入境业务规范化，对照《广州市关于推进广州南沙深化面向世界的粤港澳全面合作实施方案》涉及出入境业务方面的6项事项，广州市公安部门提出15条贯彻落实措施。在广东省内率先创建出入境—户政系统“一件事”改革项目，将7项关联事项推进整合为“一件事”。细化老年人办理出入境证件措施，服务老年人56348人次，老年人群体满意度100%。

（广州市司法局；广州市检察院；广州市法院）

【大湾区“9+2”城市旅游市场联合监管】2022年，广州市继续推动粤港澳大湾区“9+2”城市旅游市场监管协作体发挥作用，健全学习交流、联合检查、联动处置、信息通报等工作机制。推动开展联合检查，联合深圳、珠海、清远、东莞、中山5个地市，先后核实查处10件跨区域旅游案件。同时，探索扩大协作范围，为珠海市先后两次到广州办理出版发行案件提供支持，维护意识形态阵地安全。实施联动处置，联合惠州市协调解决1家旅行社费用纠纷问题。强化信息通报，在广州市文化广电旅游局官网设置宣传专栏，报道监管协作体工作进展。

（广州市文化广电旅游局）

【深圳完善社会应急管理联动机制】2022年，深圳市调整市突发事件应急委员会组织架构，印发《中共深圳市委办公厅深圳市人民政府办公厅关于调整市突发事件应急委员会的通知》，签订《深莞惠汕河应急管理合作协议》《深圳珠海中山应急管理合作协议》，建立与东莞、惠州等六市的应急联动通讯录。开展"应急使命·2022"综合演练，邀请香港、澳门、珠海、中山、东莞、惠州、河源和汕尾等城市参加，投入专业应急力量3500余人，调动直升机6架、海上救援船舶19艘，以及遥控隔离带挖掘机、水陆两栖全地形车、发射无人机等30种新一代应急救援装备。年内，8次调派队伍支援陆丰、潮州、惠州、清远、连州、韶关等市，跨区域增援扑救森林火灾。

（深圳市人力资源和社会保障局马远培）

【珠海完善社会应急管理联动机制】2022年，珠海市全面完成全市突发事件应急委员会调整工作，印发《珠海市突发事件总体应急预案》。加强珠中江三地森林防灭火工作协作，开展珠中江三地森林火灾应急联合应急演练，进一步磨合《珠中江三地森林防灭火工作机制》。建立健全与横琴粤澳深度合作区的协调联动机制，将横琴粤澳深度合作区纳入珠海市应急指挥信息骨干网、森林防灭火和防汛防旱防风防御体系，建立应急指挥协作和应急处置合作关系。举办"珠澳船舶灾害救援技术交流培训班"，首次实现珠澳两地应急救援人员共学、共训、共练，初步建立珠澳共训机制。年内，4次调派力量增援澳门、梅州、清远及横琴粤澳深合区处置渔船火灾、森林火灾。（珠海市应急管理局朱德祥）

【佛山加强粤港澳城市治理合作】2022年，佛山市公安机关持续推进"放管服"（简政放权、放管结合、优化服务）改革，推进"跨域通办、全市通办、全程网办"服务，实现全国通办事项49项、粤港澳大湾区通办40项、全省通办67项、全市通办163项、全程网办124项。佛山市司法部门加强"一核一带一区"（"一核"即珠三角地区，"一带"即沿海经济带，"一区"即北部生态发展区）建设法治保障，出台10条支持措施吸引全国首批获准在粤港澳大湾区内地九市执业的港澳律师"落户"佛山；出台广东省首个公证"容缺受理"规定，10类证明材料被纳入容缺受理清单。设立涉外涉港澳台商事纠纷诉调对接工作室、禅城区金融保险纠纷化解服务中心、三水区外商投资企业纠纷人民调解委员会等专业性强、富有地方特色的调解组织；深化调解与公证对接，推动商事纠纷多元化解。佛山市法院部门推进法治化营商环境建设工程，护航"双区"（粤港澳大湾区和中国特色社会主义先行示范区）和2个合作区（横琴粤澳深度合作区、前海深港现代服务业合作区）建设，加大跨境纠纷化解力度，有6件案件入选全国法院涉"一带一路"建设、广东省法院跨境纠纷典型案例。（佛山年鉴社）

【惠州完善社会应急管理联动机制】2022年，惠州市推动跨区域警务协作，建立实时高效的"扁平化"警务协作机制。按照《深莞惠+汕尾、河源五市公安局警务协作框架协议》《广州、佛山、惠州、东莞、中山、清远市公安警务协作框架协议书》，密切在现行警情案件侦办、警务指挥、突发事件应对处置、设卡查缉等方面联动配合，助力实现科学调度警力、精准打击犯罪、维护社会稳定的目标。全年惠州市公安机关与大湾区内地九市开展社会治安联合执法3次，向大湾区内地九市发出（接收）协查函21份，处理异地办案协作282件，协助大湾区九市办理案件19次，破案3件。

〔惠州市档案馆（惠州市人民政府地方志办公室）〕

【东莞推进社会治理合作】2022年，东莞市出台《中共东莞市委、东莞市人民政府关于完善社会治理体系建设更高水平平安东莞的意见》，完善社会治理体系，推动社会治理融入全市经济社会发展大局，将社会风险防控贯穿规划、决策、执行、监管全过程和各领域。完善“政务数据大脑”，加强“智网工程”能力建设。组建东莞市社会治理专家库、东莞市粤港澳法学专家库等社会治理智库。是年，东莞市仲裁委员会调解1件涉及项目规划设计竞赛邀标的高端服务合同纠纷的涉外商事仲裁案件。该案代理律师邓兆驹作为首位到广东省东莞市执业的香港律师，以粤港澳大湾区律师身份代理参与案件仲裁程序。东莞仲裁委员会启用线上视频庭审系统，组庭后49天作出裁决、结案，为大湾区法治领域“软联通”提供实践样本。

（东莞市人民政府地方志办公室）

【中山加强粤港澳城市治理合作】2022年，中山市加强粤港澳城市治理合作，在司法协作、检察协作、法律交流协作等方面取得成效。8月16日，中山市中级人民法院印发《中山市中级人民法院关于为中山与深圳一体化发展提供司法服务和保障的实施方案》，全方位对标深圳司法服务先进经验；26日，与深圳市中级人民法院签署《支持和保障珠江口东西两岸融合互动发展司法合作框架协议》，共同推动项目战略合作。在立案、审判、执行工作等方面配合协作，实现跨域立案、共享窗口立案和网上立案平台，为中山、深圳两地诉讼当事人就近立案提供便利。加强审判事务协作，建立联动调解团队和联动调解机制，探索跨地域联动调解。加强司法改革交流协作，互相学习借鉴司法改革、涉外和涉港澳商事审判经验、优化营商环境改革经验等。是年，中山市检察机关助力深中一体化融合互动发展，制定“服务保障实验区建设行动方案”，与广州、深圳、珠海、佛山等“黄金内湾”三大都市圈城市检察机关签订合作协议。

发挥公益诉讼检察职能，开展营商环境、社会治理和智慧检察一体化检察实践，深化与深圳市人民检察院、佛山市顺德区人民检察院协作，办理翠亨新区西四围堆填深圳余泥渣土和原中山市某铜业有限公司地块施工环境污染公益诉讼案件。10月12日，中山市检察院与珠海市检察院开展“深化协作互助，服务大湾区法治建设”工作交流。年内，中山市检察机关办理的黄某盗窃案获评全国检察机关涉港澳区际刑事司法协助典型案例。9月，中山市司法局联合中山市律师协会印发《中山市司法局、中山市律师协会“10+11”优惠措施》，发动11个律师事务所制定优惠政策，支持粤港澳大湾区律师在中山执业。发挥中山市涉港澳纠纷人民调解委员会作用，强化与澳门街坊总会广东办事处联动调处机制，2020—2022年共推动解决涉澳矛盾纠纷120余件。完善中山市律正商事调解中心机制，联合印发《关于加强涉企、商事纠纷多元化解协调工作的实施方案》，建立《商事调解案件诉调对接工作机制》，引入港澳律师、港澳专业人员充实调解员队伍，建立调解员专业分类选聘管理制度。加强中山和澳门两地专业人士的交流，中山、澳门两地律师合作录制第二季“中山澳门律师普法新声talk”主题普法视频。10月，与深圳市司法局签署合作框架协议，深化双方在法治政府建设、行政立法和行政规范性文件管理、公共法律服务等8个方面的合作。

【中山开展商事仲裁区域合作】2022年，中山市超150名中山以外地区仲裁员参与审理广州仲裁委员会中山分会管理案件，中山地区仲裁员参与审理中山地区以外仲裁案件超1100件。举办商事仲裁交流互动11场，分别与遵义仲裁委员会、茂名仲裁委员会、香港中国律师协会、澳门律师公会及其仲裁中心、葡语律师同盟及其仲裁调解中心、南非深圳总商会签订合作备忘录，共同推广广州仲裁委员会提出的互联网推荐标准，加强在提供高水平仲裁服务方面的资源共享与合作互鉴。8月，广州仲裁委员会联合中国仲裁法学研究会、国际商事仲裁理事会（ICCA）、国际商会仲裁院（ICC）、斯德哥尔摩商会仲裁院（SCC）等国内外组织，共同举办2022中国国际仲裁高端论坛，首次在中山设立分会场，并召开推动中山商事仲裁高质量发展专题座谈会。9月，香港中国律师协会主办的“香港回归祖国25年的宪制和法治秩序及香港法律界发展新机遇”论坛在中山设立分会场，为中山法律界加强与香港的互动交流提供平台。

（中山市人民政府地方志办公室）

【江门完善社会应急管理联动机制】2022年，江门市严厉打击跨境有组织犯罪，联合港澳警方开展“雷霆2022”专项打击行动，全市共出动警力6646人次、群防群治力量4400人次，清查出租屋4656间，排查重点人员2712人次，排查重点场所1598间、流动人口落脚点2464处；侦破刑事案件150件，查处治安案件114件，抓获各类刑事犯罪嫌疑人161人，抓获涉毒人员38人，处罚治安案件违法人员209人，抓获在逃犯罪嫌疑人5人。江门市公安局统筹协调海警、海事、海关缉私、海洋综合执法、市场监管等部门的优势资源和基层组织巡防力量，开展“双反”“清湾”“夏季治安打击整治‘百日行动’”等专项行动，破获走私案件98件，抓获嫌疑人554人，查扣涉案船舶212艘、车辆181辆，查获冻品2985吨。是年，江门市消委会联合澳门消委会共同发布节假日旅游消费提示，开展“诚信店”宣传、合作机制宣传等消费宣传。联合澳门、珠海、中山、横琴消委会编制《消费投诉处理工作规范》《消费投诉跨域视频调解工作规范》两项团体标准，深化交流合作。

（江门市公安局）

【肇庆完善社会应急管理联动机制】2022年，肇庆市坚持以防为主、防抗救相结合，做好防灾减灾救灾各项工作。有力应对18轮强降雨、3个台风和历史罕见“龙舟水”，没有人员因灾伤亡；高效处置17宗森林火灾，没有造成重要设施损毁。调整更新2万多名“三防”责任人，落实水利工程责任人6561名、各类风险隐患点责任人8767名，落实7239处隐患点整治。完善“三防”指挥运作规程等机制，发布防御提醒短信1000多万人次，处置险情41处次。抵御西江4次编号洪水、北江50年一遇大洪水、贺江7次超警洪水、绥江9次超警洪水、封开蟠龙河610小时超警过程。全市储备价值7497万元的防汛抢险物资和2449万元的救灾物资。年内紧急转移19320人，紧急安置7696人。完成47户因灾倒塌房屋重建、1户严损房屋修缮。发放省级救灾资金119.85万元、市级救灾资金48.76万元、县级救灾资金49.26万元。设立森林防火临时检查站（点）2613处。与林区林缘施工单位（企业）签订防火责任书，查改隐患23111处。强化森林防灭火宣传，加强火情预警监测。在森林高火险期实施13次人工增雨作业。国庆、重阳期间首次在鼎湖山设置前线指挥部，开展森林防灭火“盲演”，实战化带动全市应急指挥前置。

（肇庆市应急管理局）

【中山检察院办理深中渣土转运公益诉讼案】2022年，中山市人民检察院对翠亨新区西四围建筑渣土转运问题启动检察公益诉讼立案调查，向深圳市人民检察机关移交案件线索。6月，中山市人民检察院举办深圳检察机关公益诉讼案件联席会，两地检察机关连同住建、城管及翠亨新区就余泥渣土转运及监管问题进行座谈。在案件办理过程中，深圳、中山两地检察机关形成跨区域案件“调查取证—协助调查—交流商讨—案件整改”办理范本，协助翠亨新区追回拖欠的堆填费、违约金1100万元，修复受损土地13.33万平方米和受损围堤600余米，推动深圳、中山两市整顿渣土转运乱象，助力深圳、中山社会治理一体化。

（中山市人民政府地方志办公室）

·责任编辑　王娜　周兴全·

共同参与“一带一路”建设

综　述

【概况】2022年，广东省推动粤港澳大湾区紧密合作，共同参与“一带一路”建设。深化“放管服”改革，以深刻转变政府职能为核心，推动全省营商环境改革建设取得进展。印发《广东省进一步深化跨境贸易便利化改革优化口岸营商环境的若干措施》，印发促进跨境贸易便利化专项行动工作方案，建立省市联动、部门联动的协调联络工作组。利用中国进出口商品交易会、中国国际进口博览会、中国—东盟博览会、中国—非洲经贸博览会等平台，促进与“一带一路”沿线市场贸易往来。实施“粤贸全球”计划，扩大自主品牌和优势产品影响力，加大对共建“一带一路”国家出口力度。立足细分市场需求，出口电子信息、新能源汽车等高新技术产品和家电、建材等传统优势产品，扩大大型成套设备和标准输出。鼓励进口产业转型升级所需先进技术设备、关键零部件，扩大特色产品和紧缺型资源产品进口。助力企业开拓共建“一带一路”国家市场，推出包机参展支持措施，组织500家企业赴马来西亚、新加坡、阿联酋等国家参展；创新“代参展”资助模式，支持超1000家企业参加境外线下展。是年，广东省对共建“一带一路”国家和地区进出口总额2.25万亿元，比上年增长10.3%。广东省与香港进出口总额1.05万亿元，比上年下降9.7%，占全省进出口总额的12.6%，其中出口总额1.03万亿元，下降9%，进口总额182.2亿元，下降36.9%；与澳门进出口总额为165.4亿元，比上年增长34.7%，占全省进出口总额的0.2%，其中出口总额161.1亿元，增长36%，进口总额4.3亿元，下降1.3%。广东省将中欧班列建设作为深度参与“一带一路”建设、推动外贸高质量发展的重要举措，着力完善国际贸易通道，推进经贸合作发展。全年发运中欧班列967列，比上年增长1.22倍；发送集装箱86774标准箱，增长1.03倍；出口货值31.70亿美元，增长62.73%。

是年，广东省印发《关于推进广东自贸试验区贸易投资便利化改革创新若干措施》，从支持港澳服务提供者投资设立旅行社等15个方面提出27条措施。广东省企业在共建“一带一路”国家和地区新设立境外企业166家，直接投资额4.2亿美元，比上年下降24.5%，占全省总额的1.9%。全省新批香港直接投资项目6601个，比上年下降14.8%，实际吸收香港投资额1530.8亿元，增长6.9%；新批澳门直接投资项目1946个，下降21.1%，实际吸收澳门投资额49.1亿元，下降59.1%。全省在香港设立企业743家，直接投资额151.1亿美元，比上年增长41.6%；在澳门设立企业29家，直接投资额6912万美元，增长2.4%。

（广东省发展改革委；广东省商务厅）

【粤港澳服务贸易创新发展】2022年，广东省推进服务贸易创新发展，推动广州市、深圳市全面深化服务贸易创新发展试点工作，在管理体制、对外开放、便利水平、发展模式、促进体系、政策体系、监管模式和统计体系8个方面实施深层次改革，形成一批经验成果。广州市推出与港澳规则对接事项清单72项，认可港澳职业资格32项，制定全球首个互联网仲裁推荐标准，121项试点任务中完成或基本完成111项，落地率92%。深圳市率先开展粤港澳联营事务所改革试点，会计师、注册税务师、建筑师、医师等外籍及港澳台专业人才执业条件进一步放宽，102项试点任务中完成或基本完成99项，落地率97%。是年，广东省服务进出口总额1585.37亿美元，比上年增长8.29%，居全国第二位。

（广东省商务厅张燕妮）

【粤港澳投资推广合作】2022年，粤港澳推广投资合作，共享投资机遇和发展红利。

开展粤港澳大湾区招商推介　举办大湾区招商引资活动。是年12月，粤港澳三地政府联合举办首届粤港澳大湾区全球招商大会。深化粤港澳联合招商。广东省商务厅加强与香港投资推广署、澳门贸易投资促进局等港澳投资促进机构合作，提升协同效应，通过宣传推介粤港澳大湾区营商环境和惠企政策，鼓励企业把握商机扩大投资。10月，粤港澳三地商务和投资促进部门共同举办粤港澳大湾区投资机遇交流会，粤澳联合在澳门举办“粤澳经贸合作推介会—共创大湾区合作发展”活动，支持香港特别行政区政府驻粤办和香港有关商协会在粤举办经贸交流活动。

深化粤港澳经贸交流合作　是年12月，广东省商务厅联合香港商务及经济发展局、澳门贸易投资促进局，与珠海市人民政府共同主办首届粤港澳大湾区服务贸易大会。大会吸引来自大湾区和国内27个省市超400家企业参展参会。粤港粤澳协同发展会展业。粤澳联合在澳门举办粤澳名优商品展，组织广东企业参加第27届澳门国际贸易投资展览会，组织广东省老字号企业参加澳门国际品牌连锁加盟展和澳门特色老店论坛。鼓励广东企业通过香港贸易发展局的线上线下展会开拓国际市场，将香港国际灯饰展、电子产品展、钟表展等15场具备国际知名度及影响力的展会列入“粤贸全球”广东线上展览平台，组织发动广东企业参展。

（广东省商务厅王晓宇）

【粤港澳共同开拓国际市场】2022年，广东省优化对外开放布局，稳步扩大制度型开放，与港澳一同开拓国际市场，实行更加积极主动的开放战略。执行《企业境外投资管理办法》，对3亿美元以下境外投资项目实行备案管理，首次列入省级行政许可事项清单。全年境外投资项目551个，比上年增长20.83%；总投资额79.18亿美元，增长1.05倍；中方投资额56.88亿美元，增长76.92%。协助做好企业中长期外债管理，全省企业中长期外债获批额度184亿美元。组织开展全省企业中长期外债监督检查工作，联合香港财库局举办“点心债”座谈会，鼓励更多机构企业赴港发行以人民币计价的外债。贯彻落实《南沙方案》，推动建设中国企业“走出去”综合服务基地。联合国家发展改革委国际合作中心开展专题调研，明确工作思路和实施路径。赴福建省调研中国—印度尼西亚“两国双园”建设情况，与苏州市有关方面召开视频会议，学习借鉴兄弟省市成功经验。编制新加坡、老挝等重点国别境外投资政策指引，加强风险预警和政策解读，维护企业海外利益安全。中国—沙特吉赞产业集聚区项目取得积极进展，深工沙特SBS改性沥青和防水材料生产项目等7个重点合作项目集中签约。

（广东省发展改革委）

营商环境打造

·“放管服”改革·

【概况】2022年，广东省把“数字政府”改革建设作为深化“放管服”改革的突破口，围绕企业生命周期开展全方位改革，推动营商环境进一步优化，广东省级政府一体化政务服务能力连续4年全国领先。

商事制度方面，推进商事登记确认制和“一照通行”改革，开办企业平均用时仅1个工作日，省内企业迁移实现“一地办”；实行注销清税“承诺制”，创新企业除名制度，开展依职权注销试点，便利市场主体退出。办理建筑许可方面，创新建立重大项目并联审批机制，在用地用海用林、环评、施工许可等方面开辟绿色通道，推行“承诺制”改革，符合条件的项目可以“交地即开工”，项目审批、要素保障效率明显提升。不动产登记方面，实施不动产登记和缴税“一窗受理、并行办理”，推广二手房“带抵押过户”模式，大部分城市实现交房即交证。获得电力方面，通过刷脸办电、证照共享、在线签署合同等做法，实现办电“一次都不跑”；粤港澳大湾区报装容量200千瓦及以下、其他地区报装容量160千瓦及以下小微企业用电实现“零投资”，接电成本为全国最低。获得信贷方面，引导金融机构通过降低贷款利率、延期还本付息等方式为市场主体节约融资成本；推广运用信用信息促进中小微企业融资，信用贷款余额4万多亿元。纳税方面，实现增值税、消费税主附税费合并申报，财产和行为税合并申报，留抵退税实现“报退一体化”“退税免填单”，纳税人申请退税平均耗时由原来的15分钟缩减至0.5分钟；在全国率先探索构建纳税服务集约运营中心。政务服务方面，持续提升“粤系列”平台服务能力，优化“粤省事”平台功能，至年底实名注册用户超1.8亿人，APP累计安装设备超4700万个；依托“粤商通”、“粤省心”和广东政务服务网等数字政府一体化平台，整合上线“广东省市场主体诉求响应平台”，支持市场主体在线办理退留抵税额、缓缴社保费、返还失业保险费、缓缴住房公积金等政策服务，常态化开展诉求响应工作，至年底受理企业诉求88万件，办结满意率98%；强化“粤省心”平台服务能力，全面推行限时办理、首接负责制等制度，试行开展全省话务坐席资源应急调度，是年办理工单超8000万件；“粤智助”政府服务自助机投放实现全省近2万个行政村全覆盖，累计办理业务量超5000万件，服务群众1600万人；统筹建设省公共资源交易平台“粤公平”，推动全省交易数据“一网共享”、交易信息“一网尽览”、公共服务“一网集成”、交易业务“一网通办”、交易监管“一网协同”，服务企业群众超85万人次，累计成交项目超1.9万个，交易金额超6400亿元；推出“粤复用”数字政府应用超市，上线各地各部门民生保障、应急指挥、办公办事等优秀应用700多个、关联产品900多个、公共能力68个。强化事项同源管理，是年，“粤系列”平台提供在线政务服务事项近7000项，同源率98.25%，确保企业群众多端办事无差异。在深圳、佛山、茂名等10个地市开展“二次统筹”（即“省级统筹＋基层个性化”）工作，编制实施清单13458项，“二次统筹”率94.73%，实现政务服务“省内通办、市内通办”。推动企业开办、新生儿出生等13个“一件事”在全省实施；是年广东政务服务网上线“一件事”14065个，可网办13171个，网办率超93%；“企业开办一网通办”“出生一件事”“身后一件事”等上线“粤省事”“粤商通”；提供场景式导办6635个，导办率47%；实现免证办10964个，免证办率80%。深化全省数字政府基础能力均衡化发展，全面完成省、市政务云、政务网和地市政务大数据中心建设，省域治理“一网统管”取得标志性成果。

（广东省发展改革委；广东省政务服务数据管理局）

【湾区通办】2022年，广东省强化法治支撑，出台《横琴粤澳深度合作区发展促进条例》，将南沙深化粤港澳合作条例纳入2023年立法计划，升级粤港澳大湾区法律部门联席会议机制，发布实施大湾区跨境争议调解示范规则，形成统一的粤港澳大湾区调解名册。深入推进“湾区通”工程，“港澳药械通”“澳车北上”落地实施。深化内地与港澳律师事务所合伙联营机制改革，3100多名港澳专业人士取得内地注册执业资格，制定发布食品、中医药等25个领域110项“湾区标准”。促进大湾区金融市场进一步融合，境外机构投资者可直接投资交易所债券市场，本外币合一银行结算账户体系试点新增佛山、东莞、中山、珠海、茂名、湛江6个城市，扩大“跨境理财通”试点银行范围。推动跨境办事更加便利，广州、深圳、珠海、惠州、中山、江门6个大湾区城市在港澳地区设立“跨境通办”服务专区(点)136个，实现跨境交易涉税业务“一站办”，首创跨境人民币电子缴纳税费“境外办”。畅通跨境投资和贸易通道，支持企业通过包机、代参展方式开拓市场，举办首届粤港澳大湾区全球招商大会，达成项目853个，投资总额2.5万亿元。加快建立省级统筹工作机制，印发《广东省深入推进政务服务“跨域通办”工作方案》，推动“跨域通办”集约式发展；建设“跨域通办”业务支撑系统，支持“省内通办”和“跨省通办”异地代收代办业务办件在线流转。推进政务服务“跨境通办”，与澳门特别行政区行政公职局签署《粤澳政务服务“跨境通办”合作备忘录》，利用线上线下渠道互设政府服务自助设备和线上服务专区，发布首批高频“跨境通办”事项56项，上线粤澳政务服务“跨境通办”地图，方便粤澳群众和企业跨境办事创业。横琴粤澳深度合作区实施琴澳商事登记“跨境通办、一地两注”机制，通过建立琴澳两地服务实体、便捷文书资料交换等机制措施，服务内地和澳门投资者互往办理商事登记，投资者选择一地即可办理两地注册。深化泛珠三角区域“跨省通办”合作，在全国率先建成“跨省通办”事项管理中枢系统，上线泛珠跨域通办服务专区，汇集泛珠各省区事项数据超330万条，为各省区政务服务中心收件系统提供实时、统一的办件标准查询服务，方便窗口工作人员“照单”快速代收“异地办件”；组织召开泛珠三角区域政务服务“跨省通办”合作第二次联席会议，旨在推动政务服务平台互联互通，推进内地与港澳政务服务融合。

（广东省发展改革委；广东省市场监管局；广东省政务服务数据管理局）

【广州“放管服”改革深化】2022年，广州市以开办企业便利化改革为重点，以适应营商环境改革新要求、满足市场主体高质量发展新需求为牵引，围绕企业开办中的“证”“照”两个环节，强化制度创新和技术赋能，通过资源整合和流程再造，为各类市场主体提供更高标准、更高效率、更高质量的市场准入服务。完成国家创新试点改革任务，《广州市多措并举提升市场主体商事登记便利度》获国务院办公厅专报刊发；广州市10项商事制度改革具体措施被纳入国务院办公厅向全国复制推广的首批创新试点改革举措。出台《广州市人民政府办公厅关于优化市场准入环境全面提升开办企业一体化便利服务的意见》，提出开办企业全流程便利化办理及配套服务12条新举措，实现准入准营全链条一网通办更便利，线上线下联动服务更精准。在是年广东省营商环境评价中，广州开办企业指标居全省第一位，被国务院确定为营商环境创新试点城市。全年全市实有市场主体313.55万家，比上年增长3.88%，其中企业190.05万家。

提升商事登记便利度　搭建广州市开办企业一网通平台，实行开办企业全程网上办全覆盖，实现“照、章、税、保、金、银”六件事全部纳入平台全流程、分时段、同标准办理，实现登录一个平台、一次认证、一表填报，深度应用企业名称、经营场所、经营范围3项标准化自主申报和“人工智能+机器人”审批等创新成果，最快0.5天办结，成为广州99%新办企业首选模式。拓展一网通办服务至企业变更、注销和个体工商户、外资企业。运用5G、大数据等新科技手段，通过广州市开办企业一网通平台，将各项政策法规、办事指引数字化、影像化，每一项填报事项均能一键获取智慧导办，导办机器人和后台导办人员通过5G可视化等手段，即时与企业点对点沟通，全年为43.04万家企业解答问题291.61万次。

聚焦“准营难”再攻坚　深化“一照通行”试点改革，在实现商事登记和食品药品医疗器械11个许可证33项事项联办的基础上，拓展开办企业和30项跨部门涉企许可事项证照联办服务，精准识别经营范围，智能推荐一站式联办套餐，创建“e证通”应用和营业执照全面归集电子证照信息，实现“一网联办、一照通行、e证准营”。通过信息化、智能化手段，推动试点区创新开展“云审核”，采取实时连线企业生产经营现场的方式进行评审，对企业组织机构的关键岗位人员（质量安全负责人、生产负责人、检验人员等）进行对话考核，远程查看企业质量体系文件及各项记录，提高行政审批工作效率。

推进《南沙方案》落地实施　深入贯彻落实《南沙方案》，全面深化升级商事登记“跨境通”合作，简化港澳投资者商事登记流程，优化“穗港通”“穗澳通”服务，升级“穗澳通”推动上市登记全程电子化，在全国率先推行一键获取港澳简化版公证文书服务，支持香港人身份证登录完成电子签名，实现申请人全程简易线上一表填报、远程快捷审批，通过在澳门合作机构服务场所设置的自动打照机实现就地领取营业执照，为拟在广州设立外商投资企业的港澳申请人提供更便利的无纸化开办企业商事登记服务。（广州市市场监管局）

【深圳“放管服”改革深化】2022年，深圳市落实国务院深化“放管服”改革工作部署，明确营商环境改革事项200项、系统互联互通和数据共享任务150项，50项改革举措被全国复制推广，连续3年被全国工商联评为“营商环境最佳口碑城市”第一名。编制市行政许可事项清单，将依法设定、实施的行政许可事项全部纳入清单管理，开展取消和下放行政许可事项监管情况“回头看”。实施“证照分离”、“一照通行”、涉企经营许可事项告知承诺制等改革，开展企业服务综合改革，在全市范围内对148项涉企经营许可事项实行取消、改备案或告知承诺制审批，对30项涉企经营许可事项实行与营业执照一次申请、并联审批、限时办结。持续优化减税降费服务，减免税款比上年增长2.8倍。升级区、街道级外国人来华工作许可服务站功能，推广全市外国人就业居留“一站式办理”工作模式，建立覆盖全市的外国专家服务体系。落实国务院办公厅《关于改革完善中央财政科研经费管理的若干意见》，修订完善《深圳市科技研发资金管理办法》《深圳市科技项目评审办法》《深圳市中国科学院院级经费地方配套资金管理办法》《深圳市中央引导地方科技发展专项资金管理细则》等政策文件，激发科研人员创新活力。深化落实水务审批“证照分离”改革，电子证照关联率保持100%；优化审批方式，推动“水利工程质量检测单位资质认定（乙级）”“生产建设项目水土保持方案审批”“建设项目用水节水评估报告备案”“建筑工程施工许可证核发”“对水利工程开工情况的备案”“对水土保持设施验收材料的报备”等工程建设项目事项实行告知承诺制。提高审批服务质量，“即来即办”事项21项，占比56.75%；“秒批”事项12项，占比32.43%；审批服务“好差评”总评价1811件，好评率100%。

（深圳市人民政府地方志办公室）

【珠海“放管服”改革深化】2022年，珠海市颁布《珠海经济特区市场主体登记管理条例》，全面实行市场主体登记确认制和承诺制。制定政府流程再造“十条”，出台重大项目落地标准化流程，推进“双容双承诺”“拿地即开工”。优化领导挂点服务重点企业工作机制，建立市级企业服务综合专班。纵深推进企业开办“一网通办”“一窗通办”“一照通行”涉企审批服务改革，推行“容缺审批”“并联审批”机制，缩减流程、提升效率，实现开办环节“6合1”且平均办理时效压缩至0.17天，全程电子化率接近100%，40项高频许可事项实现与营业执照办理同步申请、并联审批、高效办结。在省内率先开展市场主体登记标准化体系建设，形成市场主体登记相关标准82项。优化涉企服务，系统整合企业开办、涉企审批预约端口及市区各级电话咨询服务，更新“12345”知识库热点问答条目，“12345”企业专线直接解答率超97%；设立“办不成事”反映窗口，开展“领导干部服务日”活动，实现“一件事一次办”集成服务415项，推进惠企政策免申即享、快速兑现。

（珠海市发展和改革局邹茜成；珠海市市场监管局张述桐）

【佛山“放管服”改革深化】2022年，佛山市推广“互联网+智能”精准监管。搭建全市统一的监管服务平台，运用大数据预测市场主体风险，切实做到对违法者“利剑高悬”、对守法者“无事不扰”。在全国首创“人工智能+双随机”监管，检查率比上年下降74%，违法行为发现率增长70%，该项目入选国务院办公厅深化“放管服”改革优化营商环境可复制可推广经验，获第六届“法治政府奖”。创新公共资源交易领域智慧监管模式，依托公共资源交易监管平台，建立数据治理和分析平台，分别从交易主体关系、投标价格、雷同件、中标率异常、专家评标5个维度对招投标交易数据进行数据分析、可视化展示，构建预警分析模型，实现对公共资源交易全过程在线实时监管，及时发现并向交易监管平台自动预警涉嫌围标串标等违法违规行为。

推进简政放权，激活基层一线发展新活力。常态化开展62个部门2905项目录5.8万项实施清单管理，100%推进实现“一网通办”“一窗通办”。实施多轮放权，全市累计下放、优化事权1121项。深化工程建设项目审批制度改革，推进“拿地即开工”。印发《关于加快推进区域评估工作的通知》，扩大区域评估范围，推行项目前期评估多评合一及分阶段办理施工许可证。对于市政公用基础设施外线接入低风险工程项目，探索推行“非禁免批”。全面推行“一网通办”，加强电子证照推广应用，联合验收通过后同时核发不动产权证书，实现社会投资简易低风险工程建设项目“零成本”。

深化公共资源交易体制机制改革。全年市政府采购项目预算总额248.16亿元，预留给中小企业的份额占53%，高于国家当年阶段性40%的比例要求，中小企业实际中标金额占72%。创新做好绿色建材试点工作。佛山市作为财政部、住房城乡建设部绿色建材试点城市，在全国率先推出绿色建材电子商城，将24批1213项绿色建材产品纳入其中，被财政部相关部门颁授“绿色采购先锋奖”。

深化政务服务便利化改革。完善“跨域通办”服务流程，更新印发通办目录，梳理全市通办事项844项、广佛通办1496项、湾区通办2666项、省内通办2710项、跨省通办1408项。印发“全市通办”服务规范，实现41项社保高频服务事项在42个社保服务网点“全市通办”。促成“一件事一次办”主题服务，至年底实现23类主题、111项目录、698项主题实施清单、4213项事项实施清单“一件事”主题联办，网办率100%。优化“一网通办”线上服务体验，

2022年4月27日，佛山市首个“拿地即开工一件事”工业示范项目——美未央家具智能生产基地动工仪式在顺德区龙江镇举行

（佛山市政务服务数据管理局供稿）

梳理52个部门2434项政务服务事项，涉及业务审批系统366个、服务申办渠道156个，配置智能表单3675个、导办指引6484项，全年网办业务357.6万件。深化电子证照应用，落实“一数一源”，开通电子证照227种，申请电子证照调用410种，关联申请材料8572项，“亮码办”业务超1.40万件，事项办理超18.6万人次。落实惠企纾困政策。“佛山通”政务服务专区建设秒批智办、政务办事、五区专区、跨省通办等专题，涉及秒批智办227项、政务办事4117项、跨省通办9项。整合各类涉企应用程序、小程序，建成“粤系列”佛山“益晒你”企业服务专区，推出诉求建议、资金扶持、政务办事、金融信贷、人才服务、招标采购等9项功能服务，帮助企业解决找政策、找资金、找人才、找产品等问题，为企业提供系统、主动、精准的全生命周期服务。

（佛山市政务服务数据管理局）

【惠州“放管服”改革深化】2022年，惠州市深化“证照分离”改革、工程建设项目审批分类改革试行告知承诺制审批事项清单、优化“联合验收”等改革措施，系统推进“无证明城市”建设，企业开办全流程“一次办好”，社会投资简易低风险工程建设项目审批时限压缩至13个工作日，压减或取消证明材料404项。数字政府建设体系逐步完善，政务服务一体化标准化水平稳步提升，试点首席数据官制度，依申请事项网上办理率100%。“惠帮办”专窗帮助办理事项1035项，“周六延时服务”延伸至法人服务事项。制定实施提升政务服务优化营商环境十项措施，印发优化营商环境工作清单，推动政府从以行政管理为中心向以服务对象为中心转变。获批设立广东自由贸易试验区惠州联动发展区。建立企业诉求快速响应机制，受理诉求1.3万件，办结率99.8%。推进要素市场化配置改革，出台构建更加完善的要素市场化配置体制机制实施方案，促进资源要素有序流动、高效配置。全面实施《市场准入负面清单》，规范市场准入行政许可行为。

“多点办” 坚持“能放则放、应放尽放”，推进事权下放。将进口二手车辖区内转移登记业务下放至登记服务站，开通登记服务站53个。推行“警医”合作，与56家医疗机构合作，办理“车驾管”体检业务424901件。推出自主报考和依托有摩托车培训资质的驾校进行报名考试，至是年底，相关驾校及其招生门店设报名点160多个，接受考生报名3.9万人。

“简化办” 将多个“单项事”合理归集，实现“一件事”主题集成办理改革事项25项。围绕公民出生、身后“一件事”，推进完成新生儿出生、公民婚育、军人退役、公民身后4项集成事项在惠州本地一件事业务系统上线。开展“无证明城市”创建，实现20项事项31种证明材料免提交。推行车辆通行证“一证通办”，货车和危化品车在市区以及需跨县（区）限行区域通行，可在交警支队统一办理通行证。

“指尖办” 推广应用互联网平台办理“车驾管”业务。全年全市个人和单位用户在互联网平台新增注册22.9万人（个）、总数330多万人（个），通过互联网平台受理各类交管业务（含驾考）938225件。全面实行小型汽车、小客车、摩托车档案电子化网上转递，每件业务为群众节省近2000元。推进户政业务办理全流程电子化“全市通办”，以及全部户口迁移业务4省（广东、福建、广西、海南）通办、6种户口迁移业务类型全国通办，办理“全市通办”业务77479件、“跨省通办”业务5859件。

“便利办” 研究制定《惠州市公安机关服务保障经济稳定21项措施》。取消符合国五标准排放小型非营运汽车迁入限制，政策实施后，每天办理二手车转出业务200多件。推出优化出入境服务“十项举措”，设立“高层次人才”窗口，为134名A类条件的外国人才提供专窗受理、专人办理服务。设立“企业服务专区”，为106家企业赴港澳提供“绿色通道”办证513人次。推行企业印章刻制“一网通办”，压缩办理时限至0.5个工作日，新开办企业印章备案“零跑动”，全年全市企业备案印章信息

223666条。开通物流快递、环卫、餐饮外卖等特殊行业申领摩托车驾驶证“绿色通道”，实现当天领证。

“暖心办” 利用周末和节假日，依托流动警务车到企业、中心社区、重要商圈，现场为员工、群众办理“车驾管”业务。全年“流动车管所”上门服务25次，现场解答群众咨询700多人次，引导企业员工办理“车驾管”业务225件。开设“绿色窗口”，对老、弱、病、残、孕、军和不会使用智能手机预约的特殊人群提供免预约服务。推行周六延时服务，办理业务96990件。深化“一村（居）一警”与“放管服”改革相结合的服务举措，全市村警走访宣传35.2万户，收集各类社情民意信息6800条，为群众办好事实事5530件。

〔惠州市档案馆（惠州市人民政府地方志办公室）〕

【东莞“放管服”改革深化】2022年，东莞市不断提升政府服务意识，深化“放管服”改革。印发《市政府服务镇街（园区）解决问题的协调机制（试行）》，及时解决镇街（园区）在推动重大事项、重大项目、重大工作中遇到的困难，全年收集的问题近八成获解决或明确解决路径。印发《东莞市企业市长直通车工作机制（试行）》，为重点企业主要负责人开通问题诉求直达通道，解决募投供地、调容调规等难题。印发《东莞市12345政务服务便民热线管理办法》，优化“12345”政务服务便民热线解决群众急难愁盼问题解决机制，服务质量升至全国第12位。印发《东莞市深化“放管服”改革持续优化营商环境2022年实施方案》《东莞市实施2022年度“放管服”改革九大攻坚行动 打造企业全生命周期“莞家”服务品牌工作方案》，以简化社会投资审批、加强事中综合监管和规范监管、强化事后联合奖惩、提升智慧政务服务水平为重点，打造国内一流市场化法治化国际化营商环境。

推进数字政府数据共享协调，印发《公共数据管理办法》《建立健全政务数据共享协调机制并加快推进数据有序共享实施方案》等系列文件，成立东莞市政务数据共享协调小组，统筹协调政务数据共享工作。启动政务数据大脑二期建设，完成数据资源“一网共享”平台部署应用，打通省、市、镇贯通的数据共享交换渠道，推动71个部门开展数据治理，挂接数据资源目录5118项，支撑42家单位用数需求，数据共享应用经验获国务院办公厅肯定。实施“管运分离”数据运营模式，推动数字集团承接数据运营工作，制定数据治理标准，实现数据统一标准治理、统一平台共享，获评国际数据管理协会（中国）数据治理最佳实践奖。是年10月13日，东莞市在全国率先实现港资企业全程电子化登记，通过简化公证文书、建立共享平台、创新电子签名、采取人脸识别、委托公证人代理签名等方式，实现港资企业全程网上办理营业执照。

（广东省市场监管局；东莞市人民政府地方志办公室）

【中山政务服务提升】2022年，中山市推动政务服务融合创新，以“数据多跑路”换取“群众少跑腿”。翠亨新区政务服务中心获评广东省“区县级政务服务标杆大厅”，东凤镇政务服务中心、火炬高技术开发区政务服务中心获评县（区）级标杆培育政务服务中心。重大工程项目建设导办代办团队获中山市新时代“四最”青年集体称号。

推动政务服务互融互动 聚焦“东承、西接、南联、北融”一体化融合发展大战略，制定中山市2022年政务服务提升行动40条并基本完成目标任务。依托广东政务服务网建设“深中融合一体化”专区，上线企业开办、工程建设、办税服务等主题服务事项12项，政务服务实现“深中通办”事项超400项，深中政务服务融合体系构建成型。支持镇（街道）对点推行高频业务“跨域通办”；与佛山市政务服务数据管理局建立协作机制，促进与佛山政务服务及数据流通更为紧密。

落实营商环境“头号工程” 在《中山市

镇街依申请政务服务事项权责清单（2020年版）》基础上，对镇（街道）依申请政务服务事项清单进行动态更新，形成镇（街道）依申请事权648项。力推产业全生命周期管理，首次将行政审批之外的政府决策和管理环节纳入改革范围，实现从项目洽谈到达产履约监管全周期管理“一网协同”。深化“中易办”企业综合服务平台建设，升级“书记市长直通车”功能；上线中山市惠企政策平台，实现惠企政策智能匹配、精准推送。推进企业诉求“马上办”，累计解决企业诉求超2.4万件，简易诉求“即接即答”，企业疑难诉求平均处理时长压缩至4.2天。

优化政务服务“一网通办”　做优粤系列“美丽中山”指尖服务品牌，进驻“粤省事”“粤商通”移动政务服务平台“美丽中山”专区服务事项1757项，“粤省事”移动政务服务平台“美丽中山”镇（街道）专栏和不动产登记专区上线使用；全市投放“粤智助”政府服务自助机280台，实现市、镇（街道）、村（社区）三级全覆盖，可集中快速完成公积金查询、证件打印、助农补贴领取等服务事项159项，办理业务26万件。推进泛珠三角区域“跨域通办”，与6个省21个市建立通办合作机制，加入云南省“云上办”政务服务合作联盟。在不动产抵押、商品房购置等领域率先实现与港澳“跨境通办”。推进“四电四免”（“四电”指电子签名、电子印章、电子证照、电子档案，“四免”指政府部门核发的材料原则上免提交、政府部门形成的业务表单数据原则上免填写、可用电子印章的免用实物印章、可用电子签名的免用手写签名）优化改革，签发电子证照360种2040万张，制发电子印章2803枚，“一照通行、并联审批”涉企审批服务事项37项，“智能秒批”高频服务事项100项，集成办理“一件事”主题服务事项超300项。

创新设立政务服务监督员　中山市政务服务数据管理局创新设立政务服务监督员，聘请市人大代表、政协委员、企业代表、新闻媒体以及市民代表，通过走访调研对市镇街政务服务工作进行全方位考察监督。

（中山市人民政府地方志办公室）

【江门“放管服”改革深化】2022年，江门市稳步推进“放管服”改革，深化商事制度改革。

政务服务事项标准化管理　规范行政许可事项，发布《江门市行政许可事项清单（2022年版）》，明确在江门市实施的行政许可事项456项。全市、县、镇、村发布依申请政务服务事项和公共服务事项94250项。开展政务服务事项二次统筹，推动901项政务服务事项实现全市范围内同一事项办事指南要素、受理标准、办理材料等完全一致。统一全市镇（街道）政务服务事项目录，形成高频政务服务事项通用目录153项。

跨域通办服务效能提升　与广西壮族自治区桂林市、贺州市、崇左市、来宾市以及黑龙江省七台河市、湖南省郴州市签订三省六市“跨省通办”合作协议，实现244项高频事项“跨省通办”。与广州、珠海、惠州等15个地市签订“省内通办”合作协议，341项事项实现“省内通办”。

“一件事一次办”改革深化　打造“一次办成一件事”智能精细化政务服务模式，围绕企业服务、就业创业、养老服务、人才引进等重点领域，上线100个主题742件“一件事”。推进涉企经营服务“一照通行”改革，上线“我要开食品厂”“我要开旅行社”“我要开动物诊疗机构”等21个主题25项涉企“一照通行”服务事项。

工程建设项目审批服务升级　上线工程建设项目会商管理子系统，将工程建设项目审批服务延伸到前期筹备阶段，支持工建项目实现“拿地即开工”。至2022年底，江门市工程建设项目申报100%实现“一网通办”，全流程政府审批时间压缩到40个工作日以内。全年完成“拿地即开工”项目16个。

“视频办”试点工作　举行全国首个省级政务服务平台“视频办”服务专区上线发布会，推动“视频办”服务平台向镇（街）和工业园

2022年8月26日，全国首个省级政务服务平台广东政务服务网"视频办"服务专区上线发布会在江门市举行　（江门市政务服务数据管理局供稿）

区延伸，上线事项835项，办结业务1400件。蓬江区通过"视频办"将政务服务延伸至村（居）党群服务中心，实现"镇村通办"。

政务服务"指尖办""掌上办""自助办"全链条服务　2022年，"粤省事""粤商通"江门市可用政务服务事项超1500项；"粤省事"实名用户454.72万人，月均访问量超2.6亿次；"粤商通"市场主体用户超61万个，月均访问量超58.5万次。推广应用"粤智助"，是年全市镇街、村居投放"粤智助"政府服务自助机1047台，办理业务78.12万件。

"证照分离"全覆盖改革　2022年9月，印发《江门市深化"证照分离"改革实施方案》，按照直接取消审批、审批改为备案、实行告知承诺、优化审批服务4种方式分类推进改革，着力提高市场主体办事的便利度和可预期性。是年，"证照分离"涉改审批办理时间压减73.84%，申请材料压减17.34%。

深化"一天办结"改革　依托广东省企业开办"一网通办"平台，推动企业设立登记、公安刻章备案、领取发票、单位缴费登记、公积金缴存登记5项企业开办事项实现"一表填报、一网通办、一窗通办、一窗通取"。至2022年底，累计17629家新办企业享受免费刻章服务。

（江门市政务服务数据管理局；江门市市场监管局）

【肇庆"放管服"改革深化】2022年，肇庆市继续深化"放管服"改革，优化营商环境。

实施精准放权　肇庆市下放、委托至各县（市、区）实施的政务服务事项全部通过广东省政务服务网公开发布，承接运行顺畅，未出现"接不住、管不好"等问题。开展简政放权实施调查评估，挖掘简政放权先进典型，推广优秀经验做法，总结形成《肇庆以"三个聚焦"纵深推动精准放权 有效促进政府职能深刻转变》改革工作简报。

强化精准监管　创新推出"人工智能+双随机"监管方式，构建企业异常经营风险研判模型，风险企业命中率87.27%，实现对守法企业"无事不扰"、对违法企业"利剑高悬"。肇庆应用大数据技术构建智能监管新模式、提升"一件事"主题服务落地成效被省推进政府职能转变和"放管服"改革协调小组办公室简报2022年第1期刊载。

持续优化服务　加快建设"无证明城市"，推动18115项高频事项证明事项免提交、1421项无法律依据证明事项直接取消。优化升级市政务服务大厅，完善大厅软硬件建设。2022年，肇庆市政务服务中心、肇庆高新区政务服务中心分别获评广东省市级、县级标杆政务服务中心。

（肇庆市政务服务数据管理局）

【全国首个元宇宙政务大厅落户广州】2022年10月13日，广州南沙开发区（自贸区南沙片区）在全国首推"元宇宙"政务大厅，市民可戴上VR眼镜进入"元宇宙"政务大厅办理相关政务事项。南沙政务服务中心基于多传感器融合的高精度三维重建技术，对线下政务大厅进行实体1∶1模型制作与引擎渲染，搭建具有高还原度的实景三维仿真场景，搭载三维感知交互技术和数字化内容，推动打造全国第一个可实现全套感知交互服务的"元宇宙"政务平台。"元宇宙"政务大厅上线实景应用、互动办事功能，办事群众可在虚拟空间中以第一人称视角沉浸式体验。以粤港澳大湾区建设为探索方向，基于实时音视频（RTC）技术，"元宇宙"政务大厅还推出"港澳身边办"、云窗口"一对一"实时视频客服功能，以科技赋能助力跨境办事服务降成本、提效率、简流程。（广州市人民政府地方志办公室）

·法治化营商环境建设·

【概况】2022年，广东省坚持市场化、法治化、国际化营商环境改革方向，以市场主体需求为导向，以转变政府职能为核心，推动全省营商环境改革建设取得进展，连续3年获评营商环境最佳口碑省份第一名，商事制度改革连续5年获国务院督查激励，区域创新综合能力连续6年居全国首位。

强化法治引领。《广东省优化营商环境条例》自2022年7月1日施行，重点聚焦市场主体反映强烈的准入不准营、招投标等领域隐性壁垒、惠企政策落实"最后一公里"等痛点难点问题制定针对性条款，将近年来广东省在"放管服"改革、要素市场化配置、数字政府建设等领域行之有效的做法以地方性法规形式固化。出台施行《广东省外商投资权益保护条例》《广东省知识产权保护条例》等营商环境重点领域专项法规。广州、深圳、汕头、湛江、佛山、云浮市出台实施市级优化营商环境条例，东莞、中山、江门等市推进条例研究制定。强化公平竞争审查刚性约束，实现公平竞争审查制度省、市、县全覆盖，探索公平竞争集中审查和第三方评估机制，开展公平竞争审查举报处理试点和公平竞争指数试点工作。创新完善监管执法模式，在全国率先出台《关于推进包容审慎监管的指导意见》，公布首批10个省直单位204项行政执法减免责清单。探索执法"观察期"，全省各地市均上线应用非现场执法系统，累计完成云巡查7750次。

支持广州、深圳市开展国家营商环境创新试点建设。2021年11月，国务院部署在广州、深圳等6个城市开展营商环境创新试点。广东省支持和推动试点任务落地，先后协调解决试点城市提出的26项省级支持事项，组织省有关部门和广州、深圳市梳理试点改革涉及暂停调整适用或修改的法规文件。经过一年多的探索与实践，对国家部署的101项改革任务，广州、深圳均取得阶段性成果，试点建设成效显著。2022年10月，国务院办公厅复制推广试点50项经验举措。（广东省发展改革委）

【澳门推进法治建设合作】2022年2月25日，澳门特别行政区政府与最高人民法院签署《关于内地与澳门特别行政区就仲裁程序相互协助保全的安排》，进一步提升澳门特别行政区与内地的民商事司法协助效率，为粤港澳大湾区和横琴粤澳深度合作区建设提供更有力的法制保障。（澳门基金会）

【广州建设国家营商环境创新试点城市】2022年，广州全力推进国家营商环境创新试点城市建设，印发建设国家营商环境创新试点城市实施方案，构建"1+2+2"（1个方案、2项任务清单、2项专项举措）落实体系，实施营商环境5.0改革。印发《强化助企纾困和经济稳增长法治服务保障的若干措施》，开展营商环境规范性文件多语种翻译，发布译文75件。企业年报"多报合一"、工程建设项目联合验收"一口受理"、破产管理人选任制度创新、"多税合一"申报等9个方面50项改革举措在全国复制推广，18个指标全部获评全国标杆，电子政务、纳税、获得电力3项指标代表国家向世界推介。上线粤港澳大湾区首个区块链赋强公证系统。在市场监管领域，提出打造开办企业更便捷更智能城市、率先实施市场准入“极简审批”、着力解决企业“退出难”、推动知识产权运用和保护综合改革试验、推广“信用风险分类＋双随机”智慧监管模式、健全对新业态的包容审慎监管机制等10项重点改革任务具体措施。推动涉企优惠政策直达快享、免申即享，将兑现环节优化为“数据比对、意愿确认、拨付到账”。是年，全市超1300项政策兑现事项纳入“一窗通办”，市级窗口累计受理业务超3.4万件，涉及兑现金额超55亿元。发布广州入选全国首批营商环境创新试点城市后首本营商环境白皮书——《广州营商环境报告（2022）》，集中展示全市营商环境改革创新实践。推动律师事务所与专业市场、工业园区、商会协会等建立合作关系，推动制定《广州市加快推进民营企业合规建设工作方案》，南沙区在全国率先设立49个市场主体法治化营商环境联系点。持续优化全国首推的市场轻微违法经营行为免处罚免强制模式，全市累计发布“双免”清单事项449项。办结全国首件由粤港澳大湾区律师担任调解员的劳动争议案件。

是年，广州市推进涉案企业合规改革工作，针对广州市民营企业主体众多、合规需求强特点，制定涉案企业合规改革试点办案指引等改革文件，建立由14家单位组成的广州市第三方机制管委会，建立包含154人的第三方机制专业人员名录库，广州市涉案企业合规第三方机制建设工作经验向全国推广。市人民检察院、市贸促会、市商务局等多部门联合发布《广州市跨境电商行业合规指引（试行）》，为国内跨境电商综合试验区首个多部门联合发布的跨境电商合规指引。至年底，广州市办理企业合规案件52件，对合规整改到位的18家企业、35名企业家依法作出不起诉决定，推动“一企”合规到“一起”合规，助力一批民营企业主体依法经营。广州市2家高科技民营企业在上市辅导期涉嫌串通投标犯罪，广州市检察院对其开展合规整改，经第三方考察评估和听证会评议，依法决定不起诉，2家企业顺利重启上市申报，业绩实现逆势增长，年营业收入9.85亿元，带动3000多人就业。

（广州市人民政府地方志办公室）

【深圳建设营商环境创新试点城市】 2022年，深圳市推进法治化营商环境建设。

推进营商环境创新试点改革 部署落实《深圳市建设营商环境创新试点城市实施方案》《深圳市建设营商环境创新试点城市首批改革事项清单》等文件中由深圳市司法局牵头开展的率先探索律师事务所名称核准改革试点、优化破产案件财产解封及处置机制等11项改革事项。是年5月，按照创新试点工作方案相关要求，向全市各部门、相关单位发出《关于开展优化营商环境改革相关法规、规章的专项清理的通知》，组织开展全市营商环境创新试点相关法规、规章专项清理，最终形成对《深圳经济特区水资源管理条例》等6项法规、规章的清理调整意见。

营商环境指标评价研究与迎检 牵头组织开展国家、广东省及深圳市相关营商环境评价、迎检工作。组织开展国家营商环境第三方评估、优化营商环境第三方评估专项整改，提出相应整改措施；组织开展广东省营商环境现场评价、2021年度国家营商环境评价的相关指标前期材料准备和研讨等相关工作；统筹协调深圳市司法局营商环境评价和改革工作分工调整，助力深圳在相关评价中取得良好成绩。组织开展世界银行全球营商环境新评估体系研究梳理相关工作，参与优化营商环境改革经营交流会。

法治化营商环境宣传 开展《深圳法治化营商环境宣传片》制作工作，是年5月完成宣传片发布，聚焦营商环境建设中法治化元素，提炼总结法治化营商环境建设深圳经验，以可视化形式展现深圳法治化营商环境建设情况。召开深圳市建设营商环境创新试点城市新闻发布会，做好营商环境创新试点宣传。开展营商环境专题宣讲活动，宣传深圳法治化营商环境建设新思路、新举措、新成果。组织开展深圳法治化营商环境先行示范建设成就摄影比赛暨图片展，聚焦营商环境建设的实践成果，体现营商环境建设中的深圳元素。

（深圳市人民政府地方志办公室）

【珠海法治化营商环境建设】2022 年，珠海市出台《珠海市赋能"产业第一"打造一流营商环境工作方案》，高标准打造市场化、法治化、国际化一流营商环境。贯彻落实《市场准入负面清单（2022 年版）》，建立违背市场准入负面清单案例归集通报制度，开展违背市场准入负面清单案例排查 2 次，维护市场准入负面清单制度的统一性、严肃性和权威性，促进市场公平竞争。对照《国务院办公厅关于复制推广营商环境创新试点改革举措的通知》，对标国内标杆城市，推动政府流程再造、规则再造，以"产业第一"为抓手，提升政府服务效能，在办理不动产登记、纳税等方面开展首创性、差异化探索。在是年广东省营商环境评价中，珠海市以图查房、大企业税收事先裁定 2 项工作被评为"典型经验与创新举措"，总分排名全省第五位。

（珠海市发展和改革局邹茜成）

【佛山法治化营商环境建设】2022 年，佛山市加快建设现代公共法律服务体系，优化营商环境建设。出台全国首部城市轨道交通协同立法法规——《佛山市城市轨道交通管理条例》，打造广州、佛山两市轨道交通统一规则，推动引领广佛全域同城。健全落实重大行政决策程序制度，借助"公职律师之家"，探索公职律师统筹使用的方式方法，推进科学民主依法决策。围绕"制造业当家"，发布市场监管、城市管理、文广旅体、交通运输等 18 个领域包容审慎监管事项清单，对 844 项事项免予处罚、从轻减轻处罚、免现场检查或免强制措施，实现包容审慎监管全领域覆盖，进一步优化法治化营商环境。全面推行涉企"综合查一次"清单、执法"观察期"制度，开展道路交通安全和运输执法领域等营商环境突出问题专项整治。发挥华泰民商事调解中心示范作用，拓展商事纠纷多元化解机制。组织研发第二批精品法律服务课程，组建证券业务律师人才库，在佛山市知识产权保护中心、潭洲国际会展中心设立律师法律服务工作站，为企业提供"法治体检"、法律宣讲、纠纷调解等全方位服务。开展仲裁与商事调解对接，创新"仲裁＋公证"服务方式，推动商事纠纷多元化解。培育涉外涉港澳台商事纠纷诉调对接工作室、禅城区金融保险纠纷化解服务中心、三水区调解与公证对接云东海工作室等一批具有佛山特

2022 年，佛山市推动"继承公证＋不动产登记"创新服务。图为广东省佛山市禅城公证处公证服务大厅（佛山市司法局供稿）

2022年，佛山市知识产权保护中心建成全省首个集专利预审、专利咨询、商标业务受理、知识产权维权援助、海外纠纷应对、版权登记、公证服务七大功能于一体的综合性业务窗口　　（佛山市市场监管局供稿）

色的新时代“枫桥经验”调解组织。深化公证服务供给侧结构性改革，推动“继承公证 + 不动产登记”创新服务，全市增设15个公证办证点和13个公证服务窗口。全省首家金融公共法律服务中心揭牌启用。

是年，佛山市结合产业实际，构建立体化、多层级区域知识产权公共服务体系，推动佛山科学技术学院、佛山市顺德区顺企知识产权保护服务中心分别获批技术与创新支持中心（TISC）、国家知识产权信息公共服务网点。支持佛山市知识产权保护中心、顺德（家电）知识产权快速维权中心建设市、区两级知识产权信息公共服务节点。优化知识产权信息公共服务网点布局，分批建设佛山市知识产权纠纷人民调解委员会、商标品牌培育指导站、知识产权保护工作站等多个知识产权公共服务网点，形成点面结合、纵横成面的公共服务网络体系，为超1600家创新主体提供就近的知识产权公共服务，打通公共服务供给“最后一公里”。至年底，全市建成50个知识产权公共服务网点及节点。年内，佛山市获批设立国家知识产权局商标业务佛山受理窗口，与专利、版权、公证服务共同运作，建成全省首个集专利预审、专利咨询、商标业务受理、知识产权维权援助、海外纠纷应对、版权登记、公证服务七大功能于一体的综合性业务窗口。打造“商约星期四”品牌，面向中小微企业精准开展知识产权信息公共服务，加强中小微企业知识产权创造运用能力。全年全市受理窗口受理商标业务2101件，累计受理商标专用权质权登记类业务3件，质押登记金额1715.84万元。在全国同期批复设立的19个商标业务受理窗口中，佛山综合业务受理量排名第二位。打造“互联网 + 知识产权公共服务”模式，建设佛山市知识产权信息公共服务平台，整合各类地方知识产权公共服务资源和知识产权业务端口，实现本地化知识产权“一网通办”。启用预审管理平台，实现预审备案和业务办理“零见面、零跑动”。印发《佛山市知识产权智库惠企专项行动方案》，为专精特新、创新型中小企业和高新技术企业提供知识产权智库公共服务。

（佛山市司法局；佛山市市场监管局）

【惠州法治化营商环境建设】2022年，惠州市优化市场化法治化国际化营商环境。加强优化营商环境组织领导，成立由市委、市政府主要领导担任双组长的市全面优化营商环境领导小组。出台《惠州市2022年优化营商环境工作清单》《惠州市提升政务服务优化营商环境十项措施》，推动全市营商环境评价指标持续提升。复制推广广东自贸试验区创新经验，出台《中国（广东）自由贸易试验区惠州联动发展区建设实施方案》，推动48项改革创新事项在联动发展区复制落地，探索开展差异化自主创新。加快推进要素市场化配置改革，出台《惠州市构建更加完善的要素市场化配置体制机制的实施方案》，资源要素配置更加高效。实施《市场准入负面清单》，规范市场准入行政许可行为。提升政务服务水平，深化解决企业困难“直通车”工作，打造企业办事“绿色通道”。实行企业开办全流程“一次办好”、一个工作日办结。与省内外25个地市实现2705项事项“跨省通办”、1527项事项“跨城通办”。全年新增市场主体13.52万家，其中企业6.31万家，比上年增长7.64%。

是年，惠州市强化协调运行保障，着力推动口岸运行、贸易管理、商贸服务、商务交流、法治政府、安全生产等工作落实到位。做好口岸运行建设工作，全年口岸进出口货运量3519.23万吨，进出口集装箱58719标准箱，入出境船舶2661艘次，入出境服务员工3.85万人次；惠州港口岸荃湾港区5万吨级石化码头通过省级验收；国际贸易“单一窗口”货物、水运和运输工具申报31937单，以“惠盐组合港”方式通关货物7796标准箱。做好贸易管理服务工作，仲恺高新区国家外贸转型升级基地（电子信息）通过商务部评审认定，成为提质增效示范园区。

〔惠州市档案馆（惠州市人民政府地方志办公室）〕

【东莞法治化营商环境建设】2022年，东莞市持续优化法治化营商环境。印发《东莞市深化“放管服”改革持续优化营商环境2022年实施方案》，拟订120项举措大力推动营商环境优化。组织开展整治影响破坏营商环境突出问题等19项任务，全市查处群众身边腐败和作风问题195件，处分216人。推动法院出台并落实“稳企保链二十条”，办结商事案件8.3万件，平均审理用时缩短9.2天。指导检察院探索推进涉案企业合规改革。统筹政法机关严惩生产销售伪劣产品、金融诈骗等破坏市场经济秩序犯罪，建立知识产权检察办公室，加强知识产权综合保护，依法维护经济社会发展秩序。开展“以法兴企”文化沙龙活动、商务法律服务月和企业“法治体检”公益活动，帮助企业防范风险。

（东莞市人民政府地方志办公室）

【中山法治化营商环境建设】2022年，中山市持续优化法治化营商环境。

政务服务效能提升　推动不动产抵押领域实现与港澳“跨境通办”，商业贷款和公积金贷款实现“一次审批”。全市3300项政务服务事项实现100%网上可办；450项高频政务服务事项实现“全城通办”，超290项事项实现“湾区通办”“省内通办”，129项事项实现“跨省通办”。在广东政务服务网上线中山市“一照通行”涉企审批服务事项暨“一网通办”中山专区，上线运行37项涉企审批服务改革事项。5月17日，中山市发出全省首张符合交通运输部标准的网络预约出租汽车道路运输证电子证照，交通运输企业和从业人员可通过手机出示证照。

群众企业诉求渠道畅通　推出中山市“中易办”企业服务平台，通过设置多维度政策资讯企业标签和政策标签、开通挂点企业“资讯推送”“代企下单”“诉求督办”功能等，加强诉求处置、政策推送、企业服务的精准性。11月1日，中山“12345”政务服务便民热线与“110”报警服务台非警务警情分流联动机制启动，实现“一号受理、协同联动”。落实企业诉求“马上办”，对投诉、举报、求助类工单实行100%电话回访，企业疑难诉求平均处理时长压缩至4.2天。

“安商惠企”优化服务　是年8月19日，中山市涉案企业合规改革工作推进会暨第三方监督评估机制管理委员会成立大会召开，推进涉案企业合规改革试点工作。创设湾区西岸（中山）经贸法律服务中心，提供综合性经贸法律服务，在年度全市国家机关“谁执法谁普法”履职报告评议中获优秀等次。市检察院联合市工商联等11家单位建立第三方监督评估机制，办理涉企业合规案件14件，第三方监督评估机制适用率居全省第二位。办理妨害企业生产经营犯罪

551人，比上年增长68%。对涉案企业家或高管不捕不诉189人，建议判处缓刑122人。加强涉企诉讼活动监督，推进涉民营企业刑事案件"挂案"专项清理活动，纠正以刑事案件插手民事、经济纠纷，监督公安机关撤销涉企业犯罪案件64件。维护金融安全，起诉涉破坏金融管理秩序、金融诈骗、洗钱犯罪等34人，追赃挽损4698万元。深化诉源治理，重点针对涉寄递和生产行业存在的监管漏洞发出检察建议。

（中山市人民政府地方志办公室）

【江门法治化营商环境建设】2022年，江门市完成行政执法信息平台本地化改造，在广东省内率先完成行政执法信息平台与"12345"政务服务便民热线对接，实现12345案源自动推送至基层执法人员，推动办理时限由2个工作日缩短到1个小时内；在广东省率先上线非现场执法系统，实现巡查、笔录、查证、备案全过程"云上办"。

是年，江门市建设公共法律服务中心，整合法律咨询、法律援助、公证服务、司法鉴定、人民调解、行政复议等服务资源纳入平台窗口，为企业和群众提供"一站式、窗口化、综合性"公共法律服务。全年全市公法中心受理法律咨询1209件、法援案件499件、公证业务2830件〔国内1381件（其中涉港澳台56件）、涉外1449件〕、知识产权案件115件。发布《关于支持和服务民营经济高质量发展为民营企业营造良好法治环境的工作意见》，通过完善法治制度体系、推进严格规范公正文明执法、优化涉企公共法律服务水平、法治宣传引导民营企业依法经营依法治企4个方面举措，营造民营企业高质量发展法治环境。推出"一证即办"公证办理模式，把区块链技术应用于公共法律服务领域，将公证处与政府部门业务系统直接对接，获取相关证明信息，精简公证事项办理材料清单，缩短办证周期，有效解决企业和群众来回跑、办证慢、核实难等问题，被江门市评为系统推进流程再造打造湾区服务高地优秀案例。

是年，江门市结合开展的律师进工业园区、进商会协会工作，组织律师事务所、法律工作者免费为民营企业特别是中小微民营企业开展"法治体检"服务，通过座谈交流、查阅资料、审查合同等方式为企业进行风险点筛查，帮助梳理经营管理中存在的各类法律问题，有效化解隐患，促进中小微企业良性发展，营造依法经营的良好法治氛围。全年全市律师走访企业300多家，提供法律咨询1700多次，为企业开展法律宣传、"法治体检"150多场次，帮助企业审查修订合同100多份，向企业开展法治宣讲200多场次。推广应用"粤商通"平台新增模块——"江门市中小微企业诉求快速响应平台"，为中小微企业提供"诉求随时提、响应马上通"服务体验。全市律师主动上门宣传推广快速响应平台；各县（市、区）司法局用好快速响应平台，及时为企业解惑答疑。蓬江区司法局利用工单协调处理机制，实时关注、快速响应企业法律服务需求，提供7×24小时全天候服务，解决企业生产经营活动中的法律难题。是年7月，蓬江区司法局通过"粤商通"平台完成服务企业工单3件，均获满意答复。

（江门市政务服务数据管理局；江门市司法局）

【肇庆法治化营商环境建设】2022年，肇庆市印发《中共肇庆市委办公室 肇庆市人民政府办公室关于成立肇庆市优化营商环境工作领导小组的通知》，成立由市委、市政府主要领导双牵头的市优化营商环境工作领导小组。市委十三届二次全会审议通过《肇庆市关于优化营商环境提升服务企业能力水平的意见》，围绕打造开放包容的市场环境、构建高效便捷的政务环境、强化资源要素保障能力、营造风清气正的法治环境、营造尊商重企的人文环境5个方面提出20项措施。制定《2022年肇庆市优化营商环境提升服务企业能力水平举措分工方案》，提出112项量化任务。《2022年广东省营商环境评价报告》显示，肇庆市评价结果居全省第二档。

（肇庆市政务服务数据管理局）

【大湾区首个区块链赋强公证系统上线】2022年1月，广州公证处上线粤港澳大湾区首个区块链网络赋强公证系统，实现赋强公证业务网上办理，充分发挥“公证+科技”双重增信作用，推动金融安全质量变革、公证服务效能变革、公证发展动力变革。12月，在银行诉杨某的金融借款合同纠纷案件中，广州公证处参与诉前调解，最终双方通过区块链赋强公证系统签署《调解协议书》，由广州公证处对协议书赋予强制执行效力，成为公证处首次运用“诉前调解+赋强公证”出具的粤港澳大湾区首份基于区块链技术的网络赋强公证书。

2021年2月，司法部发布《关于开展网上办理赋予债权文书强制执行效力公证试点工作的通知（征求意见稿）》，明确在北京、广州、上海等20个省市开展首批试点工作，规范公证机构开展网络赋强公证办理业务。广州公证处区块链赋强公证系统通过区块链技术、数字签名技术、活体识别技术、网络视频通信技术等实现金融机构在公证处见证的区块链系统上签署合同，并在线申请网络赋强公证，公证员在线逐件审核相关公证申请，出具赋予强制执行效力公证文书，可有效防范金融违约风险，提升社会诉源治理水平，突出公证在防范和化解社会矛盾风险、推进国家诚信建设、提升社会治理能力现代化水平方面的作用。

【广州首个涉港澳商事多元解纷服务站揭牌】2022年8月30日，广州市越秀区涉港澳商事多元解纷服务站揭牌仪式在广州国际投资年会越秀专场举行。服务站设在粤港澳大湾区青年创新创业基地（越秀），日常工作由越秀区人民法院负责。服务站设法律咨询服务窗口，开设普法宣传栏，布展法律书籍、审判白皮书、普法宣传册等资料，聘任港澳律师成立港澳法律专家库，参与日常法律咨询，同步开展普法专题讲座。强化纠纷诉前调解，将港澳法律专家库成员全部聘任为区法院特邀调解员，根据调解员特长进行精准“派单”，对达成调解协议的，由法院提供司法确认，组织双方签署民事裁定书，实现诉讼纠纷源头化解。加强法治文化交流，建立粤港澳三地法治文化交流常态化机制，选取涉港澳商事纠纷典型案例向社会发布，定期组织内地与港澳法律人士、港澳企业代表召开法治交流座谈会，邀请粤港澳大湾区执业港澳律师、港澳法学专业学生旁听涉港澳商事案件审理，探讨三地法律异同。

（广州市人民政府地方志办公室）

【广东首家金融司法协同中心揭牌启用】2022年11月17日，广东省首家金融司法协同中心——佛山市顺德区金融司法协同中心在佛山新城中欧中心揭牌启用。该中心由顺德区法院、顺德区检察院、顺德区诉前和解中心、顺德区金融商协会分别派驻职能机构，旨在构建以金融司法为支撑，金融监管、金融调解、金融商协会自治为协同的一体化工作平台，推动司法机关与金融监管部门、金融商协会形成治理合力，推进前端诉源治理、中端多元解纷、末端高效审判“三端”无缝衔接。顺德区法院派驻金融审判执行团队，实行立案、缴费、保全、送达、庭审、执行一站通办、一网通办。顺德区检察院设置金融检察办公室，集刑事、民事、行政和公益诉讼四大检察职能于一体，与区法院金融审判庭保持沟通，及时接收并移送相关违法线索，引导公安机关开展前期侦查，促进民刑转化无缝对接。顺德区诉前和解中心设置工作站，建立金融纠纷专业调解员团队，加强诉调对接，实现非诉纠纷解决机制和诉讼机制无缝对接，降低纠纷解决周期和案件诉讼成本。顺德区金融商协会设置服务站，为金融机构到中心办事提供便企服务，加强与司法机关沟通，为金融机构风险管理和业务运营提供完善意见。

（佛山年鉴社）

【惠州市优化用电营商环境联席办揭牌】2022年11月28日，惠州市优化用电营商环境联席办公室揭牌仪式在惠州供电局举行，标志着惠州市优化用电营商环境联席工作机制实现实体化运作，是推广用电业务“四办”（主动办、线上办、联席办、一次办）的又一项里程碑式改革举措。该办公室由惠州市能源和重点项目局联合市自然资源局、市住房和城乡建设局、市发展和改革局、市工业和信息化局、市政务服务数据管理局、惠州供电局等单位组成，采用常态化联合办公、定期联合办公、不定时联合办公3种办公模式，旨在加强政企联动，沟通协调、研究解决全市在获得电力方面存在的难点问题，为企业办理用电业务提供政策支持和根本保障。

〔惠州市档案馆（惠州市人民政府地方志办公室）〕

【中山营商环境司法服务保障工作指引印发】2022年2月10日，中山市印发《中山市中级人民法院加强营商环境司法服务保障工作指引三十一条》。中山市两级法院围绕营造法治化营商环境、依法打击犯罪行为、发挥民商事审判职能、依法规范金融管理秩序、依法保障企业和员工权益、完善司法服务保障机制6个方面制定31条举措，加强对企业发展的司法保护，助力中山打造一流的法治化营商环境。根据指引，严格区分企业正当融资与非法集资、合同纠纷与合同诈骗、参与兼并重组与恶意侵占国有资产等界限，坚决防止把经济纠纷认定为刑事犯罪、把民事责任认定为刑事责任，维护企业和企业家合法财产不受侵犯、合法经营不受干扰。

按照指引，中山市开展清查整治超标的查封、乱查封行动，对企业提出异议复议的案件建立快速审查处理“绿色通道”，当事人对明显超出法律文书确定的数额和范围执行的、故意拖延执行的、违法执行案外人财产的等11种错误执行和失范执行的行为申请予以赔偿的，依法及时审查处理。对企业审慎采取查封、变现措施，优先考虑“活封”。支持中小微企业根据自身实际情况拓宽融资渠道，缓解中小微企业资金流动性压力。建立规上企业强制执行案件台账管理制度，加强规上企业及法定代表人强制执行案件监督指导，最大限度降低对企业生产经营的影响。（中山市人民政府地方志办公室）

·社会信用体系建设·

【概况】2022年，广东省创新监管方式，将信用广东建设作为全省首批创造型引领型改革任务。

加强信用分级分类监管　印发《加快推进重点领域信用建设 构建以信用为基础的新型监管机制实施方案》，在生态环境、工程建设、交通运输、劳动就业等31个重点领域开展信用分级分类监管。推动在工程建设项目、财政资金补贴、公务员招录调任等重点领域全面推广信用核查制度，在全国率先推行信用报告代替企业无违法违规证明改革，累计出具报告4万多份，方便企业免办理相关证明40万次。夯实信用基础设施建设，推进信用广东平台2.0升级改造，纵向联通信用中国平台和21个地级以上市信用平台，横向联通47个部门行业监管平台，支撑399个业务系统开展信用应用，归集信用数据187亿条，覆盖全省1600多万家市场主体，数据总量持续居全国首位。

全面推行“双随机、一公开”监管方式　加大对实行政府审批、核准的投资项目监管力度，印发2022年度“双随机、一公开”监管工作计划，明确将2021年度广东省发展改革委转下达的中央预算内投资项目和核准、备案管理的187个企业投资项目纳入随机抽查范围。在工程建设项目招投标领域全面推行“双随机、一公开”监管模式，加大信用评价结果在招投标领域的运用，完善部门协调联动监管机制，确保不同地区、不同所有制企业平等参与市场竞争。进一步优化《行政执法案卷评查工作规则》，对企业投资项目行政执法案卷进行全面评查，针对发现的共性问题，及时制定《企业投资核准项目归档材料目录指引》，指导规范行政执法案卷归档管理工作。

强化信用服务实体经济功能　创新发展信

用经济，研究制定促进信用服务市场发展的政策举措，在广州、深圳、惠州、东莞开展信用建设服务实体经济发展试点，探索信用建设服务实体经济发展的新模式、新路径，相关经验被国家发展改革委推广。持续推广“信易贷”平台，全省发放信用贷款余额超4万亿元。大力推广信用服务实体经济“信易+”模式，拓展“信用+电子保函”，减少占用企业资金180亿元；开发“信易游”，惠及全省1600多万名志愿者。

（广东省发展改革委）

【广州社会信用体系建设】2022年，广州市积极推动社会信用体系建设。在全国率先研发跨部门、跨领域信用风险分类指标，在国家发展改革委开展的全国36个省会及副省级以上城市信用状况监测中，广州排名保持前列。深入推进企业信用风险分类监管，构建“信用风险分类管理+”智慧监管模式，印发《关于在“双随机、一公开”监管全面应用企业信用风险分类结果的通知》，将企业信用风险分类结果向全市行政执法部门开放共享共用，对不同信用风险等级的企业实施差异化监管，有效提升抽查靶向性和监管效能；优化南沙自贸片区市场监管和企业信用信息平台，深化涉企信用信息互联互通、共享应用，创新推进部门联合“双随机、一公开”监管、企业信用风险分类管理。加大企业融资难融资贵问题缓解力度，全市普惠贷款风险补偿机制投放信用类贷款约1080亿元，惠及小微市场主体13.6万家。加快“信用+风险”税务监管等试点改革任务落地，修订《广州市公共信用信息管理规定》，实施企业公共信用综合评价，打造“一区一品牌”信用建设工程，开展信用街镇（园区）建设试点。加强政府部门涉企信息数据归集公示，至是年底累计在国家企业信用信息公示系统公示各有关行政管理部门登记备案、行政许可、行政处罚、抽查检查等信息1091万条，广州市“助力社会信用体系建设，深化承诺制信任审批——广州市黄埔区、广州开发区推行承诺制信任审批制度”获第六届“法治政府奖提名奖”，5个案例获评第三届“新华信用杯”全国优秀信用案例。统筹提升社会信用建设质量和水平，印发《深化重点领域信用建设构建完善以信用为基础的新型监管机制实施方案》《广州市开展信用领域突出问题专项治理工作方案（2022—2023年）》《广州市失信惩戒措施部门工作指引（2022年版）》，制定《广州市企业公共信用综合评价管理办法（试行）》和评分细则，推动修订《广州市公共信用信息管理规定》。建设广州城市大数据平台，“信用广州”建设持续走在全国前列，全年累计发布信息2179万条，向社会提供信用信息查询、异议处理、信用修复等服务，广州“信易贷”平台被纳入国家级信用信息共享试点。

加快建立健全全方位、多层次、立体化监管体系，实现事前事中事后全链条全领域监管。按照“一网归集、全国公示”要求，全方位、多渠道归集涉企信息1087万条，及时向社会公众提示交易风险。实现跨部门行政处罚信息信用修复“一窗受理、同步修复”，完成146966条行政处罚信息信用修复和公示停止，解决市场主体行政处罚信息信用修复“多头办理、多次跑动”问题。研究制定《南沙区集群注册企业信用风险分类管理办法》，完成对南沙特色（集群注册）企业信用风险指标体系建设。印发实施《广州市市场监督管理局重点行业企业“白名单”管理办法（试行）》，大力扶持企业发展。

（广州市发展改革委；广州市市场监管局）

【深圳构建诚实守信社会环境】2022年，深圳市推动全面构建诚实守信社会环境工作。在全国率先实现机关群团统一社会信用代码赋码、事业单位法人登记“全市域通办”。12月29日，《深圳经济特区社会信用条例》经深圳市第七届人民代表大会常务委员会第十四次会议通过，自2023年3月1日起施行，是全国第一部市场监管主导的社会信用条例。该条例突出社会信用体系建设，强调统筹推进政务诚信、司法公信等重点领域诚信建设，加强诚信教育宣传、信用学科建设和人才培养等；规范信用信息管理，明确处理信用信息的原则和规则，构建以公共信用信息目录制管理为基础的公共信用信息管理制度等；强化信用主体权益保护，丰富实现知情权的具体路径，如确立“不良信用评价的通知规则”，允许不将表彰奖励、志愿服务等信息记入信用记录，规定信用主体可依法查询或者授权他人查询其信用信息和信用评价等；规范公共信用信息异议申请和处理，优化信用监管制度，实现政务服务事项信用承诺制度，规范实施失信惩戒，构建信用修复机制。

（深圳市人民政府地方志办公室）

【珠海社会信用体系建设】2022年，珠海市制定《2022年珠海市社会信用体系建设工作要点》，建立市信用平台网站安全管理机制，印发《珠海市信用平台网站安全管理工作方案》。全国信用信息共享平台（广东珠海）覆盖全市，为政府部门建立账号56个，数据量1.3亿条。强化“双公示”信用信息归集共享，数据累计归集367.7万条，总体达标率98.82%（其中，合规率均值99.97%，及时率均值99.46%，非标数据整改率均值100%，疑问数据确认率均值100%，瞒报率均值2.73%）。整合全市信用档案，包括企业23.4万家、个体工商户23万家、机关事业单位2200多家、社会组织2600多家、自然人296.6万个；归集国家信用奖惩对象名单10类，包括重点人群7类、重点机构3类，归集信用承诺书38.5万份。建立加强信用信息共享应用促进中小微企业融资工作协调机制，明确各相关单位工作职责，强化涉企信用信息归集共享和应用。出台市级联合奖惩实施方案，开发联合奖惩子系统，实现“信用奖惩、一键联办”便捷模式；建立信用信息查询使用机制，将市信用平台联合奖惩模块嵌入部门审批工作流程中，实现联合奖惩发起响应、信息推送、执行反馈等全流程闭环管理。梳理联合奖惩合作备忘录51个，嵌入措施清单1204项，归集部门联合奖惩执行情况1339份。完成市级公共信用信息报告改版工作，信用网站提供公共信用信息“一站式”查询服务，至年底累计为企业提供在线打印信用报告服务1.07万次，线下信用服务窗口打印企业信用报告6184份，信用报告查询接口提供调用信用报告服务2.64万次。印发《珠海市2022年社会信用体系建设宣传活动方案》，开展信用政策宣讲会暨信用风险管理专题辅导宣传活动，在线上、线下召开信用专题座谈会11场，重点宣讲信用服务企业等内容。组织开展“诚信知识有奖问答”，引导群众主动了解信用知识。多形式开展“诚信建设进校园”活动，在7所学校组织诚信教育主题班会、国旗下讲话、“诚信考试”签名承诺、诚信辩论会等宣传活动，建立诚信教育长效机制。（珠海市发展和改革局邹茜成）

【佛山社会信用体系建设】2022年，佛山市继续推进社会信用体系建设。以佛山市公共信用信息管理系统为抓手，构建起“一个平台、两个网站、三套目录、四个主体库”的信用平台架构体系。至年底，佛山市公共信用信息管理系统归集信息734类11.55亿条。佛山市信用平台累计归集企业信用承诺221万条，依托数字人事系统建立公务员诚信档案3.13万份，开展公务员社会信用记录核查725次。是年，佛山市信用平台获评广东省“示范平台网站”。推动政府合同履约监管，强化政府履约践诺行为，全年归集合同履约信息38.7万条，涉及公共资源交易、工程建设、住房公积金、煤炭4个领域。开展政府部门和国有企业清欠工作，还款额度占欠款总额的比例为100%。构建“行业监管+综合监管+智慧监管”新型监管体系，完善以“双随机、一公开”监管为基本手段、重点监管为补充、信用监管为基础的新型监管机制，在生产、流通、金融、税务等69个行业细分领域实现信用分级分类监管。强化“信用+监管”新型监管模式，将信用信息查询和实施联合奖惩作为必要环节嵌入行政审批、事中事后监管、公共资源交易等业务流程。更新推送全国“红黑名单”数据700多万条至“一门式一网式”政务服务系统、全市政府扶持企业资金审批系统、市公共资源交易系统等10个审批服务系统，实现信用信息查询和实施联合奖惩精准化应用。市、区两级政务服务大厅全部接入佛山市信用平台，实现所有审批事项信用全流程监管。全市有27个部门247项事项601项材料实现容缺办理。在户籍管理、市场主体准营等多个领域实施告知承诺制，推行预约办、免证办、容缺办制度。在全国首创“守信快批”，入选广东省营商环境评价典型经验和创新举措。完善企业公共信用综合评价体系，对全市130万家企业开展企业信用综合评价，评价结果在行政审批、市场监管、公共资源交易等领域应用441万次。实现“粤信融”佛山平台与市信用平台互联互通，依托市信用平台累计推送47个部门9119万条数据，实现企业社保、纳税、公积金、水电气等数据全覆盖。至是年底，“粤信融”佛山平台累计注册企业18.2万家，成功签订授信合同企业3.1万家，银企融资撮合31055笔、总额2884亿元。以“信用赋能、企业画像、一键对接、融资配套”为特色，搭建市中小企业融资综合信用服务平台。深入推进“信用奖惩、一键搞定”广东省试点工作，定期更新全国“红黑名单”并推送至10个综合业务系统，累计开展信用核查924万次，反馈联合奖惩案例6万多个，7435家市场主体完成信用修复。佛山市企业信用调解委员会累计为企业追回欠款5106.7万元，签订还款承诺6026.04万元。

（佛山市发展改革局；佛山市政务服务数据管理局）

【惠州完善社会信用制度】2022年，惠州市完成广东省信用建设服务实体经济试点任务，出台守信激励服务实体经济十条措施，在行政审批、园区入驻、融资贷款等方面对诚信主体及法定代表人实施信用激励。上线企业信用风险评估平台，对全市市场主体开展全覆盖评价。上线“惠信码”平台，4万多人领取“惠信码”，352个机构入驻平台，归集荣誉信息近5.7万条。推动全国“信易贷”平台、“粤信融”平台和省“中小融”平台落地惠州，上线惠州市中小企业融资信用服务平台，企业信用贷款余额超1100亿元。

是年，惠州市作为广东省信用建设服务实体经济发展试点唯一地级市，推广搭建“珠三角征信链”和“农融通”平台，鼓励更多金融机构上“链”应用，将更多资源配置到绿色低碳领域，更好支持农户和各类农业经营主体融资发展。密切监测全辖普惠小微贷款和首贷、信用贷款发放情况，发挥“粤信融”平台数据挖掘信用、信用赋能金融、金融普惠大众的作用，为征信白户企业提供政策咨询、融资辅导、信用增进、抵押登记等多元金融服务，支持金融机构通过“粤信融”平台为小微企业发放首贷、信用贷款，确保首贷、信用贷款比上年增长50%。制定印发《广东省信用村“整村授信”实施指引（试行）》，印发《惠州市信用村整村授信行动方案》，至年底，全市612个信用村开展“整村授信”，授信金额121亿元，用信笔数2.2万笔，惠及涉农主体1.9万家。其中，首次贷款3800笔，金额6亿元；信用贷款2万笔，金额15亿元。

〔惠州市档案馆（惠州市人民政府地方志办公室）〕

【东莞社会信用体系建设】2022年，东莞市创建全国社会信用体系建设示范区。在广东省地级市中率先开展信用立法工作，研究起草《东莞市社会信用条例》，从地方法规层面对信用建设进行部署，强化信用建设法制保障。扩大查询使用信用报告领域，在行政审批、政府采购、市场准入、资格审核认定等行政管理和政务服务事项中积极查询使用信用报告。实施破解信用证明难改革，在26个领域以信用报告代替无违法违规证明。开发建设东莞“信易贷”平台，为银企融资服务对接提供新渠道，平台获评2022年度全国中小企业融资综合信用服务特色平台。探索信用监管办法，对全市司法鉴定机构2021年度诚信执业情况进行测试性评估。城市信用状况监测排名升至全国地级市第四位，是参加监测排名以来的最好成绩。

对企业投保境外投资信用保险等涉及“走出去”投资业务给予财政支持，为“走出去”企业投资规避风险拓展市场保驾护航，全年资助3家企业约22万元。在中央资金扶持政策方面，资助6家企业约424万元。与中国出口信用保险公司广东分公司合作，引导企业应用出口信用保险产品与服务。建立信用培育专员机制，对有意愿参与AEO（Authorized Economic Operator，经认证的经营者）培育的企业实行“线上+线下”精准培育，了解并掌握相关企业在晋升信用等级方面的困难、诉求和顾虑，同时配备企业协调员进行政策解读、业务答疑和咨询服务，帮助更多企业成为海关高级认证企业，享受高信用带来的便利，企业活力及竞争力持续提升。

（东莞市人民政府地方志办公室）

【中山社会信用体系建设】2022年，中山市从信用监管、惠民便企、社会治理等方面助力营商环境全面优化。中山市被广东省推荐列入社会信用体系建设示范创建城市，“信易+”、信用促进中小微企业融资等工作获得国家、广东省认可，《信用赋能 助力中山营商环境优化》经验材料向全国推广。提升信用信息归集共享水平，中山市公共信用信息管理系统采集33个部门、23个镇（街道）、184个数据主题、2.3亿条信用数据及191万条行政许可、行政处罚“双公示”数据，及时率、合格率居全省前列。促进中小微企业融资，实现企业社保、纳税、公积金、水、电、气、仓储物流、知识产权8类6000万条信用信息归集，并推送至全国“信易贷”平台。

提高信用分级分类监管效能 在交通、建筑、烟草、食品餐饮、税务等58个领域开展信用分级分类监管。实现“信用+住建监管”，通过“诚信管理办法+诚信记分办法+诚信记分标准+诚信管理平台”实现建设工程、房地产、物业管理3个领域联动信用监管，创新实现房地产开发企业按自身诚信等级提取不同比例的预售款用于支付工程进度费用。实现“信用+烟草监管”，搭建烟草“信用信息管理平台”，建立信用分类管理体系，以卷烟零售客户信用信息数据库为依据，出台信用等级评定管理办法，统一卷烟零售商信用等级评价标准，为全国以信用规范烟草零售市场探索可复制经验。实现“信用+出租车监管”，在全国率先实施“出租车服务+收入诚信考核”，推动出租车行业监管改革创新，被交通运输部办公厅纳入加强信用监管推动交通运输新业态规范健康发展创新经验做法予以全国推广。按照“双随机、一公开”监管要求，随机抽查企业84家，其中部门联合抽查企业40家，发出责令改正通知书8份，向有关执法部门移送涉嫌违法案件线索7条。落实《中山市商务领域免于行政检查和减少行政检查频次清单（试行）》，对符合清单条件的市场主体、行业领域在该年度免于行政检查或减少行政检查频次。创新建立信用中台，通过建设中山市信用体系支撑平台，实现信用评价指标标准化，应用于行业信用模型建立和信用监管。以工程车运输企业信用监管为试点，利用中台实现行业数据归集、信用评价、差别化监管等功能，并复制应用于其他行业，以解决行业信息化程度不一致的状况。

创新开拓信用信息应用服务场景 推动“信易贷”工作，缓解企业融资难、融资贵问题，依托全国“信易贷”平台（中山站），注册企业18.37万家，入驻金融机构63个，通过平台累计发放贷款12.8亿元，其中信用贷款5.2亿元。创新开展信易保工作，创建“信易保”电子保函服务平台，累计开具保函8.44万份，为投标企业免除缴交保证金209.52亿元，其中为774家红名单企业节省保证金总额59.02亿元，减免保单费用197.61万元。以信用数据和信用承诺为支撑，打造“信用+用电”惠企应用场景，创新供电服务模式，降低办电成本，提升守信用电主体办电效率，规范用电行为。

开展跨部门联合奖惩工作 建成信用联合奖惩应用系统并嵌入政务服务网、公共资源交易等系统，做到“逢办必查”，至是年底，有

2708 项行政管理事项调用联合奖惩查询接口，开展联合奖惩核查 150 万次，形成联合激励案例 2710 个。将联合奖惩机制应用于产业扶持资金发放领域，对列入红名单的主体优先发放资金。

弘扬诚信文化　开展网络诚信宣传活动，发动全市 30 个业务主管部门通过各网络平台推出“我爱我网——网络诚信齐参与”专题宣讲，制作《广东省社会信用条例》、联合奖惩典型案例专题宣讲系列短视频；动员全市各行业企业参与网络诚信签名“我守信、我承诺”电子海报，收集企业承诺书 1000 份；发动全市各中小学校于是年 9 月开展“与诚信同行”主题教育活动 80 场；组织“诚信建设万里行”之进社区活动 50 场。　　（中山市人民政府地方志办公室）

【江门社会信用体系建设】2022 年，江门市扩大信用分级分类监管覆盖面。依托信用信息平台，将分级分类监管由工程建设、交通、税务、食品等重点领域拓展至粮食安全、电子商务、金融监管等领域。规范合同履约信息管理。推动政府采购合同信息归集覆盖市县两级，加强电煤中长期合同履约监管并在线公示，同时推动行政、房建工程、市政工程等合同归集。每月通报政务诚信监测、“双公示”信用信息、“信易贷”等情况，将社会信用体系建设工作纳入“法治江门”年度考核体系。江门市公共信用信息平台网站获广东省示范性平台网站称号，排名全省第四位。

开展“信易＋”工作　是年，江门市各部门探索将信用建设与本职工作相结合，助力“放管服”改革。市交通运输局开展“信易行”，在全市市民交通出行方面探索推行用户信用激励机制。市义工联通过“信易＋购”，激励义工参与义工活动。市行政服务中心及有关审批部门对诚信典型和连续 3 年无不良信用记录的行政相对人推行“绿色通道”“容缺受理”。在建筑业企业信用管理方面，市住房城乡建设局对信用记录良好的企业提供招标投标、项目承发包、资质申报等工作优先扶持；在工程招投标领域推出“电子保函服务”，减轻企业投标成本和经营负担。市税务局开展“银税互动”，加强与金融监管、银行业金融机构的沟通协作，探索增值纳税信用社会化成果应用。江门海关推动“信易＋通关”，从优先办理、减少监管频次、降低通关成本、缩短办理时间、优化服务方面提出 22 条措施，对高信用企业予以政策支持。推动“信易贷”工作。印发《2022 年江门市推广运用“信易贷”指导性计划》。是年，江门市“信易贷”授信额度由年初的 96.49 亿元提高至年末的 168 亿元，注册企业由年初的 4464 家增加至年末的 62294 家。

创新地方特色信用应用　是年，江门市通过信用信息平台，助力数据要素市场化配置改革。发出全国首张“自然人参保缴费”公共数据资产凭证；助力打造广东省唯一的食品经营许可告知承诺制试点市。通过运用信用数据，江门市创新推出基于企业缴纳电费信用的“电力贷”，大力推广依托政府采购信用的“政采贷”，在广东省率先推出质量荣誉转为信用评价的“侨都质量贷”。开展江门—澳门金融领域企业信用评级并制定评级标准，促成澳门大丰银行通过第三方信用评级机构为江门企业发放首笔信贷额度，该课题研究获北京大学 2022 年度中国信用建设论文评选一等奖。重点培育海关 AEO（经认证的经营者）高级认证企业，并纳入信用信息平台管理，助力江门海关出口通关率稳居全国首位。在房地产预售、公共就业服务和失业登记等环节推行“告知承诺制”，助力江门市行政服务中心获评广东省 2022 年标杆大厅。市发展和改革局与市中级人民法院签订合作框架协议，实行信息共享，府院联动实现失信被执行人数持续下降。

开展电子商务信用认证　是年，江门市推进中国（江门）跨境电子商务综合试验区“二平台六体系”建设，编制《江门电商信用信息归集管理办法（试行）》《江门市电商信用分级分类监管办法（试行）》《江门市电商信用认证管理办法（试行）》等系列管理办法，建成江门市电子商务信用平台和电子商务企业信用数据库，开展江门市电子商务企业信用认证工作。6月11日，首批“江门市电子商务信用认证企业”授牌仪式在“粤贸全国·2022第三届江门直播节”启动会上举行，24家江门电商企业获认证。

（江门市发展和改革局；江门海关；江门市商务局）

【肇庆社会信用体系建设】2022年，肇庆市完成市信用平台四期建设，归集市、县两级约4.76亿条信息，比上年增长53.55%。在“信用肇庆”网发布行政许可和行政处罚信息189万条，全年“双公示”信息总体达标率98.73%，比上年提高4.1个百分点。在国家城市信用状况监测中，肇庆市综合信用指数居广东省地级市第二位，《以碳信用为企业降本增信 在全国率先探索碳金融发展新场景》获第四届“新华信用杯”优秀案例奖。扎实推进广东省信用联合奖惩试点工作，肇庆市各业务系统调用信用查询接口14031次，比上年增长13.89%，在行政管理工作中实行公共信用信息查询制度，各地各部门在市信用平台查询公共信用信息2.92万次，社会公众在“信用肇庆”网查询公共信用信息108.26万次。健全信用承诺机制，在“信用肇庆”网公示承诺书93万份，为信用状况较好的申请人开通“容缺受理”绿色审批通道。在税务、海关、食品、药品、卫生等行业实施信用分类管理，根据信用等级高低采用不同的监管抽查比例和频次。推动“信易+”，肇庆市通过全国“信易贷”平台发放贷款149.08亿元，居全省第四位。依托市信用平台打造肇庆市中小企业融资综合信用服务平台并于是年11月上线，27家银行机构入驻平台、发布产品。依托市公共资源交易平台建成电子保函平台，全市使用电子保函的建设工程类项目投标企业累计节省保证金8939.9万元；推动“信易收”暖企服务，成功协调受理案件2061件，成功调解893件。是年，全市开展诚信宣传活动2142场，在全国地级市中居首位。（肇庆市发展和改革局）

【广州商务楼宇“信用走廊”案例获评全国优秀信用案例】2022年1月28日，第三届“新华信用杯”全国信用案例征集暨信用应用场景优秀微视频征集活动评选结果公布，广州市越秀区商务楼宇“信用走廊”案例获评全国优秀信用案例。

是年，越秀区出台“信用走廊”建设工作方案，聚焦环市路、东风路沿线打造商务楼宇“信用走廊”，对入驻企业提供优惠扶持政策15项，构建政府、楼宇、信用服务机构共建共治共享的信用便企服务新模式。建立综合评定和服务退出机制，遴选优质信用服务机构的业务骨干担任“信用管家”。至年底，为37栋商务楼宇配备“信用管家”，受益企业超1万家。推行一楼一公示“信用管家”信息，实行24小时服务响应机制，提供信用报告查询、信用修复指导等公益性服务8项，以及出具信用报告、信用评估等市场化服务5项。全年开展培训活动50多场次，提供各类信用服务200多次。开展“诚信示范楼宇”“诚信示范企业”评选，建立科学评审体系，组织专业信用服务机构、高等院校专家、人大代表、政协委员等组成评审专家团队，评选出“诚信示范楼宇”2栋、“诚信示范企业”10家。将评优情况作为守信数据纳入市场主体信用档案，联合浦发银行给予10亿元综合授信，推动信用便企惠民、信用服务实体经济。

（广州市人民政府地方志办公室）

【全国首张连锁餐饮企业直营门店“守信即批”食品经营许可证发出】2022年12月1日，佛山市市场监督管理局向百胜餐饮（广东）有限公司佛山季华园万科里餐厅发出全国首张连锁餐饮企业直营门店“守信即批”食品经营许可证（电子证照）。是日，该餐厅相关负责人在佛山市行政服务中心递交材料后，受理窗口人员现场审核申请材料，当场作出准予许可的决定。企业只需扫描营业执照上的二维码，即可查看许可信息、下载电子证照。在不改变审批门槛和监管要求的前提下，佛山市办理连锁餐饮企业直营门店食品经营许可时长从10个工作日压

缩为0.5个工作日内，最大限度降低企业因场地、人员、设备闲置产生的成本。（佛山年鉴社）

市场一体化建设

·投资便利化·

【概况】2022年，广东省印发《关于推进广东自贸试验区贸易投资便利化改革创新若干措施》，从支持港澳服务提供者投资设立旅行社等15个方面提出27条措施。是年，全省实际使用外资总额1819亿元，其中制造业使用外资额440.6亿元，比上年增长40.1%，占全省实际使用外资比重提升至24.2%，制造业实际使用外资遍布30个制造业大类。香港在广东省新设企业6602家，实际使用外资总额1530.8亿元，比上年增长6.9%，占全省实际使用外资总额的84.2%；澳门在广东省新设企业1946家，实际使用外资总额49.1亿元。巴斯夫一体化基地、埃克森美孚化工综合体等高质量重点外资制造业项目有序推进，其中巴斯夫一体化基地项目是全国重化工领域首个外商独资项目，也是德国企业在华投资规模最大的单体项目。举办首届粤港澳大湾区全球招商大会，达成项目853个，投资总额2.5万亿元。粤港澳商务和投资促进部门共同举办粤港澳大湾区投资机遇交流会。粤澳联合在澳门举办“粤澳经贸合作推介会—共创大湾区合作发展”活动，鼓励企业把握大湾区商机扩大投资。多次组织韩国、日本、中国澳门企业分别赴横琴、惠州等地市考察，组织有关地市、园区参加由商务部、韩国产业通商资源部、日本九州经济产业局共同举办的第20次泛黄海中日韩经济技术交流会议（线上）。出台“稳外贸11条和4条”，支持企业通过包机、代参展方式开拓多元化市场，畅通粤港跨境贸易通道，创新举办中国进出口商品交易会、中国国际高新技术成果交易会、中国国际航空航天博览会和超百场“粤贸全球”“粤贸全国”经贸活动。联合惠州市政府、韩国驻广州总领馆共同主办“中韩（惠州）产业园投资环境推介会”。举办汽车产业链供应链、新一代电子信息产业、新材料产业等系列云招商活动。组织开展“跨国企业看横琴”线上招商会、欧洲企业走进粤东线上招商会、广东省日资企业招商会、日资企业考察横琴等专题产业招商活动。（编辑部）

【广州投资环境优化】2022年，广州市优化外商投资公共服务，高端资源和大项目加速集聚。全年全市新洽谈产业招商项目4182个，比上年增长33%；签约项目1565个，增长35%；注册项目1767个，增长39%；注册项目协议投资总额11167.8亿元，增长5%；注册项目协议达产年产值（营收）17508.5亿元，增长17%。在穗投资的世界500强企业335家，投资项目1658个。以“投资广州　投资未来”为主题，举办第八届中国广州国际投资年会暨首届全球独角

2022年8月30日，第八届中国广州国际投资年会暨首届全球独角兽CEO大会在广州举办（广州日报社供稿）

兽 CEO 大会，会议规格和溢出效应均超往届。赴华东等地开展“带厂、带楼”招商推介，促成在谈汽车产业链项目 302 个，既签约或拟签约投资额 472.2 亿元。组团赴日本、韩国、德国、瑞士开展招商推介。建立市领导联系跨国公司直通车机制，首批纳入世界 500 强企业及行业龙头企业 98 家。印发央企招商工作方案，制定重点产业招商说明书，锁定跟进 435 家目标企业，服务 2000 多名高管入境便利化。实施“项目 + 专班 + 方案”导流滴灌举措，SKP、太古、华润万象城三大高端商贸业落户广州，华星光电 T9 项目投产，联合利华华南生产和营销基地、粤芯半导体等多个项目增资扩产。夯实外商投资服务体系，市领导对口联系 61 家重点外资企业，设立首批外商投资服务工作站，签署首个数字人民币赋能外资合作协议，出台促进外资高质量发展 20 条，召开重点跨国企业座谈会。发动独角兽企业积极引进外资，带动人工智能、健康科技等领域发展。

（广州市人民政府地方志办公室）

【深圳推进投资便利化】2022 年，《深圳经济特区外商投资条例》经深圳市第七届人民代表大会常务委员会第十一次会议通过，自 2022 年 11 月 1 日起施行。该条例在明确外商投资准入、提高外商投资便利、强化外商投资权益保障、提升政府公共服务等方面作出制度设计，以法治推进更高水平对外开放。条例明确外商投资工作部门职责要求；细化落实国家外商投资准入制度，进一步扩大利用外商投资规模、提升利用外商投资质量；完善外商投资便利化措施，鼓励外国投资者在经济特区内设立跨国公司地区总部和各类功能性机构，支持其升级为亚太总部、全球总部，并在公共服务供给以及外商投资企业办理跨境融资、资金结算等方面制定多项便利化措施；强化外商投资企业权益保障，回应外商投资企业关切，在知识产权保护、技术合作、举报投诉等方面作出相应规定；优化外商投资政务服务，优化办事流程、提高办事效率。是年 12 月 9 日，2022 深圳全球招商大会举行，采用“线上 + 线下”多维度招商方式，推动一批具有国际影响力和核心竞争力的重大项目落户。大会洽谈签约项目 315 个，涉及投资总额 8790 亿元；亚马逊、英特尔、海克斯康等 48 个项目现场集

·链接·

2022 年 6 月 6 日，《深圳市人民政府关于发展壮大战略性新兴产业集群和培育发展未来产业的意见》及一揽子配套政策公开发布，明确深圳重点发展战略性新兴产业重点细分领域，推动 20 个产业集群发展壮大；重点培育合成生物、区块链、细胞与基因、空天技术、脑科学与类脑智能、深地深海、可见光通信与光计算、量子信息 8 大未来产业。

2022 年 12 月 9 日，2022 深圳全球招商大会成功举行

（深圳市人民政府地方志办公室供稿）

中签约，项目涵盖新一代电子信息、数字与时尚、绿色低碳、生物医药与健康、海洋产业、现代服务业、金融业等领域。大会统筹组织1场主活动、12场区域招商大会、N场境外分会场和产业（行业）招商活动，在地域上涵盖深圳12个区域以及五大洲的16座城市，在领域上聚焦"20+8"产业集群和现代服务业。

（深圳市人民政府地方志办公室）

【珠海投资环境优化】2022年，珠海市实施招商引资攻坚行动。建立市"四套班子"领导牵头的链长制，产业集聚实现新突破，"4+3"产业集群产值4182亿元，比上年增长13.5%；其中新能源增长81.8%，高端装备制造增长13.1%，精细化工增长11.3%。"一盘棋"统筹全市招商工作，设立市招商署。与香港机场管理局签署合作谅解备忘录，成功举办粤港澳大湾区服务贸易大会，入选中国最具竞争力十大会展地级市，获评"商务吸引力领军城市"。全市新签约亿元以上产业项目578个，比上年增长3.07倍；计划投资2689亿元，增长1.22倍。新开工亿元以上产业项目363个，计划投资1522亿元。推动存量企业增资扩产，新增产值亿元以上企业24个。市属国有企业围绕产业新赛道布局，完成"以投促引"项目30个，总投资额82.2亿元。深化政府投资管理体制改革，推进事前绩效管理改革，节约财政资金72.1亿元，财政透明度排名全国第七位。构建金融"三张网"（血管网、信用网、法治网），增强金融服务实体经济能力，银行业金融机构贷款余额突破万亿元，制造业贷款余额突破千亿元，比上年增长78.9%（增速在全省排名第一位）。加强与粤港澳大湾区科技创新产业投资基金战略合作，与南京审计大学共建的珠海市地方金融风险监测中心挂牌运作。

（珠海市人民政府地方志办公室）

【佛山推进投资便利化】2022年，佛山市实施外商投资准入前国民待遇加负面清单管理制度，落实中央、省、市各级稳外资扶持奖励政策，在优化原市、区两级重点外资项目工作专班的基础上，成立佛山市稳外资工作专班，开展"一对一挂点式"跟踪服务工作，强化利用外资政策执行管理，服务保障重点外资项目落地经营，增强外资企业发展信心。印发《佛山市外商投资企业服务提质增效三年行动计划》，建立完善佛山市外商投资企业投诉工作机制，出台《佛山市外商投资企业投诉中心办事指南》，全面保护外商投资合法权益。是年，佛山市新批外商投资企业727家，比上年增长8.83%；实际使用外资73.14亿元，增长1.18倍。其中，香港在佛山投资设立外资企业403家，比上年增长48.16%，实际吸收外资金额61.11亿元，增长1.92倍；澳门在佛山投资设立外资企业90家，比上年增长18.42%，实际吸收外资金额5700万元，增长14.15倍。

中国人民银行佛山市中心支行推进优质企业贸易外汇收支便利化试点政策扩容提质，按照取消试点企业收支规模门槛以及降低试点银行外汇考核评级标准的要求，引导更多有意愿、有能力的银行和企业参与便利化试点业务。自2019年便利化试点业务在佛山落地以来至2022年末，辖内有7家银行机构的网点获准为19家企业开办贸易便利化业务，其中2022年新增企业10家、银行机构2家，办理业务2.26万笔，折合金额125.40亿美元，助推更多实体经济企业享受便捷金融服务，增加便利化试点银行服务供给。

（佛山市商务局；中国人民银行佛山市中心支行）

【惠州投资环境优化】2022年，惠州市贯彻落实《广东省优化营商环境条例》，深入推进营商环境改革，完善督查督导、特约监督员、问题梳理反馈等制度，压实各部门职责。编制《惠州市优化营商环境行动方案》，对全市营商环境开展一次全面"把脉问诊"，谋划惠州未来三年营商环境优化提升工作。建立外商投资项目审批"绿色通道"，全年全市实际利用外资总额104亿元，比上年增长39.8%。化解企业融资难题，风险补偿资金支持发放贷款总额166.6亿元，为3584家中小微企业减少贷款成本1.1亿元。金融机构本外币存贷款余额分别为8396.6亿元、9479.1亿元，新增制造业贷款余额390.8亿元、比上年增长32.3%。提升跨境投融资便利，拓宽跨境投融资渠道，跨境投融资便利化试点企业从高新技术企业扩大到高新技术企业和专精特新企业，便利化额度从500万美元增加到1000万美元。

〔惠州市档案馆（惠州市人民政府地方志办公室）〕

【东莞投资环境优化】2022年，东莞市组建RCEP（Regional Comprehensive Economic Partnership，即《区域全面经济伙伴关系协定》）企业综合服务中心，为企业提供政务审批、经贸合作、法律服务、关税筹划、金融保险服务等全链条全流程专业化服务。整理汇编《RCEP百问解答手册》、RCEP关税查询操作流程指引，开设RCEP培训和微课堂等，为企业提供"一对一"业务指导和精准服务。RCEP服务中心被广东省商务厅、广东省贸促会联合评为"省级RCEP企业服务中心"。成立"东莞市走出去企业之家"线上联盟，形成"横向+纵向"的部门、机构、企业多方联动平台机制，打通联系服务企业"最后一公里"。

完善招商引资政策机制，出台高质量产业招商三年（2022—2024年）行动计划，聚焦龙头企业领航、新兴产业倍增、增资扩产强基、外商投资提速、保障资源要素五大领域，形成"十四五"时期全市招商引资纲领性文件。印发实施《东莞市外商投资股权投资企业管理暂行办法》，推动首批外商投资股权投资企业合格境外有限合伙人（QFLP）试点项目落地，打通境外投资者参与境内投资渠道。修订《招商引资管理办法》，实现从评估咨询到落地达产全流程闭环管理。修订新型产业用地（M0）政策，新增用地向龙头企业和市属国企倾斜，着力打造一批高品质低成本空间载体。制定新增工业用地建设平台项目管理制度，实行"双准入"〔镇街（园区）申请资格和开发主体申请资格必须同时满足政策规定的准入要求〕机制和平台项目用地规模总量控制。

是年，东莞市制定"一企一策"差别化服务方案，指导企业结合产品、产业特点，运用原产地声明、原产地累积等规则，引导符合资质的企业申请认定为经核准出口商，助力企业享受关税优惠，为企业扩大生产、开展后续研发等提供保障。推动"智能审核"叠加"自助打印"签证便利化措施，畅通全天候、无接触服务渠道。完善"问题清零"机制，在海关业务现场建立RCEP专题咨询岗，及时帮助企业解决通关享惠等方面的问题。

（东莞市人民政府地方志办公室）

【中山推动投资便利化】2022年，中山市稳步推进外贸重点工作。做好各镇（街道）外贸指标测算和管理。加快保稳提质政策落实，用足用活用好中央、省、市各级促外贸稳增长政策，在市场开拓、出口信保、进口贴息等方面做到精准施策、加快兑付。全年累计审核入库及拨付中央、省、市各级促外贸稳增长扶持资金1亿元。12月2日，《中山市商务发展专项资金（促进对外贸易项目）实施细则（2022年修订）》印发，从支持企业投保出口信用保险、鼓励进口、鼓励企业提质升级、鼓励企业开拓国际市场、促进公平贸易、支持贸易摩擦应对研究等方面推动贸易高质量发展。制定市、镇两级100家重点外贸外资企业联系机制，由专人与企业对接跟踪政策落实工作。开展市场采购扶持资金申报工作，印发《中山市商务发展专项资金（外贸新型业态项目）申报指南》，按照"达标一批、拨付一批"原则兑付市场采购扶持资金。加强扶持政策宣传，召开2022年春晖惠企政策宣讲活动暨RCEP政策宣讲会等，帮助企业掌握政策新动态。召开中山市商务发展专项资金（促进对外贸易项目）实施细则及市场采购新政策宣讲视频会，覆盖企业160家。全年市场采购贸易方式试点出口金额38.8亿元，比上年增长1.06倍；全年市场采购系统平台备案外贸企业199家，备案商户2232家，采购商3064家。发挥出口信用保险政策作用，降低企业开拓国际市场风险，出口信用保险投保金额125.7亿美元，比上年增长18.5%，覆盖企业1891家。

（中山市人民政府地方志办公室）

【江门投资环境优化】2022年，江门市协助推动更多服务事项实现“跨湾区通办”，提高投资贸易便利化水平。落实华人华侨投资便利化政策，吸引更多港澳资项目落地江门。落实CEPA（内地与港澳关于建立更紧密经贸关系的安排）协议，为更多港澳人员提供就业、创业机会，发展生产性服务业。推进江港澳企业资质、人才职称互认，推进江港澳规则衔接、机制互通，推动江港澳三地人财物自由流动。是年6月，《江门市市场主体迁移登记工作实施方案》印发，旨在优化再造流程，便利市场主体迁移。主动对接港澳以及国际市场准入先进规则，全面实行准入前国民待遇加负面清单管理制度，服务港澳同胞、海外华侨华人投资江门。自9月26日起，江门市在全市范围内面向香港地区的非自然人投资者启用简化版公证文书，降低香港同胞在江门投资兴业成本。10月，《江门市市场主体住所登记管理办法》印发，放宽和规范各类市场主体住所登记条件，进一步释放场地资源。是年，江门市经批准的港资企业7745家，占全市总数的69.77%；新签约港商直接投资项目256个，比上年增长1.19%；港资企业实际吸收外资额22.64亿元，增长50.41%，占全市实际吸收外资总量的64.32%。新签约澳商直接投资项目66个，实际吸收外资额1.13亿元，比上年下降23.69%，占全市实际吸收外资总量的3.21%。在2022粤港澳大湾区全球招商大会上，江门市签约项目数和签约金额均居广东省第三位。

（江门市市场监管局；江门市商务局）

【肇庆投资环境优化】2022年，肇庆市进一步优化投资环境，构建党政协同大招商机制，联动各部门力量，打造一流营商环境。市外事局发挥自身职能，联合市投资促进局多次举办涉日、涉韩专场投资环境推介会；市教育局大力推进基础教育扩容提质，为产业人才发展提供保障和支撑；市金融局积极引进各类金融机构，如民生银行、省农担公司等，丰富金融生态，强化金融保障，形成全市招商引资“一盘棋”。建立全流程调度督导机制，由2021年对所有产业项目全覆盖转为着重调度督导制造业招商项目，对产业项目从在谈到增资扩产实施全流程管理和专项督导。是年，全市调度督导制造业招商项目568个，解决进展缓慢项目问题168个，累计有效推进项目165个。优化综合考评机制，首创积分制，首次为不同行业招商量身定做考评方案，以考评推动制造业发展步履坚实，能源业贡献持续增加，农业增势良好，服务业稳定发展。

（肇庆市人民政府地方志办公室）

【2022粤港澳大湾区全球招商大会】于2022年12月21日在广州市南沙区举行。该次大会由粤港澳三地政府联合举办，是粤港澳大湾区首次召开的全球性招商大会。大会以“投资大湾区，共创美好未来”为主题，集中展示大湾区建设成效，宣传横琴、前海和南沙等重大合作平台的开放创新举措和重大政策利好，全面展现大湾区的发展实力和潜力，并邀请海内外企业到大湾区投资兴业，共享湾区投资机遇和发展红利。大会吸引300多家跨国企业参会，现场宣布16名广东全球招商顾问和18家跨国公司地区总部企业名单，并遴选48个重大项目现场签约。大会达成合作项目853个、投资总额2.5万亿元，其中广州市南沙区签订3个重点项目，分别为三菱重工燃气轮机热部件研发生产基地项目、南沙澳门大健康及科技城项目、沃博联广药基金项目，总投资额超50亿元。

（广州市发展改革委）

【粤港澳大湾区投资机遇交流会】于2022年10月21日由广东省商务厅联合香港中联办经济部贸易处、澳门中联办经济部贸易处、香港投资推广署、澳门贸易投资促进局共同举办。粤港澳三地政府代表通过线上和线下结合方式，推介当地营商环境，邀请珠海横琴、深圳前海、广州南沙宣讲最新投资政策，企业和行业代表通过案例分享如何把握大湾区发展机遇。会议设有展示区，展现粤港澳大湾区城市的政策措施和投资机遇。

【粤澳经贸合作推介会】于2022年5月25—26日由广东省商务厅联合澳门贸易投资促进局在澳门举办。大会通过政策宣讲、营商环境推介、企业分享、商业配对、商务参观等方式，为粤澳两地企业提供多元合作交流平台，吸引两地商协会和企业代表150多人参会。会上，广东省商务厅就广东外商投资政策作专题宣讲，详细解读“外资十条”、“稳外资十二条”、跨国公司地区总部政策、研发中心支持政策和外商投资权益保护条例等，并在会议现场进行政策咨询和答疑。（广东省商务厅王晓宇）

【首批广州外商投资服务工作站揭牌】2022年5月27日，首批广州外商投资服务工作站揭牌。该批工作站由广州市商务局联合广州外商投资企业协会、广州开发区外商投资企业协会共同打造，为外资企业以及外商投资活动提供政策咨询、投资促进、诉求反映等公共服务，让外资企业更便捷享受舒适便利的服务保障。服务站以“市级+区级+园区/行业”的模式分批共建，逐步形成多点覆盖、精准服务的外资服务前沿阵地。（广州市商务局）

·贸易自由化·

【概况】2022年，广东省促进跨境贸易便利化工作取得积极成效。为贯彻落实海关总署等部委《关于进一步深化跨境贸易便利化改革优化口岸营商环境的通知》，印发《广东省进一步深化跨境贸易便利化改革优化口岸营商环境的若干措施》。印发促进跨境贸易便利化专项行动工作方案，建立省市联动、部门联动的协调联络工作组。是年，广东省优化口岸营商环境相关做法多次获国家口岸办《口岸简讯》刊发。推动降低进出口环节成本，是年，广州、深圳、湛江减免引航费超8000万元，推动港口、船代、理货等收费主体在全国口岸收费及服务信息发布系统公开收费标准。支持优化全流程通关，海关实施“提前申报、两步申报”“船边直提”“抵港直装”等改革，广东省进出口通关效率在沿海省市中位居前列。（广东省商务厅谭浩）

【广东口岸通关模式创新】2022年，广东省开展贸易便利化专项行动。印发《支持广州、深圳市开展2022年促进跨境贸易便利化专项行动方案》，推动海关总署部署的10项任务及广东省工作方案16项细化措施落地。印发《广东省进一步深化跨境贸易便利化改革优化口岸营商环境的若干措施的通知》，推动28条措施在全省落地。是年，广东省进口、出口整体通关时间为12.68小时、0.76小时，分别比2017年压缩74.4%、94.71%。深化国际贸易“单一窗口”建设，持续推广“单一窗口”标准版应用功能，至年底，全省累计上线国际贸易“单一窗口”标准版18个大类116项应用功能，上线广东“单一窗口”地方特色应用12个大类34项功能，累计申报单量超70亿单，注册用户数超22万个。横琴粤澳深度合作区通关模式创新，“一线”横琴口岸（二期）以及“二线”海关监管作业场所建设工作进展顺利；粤澳双方就“一线”横琴口岸客货车通道采用“合作查验、一次放行”（联合一站式）创新查验模式达成一致意见，测试通道建设完成并开展测试工作，“二线”海关监管作业场所基础设施建设有序推进。

（广东省商务厅丁学芝、谭浩）

【港澳跨境港元即时支付系统互通安排】2022年10月31日，“港澳跨境港元即时支付系统互通安排”实施，这是澳门金融管理局和香港金融管理局协调两地银行业界，满足港澳两地经济商务活动金融服务需求的重要举措。通过提供两地银行实施跨境港元资金结算平台，有效推进两地金融市场互联互通，更好融入粤港澳大湾区协同发展，更好回应港澳两地经济商务活动的金融服务需求。（澳门基金会）

【广州推进跨境贸易自由化】2022年，广州市开展跨境贸易便利化专项行动，印发实施《2022年广州市促进跨境贸易便利化工作方案》，落地实施并完成海关总署10项措施，优流程、降成本、压时间、提效率，提升口岸营商环境。举办广州港澳资企业投资营商环境交流会暨投资南沙政策宣讲活动，推动南沙与港澳实现更紧密经贸合作。支持穗港澳跨境货物运输作业点建设，率先在粤港澳大湾区内地城市推出并有序落实两批72项与港澳规则衔接事项清单，全面推行采用简化版香港公证文书，升级“穗港通”“穗澳通”，深化“跨境理财通”“科研物资跨境自由流动”等试点。开展“跨境科研用物资正面清单”、生物医药研发用物品进口“白名单”制度试点，争取出台境外职业资格便利执业认可清单。试行香港工程建设管理模式，率先开展港澳工程人才职称评价。

是年1月4日，《国家外汇管理局开展跨境贸易投资高水平开放试点》发布，中国（广东）自由贸易试验区广州南沙新区片区获批开展跨境贸易投资高水平开放试点，这是继“南沙新区金融15条”后，落地广州市南沙区的又一国家级金融开放政策。试点旨在支持建设更高水平开放型经济新体制，同时为进一步提高开放监管能力、探索“更开放更安全”的外汇管理机制积累经验。试点政策涵盖9项资本项目改革措施、4项经常项目便利化措施以及2项加强风险防控和监管能力建设的要求，涉及跨境贸易便利化、外债便利化、跨境资产转让、本外币一体化资金池、外汇登记权限下放银行、资本项目收入用途放宽、境外放款额度调升等多项业务。举办南沙自贸区开展跨境贸易投资高水平开放试点金融政策宣讲会。广州海关围绕促进大湾区要素便捷流动、支持重点项目建设、支持建设中国企业“走出去”综合服务基地、加强粤港澳三地规则衔接4个方面，发布48条支持南沙深化粤港澳全面合作的措施，提升跨境贸易便利化水平。发布《广州市跨境电商行业合规指引（试行）》，指导跨境电商业务经营者构建合规管理体系，是国内首个由司法机关与行政监管部门联合发布的跨境电商行业合规指引。是年广州跨境电商进出口交易额比上年增长85%，南沙口岸跨境电商进出口交易额首次突破千亿元。在商务部“2021年跨境电子商务综合试验区评估”中，广州居全国第一档“成效明显”；中国服务贸易协会发布的《2021年度中国城市跨境电商发展报告》显示，广州居全国15个跨境电商“引领发展”城市首位。“中国（广州）跨境电子商务综试区制度改革创新”案例入选广州市首批十大“最具获得感”改革案例。

深化国际贸易“单一窗口”功能，同步对接国家标准版应用19个大类781项服务，上线地方特色模块23个大类777项服务。至年底，累计注册企业7.12万家，申报单量17.15亿单。完成航空物流公共信息平台试点工作，打通航空物流领域信息孤岛；提升海运口岸进出口电子化应用水平，实现与其他经济体检验检疫电子证书联网核查，推动单证互联互通，扩大“单一窗口+金融”服务试点。加快市场采购贸易试点出口商品品类拓展，破解电商企业小单货品大规模出口难题。印发国际航行船舶保税LNG（液化天然气）加注指导意见。汽车平行进口和二手车出口的数量、金额居全国前列。培育集聚外贸主体，3批次包机组织企业赴境外参展，服务700多家企业参加中国进出口商品交易会线上展。动员企业申报海关AEO（经认证的经营者）认证，累计认证企业498家，认证企业数量居全国首位。建成全球规模最大的会展综合体，全年重点场馆办展规模和场次居全国首位。是年，广州市外贸进出口总额10948.4亿元，比上年增长 1.1%，增速高于全省（0.5%）。其中，出口总额 6194.8 亿元，比上年下降 1.8%；进口总额 4753.6 亿元，增长 5.3%。

（广州市商务局；广州市发展改革委；广州市市场监管局）

【深圳推进贸易自由化】2022 年，深圳综合改革试点深入推进。完成华南首家国际航行船舶保税 LNG 加注，深圳港成为全球第四个具备 LNG 加注服务能力的港口。电子元器件和集成电路国际交易中心正式运营，交易额超 40 亿元。深圳数据交易所、深交所科技成果与知识产权交易中心挂牌运作。大豆离岸现货交易平台、国际珠宝玉石综合贸易平台上线运行。发行全国首单清洁能源、保障性租赁住房等不动产投资信托基金和 50 亿元离岸人民币地方政府债券。第二、第三产业混合用地、游艇自由行、国际船舶登记等改革取得突破。前海合作区改革开放全面深化。出台优化前海合作区管理体制机制实施方案。前海国际金融城、国际法务区、国际人才港等建设取得新进展。深圳国际仲裁院化解商事纠纷金额居亚洲第一位、全球前三位。前海联合交易中心交易额 794 亿元，比上年增长 1.4 倍。发布惠港九件实事，新注册港资企业 729 家，新孵化港澳创业团队 53 个，港澳专业人士在前海备案执业范围扩大到 18 类，深港青年梦工场北区建成启用。开放合作水平不断提高。深港澳合作更加紧密，大鹏湾水域深港进出船舶实现“一次引航”，ETF（Exchange Traded Fund，交易型开放式指数基金）纳入深港股票市场交易互联互通机制，“港澳药械通”试点目录扩大到 19 种药品、11 种医疗器械。深圳—新加坡智慧城市合作新推出跨境贸易等 14 个项目。是年，前海合作区跨境贸易大数据平台获批建设。10 月，《关于支持开展天然气贸易 助力打造天然气贸易枢纽城市的若干措施》印发实施，前海天然气贸易集聚区、大鹏液化天然气走廊、盐田国际船舶保税液化天然气加注中心“一区一廊一中心”格局加快构建。前海落户天然气贸易企业 25 家，全市天然气贸易额 336 亿元。

（深圳市人民政府地方志办公室）

【珠海推进贸易自由化】2022 年，拱北海关出台促进跨境贸易便利化 20 项举措，进口整体通关时间为 6.02 小时，居全国海关第二位。持续推广“船边直提”“抵港直装”等便利措施。以守法便利、违法惩戒、精准管控为原则，实施跨境电商一般出口企业分类分级监管，跨境电商零售出口货值比上年增长 64%。牵头对珠海高栏港综合保税区预验收，辖区首个进境种苗指定监管场地通过海关总署验收。践行“三智”（智慧海关、智能边境、智享联通）理念，推进旅检智能化建设，开展小型乘用车顶照式 H986（海关大型集装箱检查系统）智能审图研发，完成快件 CT 机智能审图算法部署试点，完善“澳车北上”车辆“一站式”通关系统。首批 6 家进口商纳入进口预包装食品标签技术整改移动远程监管试点。支持预制菜企业扩大出口，年内出口预制菜 631 吨。实施企业集团监管改革，减免加工贸易风险担保金 24.28 亿元。

是年，中国（珠海）国际贸易“单一窗口”上线 49 个项目，其中国家版项目 33 个，珠海地方特色应用 16 个，实现全市全口岸和全业务覆盖。全年总申报单量 9131 万单，其中报关单 30.1 万单，水运舱单申报 47.6 万单，入出横琴澳门单牌车 5.49 万单，跨境电商 8948 万单，通关时效 99.8 万单；受理企业热线服务 2411 件，受理企业在线工单 2860 单。3 月 10 日，中国（广东）国际贸易“单一窗口”正式上线粤澳货物“一单两报”并在珠海落地推广，提升粤澳通关贸易便利化水平。

（拱北海关陈进利；珠海市商务局梁倩）

【佛山推进贸易自由化】2022 年，佛山市持续优化口岸营商环境，有效提升贸易自由化便利化水平。建设国际贸易“单一窗口”。建设“智慧码头”公共服务系统、物流动态系统、跨境电子商务公共服务平台等 6 个佛山地方特色应

2022 年，佛山市成为广东省首批开展中国（广东）自由贸易试验区联动发展区建设的地市之一。图为中国（佛山）跨境电商综合试验区·中国陶瓷产业总部基地园区揭牌仪式现场 （佛山市商务局供稿）

用项目，至年底，累计业务单量超 1170 万单，其中货物申报、税费办理等主要应用项目覆盖率 100%。搭建智能化码头服务系统，实现全市口岸作业系统与海关辅助系统信息互联互通，海关放行、查验指令与码头移柜等信息实时交互，提升口岸物流运转效率和信息化管理水平。开展口岸收费事项清理减免，梳理形成包括港口作业包干费、库场使用费等 69 项口岸经营服务性收费事项清单，免除原海关查验没有问题外贸企业（失信企业除外）吊装移位仓储费用 1.22 亿元，惠及进出口企业 87549 家次。推进“大湾区组合港”“湾区一港通”通关模式改革试点。新增“北村码头—深圳蛇口”组合港航线，全市 6 个港口码头与深圳蛇口开通“组合港”物流新模式，5 个港口码头与广州南沙开通“湾区一港通”模式，可为企业省时 3~5 天，超 20 万个自然柜货物实现快速通关。加强对外开放平台建设。佛山成为广东省首批开展中国（广东）自由贸易试验区联动发展区建设的地市之一，复制推广自贸试验区改革创新经验 54 项，印发实施《中国（广东）自由贸易试验区佛山联动发展区建设实施方案》。推进服务外包示范城市、跨境电子商务综合试验区、市场采购贸易方式试点等平台建设，申报佛山综合保税区、国家级经济技术开发区。

（佛山市商务局）

【惠州支持外贸企业发展】2022 年，惠州市扩大出口信保覆盖面，加大出口信保支持力度，在全省创新推出国内信用保险支持政策，出台全省首例“商务发展专项资金+汇率风险管理”支持政策，近 1200 家外贸企业参保，有效帮助企业开拓国外市场、规避出口贸易风险。全年外贸进出口总额 3091 亿元，排名全省第五位，比上年增长 1.2%，其中出口额 2045.2 亿元，下降 4.1%；进口额 1045.8 亿元，增长 13.3%，增幅居珠三角第一位。开通惠州至香港地区水运专线，对粤港跨境公路运输给予补贴。加快跨境电商综合试验区发展建设，全年跨境电商出口额 93.5 亿元，比上年增长 72%。加大稳外贸政策扶持力度，落实国家、省、市稳外贸政策，帮助企业保供应链稳产业链，对进口关键设备、核心零部件和重点原材料给予进口贴息支持。加强重点外贸企业服务，落实 100 强外贸企业联系服务机制和重点外贸企业跟踪监测机制；印发《惠州市促进外贸服务业发展实施方案》，通过加强财政、税务、海关、外汇管理等方面支持措施，支持外贸供应链和外贸综合服务企业发展。开拓国内外市场，组织企业参加线上中国进出口商品交易会、中国国际进口博览会及“粤贸全球”系列展会，帮助企业抢抓订单，开拓欧美以及共建“一带一路”国家和地区市场；联合大韩贸易投资振兴公社广州办事处举办中韩自贸协定宣讲会，加强 RCEP 关税减让和原产地累积规则等优惠政策宣传培训，帮助企业开拓RCEP区域国家和地区市场；支持企业“出海”抢订单，鼓励本地外贸企业通过商务包机等方式参加境外线下展，对参展企业的出入境包机费用给予政策支持。

〔惠州市档案馆（惠州市人民政府地方志办公室）〕

【东莞推进贸易自由化】2022年，东莞市推进粤港澳大湾区跨境贸易和投融资便利化，扩大金融业对外开放，促进金融市场和金融基础设施互联互通，提升粤港澳大湾区金融服务创新水平，防范跨境金融风险。推动东莞银行香港分行开业运营，成为全国首家在境外设立分行的城市商业银行。中国国际贸易促进会东莞市委员会办理对外商事认证项目3.34万个，比上年增长1.64%。其中，签发自贸区优惠原产地证书7658份，比上年增长34.49%，为东莞市企业节约进口国关税1357.83万美元，为莞企免费签发不可抗力证明书31份。东莞海关指导东莞地区加工贸易企业加入“以企业为单元”“单耗自核”“企业集团加工贸易监管”等改革项目，以企业为单元改革实现辖区符合条件企业全覆盖工作目标。持续释放政策红利，助力加工贸易企业降低通关成本，提升通关效率。

（东莞市人民政府地方志办公室）

【中山促进跨境贸易自由化】2022年，中山市贯彻落实《广东省外商投资权益保护条例》，保障外资平等进入开放领域。全年全市外贸进出口总额2798.7亿元，比上年增长3.9%，其中出口额2328亿元，增长4.3%；进口额470.7亿元，增长1.6%。对共建“一带一路”国家进出口总额748.2亿元，比上年增长15.4%，超出全市11.5个百分点，占全市进出口比重26.7%。先后组织45家企业85人分4批次赴德国、马来西亚、新加坡、阿联酋参展，抱团出海开拓国际市场。持续推动RCEP等关税优惠政策落地实施，采取“线上+线下”相结合方式对企业开展政策宣讲和业务指导，收集并协调解决影响企业享惠的具体问题，帮助更多企业掌握RCEP关税减让安排和原产地规则，助力外贸企业把握机遇，用足用好政策红利，开拓国际市场。是年，中山市累计验放RCEP协定项下进口货物货值超2.1亿元，助力企业享受税款减让700多万元，为120家企业签发RCEP出口原产地证书超2600份，涉及出口货物货值约9亿元。在货物通关环节，针对海运物流不畅、船舶船期不稳等通关堵点，中山市在各口岸持续推广“提前申报”“抵港直装”“组合港”等跨境贸易自由化改革，常态化提供加班验放、节假日预约通关等服务，保障企业急需出口货物及时通关。受邀参加由广东省商务厅指导，广东省电子商务协会、扩展集团联合主办的广东省第二届跨境电商综试区发展高峰论坛暨ICBE广州国际跨境电商交易博览会，并在开幕式活动上作主题分享，围绕跨境电商综试区发展经验进行分享交流。

（中山市人民政府地方志办公室）

【江门推进贸易自由化】2022年，江门市上线国际贸易“单一窗口”标准版18个大类116项应用功能，上线广东“单一窗口”地方特色应用12个大类34项功能，覆盖全市所有口岸和各类特殊区域，基本满足企业“一站式”业务办理需求，并持续向口岸物流、贸易服务等全链条拓展。江门市配合推广进口货物“船边直提”、出口货物“抵港直装”等创新通关试点落地应用，“单一窗口”主要业务应用率保持100%。是年，江门市累计通过中国（广东）国际贸易“单一窗口”平台进行货物申报78438单、舱单申报553349单、运输工具7493单。根据广东省口岸办关于2022年第三季度国际贸易“单一窗口”建设推广情况的通报，江门市“单一窗口”客服绩效考核连续15个月全满分，是广东省唯一获此佳绩的地级市。

是年，广东省商务厅认定江门市蓬江区智能家电基地、江门市台山现代农业基地为省级外贸转型升级基地。至是年底，江门市有国家级外贸转型升级基地4个，分别是江门市蓬江区国家外贸转型升级基地（摩托车及零部件）、开平市水口国家外贸转型升级基地（水暖卫浴）、鹤山市国家外贸转型升级基地（水暖卫浴）、江门市新会区国家外贸转型升级基地（五金不锈钢制品）；有省级外贸转型升级基地4个，分别是江门市蓬江区智能家电基地、江门市台山现代农业基地、恩平恩城麦克风基地、鹤山印刷产业基地，江门市基地产业集聚优势逐步凸显。

（江门市商务局）

【肇庆推进贸易通关便利化】2022年，肇庆市打造内外贸同港作业智慧监管新模式，深入实施“两步申报”“提前申报”“船边直提”“抵港直装”通关模式改革，推动“深圳蛇口—肇庆三榕”项目落地，实现组合港项目对肇庆4个水路口岸全覆盖，每月进出口整体通关时间均在合理区间。针对瑞庆时代、风华高科等龙头企业进出口需求，加大属地查检人力、物力投入，提高检验、通关效率，支持企业顺利通关。为重大项目招商引资布局出谋划策，助力希音、跨境说龙头企业落地肇庆。（肇庆海关）

【2022世界跨境电商大会】2022年8月26日，由中国（广州）跨境电子商务综合试验区和中国服务贸易协会主办的2022世界跨境电商大会在广州南沙举行。大会以“跨境数字化RCEP共发展”为主题，分享跨境电商政策和实践经验，对广州建设跨境电商国际枢纽城市、深度参与RCEP区域合作提出建设性建议。会议宣布“跨境电商海外争端预防与解决50人论坛”落户南沙；发布《2021年中国城市跨境电商发展报告》《跨境电子商务海外仓运营与服务管理规范》《城市在跨境电商和数字创新南南合作中的创新经验》《跨境电商产教融合建设规范》等文件。中国服务贸易协会与广州南沙经济技术开发区管委会签署合作备忘录。

（广州市商务局张悦）

【全国首笔粤港澳大湾区跨境人民币资产转让业务落地】2022年11月16日，交通银行广州分行落地系统首笔粤港澳大湾区跨境人民币资产转让业务、首笔非自贸区人民币资产跨境转让业务。该业务突破传统国内贸易融资跨境转让模式，首次将境外交易主体发放的贸易项下的人民币资产转入境内，对促进粤港澳大湾区金融资产跨境双向流动及互联互通具有先行示范意义。

【全国首笔中资企业全球存托凭证落地】2022年7月13日，浦发银行广州分行联动伦敦分行落地明阳智慧能源集团股份有限公司全球存托凭证境外资金账户，募集资金总额6.5亿美元。这是继2019年“沪伦通”通航以来，广东省发行的首笔中资企业全球存托凭证，是中国清洁能源高端装备领域首款全球信托产品，有助于粤港澳大湾区企业畅通跨境融资渠道。

（广州市人民政府地方志办公室）

【港珠澳大桥开通供港冰鲜禽肉新通道】2022年，拱北海关主动对接企业需求，提前掌握出口冰鲜禽肉种类、数量等要素，设立查检绿色通道，严格落实防疫要求，健全与香港食物环境卫生署的联系机制。6月22日19时40分，首批经港珠澳大桥海关供港冰鲜禽肉（重19.5吨，货值47万元）顺利通关。（拱北海关陈进利）

【广东自贸试验区中山联动发展区设立】2022年5月27日，中国（广东）自由贸易试验区工作办公室印发《关于推进中国（广东）自由贸易试验区联动发展区建设工作方案》，中国（广东）自由贸易试验区中山联动发展区获批设立。中山联动发展区总面积119.97平方千米，涵盖2个片区，其中翠亨新区片区76.92平方千米；火炬开发区片区43.05平方千米，包括中山港街道区块27.06平方千米，民众街道区块15.99平方千米。翠亨新区片区马鞍岛部分重点强化科技创新功能，聚焦生物医药、人工智能、数字经济、新材料等新兴产业，打造科技创新重大平台，建设高端科技创新资源集聚区；南朗街道部分重点发展生物医药、机器人、半导体和集成电路等科技型、创新型高端制造业，着力发展智能制造，打造大湾区科技创新成果转化首选地、制造业数字化智能化转型升级高地。火炬开发区片区中山港街道部分重点发展生物医药、新一代电子信息、高端装备制造、新能源产业、人工智能、数控机床、智能制造系统集成光电子装备和科技创新集聚区等；民众街道部分重点发展智能5G终端产业、智能随身设备、智能家居产品和智能车载设备及相关产业链或智能终端软硬件一体化，以及其他优质的先进制造业和国际贸易、保税物流、国际结算等。联动发展区通过复制推广自贸区创新经验，推动自主改革创新，实现跨区域联动合作创新，推进差异化创新驱动发展，打造湾区一流国际营商环境，为广东省打造新发展格局战略支点。

（中山市人民政府地方志办公室）

·人员货物往来便利化·

【概况】2022年，广东省全力疏通粤港贸易通道，增加国际班轮航线，至12月底，粤港跨境货车入境车次提升至4794车次/天，新增国际班轮航线近50条。粤澳新通道（青茂口岸）实行“合作查验、一次放行”新通关模式，实现24小时全天通关，平均通关时间30秒，是验放量居全国第二位的陆路口岸。“澳车北上”落地实施，全面取消澳门非营运小客车入出横琴合作区配额总量限制。跨境贸易方面，“组合港”“一港通”通关模式覆盖粤港澳大湾区近90%城市，物流整体时长由5~7天压缩至2天，货主报关成本节省约30%。依托“单一窗口”实现海关口岸通关状态查询和通关流程全程可视化，开展“两步申报+区块链”“科研用物资跨境自由流动改革”等试点。金融市场互联互通有序推进。“深港通”、债券通“南向通”、“跨境理财通”等措施落地实施，人民币成为粤港澳跨境收支第一大结算货币。香港、澳门居民通过代理见证开立内地银行个人账户超18万户。是年，广东省再度在澳门发行20亿元离岸人民币地方政府债券，深圳市政府在香港发行50亿元离岸人民币地方政府债券。职业资格认可、标准衔接范围持续拓展。在医师、教师、导游等8个领域，以单边认可带动双向互认，3100多名港澳专业人士获内地注册执业资格。开展香港法律执业证和澳门执业律师在粤港澳大湾区内地九市取得内地执业资质和从事律师职业试点工作，205名港澳律师领取律师执业证（粤港澳大湾区）。至是年底，粤港澳三地联合组织160批次、4289人次参加“一试多证”考试，3281人获相关技能证书，5家港澳机构备案成为社会培训评价组织。

（广东省发展改革委）

【粤港澳大湾区国际班列开行】2022年，广东省坚持将中欧班列建设作为深度参与“一带一路”建设、推动外贸高质量发展的重要举措，充分发挥政府、市场、企业作用，着力完善国际贸易通道，推进经贸合作走深走实。全年发运中欧班列967列，比上年增长1.22倍；发送集装箱86774标准箱，增长1.03倍；出口货值31.70亿美元，增长62.73%。至是年底，广东省中欧班列开通经阿拉山口、满洲里、二连浩特到欧洲方向，经霍尔果斯到中亚方向，经磨憨到老挝方向，经凭祥到越南方向，目的地可达欧洲、中亚等30多个共建“一带一路”国家和地区，为8178家（个）企业（客户）提供产品进出口服务。

（广东省商务厅曹学民）

【“澳车北上”政策落地实施】2022年，广东省全力推进落实澳门机动车经港珠澳大桥珠海公路口岸入出内地（即“澳车北上”）政策，《广东省关于澳门机动车经港珠澳大桥珠海公路口岸入出内地的管理办法》（简称《办法》）于是年12月20日公布施行，自2023年1月1日起澳门机动车正式入粤。12月20日，广东省政府召开新闻发布会，发布解读“澳车北上”政策和创新举措、工作亮点。

是年，广东省着力推进“澳车北上”政策落地，召集粤澳相关单位开展专题商讨50多次，推动制定出台《办法》，为“澳车北上”信息系统建设及其他政策措施制定提供依据；与澳门特别行政区政府签署《澳门机动车入出广东协议》，打通牌证申领、保险购买、系统建设等关键环节，向国务院争取免担保政策。

政策普惠便利　实行“1人1车”政策，凡车主年满18周岁、持有港澳居民来往内地通行证，就可申请由其本人登记持有的1辆澳门私家车进入内地牌证，不设投资纳税等条件限制。创新核发电子临时入境机动车牌证，实现澳门机动车“单牌”入境。实行澳门单牌机动车跨境保险“等效先认”，车主可直接向澳门保险公司投保，无须另外投保内地机动车交通事故责任强制保险。依托广东数字政府一体化平台搭建“澳车北上”信息管理服务系统，澳门居民不出澳门即可实现“一站式”办理；边检部门通过数据共享共用，实现驾驶人或旅客备案无纸化、电子化。是年11月17日，国务院批复同意在广东省暂时调整实施《中华人民共和国海关事务担保条例》《中华人民共和国进出口关税条例》有关规定，对“港车北上”“澳车北上”机动车实行免担保政策，车主无须向内地海关提供保证金或银行保函。

细化配套保障　《澳门机动车入出广东协议》明确粤澳两地政府对相关澳门机动车的监管责任和义务。制定《广东省关于澳门机动车经港珠澳大桥珠海公路口岸入出内地预警管控工作机制方案》《加强港澳机动车入出内地监管协作机制》，对澳门机动车进行联合监管、协同执法。珠海市完成港珠澳大桥“一站式”车辆通关系统适应性改造，推行珠澳口岸通关共享共用一张电子识别标签，保障车辆顺利通关入境。

（广东省公安厅邱旭凯；珠海市商务局梁倩）

【广州人员货物通关便利化】2022年，广州市致力于优化通关流程，保障外贸进出口高效顺畅运转。

提升港口通关效率　畅通外贸产业链供应链，出台“外贸供应链畅通13条”，搭建物流供需对接平台服务174家重点企业，印发申请入境邮快件提前放行指引，提升货物通关速度。协调解决整车企业、加工贸易企业等产业链供应问题。广州边检总站对接粤港澳大湾区发展建设，优化升级启用新版边检行政许可网上窗口系统，并在全国各海港口岸推广应用。升级后的边检行政许可网上窗口系统新增区域通办通用、港澳台人员手机申请、个人代办、办理进度跟踪等功能，可满足各地区、各年龄段群众申办边检行政许可的差异化需求，提升申办便利化标准化水平。扩大进口货物两段准入模式推广和应用范围，推动符合条件的进口货物水水中转、铁水联运。扩大“湾区一港通”模式试点，实现经南沙港进出口货物与沿江港口间通过水路运输快速通关，并推广应用至广东省内5个地市的14个内河码头。推进国际航行船舶保税油许可权创新试点工作，上线国际航行船舶供油信息服务平台，促进物流、资金流、信息流等国际航运要素整合聚集。完善跨境电商海外仓备案流程和出口退货政策，发展“跨境电商+海外仓”模式，简化海外仓备案手续。

清理规范口岸收费　建立口岸收费目录清单公示制度，印发《关于进一步完善规范广州口岸进出口环节收费目录清单的通知》《关于在全市水运口岸做好中国（广州）国际贸易单一窗口收费公示服务信息发布的通知》等文件。严格落实口岸收费目录清单制度并强化动态调整更新，明确清单之外一律不得收费。各收费主体通过广州“单一窗口”平台公示收费项目名称、收费标准及对应服务内容。至是年底，收费公示企业408家，发布收费项目6246个。加强口岸收费监督检查。印发《广州市市场监督管理局关于开展2022年促进跨境贸易便利化涉企收费检查的通知》，制定《口岸经营单位现场检查事项清单》，部署集中执法力量开展口岸进出口环节涉企收费联合检查。推动降低货物港务费、港口设施保安费、引航费，货物港务费

2022 年 2 月 28 日，广州首批国际航行船舶保税油经营资质落户南沙

（陈丽月　摄）

免除地方政府留存部分，港口设施保安费按《港口收费计费办法》计收，引航费以《港口收费计费办法》规定的收费标准为上限计收，是年引航费累计优惠 1848 万元。开展广州港集装箱运输扶持奖励，奖励 130 家企业合计 1.47 亿元，其中对 77 家进出口企业直接奖励 5500 万元。

推进中欧班列提质增效　是年，广州中欧班列发运 656 列（广州大朗 356 列、增城西 300 列），比上年增长 2.4 倍；发送集装箱 58298 标准箱（广州大朗 31278 标准箱、增城西 27020 标准箱），增长 2 倍；出口货值 22.77 亿美元（广州大朗 11.77 亿美元、增城西 11.00 亿美元），增长 1.5 倍。实行"政府引导、企业主导、市场化运作"模式，精准引导平台企业采取开拓新货源、开发新线路、培育新市场等措施，稳定班列货源，扩大市场规模，确保班列常态化开行。加快广州国际港（集装箱中心站）建设，压缩班列货物积压时间，丰富监管场所区域业态，增加图定班列计划占比数，稳定客户发货预期。组织平台企业与各国企、外贸企业对接，搭建企企合作平台，组织专人、专班"一对一"做好班列跟进和服务，增强平台企业运营信心。5 月 27 日，搭载着 100 个标准箱的大麦专列驶入广州大朗国际货运物流基地，是广州中欧班列（大朗）自开通以来的首列粮食回程班列，标志着广东与共建"一带一路"国家在实现铁路物流互联互通、双向往来方面又有新进展。

（广州市人民政府地方志办公室）

【深圳人员货物通关便利化】 2022 年，深圳机场克服保障资源紧张压力，从通关政策、安保政策、流程优化、业态创新等方面推进改革创新，实现跨境电商监管全模式运行，"畅流计划"等通关便利化政策和创新业务模式相继落地，推出 6 个行业货运安保试点项目，包括全国首家试点实施航空货运短途驳运安保链项目，持续提升效率和效益，国际货运业务连续 3 年保持 20% 左右增幅。克服深港跨境运输堵点，开通供港运输"海上快线"，深港水路运输量比上年增长 49.6%。年内，深圳市推动优质企业贸易外汇收支便利化，作为全国首批试点地区，从市场需求出发，不断优化试点政策，精准服务优质企业，提升跨境资金结算效率。在全国首批开展专精特新企业外债试点，专精特新企业可在不超过 1000 万美元额度内自主借用外债，高新技术企业便利化试点额度上限由 500 万美元上调至 1000 万美元，助力小微科创企业实现"超"净资产上限借用外债。持续深化跨境电商结算便利化，在全国首创"银行 + 外综服"模式，先行先试外贸综合服务企业代办收结汇业务，助力跨境电商生态阳光化发展。年内，深圳海关完善 AEO（经认证的经营者）高级认证企业通关便利化措施，新增 AEO 企业 52 家，总计400家。落实报关单位备案线上办理，新增备案进出口企业1.93万家，总数超17万家。办理"多证合一"企业备案860单，比上年增长7.68倍。推进AEO国际互认合作，代表中国海关为RCEP和中东欧国家开展AEO线上培训，助力中新（深圳）AEO互认合作赋能工程纳入第三批深圳—新加坡智慧城市合作旗舰项目。开展促进跨境贸易便利化专项行动，制定优化口岸营商环境重点任务21项，全面压缩通关时间、降低通关成本。上线航空物流公共信息平台，试点优化入境货物检验检疫证明签发模式，税收风险防控一体化、口岸属地协同监管、打造大湾区供港生鲜链、推进监管打私一体化、建设企业一体化管理平台5个全业务领域一体化改革项目取得进展。深化跨境电商审单集约化改革，办理时限压缩30%，推进"数字清关"，比传统清关模式缩短2~3天。创新推出"关企e视通"，实施进口粮食协同监管、进口水果顺势监管、"散件组装"加贸监管，落地首个机场货运安检前置站。

（深圳市人民政府地方志办公室）

【珠海货物通关服务优化】2022年，珠海市商务局会同澳门特别行政区海关组织召开多次珠澳口岸通关合作工作小组会议，及时就珠澳口岸疫情防控、通关场所限次分流、通关秩序管控以及珠澳跨境工业区专用口岸通关时间调整、拱北口岸旧联检楼安全隐患改造施工、供澳鲜活商品车辆通关、"澳车北上"等事宜进行沟通协商。自是年5月21日零时起，珠澳跨境工业区专用口岸通关时间由24小时临时调整为每日7时至24时。珠澳口岸"一站式"车辆通关系统"共享共用"一张车辆电子识别标签（简称RFID电子标签），推动"澳车北上"实现"澳事澳办""跨境通办""网上办""掌上办"。

珠海市商务局协调做好口岸通关服务和口岸管理工作。牵头推进珠澳口岸通关场所限次分流工作，在珠海市公安部门牵头下会同市场监管、海关、边检等部门开展拱北口岸联合整治"水客"走私及"抱团式"（"水客"群体利用通关人流高峰时段在口岸区域慢行、逗留、聚集，蓄意以集中通关方式逃避海关监管）通关行为专项行动。推动口岸物业管理与安检服务规范化、标准化，组织完成港珠澳大桥珠海公路口岸安检服务项目招标，研究制订与口岸客流量挂钩的分档次结算方案，动态调整每月安检服务费用；优化配置九洲港、湾仔、香洲3个口岸物业管理、安保工作岗位，实行统一招投标，提升口岸管理保障水平。协调查验第十二届中国（澳门）国际游艇进出口博览会参展人员、船舶，提供通关便利。牵头制定《珠海市进出境通道和进出口货物全流程相关单位安全生产工作方案》《全市口岸危险品综合治理机制》，明确全市进出境通道和进出口货物全流程安全生产单位工作责任，强化安全监督管理等工作，防范化解危险品在口岸滞留和伪瞒报带来的风险隐患，强化口岸危险品综合治理。开展口岸安全生产隐患排查整治，建立口岸安全隐患排查台账，加强现场值班值守、应急物资准备和应急演练，全市口岸通关安全畅顺。

提升港珠澳大桥入境跨境货车数量，投入6000多万元，在粤港澳物流园、大桥人工岛等地新建、扩建跨境货车接驳场所，推动入境货车接驳能力从500车次/天提升至1500车次/天。落实粤港跨境货车集中接驳，经港珠澳大桥入境跨境货车集中接驳数量超9.2万车次。推动粤港澳物流园加快建设，9月13日，一期工程开工建设。是年，经港珠澳大桥珠海公路口岸进出口额超2700亿元，比上年增长96%。

是年，珠海市推动跨境电商提质增量，港珠澳跨境电商作业中心进出口总额继续领跑全市其他5个场所，进出口规模连续3年居全市第一位，全年申报跨境电商通关数6464万单，货值166.69亿元，比上年增长57.7%。3月，跨境电商跨境货运接驳站在鹤洲新区（筹）建成，引进菜鸟、速卖通、DHL等35家企业开展跨境电商出口货物理货和接驳业务，全年完成粤港跨境货车接驳2.5万车次。9月，位于鹤洲新区

（筹）的港珠澳跨境商贸全球中心仓项目开工建设，项目占地2万平方米，规划库容6万平方米。（珠海市商务局梁倩、肖筱、周江南）

【佛山人员货物往来便利化】2022年，佛山海关各口岸受理进出口报关单80.5万单，比上年下降19.6%；口岸进出口商品总额3949.56亿元，下降5.9%；申报进出口货运量1885万吨，下降18.1%。监管集装箱183.91万箱次，比上年下降16.5%；监管进出境船舶1.95万艘次，下降14.4%；监管快件396万件，增长47.5%。年内，佛山海关加快推进口岸通关改革，加大“两步申报”“提前申报”“汇总征税”推广力度，在佛山关区具备条件的港口实行低风险不需要查验的进口货物“船边直提”、出口货物“抵港直装”作业方式试点，为企业提供更多可选择的通关模式。推进通关业务新模式，在佛山市符合条件的码头实施“组合港”“一港通”物流模式，全年实现20.35万个自然柜货物快速通关。扩大“智能审图”“远程检验”等商品范围，提升货物查验效率。压缩口岸通关时间，至是年底，佛山关区进口整体通关时间16.9小时，比2017年压缩81.33%；出口整体通关时间0.7小时，比2017年压缩93.41%。优化海关政务服务，实施海关“全城通办”便民举措，实施原产地签证无纸化申报、原产地证书自助打印、智能审核等便企措施，提供原产地证书查询渠道，保障出口货物享惠“有据可查”。提供提前预约、节假日预约服务，助力企业通关提速、成本减负、享惠增效。优先办理AEO（经认证的经营者）企业进出口货物通关手续，优化企业查验比例。指导企业合理选择汇总征税等模式通关纳税，享受海关通关改革便利。推动外贸平台升级扩容，加快推进佛山综合保税区申建，支持佛山国际陆港建设，深化湾区通关一体化改革，推动“佛山—深圳盐田”项目实施，对有需求建设自用保税仓的企业提供政策支持，为佛山外贸企业拓展发展空间。推进“智慧海关”建设，推动口岸通关全流程无纸化、电子化、智能化建设，推进“智慧港口”改造升级，实现物流数据多方主体共享，提升货物进出港效率。加大人工智能、大数据、物联网等新技术应用，推进智慧监管、智慧卫检、智慧动植检等项目建设，实现智能监管。（佛山海关）

【惠州推进贸易物资便利化】2022年，惠州市开辟水运专线，畅通粤港跨境贸易通道，惠州至香港水运专线于3月15日开通，帮助企业缓解粤港跨境运输受阻的影响，并提供资金支持，帮助企业减轻物流成本。

〔惠州市档案馆（惠州市人民政府地方志办公室）〕

【东莞人员货物往来便利化】2022年，东莞市国际班列开行73列，石龙国际班列开行30列，常平中欧班列开行43列，发送集装箱7056标准箱，货值2.82亿美元。开辟跨境电商货物“陆转海”出口监管新模式，及时为企业纾困解忧。落实海关总署关于跨境电商出口退货工作部署，优化出口退货监管流程，解决跨境电商出口商品退货难问题。东莞海关在全国率先开展跨境电商出口清单模式“嵌入式”监管改革，将海关监管前置嵌入到企业物流生产环节，通过集约化、智能化、信息化管控等方式密切关企双方作业配合，支持企业将海关放行包裹存入放行区，结合发送路径装载发运，提升包裹通关速度。

是年，“香港国际机场物流园暨空侧海空联运码头”项目常态化运作，每周二、周四、周六共运行3班。至年底，共运行68班次，货物载重437.75吨，货值1935.57万美元。该项目实现香港与珠三角城市之间货物跨越不同关税区的制度突破，促进物流更加便捷与高效。持续搭建健全“陆改水”需求对接平台，提高“莞港水运专线”运量，满足莞港跨境物流需求。至年底，共运行5083班次，完成集装箱进出口26.79万标准箱，日均859标准箱；进出口货物164万吨，总货值147亿美元。

（东莞市人民政府地方志办公室）

【中山药品进口口岸启用】2022年5月16日，中山市药品进口口岸启动暨首批药品通关仪式在中山港外运码头举行，全市首批进口药品小儿珠珀散、头孢噻肟钠在中山港口岸通关。年内，中山市完善进口口岸管理体制机制建设，建立市促进药品进口工作联席会议制度，协调解决药品通关问题，做到备案"即报即审即发"、检验"即抽即检"、查验"即来即验即放"。承接广东省药品监督管理局"优化药品进口通关备案工作机制"课题，在广东省率先实行药品进口业务全程线上办理，备案环节做到提前申报、无纸化申报，中山港口岸成为全省首个"全年365天服务"的药品进口口岸。印发全省首个促进药品进口口岸发展的扶持政策《中山市促进药品进口口岸发展20条》，引导企业扩大药品进口规划，吸引11家企业从中山港口岸进口药品。至年底，中山药品进口口岸办理进口药品205批349吨，货值8700万元，进口品种包括非首次化学药、中药以及首次和非首次中药材等10个品种，实现获批品种全覆盖。落实粤港澳大湾区药品医疗器械监管创新发展工作方案，8月，中山市首个"港澳药械通"获批，协助中山陈星海医院获批使用"港澳药械通"药品和医疗器械8个。

（中山市人民政府地方志办公室）

2022年5月16日，中山市药品进口口岸启动暨首批药品通关仪式在中山港外运码头举行 （缪晓剑 摄）

【江港澳跨境通办政务服务专区】2022年，江门市继续推动优质公共服务向港澳延伸。"江门—香港""江门—澳门"跨境通办政务服务专区采用政府推动、社团共建方式，在香港、澳门开通4个跨境通办政务服务点，设置"湾区政务通"可视化智慧服务柜台，通过引入线上身份核验、远程视频、电子印章、电子证照、区块链等新技术，实现跨境政务数据可信共享。是年，专区办理政务服务事项3058项。"江门创新港澳居民'零出关'办理内地政务服务模式"入选广东省推进粤港澳大湾区规则衔接机制对接20个典型案例（第一批）。

创新设立"境外优才服务专区"，江门市公安局出入境管理支队联合江门市科技和政数部门，在广东省率先建成"境外优才就业居留服务专区"，深度融合公安、科技、政数3个部门职能，外籍人员只需"提交一套材料、提出一次申请"，即可实现工作许可和工作类居留许可"业务一窗受理、证件一次办结"，办证时限由此前14个工作日缩短至7个工作日。是年，江门市出入境管理部门为在江门市工作的外籍人员及其家属办理停居留证件634件次。根据国务院《港澳台居民居住证申领发放办法》相关规定，在全市推行港澳台居民办理港澳台居民居住证便利措施，由此前需要在该市居住半年以上（含半年）放宽至在广东省居住半年以上（含半年），在江门市符合合法稳定就业、合法稳定住所、连续就读条件之一的，皆可即时办理江门市地址的港澳台居民居住证。该政策自2022年10月1日起实施，实现在广东省内工作生活的港澳台居民居住年限累计互认，便利港澳台同胞办理居住证和相关政务业务。

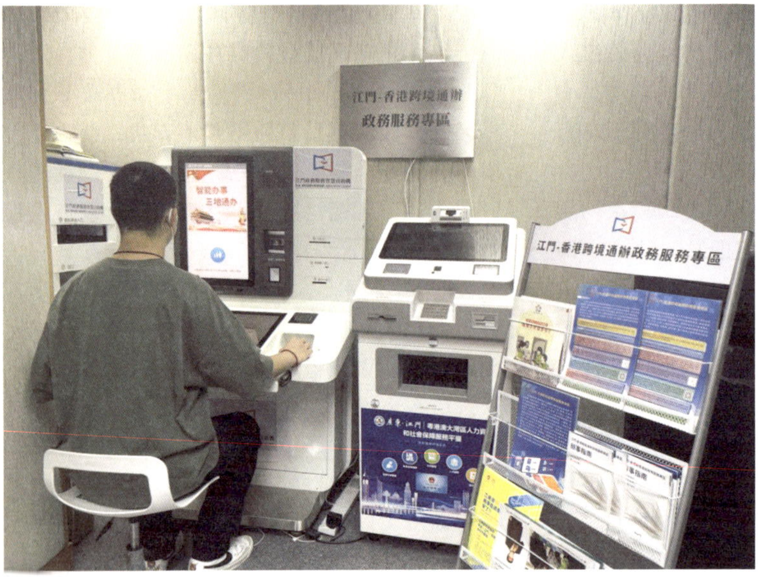

江门—香港跨境通办政务服务专区·香港五邑总会服务点（2022年）
（江门市政务服务数据管理局供稿）

是年，江门全市累计受理港澳台居民申领居住证6068人次。推进警种内部“一件事”联办，对外籍华人恢复中国国籍登记户口、外国人和无国籍人员加入中国国籍登记户口、经批准退出中国国籍、港澳居民在内地定居（恢复）登记户口、台湾居民在大陆定居（恢复）登记户口、国籍认定为中国籍人员回国定居6项事项进行联办，群众由此前需到2个部门申请、跑动6次方可办理一件事，调整为仅需提交一套材料、提出一次申请、跑动一次即可办成所有事项。推进华侨回国定居和登记户口“一件事”联合办，江门市公安局配合江门市委统战部开展华侨回国定居“一窗受理、并行审批、一并发证”，对华侨回国定居和登记户口工作事项进行联合办理，群众由此前需到2个部门申请、跑动4次方可办理好回国定居和户口登记，调整为仅需提交一套材料、提出一次申请、跑动一次即可办成所有事项。

（江门市政务服务数据管理局；江门市公安局）

【江门中老、中欧国际货运班列开通】 2022年3月、4月，江门北站分别开通首列中老国际货运班列、中欧国际货运班列。中老班列〔江门—磨憨—万象南（塔纳棱陆港）〕全程约2400千米，企业可在江门北站完成申报、查验、放行等海关业务，做到一次申报、一次查验、一次放行，运输行程7天左右，通关成本降低，通关效率显著提升。中欧班列全程12607千米，由阿拉山口站出境，途经波兰马拉舍维奇和德国汉堡，最终到达德国杜伊斯堡，设“一次报关、一次查验、一次放行”绿色通道，可实现通关一体化，帮助企业解决运输、通关方面难题；相比之前海运花费30天的时间，该班列将运输时效压缩至20天左右。至年底，江门北站开行5趟中老班列（156标准箱）、6趟中欧班列（518标准箱）。（江门市商务局）

【肇庆人员货物往来便利化】 2022年，肇庆市推动出台《肇庆市进一步深化跨境贸易便利化改革优化口岸营商环境的若干措施》，提出深化区域物流一体化监管、优先保障重点项目（企业）及产业通关效率等21条措施，全面提升肇庆市通关便利化水平。推动“肇庆内河码头—深圳蛇口港码头”组合港项目全面落地，将深圳蛇口港出口物流服务前移到肇庆内河码头，实现出口货物“一次申报、一次查验、一次放行”，出口离境时间由此前的4~5天缩短至1~2天，外贸企业综合物流成本下降30%。全市免除海关查验没有问题外贸企业吊装移位仓储费用545.748万元，惠及进出口企业531家次，降低进出口企业通关物流费用，提升货物通关

速度。（肇庆市商务局）

2022年1月1日，广州市贸促会为南沙自贸区企业沙多玛（广州）化学有限公司签出全国首批、广东省首份RCEP项下原产地证书，同批还为黄埔区爱丽思生活用品（广州）有限公司等多家企业开出18份RCEP项下原产地证书
（广州市贸促会供稿）

【全国首批RCEP原产地证书签发】2022年1月1日，RCEP（《区域全面经济伙伴关系协定》）正式生效，广州市启动RCEP项下原产地证书和背对背原产地证书签发工作，外贸企业出口货物至RCEP成员国，可免费通过市贸促会网上签证系统申请签发RCEP项下原产地证书、背对背原产地证书，随附上述证书的出口货物依照RCEP有关规定在RCEP成员方享受优惠关税待遇。原产地证书的签发目的国包括文莱、柬埔寨、老挝、新加坡、泰国、越南、日本、新西兰和澳大利亚。其中，对新加坡、泰国、日本、新西兰和澳大利亚的原产地证书、背对背原产地证书采用全面电子化签发，提供证书自主打印服务，企业可当天申请、当天拿证书。是日零时，广州市为沙多玛（广州）化学有限公司等企业开出全国首批、全省首份RCEP项下原产地证书。

（广州市贸促会）

【佛山首份RCEP原产地证书签发】2022年1月1日，佛山海关驻顺德办事处为广东省顺德纺织品进出口有限公司出口日本的塑料瓶制品签发佛山市首份RCEP（《区域全面经济伙伴关系协定》）原产地证书。该批出口日本的塑料瓶制品货值37万元，凭借RCEP原产地证书，商品在进口国的税率从3.9%下降至3.5%，企业可享受1480元通关税率优惠。

【佛山首份“升级版”中国—新西兰自贸协定原产地证书签发】2022年4月7日，佛山海关驻高明办事处签发佛山市首份“升级版”中国—新西兰自贸协定原产地证书。在中国—新西兰自由贸易协定升级前，同一批次发运的多项货物需分开申报，申请多份原产地证书；升级后，一份原产地证书可适用于同一批次发运的一项或多项货物。中国—新西兰自由贸易协定升级完善直接运输条款的规定，新增原产地证书补发、免于提交原产地文件、联网核查等条款内容，引入优惠贸易协定下经核准出口商管理制度，拥有经核准出口商资格的企业可自主出具与海关签发的原产地证书具有同等效力的原产地声明，便利进出口企业通关享惠。（佛山年鉴社）

开放合作

·参与国际经济合作·

【香港参与国际经济合作】2022年，香港积极参与国际和区域经贸合作。5月12日，香港驻伦敦经济贸易办事处与英国独立智库“亚洲之家”合作，举办英国金融服务业领袖研讨会。研讨会发布香港未来的众多机遇，包括与内地互联互通、离岸人民币业务、粤港澳大湾区发展规划，以及发展金融科技和绿色金融生态圈。5月20—22日，香港商务及经济发展局局长参加在曼谷举行的亚太区经济合作组织贸易部长会议，会前与泰国副总理兼商务部部长会面，就加强港泰双边贸易关系进行交流，并与当地商界领袖会面，宣介香港营商优势和投资机遇，以及香港在粤港澳大湾区发展和“一带一路”建设中担当的角色。5月24日，香港商务及经济发展局与阿联酋经济部联合举办“香港—阿联酋：同创商机”线上研讨会，探讨两地在贸易、投资、专业服务等领域合作机会，吸引约400人参与。为庆祝香港特别行政区成立25周年，5月27日，香港驻雅加达经济贸易办事处参加在马来西亚吉隆坡举办的“香港、马来西亚及东盟：抗御力与活力”商务会议及酒会，并就加强中国香港与马来西亚、东盟间经贸及人文联系达成共识。5月29日，香港投资推广署署长出访中东的多哈、阿布扎比、迪拜和科威特，以及欧洲的阿姆斯特丹、里斯本和马德里，向海外宣传香港营商优势。12月22日，香港创新科技及工业局公布《香港创新科技发展蓝图》，指出香港作为联通内地与世界的重要桥梁和双向平台，积极发挥协助国家“引进来”“走出去”的重要角色，拓展国际网络，加强与世界各地互动合作，包括建设国际创科商贸展览中心、“一带一路”创科枢纽、国际创科交流中心以及国际科研合作平台等；强化在海外开展创科合作支持，用好招商引才专组，推广香港科技产业发展的新机遇。（香港历史研究基金会）

【澳门加强与葡语国家合作关系】澳门与葡语国家和地区有着传统而特殊的关系。在澳门居住的葡语国家人士主要来自葡萄牙及其前管治地区。据2021年人口普查结果，填报国籍为葡萄牙的在澳门居住人口为8991人。2003年，“中国—葡语国家经贸合作论坛”落户澳门。澳门特别行政区在葡萄牙首都里斯本设立澳门驻里斯本经济贸易办事处。双方通过签署《中华人民共和国澳门特别行政区和葡萄牙共和国关于相互鼓励和保护投资的协定》《中华人民共和国澳门特别行政区与葡萄牙共和国合作纲要协定》，以及具体领域合作协议，共同推动经济、金融、技术、科学、文化、内部公共治安及司法等方面合作。2022年4月10日，中国—葡语国家经贸合作论坛（澳门）部长级特别会议以“携手抗疫，共谋发展”为主题，通过线上线下相结合形式召开。8月10日，澳门特别行政区与圣多美和普林西比阿瓜格兰德大区（Água Grande，为该国首都圣多美市所在地）缔结友好城市关系。是年，澳门出口至葡语国家的货物总额为169.8万澳门元，从葡语国家进口的货物总额为10.6亿澳门元。（澳门基金会）

【广州全面参与国际经济合作】2022年，广州市新增对外投资企业（机构）226家（个），比上年增长35.3%，中方实际投资额34.38亿美元，增长9.62%。至年底，广州市企业投资设立非金融类境外企业（机构）2297家（个），协议投资额286.31亿美元。是年，广州市对外投资项目数和协议投资额主要集中在亚洲。全年在亚洲新增投资项目186个，占82.3%；在亚洲协议投资额13.80亿美元，比上年增长44.7%，占83.2%。落实《广州市参与国家“一带一路”建设三年行动计划（2021—2023年）》，对照47项任务分工，细化牵头单位、工作目标、推进措施等。对共建“一带一路”国家投资设立27家（个）企业（机构）；协议投资额1.90亿美元，比上年增长3.83%，占同期协议投资额11.46%。对RCEP成员国投资设立企业（机构）21家（个），协议投资额1.51亿美元。

是年，广州市推动境外经贸交流活动开展。5月18日，举办庆祝中国贸促会建会70周年暨广州国际营商环境推介座谈会。组织部分境外驻穗机构负责人、企业代表集中收看中国贸促会建会70周年暨全球贸易投资促进峰会，并与出席收看庆祝大会的境外驻穗机构交流。12月23—27日，举办2022广州国际时尚产业大会暨广州时尚消费节，成立"湾区设计与时尚产业联盟"。产业大会活动整体面积超1万平方米，配套举办时尚之夜、时尚颁奖晚会、汽车主题时尚活动、时尚消费节等，吸引纺织服装、美妆美发、箱包皮具、珠宝首饰、眼镜钟表、老字号、新能源汽车、饮料、潮玩、艺术创意等20多个行业品类近100家代表性品牌企业参加。组织代表团赴澳门参加第27届澳门国际贸易投资展览会、澳门国际品牌连锁加盟展、2022年葡语国家产品及服务展（澳门），出席中国（澳门）国际文化创意产业博览会开幕式、中国（澳门）创意产业大会，推动粤港澳大湾区交流合作。

（广州市商务局；广州市贸促会）

【深圳全面参与国际经济合作】2022年，深圳市企业实际对外直接投资额100.8亿美元，比上年增长24.4%；对外承包工程完成营业额132.2亿美元，在全国各城市中排名第一位，比上年增长0.3%。派出各类劳务人员5065人。持续推进对外投资合作领域改革创新，出台《深圳市关于推动对外投资合作高质量发展的若干措施实施细则》，制定对外投资、对外承包工程、境外重点展会等方面支持政策。创新支持企业"出海"接单，制定《2022年9—12月赴境外参展包机（舱）资助项目申报指南》，加大对企业"出海"开拓市场的支持力度。稳步推进人民币国际化和跨境换股新业态，企业采用人民币对外投资占比近30%。组织企业线下出行，通过包机（舱）组织发动115家企业超200人前往德国、印度尼西亚、越南等国家参加6场境外展会。搭建港澳交流平台，支持企业赴港澳参加第13届国际基础设施投资与建设高峰论坛、粤澳名优商品展、环球资源秋季香港采购交易会等展会和经贸交流活动，其中，环球资源秋季香港采购交易会现场成交金额1700万美元，意向订单超10亿美元。赋能民间力量参与国际合作，依托Value Plus中国（深圳）社会组织交流合作平台，联合中国民间组织国际交流促进会、联合国开发计划署驻华代表处、中国国际经济技术交流中心，组织开展"全球发展倡议下的国际交流合作"系列研讨会，助力社会组织"走出去"。推进深圳和新加坡合作，履行深方秘书处职能，编制印发深新合作工作规则、2022年工作要点、项目遴选和管理办法等基础制度文件；在征集54个项目基础上，成功举办第三次执委会会议以及第四次工作会议，遴选第三批合作项目14个，签署合作备忘录8份。

（深圳市人民政府地方志办公室）

【珠遵—拉美经贸交流】2022年，珠海市招商署通过视频方式对珠海产业营商环境进行推介，珠海、遵义两市11家企业与拉美地区的21家买家进行线上"一对一"配对30余场，行业涵盖电子、汽车汽配、厨具、吉他乐器、茶叶等两市重点发展产业。中国国际商会珠海商会与拉丁美洲、加勒比地区中国商业联合会签署谅解备忘录。8月10日，由珠海市贸促会、珠海市外事局、遵义市商务局联合主办的"珠遵—拉美经贸交流对接活动"通过线上线下方式在珠海举办。活动旨在搭建对话沟通平台，促进珠海市、遵义市与拉美、加勒比国家和地区的经贸往来与交流合作，支持深化珠海—遵义东西部协作，拓展企业对外贸易渠道，寻求更多合作机会，开拓更大国际市场空间。（珠海市贸促会黎婵华）

【佛山对外经济合作】2022年，佛山市加强对"走出去"企业风险教育和政策宣传，组织召开RCEP新形势下对外投资机遇专题宣讲会、佛山市赴境外人员风险预防培训（"一带一路"沿线国家专题）投资专题政策宣讲会，针对企业最关心的"如何在区域全面经济伙伴关系协定（RCEP）的框架下开展跨境产业合作""怎样才能借'一带一路'政策开展好对外投资工作"等话题，进行国别分析、投资目的地引导、政策解读以及风险预防培训。是年，全市新增对外投资企业（项目）57家（个），比上年下降27%；中方投资额1.8亿美元，下降67%。其中，海外并购项目 9 个，占整体对外投资项目总数的 16%；海外并购中方投资额 6312 万美元，占海外投资的中方投资额的 35%。佛山市对共建“一带一路”国家和地区投资项目 12 个，总额 6004 万美元、比上年增长 8%；对 RCEP 国家投资总额 3675 万美元，比上年下降 91%。（佛山市商务局）

【惠州加强经贸合作交流】2022 年，惠州市坚持抓项目、强产业、促发展，围绕“2+1”主导产业，聚焦实体经济高质量发展，推动各县（区）共同发力引进工业项目、大项目、外资项目，强化重点园区承载招商项目主阵地作用。印发《惠州市招商引资项目遴选管理指引》，严把准入项目质量关，促进全市产业提档升级。紧盯日韩等重点国家和国内发达地区，线上线下多措并举，提高招商引资实效。在对韩招商方面，惠州市以中韩建交 30 周年为契机，密切与中国韩国商会、韩国驻广州总领事馆、大韩贸易投资振兴公社广州办事处、惠州韩人商工会的交流合作。7 月 8 日，惠州市政府联合广东省商务厅、韩国驻广州总领事馆共同主办中韩（惠州）产业园投资环境推介会。惠州市在线上参加中韩经贸合作高质量发展交流会、庆祝建交 30 周年中韩未来经贸合作论坛等活动，深化与参会代表企业交流。是年，中韩（惠州）产业园核心组团各片区新引进项目 37 个。其中，新引进外资项目 6 个（含韩资项目 2 个），投资 10 亿元及以上项目 13 个。是年新供地项目 31 个，新动工项目 30 个，新竣工或投（试）产项目 28 个。〔惠州市档案馆（惠州市人民政府地方志办公室）〕

【东莞对外经贸合作】2022 年，东莞市对外贸易总额 1.39 万亿元，居全国第五位、广东省第二位。实际利用外资 78.87 亿元，居广东省第五位。全市跨境电商进出口总额 818.6 亿元。是年，东莞市国际邮件互换局国际小包出口量 143.7 万件。东莞市对共建“一带一路”国家和地区进出口总额 3528.1 亿元，比上年增长 1.9%。从东莞市始发的国际班列 73 班次，集装箱 7056 标准箱，货物贸易额 2.82 亿美元。举办以“有空间、进莞来”为主题的 2022 东莞全球招商大会，在德国、日本、以色列、阿联酋设立 4 个境外分会场。提升国际商会秘书处队伍综合服务水平，设立出口贸易、进口贸易等 7 个专业服务委员会。东莞市贸促会与东莞市国际技术转移中心签署战略合作协议，挂牌“东莞市国际技术转移中心成果转化工作站”。成立外商委员会，协助解决外商在莞遇到的实际困难。举办国际友城经贸科创企业交流会，邀请来自白俄罗斯、巴西、以色列、葡萄牙等国的 8 个友好合作交流城市以及东莞市、牡丹江市的多家企业代表作线上项目推介，支持友城经贸科创企业和商协会之间增进了解，共享互利合作发展信息和资源，推动交流合作成果落地。通过各种形式拜访或会见日本贸易

2022 年 8 月 26 日，东莞市举办以“有空间、进莞来”为主题的 2022 东莞全球招商大会（东莞市投资促进局供稿）

振兴公社驻穗代表处、大韩贸易投资振兴公社、东莞韩商分会等机构，介绍东莞市营商环境及产业发展情况，深挖交流合作资源，构建常态化外事联络机制。

（东莞市人民政府地方志办公室）

【中山参与国际经济合作】2022 年，中山市累计有境外投资项目 273 个，投资目的地涉及 34 个国家和地区，中方投资额累计 24.39 亿美元。在 15 个共建"一带一路"国家（越南、马来西亚、泰国、柬埔寨、阿联酋、巴基斯坦、新加坡、印度、波兰、俄罗斯、菲律宾、卡塔尔、老挝、缅甸、以色列）设立投资项目 61 个，中方投资额 9.42 亿美元，主要涉及制造业（制鞋、家电、金属制造等），其中中山华利实业集团股份有限公司在"一带一路"设立投资项目 15 个（越南 14 个、缅甸 1 个），中方投资额 5.96 亿美元，全部为制鞋业，经营业务为鞋履加工生产、来料加工等。强化商协会沟通联络，对接大韩贸易投资振兴公社、日本贸易振兴机构、法国工商会、德国海外商会联盟等 10 多个机构和商协会。发挥中山"GoGBA 港商服务站"平台作用，推介中山投资营商环境。

（中山市人民政府地方志办公室）

【肇庆对外贸易合作】2022 年，肇庆市新设立外商投资企业 90 家，比上年下降 25.6%；合同外资额 73.2 亿元，增长 2.85 倍；实际利用外商直接投资额 11.1 亿元，增长 36%。外资主要来自新加坡、英属维尔京群岛等国家和地区。中国（广东）国际贸易"单一窗口"在肇庆市的货物申报覆盖率稳定在 85% 以上。宣传推广中国（广东）国际贸易"单一窗口"企业数字化服务专窗，便利外贸企业应用业务动态、业务统计、行业趋势等功能。

（肇庆市商务局）

·国际市场开拓·

【广州国际市场开拓】2022 年，广州市把握更多渠道开拓市场，推进高水平对外开放。

全方位推进开放合作　牵头市高水平对外开放专项小组工作，印发《南沙方案》落实方案，统筹推进"1+29"项任务，争取国家和省在港澳游艇自由行、保税油混兑调和等方面给予支持。举办国际油商大会、国际冷链产业合作发展大会。印发支持南沙自贸区发展新型离岸国际贸易便利化措施。广州港扩大开放项目获国务院批复。激发经济平台功能。推动黄埔区获批国家进口贸易促进创新示范区，琶洲人工智能与数字经济试验区获批省经济开发区、省数字服务出口基地。知识城片区等 4 个片区纳入省自贸区联动发展区。印发促进综合保税区高质量发展实施意见，广州市南沙、黄埔、白云机场 3 个综合保税区在 2021 年度全国发展绩效评估中排名前列。航空物流公共信息平台试点工作走在

2022 年 11 月 3 日，广州市黄埔区入选全国增设的 29 个国家进口贸易促进创新示范区名单，图为广州黄埔港　（贾自豪　摄）

全国前列。加强对外投资风险防控，举办境外投资讲座，印发贯彻落实 RCEP 行动方案，举办 RCEP 与广州发展圆桌会议。举办韩资企业投资营商环境交流活动，协调解决企业困难。

2022 年 5 月 27 日，由深圳市人民政府外事办公室、南山区人民政府主办的“外事开讲——国际化在身边”系列活动第一期：“护航出海——聚合资源赋能新时代深圳企业‘走出去’”在深圳市南山区举办

（深圳市人民政府地方志办公室供稿）

大抓“五外联动”发展 推动外贸、外资、外包、外经、外智“五外联动”发展。完善内外贸一体化发展体系，落实外贸发展一揽子政策。继续擦亮广交会名片，创建知识城综合保税区，推进市场采购扩区拓品类，打造全球跨境电商卖家服务中心、超级供应链中心、生态创新中心。开展全面深化服务贸易创新发展试点、服务业扩大开放综合试点。实施促进外资高质量发展 20 条，坚持市区联动、部门联动，探索“广州 +”等联合招商。探索“链主点题、政府招引”，引进一批具有龙头引领、造血强链功能，能够迅速形成现实生产力的上下游重点产业项目。实施带厂、带需、带楼招商，强化招投联动、投引联动，全力打通产业项目招商落地“最后 100 米”。高标准建设国家级服务外包示范城市，建好国家数字服务出口基地，重点打造人工智能、检验检测、时尚设计等 7 条服务外包产业链。支持高成长性企业实施国际化战略，实施新一轮参与“一带一路”建设行动。研究设立“五外联动”工作联络站点。

（广州市人民政府地方志办公室）

【深圳国际市场开拓】 2022 年，深圳市推动“云外事”“云外交”常态化，保持与国外重点城市、海外商协会的交往热度，与哈尔滨、莫斯科、圣彼得堡、叶卡捷琳堡联合举办中俄两国五城市长“云会晤”。促进驻外使领馆工作与地方外事工作携手发展，联合驻印度尼西亚、巴布亚新几内亚、阿联酋、新加坡、马耳他大使馆，先后举办 5 期“外交为民守初心”联学联建活动，邀请前方外交官为深圳“小巨人”和专精特新企业介绍双边关系及中资企业在当地发展情况，服务企业“走出去”。首创“外事开讲——国际化在身边”品牌，联合南山区、盐田区举办“护航出海——聚合资源赋能新时代深圳企业‘走出去’”“向海图强——深化对外开放合作，加快建设全球海洋中心城市”专题活动。年内，深圳市与里约热内卢市结为友好交流城市，国际友城数量达 90 个，遍及全球 57 个国家。制定《关于进一步加强深圳民间外交和国际友城工作的实施方案》，加强友城工作顶层设计。举办深圳遇见多伦多系列庆祝活动，以地方和民间交往促进双边关系回暖。

（深圳市人民政府地方志办公室）

【珠海国际市场开拓】 （参见 P441“珠遵—拉美经贸交流”条目）

【佛山国际市场开拓】 2022 年，佛山市灵活应

2022 年，佛山市组建疫情以来广东省首个由地方政府主导的经贸交流团赴欧洲开展经贸交流活动。图为中国（佛山）—德国（柏林）经贸合作交流会签约现场　　（佛山市商务局供稿）

对市场需要，打造线上线下融合参展模式，为企业开拓多样化市场渠道。组建 2020 年以来广东省首个由地方政府主导的经贸交流团，赴欧洲开展经贸交流活动，举办中国（佛山）—波兰经贸交流会、中国（佛山）—德国（柏林）经贸合作交流会；启动“佛货全球优展”系列活动，认定超 60 个市级重点推荐组织展会项目，率先推广“代参展”模式，组织超 4000 家次企业参加第五届中国国际进口博览会、“粤贸全球”等各大展会。举办专场对接，促进展销融合。举办中国（佛山）—俄罗斯商务推介会、中国（印度尼西亚）贸易博览会佛山专场，精准挖掘重点新兴市场潜力。年内，佛山对印尼进出口比上年增长 27.6%，对俄罗斯进出口与上年基本持平。组织 492 家企业参加第 132 届中国进出口商品交易会，其中 60 家企业为首次参展，参展企业数量居广东省地级市前列。推动企业将“走出去”参展与“走出去”营销服务相结合，鼓励企业在海外设立自主品牌展厅、专卖店、售后服务中心等海外营销网点，深耕海外市场。打造平台载体，强化服务保障。佛山市南海区入选广东省进口贸易促进创新示范区，推动国有企业和民营企业合作开展进口。加强与中国出口信用保险合作，为全市重点成长型企业提供个性化服务，在广东省率先出台外贸企业“外汇套保增信保障”“外汇套保首办户扶持”2 项政策，为外贸企业提供增信支持和防风险保障。抢抓 RCEP 生效机遇，探索创新跨境电商新模式，成功开通利用转广西友谊关出口东南亚的跨境电商新通路，通过“10 小时短程运输 +2 小时快速通关”模式，提升企业货物运输时效性和性价比。是年，佛山实现进出口总额 6637.8 亿元，比上年增长 7.7%，在珠三角九市中排名第一位。其中，出口额 5562.5 亿元，比上年增长 11.1%，出口规模在全国排名第九位，上升一位。

（佛山市商务局）

【惠州国际市场开拓】2022 年，惠州市推进中国（惠州）跨境电子商务综合试验区建设。印发《惠州跨境电商行业发展规划（2022—2027 年）》，为惠州市跨境电商行业高质量发展提供指导。加强跨境电商线上平台运营管理，选定惠州智慧大数据公司成为惠州跨境电商公共服务平台运营方。推进跨境电商产业园区建设，惠州市首个跨境电商产业园——惠州市跨境电子商务·茂森产业园于 4 月获得认定，至年底入驻企业超 50 家。支持企业开拓海外市场，举办 Shop line 跨境电商独立站惠州专场培训、“粤贸全球·惠州鞋业跨境电商发展研讨会”、2022年阿里巴巴全球速卖通Mall品牌峰会、惠州首届跨境电商选品会暨高峰论坛等跨境电商活动。加强涉企服务，建立“联园挂企”机制，落实领导挂点联系跨境电商龙头企业制度。通过开展跨境电商专题调研、实地走访、与相关部门及企业座谈等方式，实时回应企业需求，解决企业在基础结算、投资融资、汇率管理、出口退税等方面遇到的问题。

〔惠州市档案馆（惠州市人民政府地方志办公室）〕

【东莞企业境外投资】2022年，东莞市有486家企业在全球52个国家和地区开展对外投资合作，海外投资项目633个，累计投资额35.6亿美元，中方投资额31.1亿美元。“走出去”企业以批发和零售业、制造业为主。投资范围覆盖世界五大洲，其中在亚洲设立境外投资项目最多，为508个；其次是北美洲和欧洲，分别为57个和32个。年内，全市企业对13个国家和地区的99个境外项目进行非金融类直接投资（新设、并购项目91个，增资项目8个），涉及中方投资额1.84亿美元（新设、并购项目1.28亿美元，增资项目5555万美元）。其中，投资到共建“一带一路”国家和地区的项目新增19个，涉及中方协议投资额3332万美元。全市新增对外投资主要流向批发和零售业、制造业等领域，其中，批发和零售业项目65个，中方协议投资额5232万美元；制造业项目19个，中方协议投资额7008.35万美元。投资额最大的企业是东莞市猎声电子科技有限公司，投资于芬兰，中方投资额2790万美元，为电子设备制造业。

（东莞市人民政府地方志办公室）

【中山国际市场开拓】2022年，中山市支持企业开拓多元化市场。全年全市外贸进出口总额2798.7亿元，比上年增长3.9%。提高外资利用水平，推动超85家外资企业增资扩产，合同外资累计增资超4亿美元。在15个共建“一带一路”国家和地区设立投资项目61个，投资额9.42亿美元，主要涉及制造业（制鞋、家电、金属制造等）。培育外资总部经济，中山康方生物医药有限公司、蒂升电梯（中国）有限公司、达能（中国）食品饮料有限公司3家中山市企业被广东省商务厅认定为广东省跨国公司地区总部企业。发动企业参加“粤贸全球”线上展和第131届、第132届中国进出口商品交易会线上展；线下引导企业以“代参展”“包机出访”等模式对接境外客商。全年超1200家次企业参加各种形式的展会活动，外贸规模再创历史新高。2021年10月至2022年底，分4批次组织45家企业80余人次随省团赴德国、新加坡、马来西亚、阿联酋开展“包机出访”抢抓境外订单。组织并支持古镇灯饰、南头家电、小榄五金、沙溪服装、东凤小家电等国家级、省级外贸转型升级基地内企业“抱团参展”。举办专场培训，对“走出去”企业进行“一带一路”暨新兴市场国家合规政策及风险防范宣讲。

（中山市人民政府地方志办公室）

【江门国际市场开拓】2022年，江门市制定2022年江门市重点展览计划，发出《江门外贸企业出海抢抓订单倡议书》，支持企业参加108场国内国际、线上线下展会，引导企业用好中国进出口商品交易会等重大展会平台，组织企业以“代参展”“包机出海”方式参加境外展会，开拓国际市场。是年，江门市对外非金融类投资项目（含增资）11个，投资额25534.6万美元。深入推进“侨都赋能”工程，深入开展改革试点，构建分管市领导领办、指定单位跟进统筹试点工作的推进机制，编制印发试点工作的实施方案、工作任务清单（2022—2025年）和2022年工作要点。至年底，江门全市便利华侨华人投资制度改革试点工作取得初步成效，合格境外有限合伙人（QFLP）试点、便利“外国人来华工作许可证”申办2项省级支持事项率先落地，推动广东省税务局出台《关于税收服务江门市开展便利华侨华人投资制度专项改革试点的若干意见》，

2022年8月12日，国家税务总局江门市税务局创建全国首个便利华侨华人投资税收服务中心和服务平台，图为便利华侨华人投资税收服务平台网页

（江门市税务局供稿）

成立广东省首个便利华侨华人投资税收服务中心和线上服务平台。面向全球发布江门市产业招商地图，抢抓RCEP生效机遇，举办江门市全球招商大会、RCEP启航合作发展、RCEP成员国粤商联盟成立大会系列活动，江门市全球招商大会推动111个项目签约，计划投资额1661亿元；深化与RCEP成员国的经贸合作，打造“双循环”重要交会点；江门市RCEP企业服务中心通过专家评审，以广东省第二名的成绩获评首批省级RCEP企业服务中心。全年对RCEP成员国进出口总额394亿元，比上年增长6%，其中对东盟增长14%。

（江门市商务局）

【肇庆国际市场开拓】2022年，肇庆市外贸进出口总额385.65亿元，比上年下降4.9%。其中，出口额273.44亿元，比上年增长0.5%；进口额112.21亿元，下降15.9%。进出口差额（出口减进口）161.23亿元，比上年增长16.4%。对共建“一带一路”国家和地区进出口总额113.1亿元，比上年下降16.7%。全市实现跨境电子商务进出口总额22.6亿元，比上年增长41.3%。外贸企业一般贸易进出口总额283.1亿元，比上年下降3.1%，占全市进出口总额的73.4%；加工贸易进出口总额100.6亿元，增长17.3%，占全市进出口总额的26.1%；其他贸易进出口总额1.9亿元，占全市进出口总额的0.5%。是年，肇庆市搭建平台帮助企业开拓国际市场，宣传发动外贸企业积极参加境内外展览展销活动，重点组织超150家次企业参加第131届和第132届中国进出口商品交易会、第19届中国—东盟博览会、第五届中国国际进口博览会等重点展会。

（肇庆市商务局）

·责任编辑　陈英纳·

粤港澳合作发展平台共建

横琴粤澳深度合作区

【概况】 珠海横琴居南海之滨、珠江之西、港澳之邻，地处珠海市南端，与澳门一水一桥之隔。南北长8.6千米，东西宽7千米，海岛岸线76千米，总面积106.46平方千米，约为澳门现有面积的3倍。横琴岛内有4个社区、11个自然村。

2022年，横琴粤澳深度合作区常住人口4.20万人，地区生产总值461.79亿元。合作区的四大核心战略定位是促进澳门经济适度多元发展的新平台、便利澳门居民生活就业的新空间、丰富“一国两制”实践的新示范、推动粤港澳大湾区建设的新高地。合作区着力发展促进澳门经济适度多元的新产业，聚焦发展科技研发和高端制造产业、中医药等澳门品牌工业、文旅会展商贸产业和现代金融产业四大产业，对符合条件的产业企业按15%的税率征收企业所得税，对在合作区工作的境内外高端人才和紧缺人才，其个人所得税负超过15%的部分予以免征。至年底，合作区澳资企业总量5323家，比上年增长11.8%，注册资本1480亿元；在合作区生活就业的澳门居民6909人；澳籍学生199人，增长47%；澳门居民在合作区公立医疗机构就诊6834人次，增长87%；澳门居民在合作区参加内地城乡居民养老、医疗保险4172人。8月22日起全面取消澳门非运营单牌车配额总量限制，至年底出入境单牌车84万辆次，比上年增长35.59%。合作区四大产业新注册企业1542家，占新注册企业数35.9%，比上年提高2个百分点，贡献税收125亿元，增长9%。金融业增加值完成164.11亿元，比上年增长8.1%，占地区生产总值的35.5%。科技研发和高端制造、中医药、文旅会展商贸合计营收首次突破百亿元，达123.46亿元。其中科技研发和高端制造产业比重增长显著，比上年增长28.3%，澳资商事主体占比10.84%。

2022年，按照2021年发布的《横琴粤澳深度合作区建设总体方案》，横琴粤澳深度合作区“1+1+1+N”政策框架体系加快建立。合作区管委会、执委会以及广东省派出机构领导班子和工作人员全部到位履职。合作区条例立法和总体发展规划修编两项核心工作进展顺利。“二线”海关监管作业场所主体工程全面建成，完成封关运作硬件准备。粤澳半导体基金项目、空客直升机中国总部项目、横琴中药新药技术创新中心等首批13个重点项目集中签约落户，形成合作区加快建设的示范效应。

（广东省政府横琴办；广东省港澳办）

【特色产业发展】 2022年，横琴粤澳深度合作区出台促进集成电路产业发展措施，粤澳集成电路设计产业园投入运营，采用“行业智库+产业基金+专业园区”的“三轮驱动”发展模式，引进芯潮流、极海半导体等40余家重点集成电路企业，至年底，横琴粤澳集成电路设计产业园实际进驻企业19家，承租面积1.47万平方米，入驻率39.9%，园区企业总营收超9亿元。芯耀辉、一微半导体等6家集成电路企业与澳门大学集成电路国家重点实验室共建联合实验室。举办“2022琴珠澳集成电路产业促进峰会暨第十七届‘中国芯’颁奖仪式”，以会促引，加快产业资源集聚。先进智能超算中心加快建设。澳大研究院获广东省新型研发机构认定，与企业共建5个联合实验室。澳科大研究院与盈科瑞、横乐医学、埃克斯工业等企业开展产学研合作，持续支撑澳门高校更多科技成果转化为现实生产力。广东省智能院引入140名科研人员实地办公，启动研究脑机接口、类脑超算晶圆等前沿项目，6个科研项目获国家自然科学基金委员会等支持，与高校及企业联合建立8个联合实验室，在澳门注册成立粤港澳大湾区脑智工程研究会。抢抓数字经济发展新机遇，出台支持元宇宙发展十方面税收措施，协同澳门共同培育元宇宙生态链，打造“一基两翼+四个空间+N个配套活动”（“一基”是以长隆海洋科学乐园3000平方米物理空间打造超级试验场核心区；“两翼”是由“市场测评体系”和“技术测评体系”共同支撑的元宇宙项目评价体系；“四个空间”包括企业展场、融合展场、实景展场及虚拟展场；“N个配套活动”指长隆元宇宙加速营、投融资对接会、客户对接会等）元宇宙超级试验场。

【支持澳门品牌工业发展】2022年，横琴粤澳深度合作区出台支持生物医药大健康产业高质量发展政策，以加快发展中医药研发制造为切入点，打造“澳门注册+横琴生产”品牌。粤澳合作中医药科技产业园建设初具规模，引进太平资本优化粤澳合作中医药科技产业园管理，联邦制药、丽珠、广药等龙头生物医药企业进驻园区，产业园注册企业233家，其中澳资企业61家，涉及中医药、生物医药、医疗器械、医疗服务、化妆品、保健品等领域，形成一定产业集聚效应。携手澳门共建“医疗+旅游”大健康产业。研究制定支持澳门品牌工业和相关企业发展的政策举措，探索实施“工业上楼”模式（不同于传统模式下在单层工厂中进行生产，转为在高层大厦中进行生产、办公、研发、设计的新型工业楼宇模式），吸引和支持澳门品牌中小企业入驻。

【现代金融业发展】2022年，横琴粤澳深度合作区金融业增加值164亿元，比上年增长8.1%，占合作区地区生产总值的35.5%。合作区内银行机构存贷款余额1874亿元、1841亿元，分别比上年增长约17%、30%；地方金融组织提供融资服务519亿元。合作区金融政策体系初步搭建，出台促进金融产业发展综合性政策，实施上市挂牌扶持、企业赴澳发债及促进中小微企业融资等4类专项政策。在中国证券投资基金业协会存续登记的私募基金管理人566家，管理规模超6100亿元，发挥“以投带引”资本招商作用，为合作区引入人工智能、集成电路等领域优质项目。跨境金融合作持续深化，联合澳门金融管理局建立跨境金融工作组，常态化推进琴澳金融融合发展工作。是年，合作区有QFLP（合格境外有限合伙人）和QDLP（合格境内有限合伙人）管理企业23家，其中澳资企业13家。跨境理财通跨境收支超3800万元，其中对澳往来收支占90%以上。跨境人民币结算金额近3000亿元，自2021年12月试点以来累计办理业务超万亿元。粤澳跨境数据验证平台以金融信息跨境验证作为首阶段试行范畴落地实施，实现琴澳居民个人数据跨境验证。本外币合一银行结算账户体系试点落地。创新推出“工银琴澳通”。成功发行全国首单承接海外点心债的绿色债券。完成首笔粤港澳大湾区贸易融资资产跨境转让人民币结算业务、首笔对澳门法人银行保理资产跨境转让业务、首笔“芯片制作交易模式”下新型国际贸易结算业务。

【文旅会展商贸产业拓展】2022年，横琴粤澳深度合作区对接澳门编制文旅、会展、商贸产业三年行动计划。深化琴澳珠文旅产业合作，发布首批“琴澳联合旅游产品”，推出澳门人游横琴推广套餐。推出“横琴欢乐购”消费券活动，持续推动文旅消费市场复苏。

【就业创业“新空间”】2022年，横琴粤澳深度合作区推进澳门居民在合作区执业更为便利，建筑、旅游、医疗等领域的获跨境执业资格境外专业人士增至1047名。粤澳职业技能“一试多证”专项合作落地，36名粤澳旅游服务从业人员经考核获内地职业技能等级证书、澳门职业技能证明书和澳门职业技能认可基准技能证书3份职业技能证书。与澳门旅游学院签署《关于共同推进职业技能建设合作事宜的备忘录》，共同围绕休闲旅游职业技能培训开展合作。举办2022年“深合杯”珠澳琴职业技能竞赛，深度融入澳门元素，推动“一赛两地”“一赛两证”实施。加大力度支持澳门青年在合作区创新创业，全年发放场地租金等补贴超1000万元，澳门青年创业谷等5个创业基地年内孵化澳门项目163个。搭建线上“横琴·澳门居民招聘专区”，为澳门居民提供就业岗位超600个。组织合作区6家优质企业70余个就业岗位赴澳门参加“青年就业博览会2022”。开展横琴·菁彩说活动6期、菁彩大使之夜活动1期，6323人次参与。开展2022年“澳门青年实习计划”，执委会工作机构及广发基金、普华永道、英雄体育等知名企业提供189个实习岗位，吸引澳门青年890人次报名，123名澳门青年完成实习。

【民生配套和公共服务】2022年，横琴粤澳深度合作区“澳门新街坊”项目完成全部主体结构封顶。子期幼儿园及小学投入使用，新增公办学位2460个，子期中学、金融岛片区小学、国际居住区幼儿园项目启动前期工作。加快建设广州医科大学附属第一医院横琴医院，打造服务琴澳、辐射大湾区的国家区域医疗中心。鼓励澳门业界在合作区成立医疗机构，合作区首家通过CEPA（《内地与香港关于建立更紧密经贸关系的安排》）协议落地的澳资独资医疗机构臻林山庄门诊部建成运营。横琴赛艇中心建成使用，举办“天沐杯”粤澳赛艇友谊赛暨首届横琴青少年赛艇比赛及“横琴天沐河水舞光影秀”活动。市民服务中心、市民文化艺术中心主体结构封顶。合作区婚姻登记处揭牌，为8对琴澳新人办理结婚登记，探索琴澳两地婚姻登记规则衔接机制。澳门轻轨延伸横琴线项目海底隧道贯通，澳门大学横琴校区连接横琴口岸通道桥项目加快推进。广珠澳高铁鹤洲—横琴段进入可行性研究阶段。

成立“澳门新街坊”专责小组，全力推进澳门基本公共服务、优质生活服务及社会福利率先延伸至新街坊项目。横琴伯牙小学、子期小学等4所公办学校与澳门培正中学缔结“姊妹学校”，加强学生交流、教学教研等方面合作。实施监护人在横琴工作和居住的澳门籍学生享受等同横琴户籍的招生政策，组织近100名澳门居民参访横琴学校。琴澳青少年体育事业蓬勃发展，成立业余体校，招募354名琴澳学生，组建6支运动队。琴澳医疗卫生培训基地全年培训澳门医疗人员150人次。与广东省人社厅、澳门社会保障基金签订三方合作备忘录，在合作区建设“粤澳社保一窗通”（横琴专窗），便利合作区内澳门居民办理粤澳社保服务。借鉴澳门药房运作模式，落地广东省经营乙类非处方药综合改革试点，6家连锁便利店取得试点资格。与珠海市民政局签署《横琴粤澳深度合作区社会组织高质量发展共建框架协议》，推动成立服务澳门社团的合作区枢纽型社会组织，为澳门社团临时入境活动提供便利、精准服务。举办“2022年粤澳融合的社会服务及社区治理模式研讨会”，超过200名内地及澳门特区政府官员、专家、学者、企业家、社会工作从业者等以“线上＋线下”方式参与研讨会，为粤澳融合背景之下的横琴粤澳深度合作区社会服务与社区治理创新发展出谋划策。合作区5个长者饭堂年内提供配餐服务4.50万人次，其中服务澳门长者2689人次。澳门中华总商会广东办事处揭牌成立。全国首创澳门车辆停车无感支付。澳门单牌车投保内地商业险保费最高降幅30%。跨境免费通勤专线巴士线路增至12条、每日往返班次41次，全年客运量超10万人次。

【营造宜居城市环境】2022年，横琴粤澳深度合作区高标准启动国土空间总体规划编制。借鉴澳门生态保育经验，逐步恢复芒洲湿地公园自然原生态特色。山海驿站、花园驿站、小横琴山步道等投入使用，打造山海相连的休闲旅游新热点。持续绿化美化城市空间，提升花海长廊园林景观，月季花廊、特色簕杜鹃园成为网红打卡点。优化城市慢行系统，营造合作区绿色出行新方式，首条智能网联汽车无人驾驶示范应用载人线路开通。加快编制合作区保障性租赁住房管理试行办法，启动合作区首个保障性租赁住房项目建设研究工作，推动彩虹苑公租房、保租房相关配租方案落地实施。

【构建与澳门一体化高水平开放新体系】2022年，横琴粤澳深度合作区加快建立“1+1+1+N”政策体系。“1+1+1+N”政策体系指“1”个合作区发展促进条例、“1”个合作区建设实施方案、“1”个合作区总体发展规划和“N”个相关配套政策。是年，印发实施《横琴粤澳深度合作区建设实施方案（2022—2024年）》，明确五大部分24个方面88条阶段性重点任务。6月16日，横琴粤澳深度合作区举行企业所得税、个人所得税优惠政策新闻发布会，标志着“双15%”优惠政策落地实施。“双15%”优惠政策是财政部和税务总局专为横琴粤澳深度合作区推出的所得税优惠政策。企业所得税方面，对合作区符合条件的产业企业减按15%的税率征收企业所得税；个人所得税方面，在合作区工作的境内外高端人才及紧缺人才，其个人所得税负超过15%的部分予以免征，对在合作区工作的澳门居民，其个人所得税负超过澳门税负的部分予以免征。推进分线管理模式，“一线”横琴口岸二期创新实施客货车“联合一站式”查验模式，车辆验放时间缩短至约1分钟；“二线”5个通道7个海关监管作业场所开展信息化工程建设，创新广珠城轨延长线横琴岛内站点“关铁合作、一机两检”监管模式。在澳外籍人士赴合作区便利签证措施落地实施，外籍人员入出合作区更加便利。发布实施《降低横琴粤澳深度合作区企业综合成本的十条措施》，出台“稳经济30条”和帮扶市场主体纾困措施，帮助企业有效降低经营成本。出台市场主体住所登记管理办法。全面落实国家减税降费政策，全年落实组合式税费支持政策27.6亿元。打造“政能量”企业服务品牌，助力企业政策申报、融资对接，服务多家中小企业获银行贷款近亿元。率先在全省实行并复制推广全流程税费业务“非

表1　2022年横琴粤澳深度合作区国民经济发展情况

指　标	单　位	总　量	比上年增长（%）
地区生产总值	亿元	461.79	–0.5
规模以上工业增加值	亿元	5.74	10.8
固定资产投资	亿元	—	–44.3
社会消费品零售总额	亿元	16.09	–10.9
外贸进出口总额	亿元	284.75	–40.5
实际吸收外商直接投资	亿美元	4.71	–69.1
地方一般公共预算收入	亿元	109.06	2.0
地方一般公共预算支出	亿元	160.37	29.3

（横琴粤澳深度合作区统计局）

接触式”办理。“数字 + 规则”涉税业务自动化审批等 3 项便利化创新举措获评广东自贸试验区年度最佳制度创新案例。全国率先实现“跨境通办、一地两注”机制，内地和澳门投资者足不出境可完成商事登记。印发实施法治建设行动方案（2022—2024 年），新增律师事务所 9 家、社会律师 85 名。

【粤澳共商共建共管共享新体制运行】2022 年，横琴粤澳深度合作区围绕“高效协同”坦诚合作，建立健全工作机制。持续优化完善广东省派出机构、合作区管委会成员单位及合作区执委会间的长效联络及联席会议等机制。成立政策研究和规则衔接专责小组，统筹推进改革创新、政策研究和规则衔接工作。主动对接中央湾区办，以粤港澳大湾区重大合作平台建设协调工作机制为载体，争取与国家部委协调，获得更大支持。合作应对疫情、台风等应急工作。成立合作区澳门办事处，向澳门居民和企业及时推介合作区。聚焦市场准入、市场监管、经济管理和民生服务等重点领域，制定改革创新及规则衔接事项，全年完成 43 项。琴澳联动普法新模式获评全省国家机关“谁执法谁普法”创新创先优秀普法项目。与珠海市搭建“立法直通车”，合作区立法建议项目实现“随报随审”。创新融合粤澳两地行政管理特点，探索建立一系列简明高效的规章制度，粤澳同事集中办公。设立“琴鸣讲坛”等交流平台，助力粤澳共促合作区发展。初步建立高效便民的执委会行政复议工作机制。

（广东省政府横琴办）

前海深港现代服务业合作区

【概况】前海深港现代服务业合作区位于广东省深圳市西部南头半岛，珠江口东岸，毗邻港澳。2010 年前海深港现代服务业合作区建立，2015 年中国（广东）自由贸易试验区深圳前海蛇口片区挂牌成立。前海蛇口自贸片区管委会与前海管理局合署办公。2021 年 9 月 6 日，党中央、国务院印发《全面深化前海深港现代服务业合作区改革开放方案》，明确前海合作区从 14.92 平方千米扩大到 120.56 平方千米，要求打造粤港澳大湾区全面深化改革创新试验平台，建设高水平对外开放门户枢纽。截至 2022 年底，前海深港现代服务业合作区发展空间包括前海桂湾、前湾、妈湾片区 14.92 平方千米，蛇口及大小南山片区 22.89 平方千米，会展新城及海洋新城片区 29.36 平方千米，机场及周边片区 30.07 平方千米，宝中及大铲湾片区 23.32 平方千米。海陆空铁齐备，包括 1 个国际机场、2 个铁路站、6 个港口码头、3 条城际线、7 条轨道、3 条高速路、4 条快速路。山海资源丰富，拥有 68 千米海岸线、3 个海岛、2 处自然保护地、10 处公园绿地。

2022 年，前海深港现代服务业合作区加快打造香港融入国家发展首选地。推进硬联通。港深西部铁路（洪水桥—前海）首阶段规划研究完成。对接香港北部都会区发展策略，加快推进前海口岸规划建设，研究推动广深第二高铁机场东枢纽以北段，谋划深港跨境直升机航点，形成前海内联外畅、四通八达格局。

【现代服务业创新发展】2022 年，前海深港现代服务业合作区服务香港“八大中心”建设，深化金融、航运、贸易等重点领域合作。落实香港工程建设领域专业机构、专业人士执业备案管理办法，探索建设工程管理制度与港澳规则衔接，支持香港工程建设领域专业机构、专业人士拓展市场，年内，许李严建筑师事务所、汇创国际建筑设计等 8 家港企承揽前海两所学校设计等项目。香港税务师、注册建筑师、港澳导游等 18 类人士在前海备案即可执业，截至年底，累计备案 51 个机构 517 人。6 月 27 日，发布“惠港 9 件实事”，在住房、创业、服务、就业、平台、科创、金融、落户、民生 9 个方面为港企港人拓展发展空间、提供优质服务。7 月 21 日，前海深港青年梦工场北区正式开园，产业空间由 4.7 万平方米扩展至 13.9 万平方米。

12月12日，举办2022年前海粤港澳台青年创新创业大赛，有18个优秀项目在总决赛中获奖。

【科技发展体制机制改革创新】2022年，前海深港现代服务业合作区加快科技发展体制机制改革创新，构建以跨国企业、行业龙头、“独角兽”为基础的数字经济产业生态。全年新增松柏实业、凌科电气、同一方光电、横川机器人等28家国家级专精特新“小巨人”企业，总计44家。集聚微众银行、平安智慧城市、丰巢科技、海柔创新、蕉内、顺丰快运、酷开、思谋科技、碳云智能、越海全球供应链10家独角兽企业，约占粤港澳大湾区的1/6。国家（深圳·前海）新型互联网交换中心业务开展良好，签约腾讯、中国电信、移动、联通等客户85家，峰值互联网流量859G，设立深圳市前海互联网安全保障中心，支撑前海打造互利共赢互联网产业新生态。推动港中文深圳数据经济研究院设立区块链与智能科技中心。“前海版权公共服务平台和版权区块链网络建设项目”入选国家试点，成为“区块链+版权”领域广东省唯一入选项目。推动部省共建项目“前海国际知识产权综合运营服务中心”落地。

【一流营商环境打造】2022年，前海深港现代服务业合作区打造国际一流营商环境，试点商事登记确认制，对“前海港澳e站通”进行升级优化，建成“前海e站通”机场服务中心，初步形成多向延伸、全域覆盖政务服务体系。“大湾区组合港项目”获评国家首批营商环境创新试点改革项目和跨境贸易便利化专项行动复制推广项目。为区内有关企业、人才提供高速便捷国际互联网访问环境。推动前海投资者保护条例加快出台，通过立法对受到外国歧视性限制措施损失重大的企业给予支持，依法保护投资者财产权、自主经营权等权益。12月27日，深圳市人大常委会对前海投资者保护条例进行一审审议。

【合作区治理模式创新】2022年，前海深港现代服务业合作区加快打造全面深化改革创新试验平台。以制度创新为核心丰富拓展“前海模式”，推出创新成果80项、累计765项，新增全国复制推广10项、累计75项。8月18日，广东省商务厅发布广东自贸试验区最佳制度创新案例，“实施商事主体歇业登记制度”等6项案例来自前海，占比超1/3。9月，前海蛇口自贸片区促进制度创新工作规程、前海合作区促进制度创新工作的若干措施相继出台。10月13日，国家发展改革委发文向全国推广的18条深圳综合改革试点首批授权事项典型经验和创新举措中，7条在前海率先试点，占比近四成。其中，国内首个经国际认证的《医院质量国际认证标准（2021版）》在前海发布，促进粤港澳大湾区医疗质量同标同质。

【深港合作政策措施】2022年，前海深港现代服务业合作区出台金融、商贸物流、专业服务、法务区、智库建设、科技创新、总部经济等10余项政策举措，120.56平方千米范围内企业均可享受相应扶持，在实现“物理扩区”基础上，同步推进“政策扩区”“服务扩区”。9月7日，《海关总署支持前海深港现代服务业合作区全面深化改革开放若干措施》正式印发，围绕深港规则对接、跨境要素流动、深港现代服务业综合保税区建设等方面提出18项支持措施。11月，前海蛇口自贸片区入选“国家进口贸易促进创新示范区”，强化贸易促进和贸易创新两大功能，发挥促进进口、服务产业、提升消费、示范引领四大作用。

【金融改革创新】2022年，前海深港现代服务业合作区推动金融改革创新，以跨境金融为特色探索人民币国际化前海经验，率先在全国形成跨境双向人民币贷款、跨境双向发债、跨境双向本外币资金池、跨境双向股权投资、跨境资产转让、跨境金融基础设施“六个跨境”金融创新实践。9月，深圳首单人民币贸易融资资产转入业务落地前海，“六个跨境”向“N 个跨境”深化。大湾区首家金融控股公司（招商金控）、大湾区首家外资独资基金销售公司（瑞银基金销售）、全国首家“双牌照”银行分行（大新银行深圳分行）、渣打私募股权基金（QFLP）等落户前海。4 月 29 日，前海联合交易中心达成首批基于真实跨境贸易的大豆品种线上交易，首次通过人民币跨境支付系统（CIPS）实现大宗商品贸易货款跨境支付和结算，交易中心全年现货总交易额 793.5 亿元，比上年增长 1.45 倍。12 月 2 日，深圳航空首架空客 A321neo 新客机从德国汉堡空客总装基地飞抵深圳。该架飞机首次通过采用保税租赁模式在前海合作区引进交付落地，深圳保税飞机租赁业务实现零的突破。至年底，前海深港国际金融城签约入驻金融机构 241 个，其中港资和外资机构数占近 30%。招商金控、法国安盛集团（AXA）、意大利忠利保险、瑞银集团、汇丰集团、渣打银行、纳斯达克上市支付公司 PayPal 落子前海，玉山银行（中国）、大新银行深圳分行、恒生前海基金、微众银行、招联消费、新华养老保险、华泰联合证券、创金合信基金、博时资本、前海再保险、康曼德资本、招商局创投、中银股权、国新风险投资等重点港资、持牌和风投创投机构入驻金融城。

【法律事务对外开放】2022 年，前海深港现代服务业合作区提升法律事务对外开放水平。1 月，最高人民法院出台支持和保障前海改革开放意见，适用域外法律、跨境司法协助等实现突破，明确在前海注册的港资、澳资、台资及外商投资企业可以协议选择域外法解决合同纠纷。前海法治示范区建设稳步推进，最高人民法院第一巡回法庭与深圳国际仲裁院形成司法终审和一裁终局的“双终局”架构。10 月，“建立跨境仲裁协作和国际仲裁合作新机制”“建立新兴领域知识产权保护新机制”被国家发展改革委在全国复制推广。年内，粤港澳大湾区司法研究院批准设立。“前海深港国际法务区建设”获评深圳十大法治事件。至年底，前海法院累计适用域外法审理案件 166 件，包括适用香港法审理 117 件，适用国际公约和国际通行规则审理案件 35 件，是全国适用香港法裁判案件最多的法院。至年底，香港地区陪审员参审案件 830 件，港澳地区专业人士成功调解案件 664 件。深圳国际仲裁院适用域外法案件 114 件，其中适用香港法 65 件，全年仲裁案件当事人涉及 38 个国家和地区，总争议金额人民币 1272 亿元，仲裁员覆盖全球 114 个国家和地区，境外仲裁员占比 36.78%，仲裁员国际化水平全国领先。

【参与国际合作】2022 年 1 月 4 日，前海国际人才港正式开港。5 月 26 日，开展前海港澳青年职业能力提升训练营活动。前海国际人才港探索建立覆盖海外人才来华工作生活全流程、全周期服务体系，一站式提供 451 项国际人才政务、商务、生活服务，建设成为国际人才到粤港澳大湾区就业、创业第一站和首选地。与 15 个国际机构签订“前海国际人才合伙人”协议，实施前海国际人才港“100 项活动计划”，18 个顶尖机构落户前海国际人才港，包括全球第一科研学术出版集团爱思唯尔、全球第三战略咨询公司波士顿咨询、全球五大猎头之一罗盛咨询等国际顶尖机构。实施“前海港澳青年招聘计划”、打造“Offer 姐”等知名品牌，全年提供岗位 3530 个，前海就业港澳青年人数比上年增长 2.06 倍，并向香港人才配租人才房。年内，前海高层次人才数量比上年增长 1.03 倍。

【新城新中心建设】2022 年，前海深港现代服务业合作区加快打造国际化城市新中心。开展 BIM、CIM 技术应用推广，前海“深化城市规划建设管理数字化改革”上榜 2022 年度深圳市优秀改革案例。规划建设前海石公园、深港广场，营造 68 千米活力黄金海岸带，宜居宜业宜游国际化城市新中心雏形初现。加强扩区统筹，实施统一规划、统一管理，规划建设海洋新城、大铲湾“互联网 +”未来科技城、深港国际服务城等重点区域，构造山海连城城市空间。年内，前海坎特伯雷国王外籍人员子女学校建成并开学，引进4个港澳医疗机构，公共配套持续完善。构建内联外畅交通格局。3月，广东省发展改革委批复关于新建深惠城际前海保税区至坪地段项目可行性研究报告。9月28日，桂庙路西行隧道通车，市民驾车可15分钟从市中心直达前海新中心。全长24千米的深中通道加快建设，12月10日，深中通道海底隧道沉管钢壳制造工作完成。　（深圳市人民政府地方志办公室）

广州南沙粤港澳全面合作示范区

【概况】2022年6月，国务院出台《广州南沙深化面向世界的粤港澳全面合作总体方案》（简称《南沙方案》），提出将南沙打造成为立足湾区、协同港澳、面向世界的重大战略性平台。广州市贯彻落实《南沙方案》和广东省委、省政府工作部署，细化落实重点任务安排，省层面制定“118+155”重点任务清单，市层面出台“1+3”政策体系，制定市实施方案，以及12项重大政策、252项重大事项、60项重大项目共3张清单，形成施工图、责任书、时间表，由市领导牵头统筹推进，确保工作尽早落地见效。强化资金、要素和政策支持保障。落实南沙港澳居民个人所得税优惠政策、15%企业所得税优惠目录和高新技术企业延长亏损结转年限政策、南沙新增100亿元专项债额度单列等，2022年广州市财政安排245亿元专项债支持南沙建设。

【高水平对外开放】2022年，南沙加快共建高水平对外开放门户。广州获批国家服务业扩大开放综合试点，进一步降低香港专业服务业在内地提供服务的准入门槛。加快推进中国企业“走出去”综合服务基地建设，起草形成中国企业“走出去”综合服务基地建设方案和综合服务中心组建方案思路稿。高标准推进南沙国际片区建设，30多个高端法律服务机构进驻南沙法律服务集聚区。建成华南最大、功能最齐全的综合性枢纽港，累计开通150条国际班轮航线，积极推进广州临港经济区和大湾区航运联合交易中心建设，南沙港区四期自动化码头投入运营，南沙港国际海铁联运码头完成可研报告，国际航运物流枢纽进一步增强。

加快打造规则衔接机制对接高地。打造一流国际营商环境，累计形成818项自贸区制度创新成果，在国家新区营商环境评价中排名前三。推进金融市场互联互通，加快推进设立粤港澳大湾区国际商业银行，深化研究完善设立方案，香港特别行政区政府支持共同开展大湾区银行筹设工作。加快推进设立粤港澳大湾区保险服务中心。广州期货交易所首个品种工业硅期货成功上市。深入实施“湾区通”工程，南沙在全国首创建筑和交通工程专业港澳人才职称评价体系，制定《广州市境外职业资格便利执业认可清单》，推动境外专业人才在穗便利执业。

【创新发展示范区】2022年，南沙区加快建设科技创新产业合作基地。高水平建设南沙科学城，南沙科学城总体发展规划上报省政府，冷泉生态系统研究装置建设进入可行性研究阶段，南方海洋科学与工程广东省实验室（广州）被列入崂山国家实验室基地方案。创新科技合作机制，以香港科技大学（广州）为试点推进科研用物资跨境试点，香港科技大学（广州）被纳入第二批享受“十四五”科技创新政策高等院校名单。加快重大项目建设，广州数据交易所正式挂牌运营，广丰五线、南砂晶圆、芯聚能一期等项目建成。创新人才政策体系，梳理形成67项事项报省委组织部，优先在南沙开展全省人才重大管理改革举措和创新政策试点，争取将南沙新区、香港科技大学（广州）等平台纳入中央组织部粤港澳大湾区高水平人才高地建设方案。人社部国际交流中心与南沙达成战略合作框架协议，支持南沙完善和拓展境外职业资格认可业务体系。

加快创建青年创业就业合作平台。协同推进青年创新创业，南沙区出台支持港澳青年创业就业“新十条”措施，以“创享湾”为龙头，经人社部门认定的6家创业孵化基地累计入驻项目1198个，带动就业9000余人次。成功举办香港科大百万奖金（国际）创业大赛广州赛区决赛，组织港澳青年参加“百企千人”“优职英才”港澳青年实习计划。推动境外人才便利执业，港澳涉税专业人士、港澳导游及领队在南沙便利执业获人社部批复同意。加强就业配套服务保障，在住宿公寓、通勤、子女入托入学等方面提供便利条件，帮助港澳居民解决到南沙工作的后顾之忧。加强青少年人文交流，做精做细港澳青少年“自贸初体验”“文体对对碰”等特色项目。

【金融服务重要平台建设】2022年，南沙区加快重大金融服务平台和机构建设。广州期货交易所正式开业运营，实现首个品种工业硅期货及期权上市交易；粤港澳大湾区保险服务中心筹建准备工作基本就绪，待国务院批复同意；粤港澳大湾区国际商业银行筹设工作取得突破，形成粤港澳三地政府、机构协同共进的工作合力；广州数据交易所正式运营，率先在数据交易领域推出统一的行业数据指数发布平台。

进一步凸显南沙金融机构集聚效应。明珠金融创新集聚区吸引46个机构入驻，粤港澳大湾区（广州南沙）跨境理财和资管中心建设启动。多项金融市场互联互通试点政策相继落地，全国首批跨境贸易投资高水平开放、QDLP、QFLP、气候投融资等试点政策的出台实施，为南沙集聚金融资源、推动金融开放创新增添动力。

【优质生活圈打造】2022年，南沙区加快建立高质量城市发展标杆。南沙湾、庆盛枢纽、南沙枢纽、明珠湾等重点片区建设全面提速，香港科技大学（广州）、广州南沙民心港人子弟学校正式开学，港式国际化社区建设加快推进，中山大学附属第一（南沙）医院即将启用。地铁18号线（首通段）、南沙大桥、明珠湾大桥等建成，深中通道、深茂铁路、狮子洋通道等加快推进，大湾区“半小时交通圈”不断完善。强化生态环境联建联防联治，南沙新区列入生态环境部公布的首批气候投融资试点，完成南沙区创建国家生态文明建设示范区规划初稿和专家咨询。（广州市发展改革委）

河套深港科技创新合作区

【概况】2022年，深圳市加快推进河套深港科技创新合作区建设。报批深圳园区发展规划。以综合性国家科学中心、国家实验室为引领的战略科技力量持续增强，粤港澳大湾区（广东）量子科学中心等20个重大科研项目落户河套。联合香港研究制定并发布实施“联合政策包”28条，香港科学园深圳分园完成装修建设，首个深港联合办公室投入使用。香港大学牵头成立深圳港大新型科技创新中心，首批引进未来电子、新能源、分子医学3所研究院。国家药监局药品和医疗器械技术审评检查大湾区分中心开展业务。国际互联网访问跨境数据流动试点，超过400个国际互联网访问浏览器序列号获批供科研人员试用。

12月22日，香港创新科技及工业局公布《香港创新科技发展蓝图》，提出为推进粤港澳重大合作平台建设，计划推动落马洲河套区港深创科园发展，加速“一区两园”建设；试行跨境政策，实现包括资金、人员、数据、物资、项目等创新要素在区内便捷流动，推进河套区成为中国参与世界先进产业布局和发展的重要创新基地。

（香港历史研究基金会；深圳市人民政府地方志办公室）

【港深创新及科技园】2022年，香港特别行政区政府加快推进港深创新及科技园（港深创科园）投入营运，并推动北部都会区新田科技城发展。新田科技城联动深圳科创园区建设合作区，实现“一国两制”下位处“一河两岸”的“一区两园”。合作区集中港深两地优势，会聚海内外人才，助力粤港澳大湾区国际科技创新中心建设。年内，试行跨境政策，实现包括资金、人员、数据、物资、项目等创新要素区内便捷流动，把河套区建设成为国家参与世界先进产业布局和发展的重要创新基地。香港特别行政区政府与科技部成立香港国际创新科技中心建设主责工作组，加强高层联动对接，统筹协调内地与香港相关部门在创新科技政策、资源等方面沟通，理顺安排，制订具体行动，帮助香港更好融入国家发展大局。加快推进粤港澳大湾区内创新科技发展。2 月 22 日，在香港方便营商咨询委员会第四十七次会议上，香港科技园公司向委员介绍该公司的粤港澳大湾区（大湾区）发展计划，包括设立深圳分园并成立大湾区创科飞跃学院及大湾区创科快线，培育初创和支援创科企业走向全球、引进外资，一方面协助香港的创科企业在内地发展，同时为有兴趣进军海外的内地企业提供服务。香港科技园公司与香港本地大学合作，在其大湾区分校建立人才发展和支援初创企业的孵化中心网络。

（香港历史研究基金会）

【深港科技创新合作区建设】2022 年，深圳市深港科技创新合作区建设加速推进，合作区深圳园区科技创新规划及“六个清单”编制完成，新引入未来智联网络研究院等 20 余个重大项目，广州实验室检测评价中心河套分中心快速建成投入使用，香港科学园深圳分园完成装修建设并分阶段投入使用。深港科技创新合作持续推进，建立深港科技创新合作专班工作机制，形成专班事项动态管理清单。实施深港澳科技计划项目，推动科研资金跨境使用与科研项目管理制度规则衔接，全年立项资助深港澳 A 类项目 15 个（4484 万元）、C 类项目 42 个（4200 万元）。举办第 14 届深创赛深港澳高校预选赛，吸引 90 个港澳高校创业团队参赛交流。

【粤港澳大湾区（广东）量子科学中心成立】2022 年，深圳市粤港澳大湾区（广东）量子科学中心揭牌成立，该中心是由广东省和深圳市政府共同谋划、战略科学家牵头筹建、落户河套深港科技创新合作区的重大科技平台，由南方科技大学会同香港大学、中山大学、澳门大学、华南理工大学等粤港澳大湾区科研力量共建。该中心瞄准量子科学前沿和国家重大战略需求，以量子基础科学研究为核心，量子技术应用为牵引，抢占国际技术制高点，探索打造“一国两制”下的科教融合发展新范式，打造量子科技国家战略力量。

【河套深港科技创新合作区生物医药产业发展暨公共技术实验室建设论坛】于 2022 年 6 月 17 日在深圳国资国企产业创新中心举行。该论坛由深圳市属国企深投控、深业集团、深创投联合主办，旨在分享交流深圳国资国企生命健康领域创新项目，共同探讨合作区公共技术实验室服务平台建设。金融机构、湾区高校和科研院所、生物医药产业机构及相关企业代表参加活动。（深圳市人民政府地方志办公室）

特色合作平台

·中新广州知识城·

【概况】2022 年，中新广州知识城严格控制生态空间、建设空间 5 ∶ 5 布局，科学划定城镇开发边界、生态保护红线、永久基本农田“三区三线”并获批复。编制生态空间、土地整治、永久基本农田、环境保护、公园体系等 10 余个专项规划，着重提升华师附中、南方医院等重要节点景观，形成知识城第五立面、公共建筑、产业建筑等 10 项建设指引，全流程把控建筑设计质量。坚持全域一体谋划，打造“一核两心多园”城市空间布局，重点打造环九龙湖总部核心经济带，滨水一线布局地标塔楼和公共文化设施，知识塔主体高度完成 1/3，智荟塔地块完成出让，科技馆方案完成编制，生物塔、文化塔、金融塔、国际商业中心、国际人才中心、国际会议中心进一步深化设计。依托既有产业基础，打造新龙片区副中心和枫下片区副中心，带动周边配套加快成熟。园区从南到北有序布局，生物医药、湾区半导体、智能制造、新一代信息技术等七大产业园控规实现全覆盖。完成小鹏汽车、综合保税区、电力指挥调度中心等重大项目报批。打造“一带一路”和粤港澳大湾区对外开放枢纽。知识城25平方千米区域被纳入广东自贸试验区广州联动发展区，复制推广自贸区政策45项；广州知识城综合保税区控规调整方案通过专家评审会审议。加快提升投资自由化和贸易便利化水平，新增日月新半导体等40多家外资企业落地，全年实际利用外资规模占全区的2/3，比上年增长23%。率先打通特色农贸产品出口通道，推动黄埔古树荔枝出海国际市场，推进创建国家对外文化贸易基地。

【产业发展】2022年，中新广州知识城坚持产业第一、制造业当家，建立用地报批、重点产业项目筹建、重点财政项目联审等工作专班，打破部门条块界限，创新事项并联审批模式，突破门牌号办理、排污等筹建事项150余项，全年实现小鹏汽车零部件产业园等近40个项目动工建设，推动烯湾科技等65个项目竣工投试产。是年，园区累计注册市场主体3.4万家，注册资本7500亿余元；在建产业项目154个，达产产值5500亿元。全年完成地区生产总值261亿元，规模以上工业总产值273.75亿元，比上年增长71.21%；完成固定资产投资837亿余元，累计固定资产投资3731亿余元，2018—2022年年均增速29.2%；加强产业招商。全年累计接触、洽谈有投资意向企业200余家，新注册紫粤晶圆厂等企业1839家，签约知识创新谷、盈科等项目23个。优化企业全流程全周期服务，精细化管理重点产业项目160余个，全年走访项目现场600余次，组织召开现场协调170余次，协调解决市政配套设施、审批手续等筹建事宜220个，推进重点产业链延链、补链、强链。是年，粤芯电力隧道建成并通过验收，为区域企业提供双回路电力保障。推进产业集聚。高质量、高标准、高规格建设“三集群两高地”产业格局，以三大千亿元级产业集群为牵引，推动智能制造等实体经济增长。生物医药产业集群汇聚38个高科技生物医药项目，总投资额超300亿元，达产产值超千亿元。赛默飞落地建设，恒瑞中试车间试生产，龙沙生物、诺诚健华一期等10个项目投产，百济神州、康方生物等企业生产上市国产创新药，在建项目大分子生物药原液产能超60万升。加速核心元器件国产化替代进程，粤芯三期动工建设，盈骅竣工，光掩模投试产，产业上下游集聚80余家核心企业，打造全国集成电路第三极核心承载区。小鹏汽车全面投产，零部件产业园开工建设，年产能12万辆，整车项目通过窗口指导。提升智能制造产业竞争力，视源电子启动建设，创维智能产业创新基地投产，完善卡尔蔡司健康视光产业生态圈，加快建设智能制造现代工程技术创新中心。

【人才高地建设】2022年，中新广州知识城国际人才自由港服务大厅运营，全年举办政策宣讲、项目交流等主题活动21场。举办首届“五校联动，职链未来”直播带岗活动，推荐优质职位近1000个，提供资源链接等“管家式”服务100余次。人才高端配套逐步完善，加快世界500强企业家俱乐部落地运营，加快建设凤凰谷海归中心，完成国家海外人才离岸创新创业基地总部空间升级改造，新增4个博士博士后科研工作分站，分站设站总量占全市的1/3。区域集聚战略科学家28名、高层次人才100余名，新增1460名研究生入学，累计培养4200余名研究生，在校学生3.5万人。

【知识产权聚集发展】2022年，中新广州知识城获专利授权2628件，比上年增长96%。发明专利、实用新型和外观设计分别增长1.95倍、81%和42%。有高价值专利1692件，占有效发明专利比重90%，1/4专利实现市场化运作。专利授权领域聚焦本土优势产业，主要集中在新能源汽车与新一代信息技术领域，分别比上年增长15.78倍和1.83倍，制动系统、智能出行等汽车细分类别获授权1000余件。是年，知识城推动产教融合、多元发展。构建区域产学研合作创新体系，与中国科学院等院所共建40余个协同创新平台，高校科研院所年度新增授权申请371件，新增研究生实习实践基地42个，承担国家及省级课题210项。其中，西安电子科技大学广州研究院940项战略性新兴产业专利实现挂牌流通。推动知识产权集聚发展。加快建设全国规模最大的知识产权服务园，汇集国家知识产权局专利局专利审查协作广东中心等专业机构100余个，广东省首个国际知识产权服务大厅启动运营，全国唯一国家级汽车知识产权运用促进中心签约建设，2个全国首批外国专利代理机构率先落户，省知识产权服务业集聚中心项目竣工验收。连续4年承办新加坡知识产权周中文分论坛、粤港澳大湾区知识产权交易博览会等会展，举办第12届亚洲知识产权营商论坛分论坛等高端会议。推动知识产权交易博览会永久落户知识城，成为知识产权机构聚集地、政策策源地、要素市场化新高地。加强跨境交流联动。充分发挥审协广东中心等100多个知识产权机构作用，为企业“出海”保驾护航。累计收录全球专利数据信息超1亿条，挂网发布海内外企业1500项专利清单。全年知识城PCT（专利合作条约）国际申请比上年增长1.5倍，总量占全区的22%。

【综合城市功能提升】2022年，中新广州知识城加速构建城市道路“外联网”，完善“857”（8条轨道交通、5条高速公路、7条城市快速路）对外交通体系，新白广城际轨道全线铺轨，科学城至知识城快速通道联审立项。实现“五横五纵”区域主干路网贯通，建设进度96%，建成钟太快速、人才大道等，改革大道中段、创新大道新龙段等验收通车。园区道路“内循环”建设全面铺开，生物医药园内部道路成环，集成电路园内部道路成形，其他园区路网建设稳步推进，海丝天桥建成运营。探索建立道路联合移交机制，创新开展道路分段移交验收，提前开通凯丰路等8条道路，建成区域综合管廊31千米，全年建成道路40千米，累计建成道路99千米。完善公共服务配套。构建全学龄一站式的基础教育体系，广州实验中学等4所学校建成开学，华师附中教学楼、实验楼主体结构封顶。完善基本医疗卫生服务网，知识城南方医院装修收尾，所辖街镇规划面积均不低于5000平方米的社区卫生服务中心，其中龙湖街社区卫生服务中心完成改造并投入使用。加快统筹安置房源供给，凤彩雅苑、凤瑞雅苑完成交付，累计收楼6256套。打造“15分钟生活服务圈”，合景悠方等综合商业体开业，龙湖街图书馆启用。统筹经济发展和生态环境保护，编制《中新广州知识城生态环境保护规划（2021—2035年）》并通过专家评审。探索建设新一代低碳或零碳示范区，构建城市公园、社区公园、口袋公园等多层级公园体系，建成知识城首期登山徒步道。知识城南起步区获国家二星级绿色生态城区运管标识。

【推动中新合作】2022年，中新广州知识城推动打造中（国）新（加坡）合作特色品牌，在中新联委会期间与新加坡企发局签署产业发展与创新合作谅解备忘录，拓展中新双方在数字经济、绿色发展等重点领域合作。加快中新“硬件”载体建设，知识塔建设突破百米，中新智慧园开园运营，恩士迅大湾区金融科技交付中心、新加坡能源集团、悦榕庄“广东省首店”等重大项目落地，累计落户中新合作项目61个。中新“软件”合作取得新成果，与星展银行建立全面战略合作关系，中新国际联合研究院会聚500余名科研人才，累计孵化入驻企业34家，广州新侨学校入选广州国际化办学示范窗口，举办首届广东—新加坡中小学校长交流活动，打造中新国家级双边合作“3+1”旗舰项目品牌。

【《广东省中新广州知识城条例》实施】2022年3月1日，《广东省中新广州知识城条例》（简称条例）实施，成为中国4个中新国家级双边合作项目中首部省专项立法的地方性法规。条例共6章47条，对知识城建设发展的总体支持、科技创新与知识产权保护、知识密集型产业发展与人才支撑、对外开放与合作、服务与保障等方面作出规定，为知识城创新发展赋予更大的管理权限。在管理体制机制方面，条例分类赋予知识城有别于一般行政区的管理权限，对有关国家经济建设管理权限、省级经济建设管理权限、调整由广州市实施的省级经济建设管理权限以及调整由中国（广东）自由贸易试验区实施的省级经济建设管理权限4个方面的管理权限，依法由知识城管委会行使的相关要求作出规定。在区域联动发展方面，支持知识城与中国（广东）自由贸易试验区联动发展，依法复制推广自由贸易试验区改革试点经验。其他区域的改革试点措施，按照国家规定可以扩大试点范围的，广东省政府可以优先安排在知识城实施。同时，支持知识城与广州高新技术产业开发区、经济技术开发区等联动发展。在建设发展具体事项上，把握知识创新、对外开放等方面重点，规范知识产权申请绿色通道、专利代理领域对外开放、扩大金融业对外开放等26项涉及国家和省事权事项，给予更大力度的权限支持。

【国家级汽车产业知识产权运用促进中心落户】2022年，由广州市黄埔区与中国汽车技术研究中心有限公司（简称中汽中心）合作共建的中国汽车知识产权运用促进中心落户中新广州知识城知识产权服务园区，依托中汽中心专业技术和产业优势，建设两大数据供需平台。其中，全球汽车专利大数据平台涵盖全球105个国家和地区的1.5亿条专利数据，利用视觉交互、3D汽车等先进技术，提供一站式数据服务；推动中国汽车知识产权交易中心设立专利交易、商标交易、创新项目交易等7个核心模块。发挥中汽中心行业智库作用，组建领军型人才团队，实施“揭榜挂帅”引才模式，开展引智攻关和联合研发等合作，建设完善技术创新与支持中心（TISC），拓展知识产权交易、科技成果转化等业务，年均完成专利挖掘超1000件，其中发明专利占80%。搭建“地方政府—整车企业—初创企业—金融资本”四位一体的汽车产业协同创新生态朋友圈，与国家知识产权局审协广东中心等知识产权专业机构联动、共享资源，促进“科技+产业+金融+知识产权”的有机结合，构建产业链、服务链与创新链深度融合的创新生态。

【首批特色农产品出口海外】2022年7月23日，中新广州知识城举行“知识城到狮城，RCEP助力黄埔荔枝首秀新加坡—黄埔特色农产品知识城出海发车仪式”，将1000千克古树荔枝空运至新加坡电商平台销售，广州市黄埔区荔枝首度出口海外。是年，黄埔区发挥现代农业资源优势、中新合作资源优势，以知识城合资公司为中介桥梁，双向链接黄埔区农业出口与新加坡市场需求，借助RCEP（《区域全面经济伙伴关系协定》）政策打通外贸通道，开辟乡村振兴、中新合作新途径，为后续农产品规模化、规范化出口积累经验，促进国内国际双循环。针对农业出口企业少、出境资质不齐等难点，联合海关、农业、商务等部门，为企业提供资质申报、品牌包装、物流运输等辅导服务，结合进出口鲜活易腐农产品“绿色通道”、出境水果果园注册登记等便利措施，打造全区首家出境水果果园基地，获得黄埔区历史上首张产地为“广州市黄埔区”的出境货物检验检疫通关单。整合知识城合资公司、农业农民专业合作社、信息科技公司、农业产业园4家企业资源渠道，成立RCEP出口农产品培育基地，通过专业化、国际化、联盟化的模式，加大重点企业、特色产品出口培育力度，拓展特色农产品国际市场，提升黄埔区开放型农业发展水平。

（黄埔区国家档案馆）

·广州人工智能与数字经济试验区·

【概况】广州人工智能与数字经济试验区（简称广州试验区）位于广州中心城区，选择人工智能与数字经济发展基础较好的琶洲、广州大学城、广州国际金融城、鱼珠等连片区域构成“一江两岸三片区”的空间布局，总面积约81平方千米。2022年，广州市全面落实省、市广州人工智能与数字经济试验区建设方案要求，推进广州试验区高质量发展。加大政策扶持力度。印发《广州人工智能与数字经济试验区2022年重点工作安排》。搭建人工智能“链长制”，培育发展数字经济细分产业。出台粤港澳大湾区首个元宇宙专项扶持政策《广州市黄埔区、广州开发区促进元宇宙创新发展办法》。10月10日，工业和信息化部公示国家人工智能创新应用先导区“智赋百景”名单，广州市有14个人工智能应用场景入选，数量居全省第一位。完善基础设施建设。完成区域国土空间规划整合与内联外通，推进琶洲西区地下综合管廊工程项目、金融城起步区PPP项目、花城大道工程、临江大道工程等重大项目。以国企为主推动园区改造，把城市更新改造与产业转型升级结合，规划布局数字经济“产业长廊”。引进13个金融机构落户金融城片区，签约建设中国人工智能（广州）产业园、T.I.T智慧园等项目。推动行业数字化智能化，推动“云上广交会”平台创新发展。借助社交电商、直播、短视频等新模式，推动跨境电商产业加速发展。推广数字人民币试点工作，搭建收费、教育、医疗、文旅、交通等全方位应用场景，助推数字经济与实体经济深度融合。加强数字品牌示范推广，提升试验区品牌知名度。承办数字经济高端论坛，举办首届广州·琶洲算法应用国际大赛。建成琶洲港澳客运口岸，成立会展与数字经济知识产权保护中心。琶洲人工智能与数字经济试验区获批为广东省经济开发区。金融城片区推动资本市场融资发展，形成支持企业上市服务链，同时与上交所南方中心、深交所广州基地等建立常态联系机制。（广州市工业和信息化局）

【琶洲核心片区】2022年，广州人工智能与数字经济试验区琶洲核心片区（简称琶洲核心片区）集聚企业3.4万家，实现营业收入4040.24亿元，比上年增长7.1%。深化产研融合，全社会研发投入强度3.06%，居全市前列。至年底，琶洲西区有重点产业项目39个，其中广州日报、宝地广场等15个项目投产运营，粤科金融、国美控股等11个项目封顶，广商中心、南方传媒等13个项目主体结构或基坑施工。4月29日，广州市首批自动驾驶便民线广州塔西站环线正式在琶洲核心区上线开放载客测试。6月13日，海珠区与中山大学、中国建设银行广东省分行联合举办“建行杯”海珠—中大（国际）创新创业大赛。大赛吸引参赛项目251个，促进大校大所大院等科研机构创新成果转化。8月16日，首届“琶洲论剑”——人工智能与数字经济人才猎头大赛决赛暨颁奖典礼举行，集聚一批专业程度高的猎头服务机构到琶洲地区布局设点。（海珠区委党史文献研究室）

【广州大学城片区】2022年，广州大学城片区有中山大学、华南理工大学等12所重点高校10余万名师生，国家超级计算广州中心和各类科研平台210个（国家级实验室26个、省部级实验室168个），申请专利数量占全市的1/4，涵盖新一代信息技术产业、高端装备制造产业、生物产业等产业类型。有院士（含双聘）67名、享受国务院和省政府特殊津贴专家160余名、博导1400余名；有国家级产业培育示范基地4个，港澳青年创新创业平台2个，国家级众创空间4个，高校创新创业基地12个，总面积近30万平方米，培育企业超1200多家，形成创新集聚发展态势。6月10日，番禺区第二季度人才科研成果交流座谈会在广州大学城举行，“大湾区拔尖创业人才培养计划”启动。9月24日，由广州大学城粤港澳青年创业孵化器和广州表达者联盟主办的“创业奇葩说”在粤港澳青年创业孵化器举行。10月19日，广州大学城获颁由英国标准协会（BSI）、全国城市可持续发展标准化技术委员会（SAC/TC567）共同签发的结题证书，标志番禺区质量强区指导广州大学城开展的中小城市可持续发展国际标准试点完成。11 月 25 日，国家未来产业科技园落户广州大学城。

（番禺区国家档案馆）

【广州国际金融城片区】2022 年，广州国际金融城按照“成熟一批、出让一批”方式，做好用地招商和产业导入。金融城 2 个项目 3 栋楼宇限高以下部分投入使用，其中保利金融大都汇满租；启动招商项目 9 个，总办公面积 83.4 万平方米，待出租或出售面积约 40 万平方米。至年底，金融城起步区引进金融机构 13 个，包括广发银行、广州银行、南粤银行、华兴银行、农业银行 5 个银行机构的全国总部或区域总部，中国人保、中国人寿、平安保险、太平保险、新华人寿、太平洋保险 6 个保险机构的省级区域总部，以及广州金控（万联证券）、省产权交易集团 2 个交易机构，金融业总部初具规模。金融城东区主要聚焦科技创新型总部企业，全年出让产业用地 3 宗，用地面积 2.6 万平方米。引进澳门国际银行、九江银行 2 个金融机构，酷狗音乐、尚品宅配、好莱客、诗悦网络 4 家科技创新总部，中建四局、景龙集团、省基础工程 3 家建筑领域总部企业，深圳鹏瑞集团、珠光集团等高端商贸业载体运营商。位于北区的羊城创意产业园，作为全省唯一的国家文化出口基地和国家文化产业示范基地，集聚酷狗音乐、荔支网络、三七互娱等 120 余家数字音乐、网络直播、游戏动漫、人工智能领域优秀企业，形成数字文化产业集群。西区开展中国人工智能（广州）产业园建筑方案设计国际竞赛，T.I.T 智慧园改造完成，谋划建成集聚人工智能产业及研发中心的产业园区。是年，推进金融城项目建设。金融城东区临时道路及临水临电满足后续各企业开工需求。中建四局金融城东区项目、尚品宅配总部项目、车陂村住宅复建安置房项目开工建设。棠下村集体物业复建安置房项目、平安财富大厦完成竣工验收，绿地中心等 3 个项目建至控高线，石东村集体物业拆迁安置房项目、汇金中心、广州金控总部大楼、南方财经大厦等 12 个项目完成主体结构封顶。

（天河区人民政府地方志办公室）

【鱼珠片区】2022 年，广州市黄埔区、广州开发区统筹推进广州人工智能与数字经济试验区（鱼珠片区）建设，深化“条块融合”协调机制，谋划推动鱼珠片区年度 10 项主要经济目标任务。至年末，提前完成鱼珠片区规模以上企业突破 1000 家、数字经济核心规模以上企业 53 家，分别比上年增长 50%、比上年增长 60% 等经济增长主要目标任务。数字经济核心规模以上企业中，商贸企业 13 家（主要是互联网批发零售业）；工业企业 2 家；服务业企业 38 家，分属 16 个不同专业类别，集中度最高的是信息技术咨询服务 5 家、基础软件开发 4 家、互联网广告 4 家。

协调推动鱼珠片区纳入自贸区联动发展区，实现 25 平方千米范围内的 23.44 平方千米纳入广东自贸试验区联动发展区范围，推动自贸区 58 项改革创新事项在鱼珠片区落地。融入南沙方案解决片区发展重难点问题，将黄埔港所在的鱼珠片区全域纳入广州临港经济区范围，编制黄埔片区规划，将黄埔片区定位为打造海丝城，形成黄埔区知识城、科学城、海丝城“三城”联动、融合发展格局。推动破解制约片区建设发展的港口码头转型升级、高压线下地等重难点问题。完成鱼珠片区航运服务业数字化转型发展课题研究，重点围绕推进航运产业数字化转型，开展“航运 10 条”3.0 起草前期工作。

推动重点项目建设。保利鱼珠港单元二北地块项目全部封顶，单元二南地块、物流基地地块一设计方案经市环艺会、景观会通过；南方智媒大厦、广州日报科技文化中心整体工程进度完成 99%、100%；港航中心三期完成控规调整，开展出让；澳门中心规划条件稳定，04 地块开工，06 地块启动出让。解决广东粤港澳大湾区国家纳米科技创新研究院菜地清表、用地报批、板房迁移、河涌改道和环境提升，腐蚀院土地清表等问题；推动中科院空天信息创新研究院设计方案获批，软件 CBD 高压塔拆除和项目提容。

围绕数字经济补链、强链，精准招商。推进中外运、广州港、卓志供应链科技、贝法易信息科技、运易通科技等企业联动产业链上下游以商招商，引进维元物流科技、荣达海运物流科技、容大航运、乐客跨境供应链、高登物流、中海通、安通等 26 个优质项目。引入杭州锦江建材集团“双碳”板块项目，促成中海通、国能保险经纪、广东和泓邦大宗贸易、万联证券、星巴克等 10 家数字化转型企业落户临港，10 月，安通物流区域公司落户片区。吸引拥有“科技 + 乐器”自主品牌的广州蓝深科技有限公司落户鱼珠片区，成为乐器自动化领域的行业龙头。摸查辖区重点招商载体，对 66 处物业分类登记造册，完成六大集团存量物业招商载体信息收集，制作鱼珠片区航拍图。针对片区餐饮配套短板开展招商，半岛御珍轩、星巴克落户港航中心。

加强为企业服务。认定 40 家现代航运服务业企业资格，走访企业 284 家次，解决中国图书进出口公司办理海关业务变更、广州中船航运有限公司高管子女转学、广东容大航运有限公司租金减免等问题 104 个。推动象鲜科技公司变更注册地址选择在中国软件 CBD，留住片区第三大数字经济核心企业。

推动片区品质提升。完成全域用地梳理和空间优化方案。开展 431 个地块内外业调查，梳理具备开发潜力低效用地 108 宗，面积 638 公顷，分类提出收储、更新等提升对策和开发建议。开展鱼珠片区自行车道系统和交通环境提升规划工作，推动解决自行车道缺失、基础设施衔接不紧密、交通出行品质较差等问题。组织编制十里数字经济长廊交通数字化提升概念方案，在道路、景观、数字化方面提出提升措施。

（黄埔区国家档案馆）

【广州人工智能融合赋能中心挂牌】2022 年 6 月 8 日，广州市工业和信息化局、市发展改革委、市科学技术局、市国资委、市政务服务数据管理局联合举办广州人工智能融合赋能中心挂牌暨广州人工智能公共算力中心生态入驻仪式，广州人工智能融合赋能中心在广州无线电集团广电平云广场挂牌。该中心是为贯彻落实国家“十四五”规划部署，由广州无线电集团依托广州人工智能公共算力中心和广州“鲲鹏 + 昇腾”生态创新中心，联合华为公司等共同建设，旨在打造应用场景建设及创新成果产业化公共服务平台。活动中，广州市政府与华为技术有限公司签署全面深化战略合作协议，双方在产业数字化建设、城市建设、智能网联产业发展等领域开展深入合作。

（广州市工业和信息化局）

【《广州国际金融城“十四五”产业发展规划》发布】2022 年 2 月 17 日，《广州国际金融城“十四五”产业发展规划》发布。广州国际金融城围绕金融核心、数字赋能、场景应用示范以及产城融合发展，首次提出建设国际化综合金融中心、数字经济融合创新引领区、珠江滨水活力典范区“两区一中心”的发展定位，根据规划要求，“十四五”期间广州国际金融城以金融业为发展核心，以新一代信息技术为推动产业数字化发展内芯，现代商贸、高端专业服务业、新兴产业作为“数字 +”赋能的重点产业，构建“一核一芯三翼”产业体系。推进广州国际金融城 116 个重大项目建设，涉及总投资超 1800 亿元。

【粤港澳大湾区（广东）财经数据中心落地广州国际金融城】2022 年 6 月 10 日，广州国际金融城发展论坛暨粤港澳大湾区（广东）财经数据中心战略发布会在广州国际金融城举行，粤港澳大湾区（广东）财经数据中心等金融基础设施平台落地广州国际金融城。该中心是广东省“十四五”期间重点项目和广东省文化产业高质量发展重点项目，以粤港澳大湾区金融信息数据基础设施、产业智能数字化转型发展新引擎为定位，旨在通过“数据 + 算法 + 研究”综合能力，辅助政府、金融机构和企业的投资决策和风险防控工作。

（天河区人民政府地方志办公室）

·广州穗港智造合作区·

【概况】广州穗港智造合作区（简称穗港智造合作区）于2019年5月28日启动建设，是广深港澳科技走廊的关键节点，广东省“十四五”规划纲要涉及广州市的重大项目。2021年2月，广东省推进粤港澳大湾区建设领导小组印发穗港智造合作区建设实施方案，加快推动广州穗港智造合作区建设。同年4月，广州开发区穗港智造合作区管理委员会（简称穗港智造合作区管委会）成立，并于8月20日揭牌。穗港智造合作区总面积56.39平方千米，包括广州开发区西区、云埔工业区及相邻的城市社区，北至广园东路—开源大道，南至珠江，西至广州绕城高速，东至黄埔区界，分为智能制造合作园区、科技创新合作园区和优质宜居生活社区3个部分。其中，智能制造合作园区以广州开发区西区为主体，面积19.1平方千米，重点推动制造业智能化发展及与香港生产性服务业深度融合，提升日用化工、食品饮料两大传统支柱产业智能化制造水平，培育新一代信息技术、高端装备制造等新支柱产业，强化智能港口、智慧物流等现代航运服务业发展。2022年，智能制造合作园区有企业1.04万家，形成精细化工、食品饮料等支柱产业集群，生物医药、新一代信息技术等新兴产业规模不断壮大，是广州开发区经济发展的主引擎。至年末，园区内注册有宝洁、百事、丰田通商、伊藤忠等世界500强投资企业92家。园区聚集以高露洁、国际香料、阿克苏为代表的精细化工企业，以安利、益海粮油、美赞臣为代表的食品企业，以京信通信为代表的电子通信企业，以拜耳、百特医疗、费森尤斯卡比为代表的医药企业，以三菱商事、住友商事为代表的商贸企业，以尼尔森、普洛斯仓储为代表的服务业企业等国内外企业。其中，规模以上工业企业142家，全年工业总产值1045.35亿元，占黄埔区工业总产值的10.46%；限额以上商贸企业268家，全年销售总额1313.67亿元。

【招商引资】2022年，穗港智造合作区优化为企业服务政策措施，加强招商引资。全年走访、接待企业182次，协调解决企业生产经营难题307个，为园区企业2200余名在莞员工解决新冠疫情期间临时住宿问题。做好政策宣讲、政策兑现，走访宣传黄埔区、广州开发区产业政策1350余次，开展企业服务政策宣讲会10场，为874家企业兑现政策奖励。摸查走访区内10余家代表性国家级专精特新企业，做好用地、用房等要素供给保障；发挥摩天工坊、联东U谷产业园等智造平台作用，为企业落户提供优质载体和充足空间；协调解决益海嘉里、华银健康等筹建项目问题57个，促进载诚一期、华银健康、卡华生物等投产。是年，园区完成招商项目13个，包括源起建康保税维修项目、锂电池芯加工项目、领地轮胎项目、广州建筑智能建材加工项目等。

【重点项目建设】2022年，穗港智造合作区统筹推动穗港城、摩天工坊、粤港澳大湾区高端装备制造创新中心、益海新智造基地、丝路新贸易创新中心、保盈商业广场等重点项目建设。建立港澳资企业底册，加强与香港产业联动，支持李锦记、屈臣氏等252家港企在合作区平稳健康发展。是年，穗港客运码头和直升机场项目竣工验收；港澳居民（广州）健康服务中心挂牌，是全国首家实现全科专科、跨境双向转诊、打通跨境商业保险支付的医疗机构港；港澳公共法律服务中心落地；港澳子弟学校选址旧海关大楼。优化交通路网，隔墙路工程于9月通车；港前路、西区—麻涌通道、西区—化龙通道、临江大道东延线期等项目有序推进，地铁五号线东延线加快建设。打造水上客运平台，推动完成船舶试靠，推进水上接驳南沙香港联运及海岛游、珠江水上游项目建设，发展水上消费经济。

【跨境电商全球资源平台建设】2022年，穗港智造合作区升级出台跨境电商扶持政策 2.0 版，扶持园区跨境电商发展壮大。全年黄埔综保区、广州保税区跨境电商包裹数 1813.86 万件，货值 51.45 亿元，分别比上年增长 11.12%、24.57%。优化流程，服务企业发展，完善跨境电商进口商品退货、销毁处置流程，为企业节约经营成本 50%。

【海关特殊监管区域建设】 2022 年，穗港智造合作区有广州保税区、广州黄埔综合保税区、广州出口加工区 3 个海关特殊监管区域。其中，广州保税区实现进出口总值 148.44 亿元，比上年下降 23.4%；广州出口加工区内广汽本田开发区工厂全年产值 94.52 亿元，比上年增长 20.78%；广州黄埔综保区进出口总值 275.30 亿元，增长 64.5%。有 11315 辆汽车入区存储，货值 58.1 亿元，比上年增长 4.29 倍；有色金属进出口值 89.3 亿元，增长 17%。

【内地首家港澳居民健康服务中心揭牌】 2022 年 8 月 30 日，港澳居民（广州）健康服务中心在广州开发区医院举行揭牌仪式，是内地首家港澳居民健康服务中心。该中心由广州开发区和香港联合医务集团合作共建，引入标准化港式医疗服务，打通跨境医保支付体系，探索建立港澳药品配送绿色通道，是粤港两地医疗机构在内地大型综合医院平台上探索协作医疗模式的首创。中心将以“全科 + 专科”协作为基础，通过香港医生和金牌家庭医生线下服务以及联合医务国际互联网医院线上服务，实现粤港医生协作诊疗。联合医务还将引入国际保险等支付体系，实现跨境双向转诊，不断扩大粤港医疗协作。

【2022 年穗港智造科技成果需求对接活动】 2022 年 8 月 18 日，2022 年穗港智造科技成果需求对接活动新材料专场在广州市黄埔区、广州开发区举行。活动以“穗港智造、优势叠加、成果直通”为主题，国内 3 所科研院所 11 个人才团队、21 家新材料领域港资企业以及 7 个金融投资机构超 50 名各界专家、企业家齐聚，围绕黄埔区内港资企业的发展需求，按照“政府引导、多方参与”的原则，搭建技术、人才、资本等创新资源汇聚的对接平台，畅通科技成果转化通道，支持企业与黄埔地区的科研院所、人才团队以及银行、投行、基金等金融机构对接洽谈，促进企业技术需求与科研院所成果精准对接，推动具有市场应用前景的优质科技成果在黄埔落地转化。 （黄埔区国家档案馆）

· 珠海西部生态新区 ·

【概况】 珠海西部生态新区涵盖整个珠海西部地区，包括金湾区和斗门区 2 个行政区，规划面积 1173 平方千米，是广东省首个以“生态”命名的新区。新区地处珠江注入南海之地，是珠江流域重要的出海口，该地区江、海、山、田相互交融，拥有绵长的海岸线，长期高标准的生态保护使该区域成为珠三角地区自然生态环境良好、土地资源丰富、开发潜力巨大的地区。新区毗邻港澳，区域协作优势明显。珠海西部生态新区与珠海横琴、中山翠亨新区、江门大广海湾经济区等区域发展平台相邻，在交通、产业等领域开展对接和互动。珠海西部生态新区海陆空枢纽齐备，综合交通优势突出。其中高栏港是国家综合运输体系的重要枢纽和沿海主要港口，珠海机场逐步成为服务珠江西岸地区的区域性机场，广珠铁路成为连通高栏港与大西南地区的重要疏港通道。2022 年，珠海西部生态地区生产总值 1363.23 亿元，固定资产投资总额 921.11 亿元，规模以上工业增加值 818.6 亿元，常住人口 107.06 万人，一般公共预算收入 65.56 亿元。

【城市规划】 2022 年，珠海西部生态新区贯彻落实城市空间“西拓”战略部署，在《广东珠海西部生态新区发展总体规划》的指导下，相继编制完成低碳生态、产业发展、基础设施建设、综合交通、滨水空间、轨道线网等专项规划。建立“多规合一”国土空间规划体系，推进国土空间分区规划编制，加强城市设计，打造面向未来可持续发展的西部城市中心。

【产业发展】2022 年，珠海西部生态新区推进产业集聚和协作发展，新区有 1 个国家级经济技术开发区（高栏港经济开发区）、3 个国家新型工业化示范基地（金湾区航空产业园、三灶镇生物医药产业园、高栏港船舶与海洋工程装备产业基地）、3 个省级经济开发区（斗门智能制造经济开发区、富山工业园、联港工业区），园区集聚效应初步显现，成为全市发展先进装备制造业、生物医药、电子电器等高新技术产业和特色产业的重要基地。形成千亿元级 PCB（印刷电路板）产业集群。集聚伟创力、纳思达等龙头企业，集成电路产业落户方正、景旺电子、中京电子、深联电路等 30 余家线路板企业，新引进华正、志博信等优质项目，占全国 PCB 市场份额 25% 以上。高景太阳能硅片产能跻身行业第一梯队，50 吉瓦大尺寸单晶硅片项目推进中；太阳能电池制造商爱旭投资 180 亿元项目落户新区，每年可为全球新增 300 亿千瓦时清洁电力；欣旺达投建 30 吉瓦时动力电池生产基地，培育壮大以动力电池、储能电池和光伏设备为重点的新能源产业集群。以丽珠、联邦、汤臣倍健等龙头加快发展，丽珠集团新冠抗原检测试剂获批上市，联邦制药连续五次通过全省“高新技术企业”认定，汤臣倍健位居中国维生素与膳食补充剂行业第一位，中国血液净化领域领军企业健帆生物打造树脂自动化生产线形成血液净化全产业链。以格力电器为引领，以运泰利自动化设备为龙头培育一大批家电领域骨干企业。格力电器正在新区打造全国最先进“智慧工厂”；运泰利自动化及测试解决方案处于行业领先地位，在机械设计、电子电气设计、软件平台建设和系统集成上拥有核心竞争优势。集聚中航通飞、摩天宇发动机维修、国家级航空标准件集成供应基地第三方检测中心、飞行训练中心等各类产业形态，在新区新建维修 300 台民用发动机维修厂，全球最大水陆两栖飞机 AG600 进入联试联调阶段。集聚中海福陆、三一海洋重工等一批船舶与海洋工程装备制造企业，拥有国家船舶及海洋工程装备材料质量监督检验中心。珠海 LNG 二期在建 5 座 27 万立方米 LNG 储罐，建成后总体规模 700 万吨 / 年，对优化粤港澳大湾区能源结构、保障湾区天然气供应和能源安全具有重要意义。

【交通建设】2022 年，珠海西部生态新区加强与周边地区基础设施互联互通，构建交流便捷的海陆空综合交通体系。空港方面，深化与香港、澳门机场物流商贸合作，加快推进珠海机场改扩建工程，争取设立珠海机场国际口岸、开通国际航线，建设现代化国际化区域性枢纽机场。莲洲通用机场（二期）建设加快推进，打造通用航空综合示范区。海港方面，高栏港港口开通内外贸航线 58 条，覆盖全国大部分港口，连接东南亚、南太平洋和日韩。“六纵六横”高快速主干路网加快形成。洪鹤大桥、香海大桥、鹤港高速（江珠高速至机场高速）建成通车，实现珠海东、西部快速联通。加快推进珠机城际二期、金海公路大桥一期建设。港珠澳大桥西延线—黄茅海跨海通道进展顺利，港澳和粤西通道即将打通，推动广东省加快构建“一核一带一区”区域发展新格局。参与“轨道上的大湾区”建设，珠肇高铁珠江段先期工程开工建设，广珠（澳）高铁开展可研工作；启动深珠城际（高铁）预可（方案）研究工作，着力打造珠江口西岸轨道交通中心。

【文化教育】2022 年，珠海西部生态新区打造覆盖城乡的公共文化建设示范区，在城区建设“10 分钟文化圈”，在乡村建设“10 里文化圈”。发展公益普惠性学前教育，加快推进中心片区学校建设，提升基础教育水平。新区建有区级文化馆 2 个、图书馆 2 个（总馆）、博物馆 2 个，镇街综合文化站 10 个（分馆），村居文化中心 170 个、图书馆服务点 75 家。金湾公共文化中心（图书馆、档案馆），斗门湖心新城文化中心基本建成，世荣商业中心完成商业MALL主体结构封顶，打造斗门优质生活名片。有公办幼儿园53所，普惠性民办幼儿园99所，小学68所，初中22所，九年一贯制学校15所，高中7所。推进国家、省级重点学校合作办学，建成广东实验中学珠海金湾学校、华中师范大学珠海附属中学等优质学校。推动“区区有名校”行动，支持市二中、华中师大珠海附中等校打造品牌高中。将麒麟中学纳入市二中教育集团，遴选21所相对薄弱校，构建新区与北京师范大学珠海校区资源共享、优势互补、协同创新、发展共赢的协同合作模式，打造一支高素质专业化创新型的优秀校长和骨干教师队伍，推动区域办学持续、健康、高质量发展。

【医疗卫生】2022年，珠海西部生态新区加快优质医疗资源集聚。新区有综合医院264家、专科医院4所、社会卫生服务站41个，床位总数3393张，每千人床位数3.23张。广东省人民医院珠海医院（珠海市金湾中心医院）、珠海市第二中医院（侨立中医院）、市第五人民医院（平沙医院）投入使用。年内，斗门区侨立中医院高分通过二级甲等中医院复审，打造珠海市区域协同救治的“斗门样板”，创建“广东省普通高等医学教育教学医院”。建立以遵医五院为牵头单位，斗门区妇幼保健院协作，各镇卫生院为成员单位的三级公立医院为牵头单位的多种形式医联体和以二级公立医院为牵头单位的区医联体，公立基层医疗机构实现全覆盖。

【宜居生态城】2022年，珠海西部生态新区依托河网纵横、沙田成片、山水相依的生态本底，划定63%用地作为生态控制线范围，打通生态廊道，营造滨水开敞空间，构建“蓝绿交织、水城共融”生态城市格局。系统推进31.9平方千米试点区建设，为全国海绵城市技术体系建设、技术应用作出重要贡献、提供有益示范。强化城市风貌管控，制定新城风貌管理规定，推动形成滨江田园城市特色风貌。优化空间布局，科学安排开发时序，谋划新城中长期发展策略，集中资源连片开发，带动周边区域和城乡一体化发展，拉开新城建设框架，构建西部中心城区、平沙新城、富山新城“1+2”生态新城发展格局。2019—2022年，新城累计完成基础设施投资519.07亿元，建成道路137条、学校21所、污水处理厂6个，各类综合体10个、大型城市公园9个和社区体育公园142个，对提升区域影响和投资吸引力、承载产业发展和人口增长具有重要意义。（珠海市西城区）

·佛山南海粤港澳合作高端服务示范区·

【概况】南海粤港澳合作高端服务示范区范围涵盖佛山市南海区全域，以三龙湾南海片区、千灯湖金融片区、佛山西站两业融合先导区、中部商贸物流片区为核心，核心区面积约74平方千米。2022年，佛山市南海区贯彻落实《粤港澳大湾区发展规划纲要》“支持佛山南海推动粤港澳高端服务合作，搭建粤港澳市场互联、人才信息技术等经济要素互通的桥梁”战略部署，发挥南海区产业基础雄厚、民营经济活跃，与港澳产业合作联系紧密、人文相亲等优势，推动南海粤港澳合作高端服务示范区建设，加快实现“港澳服务+佛山制造”有机融合。

【科技创新合作】2022年，南海粤港澳合作高端服务示范区继续开展粤港澳科技创新合作。香港科技大学（佛山）科技成果转化中心对外开放，香港、深圳、广州等地的27个科技项目入驻孵化。佛山市香港科技大学LED-FPD（LED即发光二极管，FPD即平板显示）工程技术研究开发中心和香港科技大学佛山智能制造研究院通过组织管理佛山市香港科技大学产学研合作专项继续推动产学研合作。至年底，累计立项校企合作研发项目34个、创业团队引进项目19个，申请专利109项（含发明专利36项），实现销售收入超2亿元。澳门联盈生物植物肉项目生产基地落成建设，与澳门科技大学展开课题委托研发工作。年内，举办2022年粤港澳大湾区高价值专利培育布局大赛启动仪式。举办 2022 港科大百万奖金（国际）创业大赛佛山赛区赛事、第九届“创青春”粤港澳大湾区青年创新创业大赛等活动。

【金融集聚创新发展】2022 年，南海粤港澳合作高端服务示范区加快金融集聚创新发展。广东金融高新技术服务区提出创建广东省首个数字金融 + 高端制造创新示范基地，全年新引进项目 315 个，新增注册资本 473 亿元，基本实现银行、保险、证券、期货、金融（融资）租赁、公募基金、私募创投及金融科技等金融服务业态全覆盖。怡和商务服务（广东）有限公司投入运营，是世界 500 强企业香港怡和集团组建的全球首个共享服务中心。千灯湖创投特色小镇基金规模超 1900 亿元，启动二期建设项目。“区块链 +”金融科技产业集聚基地进驻金融科技企业 110 家。其中，42 家企业经南海区政府认定为“区块链 +”金融科技企业。佛山市联动科技股份有限公司在深圳证券交易所创业板上市。

【商贸物流型经济发展】2022 年，南海粤港澳合作高端服务示范区加快发展商贸物流型经济。示范区内的大沥镇推动 46 个专业市场加快转型升级，推进商贸转型发展；打造“粤港澳大湾区产业电商直播之都”，电商企业注册登记量超 2 万家，电商从业人员 13 万人。多业态物流和供应链服务业有新发展，深国际佛山南海现代智慧产业项目落地，建设一批“高标仓 + 智能化”的现代物流产业园；佛山国家物流枢纽核心区重点项目有新进展，一汽大众铁路专用线工程进行站场联调联试，佛山国际陆港项目获广东省政府批复同意设立保税物流中心（B 型）。跨境贸易便利化水平得到提升，以“船边直提”“抵港直装”模式快速放行超 5000 批次货物，辖区各口岸整体进出口通关时间均优于广州海关平均通关时间。九江港开通广东省内首条供港物资“水上高速通道”，促进香港市民“菜篮子”供应稳定、丰富及抗疫物资安全供应，全年验放供港专班物资 166 批次 4541.8 吨、医疗防护用品 58.4 万件、检测试剂盒 54.1 万人份等。

【专业服务业发展】2022 年，南海区继续推进建设国家先进制造业和现代服务业深度融合发展试点工作，促进南海粤港澳合作高端服务示范区专业服务业加快发展。至年底，示范区内的腾讯工业互联网粤港澳大湾区基地累计完成企业上云 179 家、导入工业资源 51 家、对接服务工业企业 659 家；深圳科技园佛山科创园总建筑面积 13.3 万平方米的 16 座单体建筑主体结构封顶，招商中心对外运营。年内，示范区内的广东一方制药有限公司与澳门科技大学共同开展“中医经典名方瓜蒌薤白半夏汤和麦门冬汤的制剂、标准研发与产业转化”研究，一方制药的中药配方颗粒智能调配系统在澳门的下环、青洲及湖畔嘉模 3 个卫生中心投入使用，这是内地最新一代中药配方颗粒调配系统首次在澳门使用，也是首次在非内地政府医疗机构使用。

【文创和影视产业发展】2022 年，南海粤港澳合作高端服务示范区加快发展文创和影视产业。配合佛山市创建粤港澳大湾区影视产业合作试验区，推动南海影视城、国艺影视城、宋城 · 佛山千古情等影视文化园区发展；推动粤港澳大湾区电竞文创产业中心建设，举办南海区电竞文化季活动，公布 10 年发展的“醒狮筑梦计划”，映月文化活动中心成为佛山市首个电竞主场馆，佛山市唯一的电竞战队“佛山 DRG.GK 俱乐部”进驻该场馆，初步形成“电竞龙头项目 + 赛事 + 本土俱乐部 + 电竞场馆 + 城市新文创”的生态圈层。粤港澳大湾区（广东）武术交流中心于 1 月在南海区西樵镇飞鸿馆揭牌。举办“佛山功夫角”之南海专场示范点周末功夫角活动 41 场，开展武术、醒狮、龙舟等功夫赛事 10 项，惠及市民群众 1400 万人次。南海区与澳门文创综合服务中心联合举办澳门文创产品及设计路演对接会，通过路演对接和展示推广澳门文创品牌及产品，促进佛澳两地文创交流与对接，链接珠江右岸文创发展。

【宜居宜业宜游生活圈打造】2022 年，南海区深化“湾区通办”服务，与深圳市龙华区、广州市增城区和白云区联合推出高频通办事项 88 项，在港澳及粤港澳大湾区内地主要城市设有“市民之窗”自助服务终端超 3400 台，方便大湾区市民完成异地业务办理。链接粤港澳大湾区优质教育资源，促成南海双语实验学校与香港圣公会邓肇坚中学结缔“姊妹学校”，南海区委组织部与香港维港教育集团签订《南海人才战略伙伴协议》。打造港澳风情生活社区，三龙湾天空之城项目（香港城）建设工程全面施工及部分楼栋验收，开始全面招商；澳门城项目全面封顶，与 30 多家（个）澳门企业和青年创业团队达成合作意向。推动港澳青年创新创业，南海区港澳台及留学青年创新创业服务中心下设的“南海·青创家”获批成为佛山港澳青年创业孵化基地南海分园，设立南海区港澳台及留学青年马术交流基地，服务中心下设的 2 个基地进驻港澳个人会员 100 人、港澳创新创业团队 64 个，全年咨询服务时数超 600 小时，举办各类创业培训、生活类活动 39 次。

（佛山市南海区发展改革局）

·佛山三龙湾科技城·

【概况】佛山三龙湾科技城位于佛山东部，规划面积 130 平方千米，范围包括禅城区石湾镇街道，南海区桂城街道，以及顺德区北滘镇、陈村镇、乐从镇部分区域，规划范围覆盖中德工业服务区和粤港澳合作高端服务示范区。2022 年，佛山三龙湾科技城签约产业项目 16 个，计划总投资额 135.55 亿元，其中投资超 10 亿元项目 6 个；举办展览及会议活动 55 场，展览面积 37.42 万平方米，接待观众近 13 万人次。年内，印发《佛山中德工业服务区（佛山三龙湾科技城）对德产业合作提升专项扶持办法（试行）》，为对德招商提供支撑；举办三龙湾“8.8 公里”徒步、2022 三龙湾艺术文化周，2022 佛山三龙湾科技城“机会清单”系列招商推介等活动；推进人才工作，三龙湾国际人才客厅完成咨询陪伴服务 100 余项；服务国内外重点企业 80 余家、外籍人士 150 余人。强化港澳合作，至年底，香港科技大学（佛山）科技成果转化中心累计进驻科技项目 24 个，海创人才创新创业基地引进高层次人才项目 9 个。

【规划编制】2022 年，佛山三龙湾科技城开展三龙湾科技城建设路径研究，撰写三龙湾科技城争取纳入综合性国家科学中心启动区建议报告，探索三龙湾科技城发展定位、建设路径，形成“1+1+N”科技创新格局。落实三龙湾专项规划工作，梳理三龙湾内河水系建设规划项目，深化三龙湾优质供水实施方案成果，做实三龙湾印发规划建设项目的规划体检，启动合作园区防洪排涝专项规划。

【重点项目】2022 年，佛山三龙湾科技城统筹重点建设项目 45 个，计划投资总额 70.08 亿元，完成 83.38 亿元。推进市级财政投资项目，三龙湾大道及相连道路综合提升工程的交通、景观工程完工，智慧工程完成初验，启动路面品质提升工程；三龙湾片区重要门户节点提升工程、龙舟广场码头水电提升工程完工。聚贤阁装修工程完成验收并移交运营单位，市高层次人才服务专区搬迁进驻聚贤阁。文翰湖三期、泷湾体育公园正式对外开放，佛山市第一人民医院三龙湾院区动工建设，环岛南路（季华实验室）隧道、港口路（三山大道—三龙湾大道段）全面通车，南海有轨电车 1 号线后通段开通运营。

【产业发展】2022 年，佛山三龙湾科技城签约产业项目 16 个，计划总投资额 135.55 亿元，其中投资超 10 亿元项目 6 个。建设文翰湖科创特色小镇，季华实验室一期投入使用，总人数超 1400 人，引进及组建科研团队 61 个，孵化佛仪科技、季华恒烨等 18 家科技型企业，成立金额为 5 亿元的成果转化基金，累计申请发明专利

1124件，获授权511件，居广东省实验室首位。支持季华实验室“璀璨行动”，推动佛山十大特色园区之一的三山显示制造装备产业园高标准规划建设。三龙湾国际人才客厅启用并完成咨询陪伴服务100余项；服务国内外重点企业80余家、外籍人士150余人。印发《佛山中德工业服务区（佛山三龙湾科技城）对德产业合作提升专项扶持办法（试行）》，德国“隐形冠军”企业德利康医疗器械（佛山）有限公司开业。探索广东自贸试验区佛山联动发展区建设，梳理出三龙湾拟争取的国家级省级试点政策6项、片区重点建设项目22个，并编写三龙湾核心片区建设实施方案。

【会展业发展】2022年，佛山三龙湾科技城潭洲国际会展中心签约工业类展会展览面积超72万平方米，包含2个大规模展会，5个有行业影响力品牌展。举办第二届中国（佛山）智能机器人博览会、世界机器人大赛总决赛。年内，有7场展会被列入2022年“粤贸全国”系列展会。发布服务规范，推动会展服务标准化，出台《会展服务机构经营和服务规范》，为主办方和展商提供形式多样的配套服务。加强与广深港澳会展协同联动，与深圳会议展览业协会达成战略合作，签约引进佛深会展湾区协作首个合作项目——大湾区汽车博览会。优化潭洲会展营商环境，落实专项扶持政策，为6个展会项目累计发放扶持资金1025.8万元。在“2022中国会展城市产业合作峰会暨会展城市竞争力指数发布”大会上，以潭洲会展为龙头的佛山会展业再次获“地级市中国最具竞争力会展城市”奖。年内发布的《2021年度中国展览数据统计报告》中，以潭洲会展为代表的佛山会展业在地级市排名升至第二名，跃居地级市领头地位。

【与港澳合作】2022年，佛山三龙湾科技城强化与港澳科创合作。推动季华实验室产业基地落户澳门资本投资运营的YGA产业园，至年底，香港科技大学（佛山）科技成果转化中心累计进驻科技项目25个；推动港澳青年创新创业，粤港科技展示交流中心（佛山工合空间）作为省首批10个粤港青年创新创业基地之一，累计孵化团队127个，其中港澳团队81个，占比63.8%；佛山首个面向高层次人才打造的创新创业基地——海创人才创新创业基地，引进高层次人才项目9个。加快集聚港澳现代服务业，三龙湾天空之城、澳门城、电竞产业中心等项目加快建设。引入由清华大学生物制造中心、澳门以及硅谷相关领域的国际科技专家组成的澳门联盈生物植物肉项目。强化教育配套，由香港基汇资本投资打造的首个国际艺术教育平台——辰美国际艺术教育项目，成为大湾区国际艺术教育的领军学校。首批毕业生27人分别获得英国牛津大学、伦敦艺术大学、爱丁堡大学等世界顶级名校的录取通知书，2022年毕业生国际考各科成绩均高于全球平均水平，换取无条件录取，升学率达100%。

（佛山三龙湾科技城管委会）

·佛山顺德粤港澳协同发展合作区·

【概况】佛山顺德粤港澳协同发展合作区包括顺德港和均安2个组团，规划面积约100平方千米，其中顺德港组团面积约20平方千米、均安组团面积约80平方千米。2022年，顺德区继续落实《佛山顺德粤港澳协同发展合作区建设方案》，推进顺德粤港澳协同发展合作区各项建设任务，推动产业优化升级、科技创新发展、高端服务贸易、青年创新创业、人文交流融合等方面协同发展，以“双港领航，双团联动”的空间格局，强化与广州市、深圳市、香港特别行政区、澳门特别行政区等城市经济贸易联系与合作交流。

【产业创新发展】2022年，佛山顺德粤港澳协同发展合作区推进重点产业项目建设，补强大湾区产业链条。顺（德）深（圳）产业城核心区建设加快，富信半导体热电基地和容桂·智能制造联合创新产业园两大项目于1月落地，合计投资17亿元。均安组团重点招商项目获新突破，举办2022产业项目集中动工暨重点招商项目签约仪式，至年底，建设项目44个，其中在产、在建及前期筹建项目34个，博京特种空调数字化智能化生产基地、哈士奇制冷科技创意冰箱项目、广东南荣科技园、伟博科技中心等相继落户及动工建设。港澳科技成果继续在合作区落地转化，其中粤港澳（顺德）中医院转化中心获2020—2022年国家级与省部级科研课题立项9项、申请专利32件（获授权专利21件）、实现科技成果转化4项。广东—亚琛工业4.0应用研究中心有7个纵向项目与18个横向项目立项，研究方向包含区块链、智能机器人、智慧管理系统等领域。依托“一带一路”东南亚环境材料腐蚀与防护野外科学观测研究站建立的国家材料腐蚀与防护科学数据中心——澳门发展及质量研究所联合实验室加快发展，开展东南亚地区材料环境腐蚀试验和数据积累，设立“IDQ（澳门发展及质量研究所）奖学金”。联合广交会PDC设计与贸易促进中心举办广交会香港地区采购商专场线上贸易对接顺德家电专场活动，为供采双方线上组织28场“一对一”的对接洽谈。推动技术转移中心建设，与顺创产业加速器、横琴国际知识产权交易中心合作建设深圳和横琴技术转移中心。

【现代服务业协同发展】 2022年，佛山顺德粤港澳协同发展合作区深度融合发展先进制造业和现代服务业，加强知识产权保护和运用、跨境贸易、产业金融等领域合作。推进顺德科技质量服务集聚区建设，在顺德科技质量服务集聚区总部大楼设立国家质量基础设施（NQI）“一站式”服务中心运营机构，面向153个工业园区提供专业服务，在3个工业园区试行“一站式”服务站，就近服务优势产业，推动制造业质量提升；依托集聚区建设的顺德区质量基础设施“一站式”服务模式入选全国质量基础设施“一站式”服务典型案例，九鼎集团、广东中家智锐科技有限公司、江龙控股集团、卡蛙科技股份有限公司等项目相继落户，至年底，进驻项目112个。完善知识产权公共服务体系，探索建立跨区域知识产权联合执法机制，广州知识产权法院顺德诉讼服务处揭牌运作，《佛山市顺德区促进知识产权高质量发展扶持办法》出台。顺德港片区与临港经济片区被纳入中国（广东）自由贸易试验区佛山联动发展区，成为自由贸易重点片区。临港经济区加快建设，引进招商港口集团合作开发港口建设工作，协同推动顺德新港一、二期发展；顺德新港二期于2022年9月成功申报政策性金融工具基金项目，并于11月动工建设。加快推进综合保税区申报，出台《佛山市顺德区佛山综合保税区建设扶持办法》。全方位做好顺德客运港复航前置工作。金凤凰产融集聚区加快建设，集聚区内金融机构、类金融机构发展至151个，香港创兴银行顺德支行在2022年12月落户。加强香港与顺德在设计领域合作，举办“香港智营设计·闪跃大湾区2022”系列活动，通过线下体验微型展、线上会议分享的形式，让更多本土制造企业对接优秀香港创意设计成果。

【青年发展空间开拓】 2022年，佛山顺德粤港澳协同发展合作区对接港澳青年成长发展需求，为粤港澳大湾区青年提供多元化创新创业平台，以政策支持与贴心服务吸引青年人才到顺德区发展。启动运营“和创空间”项目，与香港中文大学共建创新合作中心，为优质项目提供成果落地转化的创业孵化空间，至年底，入驻企业（团队）26家（个），累计申请专利22件。拓展港澳青年创新创业基地范围，至年底，累计认定港澳青年创新创业基地3个，进驻港澳企业和社团约50家（个），总租用面积超7000平方米；港澳台交流促进中心场地扩展至900平方米。推动扶持政策《顺德港澳城港澳青年创新创业基地扶持办法（试行）》落地，累计向21家次企业下达专项扶持资金；顺德新能源科技小镇人才驿站揭牌启用。举办2022年顺德区优秀创业项目评选暨港澳青年创业创新大赛，首次开通港澳青年赛道，有19个港澳项目申报。开展“湾区联动 协同发展”政策交流宣讲活动，为有意到顺德区发展的港澳人才开展政策专题解读，协助其对接跨境金融平台服务。深化顺德区与澳门特别行政区的职业教育领域交流合作，与澳门旅游学院共建粤港澳大湾区旅游教育培训基地（顺德合作中心），开展职业培训、美食交流与文化大讲堂等活动，196名学员获澳门职业技能认可基准（MORS）考核认证。新增广东顺德德胜学校开设港澳台班。开展促进粤港澳青少年广泛交往、深度交融的系列活动，举办第四届“滋味湾区·梦想家园”青少年美食文化大赛；举行“顺德港澳青年同心足球友谊赛”及“美食诗韵·美味视界·童颂顺德”青少年社会实践短视频系列等多种活动，促进港澳深珠等多个大湾区城市交流互动。拓展港澳青年交流基地载体，新增恒基国际金融大厦作为港澳青年和留学生创业孵化和生活交流平台。

【优质人文生活圈营造】2022年，顺德粤港澳协同发展合作区营造生活便利、文化繁荣的人居环境，推动与港澳人文交流融合。提升顺德美食文化在湾区城市的影响力，启动“寻味顺德再出发”系列工程，推出“寻味顺德”认证体系，开展首批“寻味顺德”认证店评定；举行“世界美食之都”2022大湾区美食文化周活动，邀请澳门特别行政区、成都市等地厨师参加活动；赴澳门特别行政区参与“世界美食之都（中国）荟聚濠江”2022系列活动，探讨顺德和澳门两地餐饮行业健康发展路径。探索“湾区标准”研制，筛选确定豉汁蒸盘龙鳝、姜葱炒蟹等7道菜作为第二批粤港澳大湾区美食标准，发布《顺德菜菜品标准编制指南》，制定《顺德青年名厨培训计划》。促进旅游文化发展，深度挖掘美食、粤剧、龙舟等特色文化资源，开展多元主题文旅活动，包括“岭南潮 品顺德”——顺德区“5·19”中国旅游日文旅美食发布活动、“寻味顺德——失传的味道”直播活动、“美食之都 寻味顺德”岭南年俗嘉年华、非遗文创集市等；探索跨区域旅游新模式，联合南海区、番禺区推出现代休闲游、岭南生态游、科普工业游、历史古迹游4条精品旅游线路；推动一批文旅项目落地，功夫小镇客厅、均安南沙旅游接待中心一期等项目建成投入使用；顺德欢乐海岸PLUS于2022年7月获评第二批国家级夜间文化和旅游消费集聚区。高质量发展预制菜，发布《加快推进顺德区预制菜产业高质量发展“六个一”工程实施方案》，成立顺德区预制菜产业链委员会，顺德预制菜产业园被纳入全省11个预制菜产业园。推动粤港澳“1小时生活圈”建设，佛山地铁3号线首通段正式开通运营，新均榄路二期顺利完工，碧桂路、高富路等主干道快速化改造完成，中山东部外环高速北延线工程完成初测初勘外业验收，南沙港铁路均安客运车站主体结构封顶，顺德学院站、顺德客运港站一期站场综合开发建设启动。

（顺德区大湾区办）

·惠州潼湖生态智慧区·

【概况】惠州潼湖生态智慧区（简称智慧区）规划范围为潼湖湿地及周边地区，总面积约128平方千米。智慧区是粤港澳大湾区东部交通枢纽，地处广州、深圳、香港3个国际化大都市的中心地带，距广州市中心区约100千米、深圳市中心区约60千米、香港中心区约100千米。智慧区生态特色鲜明，湿地系统由“五进三出”的8条河流构成，主要包含湖泊湿地、河流湿地、基塘湿地和水库湿地等类型，水域面积约28平方千米；空间优势明显，土地资源丰富。2014年8月，智慧区规划建设指挥部挂牌成立，同年12月，智慧区起步区（智慧区创新与总部经济区）启动建设。2016年5月，广东省发展改革委下发《惠州潼湖生态智慧区规划建设工作方案》，明确规划编制、政策创新等具体要求。2017年2月，正式印发《广东惠州潼湖生态智慧区发展总体规划（2017—2030年）》，

2022年11月16日，惠州港澳青年科创园启动建设，致力于打造港澳青年“一站式”创新创业基地（惠州潼湖生态智慧区管理委员会供稿）

明确将智慧区定位为国家绿色生态城市示范区、广东高端创新要素集聚区、大珠三角融合发展先行区。2017年12月，国务院批复同意在惠州设立中韩产业园，是全国三大中韩产业园之一。2018年7月，广东省商务局印发中韩（惠州）产业园实施方案，智慧区被确定为中韩（惠州）产业园6个核心组团之一；同年8月，惠州市政府常务会议审议通过中韩（惠州）产业园起步区建设方案，智慧区国际合作产业园被确定为中韩（惠州）产业园核心区（起步区）。2019年7月，《广东省推进粤港澳大湾区建设三年行动计划（2018—2020年）》发布，智慧区被列入共建粤港澳合作发展平台名单。智慧区主要聚焦移动智能终端、超高清视频显示、智慧能源、人工智能、激光与增材制造等主导产业开展集群式招商。至2022年底，智慧区引进项目142个，其中供地项目108个，用地面积523.61万平方米。

【产业发展】2022年，潼湖生态智慧区完成固定投资约141亿元，其中工业110亿元，基础设施21.3亿元，第三产业4.1亿元，房地产5.6亿元。4月11日，智慧大道、惠桥快线全线16.8千米通车，惠州市丰字交通主框架、中部轴线西段主体基本建成。4月29日，中韩（惠州）产业园起步区亿纬锂能第二十九工厂（亿纬动力xHEV电池系统项目）投产，投资总额21亿元。5月20日，中韩（惠州）产业园起步区群益智能制造产业园开园。10月22日，中韩（惠州）产业园起步区集中配套项目（三期）封顶。11月16日，惠州港澳青年科创园启动建设。12月27日，中韩（惠州）产业园起步区无人驾驶公交开通运营。

（惠州潼湖生态智慧区管理委员会）

·东莞滨海湾新区·

【概况】东莞市滨海湾新区范围包括交椅湾、沙角半岛和威远岛三大板块，规划面积84.1平方千米，陆域面积50.5平方千米，海域面积33.6平方千米。其中，交椅湾板块陆域面积10.62平方千米，沙角半岛板块陆域面积22.15平方千米，威远岛板块陆域面积17.75平方千米。地处粤港澳大湾区几何中心，位于狮子洋珠江出海口东岸，通过虎门大桥与广州南沙自贸试验片区相连，与深圳前海合作区隔河相望，毗邻香港、澳门，是东莞参与大湾区建设的主阵地与对外开放的战略平台。2022年，滨海湾新区获批广东自贸试验区联动发展区，重点复制推广37项自贸试验区改革创新经验。推动省级信用建设试点改革，是全市唯一省信用建设服务实体经济发展改革试点。

【城市规划】2022年，东莞市滨海湾新区提升城市规划水平，组建“三师联动”（总规划师、总建筑师、总景观师）工作室，为新区规划建设、战略谋划、形象推广提供高水平智力支撑。统筹推进滨海湾片区国土空间总体规划编制，高标准

东莞滨海湾新区（2022 年）　　（张顺祥　摄）

推进深江铁路滨海湾站、港澳新城及沙角中轴线地下空间规划。交椅湾板块控制性详细规划、新区基础设施建设专项规划和滨海景观活力长廊规划设计获评省优秀城乡规划设计项目三等奖。推动“绿美新区”建设，30 千米的磨碟河流域雨污管网工程竣工验收，海岸带综合示范区获省“优秀”等次，茅洲河生态修复综合治理项目（滨海湾段）获评省国土空间生态修复十大范例，美丽圩镇建设通过省验收。

【产业高质量发展】2022 年，东莞市滨海湾新区打造高质量产业载体，谋划交椅湾“两区四基地”（“两区”即高端制造业总部集聚区、生产性服务业集聚区；“四基地”即智能终端产业基地、集成电路产业基地、专精特新产业基地、新一代电子信息产业基地）6 个千亩级优质产业空间，揭牌成立专精特新产业园，完成大学科技园“一园两基地”〔大学科技园 + 生命健康产业基地、数字经济（人工智能）产业基地〕产业和空间规划设计，依托滨海湾青创广场启动滨海湾国际开放创新创业社区建设，滨海湾港澳青年创新创业基地获评粤港青年创新创业基地。加快产业项目建设，OPPO（OPPO 广东通信有限公司）、vivo（维沃移动通信有限公司）、正中、小天才等 5 个在建产业项目全年完成投资约 50.6 亿元，OPPO 全球算力中心竣工验收，为新区首个投产产业项目。

（东莞市人民政府地方志办公室）

·中山翠亨新区·

【概况】中山翠亨新区是广东省政府 2012 年批准设立的省级新区（经济功能区），2013 年 3 月 25 日挂牌成立，地处粤港澳大湾区地理核心圈层、深中通道西岸登陆点，是粤港澳大湾区建设的重点战略平台。在总体定位上，翠亨新区致力打造国际一流科技创新区、中山制造业数字化智能化转型升级示范区、中山参与粤港澳大湾区建设的主阵地、省级产城人文旅融合发展示范区。总规划面积 226 平方千米，包括马鞍岛片区、南朗片区及临海区域。其中马鞍岛片区规划面积 56 平方千米，陆域面积 35 平方千米，涵盖马鞍岛、横门西水道西侧区域及周边水域。区内拥有广珠城际、广澳高速，以及建设中的深中通道、中开高速、中山港澳新客运码头等湾区重大交通基础设施。2022 年，实现地区生产总值 220.71 亿元，比上年增长 16.3%；规模以上工业增加值 103.04 亿元，增长 13.2%；工业投资 39.44 亿元，增长 7.5%；一般公共预算收入 13.4 亿元，增长 11.8%。开展翠亨新区发展总体规划修编工作，在粤港澳大湾区珠江口一体化高质量发展试点和珠江口东西两岸融合互动发展改革创新实验区的背景下，提出翠亨新区的战略定位、空间布局和重点任务，完成翠亨新区发展总体规划修编稿。加快中山生命科学园、湾区未来科技城等产业项目建设，由澳门德承互联有限公司投资的中德（大湾区）工业互联网创新孵化中心项目落户翠亨新区。探索与深圳市共建高端人才共享社区，形成高端人才共享社区选址及建设方案。

【创新发展保障】2022年，翠亨新区出台支持科技创新发展和孵化育成体系建设政策。中山大洋电机股份有限公司被认定为国家级单项冠军企业，美迪斯智能装备有限公司被认定为国家级“小巨人”企业，冠科生物技术（中山）有限公司获评省级技术先进服务型企业。全年新增高新技术企业30家、科技型中小企业14家、省市级工程技术中心21个，新认定总部企业3家。2家企业被认定为市创新标杆，3家企业通过市重大科技专项，2家企业通过“揭榜制”重大科技项目立项，4个团队通过市科研创新团队立项。瀚昇科技企业孵化器、翠亨建汇生物医药孵化器分别获评为市级综合孵化器、专业孵化器。建成启用广东省首个地级市国际人才港，主题式集成办理政务服务1249项、人才专属服务40项，举办各类人才活动60场次，服务人才住房保障、子女入学近500人。促进人才链产业链深度融合，推动市区投资基金重点支持高层次人才在新区“4+X”（“4”指健康医药、新能源与高端装备制造、新一代信息技术、现代服务业，“X”指未来产业）产业方向的初创期、种子期项目。全年引进院士1名，推荐入选国家重大人才工程2人，新增市紧缺适用高层次人才118人、特聘人才9人，博士、博士后工作站增至13个，联合培养在读研究生202人。

【项目建设保障】2022年，翠亨新区以打造智慧城市、BIM/CIM综合应用、无废城市、零碳城市“四个示范区”为抓手，全面提升城市综合承载力和发展能级。

基础设施建设提升　翠亨新区基建项目库入库项目227个，总投资606亿元。未来大道、香山大道、和清路、和信路4条主干道建成通车，南朗快线中顺互通正式贯通，香海路北段、“三大片区”市政路网动工建设。翠亨快线提升工程南阳山隧道口完成改造。全市首条地下综合管廊完工，累计建成综合管廊21.1千米，提升地下空间利用率。滨河水利横三涌水闸投入使用。港澳客运码头联检大楼结构封顶。西湾外国语学校投入使用。推进集团化办学，统筹完成翠亨小学加入石岐中心小学教育集团，云衢中学加入中山纪念中学教育集团。海湾城幼儿园和小学动工建设。建成“香山书房”新型阅读空间6个。在东片区建成首个社区卫生服务中心。南朗医院心衰及胸痛中心动工建设，新综合大楼开展设计调规，卒中中心纳入中国卒中急救地图医院，呼吸内科获评为国家呼吸与危重症医学科（PCCM）规范化建设优秀单位。

建设管理模式创新　翠亨新区推进评定分离、提前介入、容缺受理等工程领域审批改革，全流程审批时限缩短35%。建成翠亨新区政务服务中心，升级改造翠亨新区政务服务中心（南朗），推行导办代办、企业诉求“马上办”服务，推进容缺受理、延时错时、双向邮寄等“微改革”。

土地整备模式多样化　翠亨新区“工转M0”取得实质性进展，志特项目取得全市首宗“工转M0”项目不动产权证，大信控股项目完成土地收储及地上建筑物清拆，广东粤新海工科技有限公司签订国有土地使用权回收协议，中铁大桥局集团有限公司签订意向收储协议，广新海事重工股份有限公司、广东中泽重工有限公司、中山大洋电机股份有限公司、深南电（中山）电力有限公司4个项目有转型意愿，涉及用地126.67万平方米。全面整理政府权属土地资源，完善用地手续、理顺股权配置、调整片区规划，推动盘活南朗建发公司、翠亨地产公司等区管区属国企存量土地。盘活批而未供和闲置土地44.51万平方米。

【产业平台建设】2022年，翠亨新区有25个项目纳入省市重点建设项目，总投资1000.3亿元。其中新开工项目8个、续建项目15个、计划投产项目2个。中山生命科学园竣工验收，湾区未来科技城完成主体建设，康方湾区科技园建设正在推进。中科中山药物创新研究院建成运营药物代谢中心、药物安全评价中心、药物制剂中心3个关键技术平台，以及实验动物中心、核磁中心、生物大分子中心3个公共服务中心，获国家自然科学基金资助项目5个。西湾国家重大仪器科学园引进专业科研团队开展高精仪器产业项目的技术研发工作。中山无人装备与人工智能研究院2个项目获评省级重点领域研发专项，园区科技型企业增至14家，高新技术企业增至6家。出台《西湾医药与健康主题产业园规划建设工作方案》，启动横门低效工业园连片升级改造，科创与总部经济产业园、西湾医药与健康产业园、清洁能源与智能装备产业园3个千亩级主题产业园处于建设阶段。推动新能源产业集聚。成立市氢能源产业发展技术联盟，中科富海（中山）低温装备制造有限公司等行业龙头企业带动突破系列液氢相关难题，进驻中广核南方原子能科学与技术创新中心先进核能研发基地、清华苏州环境创新研究院等氢能及相关领域企业、机构。先进制造业加快发展，庄严“湾区芯城”带动半导体研发、生产、销售全链条集聚集群发展。

【“科创中国”创新创业投资大会（2022）中山分会场】2022年10月28日，“科创中国”创新创业投资大会（2022年）中山分会场在翠亨新区先后举办专家终审会和成果发布典礼。“科创中国”创新创业投资大会（2022年）中山分会场自6月启动以来，面向全国征集到生物医药项目120个，经过线上初审，筛选出前20名的项目在翠亨新区参与线下专家终审会。终审会现场分两场同时进行，每个会场安排10个项目进行路演，分别由6名生物医药领域专家及投资机构组成评委团进行点评打分。最终评选出前10名的项目并举办成果发布典礼。

【中山生命科学园项目通过竣工验收】2022年12月9日，中山生命科学园项目（原“生物医药智创中心”）通过竣工验收。该项目于2020年3月动工建设，总建筑面积59.4万平方米。该园区以生物药、创新药、基因治疗等为重点领域，建设动物中心、基因、大分子和细胞等技术平台，打造以创新孵化和成果转化为特色的科研经济生态体系。至年底，中山生命科学园在谈项目超40个。

【中山市氢能源产业发展技术联盟成立】2022年9月23日，中山市氢能源产业发展技术联盟在翠亨新区揭牌成立。首批联盟会员单位有中山先进低温技术研究院、中科富海（中山）低温装备制造有限公司、中山大洋电机股份有限公司、明阳智慧能源集团有限公司、喜玛拉雅氢能科技有限公司、中国石化广东石油分公司、中山西湾投资控股发展有限公司等23个。该联盟主要目标是对接深圳、广州、佛山等地区的氢能产业、科研院所、平台机构，参与粤港澳大湾区氢能全产业链协同发展。

（中山市人民政府地方志办公室）

·江门大广海湾经济区·

【概况】广东江门大广海湾经济区位于江门市东南部，东连港珠澳，北接台山、开平市广阔的内陆腹地，西通粤西及西南诸省，南面南海，汇集江门市全部的海洋资源，是珠三角进入粤西乃至大西南的战略通道，具有“承东启西”的区位优势。大陆岸线长414.8千米，居全省第三位；海岛岸线约400千米，约占全省的1/7；有海岛561个，居全省第二位，其中川山群岛为中国第二大群岛；海洋专属经济区域面积近3万平方千米，拥有广东省能通航万吨级海轮的黄金水道，具有建设30万吨级以上大型深水港的条件，是发展湾区经济的理想区域，是江门市参与粤港澳大湾区建设的重大平台。大广海湾经济区跨江门市新会、台山、恩平3个行政区，包括银湖湾、广海湾、镇海湾和川山群岛，规划面积3240平方千米，具备建设10万吨级以上大型深水港条件。拥有超千万千瓦级电力装机，规划建设广东省最大LNG储备集散基地，保障大湾区能源供应。江门市依托大广海湾经济区，争取国家支持打造面向港澳居民和世界华侨华人的引资引智创业创新平台。

【规划建设】银湖湾滨海新区面积约340平方千米，采用“一心三园”空间布局。重点打造以大健康、新材料、新一代信息技术产业为主导，以先进装备制造和节能环保产业为协同，以现代服务业为支撑的“321”综合产业发展体系。银湖湾滨海新区推动“科教产城”融合发展，推进总投资超200亿元的碧海银湖文旅、广州华立学院（江门校区）、新澳重大技术装备创意创业园、御泉国际酒店等项目建设，引入澳门国际健康港、护理机器人智能制造基地项目。广海湾经济开发区为省级开发区，规划范围215平方千米。2022年，江门市谋划在广海湾建设港澳科教产业滨海新城，高品质建设滨海宜居、临港经济、能源发展、生态休闲四大板块。其中，滨海宜居板块建设集大广海湾RCEP经贸科技文化合作交流中心、高端商务、生态社区于一体的滨海新城，投资120亿元的RCEP经贸科技文化合作交流中心签约落户，提速建设国际视听产业示范区，谋划打造333.3公顷（5000亩）的国际大学城，搭建连通港澳、对接RCEP的桥头堡；临港经济板块主攻RCEP及港澳的经贸往来和产业合作，高质量建设能源“双碳”、生物医药、电力装备、无人智能等“1+3”专业产业园，建设国家骨干冷链物流基地核心区，计划建设年吞吐能力15亿吨的大型港区，培育5G技术、工业母机、盾构装备、智慧数控等一批新的增长引擎；能源发展板块以国能台电、台山核电为龙头，推进汇宁储能、广海湾LNG战略储备基地项目，发展海上风电、抽水蓄能、氢能等清洁能源，推动风、光、核、氢、储等一体化发展，规划特大型港口、大湾区能源储备基地建设；生态休闲板块发展生态旅游、休闲养生等产业，利用现有万亩良田、飘雪温泉、湿地公园、美丽碧道、峡谷飞瀑、侨韵洋房等，联动周边的葡情大襟，推动文旅康养、生态旅游、休闲娱乐等一体化发展，镇海湾重点建设恩平港区、镇海湾两岸红树林观光区和生态农业区，引导生态旅游、现代农业等功能集聚，打造成为海洋新兴产业合作集聚区和现代生态农业发展示范区。

【大广海湾青创智谷建成投入运营】2022年5月，大广海湾青创智谷建成竣工；6月，投入使用。该项目总投资6500多万元，建筑面积10961平方米，拟打造成为广东省县级港澳青年创业孵化基地标杆。至年底，引入和孵化创业项目32个，受理业务事项2000项，接待参观调研团队30多批次，举办创业创新大赛、人力资源论坛等活动30多场次，参与人数2000多人，开展农产品直播带货600场次，销售额750多万元。（江门市人民政府地方志办公室）

【江门华侨华人文化交流合作重要平台】2022年，江门市依托华侨华人文化交流合作重要平台开展对外文化交流活动。打造“风韵五邑”工作品牌，举行为期10天的“亲情中华·为你讲故事”网上营（江门营），来自海外7个国家和地区近200名华裔青少年参加。举办2022中国侨都（江门）海内外“云”赏端午直播活动，发动海内外乡亲观看直播，总播放量262.5万人次。推动鹤山古劳镇成功申报中国侨联第十批“中国华侨国际文化交流基地”。是年，江门市有“中国华侨国际文化交流基地”6个，成为广东省涉侨“国字号”文化交流基地最多的地级市。强化与海外华文媒体合作用好海外华文媒体传播渠道，依托江门市联海侨界媒体交流中心，先后与50多个国家和地区100家侨界媒体建立紧密联系，创建联海侨界交流中心微信公众号，传播侨乡故事、江门故事。举办“喜见侨都开新局”等活动，组织海外侨界媒体走进江门，宣传推介“侨都赋能”工程。发挥侨刊乡讯独特优势作用。打造以《中国侨都·江门》杂志为龙头的侨刊乡讯矩阵，推进侨刊乡讯优化提质工作。发挥江门市83家侨刊乡讯在对外传播的优势，举办江门市侨刊乡讯专题展，支持基层侨联和侨刊社设立“侨刊乡讯阅览中心”、侨刊乡讯义工志愿服务队、“侨刊乡讯联谊会”。推动侨刊乡讯电子化发行，构建多维度、立体化对外传播格局。是年，江门市有60多家侨刊登记在广东省侨刊乡讯电子阅览中心和华媒“世界头条”，多家侨刊开通视频号和“抖音号”。注重侨文化挖掘与保护助力创建国家级侨乡文化（江门）生态保护实验区，加强对侨乡文化的整体保护，参与五邑侨批（银信）宣传、保护和活化工作，支持市华侨历史学会研究侨批历史文化价值，深入学校、社区讲述侨批故事，举办“侨批文化与华侨精神研讨会”、“侨批中的党史”学术研讨会等。

【粤澳（江门）产业合作示范区】位于新会区崖门镇，规划面积16.9平方千米，是江门大广海湾经济先导区和粤港澳大湾区核心区，致力打造国际节能环保产业集聚地。至2022年，建设有澳葡青年创业园（新一代电子信息产业园）、新财富环保产业园等，重点发展节能环保产业、高端电子电气与信息等产业，代表企业有欧普照明、家田正川科技等。

澳葡青年创业园　澳葡青年创业园地处珠江水系八大出海口中第二大的崖门出海口，与香港、广州、深圳等中心城市的交通距离均在180千米以内，与珠海、澳门的距离不足50千米。南北走向的银洲湖高速、东西走向的沿海高速公路在镇域范围内形成“一横一纵”的高速路网架构。园区规划总面积524.27公顷，依托环保产业园环保处理和新会电厂热电能源优势，重点引进PCB电路板、半导体及电子元器件及新材料（石化新材料）产业，探索建立“深圳总部＋新会基地”“深圳研发＋新会制造”等多元合作模式。2022年，与意向项目投资方福建恒申集团、新会美达公司洽谈总投资约131亿元的高性能聚酰胺新材料智能化制造项目落户事宜。

2017年，澳葡青年创业园按照江门市政府批复同意的266.4公顷控制性详细规划进行开发建设，并根据工作的实际情况对其进行优化设计。同时，电厂东侧地块59.73公顷完成规划方案，并出具规划条件。澳葡青年创业园基础配套设施采用PPP模式建设，项目静态总投资22.67亿元，项目合作期20年，其中建设期5年，经营期15年。完成征地228.13公顷，累计获批土地指标111.84公顷。至2022年底，开挖土方约500万立方米，完成土地平整约18.33公顷。推进控规编制、产业规划及规划环评等规划编制，将“五个一”（一个街区、一个公园、一所学校、一家医院、一个产业服务中心）配套基础设施纳入园区整体规划。

新财富环保产业园　新财富环保产业园位于江门市新会区崖门镇登高石工业区，由江门市崖门新财富环保工业有限公司投资建设和运营管理。园区总规划面积130公顷，2011年9月开园运营。2022年，新引进企业13家，新增投资额约2亿元。至年底，园区签约入园企业110

2022年，银湖湾滨海新区核心区承载大湾区产业转移的广阔空间　（江门市发展改革局供稿）

多家，其中规模以上企业34家、江门市科技型小微企业69家、市级和省级工程技术研发中心8个，国家高新技术企业26家。基地企业获得授权专利267件。

园区分为环保产业区、循环经济产业区和商务生活配套区。环保产业区位于园区北片区，为园区的启动区。至年底，建成一、二、三、五期32栋生产厂房面积48万平方米，建成配套厂房面积1.8万平方米，统一建设集中工业水处理中心、供热中心、集中供气中心、集中纯水站、分析检测站、危化品仓储配送中心、集中废气处理设施、配套打磨厂区、退镀中心等配套设施。全年园区企业实现工业总产值45亿元，通过清洁生产审核企业79家，获得高新技术企业认证的企业35家，认定为科技型小微企业73家。循环经济产业区在巩固发展环保电镀产业区的同时，实现园区废物资源化利用和无害化处置，通过物化、焚烧、等离子、金属冶炼及深加工等工艺综合利用和处置工业废物，主要包括焚烧等离子项目、金属污泥资源化利用项目、高浓度废液综合利用等项目。商务生活配套区提供宿舍租赁1408间、公寓销售582间，以及食堂、超市、银行、运动场、邮政、医疗等商务及生活服务设施，满足近万人的生活居住需求。2022年，宿舍、公寓的总租出率超96.95%，入驻商户27家，7号楼公寓完成建筑验收备案手续及物业确权备案手续，开始销售。（新会区地方志办公室）

·肇庆新区·

【概况】肇庆新区位于肇庆市鼎湖区中部，于2012年成立。规划面积115平方千米，规划总人口60万人，规划建设粤港澳大湾区生态科技产业园、永安产业园、临港产业园三大产业片区。紧邻广（州）佛（山），地处粤港澳大湾区通往东盟经济区和大西南地区的咽喉位置，是肇庆市各功能区紧密连接的主要纽带和广佛肇经济圈的重要发展腹地。肇庆新区内拥有立体交通运输体系，二广、广昆、珠三角环线、广佛肇高速公路经过，广佛肇城际轨道、南广高速铁路、贵广高速铁路交会设站于肇庆东站，肇庆新港实现5000吨轮船通江达海。新区河网密布、基塘成片，是典型的岭南水乡；林地资源丰富，包括4个自然保护区和6个森林公园。主要旅游景点有砚阳湖、长利湖、鼎湖山、九龙湖、砚洲岛、羚羊峡等。2022年，肇庆新区实现地区生产总值76.37亿元，比上年增长3.5%。规模以上工业增加值26.64亿元，增长15.5%；完成固定资产投资114.42亿元，下降28.5%；社会消费品零售总额86.07亿元，下降12.9%。纳入省重点项目10项，总投资197.19亿元，项目年计划投资41.10亿元，全年累计完成投资45.48亿元，完成年计划投资的110.66%。

【城市地下综合管廊及同步建设工程竣工验收】2022年4月21日，肇庆新区城市地下综合管廊及同步建设工程竣工验收。该工程于2015年12月立项批复，总投资91.25亿元，建设内容包括13条市政道路31.4千米，跨河涌桥梁15座，地下综合管廊41.3千米，是2015年全国立项的单体规模最大的综合管廊项目。管廊将电力、通信、给水等市政管线进行集约化管理，为智能化城市管理提供条件，提升城市的管理水平。

（肇庆新区管委会）

·肇庆市高新技术产业开发区·

【概况】肇庆高新技术产业开发区（简称肇庆高新区）位于肇庆市东部，总面积98平方千米。至2022年底户籍人口5.85万人，常住人口11.89万人；设有1个街道社区管理中心，下辖5个社区居委会，代管四会市大旺街道。2010年9月，肇庆高新区升级为国家高新区；2015年9月入列珠三角国家自主创新示范区；2021年，被工信部确定为智慧能源+智能网联新能源汽车工业互联网融合应用创新园区，被广东省政府确定为智能网联新能源汽车特色产业园；2022年，被知识产权局确定为国家级知识产权强国建设试点园区，被科技部火炬中心确定为国家火炬新能源汽车特色产业基地。

是年，肇庆高新区地区生产总值259.88亿元，比上年增长2.5%；规模以上工业增加值208.69亿元，增长3.9%。至年底，肇庆高新区有规模以上工业企业285家，初步形成新能源智能汽车、家居建材、生物医药和大健康等产业集群。年内，新能源智能汽车实现产值523.24亿元，增长63.56%。产值超50亿元企业6家，比上年增加2家；超10亿元企业18家，增加2家；36家企业入围“肇庆企业100强”，入围数量居肇庆市第一。42家企业实现新入规，其中当年投产当年入规企业12家，为肇庆市最多。新增省级专精特新企业45家，国家级小巨人1家。纳入省、市重点项目40个，项目总投资581.73亿元，年内完成投资139.63亿元，为年计划的125.82%。其中，纳入省重点项目7个，项目总投资294.07亿元，年内完成投资77.1亿元，为年计划的114.76%。

【小鹏智能汽车配套零部件产业园奠基】2022年5月30日，广东瑞庆时代新能源科技有限公司投产仪式暨小鹏智能汽车配套零部件产业园奠基仪式在肇庆高新区举行。广东瑞庆时代新能源科技有限公司是宁德时代全资子公司，于2021年2月签约落户肇庆高新区，其投资的动力及储能电池项目于2021年3月28日动工建设，经过14个月建设，于2022年5月30日投产。位于肇庆大旺新能源智能汽车产业城内的小鹏智能汽车配套零部件产业园奠基。广州艾诺利、腾龙汽配等6个智能汽车配套项目签约落户该产业园内，共同打造完善的新能源智能汽车产业生态。

【国家火炬新能源汽车特色产业基地】2022年9月19日，科技部火炬中心发布2022年国家火炬特色产业基地名单，肇庆高新区被科技部火炬中心确定为国家火炬新能源汽车特色产业基地，是广东省该批次唯一申报成功的国家火炬特色产业基地。肇庆高新区相继引进小鹏汽车、宁德时代、理士电源等全球知名的新能源产业龙头企业，初步形成新能源整车、汽车关键零部件、智能网联、汽车轻量化、充电设施、汽车后市场、新能源储能等领域全面发展的新格局。引育一大批优质产业链配套企业，并培育引进广东省汽车配件产业计量测试中心、智华（广东）智能网联研究院、广东省电动车工程技术研究中心、广东省特种车辆工程技术研究中心等省级优势创新平台，成立全国首个城市级自动驾驶路测示范区。

【国家级知识产权强国建设试点园区】2022年，肇庆高新区获国家知识产权局认定为全国首批“国家级知识产权强国建设试点园区”。肇庆高新区实施创新驱动发展战略和知识产权战略，抢抓粤港澳大湾区建设发展机遇，以珠三角国家自主创新示范区、国家科技成果转移转化示范园区、国家知识产权示范园区建设为抓手，推进知识产权各项工作开展，知识产权创造、运用、保护、管理和服务能力提升，年内新增发明专利授权225件，占全市的36.2%。

（肇庆高新区管委会）

·责任编辑　何文倩·

统计资料

粤港澳大湾区主要经济指标（2022 年）

表 2

地　区	土地面积（平方千米）	地区生产总值			人均地区生产总值		
		绝对值（亿元）	指数（上年=100）	绝对值（亿美元）	绝对值（元）	指数（上年=100）	绝对值（美元）
广州	7238.46	28839.00	101.0	4287.63	153625	101.0	22840
深圳	1987.00	32387.68	103.3	4815.22	183274	103.2	27248
珠海	1725.02	4045.45	102.3	601.46	163654	101.8	24331
佛山	3797.79	12698.39	102.1	1887.93	132517	101.9	19702
惠州	11350.36	5401.24	104.2	803.03	89157	104.3	13255
东莞	2460.38	11200.32	100.6	1665.20	106803	100.8	15879
中山	1780.99	3631.28	100.5	539.88	81620	100.5	12135
江门	9535.19	3773.41	103.3	561.01	78146	103.1	11618
肇庆	14891.43	2705.05	101.1	402.17	65513	100.9	9740
香港特别行政区	1114.40	24281.10	96.5	3609.98	330531	97.4	49142
澳门特别行政区	33.30	1478.60	73.2	219.83	218083	73.8	32423

地　区	年末人口（万人）	港口集装箱吞吐量（万标准集装箱）	进出口总额（亿美元）	出口总额（亿美元）	进口总额（亿美元）
广州	1873.41	2485.76	1639.43	926.85	712.58
深圳	1766.18	3003.62	5498.32	3279.04	2219.28
珠海	247.72	109.75	458.91	289.89	169.02
佛山	955.23	322.25	1001.94	840.49	161.45
惠州	605.02	42.15	464.34	307.50	156.84

续表 2

地　区	年末人口（万人）	港口集装箱吞吐量（万标准集装箱）	进出口总额（亿美元）	出口总额（亿美元）	进口总额（亿美元）
东莞	1043.70	361.48	2095.67	1390.11	705.56
中山	443.11	136.24	422.22	351.37	70.85
江门	482.22	154.31	267.07	217.82	49.25
肇庆	412.84	49.20	57.91	41.02	16.89
香港特别行政区	734.60	1669.00	10466.42	5014.68	5451.74
澳门特别行政区	67.70	9.37	190.09	16.76	173.33

注：1. 本表香港、澳门统计数据来自《中国统计摘要》、香港特别行政区政府统计处以及澳门特别行政区统计暨普查局。
2. 香港特别行政区和澳门特别行政区地区生产总值为“本地生产总值”，年末人口为“年中人口”。澳门特别行政区集装箱吞吐量。
3. 本表汇率按照 100 港币 =85.09 人民币元，100 澳门元 =83.41 人民币元，100 美元 =672.61 人民币元计算。
4. 本表中，广州、深圳、珠海、佛山、惠州、东莞、中山、江门、肇庆九市土地面积为 2021 年数据。

粤港澳大湾区内地九市地区生产总值

表 3

单位：亿元

地　区	2000 年	2005 年	2010 年	2012 年	2013 年	2014 年	2015 年
广州	2505.58	5187.85	10640.67	13194.69	15050.40	16135.95	17347.37
深圳	2219.20	5035.77	10069.06	13496.27	15234.24	16795.35	18436.84
珠海	335.92	640.53	1241.74	1583.66	1780.87	2008.86	2216.54
佛山	1050.38	2450.67	5665.45	6642.95	7064.30	7509.96	8107.60
惠州	439.19	805.11	1723.56	2352.46	2674.50	2959.11	3090.22
东莞	821.14	2189.46	4339.85	5190.20	5740.44	6174.83	6665.34
中山	345.44	894.59	1808.48	2306.52	2470.06	2580.59	2711.36
江门	504.66	801.70	1574.73	1892.98	2020.97	2099.29	2274.26
肇庆	249.78	420.95	965.12	1279.64	1437.04	1580.50	1691.85
九市合计	8471.28	18426.64	38028.65	47939.37	53472.83	57844.44	62541.37

续表 3

地 区	2016 年	2017 年	2018 年	2019 年	2020 年	2021 年	2022 年
广州	18559.73	19871.67	21002.44	23844.69	25068.75	28225.21	28839.00
深圳	20685.74	23280.27	25266.08	26992.33	27759.02	30820.10	32387.68
珠海	2452.61	2943.83	3216.78	3444.23	3518.26	3896.04	4045.45
佛山	8756.31	9382.16	9976.72	10739.76	10758.50	12185.75	12698.39
惠州	3359.52	3745.75	4003.33	4192.93	4283.72	5033.06	5401.24
东莞	7260.92	8079.20	8818.11	9474.43	9756.77	10931.69	11200.32
中山	2830.43	2939.52	3053.73	3123.79	3189.15	3578.88	3631.28
江门	2480.94	2745.89	3001.24	3150.22	3202.97	3598.04	3773.41
肇庆	1810.67	1964.97	2102.29	2250.67	2313.24	2645.81	2705.05
九市合计	68196.86	74953.26	80440.72	87213.05	89850.38	100914.59	104681.81

注：2017 年起，深圳市地区生产总值数据包含深汕合作区。

粤港澳大湾区内地九市地区生产总值指数

表 4

上年 =100

地 区	2000 年	2005 年	2010 年	2012 年	2013 年	2014 年	2015 年
广州	113.4	113.0	113.0	110.4	111.5	108.5	108.3
深圳	116.3	115.3	112.3	110.2	110.6	108.9	109.0
珠海	112.0	113.2	113.3	107.8	110.9	110.4	110.0
佛山	112.5	119.3	114.3	108.1	109.8	108.2	108.2
惠州	111.3	116.1	118.2	112.6	113.7	110.0	109.3
东莞	119.7	119.5	110.4	106.3	110.0	108.0	108.4
中山	112.4	121.1	113.8	111.1	109.7	107.5	108.2
江门	110.2	112.6	114.5	108.2	109.6	107.5	108.4
肇庆	110.6	115.8	115.5	109.8	109.7	109.7	107.9
九市均值	113.9	115.7	113.1	109.5	110.7	108.6	108.6

续表 4

地　区	2016 年	2017 年	2018 年	2019 年	2020 年	2021 年	2022 年
广州	107.6	106.7	106.0	106.9	102.7	108.1	101.0
深圳	109.3	108.8	107.7	106.7	103.1	107.0	103.3
珠海	108.1	111.1	107.9	106.8	103.0	107.2	102.3
佛山	107.9	108.0	106.4	106.8	101.5	108.5	102.1
惠州	108.1	107.9	105.9	104.2	101.5	110.4	104.2
东莞	108.0	108.8	107.5	107.4	101.1	108.5	100.6
中山	104.3	103.8	103.1	102.0	101.5	108.4	100.5
江门	107.3	108.1	107.8	104.3	102.2	108.4	103.3
肇庆	105.0	105.1	106.5	106.3	103.0	110.5	101.1
九市均值	108.0	107.8	106.8	106.4	102.4	108.0	102.1

粤港澳大湾区内地九市第三产业增加值

表 5

单位：亿元

地　区	2000 年	2005 年	2010 年	2015 年	2018 年	2019 年	2020 年	2021 年	2022 年
广州	1381.27	2990.63	6418.75	11363.68	14663.32	17088.17	18066.32	20189.34	20611.40
深圳	1094.87	2316.34	5335.01	10742.22	15247.60	16564.75	17352.77	19188.56	19956.16
珠海	144.35	273.71	541.10	1124.55	1711.86	1866.29	2004.10	2190.73	2176.86
佛山	435.03	880.70	1985.13	2976.96	4168.66	4490.82	4680.66	5202.13	5347.46
惠州	121.70	273.22	600.68	1199.48	1705.00	1828.06	1929.14	2065.92	2103.91
东莞	343.76	935.50	2011.28	3166.37	3831.87	4146.65	4191.80	4537.66	4650.18
中山	141.09	315.67	690.54	1135.19	1451.32	1505.07	1592.17	1717.08	1746.83
江门	199.72	303.66	590.47	1042.13	1470.76	1569.27	1529.37	1679.88	1725.16
肇庆	104.93	200.37	427.18	619.76	886.79	974.60	985.55	1077.26	1091.65
九市合计	3966.73	8489.80	18600.14	33370.33	45137.18	50033.69	52331.89	57848.57	59409.60

粤港澳大湾区内地九市第三产业增加值指数

表 6

上年 =100

地　区	2000 年	2005 年	2010 年	2015 年	2018 年	2019 年	2020 年	2021 年	2022 年
广州	116.4	113.3	113.2	109.3	106.4	107.7	102.3	108.0	101.0
深圳	113.8	112.3	110.7	110.3	106.7	108.3	103.9	106.9	102.4
珠海	108.9	109.2	107.5	110.1	103.8	109.5	104.1	106.3	98.6
佛山	113.6	112.2	113.0	110.2	107.0	106.8	102.0	108.0	101.0
惠州	108.6	117.3	110.3	108.9	106.0	107.8	101.1	102.4	100.0
东莞	120.0	119.4	103.3	110.9	106.0	108.4	103.4	105.3	100.3
中山	110.0	126.0	111.4	110.3	105.9	103.5	101.1	105.3	100.8
江门	110.2	104.0	111.9	109.1	108.3	107.9	101.3	106.5	101.3
肇庆	112.2	120.2	110.2	107.6	105.5	112.2	102.4	106.7	99.7
九市均值	114.1	113.7	110.9	109.8	106.4	107.9	102.9	107.0	101.3

粤港澳大湾区内地九市地区生产总值（2022 年）

表 7

单位：亿元

地　区	地区生产总值	第一产业	第二产业	第三产业	#农、林、牧、渔业	#工　业
广州	28839.00	318.31	7909.29	20611.40	354.65	6946.67
深圳	32387.68	25.64	12405.88	19956.16	26.63	11357.09
珠海	4045.45	60.52	1808.08	2176.86	65.08	1579.11
佛山	12698.39	221.13	7129.80	5347.46	235.20	6741.89
惠州	5401.24	277.45	3019.87	2103.91	280.24	2717.80
东莞	11200.32	36.50	6513.64	4650.18	37.21	6251.51
中山	3631.28	89.20	1795.25	1746.83	90.56	1677.81
江门	3773.41	324.61	1723.64	1725.16	334.60	1483.99
肇庆	2705.05	486.46	1126.94	1091.65	502.71	991.58
九市合计	104681.81	1839.82	43432.38	59409.60	1926.90	39747.44

续表 7

地 区						
	#建筑业	#批发和零售业	#交通运输、仓储和邮政业	#住宿和餐饮	#金融业	#房地产业
广州	1012.93	3801.59	1590.69	431.22	2596.15	3038.93
深圳	1079.38	2757.07	833.37	397.82	5137.98	2593.40
珠海	242.76	296.08	68.57	43.07	490.86	331.29
佛山	392.06	942.99	212.64	144.02	709.29	792.24
惠州	304.30	355.24	104.33	67.79	304.25	520.06
东莞	269.07	804.10	234.27	182.45	749.81	773.94
中山	118.91	378.99	61.01	49.02	284.19	314.86
江门	241.11	205.62	102.40	59.80	281.06	229.90
肇庆	136.17	267.92	82.94	45.36	127.89	129.18
九市合计	3796.69	9809.60	3290.22	1420.56	10681.47	8723.78

粤港澳大湾区内地九市地区生产总值指数（2022 年）

表 8　　上年 =100

地 区	地区生产总值					
		第一产业	第二产业	第三产业	#农、林、牧、渔业	#工 业
广州	101.0	103.2	101.1	101.0	103.4	101.0
深圳	103.3	100.8	104.8	102.4	101.0	104.7
珠海	102.3	107.2	107.1	98.6	107.0	106.4
佛山	102.1	106.3	102.8	101.0	106.6	102.7
惠州	104.2	106.9	107.2	100.0	107.0	106.3
东莞	100.6	100.3	100.8	100.3	100.2	100.6
中山	100.5	105.9	100.0	100.8	105.9	99.4
江门	103.3	107.0	104.6	101.3	107.1	104.0
肇庆	101.1	103.9	101.1	99.7	104.1	102.8
九市均值	102.1	105.1	103.1	101.3	105.3	102.9

续表 8

地　区	# 建筑业	# 批发和零售业	# 交通运输、仓储和邮政业	# 住宿和餐饮	# 金融业	# 房地产业
广州	102.0	101.1	94.5	92.8	107.2	94.7
深圳	105.9	102.7	93.3	89.2	108.2	95.6
珠海	111.9	90.2	87.7	92.0	106.9	85.9
佛山	103.9	100.8	98.3	94.9	108.9	90.6
惠州	116.0	103.3	95.4	93.8	105.2	90.5
东莞	106.9	97.5	90.3	96.3	109.0	91.7
中山	109.7	101.8	99.0	96.3	106.9	92.0
江门	108.1	98.4	96.3	95.6	107.4	95.7
肇庆	90.3	100.3	94.2	90.4	107.4	92.8
九市均值	105.4	100.9	94.1	92.6	107.8	93.6

粤港澳大湾区内地九市人均地区生产总值

表 9

单位：元

地　区	2000 年	2005 年	2010 年	2013 年	2014 年	2015 年	2016 年
广州	25758	54160	86582	104235	107528	111060	113400
深圳	33276	61843	99095	124208	130448	135271	142494
珠海	28068	45682	80024	100939	109846	117879	127167
佛山	20231	42434	80511	87194	89742	94608	100699
惠州	13877	21942	38507	52211	55900	56802	60361
东莞	13563	33383	53959	60843	63065	66810	72028
中山	15077	36800	59411	67973	67955	69129	70352
江门	12844	19546	35719	44718	46177	49767	53941
肇庆	7422	11505	24875	36171	39625	42333	45151
九市均值	20369	40661	69281	84537	88318	92510	97721

续表 9

地　区	2017 年	2018 年	2019 年	2020 年	2021 年	2022 年
广州	116051	118511	131400	135315	150330	153625
深圳	150739	155320	159883	159820	174542	183274
珠海	146096	150345	151702	147164	158495	163654
佛山	105729	109272	114914	113545	127390	132517
惠州	66007	69206	70949	71220	83032	89157
东莞	78637	84708	90696	93194	104010	106803
中山	71198	72119	72014	72329	80442	81620
江门	59244	64163	66622	67027	74654	78146
肇庆	48781	51879	55176	56357	64167	65513
九市均值	103863	108094	114120	115880	128684	133437

粤港澳大湾区内地九市人均地区生产总值指数

表 10

上年 =100

地　区	2000 年	2005 年	2010 年	2013 年	2014 年	2015 年	2016 年
广州	108.4	114.3	105.8	106.7	104.4	104.0	102.7
深圳	105.8	111.8	107.8	104.6	103.8	102.9	102.7
珠海	104.9	110.5	111.4	106.4	106.5	107.0	105.4
佛山	106.3	117.7	109.2	105.5	104.8	105.7	106.3
惠州	107.7	113.2	112.7	109.4	106.4	106.3	105.6
东莞	105.1	119.5	105.5	105.0	104.1	106.4	106.8
中山	105.4	120.7	108.2	104.2	102.9	104.7	101.7
江门	108.7	112.1	112.3	108.9	106.8	107.8	106.7
肇庆	109.9	114.1	113.8	109.1	109.3	107.7	104.7
九市均值	106.5	114.6	108.2	106.3	104.9	105.2	104.6

续表 10

地　区	2017 年	2018 年	2019 年	2020 年	2021 年	2022 年
广州	102.0	102.5	104.4	100.6	106.7	101.0
深圳	102.7	102.3	102.8	100.2	105.2	103.2
珠海	106.3	101.7	100.6	97.8	104.3	101.8
佛山	105.8	103.4	104.3	100.1	107.5	101.9
惠州	105.9	103.9	102.0	99.7	109.6	104.3
东莞	106.7	106.1	107.0	100.9	108.1	100.8
中山	101.2	100.5	99.6	99.9	107.4	100.5
江门	107.3	106.8	103.2	101.1	107.4	103.1
肇庆	104.6	105.9	105.6	102.3	110.0	100.9
九市均值	104.3	103.6	104.0	100.5	106.8	102.0

粤港澳大湾区内地九市年末常住人口数

表 11　　单位：万人

地　区	2000 年	2005 年	2010 年	2016 年	2017 年	2018 年	2019 年	2020 年	2021 年	2022 年
广州	994.80	949.68	1270.96	1678.38	1746.27	1798.13	1831.21	1874.03	1881.06	1873.41
深圳	701.24	827.75	1043.76	1501.51	1587.31	1666.12	1710.40	1763.38	1768.16	1766.18
珠海	123.65	141.57	156.16	195.98	207.02	220.90	233.18	244.96	246.67	247.72
佛山	534.05	580.03	719.91	874.77	899.99	926.04	943.14	951.88	961.26	955.23
惠州	321.80	370.69	460.11	562.73	572.22	584.72	597.23	605.72	606.60	605.02
东莞	644.84	656.07	822.48	1016.58	1038.22	1043.77	1045.50	1048.36	1053.68	1043.70
中山	236.47	243.46	312.27	407.69	418.04	428.82	438.73	443.11	446.69	443.11
江门	395.24	410.29	445.08	461.85	465.12	470.38	475.32	480.41	483.51	482.22
肇庆	337.69	367.60	392.22	401.75	403.88	406.58	409.24	411.69	412.97	412.84
九市合计	4289.78	4547.14	5622.95	7101.24	7338.07	7545.46	7683.95	7823.54	7860.60	7829.43

注：1. 2000 年全省数据含根据普查误差率推算的漏登人口。
2. 2006—2009 年年末常住人口根据 2010 年第六次全国人口普查结果平滑调整。
3. 2010 年开始，深圳市包含深汕合作区人口。
4. 2011—2019 年年末常住人口根据 2020 年第七次全国人口普查结果平滑调整。

粤港澳大湾区内地九市城镇人口占常住人口的比例

表 12

单位：%

地　区	2000 年	2005 年	2010 年	2016 年	2017 年	2018 年	2019 年	2020 年	2021 年	2022 年
广州	83.79	91.51	83.79	84.35	84.41	84.75	85.13	86.19	86.46	86.48
深圳	92.46	100.00	99.76	99.85	99.80	99.82	99.52	99.54	99.81	99.79
珠海	85.48	87.90	87.66	88.25	88.34	88.79	89.21	90.47	90.75	90.76
佛山	75.06	78.39	94.10	94.33	94.36	94.50	94.67	95.20	95.21	95.22
惠州	51.66	55.01	61.85	65.08	65.67	67.61	69.61	72.80	72.90	72.91
东莞	60.04	73.02	88.47	89.34	89.44	89.93	90.31	92.15	92.24	92.25
中山	60.67	74.29	87.84	87.32	87.24	87.15	87.06	86.96	87.00	87.02
江门	47.08	56.78	62.31	63.85	64.13	65.12	66.04	67.63	67.84	67.85
肇庆	32.52	38.99	42.40	44.83	45.30	46.99	48.52	51.02	51.91	52.14
九市均值	71.59	77.32	82.71	84.75	85.04	85.66	86.10	87.24	87.47	87.48

注：1. 本表 2000 年、2005 年数据按国家统计局 1999 年发布的《关于统计上划分城乡的规定（试行）》计算；2006 年起数据按国家统计局 2006 年颁布的《关于统计上划分城乡的暂行规定》计算。
2. 2006—2009 年年末常住人口根据 2010 年第六次全国人口普查结果平滑调整，城镇人口比例也作相应调整。
3. 2011—2019 年年末常住人口根据 2020 年第七次全国人口普查结果平滑调整，城镇人口比例也作相应调整。

粤港澳大湾区内地九市年末户籍人口数（2022 年）

表 13

地　区	总人口	按性别分			
		男		女	
		人口数（万人）	比例（%）	人口数（万人）	比例（%）
广州	1034.91	511.55	49.43	523.36	50.57
深圳	654.74	322.89	49.32	331.85	50.68
珠海	154.99	75.48	48.70	79.51	51.30
佛山	495.40	238.80	48.20	256.60	51.80
惠州	415.77	206.82	49.74	208.95	50.26
东莞	292.45	142.16	48.61	150.29	51.39
中山	208.13	99.01	47.57	109.12	52.43
江门	403.41	201.72	50.00	201.69	50.00
肇庆	458.35	238.74	52.09	219.61	47.91
九市合计	4118.15	2037.16	49.47	2081.00	50.53

粤港澳大湾区内地九市年末户籍迁移人口数（2022 年）

表 14

单位：人

地区	迁入		迁出		净迁移	
	省内迁入	省外迁入	迁往省内	迁往省外	省内	省外
广州	114402	103296	17760	18725	96642	84571
深圳	77113	142501	14042	24515	63071	117986
珠海	28602	39644	4100	4398	24502	35246
佛山	52553	48765	10738	3985	41815	44780
惠州	68963	51065	47556	5971	21407	45094
东莞	43572	80726	5019	2547	38553	78179
中山	35802	51355	3511	1726	32291	49629
江门	27049	13882	29705	5296	–2656	8586
肇庆	19241	7535	29880	2875	–10639	4660
九市合计	467297	538769	162311	70038	304986	468731

粤港澳大湾区内地九市就业人员年末人数

表 15

单位：万人

地区	2005 年	2010 年	2015 年	2020 年	2021 年	2022 年
广州	574.46	732.93	927.91	1158.01	1163.44	1119.82
深圳	576.26	781.45	1083.35	1239.61	1245.42	1193.41
珠海	94.01	106.19	124.11	147.79	148.48	135.13
佛山	348.69	457.09	523.37	598.10	600.90	575.57
惠州	222.62	268.14	299.29	320.88	337.58	330.51
东莞	388.13	645.51	680.09	714.59	717.94	679.31
中山	188.85	213.71	241.21	274.62	275.91	262.71
江门	214.53	257.22	254.36	256.81	258.01	263.04
肇庆	215.05	219.61	209.87	200.74	201.68	204.19
九市合计	2822.60	3681.85	4343.56	4911.15	4949.36	4763.69

注：从 2020 年起，国家统计局对各省、自治区、直辖市就业人数及其产业构成以常住人口口径统一测算，同时对 2010—2019 年就业人数及其产业、城乡结构进行平滑修正。

粤港澳大湾区内地九市按三次产业分就业人员年末人数

表 16

单位：万人

地 区	2021 年				2022 年			
	合计	第一产业	第二产业	第三产业	合计	第一产业	第二产业	第三产业
广州	1163.44	58.22	263.78	841.44	1119.82	46.84	255.66	817.31
深圳	1245.42	1.21	486.40	757.81	1193.41	0.65	467.95	724.81
珠海	148.48	4.62	61.41	82.45	135.13	2.19	58.21	74.73
佛山	600.90	22.44	301.19	277.27	575.57	14.56	295.68	265.33
惠州	337.58	36.41	152.08	149.09	330.51	33.89	151.54	145.08
东莞	717.94	5.41	454.00	258.53	679.31	3.96	435.87	239.48
中山	275.91	9.85	157.64	108.42	262.71	6.76	151.34	104.62
江门	258.01	31.38	85.48	141.15	263.04	32.31	88.80	141.93
肇庆	201.68	49.94	46.13	105.31	204.19	50.48	48.03	105.68
九市合计	4949.36	219.48	2008.41	2721.47	4763.69	191.64	1953.09	2618.96

注：从 2020 年起，国家统计局对各省、自治区、直辖市就业人数及其产业构成以常住人口口径统一测算，同时对 2010—2019 年就业人数及其产业、城乡结构进行平滑修正。

粤港澳大湾区内地九市按城乡分就业人员年末人数

表 17

单位：万人

地 区	2010 年			2021 年			2022 年		
	合计	城镇	乡村	合计	城镇	乡村	合计	城镇	乡村
广州	732.93	614.14	118.79	1163.44	1015.68	147.76	1119.82	975.42	144.40
深圳	781.45	781.04	0.41	1245.42	1240.20	5.22	1193.41	1190.90	2.51
珠海	106.19	93.09	13.10	148.48	135.45	13.03	135.13	125.64	9.49
佛山	457.09	378.33	78.76	600.90	573.48	27.42	575.57	563.06	12.51
惠州	268.14	165.84	102.30	337.58	243.83	93.75	330.51	249.93	80.58
东莞	645.51	534.04	111.47	717.94	661.57	56.37	679.31	631.00	48.31
中山	213.71	164.32	49.39	275.91	240.61	35.30	262.71	236.61	26.10
江门	257.22	160.27	96.95	258.01	180.69	77.32	263.04	185.47	77.57
肇庆	219.61	93.11	126.50	201.68	109.46	92.22	204.19	106.46	97.73
九市合计	3681.85	2984.18	697.67	4949.36	4400.97	548.39	4763.69	4264.50	499.19

注：从 2020 年起，国家统计局对各省、自治区、直辖市就业人数及其产业构成以常住人口口径统一测算，同时对 2010—2019 年就业人数及其产业、城乡结构进行平滑修正。

粤港澳大湾区内地九市城镇非私营单位各行业在岗职工年末人数（2022 年）

表 18　　单位：万人

地　区	合计	农、林、牧、渔业	采矿业	制造业	电力、热力、燃气及水生产	建筑业	批发和零售业
广州	403.47	0.17	0.01	71.16	5.03	16.70	30.00
深圳	497.33	0.02	0.46	200.97	3.93	25.64	29.50
珠海	78.06	0.08	0.03	32.99	0.74	4.57	3.50
佛山	145.58	0.04	0.01	77.10	2.04	3.38	7.40
惠州	100.81	0.07	0.04	58.54	1.61	3.73	4.06
东莞	266.15	0.08	0.01	183.00	2.08	6.14	12.22
中山	73.03	0.06	—	44.41	0.70	1.42	3.18
江门	60.49	0.06	0.01	27.41	0.90	3.52	3.12
肇庆	34.97	0.06	0.12	13.49	0.74	1.48	0.95
九市合计	1659.89	0.64	0.68	709.08	17.79	66.59	93.92

地　区	交通运输、仓储和邮政业	住宿和餐饮业	信息传输、软件和信息技术服务业	金融业	房地产业	租赁和商务服务业	科学研究和技术服务业
广州	30.31	12.17	28.16	10.81	30.04	54.92	21.20
深圳	21.83	9.47	39.76	20.21	31.48	32.67	14.66
珠海	2.85	1.84	3.24	1.80	3.90	8.33	1.75
佛山	4.71	1.74	1.97	2.87	4.44	4.78	2.76
惠州	2.40	1.12	0.77	1.14	2.91	2.45	0.98
东莞	4.35	3.02	2.11	3.76	3.59	10.15	3.69
中山	1.31	0.90	0.87	1.42	2.97	2.32	1.05
江门	1.53	0.69	0.53	1.39	1.27	1.23	0.78
肇庆	0.67	0.25	0.28	1.09	0.60	0.31	0.28
九市合计	69.96	31.20	77.68	44.51	81.21	117.16	47.15

续表 18

地　区	水利、环境和公共设施管理业	居民服务、修理和其他服务业	教育	卫生和社会工作	文化、体育和娱乐业	公共管理、社会保障和社会组织
广州	5.64	3.00	29.93	23.86	3.78	26.57
深圳	4.07	3.86	19.11	13.46	2.45	23.77
珠海	1.22	0.55	3.81	2.78	0.86	3.22
佛山	2.24	0.98	12.16	6.46	0.86	9.65
惠州	0.51	0.31	7.57	4.10	0.41	8.08
东莞	1.96	1.50	11.03	6.59	0.92	9.95
中山	0.77	0.32	5.00	2.88	0.32	3.11
江门	0.63	0.30	6.25	3.77	0.27	6.83
肇庆	0.45	0.16	5.58	2.97	0.21	5.28
九市合计	17.49	10.99	100.44	66.86	10.08	96.47

粤港澳大湾区内地九市按项目和房地产开发分固定资产投资增长速度

表 19

单位：%

地　区	2021 年			2022 年		
	全部投资	项目投资	房地产开发	全部投资	项目投资	房地产开发
广州	11.7	13.0	10.1	-2.1	0.3	-5.4
深圳	3.7	19.2	-15.4	8.4	5.5	13.3
珠海	-3.1	-13.4	8.0	-8.8	21.5	-34.8
佛山	7.6	14.8	2.3	-3.6	11.8	-16.5
惠州	21.8	39.0	5.6	8.8	30.2	-17.9
东莞	8.2	6.3	11.7	0.8	6.0	-7.9
中山	15.3	15.7	14.7	-0.7	14.7	-23.4
江门	1.4	9.0	-10.3	-0.8	11.4	-23.4
肇庆	11.6	15.5	3.2	-14.9	-3.9	-41.7
九市均值	8.1	14.1	0.7	0.4	7.9	-9.9

粤港澳大湾区内地九市按登记注册类型分固定资产投资增长速度（2022年）

表20

单位：%

地　区	全部投资	内资	港、澳、台商	外商
广州	−2.1	−5.3	11.9	51.5
深圳	8.4	9.1	22.8	−23.0
珠海	−8.8	2.6	−33.9	−73.3
佛山	−3.6	−2.3	3.9	−33.9
惠州	8.8	6.2	5.0	80.3
东莞	0.8	1.3	−5.3	−3.0
中山	−0.7	−1.5	14.9	−3.2
江门	−0.8	−0.6	4.8	−12.6
肇庆	−14.9	−16.1	63.3	−46.5
九市均值	0.4	0.3	7.1	−4.7

注：内资含个体经济，下表同。

粤港澳大湾区内地九市按行业分固定资产投资增长速度（2022年）

表21

单位：%

地　区	全部投资	农、林、牧、渔业	采矿业	制造业	电力、热力、燃气及水的生产和供应业	建筑业	批发和零售业
广州	−2.1	−24.6	−48.3	21.5	−12.1	77.4	−34.5
深圳	8.4	−97.4	73.0	15.4	16.6	—	164.0
珠海	−8.8	−37.5	−78.7	81.6	1.3	—	−37.8
佛山	−3.6	1.5	−79.0	9.8	−9.1	—	58.0
惠州	8.8	6.8	13.3	50.2	19.2	—	−13.3
东莞	0.8	−96.2	—	3.2	21.4	—	−43.5
中山	−0.7	−28.3	—	20.2	21.9	—	—
江门	−0.8	−31.4	62.5	18.9	16.8	—	−18.4
肇庆	−14.9	−35.9	−70.6	−5.0	277.9	—	−57.3

续表 21

地区	交通运输、仓储和邮政业	住宿和餐饮业	信息传输、软件和信息技术服务业	金融业	房地产业	租赁和商务服务业	科学研究和技术服务业
广州	3.5	–0.7	–15.4	–21.7	–3.7	–10.0	15.3
深圳	8.3	–54.8	43.8	17.1	7.4	–17.8	–15.0
珠海	–3.9	–22.6	5.7	—	–34.5	0.9	47.2
佛山	6.7	2.2	39.2	73.3	–15.4	0.3	–6.7
惠州	18.1	–6.9	26.0	—	–17.7	–39.8	3.8
东莞	9.4	–8.2	–32.4	–24.8	–6.1	–11.7	–8.7
中山	–11.3	–44.6	–8.0	–44.2	–22.6	7.8	44.6
江门	8.4	–9.4	–41.8	–52.7	–23.4	–40.1	–43.8
肇庆	–4.4	–34.6	–21.9	79.9	–36.5	–23.2	–32.3

地区	水利、环境和公共设施管理业	居民、修理服务和其他服务业	教育	卫生和社会工作	文化、体育和娱乐业	公共管理、社会保障和社会组织
广州	–4.9	88.4	–19.5	–17.4	–6.8	–30.7
深圳	–9.9	–16.5	–13.0	64.1	22.9	6.4
珠海	17.1	124.8	5.3	–8.9	–45.8	102.5
佛山	20.7	–18.6	13.1	110.0	–19.4	51.4
惠州	23.6	–2.5	–33.0	63.3	–37.3	18.2
东莞	2.0	–65.8	30.3	75.4	57.0	18.9
中山	93.8	—	–15.9	337.8	–45.1	34.2
江门	15.1	–60.8	–13.7	66.9	–65.0	63.0
肇庆	–6.8	2193.3	–33.8	–34.6	–66.3	6.4

粤港澳大湾区内地九市地方一般公共预算收支

表 22

单位：亿元

地　区	地方一般公共预算收入								
	2000 年	2005 年	2010 年	2015 年	2018 年	2019 年	2020 年	2021 年	2022 年
广州	200.55	371.26	872.65	1349.47	1634.22	1699.04	1722.79	1884.26	1855.10
深圳	221.92	412.38	1106.82	2726.85	3538.44	3773.38	3857.46	4257.70	4012.44
珠海	24.23	48.97	124.53	269.96	331.47	344.49	379.13	448.19	437.41
佛山	59.53	130.85	306.05	557.55	703.14	731.62	753.56	808.26	796.76
惠州	12.94	34.72	131.23	340.02	393.01	400.86	412.25	455.39	441.73
东莞	30.22	103.97	277.84	517.97	649.91	673.27	694.75	769.57	766.13
中山	17.46	54.26	139.38	287.51	315.23	283.42	287.57	316.47	316.04
江门	21.24	41.63	104.29	199.01	244.05	256.83	264.00	279.87	263.03
肇庆	10.97	20.44	76.80	143.36	106.04	114.21	124.51	146.46	160.84
九市合计	599.06	1218.48	3139.58	6391.70	7915.51	8277.11	8496.03	9366.17	9049.47

地　区	地方一般公共预算支出								
	2000 年	2005 年	2010 年	2015 年	2018 年	2019 年	2020 年	2021 年	2022 年
广州	240.72	438.41	977.32	1727.72	2506.18	2865.33	2952.65	3021.18	3022.45
深圳	225.04	599.16	1266.07	3521.67	4282.56	4552.73	4178.42	4570.22	4997.38
珠海	31.14	57.77	166.41	388.77	572.52	615.74	677.62	786.66	754.13
佛山	72.48	150.85	363.35	799.93	806.54	941.32	1003.04	1072.01	1022.33
惠州	20.14	52.41	185.44	486.07	544.22	614.86	637.37	663.31	693.03
东莞	33.61	117.04	289.83	581.24	765.41	863.01	840.33	882.53	861.60
中山	19.24	56.71	145.85	355.37	437.92	411.74	375.63	472.48	463.10
江门	28.18	54.24	132.98	292.90	377.88	421.24	442.38	460.25	450.67
肇庆	20.09	40.64	127.66	267.71	315.72	351.65	430.58	396.80	397.56
九市合计	690.64	1567.23	3654.91	8421.36	10608.94	11637.61	11538.02	12325.44	12662.25

粤港澳大湾区内地九市人均地方一般公共预算收入

表 23

单位：元

地　区	2000 年	2005 年	2010 年	2015 年	2018 年	2019 年	2020 年	2021 年	2022 年
广州	2061.72	3875.93	7100.70	10153.45	11116.11	11248.07	9299.20	10035.75	9882.06
深圳	3327.64	5064.37	10892.78	24613.26	27692.86	28515.59	22209.02	24112.41	22705.45
珠海	2024.57	3492.54	8025.47	16621.83	18130.46	17599.19	15858.65	18232.99	17694.79
佛山	1146.57	2265.69	4349.20	7544.00	9036.42	9108.59	7953.07	8449.55	8314.83
惠州	408.85	946.27	2931.87	7171.79	8181.66	8256.63	6853.94	7512.70	7291.51
东莞	503.97	1585.20	3454.53	6241.63	7767.23	7988.12	6636.08	7322.12	7305.60
中山	762.08	2231.98	4578.83	8981.32	9595.95	8472.91	6522.11	7113.32	7103.52
江门	540.87	1014.97	2365.62	4407.32	5328.61	5566.01	5524.66	5807.00	5447.34
肇庆	325.95	558.68	1979.41	3541.77	2565.42	2739.21	3033.31	3552.04	3895.28
九市均值	1442.48	2688.72	5717.85	10984.52	12714.12	12985.86	10957.32	11943.50	11535.31

注：本表按年中常住人口数计算。

粤港澳大湾区内地九市全体居民人均可支配收入

表 24

单位：元

地　区	2017 年	2018 年	2019 年	2020 年	2021 年	2022 年
广州	50782.2	55276.1	60073.8	63289.2	68908.3	71357.9
深圳	52938.0	57543.6	62522.4	64877.7	70847.3	72718.2
珠海	44043.1	48107.1	52495.1	55936.1	61390.0	62976.1
佛山	45813.3	49629.5	54042.7	56244.8	61700.2	64150.2
惠州	31090.6	33929.9	37159.6	39745.4	43350.5	44890.4
东莞	45450.6	49331.0	53657.2	56533.1	62126.5	63832.9
中山	43553.7	46865.0	50477.6	52753.6	57900.8	59764.0
江门	26850.6	29546.9	32323.3	33666.5	37068.4	38756.2
肇庆	22360.0	24070.9	26121.5	27496.2	30394.1	31469.8
九市均值	43840.1	47911.0	52213.7	54809.6	60729.7	62700.0

注：按照国家统计局的统一部署，广东省分市县城乡一体化住户调查工作从 2013 年底正式启动，从 2014 年开始正式对外发布分市全体居民人均可支配收入数据。

粤港澳大湾区内地九市全体居民人均消费支出

表 25

单位：元

市　别	2017年	2018年	2019年	2020年	2021年	2022年
广州	37496.1	39467.1	42308.7	41400.3	44253.1	44036.6
深圳	38320.1	40535.0	43112.7	40581.1	46285.7	44792.9
珠海	32981.4	35081.4	38211.8	36359.7	42333.7	41333.3
佛山	32648.0	34052.6	37160.3	36936.0	40545.2	41129.2
惠州	22968.8	24461.9	26610.7	26232.4	29175.7	29408.0
东莞	31849.5	33208.9	35729.7	34259.8	39078.9	39432.5
中山	29034.2	31057.9	33959.0	32735.5	37852.7	38648.1
江门	19302.4	19751.6	21647.4	21898.7	24192.8	24538.9
肇庆	14867.7	15505.6	17021.7	16777.3	19094.7	19592.8

注：按照国家统计局的统一部署，广东省分市县城乡一体化住户调查工作从2013年底正式启动，从2014年开始正式对外发布分市全体居民人均消费支出数据。

粤港澳大湾区内地九市出口总额

表 26

地　区	2018年	2019年	2020年	2021年	2022年	2018年	2019年	2020年	2021年	2022年
	亿元					亿美元				
广州	5607.50	5258.47	5423.35	6311.24	6195.42	848.50	762.24	782.18	976.18	926.85
深圳	16295.17	16715.50	16973.87	19262.61	21943.77	2463.36	2422.16	2453.29	2982.12	3279.04
珠海	1886.97	1654.56	1608.52	1885.62	1927.48	286.51	239.89	232.44	291.76	289.89
佛山	3527.26	3727.67	4131.13	5007.31	5561.65	535.60	540.88	597.85	773.59	840.49
惠州	2208.83	1821.63	1687.77	2132.23	2044.93	334.62	264.61	243.88	330.06	307.50
东莞	7955.59	8658.71	8280.87	9559.22	9239.61	1204.42	1255.11	1195.20	1479.61	1390.11
中山	1801.70	1929.14	1815.00	2231.46	2327.81	273.22	280.24	262.05	345.33	351.37
江门	1122.99	1136.08	1125.69	1465.60	1446.10	170.35	164.89	162.58	226.82	217.82
肇庆	237.61	271.67	299.87	271.96	273.41	35.99	39.33	43.48	42.09	41.02
九市合计	40643.62	41173.44	41346.06	48127.25	50960.18	6152.58	5969.36	5972.95	7447.57	7644.09

粤港澳大湾区内地九市进口总额

表 27

地区	2018 年	2019 年	2020 年	2021 年	2022 年	2018 年	2019 年	2020 年	2021 年	2022 年
	亿元					亿美元				
广州	4204.09	4745.04	4108.57	4513.85	4752.76	636.55	688.29	593.94	698.35	712.58
深圳	13702.08	13065.11	13534.75	16174.13	14794.43	2075.86	1893.54	1955.72	2503.65	2219.28
珠海	1360.72	1253.98	1124.38	1433.95	1123.37	207.01	182.26	162.54	221.82	169.02
佛山	1071.78	1100.73	929.29	1153.93	1075.21	162.06	159.79	134.54	178.60	161.45
惠州	1125.84	888.02	800.61	922.82	1046.20	170.96	129.00	115.92	142.89	156.84
东莞	5464.32	5175.60	5022.73	5687.35	4686.64	829.06	751.05	725.79	880.36	705.56
中山	539.90	458.01	393.91	463.34	470.72	81.87	66.51	56.94	71.71	70.85
江门	349.22	289.28	303.25	323.71	327.67	52.84	42.00	43.90	50.11	49.25
肇庆	152.22	132.71	113.28	133.49	112.16	23.05	19.33	16.38	20.67	16.89
九市合计	27970.16	27108.47	26330.76	30806.57	28389.16	4239.27	3931.77	3805.68	4768.16	4261.73

粤港澳大湾区内地九市外商投资企业出口总额

表 28

地区	2018 年	2019 年	2020 年	2021 年	2022 年	2018 年	2019 年	2020 年	2021 年	2022 年
	亿元					亿美元				
广州	2040.15	1942.14	1622.74	1910.52	1874.14	309.42	282.03	234.42	295.63	282.11
深圳	6875.74	6296.21	6255.14	6677.36	6819.79	1039.29	912.28	904.63	1033.84	1020.16
珠海	829.52	748.36	702.53	747.33	824.16	125.85	108.53	101.57	115.69	123.52
佛山	1297.25	1279.29	1229.00	1442.58	1328.13	196.85	185.81	177.36	223.20	200.47
惠州	1922.73	1491.07	1305.07	1562.47	1383.42	291.39	216.68	188.57	241.86	208.25
东莞	3990.31	3992.17	3727.36	4080.36	3662.84	604.24	578.98	537.93	631.56	551.29
中山	1012.20	977.99	882.02	1009.53	1075.14	153.53	142.04	127.25	156.25	162.17
江门	594.92	579.04	533.62	667.32	654.06	90.29	84.07	77.08	103.28	98.46
肇庆	126.17	121.36	86.91	105.83	111.48	19.13	17.63	12.56	16.38	16.78
九市合计	18688.99	17427.64	16344.38	18203.30	17733.16	2829.99	2528.05	2361.36	2817.68	2663.21

粤港澳大湾区内地九市外商投资企业进口总额

表 29

地　区	2018 年	2019 年	2020 年	2021 年	2022 年	2018 年	2019 年	2020 年	2021 年	2022 年
	亿元					亿美元				
广州	2157.97	2277.76	1863.76	1950.82	1804.01	326.74	330.88	269.03	301.78	271.68
深圳	5338.23	4497.07	4267.97	5081.87	4618.44	806.48	651.55	618.07	786.81	691.23
珠海	707.40	696.59	633.48	755.26	661.38	107.43	101.03	91.55	116.92	99.53
佛山	560.52	527.14	481.82	569.39	479.89	84.71	76.52	69.71	88.13	72.43
惠州	960.37	687.88	550.25	623.30	601.72	146.10	100.08	79.67	96.50	90.55
东莞	2170.83	2228.26	2305.80	2719.63	2796.13	328.89	323.43	333.55	421.15	420.14
中山	431.92	357.51	303.26	351.13	342.66	65.45	51.92	43.79	54.35	51.60
江门	234.51	171.50	181.18	188.18	197.54	35.53	24.91	26.21	29.13	29.66
肇庆	67.69	57.78	48.41	44.86	43.42	10.26	8.43	6.99	6.94	6.53
九市合计	12629.45	11501.49	10635.93	12284.45	11545.19	1911.59	1668.74	1538.59	1901.71	1733.35

粤港澳大湾区内地九市外商直接投资

表 30

地　区	签订项目（个）	合同利用金额（万元）	实际使用金额（万元）	签订项目（个）	合同利用金额（万元）	实际使用金额（万元）
	2021 年			2022 年		
广州	4048	14489159	5432585	3442	12921431	5741290
深圳	5788	16968456	7300994	4289	13903531	7143307
珠海	2578	8037428	2022408	1942	3949588	877322
佛山	668	1109147	335367	727	1485306	731415
惠州	410	1654722	743862	364	1548920	1039938
东莞	1205	2260347	953237	1104	1057170	788673
中山	522	966339	377290	581	576393	416276
江门	432	622561	229831	395	1247381	352032
肇庆	121	190141	81279	90	732121	110570
九市合计	15772	46298300	17476853	12934	37421841	17200823

注：2018 年起，外商直接投资使用商务部反馈人民币数据。

粤港澳大湾区内地九市外商投资企业工商注册登记情况（2022 年末）

表 31

地　区	企业数（户）	投资总额（亿美元）	注册资本（亿美元）	
				# 外方
广州	38392	12574.17	3296.57	2330.69
深圳	71520	5286.32	4130.68	2989.49
珠海	17464	1245.00	1085.64	854.65
佛山	8818	1027.32	554.12	450.81
惠州	8443	1016.62	373.38	306.77
东莞	15559	882.42	631.09	580.12
中山	5839	241.92	183.73	155.46
江门	5013	514.81	260.66	195.97
肇庆	2791	225.23	176.36	167.53

粤港澳大湾区内地九市电力消费量

表 32　　单位：亿千瓦时

地　区	2000 年	2005 年	2010 年	2015 年	2018 年	2019 年	2020 年	2021 年	2022 年
广州	238.78	425.67	625.90	779.32	936.90	1005.58	996.72	1119.73	1118.76
深圳	190.35	440.21	663.55	806.68	907.19	972.98	983.34	1103.40	1073.82
珠海	30.82	61.58	102.26	145.37	175.99	189.91	193.20	218.22	224.64
佛山	168.84	316.29	463.08	587.84	690.85	702.65	710.30	780.79	758.91
惠州	43.53	105.22	192.46	290.62	408.38	425.88	447.84	510.36	516.62
东莞	179.78	419.83	562.00	666.84	806.64	850.70	873.90	1001.18	967.71
中山	54.54	123.63	186.65	245.51	293.01	310.04	316.58	357.17	344.71
江门	64.65	113.63	165.21	237.13	281.78	294.71	309.07	350.84	342.41
肇庆	24.00	48.58	105.08	152.30	171.81	180.44	182.28	210.64	211.98

粤港澳大湾区内地九市单位地区生产总值电耗增长速度

表 33

单位：%

地　区	2010 年	2013 年	2014 年	2015 年	2016 年	2017 年	2018 年	2019 年	2020 年	2021 年	2022 年
广州	−2.53	−8.21	−0.77	−6.13	−2.36	−1.32	−2.27	0.50	−3.49	3.9	−1.1
深圳	1.00	−8.30	−0.65	−5.01	−4.17	−4.82	−3.62	−0.39	−1.93	5.2	−5.9
珠海	−1.21	−6.23	0.04	−1.61	−3.10	−2.54	0.18	1.04	−1.23	5.6	0.7
佛山	−2.76	−5.07	−1.44	−3.95	−2.48	0.08	−3.52	−4.86	−0.45	1.5	−4.8
惠州	−1.64	−3.82	1.15	−3.56	2.83	5.80	4.59	0.08	3.61	3.5	−2.7
东莞	2.84	−6.17	−1.50	−6.54	−2.62	0.23	−1.28	−1.82	1.62	5.9	−4.0
中山	1.38	−4.42	1.35	−4.73	−1.97	1.10	−0.98	4.56	0.57	4.3	−4.0
江门	1.60	−3.71	1.96	−4.00	−2.43	−0.56	−2.15	0.14	2.52	4.7	−5.5
肇庆	1.74	−2.46	−0.40	−9.92	−0.42	0.74	−4.53	−1.16	−1.89	4.6	−0.5

粤港澳大湾区内地九市土地面积和人口密度

表 34

地区	土地面积（平方千米）	人口密度（人 / 平方千米）								
		2000 年	2005 年	2010 年	2015 年	2018 年	2019 年	2020 年	2021 年	2022 年
广州	7238.46	1337	1277	1744	2200	2480	2530	2589	2599	2588
深圳	1987.00	3596	4239	5311	7081	8341	8611	8877	8899	8889
珠海	1725.02	758	839	944	1095	1272	1352	1420	1430	1436
佛山	3797.79	1400	1507	1871	2276	2438	2483	2506	2531	2515
惠州	11350.36	288	332	405	485	515	526	534	534	533
东莞	2460.38	2615	2662	3328	4063	4243	4249	4261	4283	4242
中山	1780.99	1313	1352	1735	2226	2404	2463	2488	2508	2488
江门	9535.19	414	430	467	482	495	498	504	507	506
肇庆	14891.43	227	247	265	269	273	275	276	277	277

注：1. 2000 年、2010 年、2020 年所使用人口数据为第五次、第六次、第七次全国人口普查结果，2005 年使用人口数据为广东省 2005 年全国 1% 人口抽样调查结果。2015—2019 年人口数据根据第七次全国人口普查结果修正后使用。

2. 表中土地面积数为 2020 年数据，2020 年、2021 年计算人口密度所使用的土地面积均为 2020 年数据。

粤港澳大湾区内地九市水环境质量情况（2022 年）

表 35

单位：%

地区	国控地表水断面		省考地表水断面	
	优良率	劣Ⅴ类比例	优良率	劣Ⅴ类比例
广州	92.3	0.0	85.0	0.0
深圳	91.7	0.0	95.2	0.0
珠海	100.0	0.0	100.0	0.0
佛山	85.7	0.0	85.7	0.0
惠州	100.0	0.0	94.7	0.0
东莞	85.7	0.0	88.9	0.0
中山	100.0	0.0	100.0	0.0
江门	83.3	0.0	93.3	0.0
肇庆	100.0	0.0	100.0	0.0

粤港澳大湾区内地九市大气环境质量情况（2022 年）

表 36

地区	SO_2 年平均浓度（微克/立方米）	NO_2 年平均浓度（微克/立方米）	颗粒物 PM_{10} 年平均浓度（微克/立方米）	颗粒物 $PM_{2.5}$ 年平均浓度（微克/立方米）	O_3-8h 第 90 百分位数浓度（微克/立方米）	CO 第 95 百分位数浓度（毫克/立方米）	空气质量达到及好于二级的天数（天）	AQI 达标率（%）
广州	6	29	39	22	179	1.0	306	83.8
深圳	5	20	31	16	147	0.8	336	92.1
珠海	8	19	30	17	160	0.8	328	89.9
佛山	6	29	38	21	184	1.0	307	84.1
惠州	5	16	33	17	151	0.8	342	93.7
东莞	8	26	36	20	189	1.0	292	80.0
中山	5	22	34	19	184	0.8	305	83.6
江门	7	27	40	20	194	1.0	299	81.9
肇庆	9	23	35	22	175	0.9	314	86.0

粤港澳大湾区内地九市城市建设基本情况

表 37

地　区	城市污水处理率（%）				城市生活垃圾无害化处理率（%）			
	2010 年	2015 年	2021 年	2022 年	2010 年	2015 年	2021 年	2022 年
广州	88.1	93.2	97.7	99.4	92.0	95.2	100.0	100.0
深圳	88.9	96.6	98.3	96.1	94.6	100.0	100.0	100.0
珠海	84.7	95.7	99.6	99.2	92.3	100.0	100.0	100.0
佛山	79.7	94.4	101.3	104.1	95.6	100.0	100.0	100.0
惠州	71.5	97.6	98.0	90.7	100.0	100.0	100.0	100.0
东莞	91.1	96.5	97.2	98.0	100.0	100.0	100.0	100.0
中山	85.1	96.0	89.6	99.1	100.0	100.0	100.0	100.0
江门	63.5	91.6	97.5	98.1	100.0	100.0	100.0	100.0
肇庆	70.5	85.1	96.7	99.0	83.8	100.0	100.0	100.0

地　区	城市公共交通车辆标准运营数（标台）				城市人均公园绿地面积（平方米）			
	2010 年	2015 年	2021 年	2022 年	2010 年	2015 年	2021 年	2022 年
广州	10232	16179	18842	18138	11.87	21.82	24.51	23.66
深圳	14677	17943	19820	18564	16.40	16.91	12.44	12.58
珠海	1557	2349	3117	3205	13.70	19.50	22.18	22.25
佛山	3715	6783	7164	6984	10.20	14.69	19.25	19.58
惠州	1124	2446	3144	3045	11.10	17.75	16.15	16.14
东莞	6129	5346	6650	6650	15.30	19.36	21.61	19.56
中山	2151	2436	2657	2902	11.90	18.39	11.80	15.05
江门	924	1524	1872	1872	11.00	17.75	20.17	20.39
肇庆	443	814	1145	1187	22.70	20.73	17.57	19.24

粤港澳大湾区内地九市私人汽车拥有量（2022 年）

表 38

单位：辆

地　区	汽车总计	载客汽车	#轿车	载货汽车	其他汽车
广州	2741383	2547066	1465531	188646	5671
深圳	3121731	3022285	1777592	96560	2886
珠海	794407	754720	508749	38860	827
佛山	3083720	2935035	1947126	146307	2378
惠州	1510574	1449338	983643	59586	1650
东莞	3446589	3318394	2129166	125995	2200
中山	1359006	1270614	858847	87489	903
江门	1022290	954336	685014	66980	974
肇庆	666575	617247	420593	48500	828

粤港澳大湾区内地九市公路基本情况（2022 年）

表 39

地　区	通车里程（千米）	按等级分		按路面分			桥梁	
		等级路（千米）	等外路（千米）	有铺装路　面（千米）	简易铺装路面（千米）	未铺装路　面（千米）	数量（座）	长度（米）
广州	9075	9075	—	9074	0	—	4502	934928
深圳	726	726	—	726	—	—	936	198630
珠海	1505	1505	—	1505	—	—	516	173721
佛山	5312	5312	—	5312	—	—	3554	763071
惠州	13492	13490	1	13489	2	1	4310	395284
东莞	5266	5266	—	5266	—	—	1803	383348
中山	2830	2830	—	2830	—	—	1397	278513
江门	9877	9871	6	9877	—	—	3720	335158
肇庆	14305	14305	—	14241	61	3	3636	338041

粤港澳大湾区内地九市邮电业务情况（2022年）

表40

地区	业务总量（亿元）	#电信（亿元）	函件（万件）	报刊累计数（万份）	快递（万件）	移动电话用户（万户）	固定互联网宽带接入用户（万户）	移动互联网用户（万户）
广州	1266.65	390.93	3614.95	19048.38	1013080.89	3210.09	765.30	2922.29
深圳	1281.50	381.05	1975.81	8553.90	579983.01	2817.52	674.28	2571.73
珠海	66.57	47.68	1324.86	1795.85	16985.21	385.22	122.71	352.57
佛山	311.75	146.73	998.67	4228.84	158426.18	1241.78	355.00	1144.29
惠州	143.04	89.36	163.16	3754.83	56061.66	744.41	278.48	684.43
东莞	532.09	201.39	1467.66	2862.05	288061.61	1644.68	434.52	1508.70
中山	157.53	78.83	111.25	1577.91	87148.87	691.94	215.77	634.81
江门	83.59	57.06	389.11	3862.41	18985.85	566.25	187.46	506.30
肇庆	63.23	39.49	104.66	1713.80	18832.19	417.80	130.09	372.23

粤港澳大湾区内地九市社会消费品零售总额（2022年）

表41

单位：亿元

地区	社会消费品零售总额	按消费形态分		按城乡分	
		商品零售	餐饮收入	城镇	乡村
广州	10298.15	9564.56	733.59	9960.69	337.46
深圳	9708.28	8744.59	963.69	9685.95	22.33
珠海	1044.67	960.03	84.65	1015.42	29.25
佛山	3593.57	3345.13	248.44	3483.30	110.27
惠州	2040.52	1873.20	167.32	1634.46	406.06
东莞	4254.87	3909.92	344.95	3840.49	414.38
中山	1593.42	1481.35	112.07	1454.16	139.26
江门	1309.05	1192.54	116.51	1017.13	291.92
肇庆	1117.07	1059.24	57.83	905.01	212.06

粤港澳大湾区内地九市限额以上批发零售企业商品购、销、存总额（2022年）

表42

单位：万元

地区	商品购进总额	#进口	商品销售总额	批发额	#出口	零售额	年末库存总额
批发业							
广州	476765986	17221754	486416566	480257417	9706185	6159149	19240247
深圳	346657965	39006003	362881777	359020413	17737648	3861364	21095487
珠海	48073577	5735407	50251011	49758080	4653713	492932	1601516
佛山	134418695	2385083	139919482	138244576	5792050	1674906	4946850
惠州	10344995	173038	11355772	10622961	269903	732812	420426
东莞	57759864	2688520	61317364	60781618	5897829	535746	3266326
中山	14728938	432494	15705671	15518667	3066197	187004	893031
江门	11138223	617312	12053521	11852891	2724538	200630	588787
肇庆	5186612	491191	5483089	5476079	187531	7010	244269
零售业							
广州	44585774	914642	51993846	5281725	24164	46712121	2965159
深圳	37378409	1231114	42260874	5951391	86310	36309484	4121933
珠海	3518257	24508	4375761	271379	917	4104382	313746
佛山	8318024	253352	9150488	553845	3373	8596644	710067
惠州	3973390	190968	5690868	656272	—	5034596	382684
东莞	13035655	675463	15369349	609696	869	14759653	900778
中山	4523590	118612	5979458	962150	1053	5017308	339694
江门	3027599	3357	4051144	451772	—	3599372	253220
肇庆	3812236	17924	4640484	556984	—	4083500	138505

粤港澳大湾区内地九市限额以上住宿餐饮业经营情况（2022 年）

表 43　　单位：万元

地　区	企业（单位）数（个）	营业额	#客房收入	#餐费收入	#商品销售收入
住宿业					
广州	869	1516988	862343	326881	44544
深圳	707	1404433	977669	231401	11580
珠海	194	244936	149274	47725	9331
佛山	286	322465	168191	102710	17113
惠州	220	247323	165085	55591	4398
东莞	246	405591	208886	134612	8663
中山	128	120708	63034	39874	3285
江门	91	114559	54137	38008	7210
肇庆	59	44105	26003	14626	543
餐饮业					
广州	1823	4448962	37250	4038101	274189
深圳	1649	4351523	26753	4061670	153593
珠海	262	341059	350	308592	27331
佛山	658	651822	3393	592858	48523
惠州	280	305837	18467	258800	13516
东莞	634	1124672	6308	999316	96259
中山	310	384304	294	352096	19415
江门	169	234790	1432	216719	6917
肇庆	55	40827	3718	32728	3044

粤港澳大湾区内地九市旅游宾馆（酒店）住宿设施情况（2022年）

表 44

地　区	宾馆（酒店）（个）	#白金五星级	五星级	四星级	三星级	二星级	一星级	客房（间）	床位（张）
广州	4439	1	23	29	61	11	—	302155	425524
深圳	716	—	20	16	22	3	—	289085	374189
珠海	542	—	6	7	21	—	—	53006	75664
佛山	1128	—	9	12	11	—	—	88427	122634
惠州	1077	—	4	5	7	—	—	77507	107559
东莞	1542	—	9	7	1	—	—	132800	166600
中山	553	—	2	1	8	1	—	41740	59935
江门	1364	—	2	1	5	—	—	47000	71500
肇庆	538	—	1	7	19	1	—	32546	50532

注：本表星级宾馆（酒店）指2022年底止已得到文化和旅游部或广东省文化和旅游厅批准的，不包已摘牌部分

粤港澳大湾区内地九市旅游业收入

表 45　　单位：亿元

地　区	收入合计		国际旅游收入		国内旅游收入	
	2021年	2022年	2021年	2022年	2021年	2022年
广州	1424.21	1196.10	40.20	40.43	1384.01	1155.67
深圳	1598.98	1161.50	65.52	32.28	1533.46	1129.22
珠海	207.71	114.06	11.57	5.77	196.13	108.29
佛山	333.55	284.25	2.63	2.27	330.92	281.98
惠州	219.60	168.18	1.71	4.06	217.89	164.12
东莞	379.58	307.41	8.59	6.46	370.99	300.94
中山	129.58	95.16	1.06	6.07	128.52	89.09
江门	124.83	94.88	2.11	1.38	122.72	93.51
肇庆	102.71	74.95	0.40	0.90	102.32	74.05

粤港澳大湾区内地九市普通中学情况（2022年）

表 46

地　区	学校数（所）	毕业生数（人）			招生数（人）
			高中	初中	
广州	555	176310	52616	123694	215716
深圳	521	163312	48651	114661	226576
珠海	90	35059	11046	24013	43446
佛山	235	123216	42684	80532	144638
惠州	309	114332	34354	79978	137031
东莞	267	111667	29759	81908	147806
中山	116	56717	17288	39429	71535
江门	203	74647	27062	47585	84520
肇庆	208	80960	24285	56675	97112

地　区	在校学生数（人）			教职工数（人）	
		高中	初中		#专任教师
广州	602372	170272	432100	76249	48728
深圳	616320	194735	421585	104037	50408
珠海	121634	38760	82874	12680	9186
佛山	412660	137450	275210	46653	31154
惠州	387240	120165	267075	42900	26832
东莞	404016	120953	283063	58252	28625
中山	198666	58586	140080	23640	13968
江门	243934	86087	157847	23393	17943
肇庆	276097	84227	191870	26863	19168

注：自2020年起，九年一贯制学校、十二年一贯制学校的教职工数计入普通中学教职工数；专任教师数则按教育层次进行归类。

粤港澳大湾区内地九市中等职业教育基本情况（2022 年）

表 47

地　区	学校数（所）	毕业生数（人）	招生数（人）	在校学生数（人）	教职工数（人）	
						# 专任教师
广州	77	56396	55330	163313	8776	6606
深圳	16	13448	15507	41829	4282	2962
珠海	8	6889	6984	20358	1263	1035
佛山	26	22138	25365	68499	5242	3981
惠州	25	13779	20277	55831	3048	2374
东莞	20	17259	23879	62270	4519	3508
中山	7	7799	9737	27755	1921	1589
江门	16	9970	11932	33470	1934	1726
肇庆	15	18689	23431	63776	3459	2878

粤港澳大湾区内地九市小学情况（2022 年）

表 48

地　区	学校数（所）	毕业生数（人）	招生数（人）	在校学生数（人）	教职工数（人）	
						# 专任教师
广州	992	164954	213837	1204223	59050	67290
深圳	353	161004	204997	1166852	34916	66513
珠海	149	28620	35372	203540	10137	10884
佛山	423	97889	117674	686311	35495	37774
惠州	590	98226	99814	630105	27309	34390
东莞	341	124538	133382	832701	35147	44603
中山	212	51758	60925	359892	14982	18507
江门	332	56209	57781	360358	16137	18356
肇庆	234	67081	61417	404118	18879	21595

注：自 2020 年起，小学教职工数仅统计小学及小学教学点的教职工数；专任教师数则按教育层次进行归类。

粤港澳大湾区内地九市学龄儿童入学情况

表 49

地　区	2021 年			2022 年		
	学龄儿童人数（人）	已入学人数（人）	入学率（%）	学龄儿童人数（人）	已入学人数（人）	入学率（%）
广州	1146179	1146179	100.0	1183978	1183978	100.0
深圳	1108367	1108367	100.0	1143995	1143995	100.0
珠海	189753	189753	100.0	197743	197743	100.0
佛山	649734	649734	100.0	671336	671336	100.0
惠州	626470	626470	100.0	623819	623819	100.0
东莞	828959	828959	100.0	818057	818058	100.0
中山	345609	345608	100.0	355435	355435	100.0
江门	347264	347264	100.0	348233	348233	100.0
肇庆	346145	346145	100.0	343323	343323	100.0

粤港澳大湾区内地九市规模以上工业企业 R&D 活动人员和经费

表 50

地　区	R&D 活动人员（人）			R&D 经费内部支出（亿元）		
	2020 年	2021 年	2022 年	2020 年	2021 年	2022 年
广州	105364	96735	116321	315.11	377.92	401.00
深圳	345344	351055	380604	1157.31	1259.73	1491.38
珠海	34522	29707	36860	93.94	84.41	94.42
佛山	98761	93184	91194	238.86	298.07	305.48
惠州	57344	70360	81864	115.26	157.30	170.23
东莞	135841	175876	173176	308.42	405.61	411.00
中山	32129	33794	39942	68.03	75.16	91.33
江门	37269	37617	33327	70.13	82.33	73.21
肇庆	10340	11159	13478	21.19	26.69	34.73

粤港澳大湾区内地九市文化、文物事业机构数（2022 年）

表 51

单位：个

地　区	艺术表演团体	文化馆	公共图书馆	博物馆（含美术馆）	档案馆
广州	7	12	13	59	14
深圳	3	10	12	93	11
珠海	2	4	4	11	5
佛山	1	6	6	29	8
惠州	1	6	6	10	8
东莞	—	1	1	20	2
中山	—	1	1	6	2
江门	1	8	8	15	13
肇庆	2	9	9	16	10

注：1. 自 2013 年起，艺术表演团体分为公有制艺术表演团体（事业）和非公有制艺术表演团体（企业）。
2. 各区域不包省直单位部分。

粤港澳大湾区内地九市广播、电视事业机构数（2022 年）

表 52

单位：座

地　区	广播电台	中波广播发射台和转播台	电视台	100 瓦及以上电视发射台和转播台	广播电视台
广州	—	4	—	5	5
深圳	1	2	2	1	—
珠海	—	—	—	1	2
佛山	1	—	1	7	—
惠州	—	—	—	5	5
东莞	—	—	—	1	1
中山	—	—	—	1	1
江门	—	—	—	3	6
肇庆	—	—	—	7	7

粤港澳大湾区内地九市医疗卫生机构、床位和人员数（2022 年）

表 53

地 区	机构（个）	# 医院	床位数（张）	# 医院床位	在岗职工（人）	# 卫生技术人员	# 执业（助理）医师
广州	6159	298	110505	100490	238147	195697	68687
深圳	5841	151	53984	50377	145248	118273	47234
珠海	1092	45	12431	10846	28458	23634	9072
佛山	2699	139	41027	37910	79986	68237	24685
惠州	3763	85	24979	19719	52082	43946	16911
东莞	3696	121	35075	34145	77084	64626	24495
中山	1280	69	16994	16845	33393	29202	11163
江门	1767	57	26305	19556	42556	35999	12252
肇庆	3216	68	21012	15724	36992	29650	9835

注：机构、人员数含村卫生室数。

粤港澳大湾区内地九市社会保险参保人数（2022 年）

表 54

单位：万人

地 区	城镇职工基本养老保险参保人数	城乡居民基本参保人数	城镇职工基本医疗保险	城乡居民基本医疗保险参保人数	失业保险参保人数	工伤保险参保人数	生育保险参保人数
广州	886.09	137.33	908.67	482.73	714.83	718.91	702.16
深圳	1380.13	1.25	1337.62	333.62	1234.79	1276.20	1321.61
珠海	154.02	13.60	175.87	74.37	122.02	129.14	132.15
佛山	455.61	72.38	449.07	232.58	326.01	359.35	363.53
惠州	215.31	115.82	241.82	246.10	166.83	171.18	220.58
东莞	608.75	5.15	587.59	88.25	461.87	484.70	462.52
中山	244.80	0.97	217.98	121.06	170.46	184.38	191.69
江门	169.87	150.25	178.81	241.27	105.31	112.27	118.64
肇庆	90.95	164.86	90.06	326.69	54.13	68.46	64.34

注：1. 各区域不包省直单位部分。
2. 2012 年 8 月起，新型社会农村养老保险和城镇居民社会养老保险制度全覆盖工作全面启动，合并为城乡居民社会养老保险。

中国香港特别行政区主要社会经济指标

表 55

指　标	1990 年	2000 年	2010 年	2020 年	2022 年
本地生产总值					
按 2020 年环比物量计算[①]					
本地生产总值年增长率（%）	3.8	7.7	6.8	–6.5	–3.5@
本地生产总值（亿港元）	10513	15490	23087	26758	27484@
人均本地生产总值（港元）	184290	232404	328675	357679	374135@
按当年价格计算					
本地生产总值年增长率（%）	11.7	4.0	7.1	–5.9	–1.4@
本地生产总值（亿港元）	5993	13375	17763	26758	28270@
人均本地生产总值（港元）	105050	200675	252887	357679	384831@
人口及生命统计					
年中人口（万人）	570.4	666.5	702.4	748.1	734.6
粗出生率（‰）	12.0	8.1	12.6	5.8	4.4
粗死亡率（‰）	5.2	5.1	6.0	6.8	8.4
劳动、就业					
劳动人口（万人）	274.8	337.4	363.1	391.8	377.6
劳动人口参与率（%）	63.2	61.4	59.6	59.7	58.2
失业率（%）	1.3	4.9	4.3	5.8	4.3
政府收支、货币、金融（亿港元）					
政府收入总额[②]	895	2251	3765	5642	6222
政府支出总额[②]	856	2329	3014	8160	8105
货币供应量 M3	12880	36928	71563	156440	165689
居民消费物价指数[③]（2019 年 10 月至 2020 年 9 月 =100）					
综合消费物价指数	42.1	70.9	74.0	99.9	103.3

续表 55

指标	1990 年	2000 年	2010 年	2020 年	2022 年
工业生产					
工业生产指数④（2015 年 =100）	—	—	101.9	95.8	101.2
工业电力消费量（万亿焦耳）	24934	17769	11080	10672	11087
工业煤气消费量（万亿焦耳）	583	982	917	1653	1704
运输、旅游					
进出香港的货物					
总卸下（万吨）	6076	13035	17282	18380	12904
总装上（万吨）	2997	8692	12882	8900	7637
集装箱吞吐量⑤（万标准集装箱单位）	510	1810	2370	1797	1669
访港旅客⑥（万人次）	658	1306	3603	357	60
酒店入住率（%）	79	83	87	46	66
对外商品贸易					
港产品出口（亿港元）	2259	1810	695	474	626
转口（亿港元）	4140	13917	29615	38801	44690
进口（亿港元）	6425	16580	33648	42698	49275
教育					
小学学生人数⑦（人）	531090	498175	334415	368255	337549
中学学生人数⑦⑧（人）	481830	490039	486817	343478	334677

注：本表数据由香港特别行政区政府统计处提供，国家统计局整理编辑。
@ 数字将于日后进行修订。
①以环比物量计算的本地生产总值及其组成部分的参照年为 2020 年。
②财政年度数字。指当年 4 月 1 日至第二年 3 月 31 日。
③ 2019 年 10 月起的消费物价指数是根据 2019/20 年住户开支统计调查所得的开支权数编制。较早的指数则是根据旧的开支权数而经过按比例换算与新基期的指数拼接。
④自 2005 年统计年度开始，所有工业生产指数均按《香港标准行业分类 2.0 版》编制。
⑤ 1998 年起，采用一系列新的集装箱吞吐量数字，与 1998 年以前的数字不可比。
⑥ 1996 年及以后的数字包括澳门访港的非澳门居民旅客人数。
⑦数字包括特殊学校的学生人数。
⑧数字亦包括夜校、技工级课程及毅进文凭课程的学生人数。

中国澳门特别行政区主要社会经济指标

表 56

指　标	1990 年	2000 年	2010 年	2020 年	2022 年
本地生产总值[①]					
以 2020 年环比物量计算					
本地生产总值实际增长率（支出法）（%）	8.0	5.7	25.1	–54.2	–26.8
本地生产总值（亿澳门元）	914.4	1190.2	3465.5	2034.0	1776.7
人均本地生产总值（万澳门元）	27.3	27.6	64.5	29.9	26.2
按当年价格计算					
本地生产总值名义增长率（支出法）（%）	19.8	3.9	31.1	–54.3	–26.5
本地生产总值（亿澳门元）	260.4	543.7	2260.0	2034.0	1772.7
人均本地生产总值（万澳门元）	7.8	12.6	42.1	29.9	26.1
人口及生命统计					
年中人口（万人）	33.5	43.1	53.7	68.5	67.7
出生率（‰）	20.5	8.9	9.5	8.1	6.4
死亡率（‰）	4.4	3.1	3.3	3.3	4.4
劳动、就业					
劳动人口（万人）	16.9	20.9	32.4	40.5	37.9
失业率（%）	3.2	6.8	2.8	2.5	3.7
对外商品贸易					
出口（亿澳门元）	136.4	203.8	69.6	108.1	135.2
本地产品出口（亿澳门元）	—	170.8	23.9	15.6	20.2

续表 56

指　　标	1990 年	2000 年	2010 年	2020 年	2022 年
转口（亿澳门元）	—	33.0	45.7	92.5	115.0
进口（亿澳门元）	123.4	181.0	441.2	925.6	1398.1
工业生产					
工业电力消耗量（亿千瓦时）	—	1.5	1.5	1.4	1.5
运输、旅游					
进出澳门货运车辆数目（万辆）	26.4	45.4	35.8	29.8	34.2
访澳旅客②（万人次）	—	832.3	2496.5	589.7	570.0
酒店入住率（%）	69	58	80	29	38
政府收支、货币、金融					
政府总收入①（亿澳门元）	60.2	153.4	884.9	1016.7	1044.9
政府总开支①（亿澳门元）	55.1	150.2	383.9	961.3	995.9
货币供应（广义货币供应量 M2）（亿澳门元）	307.5	849.2	2430.5	6923.6	7178.6
消费价格指数（2018 年 4 月至 2019 年 3 月 =100）					
综合消费价格指数	—	56.90	70.66	102.60	103.70
教育③					
小学生（人）	35514	46260	23785	35450	37854
中学生（人）	18283	39673	37224	27627	30274
高等教育学生（人）	8864	9000	25539	39093	49594

注：本表数据由澳门特别行政区政府统计暨普查局提供，国家统计局整理编辑。
①数字在日后得到更多资料时会作出修订。
②自 2008 年开始，访澳旅客不包括外地雇员及学生等。
③不包括特殊教育学生。第 n 年的学生人数是指 n/n+1 学年年底学生人数。2007/2008 学年起不包括回归教育学生人数；2010/2011 学年起为注册学生人数。

广州南沙深化面向世界的粤港澳全面合作总体方案

（国务院 2022 年 6 月 6 日印发）

加快广州南沙粤港澳重大合作平台建设，是贯彻落实《粤港澳大湾区发展规划纲要》的战略部署，是建设高水平对外开放门户、推动创新发展、打造优质生活圈的重要举措。为加快推动广州南沙深化粤港澳全面合作，打造成为立足湾区、协同港澳、面向世界的重大战略性平台，在粤港澳大湾区建设中更好发挥引领带动作用，制定本方案。

一、总体要求

（一）指导思想。以习近平新时代中国特色社会主义思想为指导，全面贯彻落实党的十九大和十九届历次全会精神，坚持稳中求进工作总基调，完整、准确、全面贯彻新发展理念，加快构建新发展格局，全面深化改革开放，坚持创新驱动发展，推动高质量发展，坚持以供给侧结构性改革为主线，坚定不移贯彻“一国两制”方针，深化粤港澳互利共赢合作，厚植历史文化底蕴，加快建设科技创新产业合作基地、青年创业就业合作平台、高水平对外开放门户、规则衔接机制对接高地和高质量城市发展标杆，将南沙打造成为香港、澳门更好融入国家发展大局的重要载体和有力支撑。

（二）空间布局。本方案实施范围为广州市南沙区全域，总面积约 803 平方公里。按照以点带面、循序渐进的建设时序，以中国（广东）自由贸易试验区南沙片区的南沙湾、庆盛枢纽、南沙枢纽 3 个区块作为先行启动区，总面积约 23 平方公里。充分发挥上述区域依托交通枢纽快捷通达香港的优势，加快形成连片开发态势和集聚发展效应，有力带动南沙全域发展，逐步构建“枢纽带动、多点支撑、整体协同”的发展态势。

（三）发展目标。到 2025 年，南沙粤港澳联合科技创新体制机制更加完善，产业合作不断深化，区域创新和产业转化体系初步构建；青年创业就业合作水平进一步提升，教育、医疗等优质公共资源加速集聚，成为港澳青年安居乐业的新家园；市场化法治化国际化营商环境基本形成，携手参与“一带一路”建设取得明显成效；绿色智慧节能低碳的园区建设运营模式基本确立，先行启动区建设取得重大进展。到 2035 年，南沙区域创新和产业转化体系更趋成熟，国际科技成果转移转化能力明显提升；生产生活环境日臻完善，公共服务达到世界先进水平，区域内港澳居民数量显著提升；国际一流的营商环境进一步完善，在粤港澳大湾区参与国际合作竞争中发挥引领作用，携手港澳建成高水平对外开放门户，成为粤港澳全面合作的重要平台。

二、建设科技创新产业合作基地

（四）强化粤港澳科技联合创新。推动粤港澳科研机构联合组织实施一批科技创新项目，共同开展关键核心技术攻关，强化基础研究、应用研发及产业化的联动发展，完善知识产权信息公共服务。创新科技合作机制，落实好支持科技创新进口税收政策，鼓励相关科研设备进口，允许港澳科研机构因科研、测试、认证检查所需的产品和样品免于办理强制性产品认证。加强华南（广州）技术转移中心、香港科技大学科创成果内地转移转化总部基地等项目建设，积极承接香港电子工程、计算机科学、海洋科学、人工智能和智慧城市等领域创新成果转移转化，建设华南科技成果转移转化高地。开展赋予科研人员职务科技成果所有权或长期使用权试点。推动金融与科技、产业深度融合，探索创新科技金融服务新业务新模式，为在南沙的港澳科研机构和创新载体提供更多资金支持。支持符合条件的香港私募基金参与在南沙的港资创新型科技企业融资。

（五）打造重大科技创新平台。高水平建设南沙科学城，布局前沿交叉研究平台，建设世界一流研究型大学和研究机构，增强原始创新能力。加快中科院明珠科学园建设，整合中科院在广州研究所、全国重点实验室等科技创新资源，打造具有竞争力的中试和应用推广基地。推动海洋科技力量集聚，加快与中科院、香港科技大学共建南方海洋科学与工程广东省实验室（广州），加快冷泉生态系统观测与模拟大科学装置、广州海洋地质调查局深海科技创新中心、南海生态环境创新工程研究院、新一代潜航器项目等重大创新平台建设，打造我国南方海洋科技创新中心。健全科技成果交易平台，完善科技成果公开交易体系。

（六）培育发展高新技术产业。发展智能制造，加快建设一批智能制造平台，打造“智能制造＋智能服务”产业链。加快建设智能网联汽车产业园，推进智能纯电动汽车研发和产业化，加强智能网联汽车测试示范，打造智能网联汽车产业链和智慧交通产业集群。推进专业化机器人创新中心建设，大力发展工业机器人和服务机器人，推进无人机、无人艇等无人系统产业发展。发展数字产业，加快下一代互联网国家工程中心粤港澳大湾区创新中心建设，推进互联网协议第六版（IPv6）行业应用示范、下一代互联网算力服务等业务发展。发挥国家物联网公共标识管理服务平台作用，促进物联网、云计算等新兴产业集聚发展。加快建设南沙（粤港澳）数据服务试验区，建设国际光缆登陆站。建设好国家科技兴海产业示范基地，推动可燃冰、海洋生物资源综合开发技术研发和应用，推动海洋能发电装备、先进储能技术等能源技术产业化。对南沙有关高新技术重点行业企业进一步延长亏损结转年限。对先行启动区鼓励类产业企业减按15%税率征收企业所得税，并按程序制定优惠产业目录。

（七）推动国际化高端人才集聚。创新人才政策体系，实施面向港澳人才的特殊支持措施，在人才引进、股权激励、技术入股、职称评价、职业资格认可、子女教育、商业医疗保险等方面率先取得突破。对在南沙工作的港澳居民，免征其个人所得税税负超过港澳税负的部分。支持南沙实行更大力度的国际高端人才引进政策，对国际高端人才给予入境、停居留便利。实施产学研合作培养创新人才模式，加快博士后科研流动站、科研工作站以及博士后创新实践基地等载体建设，鼓励国际高端人才进入南沙。大力发展国际化人力资源服务，搭建国际人才数据库，建设好人力资源服务产业园区，允许符合条件的取得内地永久居留资格的国际人才创办科技型企业、担任科研机构法人代表。

三、创建青年创业就业合作平台

（八）协同推进青年创新创业。深入推进大众创业、万众创新，聚众智汇众力，更大激发市场活力。进一步优化提升粤港澳（国际）青年创新工场、“创汇谷”粤港澳青年文创社区等平台环境，拓展服务内容。鼓励现有各类创业孵化基地、众创空间等开辟拓展专门面向港澳青年的创新创业空间。营造更优双创发展生态，整合创业导师团队、专业化服务机构、创业投融资机构等各类创业资源，加强创新创业政策协同，构建全链条创业服务体系和全方位多层次政策支撑体系，打造集经营办公、生活居住、文化娱乐于一体的综合性创客社区。支持符合条件的一站式创新创业平台按规定享受科技企业孵化器税收优惠政策。符合条件的港澳居民到南沙创业的，纳入当地创业补贴扶持范围，可同等享受创业担保贷款和贴息等当地扶持政策。获得香港特别行政区政府“青年发展基金”、“创意智优计划”资助的创业团队，以及获得澳门特别行政区政府“青年创业援助计划”资助的创业团队，直接享受南沙创业扶持政策。大力开展“创业导师”、“创业大赛”、“创业培训”等创新创业赛事和培训活动，发掘创业典型案例，加大对南沙创业投资政策环境的宣传力度，营造优质创新创业生态圈。

（九）提升实习就业保障水平。深入实施港澳青年“百企千人”实习计划，落地一批青年专业人才合作项目。支持香港特别行政区政府扩大“内地专题实习计划”，提供更多有吸引力的专题实习岗位。支持香港特别行政区政府实施“大湾区青年就业计划”，为在南沙就业的香港大学生提供津贴。探索推动南沙事业单位、法定机构、国有企业引进符合条件的港澳青年人才。建设公共就业综合服务平台，进一步完善有利于港澳居民特别是内地学校毕业的港澳学生在南沙就业生活的政策措施，维护港澳居民在内地就业权益。加强就业配套服务保障，在住宿公寓、通勤、子女入托入学等方面提供便利条件，帮助港澳居民解决到南沙工作的后顾之忧。

（十）加强青少年人文交流。在南沙规划建设粤港澳青少年交流活动总部基地，创新开展粤港澳青少年人文交流活动，积极开展青少年研学旅游合作，打造“自贸初体验”、“职场直通车”、“文体对对碰”等品牌特色项目。定期举办粤港澳青年人才交流会、青年职业训练营、青年创新创业分享会等交流活动。携手港澳联合举办多种形式的文化艺术活动，引导粤港澳三地青少年积极参与重大文化遗产保护，不断增强认同感和凝聚力。

四、共建高水平对外开放门户

（十一）建设中国企业“走出去”综合服务基地。依托广州特别是南沙产业和市场基础，携手港澳不断深化对外经贸合作。发挥外国驻穗领事馆集聚优势，深入对接“一带一路”沿线国家和地区发展需要，整合珠三角优势产能、国际经贸服务机构等“走出去”资源，加强与香港专业服务机构合作，共同构建线上线下一体化的国际投融资综合服务体系，提供信息共享、项目对接、标准兼容、检测认证、金融服务、争议解决等一站式服务。集聚发展香港专业服务业，在做好相关监管的基础上，研究进一步降低香港专业服务业在内地提供服务的准入门槛。完善内地与港澳律师事务所合伙联营机制。推动建设粤港澳大湾区印刷业对外开放连接平台。

（十二）增强国际航运物流枢纽功能。按照功能互补、错位发展的原则，充分发挥香港国际航运中心作用及海事专业服务优势，推动粤港澳大湾区内航运服务资源跨境跨区域整合，提升大湾区港口群总体服务能级，重点在航运物流、水水中转、铁水联运、航运金融、海事服务、邮轮游艇等领域深化合作。加快广州港南沙港区四期自动化码头建设，充分利用园区已有铁路，进一步提高港铁联运能力。支持广州航运交易所拓展航运交易等服务功能，支持粤港澳三地在南沙携手共建大湾区航运联合交易中心。加快发展船舶管理、检验检测、海员培训、海事纠纷解决等海事服务，打造国际海事服务产业集聚区。遵循区域协调、互惠共赢原则，依托广州南沙综合保税区，建立粤港澳大湾区大宗原料、消费品、食品、艺术品等商品供应链管理平台，建设工程塑料、粮食、红酒展示交易中心，设立期货交割仓。

（十三）加强国际经济合作。全面加强和深化与日韩、东盟国家经贸合作，支持南沙高质量实施《区域全面经济伙伴关系协定》（RCEP），率先积累经验。对标《全面与进步跨太平洋伙伴关系协定》（CPTPP）、《数字经济伙伴关系协定》（DEPA）等国际高水平自贸协定规则，加大压力测试力度。加强与欧盟和北美发达经济体的合作，推动在金融、科技创新等领域对接，进一步融入区域和世界经济，打造成为国际经济合作前沿地。

（十四）构建国际交往新平台。鼓励引导港澳商会协会在南沙设立代表处。支持港澳全面参与和助力"一带一路"建设，促进与共建"一带一路"国家和地区以及全球主要自贸区、自贸港区和商会协会建立务实交流合作，探索举办"一带一路"相关主题展会，构筑粤港澳大湾区对接"一带一路"建设的国际经济合作新平台。办好国际金融论坛（IFF）全球年会等国际性主题活动，积极承办国际重要论坛、大型文体赛事等对外交流活动。

五、打造规则衔接机制对接高地

（十五）打造国际一流营商环境。深化"放管服"改革，持续打造市场化法治化国际化营商环境。探索试行商事登记确认制，开展市场准入和监管体制机制改革试点，加快建立健全全方位、多层次、立体化监管体系，实现事前事中事后全链条全领域监管，依托国家企业信用信息公示系统，实现涉企信用信息互联互通、共享应用，创新推进部门联合"双随机、一公开"监管、企业信用风险分类管理。加快建设"数字政府"，完善"互联网 +"审批体系，推进政务服务"即刻办 + 零跑动"。健全多元化纠纷解决机制，搭建一站式民商事纠纷解决系统平台，促进诉讼与仲裁、调解等多元化纠纷解决方式信息互通、有机衔接。

（十六）有序推进金融市场互联互通。支持符合条件的港澳投资者依法申请设立证券公司、期货公司、基金公司等持牌金融机构。积极支持南沙参与粤港澳大湾区保险服务中心设立。支持南沙在跨境机动车保险、跨境商业医疗保险等方面先行先试，促进粤港澳三地保险市场融合发展。支持开展移动支付创新应用。加快研究按程序在南沙设立粤港澳大湾区国际商业银行。支持推进外汇管理改革，探索开展合格境内有限合伙人（QDLP）境外投资等政策试点，支持粤港澳三地机构合作设立人民币海外投贷基金。加强金融监管合作，提升风险监测、预警、处置能力。

（十七）提升公共服务和社会管理相互衔接水平。推动粤港澳三地加强社会保障衔接，推进在南沙工作和生活的港澳居民享有市民待遇，提高港澳居民社会保障措施的跨境可携性。配合香港特别行政区政府建立医疗机构"白名单"制度，扩大香港"长者医疗券"使用范围，推动将"白名单"内的南沙医疗机构纳入香港医疗费用异地结算单位，并逐步将支付范围从门诊扩大到住院。组织制定与国际接轨的医院评审认证标准，在南沙开展国际医院评审认证，便利国际保险偿付。建立健全与港澳之间食品原产地可追溯制度，建立食品安全风险交流与信息发布制度，提高大湾区食品安全监管信息化水平。加强与港澳的交通衔接，加快建立南沙枢纽与香港的直接交通联系，进一步优化南沙客运港航班和广深港高铁庆盛站等经停班次，推进实现"一票式"联程和"一卡通"服务。在严格做好疫情防控等前提下，稳妥推进粤港澳游艇自由行，细化完善港澳游艇出入境政策体系、管理机制和操作规范。

六、建立高质量城市发展标杆

（十八）加强城市规划建设领域合作。坚持尊重自然、顺应自然、保护自然的生态文明理念，加强文明传承、文化延续，抓好历史文化保护传承，加强乡土树种、古树名木保护，用"绣花"功夫做好城市精细化治理。引入高水平规划策划设计单位及专家团队参与南沙规划编制、设计研究，探索引入港澳规划、建筑、设计、测量、工程等顾问公司和工程承建商的准入标准。对具有香港协会（学会）资格的香港建筑师、结构工程师、建筑测量师与内地相应协会会员资格互认。强化工程建设领域合作，借鉴港澳在市政建设及服务方面的经验，邀请港澳专家以合作或顾问形式参与建设管理，支持港澳业界参与重大交通设施、市政基础设施、文体设施和连片综合开发建设，允许港澳企业在南沙独资或控股的开发建设项目采用港澳工程建设管理模式，推进建筑师负责制和全过程工程咨询项目试点，允许取得建筑及相关工程咨询等香港相应资质的企业和专业人士经备案后直接提供服务。

（十九）稳步推进智慧城市建设。运用下一代互联网、云计算、智能传感、卫星、地理信息系统（GIS）等技术，加快南沙智慧城市基础设施建设，实现第五代移动通信（5G）全覆盖，提高基础设施管理和服务能力。加快建设交通信息感知设施，建立统一的智能化城市综合交通管理和服务系统，全面提升智能化管理水平。推进建设南沙智能电网、智能气网和智能供排水保障系统。

（二十）稳步推进粤港澳教育合作。在南沙划定专门区域，打造高等教育开放试验田、高水平高校集聚地、大湾区高等教育合作新高地。支持依法合规引进境外一流教育资源到南沙开展高水平合作办学，推进世界一流大学和一流学科建设。深化粤港澳高等教育合作，充分发挥粤港澳高校联盟等作用，鼓励三地高校探索开展相互承认特定课程学分、实施更灵活的交换生安排等方面的合作交流。完善在南沙设立的大学对港澳考生招生机制，参考中山大学、暨南大学自主招生方式，进一步拓宽港澳籍学生入学渠道。鼓励港澳职业教育培训机构与内地院校、企业、机构合作建立职业教育培训学校和实训基地。深入开展姊妹学校（园）交流合作活动。规划建设外籍人员子女学校或国际化程度较高的中小学校，落实港澳居民在内地申请中小学教师资格有关政策，鼓励发展0—3岁托育服务。从就医、购房跨境抵押、资格互认、创业支持等方面优化就业创业配套环境，实现教育、创新、创业联动和就学就业互促，增强对港澳青年学生就学吸引力。

（二十一）便利港澳居民就医养老。积极增加优质资源供给，携手港澳共建国际健康产业，加快国家健康旅游示范基地建设，支持港澳医疗卫生服务提供主体按规定以独资、合资方式设立医疗机构。参照香港大学深圳医院投资运营管理模式，在南沙建设由地方政府全额投资、引进港澳现代化管理模式的大型综合性公办医院。开展非急重病人跨境陆路转运服务，率先在南沙公立医院开展跨境转诊合作试点。加快实施《粤港澳大湾区药品医疗器械监管创新发展工作方案》，允许指定医疗机构使用临床急需、已在港澳上市的药品，以及临床急需、港澳公立医院已采购使用、具有临床应用先进性的医疗器械，由广东省实施审批。支持国家药监局在粤港澳大湾区内地区域加强药品和医疗器械审评检查工作。增强南沙养老机构对港澳老年人吸引力，提高南沙公办养老机构面向非户籍人口的床位比例，试点赋予港澳居民申请资格。支持香港扩大广东院舍住宿照顾服务计划，将南沙符合条件的养老机构纳入其中，香港老年人入住享受与香港本地同等补助。

（二十二）强化生态环境联建联防联治。加强节能环保、清洁生产、资源综合利用、可再生能源等绿色产业发展交流合作，在合作开展珠江口海域海洋环境综合治理、区域大气污染防治等方面建立健全环保协同联动机制。坚持陆海统筹、以海定陆，协同推进陆源污染治理、海域污染治理、生态保护修复和环境风险防范。实施生态保护红线精细化管理，加强生态重要区和敏感区保护。深入推进节能降耗和资源循环利用，加强固体废物污染控制，构建低碳环保园区。打好污染防治攻坚战，全面落实河长制、湖长制，消除黑臭水体，提升河流水质。实施更严格的清洁航运政策，减少船舶污染排放。

七、保障措施

（二十三）全面加强党的领导。坚持和加强党的领导，增强“四个意识”、坚定“四个自信”、做到“两个维护”，不断提高政治判断力、政治领悟力、政治执行力，把党的领导始终贯穿南沙建设发展全过程。坚持以党的政治建设为统领，坚持思想建党和制度治党紧密结合，加强党风廉政建设，以一流党建引领南沙发展。加强基层党组织建设，引导基层党组织和广大党员在推动南沙建设中发挥战斗堡垒和先锋模范作用。

（二十四）加强资金、要素等政策支持。2022—2024年，每年安排南沙100亿元新增地方政府债务限额，并统一计入地方政府债务余额。结合地方财力、债务风险情况以及项目融资需求，广东省在分配有关财政资金和新增地方政府债券额度方面对南沙予以倾斜支持。对主要投资港资澳资企业的创业投资基金，在基金注册、营商服务等方面提供便利。探索建立刚性和弹性有效结合的国土空间规划管理机制，严格耕地保护，在严守耕地红线和永久基本农田控制线、生态保护红线和不突破城镇开发边界的前提下，按程序开展土地管理综合改革试点；广东省和广州市要采取用地指标倾斜等方式，合理增加南沙年度用地指标。支持按程序推进解决龙穴岛南部围填海历史遗留问题。

（二十五）创新合作模式。探索采取法定机构或聘任制等方式，积极引进港澳专业人士、国际化人才参与南沙建设和管理。支持港澳积极参与南沙开发建设，优先导入符合本方案产业导向的港澳项目。建立由政府、行业协会商会、智库机构、专家学者等代表共同参与的发展咨询委员会，为南沙建设提供咨询建议。

（二十六）加强组织实施。各有关部门在重大政策实施、重大项目安排、体制机制创新等方面给予指导支持，粤港澳大湾区建设领导小组办公室要加强统筹协调、跟踪服务和督促落实。按照南沙发展新要求，研究修编南沙发展规划。广东省要与港澳加强沟通协调，积极为南沙建设发展创造良好环境，给予大力支持。广州市要落实主体责任，高标准高水平规划、建设和管理，整体谋划、分步实施。要强化底线思维，敬畏历史、敬畏文化、敬畏生态，加强风险防范化解，确保南沙健康有序可持续发展。

国家发展改革委等部委关于同意粤港澳大湾区启动建设全国一体化算力网络国家枢纽节点的复函

广东省发展改革委、网信办、工业和信息化主管部门、通信管理局、能源局：

转来《关于报送〈全国一体化算力网络粤港澳大湾区国家枢纽节点建设方案〉的函》（粤府函〔2021〕352号）收悉。经研究，现函复如下：

一、同意在粤港澳大湾区启动建设全国一体化算力网络国家枢纽节点（以下简称“粤港澳大湾区枢纽”）。

二、粤港澳大湾区枢纽要充分发挥本区域在市场、技术、人才、资金等方面的优势，发展高密度、高能效、低碳数据中心集群，提升数据供给质量，优化东西部间互联网络和枢纽节点间直连网络，通过云网协同、云边协同等优化数据中心供给结构，扩展算力增长空间，实现大规模算力部署与土地、用能、水、电等资源的协调可持续。

三、粤港澳大湾区枢纽规划设立韶关数据中心集群，起步区边界为韶关高新区。围绕韶关数据中心集群，抓紧优化算力布局，积极承接广州、深圳等地实时性算力需求，引导温冷业务向西部迁移，构建辐射华南乃至全国的实时性算力中心。

四、韶关数据中心集群应符合新型数据中心发展要求，尽快启动起步区建设，逐步落地重点建设项目。项目建设主体原则上为数据中心相关行业骨干企业，支持发展大型、超大型数据中心，建设内容涵盖绿色低碳数据中心建设、网络服务质量提高、算力高效调度、安全保障能力提升等，落实项目规划、选址、资金等条件。

五、韶关数据中心集群应抓紧完成起步区建设目标：数据中心平均上架率不低于65%。

数据中心电能利用效率指标控制在1.25以内，可再生能源使用率显著提升。网络实现动态监测和数网协同，服务质量明显提升，电力等配套设施建设完善，能高质量满足“东数西算”业务需要。形成一批“东数西算”典型示范场景和应用。安全技术、措施和手段同步规划、同步建设、同步使用。

六、粤港澳大湾区枢纽要统筹好区域内在建和拟建数据中心项目，设置合理过渡期，确保平稳有序发展。自2022年3月起，有关进展情况于每季度末报国家发展改革委、中央网信办、工业和信息化部、国家能源局。

国家发展改革委
中央网信办
工业和信息化部
国家能源局
2022年2月7日

关于内地与香港特别行政区法院相互认可和执行婚姻家庭民事案件判决的安排

根据《中华人民共和国香港特别行政区基本法》第九十五条的规定，最高人民法院与香港特别行政区政府经协商，现就婚姻家庭民事案件判决的认可和执行问题作出如下安排。

第一条 当事人向香港特别行政区法院申请认可和执行内地人民法院就婚姻家庭民事案件作出的生效判决，或者向内地人民法院申请认可和执行香港特别行政区法院就婚姻家庭民事案件作出的生效判决的，适用本安排。

当事人向香港特别行政区法院申请认可内地民政部门所发的离婚证，或者向内地人民法院申请认可依据《婚姻制度改革条例》（香港法例第178章）第V部、第VA部规定解除婚姻的协议书、备忘录的，参照适用本安排。

第二条 本安排所称生效判决：

（一）在内地，是指第二审判决，依法不准上诉或者超过法定期限没有上诉的第一审判决，以及依照审判监督程序作出的上述判决；

（二）在香港特别行政区，是指终审法院、高等法院上诉法庭及原讼法庭和区域法院作出的已经发生法律效力的判决，包括依据香港法律可以在生效后作出更改的命令。

前款所称判决，在内地包括判决、裁定、调解书，在香港特别行政区包括判决、命令、判令、讼费评定证明书、定额讼费证明书，但不包括双方依据其法律承认的其他国家和地区法院作出的判决。

第三条 本安排所称婚姻家庭民事案件：

（一）在内地是指：

1. 婚内夫妻财产分割纠纷案件；
2. 离婚纠纷案件；
3. 离婚后财产纠纷案件；
4. 婚姻无效纠纷案件；
5. 撤销婚姻纠纷案件；
6. 夫妻财产约定纠纷案件；
7. 同居关系子女抚养纠纷案件；
8. 亲子关系确认纠纷案件；
9. 抚养纠纷案件；
10. 扶养纠纷案件（限于夫妻之间扶养纠纷）；
11. 确认收养关系纠纷案件；
12. 监护权纠纷案件（限于未成年子女监护权纠纷）；
13. 探望权纠纷案件；
14. 申请人身安全保护令案件。

（二）在香港特别行政区是指：

1. 依据香港法例第179章《婚姻诉讼条例》第III部作出的离婚绝对判令；
2. 依据香港法例第179章《婚姻诉讼条例》第IV部作出的婚姻无效绝对判令；
3. 依据香港法例第192章《婚姻法律程序与财产条例》作出的在讼案待决期间提供赡养

费令；

4. 依据香港法例第 13 章《未成年人监护条例》、第 16 章《分居令及赡养令条例》、第 192 章《婚姻法律程序与财产条例》第 II 部、第 IIA 部作出的赡养令；

5. 依据香港法例第 13 章《未成年人监护条例》、第 192 章《婚姻法律程序与财产条例》第 II 部、第 IIA 部作出的财产转让及出售财产令；

6. 依据香港法例第 182 章《已婚者地位条例》作出的有关财产的命令；

7. 依据香港法例第 192 章《婚姻法律程序与财产条例》在双方在生时作出的修改赡养协议的命令；

8. 依据香港法例第 290 章《领养条例》作出的领养令；

9. 依据香港法例第 179 章《婚姻诉讼条例》、第 429 章《父母与子女条例》作出的父母身份、婚生地位或者确立婚生地位的宣告；

10. 依据香港法例第 13 章《未成年人监护条例》、第 16 章《分居令及赡养令条例》、第 192 章《婚姻法律程序与财产条例》作出的管养令；

11. 就受香港法院监护的未成年子女作出的管养令；

12. 依据香港法例第 189 章《家庭及同居关系暴力条例》作出的禁制骚扰令、驱逐令、重返令或者更改、暂停执行就未成年子女的管养令、探视令。

第四条 申请认可和执行本安排规定的判决：

（一）在内地向申请人住所地、经常居住地或者被申请人住所地、经常居住地、财产所在地的中级人民法院提出；

（二）在香港特别行政区向区域法院提出。

申请人应当向符合前款第一项规定的其中一个人民法院提出申请。向两个以上有管辖权的人民法院提出申请的，由最先立案的人民法院管辖。

第五条 申请认可和执行本安排第一条第一款规定的判决的，应当提交下列材料：

（一）申请书；

（二）经作出生效判决的法院盖章的判决副本；

（三）作出生效判决的法院出具的证明书，证明该判决属于本安排规定的婚姻家庭民事案件生效判决；

（四）判决为缺席判决的，应当提交法院已经合法传唤当事人的证明文件，但判决已经对此予以明确说明或者缺席方提出申请的除外；

（五）经公证的身份证件复印件。

申请认可本安排第一条第二款规定的离婚证或者协议书、备忘录的，应当提交下列材料：

（一）申请书；

（二）经公证的离婚证复印件，或者经公证的协议书、备忘录复印件；

（三）经公证的身份证件复印件。

向内地人民法院提交的文件没有中文文本的，应当提交准确的中文译本。

第六条 申请书应当载明下列事项：

（一）当事人的基本情况，包括姓名、住所、身份证件信息、通讯方式等；

（二）请求事项和理由，申请执行的，还需提供被申请人的财产状况和财产所在地；

（三）判决是否已在其他法院申请执行和执行情况。

第七条 申请认可和执行判决的期间、程序和方式，应当依据被请求方法律的规定。

第八条 法院应当尽快审查认可和执行的请求，并作出裁定或者命令。

第九条 申请认可和执行的判决，被申请人提供证据证明有下列情形之一的，法院审查核实后，不予认可和执行：

（一）根据原审法院地法律，被申请人未经合法传唤，或者虽经合法传唤但未获得合理的陈述、辩论机会的；

（二）判决是以欺诈方法取得的；

（三）被请求方法院受理相关诉讼后，请求方法院又受理就同一争议提起的诉讼并作出判决的；

（四）被请求方法院已经就同一争议作出判决，或者已经认可和执行其他国家和地区法院就同一争议所作出的判决的。

内地人民法院认为认可和执行香港特别行政区法院判决明显违反内地法律的基本原则或者社会公共利益，香港特别行政区法院认为认可和执行内地人民法院判决明显违反香港特别行政区法律的基本原则或者公共政策的，不予认可和执行。

申请认可和执行的判决涉及未成年子女的，在根据前款规定审查决定是否认可和执行时，应当充分考虑未成年子女的最佳利益。

第十条 被请求方法院不能对判决的全部判项予以认可和执行时，可以认可和执行其中的部分判项。

第十一条 对于香港特别行政区法院作出的判决，一方当事人已经提出上诉，内地人民法院审查核实后，可以中止认可和执行程序。经上诉，维持全部或者部分原判决的，恢复认可和执行程序；完全改变原判决的，终止认可和执行程序。

内地人民法院就已经作出的判决裁定再审的，香港特别行政区法院审查核实后，可以中止认可和执行程序。经再审，维持全部或者部分原判决的，恢复认可和执行程序；完全改变原判决的，终止认可和执行程序。

第十二条 在本安排下，内地人民法院作出的有关财产归一方所有的判项，在香港特别行政区将被视为命令一方向另一方转让该财产。

第十三条 被申请人在内地和香港特别行政区均有可供执行财产的，申请人可以分别向两地法院申请执行。

两地法院执行财产的总额不得超过判决确定的数额。应对方法院要求，两地法院应当相互提供本院执行判决的情况。

第十四条 内地与香港特别行政区法院相互认可和执行的财产给付范围，包括判决确定的给付财产和相应的利息、迟延履行金、诉讼费，不包括税收、罚款。

前款所称诉讼费，在香港特别行政区是指讼费评定证明书、定额讼费证明书核定或者命令支付的费用。

第十五条 被请求方法院就认可和执行的申请作出裁定或者命令后，当事人不服的，在内地可以于裁定送达之日起十日内向上一级人民法院申请复议，在香港特别行政区可以依据其法律规定提出上诉。

第十六条 在审理婚姻家庭民事案件期间，当事人申请认可和执行另一地法院就同一争议作出的判决的，应当受理。受理后，有关诉讼应当中止，待就认可和执行的申请作出裁定或者命令后，再视情终止或者恢复诉讼。

第十七条 审查认可和执行判决申请期间，当事人就同一争议提起诉讼的，不予受理；已经受理的，驳回起诉。

判决获得认可和执行后，当事人又就同一争议提起诉讼的，不予受理。

判决未获认可和执行的，申请人不得再次申请认可和执行，但可以就同一争议向被请求方法院提起诉讼。

第十八条 被请求方法院在受理认可和执行判决的申请之前或者之后，可以依据其法律规定采取保全或者强制措施。

第十九条 申请认可和执行判决的，应当依据被请求方有关诉讼收费的法律和规定交纳费用。

第二十条 内地与香港特别行政区法院自本安排生效之日起作出的判决，适用本安排。

第二十一条 本安排在执行过程中遇有问题或者需要修改的，由最高人民法院和香港特别行政区政府协商解决。

第二十二条 本安排自2022年2月15日起施行。

（2017年5月22日由最高人民法院审判委员会第1718次会议通过）

关于支持和保障横琴粤澳深度合作区建设的意见

为深入学习贯彻习近平新时代中国特色社会主义思想，全面贯彻落实习近平总书记关于粤澳合作开发横琴的重要指示精神，认真贯彻落实中共中央、国务院印发的《横琴粤澳深度合作区建设总体方案》，充分发挥司法服务保障职能作用，为横琴粤澳深度合作区（以下简称横琴合作区）建设提供优质的司法服务和更加有力的司法保障，结合人民法院工作实际，制定如下意见。

一、总体要求

1. 指导思想。以习近平新时代中国特色社会主义思想为指导，全面贯彻党的十九大和十九届历次全会精神，深入贯彻落实习近平法治思想，按照党中央、国务院决策部署，创新完善司法政策，统筹推进粤澳法治深度合作，全面推进法治建设，促进澳门经济适度多元发展，支持澳门长期繁荣稳定和进一步融入国家发展大局。

2. 主要目标。进一步解放思想，坚持改革创新，在“一国两制”制度下推进与澳门法律规则衔接、机制对接，积极参与横琴合作区条例制定，提升内地与澳门司法交流合作水平。努力营造横琴合作区安全稳定、透明有序、互利共赢的法治环境，全力推进新时代珠海经济特区“二次创业”，为助力粤港澳大湾区建设作出积极贡献。

二、推动规则衔接和机制对接

3. 完善域外法查明和适用机制。支持在横琴粤澳深度合作区人民法院（以下简称横琴法院）设立域外法查明机构，重点加强包括葡语系国家（地区）、澳门在内的域外法查明服务，支持境内外法律专家在横琴法院出庭提供法律查明协助。支持横琴法院申请授权试点探索域外法适用机制，在不违反我国法律基本原则或者不损害国家主权、安全和社会公共利益的前提下，允许在横琴合作区注册的港资、澳资、台资及外商投资企业协议选择域外法解决合同纠纷，或者适用国际条约、国际惯例和国际商事规则化解纠纷。

4. 构建多元化商事纠纷解决机制。支持横琴法院深化“一站式”多元解纷机制建设，鼓励其与国内外商事仲裁机构、调解组织及其他法律服务机构进行工作对接，推动社会解纷资源的合理配置和高效利用。支持横琴法院与葡语系国家（地区）相关机构开展合作，吸纳符合条件的外国及港澳地区调解组织、调解员参与国际商事、知识产权等领域纠纷调解，探索由横琴法院试点受理该类型调解协议的司法确认案件。

三、强化横琴法院职能作用

5. 深化体制机制改革。支持横琴法院根据其自身职能定位和横琴合作区发展需要，依法申请授权在组织体系、机构设置、功能定位等方面深化改革创新，努力打造彰显“一国两制”优势的新型示范法院。

6. 推动优化法治营商环境。妥善审理公司、金融、知识产权及消费者权益保护等类型案件，平等保护横琴合作区各类市场主体合法权益，维护市场主体的投资信心，构建以保护产权、维护契约、公平竞争、有效监管、统一市场为基本导向的市场化法治化国际化营商环境。

7. 提升智慧法院诉讼服务水平。支持横琴法院加强智慧法院建设，以“一网通办”“一次办好”为目标，完善国际化、标准化、智能化诉讼服务平台建设，着力构建全流程在线诉讼新机制和诉讼服务新模式，加强与港澳诉讼服务对接，为境内外当事人提供便捷、高效、低成本的纠纷解决服务。

8. 积极延伸司法职能。与横琴合作区职能部门建立会商研究、风险预警机制，加强对于涉港澳企业案件的梳理分析，定期通报典型案例或相关情况，为企业防范法律风险提供参考，发挥司法引导功能。

四、深化粤港澳司法协作交流

9. 简化涉港澳案件诉讼程序。支持横琴法院简化港澳诉讼主体资格司法确认、授权委托见证、送达程序及诉讼证据审查认定。支持横琴法院与澳门特别行政区法院建立直接委托送达和调取证据机制，提高涉港澳民商事纠纷诉讼效率。

10. 加大与港澳地区司法交流力度。落实珠澳法院互访和日常交流机制，推动简化跨境司法交流合作审批程序，加强粤港澳三地司法部门的交流合作，就粤港澳司法资源共享、业务培训与课题研究等方面加强交流学习，培养具有国际化视野、专业化能力的人才队伍。

五、加强组织保障

11. 加强组织领导。要深入贯彻新时代党的建设总要求，深入贯彻党的十九大和十九届历次全会精神，认真贯彻落实习近平总书记在庆祝中国共产党成立100周年大会上重要讲话精神。要以粤港澳大湾区发展和横琴合作区建设为契机，进一步深化人民法院司法体制综合配套改革，坚持系统观念，强化统筹协调，确保各项改革于法有据、协调推进，确保各项举措务实管用、科学有效。

12. 完善工作机制。最高人民法院各有关单位要加强条线指导，第一巡回法庭和第一国际商事法庭要增强做好服务党中央重大决策部署的主动性、前瞻性，充分利用派驻广东的便利条件，立足司法职能，主动服务横琴合作区建设重大战略，持续推进改革进程。广东省高级人民法院要压实主体责任，强化督促落实，积极争取有关部门支持，凝聚服务保障合力，加快推动各项建设和改革任务落地见效。

最高人民法院
2022 年 1 月 17 日

关于支持和保障全面深化前海深港现代服务业合作区改革开放的意见

为深入学习贯彻习近平新时代中国特色社会主义思想，全面贯彻落实习近平总书记在深圳经济特区建立40周年庆祝大会上的重要讲话精神，认真贯彻落实中共中央、国务院印发的《全面深化前海深港现代服务业合作区改革开放方案》，充分发挥司法服务保障职能，进一步推动前海深港现代服务业合作区（以下简称前海合作区）全面深化改革开放，建设中国特色社会主义法治示范区，结合人民法院工作实际，制定如下意见。

一、总体要求

1. 指导思想。以习近平新时代中国特色社会主义思想为指导，全面贯彻党的十九大和十九届历次全会精神，深入贯彻落实习近平法治思想，坚持依托香港、服务内地、面向世界，按照党中央、国务院决策部署，围绕前海合作区战略定位，推动改革与法治双轮驱动，服务深化深港更紧密合作。抓住粤港澳大湾区建设重要机遇，支持前海合作区在打造中国特色社会主义法治建设示范区方面先行先试、积极探索。支持港澳融入国家发展大局，与前海合作区携手共建国际一流湾区和世界级城市群，努力打造粤港澳大湾区全面深化改革创新试验平台和高水平对外开放门户枢纽。

2. 主要目标。推进与港澳法律规则衔接、机制对接，充分利用港澳在法治建设方面的成功经验和资源，提升深港法治交流合作水平。支持在前海合作区高标准建设深港国际法务区，率先开展试点、打造创新样本，助推其成为具有高度法治化营商环境的试点和示范，提升其在“双区”建设中的枢纽地位。扎实推进制度改革创新，推动现代服务业创新发展，提升法律事务对外开放水平，增强审判工作在粤港澳大湾区建设中的法治示范功能。为前海合作区2025年初步形成具有全球竞争力的营商环境，2035年达到世界一流营商环境打下坚实的法治基础。

二、提升法律事务对外开放水平

3.完善前海合作区国际商事审判组织体系。支持在前海合作区进一步健全完善国际商事审判组织体系，构建公正、高效、便捷、低成本处理国际商事纠纷体制机制，打造粤港澳商事审判优选地。

4.依法扩大涉外民商事案件受案范围。结合前海合作区发展空间扩展情况，科学调整相关人民法院涉外民商事纠纷管辖规则，支持前海合作区人民法院（以下简称前海法院）依法有序扩大涉外民商事案件管辖范围，支持依法试点受理没有连接点但当事人约定管辖的涉外民商事案件。

5.简化涉港澳案件诉讼程序。按照相互尊重、求同存异、便利合法原则，支持前海法院简化港澳诉讼主体资格司法确认、授权委托见证、送达程序及诉讼证据审查认定。依法适用简易程序和独任制审理，提高涉港澳民商事纠纷诉讼效率。加强中国特色区际司法协助体系建设，探索建设粤港澳大湾区民商事司法协助电子平台，在涉港澳民商事案件中探索在当事人认可的前提下，由当事人、律师、公证机构等协助转送文书，提高送达效率。

6.推进粤港澳司法研究平台建设。发展中国特色司法研究新型智库，支持设立粤港澳大湾区司法研究平台，以人员交流、问题研究、研讨培训为抓手，推进"一国两制三法域"框架下内地与港澳法律制度衔接、工作机制对接、国际商事规则比较等法律问题研究。

三、推动规则衔接和机制对接

7.完善域外法查明和适用机制。建立完善人民法院审理案件中域外法查明与适用机制，探索建设统一的域外法查明平台，支持港澳法律专家在前海法院出庭提供法律查明协助，拓展域外法的查明渠道与方式。支持前海法院申请授权试点探索域外法适用机制，在不违反我国法律基本原则或者不损害国家主权、安全和社会公共利益的前提下，允许在前海合作区注册的港资、澳资、台资及外商投资企业协议选择域外法解决合同纠纷，或者适用国际条约、国际惯例和国际商事规则化解纠纷。

8.建设国际商事争议解决中心。支持前海合作区率先建立诉讼、调解、仲裁既相互独立又衔接配合的国际商事争议解决中心。推动前海法院与知名国际商事仲裁机构、国际商事调解组织进行工作对接，健全"一站式"国际商事纠纷多元解决机制。进一步完善前海法院与港澳调解机构诉调对接机制，吸纳符合条件的港澳调解机构参与国际商事、知识产权等领域纠纷调解，支持港澳调解员及律师参与调解，探索由前海法院试点受理该类型调解协议的司法确认案件。探索建立港澳调解员在粤港澳大湾区执业统一资格认定制度，构建调解职业水准评价体系。

9.构建港澳法律服务参与诉讼机制。推进落实符合条件的港澳律师在前海法院代理涉港澳民商事案件许可机制，逐步为符合条件的港澳律师在深圳其他地区担任诉讼代理人提供便利条件。

四、促进粤港澳司法交流与协助

10.加大与港澳地区司法交流力度。推动简化跨境司法交流合作审批程序，支持前海合作区与港澳开展法律研讨、司法论坛、模拟法庭等交流活动，推动司法专业交流常态化、机制化。

11.拓展深港澳司法人才交流渠道。坚持"高精尖"导向，加强高层次法治人才培养储备，细化法律研修学者、法律实习生制度，加大法治人才联合培养力度，形成具有国际视野、通晓国际法律规则、熟悉域外法律的涉外法律专业人才梯队。

五、全面深化改革创新

12.支持打造国际一流营商环境。健全前海合作区外资、民营企业等投资者权益的司法保护机制，坚持各类市场主体诉讼地位平等、法律适用平等、法律责任平等，依法保护进行跨境商业投资的企业与个人的合法权益，以一流的市场化法治化国际化营商环境支持和引导现代服务业发展。

13. 支持海洋中心城市建设。服务保障国家海洋战略实施，支持广州海事法院深圳法庭建设，妥善审理海事案件，提升海事审判工作国际影响力。加强与前海合作区海事法律咨询、海事仲裁等法律服务机构的工作衔接，支持深圳国际仲裁院海事仲裁中心建设，打造多元化国际海事法律服务中心。

14. 加大知识产权司法保护力度。支持深圳知识产权法庭建设和知识产权审判改革创新，探索人工智能、互联网信息、生命信息等新类型数字化知识产权财产权益法律保护新模式。完善重点领域核心技术知识产权保护规则。完善司法裁判规则，加大针对网络环境下垄断和不正当竞争行为的制裁力度。持续实施最严格的知识产权保护制度，严格落实知识产权侵权惩罚性赔偿制度。联合中国（深圳）知识产权保护中心、国家版权创新发展基地、国家海外知识产权纠纷应对指导中心深圳分中心等机构，加强知识产权“一站式”协同保护平台建设，推动健全知识产权多元化纠纷解决机制和快速维权机制，完善知识产权案件跨境协作机制。

15. 提升智慧法院诉讼服务水平。支持前海法院加强智慧法院建设，以“一网通办”“一次办好”为目标，完善国际化、标准化、智能化诉讼服务平台建设，着力构建全流程在线诉讼新机制和诉讼服务新模式，加强与港澳诉讼服务对接，为境内外当事人提供便捷、高效、低成本的纠纷解决服务。

六、加强组织保障

16. 加强组织领导。要深入贯彻新时代党的建设总要求，深入贯彻党的十九大和十九届历次全会精神，认真贯彻落实习近平总书记在庆祝中国共产党成立100周年大会上重要讲话精神。要以支持保障全面深化前海合作区改革开放为契机，进一步深化人民法院司法体制综合配套改革，坚持系统观念，强化统筹协调，确保各项改革于法有据、协调推进，确保各项举措务实管用、科学有效。

17. 完善工作机制。最高人民法院各有关单位要加强条线指导，第一巡回法庭和第一国际商事法庭要增强做好服务党中央重大决策部署的主动性、前瞻性，充分利用派驻深圳的便利条件，立足司法职能，主动服务前海合作区全面深化改革重大战略，持续推进改革进程。广东省高级人民法院和深圳市中级人民法院要压实主体责任，强化督促落实，积极争取有关部门支持，凝聚服务保障合力，加快推动各项建设和改革任务落地见效。

最高人民法院

2022年1月17日

主题索引

说　明

一、索引采用主题分析方法，按主题词汉语拼音字母（同音字按声调）顺序排列。

二、书中的类目题、分目题、次分目题用黑体字标示，其余用宋体字排印。

三、索引款目后的数字表示内容所在的页码，数字后的拉丁字母（a、b）表示栏别（即版面的左、右栏）。

四、同一主题的内容在文中多处出现的，在其款目后用不同的页码标明。

五、索引对“年度关注”“大事记”“统计资料”“文献选录”等类目未作内容主题分析。

条目索引

数字、字母

A

F

G

J

随文图片索引

字　母

A

B

C

D

E

F

G

H

J

K

L

M

N

Q

S